꿈의 철학

꿈의 迷信, 꿈의 探索

劉文英◉著

河永三＋金昌慶◉訳

東文選

夢的迷信與夢的探索

劉 文 英 著

1989年 8月, 中国社会科學出版社

한국어판 서문

필자는 일찍이 중학교 때에 선생님으로부터 한국의 역사를 비롯해서 한국과 중국간의 문화교류에 관해서 들은 적이 있다. 그러나 한국 학자들과의 직접적인 접촉은 극히 최근 몇 년간의 일이다. 1989년 10월 북경에서 거행되었던 공자기념학회에서 처음으로 한국에서 온 몇몇 일행들을 만난 적이 있다. 1990년 10월 복주福州에서 거행되었던 주자기념학회에서 또다시 한국의 몇몇 대표들을 만나볼 수 있었다. 일행 중 어떤 사람들은 중국어를 잘하기도 했으며, 어떤 이들은 비록 말은 하지 못했지만 필담을 나눌 수는 있었다. 한국 학자들의 중국 문화에 대한 깊은 흥미와 학술적인 면에 있어서의 진지한 태도는 필자에게 깊은 인상을 남겨주었다.

東文選 출판사에 대해서 원래는 전혀 알지 못했다. 서울의 한 교수가 이 출판사는 그 역사는 그리 오래되지는 않았지만, 최근 몇 년간 중국 문화에 관한 수많은 책들을 출판 번역했다는 사실을 알려주었다. 의심의 여지도 없이, 이러한 작업들은 한중문화교류에 있어서의 중요한 교량역할을 할 것이며, 중한문화교류에 있어서의 중요한 공헌이라고 생각한다. 東文選 출판사에서 필자의 졸저를 한국의 학계와 독자들에게 소개를 해준 데 대해 심심한 감사를 표한다.

이 책은 꿈의 미신과 탐색이라는 부분을 중국 고대문화의 한 측면으로서 고찰한 것이다. 꿈에 대한 미신은, 인간의 꿈에 대한 일종의 몽매성을 반영하고 있으므로해서 중국 문화를 연구하는 현대 학자들은 오랫동안 일고의 가치도 없는 것으로 여겨왔다. 그러나 필자의 생각으로는 하나의 문화현상으로서의 꿈에 대한 미신은, 그 역사적인 측면에 있어서도 매우 오랜 원류를 갖고 있을 뿐만 아니라 사회생활과 사회심리학적인 수많은 부분에 대해 영향을 미쳐왔으니 만큼 그렇다면 각종의 다른 종교를 대하는 것과 마찬가지로 진지하게 이를 분석하고 연구해야 할 것이라고 생각한다. 이러한 현상의 근원과 비밀을 깊이있게 파헤친다면, 이러한 미신을 타파하는 데에도 도움을 줄 뿐만 아니라 꿈에 대한 사람들의 인식을 추동시킬 수도 있을 것이다. 고대 중국에서의 그러한 해몽방법 특히 해몽가들의 심리분석과 정신분석은, 만약 그 속에 포함된 신비스럽고 속임수적인 부분만 제거해 버린다면 실제적으로는 이미 잠재의식활동의 어떤 특징들과 접촉하고 있다. 꿈의 탐색이라는 부분에 있어서, 이는 원래는 과학인식의 범주에 속하는 것이었다. 그러나 자료들이 매우 분산되어 있으므로 해서 고대 중국에서 이미 적잖은 사상적 성과를 이루었음에도 불구하고 오랫동안 파묻혀 오면서 마땅히 받아야 할 중시를 받지 못해왔다. 필자의 생각으로는 동양 문화는 자기 나름대로의 독특한 전통을 갖고 있고, 동양인의 사유는 자기 나름대로의 독특한 방식을 갖고 있기 때문에, 고대 중국의 꿈에 대한 학설 또한 자기 나름대로의 독특한 가치를 지니고 있으며, 서양의 꿈에 대한 학설에서는 볼 수 없는 어떤 특수한 계시들을 제공해 줄 수 있다고 생각한다. 필자는 이 책의 대만판과 영문판의 서문에서도 이러한 사실을 밝힌 적이 있다: 프로이트는 언제나 잠재의식에 대한 자각의식의 억압과 배격이라는 것을 강조했지만, 고대 중국에서는 일종의 대립적이면서도 통일적인 관점으로써 이들 양자간의 관계를 보고 있다. 다시 말해서, 대립적인 일면 이외에도 상호연계적이고 상호침투적이며 상호전화적인 일면을 갖고 있다는 것이다. 꿈의 내용은 대체로 자각적인 현실의 생활이 잠재의식 중에서 곡절되어 반영된 것이다. 왕정상王廷相의『꿈 속에서의 일이란 바로 현실세계에서의 일이다』라고 한 말은 매우 일리가 있는 것이며, 단지 절대화하지만 않으면 된다. 자각의식의 활동 속에서 잠재의식은 종종 자신도 모르는 사이에 튀어 나와서 자기 자신으로 하여금 자신이 결코 알지 못하는 일을 하도록 만든다. 순자가 말했던『(마음이 집중되지 않고) 해이하게 된즉 제 마음대로 움직이게 된다 偸則自行』라고 한 것이나, 현대인들이 말하는『정신이 나갔다』라고 하는 것들은 모두 이러한 현상에 속하는 것들이다. 꿈을 꾸는 과정에 있어서도 사람의 자각의식이 완전히 소멸되었다고 할 수는 없다. 꿈을 꾸는 사람은 여전히 자기가 자기 자신임을 알고 있으며, 심지어는 자기 자신이 꿈을 꾸고 있다는 것까지도 안다. 주희는 일찍이 꿈을 꾸는 과정에서의 자각의식은『실제로는 없어진 것이 아니라 예측할 수 없는 것이 존재하는 것이며 實未嘗泯, 而有不可測者存』『부르면 응하고 놀라게 한즉 깨어난다 呼之應, 驚之則覺』는 것으로써 증명을 하였다. 그러므로 커다란 시각에서 본다면, 고대 중국에서의 꿈에 대한 이러한 관점과 사고의 방향은 실제에 더더욱 합치되는 것이며 진리에 더더욱 근접하는 것이다. 고대 한국의 문화는 중국과 서로 같은 점도 많고 서로 다른 점도 많다. 고대 한국의 학자들도 아마 누군가는 꿈에 대해서 이렇게 진지한 탐색과 사고를 했을 것이며, 이는 주의를 기울이고 연구를 해볼 가치가 있는 것이다.

이 책의 외편에서는 현대 세계에서의 꿈에 대한 학설의 발전과 현대 서양 학자들이 아무런 의심도 가지지 않은 채 접근했던 꿈의 탐색에 대한 전례들을 개술했다. 그러나 말을 거리낄 필요도 없이, 현대 서양의 꿈에 대한 학설의 각 유파들의 견해들은 모두 분명한 한계성을 갖고 있으며, 고대 중국의 꿈에 대한 학설은 자기 나름대로의 독특한 견해를 갖고 있다. 그러므로 필자는 이 두 지역의 사상의 정화와 우수한 성과를 결합해야 할 것이라고 주장한다. 필자가 제시한 꿈에 대한 새로운 학설은 바로 이러한 융합의 한 시험이다. 필자의 기본적인 출발점은 바로, 인간의 전체적인 정신활동은 매우 복잡하며 개방적이고, 동태적인 커다란 체계라는 것이다. 수면시 꿈을 꾸는 비밀을 포함한 인간의 정신활동의 비밀은 바로 이 커다란 체계를 비롯해서 그 두 개의 하부체계의 상호교류작용의 가운데 있다. 만약 이 커다란 체계를 비롯한 그 두 개의 하부체계의 상호교류작용을 형상적으로 표현한다면, 필자의 생각으로는 고대 중국에서의 태극도와 같은 하나의 절묘한 사유모델이 될 것이라고 생각한다. 한국의 독자들에게 있어서 이러한 태극도는 물론 매우 잘 알고 있는 바일 것이다.

필자가 수면의 상태를 인간의 전체적인 정신체계 속에다 놓고서 관찰을 했기 때문에, 필자의 눈에는 그것을 단지 심리학에만 국한시켰던 과거의 태도는 너무나 편협함을 면할 수 없었던 것으로 보였으며, 이제는 이를 정신학의 중요한 한 대상과 내용으로 보아야만 한다고 생각한다. 정신학의 연구는 인간의 대뇌와 떨어질 수 없는 관계이다. 왜냐하면 인간의 대뇌는 정신활동의 생리적 기초이기 때문이다. 현대의 뇌과학의 발달은 바로 생리적 메커니즘적인 측면으로부터 정신학에 대해서 커다란 추동적인 작용을 했다. 그러나 뇌과학이라는 자체가 정신학과 동일한 것은 아니며, 앞으로도 그것은 정신학을 포괄하거나 대체하지는 못할 것이다. 정신활동의 내용은 대뇌의 자생적인 것은 아니며 그 근원을 따져보면 객관적 세계로부터 온 것이며, 사람들의 사회적 실천과 사회생활로부터 온 것이라는 바는 매우 분명하다. 정신체계의 이러한 개방성과 사회성 때문에 정신학의 연구는 더더욱 정신현상의 분석과 정신문화사의 연구에 주의를 기울여야만 할 것이다. 필자의 이러한 관점에 대해서 중국의 저명한 과학자인 전학삼錢學森은 일찍이 매우 높은 평가와 함께 열정적인 격려를 해주었다. 그러나 이러한 어렵고도 방대한 작업에 대해서 필자는 국

내외의 많은 흥미를 가진 친구들이 동참해서 함께 연구를 할 수 있기를 희망한다.

이 책이 고대 중국 문화의 한 측면만을 연구했다고 했지만, 그것이 섭렵하고 있는 지식이나 영역은 실제로는 너무나 많고 너무나 넓다고 할 수 있으며, 그랬기에 몇몇 내용들은 필자 자신도 원래부터 잘 알지 못하는 부분이었다. 북경판의 초판에서 몇몇 소홀하고 잘못되었던 점은 책이 출판된 뒤에서야 비로소 알게 되었다. 그중 하나는 〈朵〉자가 〈桑〉의 속자라는 점을 몰랐었기 때문에 이와 관련된 분석이 정확하지 못했던 점이다.(51쪽―이는 1989년 북경판 초판의 쪽수임, 이하 마찬가지) 두번째는 당나귀를 다른 말로 〈위위衛〉라고 한다는 사실을 몰랐었기 때문에 이와 관련된 분석에서도 정확하지 못했던 점이다.(57쪽) 세번째는 송자업宋子業이 어떤 사람인지를 몰랐기 때문에 이에 대해선 논술하지 못했었으나(222쪽) 이는 원래 남조南朝시대 송宋나라의 소제少帝였던 유자업劉子業을 가리키는 것이었다. 이러한 몇몇 부분에 대해서는 대만판과 영문판에서도 이미 수정을 했으며, 한국어판에서도 마찬가지로 바로잡았다.

하영삼 교수께서 편지를 보내와 번역을 하는 데 1여 년의 시간이 걸렸다고 했다. 번역과정에서의 어려움과 힘듦을 너무나 잘 알기 때문에 그에 대해서도 심심한 감사를 드린다. 하 교수는 특별히 도교에 관련된 몇 가지 주문과 《부록 4》에서의 몇몇 부분에 대해서 의미가 잘 통하지 않는다고 하면서, 번역의 정확성을 위해 백화문으로 번역을 해달라고 부탁을 했었다. 솔직히 말해서 필자 자신도 이러한 고대문자를 지금의 말로 번역한다는 것은 매우 어려운 일이다. 도교의 주문 속에는 수많은 신의 이름들이 나타나고 있으며, 이들 신의 이름에는 저마다 각기 얽힌 이야기들이 있으며, 어떤 신의 이름들에는 어떤 장부臟腑기관의 이름을 가리키는 것도 있기 때문에 이러한 내용들을 번역을 통해서 충분히 표달해내기란 여간 어려운 일이 아니기 때문이다. 주문의 상하관계 또한 분명하지가 않기 때문에 단지 전체적으로 이해해야만 비로소 파악이 가능하다. 고대 중국의 시가는 전고典故를 많이 사용하고 있으며, 의미가 쌍관을 이루는 몇몇 단어들에 대해서 지금의 말로 번역해낸다는 것은 더더욱 어렵다. 시가에 나타난 운율의 맛을 고려하기는 더더욱 어렵다. 그러나 이해의 편리를 위해서 필자는 하 교수의 요구에 따라서 일단 백화문으로 번역을 했고, 하 교수로 하여금 이를 참조해서 한국어로 옮기도록 했다. 이러한 과정에서 원문의 뜻과는 다소 거리가 생길 수도 있다고 생각한다. 그러나 우리들이 도교를 전문적으로 연구하는 것도 아니며, 시가를 전문적으로 연구하는 것은 더더욱 아니어서 몇몇 조그만 부분들이 우리들의 기본적인 생각을 파악하는 데 영향을 미치지는 않을 것으로 생각한다. 이 점에 대해서는 독자들도 양해를 할 것으로 생각한다. 물론 한문을 이해하는 독자들께서는 직접 원문을 읽어도 좋을 것이다. 그러나 그러한 미묘한 뉘앙스까지 이해하려면 수많은 다른 자료들을 들추어 보아야만 할 것이다.

필자가 이 서문을 쓰고 있을 때 한국과 중국간의 관계가 새로운 단계로 접어들게 되었다. 이 책을 삼가 한국의 학자들과 독자들께 바친다.

1992년 9월 26일

난주에서　劉文英

下編·고대 중국의 꿈에 대한 탐색 235

부 록

머 리 말

중국 문화사에 대한 연구는 근년에 들어 매우 폭넓은 중시를 받게 되었다. 이 책에서 연구하고 있는 꿈에 대한 문제는, 이전에는 그렇게 주의를 하지 않았었던 문제이다. 고대 중국에서의 꿈에 대한 맹목적인 믿음(미신)과 꿈에 대한 탐색은 종교 신학과 철학·과학 등과 같은 수많은 문제들과 관련되어 있다. 이러한 측면에서의 발전적인 연구 속에서 중국 고대 문화의 특색을 살펴보고 꿈과 관련된 갖가지 문화 현상들을 둘러볼 수 있을 뿐만 아니라, 이로부터 고대 중국인들의 심리상태와 그들이 추구하고자 했던 바와 사유방식 등까지도 이해할 수 있다. 필자는 지금 이 책을 독자들 앞에 내놓으면서 독자들도 필자와 같이 이러한 문제에 대해 함께 흥미를 느낄 수 있기를 바란다.

필자의 꿈에 대한 연구는 기이한 것만을 찾아다니기 위한 것은 절대로 아니며, 프로이트를 뒤좇아가겠다는 것도 아니다. 필자가 종사하고 있는 전공은 중국의 고대 철학이며, 이밖의 부분에 대해서도 많은 흥미를 갖고 있다. 필자가 꿈에 대한 연구를 처음 시작했을 때는 프로이트의 저작이 아직은 국내에서 매우 드물었을 때이다. 중국의 고대 철학을 연구하는 과정에서 고대 중국에는 꿈에 대한 자료들이 매우 풍부하며, 신학적인 그리고 맹목적인 믿음도 있었지만 과학적인 탐색도 있었다. 그러나 현재 쓰이고 있는 각종 중국 문화사·종교사·철학사·의학사와 심리학사 등의 대부분의 저작들 중에는 박학한 전문가들도 이 문제에 대해서는 거의 언급을 하지 않고 있는 실정이다. 일고의 가치도 없다고 생각한 것인지 아니면 완전히 무지해서 그런 것인지, 또 아니면 이들 둘 다의 문제인지는 알 수가 없다. 중국인 자신이 이러할진대, 외국인들의 경우에는 더더욱 이에 대해 전혀 무지하다고 할 수 있을 것이다. 필자의 이러한 생각은 사실로 증명되었다. 1983년 필자는《사회과학전선》에다《고대 중국의 꿈에 대한 탐색》이라는 제목으로 논문을 한 편 발표한 적이 있는데, 발표되자마자 많은 독자들로부터 편지를 받게 되었다. 작년 4월 미국의 아라파치대학의 월스 교수가 갑자기 편지를 보내와 그녀와 동료들이 이 논문을 『매우 마음에 들어한다』고 했으며, 그후에는 직접 난주蘭州까지 와서 필자를 방문

했었다. 그때 필자는 마침 이 책을 집필하고 있었는데, 지금은 이렇게 이 책을 독자들 앞에 내놓게 되었으며, 이 책을 통해서 외국의 친구들이 고대 중국의 꿈에 대한 인식을 이해할 수 있기를 바란다.

꿈이란 인체의 특수한 정신적 현상이기 때문에 인류의 정신생활에서의 어떤 특수한 현상이기도 하다. 인간이 꿈에 대해서 생각한다는 것은 인간 자신에 대한 일종의 〈되돌아봄〉이며, 그렇기 때문에 일종의 인류의 자아인식이라고도 할 수 있다. 그러나 인간이 접촉하는 각종의 물질현상과 정신적현상 중에서 꿈만큼 인간의 뇌리를 복잡하게 뒤엉키게 하고 있는 것은 없다. 원시시대 때부터 시작해서 지금에 이르기까지도 해몽미신이 아직 완전히 없어지지 않고 있으니, 이것이 바로 〈복잡하게 뒤엉키게〉 하고 있는 것이다. 문명시대에는 인간의 이성이 계속 반복적으로 꿈에 대한 탐색을 했으니 이것 또한 일종의 〈복잡하게 뒤엉키게 하는 것〉이라고 할 수 있다. 보편적인 관념에 의하면, 꿈에 대한 맹목적인 믿음과 꿈에 대한 탐색은 각기 종교와 과학이라는 서로 다른 두 범주에 속하는 것으로, 마치 물과 기름의 관계처럼 그 한계가 매우 분명하다. 그러나 필자가 보기에는 맹목적으로 믿든 아니면 탐색을 하든, 이는 모두 인간의 꿈에 대한 일종의 인식이다. 이들 사이에는 비록 원칙적인 한계는 있지만, 인식이라는 긴 역사의 강 속에서 볼 때는 그렇게 한계가 분명하고 그렇게 서로 섞이지 않는 것은 결코 아니었다. 꿈에 대한 맹목적인 믿음은 물론 우매하고 허위적이며 사기적이라는 성질을 갖고 있긴 하지만, 뒤집어서 보게 되면 꿈에 대한 탐색에 대해 문제를 제공해 줄 뿐만 아니라, 그것과 관련된 각양각색의 해몽례들은 또 꿈의 탐색에 대해 많은 자료들을 제공해 주기도 한다. 이밖에도 해몽가는 해몽의 과정 속에서 자신도 모르는 사이에 꿈의 어떤 비밀들과 접촉을 하게 되며, 꿈에 대한 탐색에 일정 정도의 계발을 주기도 한다. 꿈에 대한 탐색이라는 문제는 물론 과학적이고 이성적인 부분에 속한다. 그러나 이러한 탐색 자체의 복잡하며 어렵고도 방대한 속성 때문에, 탐색을 하는 과정 속에서 발을 잘못 디뎌 미신의 구렁텅이 속으로 빠질 가능성도 있을 뿐만 아니라, 이 두 가지 성질의 내용이 고대 학자들 사이에서는 종종 서로 뒤섞이어 분명하지가 않기도 했다. 이러한 문제는 바로 어떠한 대립적인 쌍방이 항상 한편으로는 너는 너고 나는 나다는 식으로 서로 배척하는 동시에, 또 다른 한편으로는 너 속에 내가 있고 내 속에 너가 있다는 식으로 상호침투하는 것과 같다. 그리고 이러한 대립적 통일의 과정 속에는 시종 수많은 철학적인 문제가 연결되어 있다. 인류는 바로 꿈에 대한 사고의 과정 속에서 먼저 형체와 정신의 관계에 대한 문제를 제시해내었으며, 더 나아가 정신과 물질의 관계에 대한 문제를 제시해내므로써 철학적 사유의 씨앗을 뿌리게 되었으며 철학적 사유의 발전을 추동시키게 되었다. 이러한 역사적 사실에 근거하여 필자는 고대 중국의 꿈에 대한 미신과 꿈에 대한 탐색을 함께 놓고서 연구를 하였으며, 이로부터 이러한 인식과정에 있어서의 전체적인 모습을 전체적이고도 완전하게 파악할 수 있기를 바란다.

고대 중국의 꿈에 대한 미신은 물론 일종의 타성적인 역량이며, 중국 민족의 어떤 사상적인 부담이기도 하다. 우리들이 지금 그 문제를 연구하면서 절대로 그것이 좋다고 할 수도 없으며 이를 선전할 수는 더더욱 없으며, 어떤 역사성에 대한 청산으로서 그 목적은 그것이 인간의 뇌리 깊은 곳에 미쳤던 영향을 청산하자는 데 있다. 이 책에서는 대량의 문헌자료와 몇몇 민족들의 종교와 풍속 중에 남아 있는 〈살아있는 화석〉들을 참조하면서 고대의 해몽술을 대담하게 해부해내었으며 해몽과정에 나타난 심리분석에 대해서도 실사구시적인 입장에서 파헤쳤다. 필자는 몇천 년 동안 해몽 미신을 덮고 있던 그러한 신비스러운 베일이 이미 필자에 의해 벗겨졌다고 자신있게 말할 수 있다.

고대 중국의 꿈에 대한 탐색은, 중국 민족의 이성적 정신과 진리에 대한 추구를 반영하고 있다. 길고도 긴 역사 속에서 중국인들은 완전히 자신들의 지혜에 의해 독립적으로 연구를 해왔기 때문에, 고대 중국의 꿈에 대한 연구는 자기 나름대로의 독특한 이론과 범주를 갖고 있다. 그 중에서 꿈에 대한 생리적 심리적 특성 및 꿈과 깨어있을 때의 의식과의 갖가지 한계에 관한 문제, 〈꿈의 정신〉과 〈신이 이를 주재하고〉 〈신의 뜻이 숨겨져 있다〉는 동양적인 관념에 관한 문제, 생리와 병리, 정신과 심리라는 이 두 가지 측면의 꿈에 대한 원인과 이들간의 관계에 관한 문제 등은 물론 역사적인 한계성을 피할 수는 없었지만 확실히 깊고 예리한 많은 견해들을 갖고 있다. 우리들이 오늘날 이러한 문제를 연구하는 것은 물론 옛것을 찬양하거나 자아도취를 위한 것은 아니며, 역사를 존중하므로써 더욱더 세계와 미래를 향해 나아가기 위한 것이다.

우리들은 지금 20세기의 80년대에서 고대 중국의 꿈에 대한 이론을 연구하고 있기 때문에, 누구라도 현대 세계의 꿈에 대한 이론에 있어서의 발전에 주의를 기울이지 않을 수 없다. 그러나 이 책의 중점이 바로 고대의 중국에 있기 때문에 현대 세계의 꿈에 대한 이론의 소개는 외편에다 넣을 수밖에 없었으며, 개괄적으로 평술할 수밖에 없었다. 현대 세계의 꿈에 대한 이론에 있어서는 프로이트가 개척해낸 정신분석적인 조류의 성과가 가장 크다. 꿈의 실험과 관찰이라는 부분도 중요한 발전을 이루었다. 꿈 속에서의 창작활동에 관심을 가지는 것도 중요한 동향이 되었다. 서양학자들의 이 방면에 있어서의 성과와 공헌을 충분히 존중하고 높게 평가해야 한다는 것은 조금도 의심할 여지가 없다. 그러나 서양학자들도 고대 중국의 해몽이론에서 제공되고 있는 풍부한 자료와 중요한 성과, 사유 등에 대한 교훈을 직시해야만 한다는 것도 지적하지 않을 수 없다. 인류의 꿈에 대한 인식도 기타의 다른 인식들과 마찬가지로 수많은 지류들을 합쳐야만 하나의 큰 강을 이룰 수가 있는 것이다. 중국의 학자들이든 아니면 서양의 학자들이든 모두 고대 중국의 꿈에 대한 이론에 대해 엉성한 부분은 버리고 정밀한 부분을 취하며 거짓된 부분을 버리고 진실된 부분을 취하므로써, 이를 현대 세계의 꿈에 대한 연구라는 커다란 강 속에다 집어넣고 현대 세계의 꿈의 이론에 대한 발전을 대대적으로 보충하고 추동시킬 수 있도록 노력해야만 할 것이다.

위에서 서술한 인식에 근거해서 필자는 특별히 제일 마지막 부분에다 필자의 꿈에 대한 관점을 개괄적으로 설명해 놓았다. 필자는 현대 세계의 꿈에 대한 이론을 오려와서 고대 중국의 꿈에 대한 이론에다 갖다붙이거나, 고대 중국의 꿈에 대한 이론을 한 삽도 정도로 삼아 현대 세계의 꿈에 대한 이론에다 단순하게 주석을 다는 것들을 반대한다. 필자는 현대 세계의 꿈에 대한 연구성과와 고대 중국의 꿈의 이론에 있어서의 가장 핵심적인 부분을 서로 결합시키는 동시에 동양인과 서양인의 서로 다른 안목을 합치므로써, 인류의 정신이라는 이러한 특수한 현상을 파헤쳐야만 할 것이라고 생각한다. 필자의 꿈에 대한 이론은 프로이트를 비롯한 여러 학자들의 위대한 성과들을 충분히 인정하는 동시에 그들이 이론적인 부분에 있어서 갖고 있는 매우 중요한 결점들을 첨예하게 파헤쳤으며, 이와 동시에 앞사람들의 기초 위에서 필자 자신의 몇몇 새로운 개념과 관점을 밝혔다. 이는 다음과 같은 몇 가지로 귀납할 수 있다.

첫째, 인간의 잠재의식은 결코 소위 말하는 〈본아本我〉나 〈원초적인 욕망〉으로부터 오는 것이 아니라, 자아의식의 적정滴定(titration)을 포함한 전체적인 정신생활의 적정으로부터 온다는 것이다. 자아의식과 잠재의식의 사이에는 결코 큰 격차가 있는 것이 아니라, 이들 둘은 모두 인간의 통일적인 정신계통 속에서의 두 개의 하위계통의 하나로 볼 수 있으며, 그들의 관계는 마치 고대 중국에서의 태극도太極圖가 음양의 구별이 있는 동시에 음과 양이 서로 보충을 해주는 관계에 있는 것과 같다. 그리고 꿈의 본질이라는 것은, 철저하게 말하자면 인간의 잠재의식이 인간의 실제생활에 미친 반영에 불과하다는 것이다.

둘째, 꿈의 활동의 〈원시적〉 특징은 결코 잠재의식이 〈압박〉을 받거나 〈검사〉를 피하기 위한 〈위장〉에 의해서가 아니라, 잠재의식이라는 것이 본래부터 바로 인류의 원시시대 정신생활의 적정이며, 또한 원시사유와 동일한 원천을 이루고 있는 것 때문이라는 것이다. 그래서 꿈의 활동과 원시적 사유는 모두 의상意象을 기본요소로 하고 있으며, 의상을 이어 맞추므로써 변화를 추동시키고 의상의 활동으로써 생각과 사상을 표달하는 것이며, 이러하므로써 꿈에 있어서의 표출되는 현상과 숨은 뜻간의 차이가 생기는 것이다.

셋째, 꿈의 재료는 결코 〈하늘이 내려준 것〉이거나 혹은 〈내가 고유하게 갖고 있는 것〉이 아니라, 인간 두뇌에 후천적으로 저장된 의상의 뱅크로부터 오는 것이다. 소위 말하는 〈꿈의 작업〉이라는 것은 잠재의식이 욕망하는 〈화장〉과는 근본적으로 관련이 없으며, 잠재의식이 유사한 원칙과 관련된 원칙에 근거해서 의상의 뱅크로부터 의상을 검색하고 의상을 가공하며 의상을 변환하는 것이다.

넷째, 꿈을 꾸는 과정에서 안구가 빠르게 운동하는 것은 결코 무의미한 생리적 작용이 아니라, 고대 중국에서 말하는 안구의 〈내시內視〉적인 메커니즘에 근원한다는 것이다. 〈내시〉활동의 실질은 대체로 잠재의식이며, 의상의 뱅크로부터 의상을 검색하고, 의상을 비교하고 의상군이나 의상의 시리즈들을 구상한다. 이렇게 해서 꿈 속에서의 의상활동과 꿈을 꾸는 사람이 꿈을 내시하는 상호작용이 이루어지게 된다.

다섯째, 꿈의 심리상태는 언제나 항상 〈욕망의 만족〉인 것만은 결코 아니며, 어떤 경우에는 우환이 눈앞에 닥친 것일 때도 있다. 그러므로 꿈의 심리가 표현하고 있는 것은 일방적인 경향이 아니라 모순적인 경향이다. 꿈의 내용 중에는 사욕과 사념이 있을 뿐만 아니라 아름다운 뜻과 착한 마음도 있다. 꿈이란 것은 인간의 내면세계의 전반적인 표출이다.

여섯째, 꿈의 원인으로는 1)생리적 병리적 자극, 2)정신적 심리적 자극이 있으며, 3)잠재의식 중의 정情의 결합이나 뜻의 결합이라는 세 가지 단계를 포함하고 있다. 앞의 두 단계는 꿈을 촉발시키는 조건이며, 마지막 하나는 꿈의 내재적인 근거이다. 꿈의 의미는 대체로 잠재의식의 정의 결합과 뜻의 결합이라는 것으로부터 찾아야만 할 것이다.

일곱째, 꿈의 생리적 기능은 한편으로는 정신계통의 이완을 통해서 인체의 생리적 리듬을 조절해 주는 것이며, 다른 한편으로는 몽상의 특징을 통해서 인체 장부 기능의 상황을 현시해 주는 것이다. 꿈의 심리적 기능은 한편으로는 정신계통의 긴장과 이완활동의 리듬을 유지해 주는 것이며, 다른 한편으로는 정신계통의 각종 심리적인 요소들의 균형을 촉진시켜 주는 것이다.

이상의 일곱 가지는 여전히 탐색의 범위에 속한다. 이후에 기회가 된다면 이 부분에 대해서는 다시 여러분들과 함께 상세하게 토론하고 싶다. 이 방면에 흥미를 느끼는 분들은 모두 함께 세계의 꿈의 이론에 있어서의 진전을 이룰 수 있도록 해 주길 바란다.

이 책은 상편과 하편·외편의 세 부분으로 나누어져 있다. 상편과 하편·외편간에는 비록 내재적인 관련이 있긴 하지만 상대적인 독립성도 갖고 있다. 그래서 독자들은 완전히 자신의 기호에 따라서 하편을 먼저 읽거나 외편을 먼저 읽어도 무방하다.

책의 마지막에 4종의 자료들을 부록으로 달아놓았는데, 이것들은 이 책에서 논하고 있는 주제와 밀접한 관계를 갖고 있는 것들이다. 《잠부론潛夫論·몽열夢列》에 대한 새로운 교정은 현재 통용되고 있는 각종 판본들의 수많은 착오나 빠진 부분들을 바로잡았다. 당송시대의 유서類書 중에 보이는 해몽서의 일문들에서는 한 당시대 해몽서들의 어떤 특징들을 엿볼 수가 있다. 《신집주공해몽서新集周公解夢書》는 필자가 새로이 발견한 것으로, 중국에서 완전한 모습으로 전하는 유일한 해몽서이다. 이 책에서 부록으로 달고 있는 고대 중국의 꿈 속에서 사유를 창조하는 활동에 관련된 이러한 자료들은 독자들의 환영을 받을 것으로 필자는 믿고 있다.

1988년 3월

난주에서 劉 文 英

꿈의 철학 上編

고대 중국의 해몽미신

꿈의 미신이라는 것은 먼저 하나의 종교학적인 문제이다. 왜냐하면 그것은 형체(혹은 육체)와 정신(혹은 영혼)과의 관계, 마음과 외부세계의 물체와의 관계, 그리고 천인天人관계 등과 관련되어 있는 매우 특수한 철학적인 문제이기 때문이다.

중국의 고대 종교사를 살펴보게 되면, 한편으로는 도교나 불교 등과 같이 몇몇 체계적인 종교가 있었던 반면, 또 한편으로는 수많은 비체계적인 세속미신들도 존재했었다. 해몽은 바로 일종의 점복미신으로, 꿈의 내용에 근거하여 꿈을 꾼 사람의 미래의 길흉을 점치는 것이다. 해몽미신은 비록 비체계적인 형식을 취하고 있긴 하지만, 조직적인 체계를 갖추고 있는 그러한 종교들에서 볼 수 없는 특수한 작용을 갖고 있다. 고대 중국의 도교나 불교를 비롯한 기타의 체계를 갖춘 모든 종교들은 해몽이라는 것을 대체할 수 없었을 뿐만 아니라, 해몽을 하나의 신학적 도구로 사용하여 영혼의 불멸과 귀신의 존재를 증명하지 않은 것이 없었다. 철학사에 있어서도 신비주의자와 유심주의자 들은 종종 꿈의 미신을 빌어와 정신의 물질에 대한 의존관계를 부정했다.

해몽의 연원은 까마득한 태고적으로까지 거슬러 올라갈 수 있다. 그것의 영향은 오늘날에 이르기까지도 수많은 사람들의 뇌리 속에서 재앙을 내리고 있다. 꿈이란 인간 자신의 일종의 체험이며, 해몽은 바로 이러한 자아체험으로써 신과 통하고 길흉을 예견해 주는 중간매체로 삼는다. 그래서 기타의 다른 점복에 비해 해몽은 더욱 특수한 신비함과 미혹으로 빠져들게 하는 힘이 있다. 그래서 《한서 · 예문지》에서도 『점복은 많지만 해몽이 제일 크다』고 했다.

해몽이 이미 하나의 특수한 사회현상인 이상, 이는 또 복잡한 인식론적인 문제이기도 하다. 고대 중국의 해몽미신에 대해서 이 책에서는 해몽의 기원과 발전, 해몽가들의 역사적 발자취, 해몽술의 비밀, 해몽서의 유전과 해몽미신의 사회적 영향 등과 같은 문제들을 살피고 분석하게 될 것이다. 이러한 문제들에 대한 자료들이 모두 매우 분산되어 있기 때문에, 가능한한 역사적 맥락을 그려내고자 하게 될 것이다. 이러한 결과로부터 우리는 고대 중국의 사회생활과 사회문화 속에서 다른 사람들이 그렇게 주의하지 못했던 한 측면을 발견하게 될 것이다.

제 1 장

해몽의 기원과 발전

해몽의 최초 형태는 원시사회 사람들의 유치한 몽혼夢魂관념으로부터 시작된다. 그들은 꿈을 꾼다는 것은 영혼이 육체를 떠나 바깥으로 떠도는 것이며, 영혼이 바깥으로 떠돈다는 것은 귀신의 지시에 의한 것이며, 그렇기 때문에 꿈이란 것은 귀신이 꿈을 꾸는 사람에 대해 내리는 계시이며, 더 나아가 꿈의 내용(몽상)에 근거해 신의 뜻을 알아차릴 수 있으며 길흉을 미리 점칠 수 있다고 여겼다. 은주시대의 노예제사회에 있어서 해몽이란 것은 국가의 길흉을 관찰하고 나라의 큰일을 결정하는 하나의 중요한 도구로 사용되었으며, 그리하여 해몽미신은 정부당국의 종교신학의 중요한 부분이 되게 되었다. 그러나 춘추시대 이후부터는 해몽이 점점 하나의 세속적 미신으로 변해갔다. 해몽은 자신의 특징을 계속적으로 보존해 나가는 한편, 이와 동시에 다른 종교신학들과 상호침투를 하게 되었다. 해몽의 이론과 해몽의 철학은 모두 신비주의적 유심주의를 매우 노골적으로 표현하고 있다.

1 │ 원시사회 사람들의 몽혼관념과 몽조미신

원시인들이 도대체 꿈을 어떤 식으로 영혼과 함께 연계시켰는지에 대해선 아직도 직접적인 증거를 찾을 수가 없다. 박물관에 누워 있는 고대 인류의 화석도 우리들의 이러한 물음에 대해 해답을 줄 수가 없다. 그러나 우리는 원시인들의 지적수준에 근거해서 이를 추측해낼 수 있을 뿐만 아니라 몇몇 원시민족들의 종교적 풍속으로부터 수많은 〈살아있는 화석〉들을 찾아낼 수가 있다. 엥겔스는 북미의 원시인들의 자료에 근거해 고대 원시인들의 몽혼관념을 분석한 적이 있다.

먼 고대에 있어서 인간은 자신의 신체구조에 대해서 아직 완전히 알지도 못했으며, 한편으로 꿈 속에서 본 모습의 영향으로 말미암아 『그들의 사유와 감각은 그들 육체의 활동이 아니라 바로 하나의 독특한, 이 신체 속에 있으면서도 죽으면 곧 신체를 떠나게 되는 영혼적인 활동이다』라는 관념이 생겨나게 되었다.(《루드비히 포에르 바하와 독일 고전철학의 종결 *Ludwig Feuerbach und der Ausgang der klassischen deutschen philos-*

ophie》인민출판사 1972년판, 14쪽)

우리들이 고찰한 문제들과 연결시켜 엥겔스의 분석을 더욱 구체화시켜 보도록 하자. 원시인들이 그들의 동굴 속에 누워서 잠을 잘 때, 그들의 육체는 결코 동굴 속을 떠나지 않는다. 그러나 어떻게 해서 꿈 속에서 그가 동료들과 함께 야외로 나가 사냥을 하게 되는 것일까? 그 당시 사람들의 상상에 의하면, 꿈 속에서 밖으로 나가 사냥을 하는 그 자신은 분명히 동굴 속에 누워있는 그 육신의 자신은 아니며, 육체가 없는 자신으로 육체의 속박을 받지 않는 그런 자신임에 틀림없다고 여겼다. 원시인들은 이미 죽어 버린 그들의 선조들도 꿈 속에서 볼 수 있다는 사실을 인정하고 있다. 그렇지만 이러한 선조들의 시체는 이미 오래 전에 땅 속에 묻혀 버린 것이 아니었던가? 그리고 이미 오래 전에 썩어 버리지 않았던가? 그 당시 사람들의 상상에 따르면, 그들이 꿈 속에서 본 그 선조들은 원래의 살아있을 때의 육체를 가진 선조들이 아니라, 육체가 없는 선조로 육체의 속박을 받지 않는 선조들임에 틀림없다고 생각했다. 그러한 육체도 없고 육체의 속박도 받지 않는 사람들은 도대체 어떠한 것인가? 아마도 오랜 기간의 사고를 거쳐 원시인들의 뇌리 속에서는 다음과 같은 관념이 점점 생기기 시작했을 것이다. 사람의 육체 속에는 육체를 지배하는 육체가 아닌 어떤 것이 있는데, 잠을 잘 때에는 이것이 육체를 떠나게 되며, 꿈을 꿀 때에는 이것이 바깥에서 활동을 하게 되며 육신이 죽은 뒤에도 이것은 여전히 활동을 계속한다. 그래서 사람은 꿈 속에서 야외로 나가 사냥을 할 수도 있으며, 이미 죽어 버린 그들의 선조들도 볼 수 있게 되는 것이다. 이후 그들은 이러한 것들에 대해서 명칭을 부여하기 시작했는데, 그것이 바로〈영혼〉이라는 것이다. 원시인들은 꿈에 대한 사고를 통해서 영혼이라는 관념을 형성하게 되었으며, 거꾸로 그들은 또 영혼이라는 관념을 통해서 몽경夢境과 몽상夢象이라는 것을 해석해내기도 했다. 원시인들의 꿈과 영혼에 대한 관념은 바로 이와 같이 갈라놓기가 어려울 정도로 서로 밀접하게 연결되어 있다.

어떤 사람들은 위에서 분석한 것이 원시인들의 사유방식을 현대화한 것이 아니냐고 의문을 품을 수도 있을 것이다. 그러한지의 여부에 대해서는 독자 여러분들이 우리와 함께 그러한〈살아있는 화석〉들을〈관찰〉해 보기로 하자.

중국 동북 지방의 헤젠족(赫哲族, 인구 약 1천4백여 명으로 흑룡강성의 동강同江 지역에 주로 분포되어 있다—역주)은 청나라시대 이전까지도 역사기록이 없는 시기에 속해 있었다. 그들의 신앙 중에는 사람마다 세 개의 영혼을 갖고 있다는 믿음이 있다. 하나는 생명의 영혼이요, 또 하나는 다시 태어나는 영혼이며, 다른 하나는 사상의 영혼 혹은 관념의 영혼이다. 그들에 의하면 생명의 영혼은 사람에게 생명을 부여해 주며, 다시 태어나게 하는 영혼은 사람이 새로운 세상으로 다시 태어나게 해주는 것을 주재하며, 관념의 영혼은 사람으로 하여금 감각과 생각을 가질 수 있도록 해준다고 한다. 사람이 잠을 잘 때, 몸이 움직이지 않고 눈과 귀가 지각이 없는 것은 바로 관념의 영혼이 육체를 떠나 버리기 때문이라고 한다. 사람이 꿈을 꾸고 꿈 속에서 수많은 것들을 볼 수 있으며, 심지어는 이미 죽어 버린 선조들까지도 볼 수 있는 것은 바로 관념의 영혼이 육체를 떠난 이후 다른 곳으로 갈 수 있으며, 신령이나 다른 영혼과 서로 접촉할 수 있기 때문이라는 것이다.(담광광覃光廣 등의 《중국 소수민족 종교개람》 상책, 중앙민족학원 과연처科硏處, 1982년, 17쪽 참조) 꿈 속에서 영혼이 신령과 서로 접촉할 수 있으며 선조의 영혼과도 접촉할 수 있기 때문에, 그들은 바로 몽상을 신령이나 선조들이 꿈을 꾸는 사람에 대해 내리는 일종의 계시로 여겼으며, 몽상은 이에 따라서 꿈을 꾼 사람에 대해 전조(조짐)적인 의미를 갖게 되었다. 혜젠족들이 볼 때 어떤 꿈은 좋은 꿈에 속하며 좋은 징조라고 여겼는데, 예를 들면 술을 마시고 돈이 생기는 꿈을 꾸게 되면 사냥감을 가득 실어서 돌아오게 될 계시이며, 죽은 사람을 보게 되거나 관을 메는 꿈을 꾸게 되면 반드시 들짐승을 잡게 될 계시라는 것이다. 또 어떤 꿈들은 불길한 꿈으로 불길한 징조라고 여겼는데, 예를 들어 꿈에서 흑곰을 보게 되면 재난이 닥쳐올 것이거나 가족이 죽지 않으면 친척이 죽게 된다는 계시이며, 말을 몰고 달리는 꿈을 꾸게 되면 사냥에서 빈손으로 돌아오게 될 계시라는 것이다.(담광광 등의 《중국 소수민족 종교개람》17쪽) 혜젠족들의 몽조에 대한 이러한 미신은 분명히 그들의 수렵생활과 관련을 맺고 있는 것이며, 또한 그들의 오랜 사유방식과 함께 관련을 맺고 있다. 위에서 예로 든 몇몇 몽조들에 근거해 볼 때, 이러한 몽조들은 모두가 생활경험에 기초한 일종의 〈역추측〉임을 알 수 있다. 사냥감을 갖고 돌아와야만 비로소 돈이 생기고 술을 마실 수가 있으며, 거꾸로 술을 마시고 돈이 생기는 꿈은 단지 사냥감을 잡아서 돌아와야만 비로소 응험應驗이 있을 수 있게 되는 것이다. 이와 마찬가지로 들짐승을 때려 죽이게 되면 반드시 죽은 사람의 시체나 관을 메는 것과 같이 그렇게 그것들을 메고서 돌아와야만 하며, 거꾸로 죽은 사람이나 관 등을 보는 꿈은 들짐승을 때려잡은 후에야 또한 응험應驗이 있게 된다고 할 수 있다. 그밖에 한 가지 더 보충해야만 할 것은, 원시인들은 종종 자신들을 들짐승의 모습으로 분장을 하며, 죽은 짐승을 둘러멘다는 것은 죽은 사람을 메는 것과 다르지 않다는 점이다.

흥안령興安嶺의 대산림 속에서 생활하는 오로첸족(鄂倫春族, 인구는 약 4천여 명으로 내몽고자치구의 흥안령의 심산 밀림지역에 주로 거주한다―역주)들에게서도 헤젠족들과 같은 영혼에 대한 관념이 있음을 볼 수 있다. 그들의 영혼에 대한 해석은 헤젠족과 대체로 같지만, 다만 주로 관념의 영혼에 대해 강조하고 있다. 사람은 어떻게 해서 꿈을 꾸게 될까? 그들은 사람이 잠을 잘 때 영혼이 육체를 뛰쳐나와 어떤 것을 만나게 되기 때문이라고 인식하고 있다. 죽은 사람을 어떻게 해서 꿈 속에서 만날 수 있게 되는 것일까? 그들은 또한 선조의 육체는 비록 죽었지만, 그들의 영혼은 아직 존재하고 있기 때문이라고 여긴다.(《중국 소수민족 종교개람》상책, 63쪽 참조)

중국 서남쪽의 율속족傈僳族(Lisu Family, 인구는 약 48만여 명으로 운남성 노강怒江 유역의 율속족자치주에 주로 분포되어 있다―역주)은 해방(1949) 전에 대부분이 이미 봉건사회로 진입했었지만 몇몇 지방은 아직까지도 도경刀耕이나 화전으로 농사를 짓는 원시적 단계에 머물러 있다. 율속족의 습속에는 영혼이라는 것을 믿을 뿐만 아니라 꿈 속에서 〈혼을 죽인다는〉 전설이 있다. 전하는 바에 의하면, 〈코우파〉(扣扒)라는 사람이 있는데 그의 영혼은 매(鷹)귀신이라고 한다. 이 매귀신은 꿈 속에서 〈혼을 죽일〉 수가 있었기 때문에, 사람들은 〈코우파〉를 매우 두려워하였으며 이에 대해 매우 분개한다. 만약 어떤 사람이 꿈에서 매를 봄과 동시에 어떤 사람을 보았다고 한다면, 그 어떤 사람이 바로 〈코우파〉가 되는 것이다. 꿈을 꾼 사람이 만약 이로 인해 병을 얻어 죽게 되면, 이것은 바로 〈코우파〉가 꿈을 꾼 사람의 영혼을 죽였기 때문이라는 것이다. 그 어떤 사람이 〈코우파〉임을 증명하고, 그가 〈혼을 죽였다는〉 죄를 추궁하기 위해, 박수(무당)들은 기름솥을 건지게 하는 의식을 거행하므로써 〈신의 심판〉을 진행하며, 〈코우파〉는 〈혼을 죽였기〉 때문에 심한 벌을 받게 된다고 한다.(《운남 소수민족 철학사회사상 자료선집》제2집, 중국철학사학회 운남성분회편 1982년, 118쪽 참조) 이러한 것들은 임튼E. F. ImThurn이 1844년 가이아나Guyana의 인디언들 속에서 발견해낸 상황과 매우 비슷하다. 거기서도『꿈 속에 출현한 사람의 형상은 바로 육체를 잠시 떠난 영혼이며, 그렇기 때문에 현실

세계에 있는 사람이 자기 자신이 다른 사람의 꿈 속에 출현하여 저지른 행위에
대해서 마땅히 책임을 져야만 한다』는 것이다.(엥겔스의《루드비히 포에르 바하와 독
일 고전철학의 종결》을 참조) 서한시대 가의賈誼의《신서新書》의 기록에 의하면, 고
대의 흉노족匈奴族들에게도 『꿈 속에서 다른 사람의 말을 허락한즉 꿈을 깨어서도
그 약속을 저버리지 않는다』는 풍속이 있다고 한다.《신서新書·흉노匈奴》이러한 여
러 가지 예들은 모두가 꿈을 꾼 사람(자신)과 꿈에 나타난 사람(꿈 속에서의 타인)
간의 영혼의 활동으로 인식하고 있는 것들이다.

경파족景頗族(인구는 약 9만 2천여 명으로 운남성에 주로 집거한다—역주)과 요족
瑤族(인구는 약 140여만 명으로 대부분 광서성 장족자치구에 거주하며, 호남·귀주·광
동성 등에도 일부가 거주한다—역주)들의 사회발전은 이미 상당히 높은 수준에 도달
했긴 하지만, 어떤 지역에서는 위에서 든 소수민족들과 마찬가지로 매우 낙후되어
있다. 그러므로 그들에게도 보편적으로 존재하고 있는 몽혼관념과 몽조에 대한 미
신 또한 옛날로부터 전해져 내려오는 풍속으로 간주해야만 할 것이며, 그리하여 이
를 또한 원시적 관념의 한 흔적으로 보아야만 할 것이다.

경파족들은 일반적으로 영혼을 〈난라〉(南拉)라고 부른다. 그들은 사람들이 꿈을
꾸게 되는 것은 바로 영혼이 자신의 육체를 떠나기 때문이라고 여긴다. 만약 영혼
이 육체를 떠나지 않는다면 잠을 자고 꿈을 꿀 수 없게 될 것이다. 어떤 경우에는
잠이 들었으면서도 꿈을 꾸지 않는 경우가 있는데, 이는 바로 영혼이 바깥으로 나
갔지만 아무것도 만나지 못했기 때문이라는 것이다. 영혼이 바깥으로 나가 어떤 이
상한 것을 만나게 된다면, 그 사람은 꿈 속에서도 곧바로 이상한 꿈을 꾸게 될 것이
다. 경파족의 풍속에 따르면, 꿈에서 망釯(동으로 만든 타악기로 세 개의 징이 한 개의
받침대에 달려있음—역주)이나 창·긴칼 등을 보게 되면 아내가 사내아이를 낳게
될 좋은 징조이며, 꿈에서 가마솥이나 끝이 갈라진 솥의 삼각받침대 같은 것들을
보게 되면 아내가 딸을 낳게 될 좋은 징조라는 것이다. 만약 오이나 호박이 매우 많
이 열린 것을 보고 자기 자신이 이를 큼직한 대나무 광주리에다 따서 짊어지고 오
는 꿈을 꾸게 되면, 이는 나쁜 징조라고 한다. 태양이 떨어지거나 이빨이 빠지거나
술을 마시며 고기를 먹는 꿈은 나쁜 징조로, 가족이 죽지 않으면 이웃이 죽게 된다
고 한다.(《운남 소수민족 철학사회사상 자료선집》제2집, 9-10쪽 참조)

요족들도 몽조에 대해 그들 나름대로의 해석을 갖고 있다. 전하는 바에 의하면,

태양이 지는 꿈을 꾸면 부모에게 재앙이 있게 되고, 바람이 불고 비가 내리는 꿈이나 여자와 연애하는 꿈을 꾸면 자신에게 재앙이 있게 되며, 노래를 부르는 꿈을 꾸면 다른 사람과 싸움을 하게 되며, 고기를 먹는 꿈을 꾸면 병이 나고 재앙이 있게 되며, 밥을 먹는 꿈을 꾸면 하루 종일 일로 지치게 되며, 대변을 보거나 뱀이 지나가든지 혹은 자기 자신이 나무등치나 돌을 산 아래로 굴러뜨리는 꿈을 꾸면 재물을 잃어버리게 된다고 한다. 반대로 새끼뱀을 때리거나 집에 불이 나는 꿈을 꾸면 재물을 얻거나 돈을 벌게 되며, 들이나 산이 불에 타는 꿈을 꾸거나 꿈에서 부모를 보면 비가 내리게 되며, 꿈에서 죽은 사람을 보거나 자기 자신이 죽는 꿈을 꾸면 자신이나 혹은 꿈에 나타난 대상이 장수하고 복을 누리게 되며, 우는 꿈을 꾸면 도리어 복이 있게 된다(《운남 소수민족 사회역사 조사자료》제415권, 제11호 참조)는 등등과 같은 것들이 있다.

한족들의 원시시대 전설로서 현재까지 남아있는 것은 매우 드물다. 그러나 후세의 몇몇 문학작품 속에서 그래도 매우 오래된 정보나 실마리를 어느 정도 찾아낼 수가 있다. 《초사楚辭》의 《구장九章·석송惜誦》에서는 『옛날 나는 하늘로 오르는 꿈을 꾸었네. 혼 속에 길이 있었으나 건너지 못했네! 昔余夢登天兮, 魂中道而無杭』라고 했는데, 여기서는 꿈과 혼을 함께 열거하므로써 꿈 속을 혼이 노니는 것으로 인식하고 있다. 사마상여司馬相如의 《장문부長門賦》에서는 『갑자기 잠이 들어 꿈을 꾸었네, 혼이 마치 당신의 곁에 있는 것 같았네 忽寢寐而夢想兮, 魂若君之在旁』라고 하여, 역시 꿈과 혼을 함께 열거하여 꿈을 혼의 영향을 받는 것으로 인식하고 있다. 당나라 때의 전기錢起는 《몽심서산회상인夢尋西山淮上人》에서 『강이 몽혼의 갈 길을 막고 있어, 설산자를 볼 수가 없네 河當夢魂去, 不見雪山子』라고 하고 있으며, 백거이白居易의 《장한가長恨歌》에서는 『갑자기 한 왕조의 사신이 왔다는 것을 듣고서, 매우 아름다운 휘장 속에서 잠을 자던 몽혼이 놀라네! 忽聞漢家天子使, 九華帳裡夢魂驚』라고 읊고 있으며, 또 남송시대의 양만리楊萬里는 《조설주권수조雪舟倦睡》에서 『뜻하지도 않게 매화 때문에 괴로워하였는데, 일부러 향기를 불어 몽혼을 깨우네 無端却被梅花惱, 特地吹香破夢魂』라고 했는데, 이로써 몽혼관념이 고대 중국에 있어서 미친 영향은 매우 넓고도 깊었음을 알 수 있다.

그러나 몽혼관념은 몽조미신의 사상적 기초일 뿐 그 자체가 몽조미신과 일치하는 것은 아니다. 왜냐하면 몽혼관념에서는 단지 꿈이란 혼이 노니는 것임을 말할 뿐이지, 혼이 노닌다는 사실이 길흉을 예견해 줄 수 있다고는 결코 말하고 있지 않기 때문이다. 몽혼관념을 귀신관념과 연계시키고, 꿈을 신령이나 귀신이 꿈을 꾸는 사람에게 내리는 계시로 인식할 때 비로소 몽조미신이 생겨나게 되는 것이다. 사실 이러한 연계와 이행은 원시인들에게는 필연적인 것이며 매우 자연적인 것이었다. 왜냐하면 그들은 다음과 같은 질문에 대답을 해야만 했기 때문이다. 영혼이 이미 육체 속에 기거하고 있는 이상 어떻게 해서 육체를 떠날 수 있으며, 왜 육체를 떠나야만 하는가? 이것은 꿈을 꾸는 사람의 영혼 이외에도 다른 어떤 원인이나 힘에서 그 원인을 찾아야만 할 것이다. 그것들이 어떻게 해서 영혼이 어떤 다른 곳으로 간 것을 찾을 수 있게 되는가? 이것은 원시인들의 『모든 만물에 영혼이 있다』는 관념과 관련이 있을 뿐만 아니라, 꿈의 그 자체적인 특징과도 관련을 맺고 있다. 누구라도 다음과 같은 경험이 있을 것이다. 꿈을 꾸는 사람에 대해서 꿈이라는 것은 언제나 자각할 수 없는 것이며, 꿈을 꾸는 사람은 자신이 어떻게 꿈의 세계로 들어가게 되는지는 결코 알 수가 없는 한편, 다른 한편으로는 꿈을 꾸는 사람은 꿈 속에서는 언제나 자각이 있을 뿐만 아니라 매우 생동적으로 활동한다는 사실이다. 게다가 꿈의 모습이라는 것이 허황스럽고 기이하며 변화무상하기 때문에 꿈을 꾸는 사람은 언제나 어떤 힘이 암암리에 자신을 지배하고 있다고 느끼는 것이다. 이러한 보이지 않는 곳에서의 힘이란 것은 당연히 신령일 수밖에 없다. 헤젠족들은 영혼이란 신령이 부여해 준 것이기 때문에 영혼의 활동은 당연히 신령에 의해서 지배되는 것이라고 인식하고 있다. 율속족은 악몽을 꾸면 〈몽귀〉에게 제사를 지내야 하며, 경파족은 악몽을 꿀 경우 〈주문을 외워야 한다.〉 이러한 것들 또한 영혼이 바깥으로 나가 노니는 것은 귀신과 관계가 있음을 설명해 주고 있다. 《초사》의 《초혼》에서는 황제의 수하에는 『꿈을 관장하는』 신이 있었다고 했는데, 이에 대해 『황제가 꾼 꿈의 혼백을 이끌어 주는 관리』라고 해석을 달고 있다. 여기서는 꿈을 꾼다는 것이 하느님이나 기타 귀신들이 『통해서 이끌어 주는』 것이라는 점을 더욱 명확하게 보여주고 있다.

몽혼관념과 신령관념의 이러한 관계는 모든 민족의 원시종교에서 보편적인 의미를 확보하고 있다. 레비-브륄Lévy-Bruhl은 수많은 원시민족의 꿈에 대한 견해를 원용한 후, 꿈이란 것은 꿈을 꾸는 사람과 『정령·영혼·신들간의 상호 왕래』이며, 꿈은 『신이 자신의 의지를 사람들에게 알리는 가장 상용적인 방법이다』라고 했다.(《원시사유》상무인서관 1981년판, 48-49쪽 참조) 북미의 원시 인디언들은 꿈 속에서 신의 계시를 받기 위해서는 먼저 임피(impi, 혹은 증기욕이라고도 함)로 3일 동안을 재계하여야 하며, 이 기간중에는 여자를 멀리하고 혼자 지내야 한다고 한다. 중국의 선조들도 세계의 수많은 원시민족들과 마찬가지로, 최초에는 모두가 이러한 몽혼관념으로부터 몽조미신으로 이행된 것일 터이다.

2 ㅣ 은나라 사람들의 해몽활동

원시인들의 몽조에 대한 미신은 최초에는 전혀 자각적인 것이 아니었다. 그들이 길흉의 계시라고 여겼던 그런 꿈들은 단지 특수한 내용을 지닌 그들의 생활과 서로 밀접하게 관련되어 있는 꿈에 한정되었다. 그외의 다른 꿈에 대해서는 일반적으로 별다른 큰 관심이 없었으며 주의도 기울이지 않았다. 그러나 사람들의 활동이 날로 복잡해짐에 따라 사람들이 점을 치고자 하는 일들도 날로 증가되어 점을 칠 수 있는 꿈도 점점 많아지게 되었다. 사람들이 어떤 몽조라는 것을 자발적으로 믿는 것으로부터 각종의 몽조를 의식적으로 찾아나서게 되므로써, 또 몽조에 대한 습관적인 해석으로부터 몽조에 대한 복잡한 분석에 이르게 되므로써 원시적인 몽조미신은 곧 해몽미신으로 전화되게 되었다.

고대 중국에서 해몽이 언제부터 시작되었는지는 그 시간이 오래되어 고찰할 수가 없다. 현존하는 문헌에 근거한다면 해몽을 언급한 최초의 인물은 황제이다. 황보밀黃甫謐의 《제왕세기帝王世紀》에서『황제가 큰바람이 불어 천하의 먼지를 다 날려 버리는 꿈을 꾸었으며, 또 어떤 사람이 천 균(鈞, 서른 근—역주)이나 되는 쇠뇌를 들고서 수많은 양떼를 쫓고 있는 꿈을 꾸었는데』꿈을 깬 후 황제 자신이 스스로 꿈을 분석하기를『바람(風)이란 것은 명령을 내린다는 것이니 정권을 잡는 사람이며, 구坵(먼지)자에서 토土(흙)자를 없애 버리면 후后자가 된다. 천하에 성이 풍風씨이고 이름이 후后인 자가 어디 있을까? 대저 천 균이나 되는 쇠뇌를 든다는 것은 힘이 특이한 자이다. 수많은 양떼를 쫓는다는 것은 목축에 뛰어난 사람이다. 천하에 성이 력力씨고 이름이 목牧인 자가 어디에 있을까?』그리하여『이 두 가지의 해몽을 따라 그들을 찾아나선 후』풍후風后와 역목力牧이라는 두 뛰어난 신하를 얻었다고 한다.(《사기史記·오제본기五帝本紀》정의正義에서 재인용) 이 기록은 그 스토리가 매우 명확하긴 하지만 그 내용은 믿을 수가 없다. 황제의 시대에 문자가 존재했는지의 여부조차도 매우 커다란 문제거리인데, 어떻게 글자를 분석하여 꿈을 점칠 수 있었단 말인가? 문자가 있었다 하더라도 한위漢魏시대의 그러한 예서일 리가 없으며, 갑골문자보다도 앞서는 상형문자나 그림문자이어야 하므로 글자를 분석한다는 것은 근본적으로 불가능하다. 그러나 중국을 비롯한 전세계의 다른 여러 원시민족들의 상황을 참조해 볼 때, 황제시대에 해몽이 이미 출현했을 것이라는 사실만은 도리어 전적으로 가능성이 있는 것이다.

《제왕세기》를 비롯한 기타의 몇몇 고적들에는 이밖에도 요임금은 하늘로 올라가고 용을 타는 꿈을 꾸었으며, 순임금은 눈썹이 길어지고 북을 치는 꿈을 꾸었으며, 우임금은 산에서 책을 쓰고 황하에 몸을 씻고 배를 타고 달을 건너는 꿈을 꾸었다는 기록이 있다. 이러한 꿈들의 진실성이 어떠한지는 당연히 매우 회의해 볼 만하다. 그러나 요·순·우임금이 황제 이후의 임금들이며, 이 시대는 중국의 원시사회가 문명사회로 진입하는 과도기였다는 점을 감안한다면, 당시에 이미 해몽이 유행했을 것이라는 바도 전혀 가능한 이야기다. 대만의 고산족의 몇몇 원시부락에서는 얼마 전까지만 해도 해몽을 굳게 믿었을 뿐만 아니라 해몽제도도 있었다. 그들은 해몽을 〈타이라무 시주퍼〉(太拉姆 希朱波)라 불렀다. 전투를 하거나 사람 사냥을 할 때에는 항상 꿈으로 점을 쳤었다. 일반적으로는 길가는 도중에서 기숙할 때 진행했는데, 나쁠 경우에는 되돌아가고 좋을 경우에는 나아갔다. 어떤 경우 흉몽을 꿀 경우에는 다른 방법을 설정하기도 했었는데, 그것은 길몽을 꿀 때까지를 기다려서 비로소 나아가는 것이었다.(《중국 소수민족 종교개람》하책, 509쪽 참조)《금사金史·오행지五行志》에서는 『처음 금나라가 일어났을 때, 세조께서는 적과 전쟁을 함에 있어서 항상 꿈자리로써 그 승부를 점쳤다』고 기록하고 있다.

황제와 요·순·우임금시대의 꿈과 해몽활동은 모두가 오래된 전설로서 연구의 참고적인 자료로 삼을 수밖에 없다. 중국의 역사에서는 은나라 때부터 비로소 꿈과 해몽에 대한 믿을 만한 기록이 존재하게 된다. 은나라 때의 갑골문자에서는 이미 비교적 규범적인 몽夢자가 출현하고 있다.(이 책의 하편 제1장 제1절 참조) 갑골복사에는 은나라 왕의 해몽과 관련된 기록이 매우 많다. 뿐만 아니라 은나라 왕은 언제나 그 꿈이 화가 있게 될 것인지의 여부와 재앙이 있을지의 여부를 물었다. 이러한 사실은 은나라 왕이 그 꿈의 길흉에 매우 관심을 갖고 있었다는 것을 설명해 주고 있는 동시에, 해몽이라는 것이 은나라 왕의 생활 중에서 상당히 중요한 위치를 차지하고 있었다는 것을 말해 주고 있다.

 저명한 갑골학자인 호후선胡厚宣의 귀납에 의하면, 은나라 왕이 갑골복사에서 점을 쳐 물어본 꿈에 본 모습이나 몽상으로는 인물·귀신·천상·들짐승에 관한 것 이외에도 사냥이나 제사 등등에 관한 것들이 있다고 한다. 인물에 관한 것들 중에는 은나라 왕 주위의 처나 첩·사관 들이 있으며, 또 이미 돌아가신 선조나 선비들도 있었다. 천상에 관한 것 중에는 비가 내릴지의 여부에 관해 물어보기도 했으며, 날이 맑을 것인지에 관해서도 점쳐 물어보기도 했다. 들짐승에 관한 것 중에는 소와 죽은 호랑이에 대해서도 언급하고 있다. 주의를 기울일 만한 것은, 그 원인은 알 수가 없지만 은나라 왕의 귀신 꿈에 관한 것이 특별히 많다는 것이다.

 계미날에 점을 쳐 왕이 물어봅니다. 무기를 가진 귀신 꿈을 꾸었는데 오제사를 지내지 말아야 합니까?(癸未卜, 王貞媿夢, 余勿邲?)

 정미날에 점을 쳐 왕이 물어봅니다. 많은 귀신 꿈을 꾸었는데 재난이 닥치지 않겠습니까?(丁未卜, 王貞多鬼夢, 亡未邲?)

 경신날에 점을 쳐 물어봅니다. 많은 귀신 꿈을 꾸었는데 사냥을 나가지 말아야 하겠습니까?(庚辰卜, 貞多鬼夢, 不至田?)

 경신날에 점을 쳐 물어봅니다. 많은 귀신 꿈을 꾸었는데, 혜·녁 두 사람에게 물어볼까요?(庚辰卜, 貞多鬼夢, 重疒見?)

 (□□날에 점을 쳐) 물어봅니다. 많은 귀신 꿈을 꾸었는데, 혜·언 두 사람에게 물어볼까요?(□□□, 貞多鬼夢, 重言見?)

 (호후선의 《은인점몽고殷人占夢考》, 《갑골학상사논총甲骨學商史論叢 초집初集》 하에서 재인용)

 이상의 귀신 꿈은 대부분 왕이 직접 점을 쳐 물어보았거나 사관인 혜·녁·언 등을 불러 물어본 것이다. 은나라 왕은 귀신 꿈에 대해서 극도로 두려운 심리를 갖고 있었으며, 일의 어려움과 재난이 닥쳐옴에 대해 두려워하고 있는 것같이 보인다. 이러한 심리적 상태는 이후의 《주례》에서 말하는 〈구몽懼夢〉(두려워하는 꿈)과 매우 유사한 것이다.

《예기禮記·표기表記》에서는『은나라 사람들은 귀신을 숭상했다』고 했다. 은나라 사람들이 볼 때 은나라 왕이 꿈을 꾸는 까닭은, 그 대부분이 은나라 사람들의 선조들이나 선비들이 재앙을 내리기 때문이라고 생각했다. 그러므로 은나라 왕이 밤에 이상한 꿈을 꿀 때는 언제나 어떤 선조께서 오신 것이 아닌지를 점쳐 물었던 것이다. 예를 들면『물어봅니다, 왕께서 꿈을 꾸셨는데 蚤께서 재앙을 내렸습니까? 貞王夢, 隹蚤』·『물어봅니다, 왕께서 꿈을 꾸셨는데 卒께서 재앙을 내렸습니까? 貞王夢, 隹卒』·『물어봅니다, 왕께서 꿈을 꾸셨는데 태갑께서 재앙을 내렸습니까? 貞王夢, 隹大甲』·『물어봅니다, 왕께서 꿈을 꾸셨는데 태갑께서 재앙을 내린 것이 아닙니까? 貞王夢, 不隹大甲』·『물어봅니다, 왕께서 꿈을 꾸셨는데 조을께서 재앙을 내렸습니까? 貞王夢, 隹祖乙』·『물어봅니다, 왕께서 꿈을 꾸셨는데 조을께서 재앙을 내린 것이 아닙니까? 貞王夢, 不隹祖乙』·『물어봅니다, 왕께서 꿈을 꾸셨는데 형이신 무께서 재앙을 내린 것이 아닙니까? 貞王夢, 不隹兄戊』 등등과 같은 유사한 기록들이 매우 많다. 점을 쳐 물어본 결과 어떤 선조께서 재앙을 내린 것으로 인정이 되면 반드시 성대한 제사를 거행해야만 했다. 이렇게 얘기한다면, 은나라 왕들이 귀신 꿈을 많이 꾸고 이를 두려워했던 것은 아마도『은나라 사람들이 귀신을 숭상했다』는 종교적 심리와 관계가 있을 것이다.

귀신을 두려워하는 심리와 서로 관련지어 볼 때, 은나라 왕의 해몽은 어떤 특색을 갖고 있는 듯한데, 바로 대부분이 꿈의 나쁜 측면에 중점을 두고 있다는 점이다. 왜냐하면 은나라 왕은 귀신 꿈을 꿀 때면 언제나 환난이나 재앙이 없겠는지를 물어보고 있기 때문이다. 기타의 꿈자리나 몽상들은 일반적으로 모두 이런 식으로 물어보고 있으며,『좋은 일이 있겠습니까, 그렇지 않겠습니까?』라는 식으로 물어본 예는 한 차례도 없었다. 아마도 이러한 이유 때문에 은나라 왕들은 비록 모든 일들을 점복에 의존하긴 했었지만, 해몽이라는 것이 전체적인 점복행위 중에서 그렇게 중요한 위치를 차지하고 있는 것은 결코 아니었다.

많은 고적들의 기록에 의하면, 은나라 고종이 부열傳說에 관한 꿈을 꾼 얘기는 매우 잘 알려져 있다.《상서尙書·설명說命》상에 실린 기록은 이러하다.

(고종이) 하느님께서 고종에게 어진 도움자를 보내주시고서, 그가 고종의 말을 대

신하게 될 것이라고 하는 꿈을 꾸었다. 이에 그의 형상을 그려서 천하에 두루 찾게 하셨다. 열說이 부암傳岩이라는 들에서 성을 쌓고 있었는데 매우 닮았다. 이에 그를 재상으로 삼았다.

『그의 형상』이란 꿈 속에서 본 형상을 말한다. 은나라의 고종(무정)은 하느님께서 그에게 한 어진 신하를 내려주시어 국정을 보좌할 수 있도록 해주는 꿈을 꾸었다는 것이다. 그는 꿈 속에서 본 이 사람의 형상에 근거하여 도처로 찾아다녔으며, 결국 부암이라는 들에서 이름이 열이라는 한 노예를 찾았는데 꿈에서 본 형상과 매우 닮았다. 그리하여 그를 나라의 재상으로 삼았다는 것이다. 《국어國語·초어楚語》상편에서도 다음과 같이 기술하고 있다.

옛날 은나라의 무왕은 그 덕이 한없이 높아 신명에게까지 전해졌다. ……이와 같으므로 해서 또 꿈을 꾸게 되었는데, 꿈에서 본 형상을 사방의 제현들에게서 찾도록 한 터에 부열을 찾아서 재상으로 삼았다.

《사기·은본기》와 《제왕세기》 등의 책에서도 유사한 기록이 보이며, 그 기본적인 내용은 일치하고 있다. 이 이야기와 갑골복사와의 차이점은, 이 이야기 사이에서는 고종의 덕행이 고상하여 신명을 감동시키고 하느님을 감동시켰으며 그리하여 신령이 그에게 꿈을 내렸음을 강조하고 있다는 점이다. 오늘날 우리들이 볼 때, 이 꿈은 아마도 무정武丁 임금이 파격적인 인물기용을 위해 만들어낸 것일 가능성이 매우 높다. 명나라 때의 양신楊愼은 『무정은 일찍이 황량한 벌판으로 달아난 후에 즉위하였는데, 그는 민간에 있을 때 이미 부열의 현명함을 알았다. 하루 아침에 발탁하여 만백성들의 위에다 놓으려고 했으나 조용하고 편안하게 말을 듣는 것만은 아니었다. 그래서 꿈을 빌어오게 되었으며, 이것은 성인의 신성스런 도로써 가르침을 편 것이다』라고 했다.(명나라 때 양신의 《단연총록丹鉛總錄》에 보이며 《고금도서집성古今圖書集成》 제152권에서 재인용했다.) 그러나 꾸며낸 것이라고 해도 좋고 가르침을 편 것이라고 해도 상관없이, 사람들에게 믿음을 주기 위해선 제멋대로 꾸며낼 수는 없는 것이며 반드시 이미 오래 전부터 있어오던 전통적 관념을 이용해야만 했다. 갑골복사에서는 여러 차례에 걸쳐 〈몽보夢父〉라는 사람을 거론하고 있는데,

예를 들면 《청청菁》六에서는 『왕께서 점을 쳐 물었다. 몽보에게 물어보노니, 그 좋은 일이 오겠습니까? 王固彐：求之夢父, 其來嬉?』혹은 《후後》下五에서 『왕께서 점을 쳐 물었다. 몽보에게 물어보노니, 갑인날에 그가 올 수 있도록 허락해 주시겠습니까? 王固曰：求之夢父, 甲寅尢之來嬉?』라고 한 예들이다. 어떤 사람은, 〈몽보〉라는 이름은 〈사보師保〉를 〈보보保父〉라고 부르는 것과 같이 꿈과 관련된 것으로부터 그러한 이름을 얻었을 것이며, 그를 존중하여 〈몽보〉라고 부르게 된 터일 것이라고 한다. 즉 다시 말해, 이러한 해몽의 예는 이미 일찍부터 그 선례가 있었을 것이라고 한다. 그러나 도대체 그러한 선례가 존재했었는지의 여부는 우리들에게 그렇게 중요한 것은 아니다. 우리들이 중점을 두고서 지적해내고자 하는 것은, 은나라 사람들은 귀신이 꿈을 조종할 수 있다고 인식하고 있었을 뿐만 아니라 하느님 또한 사람의 꿈을 조종할 수 있으며, 또 몽경이나 꿈자리·몽상 등 모두가 신의 의지의 표현이라고 인식하고 있었다는 점이다.

3 | 주나라 사람들의 해몽활동

주나라가 은나라를 멸망시키기 전에도 꿈에 대한 전설과 해몽활동은 매우 많았다. 전하는 바에 의하면, 주나라의 문왕과 무왕은 사전에 주나라가 천명에 의해 은나라를 이을 것이라는 길몽을 적잖게 꾼 적이 있다고 한다.

《제왕세기》에서는 문왕은 일찍이 『해와 달이 자신의 몸에 달라붙는』 꿈을 꾸었다고 했는데(《몽점일지夢占逸旨·종공편宗空篇》에서 재인용) 해와 달이란 것은 제왕의 상징이며, 분명히 문왕이 하늘로부터 명을 받았다는 것을 설명해 주고 있다. 《일주서逸周書·정오해程寤解》에서는 태사太姒의 꿈에 대해서 더욱 구체적으로 기록하고 있다.

태사(무왕의 어머니)가 꿈을 꾸었는데, 상나라 왕실의 뜰에 가시나무가 자라났으며, 태자인 발發(무왕)이 주나라 왕실의 뜰에 있는 가래나무를 갖다가 대궐문 사이에 심었더니 가래나무가 소나무·잣나무·두릅나무·떡갈나무 등으로 변했다. 잠을 깨어

문왕에게 이 사실을 알렸더니, 문왕은 태자인 발과 함께 명당에서 점을 쳤다. 왕과 태자는 모두 길몽에 대해 감사를 드렸으며, 천상의 하느님에 의해서 상나라를 이을 수 있는 큰 명을 받게 되었다.

가시나무는 관목으로 은(상)나라를 대표하며, 가래나무는 교목으로 주나라를 대표한다. 가래나무가 대궐문 사이에서 소나무·잣나무·두릅나무·떡갈나무 등의 큰 나무로 변했다고 하니, 이 꿈의 의미는 더욱 명확해진다. 그래서 그들은 천상에 계신 하느님께서『상나라를 이을 큰 명』을 주나라에게 주셨다고 여겼다.
《상서尙書·태서太誓》 중에서는 무왕이 주왕을 정벌하러 갈 때의 맹서를 기록하여『짐의 꿈은 짐의 점과 맞고 아름다운 조짐이 겹쳐지고 있으니, 상나라를 치면 반드시 이길 것이리라』고 적고 있다. 무왕이 도대체 어떤 꿈을 꾸었는지에 대해선 《태서》에서는 언급하지 않고 있다. 《묵자墨子·비공非攻》 하편에는 다음과 같은 기록이 보인다.

무왕이 등극하여 꿈을 꾸었는데 삼신께서 꿈에 나타나 다음과 같이 말했다. 내가 이미 은나라의 주왕을 술독에 빠지게 해놓았으니, 공격만 하게 되면 나는 너로 하여금 반드시 크게 승리하도록 해주겠노라. 무왕은 그리하여 은나라를 공격했다.

이상의 여러 꿈들은 분명히 모두 강렬한 정치적 의미와 정치적 목적성을 갖고 있기 때문에 허구성을 면할 수가 없었다. 그러나 그 속에서 우리는 주나라 사람들의 정치생활 속에서 해몽이라는 것이 매우 중요한 지위를 차지하고 있음을 볼 수 있다. 주나라 왕의 꿈에 대한 태도는 은나라 왕에 비해 더욱 경건한 듯하다. 관련된 정치적인 문제가 있을 경우에는 반드시 태자를 불렀으며, 해몽을 할 때에는 반드시 신성한 명당에서 거행했다. 점을 쳐 길몽일 경우에는 하느님의 신명스러움에 대해 무릎을 꿇고 절을 해 하느님의 보살핌에 감사를 드렸다.
주나라가 은나라를 멸망시키는 과정에서 강태공姜太公은 극히 중요한 역할을 했다. 무정이 꿈을 꾸어 부열을 얻었던 것과 같이 강태공에 대해서도 꿈에 관련된 많은 전설이 있다. 위서緯書인《상서尙書·중후中候》에서는, 강태공이 문왕을 만나기 전 반계磻溪라는 곳에서 낚시를 하고 있었는데, 밤에 북두칠성이 그에게『주왕을

정벌할 뜻』을 알려주었다고 전한다.(《몽점일지·종공편》에서 재인용) 그렇다면 강태
공은 바로 하늘이 보내준 신하가 되게 된다.《장자莊子·전자방田子方》편에서는,
또 문왕이 꿈에서 어떤 한 〈현인〉이 그에게『정치를 장臧 지방에 있는 노인에게 맡
기면 백성들은 모두 나아지게 될 것이로다』라고 하는 꿈을 꾸었다 한다. 여기서 말
하는 〈현인〉은 보통 사람과는 달라서 아마도 신선을 말하는 것일 터이며,『장 지방
에 있는 노인』이란 장이란 땅에서 낚시질하는 어부를 말하는 것으로 실제는 강태
공을 가리킨다. 진나라 때 판각한《태공여망표太公呂望表》에서는 더욱 신비스럽게
서술하고 있다.

　　문왕은 꿈에서 하느님이 현양玄穰을 입고서 영고令孤의 나루터에 서서,『창昌(문왕
　　의 이름)아, 너에게 망望(태공인 여망呂望)을 주겠노라』고 하는 꿈을 꾸었다. 문왕이
　　머리를 조아리고 재배했으며, 태공 또한 이후에 머리를 조아리고 재배했다.(노신의
　　《중국소설사략》인민출판사 1976년판, 11쪽에서 재인용)

　이 꿈은 하늘의 명을 받는 의식과 완전히 꼭 같다.《박물지博物志》에서는 또 이
른바『바다 부인의 꿈』이라는 게 있다. 전하는 바에 의하면, 태공이 관단령灌壇令
을 하고 있을 때 문왕이 밤에 꿈을 꾸었는데 한 부인이 울면서 말하기를『저는 동
해의 여자로 서해의 동자에게 시집을 가게 되었습니다. 지금 관단령께서 길을 막아
저를 가지 못하게 하고 있습니다. 제가 길을 갈 때에는 반드시 큰 바람과 비가 있어
야 하는데, 태공께서는 덕이 있으신 분이라 제가 감히 폭풍우를 내려 길을 건너갈
수가 없습니다』라고 했다.(《박물지·이문異聞》중화서국 1980년 교정본, 84쪽) 여기서
말하는 동해의 여자는 용왕의 딸을 말한다. 용왕의 딸조차도 강태공과 마주치길 두
려워했으니 태공의 신기한 위력은 가히 짐작할 만하다. 이러한 꿈들은 물론 후세
사람들이 꾸며낸 것일 터이다. 그러나 꿈으로써 주나라 초기의 이러한 신하를 신성
화시켰다는 사실은 완전히 가능한 일이다.
　주나라 사람들이 은나라를 멸망시킨 이후 무왕은 후사 문제 때문에 골치를 앓은
적이 있는데, 그는 또다시 천신의 꿈을 이용하여 이러한 정치적인 어려움을 해결했
다.《일주서·무경해武儆解》에서는 다음과 같이 기록하고 있다.

12년 4월 왕께서 꿈에 대해 말씀하셨는데, 꿈에서 병신날에 금지金枝와 교보郊寶·개화開和·세서細書 등을 꺼내어 주공 단을 후사로 삼도록 명을 내리고, 소자(성왕)로 하여금 글과 경전을 낭송하도록 하셨다고 했다. 왕께서 말씀하시길 오! 경외롭도다! ……삼가 받들어 틀림이 없도록 할지어다, 라고 했다.

무왕이 꿈을 꾸었을 뿐만 아니라, 또 꿈 속에서 『명을 내려 주공 단을 후사로 삼게 하였다』고 했으니 누가 감히 성왕에게 반대를 할 수 있었겠는가?

은주시대에 있어서 나라의 큰일들은 모두 점을 쳐서 결정을 했었다. 그러나 이들 두 나라의 차이는, 은나라 사람들은 점의 대부분이 거북점이었으며 해몽이란 것은 단지 거북점의 한 내용에 불과했었다. 그러나 주나라 사람들의 점은 거북점·역점·해몽 등의 세 가지를 서로 참고했다. 《주례·춘관春官》의 기록에 의하면, 태복은 점을 관장하던 우두머리였는데, 그가 관장하던 점으로는 거북점·역점·해몽 등과 관련된 〈삼조법三兆法〉〈삼역법三易法〉〈삼몽법三夢法〉 등이 있었으며, 〈삼조법〉〈삼역법〉〈삼몽법〉에 의한 점의 결과로써 『국가의 길흉을 관찰했으며』『길한즉 행하고 길하지 않은즉 그만두었으며』 흉한 징조에 대해서도 이것을 구제할 수 있는 조치를 취하기도 했다. 그런 까닭에 은왕조에서는 태복이라는 직책 하나만 있었지만, 주왕실에서는 태복 아래에 또다시 전문적으로 해몽을 맡아보던 관직이 있었던 것이다.

《주례》 속에서, 주나라 사람들이 해몽을 할 때 꿈을 『정몽正夢(평안한 꿈)·악몽噩夢(놀라는 꿈)·사몽思夢(생각하던 바를 꾸는 꿈)·오몽寤夢(비몽사몽간에 꾸는 꿈)·희몽喜夢(즐거워하는 꿈)·구몽懼夢(두려워하는 꿈)』 등의 여섯 가지로 나누고 있음을 볼 수 있다. 『여섯 가지 꿈』에는 〈두려운 꿈〉도 있었으며 〈기쁜 꿈〉도 있는데, 이러한 사실은 주나라 사람들의 꿈에 대한 심리가 은나라 사람들이 꿈을 단순히 두려운 것으로만 여겼던 것과는 사뭇 다름을 설명해 주고 있다.

《주례》가 만들어진 시기에 대해선 아직도 논쟁이 그치지 않고 있다. 그러나 《시경》의 관련된 기록들을 참고하면, 위에서 서술한 해몽제도는 기본적으로는 서주시대와 춘추시대 초기의 상황과 부합되고 있다. 《소아小雅·정월正月》에서 『저 고로故老(노인)를 모셔다 해몽을 물어보네』라고 했는데, 이것은 주왕이 고로(태복을 보통 고로가 맡았다)와 해몽관을 불러다 해몽을 한 것을 말한다. 《소아·사간斯干》에서는『대인께서 점을 쳐보니 곰과 말곰은 아들 얻을 꿈이요, 독사와 뱀은 딸 얻을 꿈이라네』하였는데, 〈대인〉은 해몽관에 대한 존칭이며, 이는 해몽관이 천자의 꿈을 해몽한 것을 읊고 있다. 그 대체적인 뜻은 왕비가 꿈에서 곰과 말곰을 본 것은 사내아이를 낳을 징조요, 독사와 뱀을 본 것은 여자아이를 낳을 징조라는 것이다. 《소아·무양無羊》에서는 또『목동이 꿈을 꾸었는데, ……대인께서 점을 쳐보니 많은 물고기들은 풍년을 말해 주고, 갖가지 깃발들은 후손이 창성하게 될 것이로다』하였는데, 이는 목동이 해몽관을 청해 해몽한 것으로, 그 뜻은 꿈에서 물 속에 물고기가 많은 것을 본 것은 풍년의 상징이고, 꿈에서 거북과 뱀·조류 등이 그려진 깃발을 본 것은 장정들이 흥성하게 될 징조라는 것이다. 《시경·소아》에 반영된 이러한 모습들은 위로는 주나라 왕실로부터 아래로는 민중에 아르기까지 당시에는 거의 모두가 해몽의 미신에 젖어있었다는 것을 설명해 주고 있다.

4 │ 춘추전국시기의 해몽활동

춘추시대 이후로 접어들게 되면 주나라 천자의 지위는 날로 쇠퇴하여 갔으며, 그의 활동에 대해서도 사람들은 이미 큰 관심을 기울이지 않았다. 주나라 천자의 꿈은 적지 않았다고 단정할 수 있지만, 희미한 역사적 흔적조차도 지금은 찾아보기가 힘들다. 그런 까닭에 주나라 천자가 꿈에 대해서 어떠한 태도를 지녔는지에 대해선 관찰할 방법이 없다. 그러나 춘추시대의 역사를 계통있게 편년체로 기술해 놓은 《좌전》속에서, 각국의 제후들은 당시의 역사 무대에서 상당히 충분한 역할들을 수행했었음을 볼 수 있다. 그들은 전쟁을 당하거나 혹은 제사를 지낼 때를 막론하고 항상 신에게 의탁하길 좋아했으며, 그리하여 그들 대부분은 꿈에 대해 매우 진지한 태도를 갖고 있었다.

《좌전》소공 7년의 기록은 이러하다.

(노나라의) (소)공께서 장차 (초나라로) 가려고 하매, 양공襄公이 공의 여행길이 무사하도록 빌어주는 꿈을 꾸었다. (이 일에 대하여) 재신梓愼이 말하기를『군주님께

서는 실제로 가지 못하실 것입니다. 양공께서 초나라로 가셨을 때에는 주공께서 여행길이 무사하길 빌어주는 꿈을 꾸고서 가셨습니다. 그러나 지금 양공께서는 자신이 직접 무사하도록 빌으셨으니, 군주님께서는 가시지 못할 것입니다』고 했다. 그러나 자복인 혜백惠伯은 『군주님께서는 초나라로 가실 것이다. 선군께서는 초나라에 가신 적이 없었다. 그래서 주공께서 편안하도록 빌어주시고 여행길을 인도하셨다. 양공께서 초나라에 가신 적이 있기에 안녕을 빌어주시고 군주님을 인도하시려 하는 것인데, 초나라에 가시지 않고 어디를 가시겠는가?』고 했다.

〈공〉이란 노나라의 소공昭公을 말한다. 초나라 왕이 장화대章華臺를 짓고서는 다른 제후들과 함께 낙성식을 거행하려고 했다. 노나라의 소공이 초청을 받았으나 행차 전날 밤 꿈에 선군(양공)께서 그의 행차를 위해 노제를 지내주는 꿈을 꾸었는데, 이로 인해 가야 할지 가지 말아야 할지에 대해 의심을 품었다. 재신은 가지 말 것을 주장했는데, 그의 이 같은 주장의 근거로는 바로 이전에 양공께서 초나라로 행차할 때 주공께서 노제를 지내주는 꿈을 꾼 후 행차를 했었는데, 지금은 꿈에서 본 사람이 양공 자신이지 주공이 아니기 때문에 가지 않는 것이 좋다는 것이었다. 그러나 자복인 혜백의 주장은 가야 한다는 것이었다. 그 이유는 양공이 초나라에 가본 적이 없기 때문에 주공이 노제를 올려 그에게 길을 인도해 준 것이지만, 지금 소공께서는 초나라에 가본 적이 있기 때문에 선군께서 노제를 올려 군주님을 위해 길을 열어준 것이니 어찌 가지 않을 수 있겠는가라는 주장이었다. 군신 셋이서 하나의 꿈을 놓고서 밀고당기는 실랑이를 벌였던 것이다. 그들의 견해가 어떻게 달랐느냐 하는 것에 상관없이 이들 모두는 꿈을 가지고서 행동의 근거로 삼았던 것이다. 그들의 안중에는 이전의 양공의 꿈이 주공의 뜻을 대표하였고, 지금 꾼 소공의 꿈은 바로 선군의 뜻을 의미하는 것이라고 인식했던 것이다.

소공 7년조의 기록에 의하면, 위나라의 경대부였던 공성자孔成子가 꿈에서 위나라의 선조인 강숙康叔이 그에게 『원元을 나라의 임금으로 세워라』고 하는 꿈을 꾸었으며, 사관이었던 조조朝 또한 강숙이 그에게 『내가 명령하노니 구苟와 어圉로써 원元을 보좌케 하라』는 꿈을 꾸었다고 한다. 두 사람의 꿈이 맞아떨어지는 바람에 위나라의 양공이 죽고 나서 공성자는 원을 임금으로 세웠는데, 그가 바로 위나라의 영공靈公이다. 소공 17년조에는, 또 한선자韓宣子가 꿈에서 진나라의 문공文公이 순오荀吳를 잡아끌고서 육혼陸渾을 그에게 인계하는 꿈을 꾸고서는, 순오를 장수로 삼아 공격을 하도록 했다고 기록되어 있다. 순오가 육혼을 멸망시킨 후, 그는 특별히 포로들을 진나라 문공의 사당에다 바쳤다는 기록이 있다. 이 두 가지 기록에서 볼 수 있듯이 공성자가 원을 임금으로 세운 것과, 한선자가 순오를 원수로 삼은 것들은 모두가 꿈으로써 그들의 행동 근거를 삼은 예들이다. 그들은 꼭같이 강숙이 꿈에서 한 말이 바로 선조의 명령이며, 진나라 문공이 꿈 속에서 보인 행동이 바로 선조의 뜻이라고 여겼던 것이다. 이러한 예들에 근거해 볼 때 그들의 꿈에 대한 미신이 얼마나 깊었던가를 알 수 있다.

《좌전》에서 기록하고 있는 꿈은, 대부분이 제후나 공경대부들의 꿈이거나 장군이나 재상·신하·각료 등의 꿈이다. 물론 꿈을 꾼 사람에는 제후들의 처나 첩, 혹은 일반적인 보통의 신하들도 있다. 그러나 꾼 꿈의 내용은 모두 제후와 관련이 있어야만 기록되어질 수 있었다. 예를 들면 선공 3년조에는, 연길燕姞이 난초 꿈을 꾸었는데 이는 정鄭나라 문공이 귀한 아들을 낳을 징조라고 기록되어 있으며, 성공 10년조에는 한 신하가 『경공을 업고서 하늘로 올라가는 꿈』을 꾸었다고 기록되어 있으며, 애공 7년조에는 조曹나라 사람의 꿈을 기록하고 있는데 꾼 꿈은 역시 『많은 군자들』과 조숙曹叔인 진탁振鐸이었다. 소공 11년조에는 천구泉丘에 사는 한 여자의 꿈을 기록하고 있는데, 『맹씨 가문의 사당에다 자기 방의 커튼을 치는 꿈을 꾸고서는 곧바로 맹희자孟僖子에게로 달려갔다』고 한다. 몽상이나 꿈에서 본 사람에 대한 상황들이 은주시대에 비해 더욱 복잡해진 것 같다.

첫번째 종류로는 몽상이나 꿈에서 본 사람이 신령인 경우로, 이에는 하늘과 천사·강의 신(河神) 등이 있다.

　　소공 7년조 : 목자가 꿈에서 『하늘이 자신을 눌러 이를 이기지 못하였으나』 이후 『우조여牛助餘』의 도움으로 『드디어 이 어려움을 벗어날 수 있게 된』 꿈을 꾸었다.

　　선공 3년조 : 연길이 『꿈에서 천사가 자기에게 난초를 주면서, 나는 백유伯儵라고 하고 너의 조상이며 이것을 너의 아들로 삼거라고 하는 꿈을 꾸었다.』

　　희공 28년조 : 초나라의 자옥子玉이 『말 앞머리털 앞에다 씌울 붉은 구슬 관과 가슴팍에 채울 구슬 끈을 만들었는데』 『황하의 신이 자기에게 나타나 그것을 나에게 넘겨주면, 나는 너에게 맹제孟諸의 택지澤地를 주리라고 하는 꿈을 꾸었다.』

이러한 꿈에는 길한 것도 있고 흉한 것도 있다. 전하는 바에 의하면 목자의 꿈과 같이 『하늘이 자신을 누른 것은 임금의 총애가 닥쳤다는 것』이므로 길한 것 같지만, 『하늘이란 이길 수는 없는 것인데 하늘을 이겼다는 것은 상서롭지 못한 것이다.』 그래서 이후 우조여에 의해 굶어죽게 되었다. 연길의 꿈은 분명히 좋은 꿈에 속하는데, 이후 과연 정나라 문공이 아들을 낳고서 이름을 란蘭이라 했다. 자옥의 꿈은 그가 황하신의 말에 대해 상관하지 않았기 때문에 마지막에는 결과가 없었다.

두번째 종류로는 몽상과 꿈에서 본 사람이 〈여귀厲鬼〉인 경우이다. 〈여귀〉란 악귀로서, 죽은 후의 귀신은 보통 〈려厲〉가 된다고 한다.

> 성공 10년조 : 『진나라 군주가 꿈을 꾸었는데, 큰 여귀가 머리칼을 땅까지 늘어뜨리고서 가슴을 치며 뛰면서 말하기를 〈나의 자손을 죽인 것은 의롭지 않은 짓이다. 나는 그 죄를 하느님에게 청하겠노라!〉고 했다.』
>
> 소공 4년조 : 정나라 사람이 『백유伯有가 갑옷을 입고서 걸어가면서 말하기를 〈임자날에 내 사대駟帶를 죽일 것이고, 다음해의 임자날에는 다시 공손단公孫段을 죽이리라〉고 하는 꿈』을 꾸었다.
>
> 소공 7년조 : 진나라 군주가 병에 걸려 누워있다가 『누런 곰이 침실 문으로 들어오는 꿈』을 꾸었는데, 이것이 무슨 〈여귀〉인지 모르겠다고 했다.

이상에서와 같은 꿈은 일반적으로 흉몽에 속하며, 꿈 속에서 〈여귀〉가 되는 자는 대부분 꿈을 꾸는 사람이 적대시하는 망령이다. 진나라 군주의 꿈에 나타난 〈큰 여귀〉는, 진나라 군주가 자신의 자손을 죽인 것을 직접적으로 나무란 것으로 당연히 죽은 자의 조상의 망령이며, 그런 까닭에 그는 하느님께 보복을 애원하였던 것이다. 정나라 사람의 꿈에서 백유가 〈여귀〉가 된 까닭 또한 정나라 사람이 백유를 죽였기 때문이며, 그래서 그는 거꾸로 보복을 해서 사대와 공손단을 죽이려고 했던 것이다. 진나라 군주가 꿈에서 본 누런 곰은, 자산子產의 해석에 의하면 원래가 백곤伯鯀이라는 신의 영혼이 변한 것이라 한다. 진나라가 맹주가 된 이후에도 아마 제사를 지내지 않기 때문에 그것이 나타나 재앙을 내렸을 것이다.

세번째 종류로는, 몽상과 꿈에서 본 사람이 선조나 선군의 영혼인 경우이다. 이러한 꿈은 《좌전》에서 가장 많이 보인다. 예를 들면 고돌孤突이 태자인 신생申生의 꿈을 꾼 것, 공성자와 사관이었던 조가 꼭같이 강숙의 꿈을 꾼 것, 노나라의 소공이 양공의 꿈을 꾼 것, 한선자가 진나라 문공의 꿈을 꾼 것 등등이다. 그들이 꿈을 꾸는 사람에게 전달했던 것은, 모두가 선조나 선군 들의 뜻이었기 때문에 이들은 일반적으로 모두가 좋은 꿈이다. 성공 2년조의 기록에 의하면, 한궐韓厥이 꿈을 꾸었는데 그의 돌아가신 부친인 자여子輿가 그에게『왼쪽이나 오른쪽 자리는 피하라』고 하여, 다음날 전차에서 좌우의 양측면에 서지 않고 중간에 서서 전차를 몰며 제나라 군주를 추격했다. 그 결과 전차의 왼쪽에 서있던 사람은 전차의 아래로 굴러 떨어져 죽었고, 오른쪽에 서있었던 사람은 전차 위에서 죽었다. 그는 꿈에 의해 생명을 보전하였을 뿐만 아니라 승리도 할 수 있었다.

네번째 종류로는, 몽상이 상징적 의미를 지닌 해와 달·강물·성문·새와 벌레 등등인 경우이며, 꿈으로 나타나게 한 자는 명확하진 않지만 결국에는 신령인 것으로 귀속시킬 수밖에 없는 경우이다.

성공 16년조 :『여기呂錡가 달을 쏘아서 적중시키고, 물러나서는 진흙 속에 빠지는 꿈을 꾸었다.』

성공 17년조 :『성백聲伯이 꿈을 꾸니, 원수洹水를 건너는데 어떤 사람이 그에게 구슬을 주어 입에다 넣어 먹이는 것이었다……』

애공 26년조 :『득得(이후의 송나라 소공—역주)이 꿈을 꾸었는데, (군주인) 계啓는 머리를 북쪽으로 한 채 노문盧門의 바깥에서 잠을 자고 있고, 자신은 새가 되어 자고 있는 계의 위에 앉았는데 부리는 남문에 닿고 꼬리는 동문桐門에 얹혀져 있었다.』

전하는 바에 의하면, 〈달〉은 꿈 속에서 〈다른 성씨〉를 대표하기 때문에 여기가 꿈 속에서『달을 쏘았다』고 하는 것은 틀림없이 초나라 왕을 쏘았다는 것이며, 진흙 속으로 빠졌다는 것은 〈죽음의 징조〉에 속하는 것이기 때문에 여기는 마지막에는 반드시 죽게 된다는 것이다. 옛사람들은 사람이 죽으면 입에다 돌구슬을 물렸는데, 성백이 구슬을 먹는 꿈을 꾸었다는 것도 나쁜 꿈에 속한다. 《예운禮運》에 이르기를『죽은 자는 북쪽으로 머리를 향하게 하고 산 자는 남쪽으로 향하게 한다』고 했으니, 계가 꿈 속에서『북쪽으로 머리를 두었는 바』반드시 죽게 될 것이며, 득은 꿈에서 부리를 남쪽으로 하고 꼬리를 북쪽으로 하는 꿈을 꾸었으니 『남쪽으로 향한 것』으로 반드시 살게 되리라는 것이다. 그러므로 득의 입장에서 볼 때 이는 길몽에 속한다고 할 수 있다. 어떤 이유로 해서 여기와 성백은 나쁜 꿈을 꾼 반면 득은 좋은 꿈을 꾸게 되었는지의 문제에 대해서는, 당시의 관념에 의한다면 당연히 하늘의 뜻에 의한 것이라고 말할 수밖에 없다.

여기서 주의할 만한 것은, 《좌전》에서 왕후장상들의 꿈에 대한 기록을 완전히 중요한 사실이나 사료로 인식하고 있다는 점이다. 앞의 글에서 꿈을 기록했다고 한다면, 뒤의 글에서는 반드시 그 응험에 대해서 기술하고 있다. 예를 들어 앞에서 여기의 꿈을 기술하였으며, 뒤의 문장에서는 여기가 과연 초나라 왕의 눈을 쏘아 맞히긴 했지만 자신 또한 초나라 왕의 부하에 의해 목에 화살을 맞아 활통에 엎어져 죽었다고 서술하고 있다. 또 앞에서 인용한 악득樂得의 꿈에서는 득이 기뻐하여 『나의 꿈은 좋은 꿈이로다. 반드시 즉위하게 될지어다』라고 했는데, 과연 이후 송나라의 소공으로 즉위하게 되었다. 성공 10년조에서 기록하고 있는, 진나라 군주가 〈큰 여귀〉의 꿈을 꾸었다는 것의 증좌는 더더욱 신비스럽다. 먼저 진나라 군주는 상전桑田에 사는 무당을 불러 해몽하게 하였는데, 무당이 말하기를 『보아하니 왕께서는 햇보리를 맛보지 못하겠습니다』라고 했다. 진나라 군주는 이때부터 중병을 앓기 시작하여 진나라의 유명한 의사인 완緩을 불러 병을 고치고자 했다. 의사인 완이 도착하기 전에 그는 또 꿈에서 두 아이를 보게 되었는데, 한 아이가 『의사 완은 명의이므로 아마도 우리들을 해칠 것이니 우리는 어디로 도망을 가야만 할까?』하고 말했으며, 다른 한 아이는 『우리들이 고황(심장과 횡격막 사이로 침이나 약으로 고칠 수 없는 곳—역주)을 지키고 있으면서 그가 우리를 어떻게 하는지 한 번 보자!』라고 하는 것이었다. 의사 완이 도착한 후, 진나라 군주에게 말하기를 『병을 고칠 방법이 없겠습니다. 병의 근원이 고황에 있으니 돌침을 사용할 수도 없고 극침棘針도 쓸 수가 없으며, 약물도 쓸 수가 없습니다』라고 했다. 유월이 되어 보리가 익을 때가 되자, 진나라 군주는 일찍이 상전의 무당이 해몽한 것이 허튼소리라 여기고서는 그녀의 면전에서 햇보리를 먹어 보이려고 했다. 그러나 막 먹으려고 할 때 배가 틀어올랐다. 그래서 변소에 갔는데 가자마자 똥통에 빠져 그 길로 죽어 버렸다. 작자가 그 번거로움에도 불구하고 이 사건의 과정을 상세히 서술하고 있는 것은, 도대체 무엇을 설명하기 위한 것이었을까? 분명히 그는 이러한 이른바 〈역사적 사실〉을 사람들에게 알려서 꿈의 좋고 나쁜 결과는 예정된 것으로 누구도 거부할 수 없는 것이라는 점을 설명하기 위한 것이었으리라.

《좌전》에서의 꿈에 대한 기록은, 그 당시에 있어서 해몽이란 것의 사회적 영향을 반영하고 있다. 작자가 꿈의 미신을 기록한 것은, 그 신분이 사관이라는 역사적 전통에 의한 것이다. 청나라 때의 학자인 왕중汪中의 고증에 의하면, 《좌전》은 인간사를 기록한 외에도, 모든『천도·귀신·재앙·복서·꿈 등등을 책에다 기록하는 것』들은 모두가 〈사관의 직무〉에 속하는 것이라고 했다.(《술학述學·내편內篇》에 보인다) 다시 말해, 꿈을 기록하는 것은 원래가 사관의 직무 중의 하나이며, 《좌전》의 작자도 물론 그 예를 깰 수 없었던 것이다. 사실 어떠한 사람의 사상이나 인식이라 할지라도 그가 살았던 시대적 한계를 초월할 수는 없는 것이다. 공자도 비록『괴이한 힘이나 어지러운 귀신』에 대해서는 말하지 않았지만, 그러나 꿈에 대해서는 마찬가지로 매우 믿고 있었다. 만년에 이르러『심히 노쇠하였도다! 이토록 오래도록 다시는 꿈에서 주공을 보지 못하게 되었으니! 甚矣, 吾衰也! 久矣, 吾不復夢見周公』《논어論語·술이述而》라고 한 슬픈 탄식은, 엄격히 말해 꿈에 대해 무슨 견해를 밝힌 것은 결코 아니지만, 주공의 혼령이 다시는 그에게 꿈을 통해서 새로운 계시를 전해 주지 못한다는 것을 나타내고 있는 것이라고 해야 할 터이다. 또한 그가 죽기 전에는『내가 전날 밤에 두 기둥(楹) 사이에 앉아 전奠을 하는 꿈을 꾸었으니, 나는 아마도 곧 죽게 될 것이리라! 予疇昔之夜, 夢坐奠於兩楹之間, 予殆將死矣!』《예기禮記·단궁檀弓》고 했다. 은나라의 상례에서는 영구를 두 기둥(楹) 사이에 놓아두었다. 공자가『나는 은나라 사람이다』라고 했었으니, 꿈에서 그 자신이 두 기둥 사이에 앉아서 제사 음식을 차려놓는 것을 보고서는 이를 흉상이라 여겼던 것이다. 이러한 사실은 공자가 비록 사건마다 해몽을 한 것은 아니지만, 해몽미신의 영향을 받고 있는 것임에는 틀림이 없다는 것을 증명해 주고 있다.

그러나 우리들이 여기서 주의해야 할 것은, 춘추시대는『예악이 붕괴되었던』시기로 주나라 천자의 지위가 날로 떨어짐에 따라 천자에게 천명을 부여하던 하느님의 지위 또한 끊임없이 떨어졌으며, 그리하여 해몽도 다른 전통적인 종교들과 마찬가지로 각기 서로 정도의 차이는 있었지만 모두 새로 일어난 무신론적 사조의 충격을 받았었다. 만약 이전의 은이나 주나라 때였더라고 한다면 위아래 모두가 해몽에 대해 어떠한 보류적인 태도도 없었을 것이며, 꿈의 징조에 대해서도 이는 당연한 것이며 절대적인 것으로 여기고 아무런 의문도 가지지 않았을 것이다. 그러던 것이 춘추시대에 이르러서는 통치계급 중의 몇몇 지식분자들이 꿈에 대해 거들떠보지도 않거나 회의적인 태도를 취하기 시작했다. 제나라의 안자晏子, 초나라의 자옥子玉, 위나라의 영무자寧武子와 부도정復塗偵 같은 이들은 모두가 해몽에 대해 회의하거나 비판했던 선구적인 인물들에 속한다.

전국시대는 칠웅이 패권을 다투던 때로, 완전히 경제적·군사적 힘과 지모와 계략을 겨루는 싸움장이었다. 사람의 작용이 충분한 현시를 얻을 수 있었으므로 무신론적 사조가 전에 볼 수 없이 두드러지게 되었다. 이러한 원인으로 인해 해몽은 상층 통치계급의 시장에서 급격히 축소되게 되었다. 이 시기의 역사를 기록한 문헌 중에서 어떤 나라의 임금이나 신하들이 해몽에 근거해 정치나 군사적 행동을 결정했다는 기록을 찾아보기는 매우 힘들다. 사상계에 있어서도 유가의 대표적 인물인 맹자와 순자, 법가의 대표적 인물인 상앙과 한비, 도가의 장자, 병가의 손빈, 음양가의 추연 등 꿈의 미신에 대한 그들의 견해를 밝힌 이는 아무도 없다. 《장자》와 《한비자》 속에서 해몽에 대해 서술한 곳이 몇 군데 있긴 하지만, 모두가 비판하거나 이의 허구를 파헤치는 태도를 견지하고 있다. 물론 민간에 있어서의 해몽의 영향은 여전히 매우 깊었었겠지만 사료의 결핍으로 인해 구체적으로 평술할 수 없을 뿐이다.

5 진한시대 이후의 해몽미신의 변화

고대 중국에 있어서의 해몽의 역사는 유구하다. 춘추전국시대 이후 그 시장이 날로 축소되긴 했지만 꿈 자체에 대한 신비성이 아직 밝혀지지 않았고 이해되지 않았기 때문에, 이러한 꿈의 미신은 대대로 끊이지 않고 계속 이어졌을 뿐만 아니라 어떤 특수한 변함없는 고정성을 가지게 되었다. 그러나 시대의 변화에 따라 미신 자체도 변화할 수밖에 없었다. 선진시대와 비교해 본다면, 진한시대 이후의 해몽에는 대체로 다음과 같은 세 가지의 현저한 변화가 있었다.

첫째, 해몽이라는 것이 정부당국의 종교신앙이던 것으로부터 점점 민간의 세속

신앙으로 변화했다는 점이다.

앞에서 서술한 바와 같이, 은나라와 주나라에 있어서의 해몽은 먼저 통치자의 신 앙이었다. 해몽은 국가의 한 제도로서 은나라와 주나라 왕은 무릇 큰 일이 있을 때 면 언제나 엄숙하고도 정중하게 점복을 거행해야만 했었다. 어떤 경우 꿈을 꾸지 못했을 때에는 일정한 종교적 절차에 의해 신에게 꿈을 꿀 수 있도록 기도했으며, 신이 꿈에 나타나 주기를 기도했다. 꿈을 꾼 사람이나 해몽관은 국가 정부기관의 관료에 속했다. 그러나 진한시대 이후로 오면, 역대의 제왕들이 비록 여전히 전통 적인 수많은 종교미신 활동을 하긴 했지만 해몽은 이미 대아지당大雅之堂에는 오 르지 못했으며, 국가의 관제 중에서도 해몽관이라는 직책은 다시는 존재하지 않았 다. 그리하여 해몽은 대체로 민간에서 유행하게 되었으며, 점점 복괘·운수점·풍 수·관상 등과 함께 수많은 세속미신의 하나로 변하게 되었다.《한서·예문지》에 서는 해몽을 〈술수략〉의 〈잡점〉류에다 귀속시키고 있다.《진서》에서는 해몽가를 〈예술열전〉에다 귀속시키고 있으며, 〈예술〉이란『길흉을 정하고 존망을 살피며 화 복을 살피는』기술을 가리키는 것으로 실제로는 〈방술方術〉을 말한다.《진서》의 저자는『여러 방술들을 자세히 관찰해 보면 대저 모두가 소도小道이긴 하지만, 버 리자니 혹 아깝기도 하고 기록하자니 또 정도에 어긋날 것 같구나』라고 했으니, 〈소도〉와 〈정도에 어긋나다〉는 말로부터 이미 당시에 있어서의 해몽이 처한 위치 를 충분히 짐작해 볼 수 있다. 송나라 때의 이방李昉이 편찬한《태평어람太平御覽》 에서도 해몽과 꿈의 징조에 관한 자료들은 모두 〈방술부〉에 귀속시켜 놓았다.

그러나 해몽이란 것이 원시사회의 몽혼관념이 오랜 세월 동안 축적된 사상적 토 양에다 깊이 뿌리를 박고 있으며, 통치자 자신들도 꿈을 꾸는 원인에 대해서 알지 못했었기 때문에 그들은 여전히 항상 꿈에 대해서 일종의 의구심을 갖고 있었다. 더욱 중요한 것은 그들은 결코 이러한 특수한 미신을 내버릴 수는 없었으며 그것을 왕권을 만들어내는 근거로 이용했다는 점이다. 그래서 해몽이 비록 하나의 세속적 인 미신으로 변하긴 했지만 통치자들은 결코 그것과 헤어지지 않았으며 헤어지기 를 바라지 않았다.《사기·고조본기》의 기록에 의하면, 유방의 어머니가『큰 소택 의 언덕받이에서 휴식을 취했는데 신과 만나는 꿈을 꾸었다, ……얼마 지나지 않아 임신을 하였으며 드디어 고조를 낳았다』고 한다. 당시에는『번개와 천둥이 치고 하늘은 암흑과 같이 캄캄했으며』유방의 어머니는 교룡이 위쪽에 있는 것을 보았다고 한다. 이것은 완전히 꿈에 근거해서 유방이 〈용의 자손〉이란 것을 논증한 것이다. 《후한서・풍이전馮異傳》에서는 또 유수劉秀가 등극하기 이전에 풍이에게 『나는 용을 타고 하늘로 오르는 꿈을 꾸었다』고 했으며, 풍이가 이를 알아차리고서는 곧바로 그를 보좌해 황제의 자리에 앉혔다고 기록하고 있다. 이후 역대 제왕들의 출생이나 등극에는 거의 대부분 신령보다 더 신비스러운 몽조를 지니게 되었다. 왕비가 황제를 임신하여 낳기 전에는 반드시 천신으로부터 태양을 받거나 태양을 가슴에 품는 꿈이 있었고, 제왕이 등극하기 전에는 반드시 용을 타거나 하늘로 오르는 꿈이 있게 되었다. 이러한 것이 거의 하나의 고정된 틀을 이루게 되었다. 물론 어떤 제왕들은 공상을 동원해 새로운 양식을 만들어내기도 한다. 《모열집유謨烈輯遺》에 의하면, 주원장朱元璋이 등극하기 전 그의 몽조는 다른 황제들과 그렇게 같지는 않았다고 한다.

　태조께서 꿈을 꾸었는데 서북쪽의 하늘에 붉은 누대가 하나 있었으며, 사방으로 난간이 있었고 그 위에 두 사람이 서있었는데 마치 금강역사 같았다. 누대의 남쪽에는 두건으로 머리를 감은 수 명이 줄을 지어 앉아있었다. 가운데에는 삼존상이 서있었는데 마치 도교에서의 삼청三靑(옥청・상청・태청의 셋을 지칭─역주)의 모습 같았다. 살펴보니 자줏빛 옷을 입은 도사가 진홍색 옷을 주었다. 헤쳐서 안을 살펴보니 오색이 찬란했다. 이것이 무엇이냐고 물었더니, 도사가 『문리진인복文理眞人服입니다』라고 했다. 이것은 천신께서 천명을 내려주신 증거이다.

그러나 몽조가 어떤 식으로 바뀌었든 그 동기와 목적은 완전히 일치하고 있다. 『이것은 천신께서 천명을 내려주신 증거이다』라고 한 것 한 마디가 천기를 누설하고 있다고 할 수 있다.

두번째는, 해몽이 하나의 미신으로서 다른 종교미신들과 서로 교통하고 서로 영향하며 서로 이용하게 되었다는 점이다.

양한시대에는 참위학讖緯學이 드세게 일어나 천도나 인간사를 막론하고 오행에 근거하지 아니한 것이 없었는데, 해몽도 점점 참위오행설의 한 부분으로 성립되게 되었으므로 혹자는 참위오행에 근거해 해몽을 하기도 했다. 당시에 유행하던 설법으로는 『꿈에서 불(火)을 보게 되면 구설수에 오르게 될 징조』라고 했다. 무슨 이유에서일까? 전하는 바에 의하면 『입(口)이라는 것은 화火이다. 오행에서의 두번째가 화火이며, 오사五事에서의 두번째가 언름이니 언과 화는 바로 통한다.』그리하여 『화는 구설의 징조이며』오행에서의 〈화〉는 오사에서의 〈언〉과 직접적으로 서로 짝이 된다는 것이다.(《논형論衡 · 언독편言毒篇》을 참조) 《수서隋書 · 경적지經籍志》에서는 한나라 때 경방京房의 점몽서 3권을 저록하고 있다. 이 책은 비록 일찍이 망일되었지만, 경방이 오행 재이災異에 매우 밝았던 것으로 비추어볼 때 이들 둘간의 관계를 가히 미루어 짐작해 볼 수가 있다. 유행되고 있는 참위학의 서적들 중에는, 위로는 황제와 소호少昊로부터 아래로는 공자 · 유방에 이르기까지 몽조에 관한 기록은 정말 헤아릴 수 없을 정도로 많다.

《하도정좌보河圖挺佐輔》: 황제께서 천로를 초치하시어 묻기를『내 꿈에서 용 두 마리가 흰 그림을 빼내어 황하의 양안에서 나에게 주는 꿈을 꾸었다』하니, 천로가 말하기를『황하에서 용의 그림이 나왔으며, 낙수洛水에서 거북의 글이 나왔습니다. ……하늘이 전하에게 그 그림을 주신 것입니다』라고 했다. (《몽점일지 · 종공편》에서 재인용)

《하도》: 제지帝擊 소호씨의 어머니는 이름이 여절女節이었는데, 큰 별이 무지개와 같이 떨어지면서 화저華渚로 흘러 들어가는 꿈을 꾸었다가 이에 감응하여 백제白帝와 주선朱宣을 낳았다.(《초학기初學記》제10권에서 재인용)

《춘추원명포春秋元命苞》: 요임금이 천자가 되고서 ……백제白帝가 검은 새의 부리를 주는 꿈을 꾸었다. 검은 새의 부리는 고요씨皐陶氏를 말한다.(《몽점일지 · 신괴편神怪篇》에서 재인용)

《시경 · 함신무含神霧》: 태임太任(문왕의 어머니)은 키가 큰 사람이 자기에게 감응을 일으키는 꿈을 꾸고서 문왕을 낳았다.(《태평어람》제84권에서 재인용)

《공연도孔演圖》: 공자의 어머니는 흑제黑帝가 사람을 보내어 다녀가라고 청을 했었는데, 『너는 공상空桑이라는 곳에서 아기를 낳게 될 것이다』라고 하는 꿈을 꾸었다. 꿈을 깨어보니 감응이 있는 것 같았으며, 이후 공자를 공상이라는 곳에서 낳았다.(《몽점일지 · 종공편》에서 재인용)

참위신학의 영향으로 인해 한 · 위 · 육조시대 때에는 참위의 숨은 뜻에 의해 해몽하는 것이 한 시대적 유행이 되었다.《후한서 · 채무전蔡茂傳》의 기록에 의하면,

채무가 꿈에서 큰 집 안에 앉아 〈용마루〉 위에 이삭이 매우 풍성하게 달린 벼 세 포기가 있는 것을 보았으며, 그 중 중간의 한 포기를 가졌으나 나중에 실수로 이를 놓쳐 버린 꿈을 꾸었다 한다. 주부主簿였던 곽하郭賀가 축하를 해주며 이 꿈은 매우 좋은 길몽이라고 했다.

큰 집이라고 하는 것은 관청의 모습이요, 용마루에 벼가 있다는 것은 신하의 큰 녹이요, 가운데의 이삭을 취했다는 것은 중태中台(지금의 문교장관에 해당―역주)의 지위에 오를 상입니다. 글자에 있어서, 화禾에 실失이 합쳐지면 질秩자가 되므로, 비록 놓쳐 버렸다고 했지만 녹질祿秩(녹봉)을 받게 된다는 것입니다. 삼공三公의 관직에 결원이 생기게 되면 당신께서 그 자리를 메우게 될 것입니다.

또 《오록吳錄》에서는, 정고丁固는 소나무가 자기의 뱃가죽 위에서 자라는 꿈을 꾸었다고 기록하고 있다. 전하는 바에 의하면 『송松자를 풀게 되면 십팔공十八公』이 되는데, 18년 후 그는 과연 삼공의 자리에 오르게 되었다고 한다. 앞에서 인용한 《제왕세기》에서는 또 황제黃帝가 자기의 꿈을 해몽하여 『바람이란 것은 명령이니 정권을 잡는 자이며, 구구垢자에서 토土를 없애 버리면 후后자가 된다.』그 사람은 아마도 성이 풍風씨이고 이름이 후后일 것이며,『천 균이나 되는 쇠뇌를 잡는다는 것은 힘이 특이한 자이다. 수많은 양떼를 쫓는다는 것은 목축을 잘할 수 있는 사람』이니, 그는 아마도 성이 력力씨고 이름이 목牧일 것이라고 했다. 그런 후 과연 풍후風后와 역목力牧이라는 두 뛰어난 신하를 얻었다고 한다. 이 책은 선진시대의 고적에서는 그 기록이 보이지 않고 작자가 한위漢魏시대에 활동한 것으로 보아 아마도 참위서적에서 취해온 것일 터이다.

도교가 동한시기에 처음 만들어졌을 때 원래는 해몽에 관한 내용은 없었다. 그러나 양진시대 이후부터는 해몽미신을 끊임없이 흡수하여 그 주제를 위해 봉사했다. 《포박자抱朴子》의 기록에 의하면, 방사方士였던 이소군李少君이 세상을 떠나기 전 『무제가 지공之共과 함께 숭고산嵩高山을 오르는 꿈을 꾸었는데, 길을 반쯤 갔을 때 사자가 용을 타고 부절을 가지고서 구름 속으로부터 내려와서는 태을에게 소군을 청하라고 하였다. 꿈을 깨고서는 좌우의 신하들에게 〈만약 나의 꿈대로라면 소군이 장차 짐을 버리고 떠나가게 될 것이리라!〉고 했다. 며칠이 지나자 소군은 병이 들어 죽어 버렸다』고 한다.《포박자·내편·논선論仙》갈홍葛洪이 이러한 꿈을 기록한 것은, 분명 몽조미신을 통해 신선은 죽지 않으며 승천할 수 있다는 사실을 선양하기 위한 것이다. 도굉경陶宏景은 도교에 있어서 중요한 인물이다.《양서梁書》의 기록에 의하면, 도굉경의 어머니가 도굉경을 임신하였을 때 하늘에서 두 사람이 내려와 손에 향로를 받쳐든 채 그녀의 침실로 들어오는 꿈을 꾸었다고 한다. 이 몽조는 당연히 도굉경이 하늘로부터 내려왔으며 보통 사람과는 다르다는 것을 말하고 있는 것이다. 당나라 때의《유양잡조酉陽雜俎》에서는『도가에서는 꿈이란 것을 요괴나 혹은 삼시三尸가 한 것으로 말한다』고 하였으니, 이 시기에 이르면 이미 도교 자체적인 나름대로의 꿈에 대한 학설이 있게 된다. 〈요괴〉라고 운운한 것은 전통적인 몽혼관념에 근원한 것이며, 〈삼시에 의한 것〉이라고 한 것은 도교에서만 보이는 창조품이다. 도교에서 말하는 〈삼시〉라는 것은 사람의 몸 속에서 재앙을 내리는 세 가지의 벌레로 〈삼시신〉이라고 불리기도 한다. 이는 또 팽거彭倨·팽질彭質·팽교彭矯라고 하거나, 혹은 청고靑姑·백고白姑·혈고血姑라고 불리기도 한다. 전하는 바에 의하면, 〈삼시〉는 다른 사람의 잘못을 기억할 수가 있어 매번 경신날이 되면 사람이 깊이 잠든 틈을 타서 〈천신께 참소를 한다〉고 한다. 〈천신께 참소한다〉는 것은 천신께 그 사람의 잘못을 고해 바친다는 것이다. 그래서 도교는 언제나『지인至人은 꿈을 꾸지 않는다』『진인眞人은 꿈을 꾸지 않는다』고 추앙한다. 그러나 도사들은 경신날이 될 때면 언제나 밤새도록 잠을 자지 않아 〈삼시〉가 하늘로 올라가 〈천신께 참소하는〉 것을 막는다.(《태상삼시중경太上三尸中經》,《옥거경법玉柜經法》과 섭몽득葉夢得의《피서록화避暑錄話》하권을 참조)

불교는 인도에서 전래될 때부터 몽조와 해몽을 믿었다. 남북조시대 이후부터 한문으로 번역된 각종의 불경 속에는 몽조와 해몽에 관한 애기들이 매우 많다. 유명한 것으로는 부처의 어머니인 마하마야摩詞摩耶의 다섯 가지 꿈(《마하마야경》하편에 보임), 파사닉왕波斯匿王의 열 가지 꿈(《사위국왕이 꿈에서 본 열 가지 일에 관한 경 舍衛國王夢見十事經》에 보임), 흘률지왕訖栗枳王의 열 가지 꿈(《구사론俱舍論》제9에 보임), 불려선니왕不黎先泥王의 열 가지 꿈(《법원주림法苑珠林·불선부不善部》에서 인용한 《불려선니십몽경不黎先泥十夢經》에 보임), 악생왕惡生王의 여덟 가지 꿈(《법원주림·선성부善性部》에서 인용한 《잡보장경雜寶藏經》에 보임), 아난阿難의 일곱 가지 꿈 등이 있는데(《아난칠몽경阿難七夢經》에 보인다), 그 내용은 모두 불교의 미래에 대한 예언에 관한 것들이다. 예를 들어 빈파사라왕頻婆娑羅王이 꿈에서 담요가 열여덟 조각으로 찢어지고 금지팡이가 열여덟 조각으로 부러지는 꿈을 꾸고서 부처님께 나아가 물었더니, 부처님께서 불교가 이후로는 열여덟 종파로 나뉘게 될 것이라고 말씀하셨다고 한다. 과연 석가모니께서 돌아가신 1백 년 후에는 불교가 먼저 상좌부와 대중부의 둘로 나뉘게 되더니 얼마되지 않아서 다시 열여덟 부로 나누어지게 되었다. 수당시기에는 인도로부터 《갈가선인점몽경竭伽仙人占夢經》한 권이 들어오기도 했다. 이러한 전설과 미신들은 비록 원래는 인도불교의 고유한 것이었지만, 일단 중국으로 들어오자마자 중국의 전통적인 해몽미신과 손을 잡게 되었다.

불교에서의 해몽미신은 대부분이 불교의 권선징악이나 인과응보를 선양하기 위한 것이다. 예를 들어 《선견율善見律》에서 말하는 소위 〈천인의 꿈〉이라는 것은 선한 사람이 선한 일을 하게 되면 하늘이 좋은 꿈을 꾸게 해주어 선근善根을 늘리게 해주며, 악한 사람이 나쁜 짓을 하게 되면 공포심을 불러일으켜 악으로부터 선으로 인도한다는 것이다. 이른바 〈상몽想夢〉이라는 것은, 항상 선한 일을 생각하게 되면 좋은 꿈을 꾸게 되고 악한 일을 생각하게 되면 나쁜 꿈을 꾸게 된다는 것이다. 《법원주림》에서도 이른바 〈유기몽有記夢〉이라는 것을 들어 『만약 머무르는 것에도 선과 악이 있다면』 『꿈에도 길흉이 있다』고 여기고 있다. 즉 꿈에서 길흉이 있는 까닭은 꿈을 꾸기 전이나 전생에 있어서의 〈선악의 씨앗〉 때문이라는 것이다. 불교에서는 또 어떨 경우에는 꿈이란 것이 외계의 자극과 신체의 질병들과 관계가 있다고 여기기도 하지만, 대부분 〈외물에 의한 것〉이라는 점을 선양하거나 강조하고 있다. 《비파사론毘婆娑論》에 의하면, 이러한 〈외물에 의한 것〉에는 『하늘에 관한 것들, 신선에 관한 것들, 귀신, 주술, 약초, 자신이 직접 염두에 두고 있는 여러 성인들』이 포함된다고 한다. 이러한 이론에 상응하여 중국화된 권선징악과 인과응보를 내용으로 한 꿈의 예들이 수없이 출현하게 되었다. 《술이기述異記》에서는, 송라宋羅의 아내인 비씨費氏는 평소에 《법화경》을 쉬지 않고 읽었는데 이후 그녀가 중병을 앓게 되었을 때, 꿈에서 『부처님이 창문으로부터 돗자리와 같이 커다란 손을 뻗치는』 꿈을 꾸고서는 병이 곧 낫게 되었다는 이야기를 기록하고 있다. 《춘저기문春渚紀聞》에서는 다음과 같은 일을 기록하고 있다. 호주湖州 안길현安吉縣의 심沈 아무개라는 사람이, 금나라 군사가 들어오기 이전 꿈에서 한 스님이 그에게『너가 전생에서 죽인 원수가 복수를 하러 온다. 너는 가족을 피신시키고 너 혼자서 지키거라. 만약 한 사람이 칼을 빼어들고서 문을 부수더라도 두려워하지 말고, 먼저 그가 연산부燕山府의 아무개가 아니냐고 물어보고서 너의 목을 쭉 빼서 그에게 내밀어 주거라. 만약 그가 죽이지 않는다면 전생의 원한에 대한 복수는 이 것으로 끝이 나게 되느니라』고 일러주었다. 이 일이 있은 후 과연 스님께서 말씀하신 대로 되어, 그 사람은 일의 자초지종을 알게 된 후 심 아무개를 죽이지도 않았을 뿐더러 두 사람은 함께 불교를 믿게 되었으며 의형제를 맺었다고 한다. 이 두 가지 꿈은 종교적인 성질을 매우 분명하게 띠고 있는 것으로, 만약 순전한 허구에서 나온 것이 아니라고 하더라도 아마도 많은 과장을 거친 것일 터이다.

도교와 불교의 영향 아래서 도교와 불교의 어떤 내용들도 중국의 전통적인 해몽미신들과 뒤섞이게 되었다. 예를 들면 돈황의 유서 중에 현존하는 몇몇 해몽서의 잔권들 중에는《불법선편佛法仙篇》·《불도음악장佛道音樂章》과, 이들과 관련된 조사兆辭나 점사占辭들이 보존되어 있다.(《돈황유서敦煌遺書·S620》과 이 책의 부록 3을 참조) 그러나 어떤 것들은 도교를, 어떤 것들은 불교를 추앙한 것들도 있는데 그 중에는 불교와 도교의 투쟁을 교묘하게 반영하고 있는 것들도 있다. 예를 들면『꿈에서 노자를 보면 소원을 들어준다』라든가『꿈에서 스님을 보면 소원이 이루어지지 않는다』라고 하는 것 등은 분명히 도교적인 경향과 불교에 대한 비방을 반영하고 있는 것들이다. 또『꿈에서 스님을 보게 되면 복이 있고 대단히 길하게 된다』『꿈에서 큰 부도浮屠를 보게 되면 크게 부귀하게 된다』『꿈에서 보살을 보는 사람은 장수하게 된다』(이 책의 상편 제4장 제4절을 참조)라는 등등은 또 불교를 선양하고 있음이 분명하다. 이외에도 불교의 주문, 도교의 부적 등도 부지불식간에 해몽미신 속으로 편입되어 버렸다.

세번째는, 해몽이 일종의 방술로 되면서 가면 갈수록 복잡해지고 정교하며 교활해졌다는 점이다.

《좌전》이나《시경》에 나타난 자료에서는 선진시대의 해몽은 먼저〈직접해석〉의 방식을 사용하였다. 즉 몽상의 내용으로부터 직접 꿈의 뜻을 해석해내었다. 그후 인간사에 있어서의 길흉은 꿈 속에서의 상황과 직접적으로 응험이 있게 된다고 여겼다. 예를 들어 소공 7년조에서 목자穆子가『하늘이 자신을 눌러 이를 이기지 못하자』우조여牛助餘가 와서 도와준 꿈을 꾸었는데, 이후 과연 우조여를 만나게 되었다는 것이다. 같은 해에 정나라 사람이 꿈에서 백유伯有가 사대와 공손단을 죽이려고 하는 꿈을 꾸었었는데, 이후 과연 사대와 공손단이 차례로 피살되었다고 한다. 이와 같은 것들이 바로 〈직접해석〉이나 〈직접적으로 응험이 있는〉 경우이다. 다른 한 가지 방법은 〈전석轉釋〉이라는 것인데, 이것은 대부분 〈상징적〉인 해석으로 몽상이 직접적으로 꿈의 뜻에 표현되지 아니하고, 단지 몽상이 상징하는 내용만이 바로 꿈의 뜻이 된다. 그리하여 응험 또한 〈직접적으로 응험이 있는 것〉이 아니라 〈둘러서 응험이 있는 경우〉가 되는 것이다. 예를 들어 성공 16년조에서의 여기 呂錡가 달을 쏘았다는 꿈이나 성백聲伯이 원수洹水를 건넜다는 꿈 등에서는, 그들이 〈달을 쏠〉 것이나 〈원수를 건너게 될〉 사실을 말하려는 것이 아니라 〈달을 쏘았다〉는 것이나 〈원수를 건넜다〉는 것은 단지 상징적 의미만을 가지고 있다. 《시경》에서의 곰과 말곰을 본 꿈과 뱀과 독사를 본 꿈에서도 꿈을 꾼 사람이 앞으로 곰과 말곰, 뱀과 독사를 보게 될 터라는 바를 말하는 것이 아니라 곰과 말곰, 뱀과 독사가 사내아이와 계집아이를 낳게 될 것이라는 하나의 상징이라는 것만을 말해 주고 있다. 이러한 꿈들의 응험은 물론 직접적인 것이 아니라 간접적인 것이다. 그러나 이러한 두 가지의 해몽법이나 점치는 방법은 모두 비교적 간단하다. 응험이 있을 것인지의 여부를 꿈을 꾼 사람도 매우 쉽게 판단해낼 수 있다. 그러나 바로 이와 같은 이유 때문에 어떤 꿈들은 바로 쉽게 점을 쳐 해석할 수가 없기도 했으며, 점을 쳐 해석하기가 어려운즉 〈점을 치면 응험이 있다〉는 것을 증명하기가 어렵게 된다. 이렇게 해서, 해몽미신이 계속 존재하고 발전하기 위해서는 해몽의 방식과 방법에 있어 점치는 사람에게 되돌릴 수 있는 여지를 남겨두어야만 하게 되었다.

진한시대 이후가 되면 〈직접해석〉 이외에도 〈전석〉법 중에서 〈상징법〉으로부터 수많은 해석법, 예를 들어 〈연상법〉·〈비유법〉·〈파역법〉·〈파자법〉·〈해음법〉 등등이 생겨나게 된다. 뿐만 아니라 〈반대해석〉이라는 새로운 방법이 출현하게 되었다. 이른바 〈반대해석〉이라는 것은, 바로 나쁜 꿈을 꾸면 좋은 것이고 좋은 꿈을 꾸면 나쁘다는 것으로 몽상을 거꾸로 뒤집어서 꿈의 뜻을 해석하는 방법이다. 이렇게 되면 한 가지 꿈에 대해서 이것이 도대체 〈직접해석〉인지 〈전석〉인지 아니면 〈반대해석〉인지에 대해, 해몽을 하는 사람은 매우 커다란 재량권과 융통성을 가지게 된다. 그리하여 해몽을 하는 사람은 곧 당시의 필요에 근거하여 마음대로 끼워 맞출 수 있게 되었으며, 응험이 있든 있지 않든간에 언제나 마음대로 근거를 댈 수가 있게 된다.

그밖에 해몽을 하는 사람은 해몽활동에 대해서 수많은 부가조건들을 규정하게 되었다. 예를 들어 해몽을 할 때에는 『변고를 삼가해야 하며, 징후를 살피고, 안으로는 정의를 살피고 밖으로는 지위를 보아야』 한다는 것이다. 또 해몽을 할 때에는 꿈을 꾼 사람이 누구인지, 또 그 사람의 지위가 어떠한지를 보아야 한다는 것이다. 같은 꿈이라 하더라도 꿈을 꾼 사람이 귀한 사람인가 천한 사람인가, 군자인가 소인인가, 제왕인가 신하인가에 따라서 그 꿈의 뜻이 달라진다는 것이다. 또 꿈을 꾼 사람이 해몽에 임하는 태도도 보아야 한다는데, 진지한즉 영험이 있고 진지하지 않은즉 영험이 없다는 것이다. 그렇다면 꿈에 대해 점을 친 후 응험이 없다고 한다고 해도 해몽한 사람을 나무랄 수는 없게 되며, 이는 마음이 진지하지 않았기 때문이라는 것이다. 이렇게 되고 나서부터는 해몽하는 사람은 어떠한 상황하에서도 자기 변명을 할 수가 있게 되었다.

이러한 상황에 대해서는 제3장에서 다시 구체적으로 살펴보고 설명을 하고자 한다.

---

6 | 해몽의 이론과 해몽의 철학

선진시대의 해몽은 단지 오래된 전통적인 몽혼관념의 지배만을 받았다. 그러나 양한시대 이후에 이르러서는 전체적인 종교신학의 발달에 따라 해몽미신도 날로 이론화되게 되었다. 이론화되었다는 표지는, 신도적인 유심주의 철학을 이용해서 해몽미신을 논증했다는 것에 있다. 이것은 진한시대 이후 해몽미신에 있어서의 하나의 중요한 변화로 간주될 수 있다.

왕충의 《논형》의 기술에 근거하면, 양한시대에는 『사람의 꿈이란, 귀신의 행위에 의한 것이라고 점치는 사람들은 여겼다』(《기요편紀妖篇》에 보임)고 한다. 〈귀신의 행위〉가 어떻게 해서 몽상으로 나타나게 되는 것일까? 『정신의 행동은 사람과 사물에 따라 서로 달라진다』(《논사편論死篇》에 보임)고 한다. 그는 여기서 이미 영혼이란 것은 사람의 정신이며, 〈귀신의 행위〉는 바로 〈정신의 행위〉라고 비교적 명확하게 간주하고 있다. 해몽가의 견해에 따르면 사람이 잠이 들면 정신은 육체를 떠나 움직이게 되며, 혹 어떤 사람과 만나게 되거나 혹은 어떤 사물과 접촉하게 되어, 드디어는 잠을 자는 사람이 꿈에서 정신이 만나는 그 사람이나 어떤 사물을 보게 된다는 것이다. 영혼이 만약 하늘로 올라가게 된다면 천신을 볼 수도 있게 될 것이고, 그래서『꿈에서 천신을 보게 된 것은 혼이 하늘로 올라갔기 때문이다』(《기요편》에 보임)라고 했다. 그러나 사람이 잠을 잘 때에는 육체가 움직이지 않는데 정신이 어떻게 육체를 떠나 활동한단 말인가? 해몽가들은『정신이 몸에 이른다는 것은 길흉의 징조이다』(《논사편》에 보임)라고 한다. 여기서 말하는 〈정신〉이란 꿈을 꾸는 사람 자신의 정신이 아니라 꿈을 꾸는 몸 밖의 정신, 즉 천신이나 신령 혹은 다른 사람들의 영혼이라는 점에 주의해야 한다. 외계의 정신영혼이 잠을 자는 사람의 정신영혼을 통하여 이끌기 때문에 잠을 자는 사람은 비로소 〈귀신의 행위〉에 의해서 꿈이라는 것을 꾸게 된다는 것이다. 《논형》에서 제공하고 있는 이러한 자료들은 아직은 매우 소소하다. 비록 이미 이론적인 색채를 갖추긴 했지만 많은 부분에 있어서 아직은 여전히 형상적인 묘사를 하고 있다.

《논형論衡》이후 왕부王符의 《잠부론潛夫論》에 《몽열夢列》이라는 것이 보인다.『〈열列〉이라는 것은 〈론論〉과 같은 것』으로 이는 꿈에 대한 전문적인 논술이다. 《몽열》에서는 꿈을 10가지로 분류하고 있으며,『이 10가지는 꿈의 대체적인 모습』임을 밝히고 있다. 왕부는 결코 해몽가는 아니었지만,『《시경》에서 길몽이라고 말한 것은 다른 전적에서도 역시 많이 보이는데, 실제로 관찰해 본즉 해몽의 응험이 거짓이 아니더라』《잠부론·서록敍錄》고 말하고 있는 것으로 보아 그가 해몽미신의 영향을 받았던 것은 분명하다. 〈10가지 꿈〉 중에서 이른바 〈직몽直夢〉·〈상몽象夢〉·〈반몽反夢〉 등은 순전히 해몽미신에 속하는 것들이다. 그러므로 그의 꿈에 대한 개괄로부터 당시의 해몽미신이 이론화되어 가는 과정을 일정 정도 엿볼 수가 있다.

위진시대에 이르러서는 《해몽서》라는 책이 유행했는데, 이는 신비주의적인 입장에서 한 걸음 더 나아가 유심주의적인 형체와 정신간의 관계를 원용하여 해몽을 논증하므로써 그 이론적인 색채는 날이 갈수록 깊어만 갔다. 책의 작자는 다음과 같이 밝히고 있다.

꿈이란 형상이며, 정기의 움직임이다. 혼백이 육신을 떠나 정신이 왕래하는 것이다.

음양이 감응되어 길흉의 징험이 나타난다. 꿈은 그 사람에게 과실을 예견할 수 있도록 말해 준다. 만약 현명한 이라고 한다면, 그것을 알고서 스스로 고칠 것이다. 꿈이란 알린다는 것인데, 그 형상을 알림을 말한다. 눈으로 볼 수도 없으며, 귀로 들을 수도 없으며, 코로 냄새를 맡을 수도 없으며, 입으로 말을 할 수도 없다. 영혼이 나와서 노니며 육신은 홀로 존재하며, 마음에 생각하는 바가 있는 바람에 육신을 잊어버리게 된다. 천신의 계시를 받아 다시 사람에게 알린다. 계율을 받음에 정밀하지 못하면 신의 말씀을 잊어버리게 된다. 명확하게 되면 잠을 깨고 꿈에서 들은 말씀이 이르게 된다. 옛날부터 해몽관이 있었으며 계속해서 전해지고 있다.(《태평어람》 제397권에 보임)

『꿈이란 형상이다』라고 한 것은 옳은 말이다. 꿈이란 확실히 꿈의 형상으로 표현된다. 〈정기〉란 것은 의학적인 개념이며 철학적인 개념이다. 꿈을 〈정기〉의 활동으로 귀결시켰다는 것은 본래 조잡하고도 유치한 단계의 유물주의적인 관념에 속하는 것이었는데, 여기서는 신비주의에 의해 머리채를 잡히는 바람에 그 도에 위배되어 쓰이고 있다. 〈정기〉가 일종의 〈기〉인 이상 육체에 들락거릴 수 있음은 물론이다. 그래서 해몽가들은 혼백이 육신을 떠날 수 있으며 정신이 육신의 바깥에서 돌아다닐 수 있다고 하는 것이다. 〈혼백〉이란 그 처음에는 단지 사람들이 정신에 대해서 가지는 일종의 신비한 관념에 불과했으나 이후에는 철학자들이 정기론을 가지고서 혼백이라는 개념을 추상화하고 이론화하게 되었다. 《여씨춘추·금색禁塞》의 고유高誘 주석에서 『양정기는 혼이 되고 음정기는 백(넋)이 된다』고 했다. 혼백에 음양의 구별이 있으므로 해서 해몽가들은 『음양이 감응하여 길흉이 나타나게 된다』고 했던 것이다. 그러나 음양이 서로 감응한다고 해서 어떻게 길흉의 징험이 나타날 수 있다는 것인가? 바로 이것이 해몽미신에 있어서의 관건이다. 이 관건적인 부분에서 해몽가들은 그들의 원래 모습을 폭로하지 않을 수 없었다. 이른바 『꿈은 그 사람에게 과실을 예견할 수 있도록 말해 준다』고 했는데, 누가 『그 사람에게 말을 해준다』는 것인가? 이른바 『꿈이란 알리는 것으로, 그 형상을 알린다』고 했는데, 누가 『그 형체를 알려준다』는 것인가? 바로 다음 문장에서는 조금도 숨기지 않고, 천신이 나타나 그 천신이 『그 사람에게 말해 주며』 그 천신이 『그 형체를 알려준다』고 했다. 그리고 사람은 꿈 속에서 눈과 귀로 보지도 듣지도 못하며, 입으로 말을 하지도 못한다고 하므로써 『영혼이 바깥으로 나가 노닐며 육신은 홀로 존재한다』는 근거로 삼았다. 우리들은 이러한 논술에서부터 꿈이란 것이 해몽가에 의해서 완전히 하나의 독립된 순수한 정신적 활동으로 왜곡되고 있음을 볼 수 있다. 첫째, 꿈의 발생이 마치 꿈을 꾸는 사람의 육체와 그 기관과는 무관하게 완전히 외부세계의 어떤 정신적 실체에 의해서 발생된다는 것으로, 천신이『통해서 끌어내었다』느니, 신령이『경계할 것을 알려주었다』느니, 조상이『꿈에 나타났다』느니 하는 것들이 모두 이러한 의미에 속한다. 둘째, 꿈의 주체가 마치 육체를 갖고 있는 실존적인 사람이 아니라 잠정적으로 육체에 들어있으며, 또 그 육체를 떠날 수 있는 영혼, 즉 일종의 순수한 주관적 정신인 것으로 인식한 것으로, 이른바『혼백이 육신을 떠나 정신이 왕래하는 것이다』라든가『영혼이 바깥으로 나가 노닐며 육신은 홀로 존재한다』라고 한 것들은 이러한 의미에 속한다. 셋째, 꿈의 내용을 마치 꿈을 꾸는 사람의 생리적 심리적 그리고 생활경험의 어떤 환상적인 반영으로 인식하지 않고, 신령이 미래의 길흉을 예고해 주는 것으로 인식했다. 그래서『꿈이란 알려주는 것이다』라고 말한 것이나『천신의 계시를 받아 다시 사람에게 알려준다』고 한 것들은 모두 이러한 뜻에 속한다. 이러한 신도주의적인 이론은 이후 계속해서 역대 해몽자들에 의해 계승되고 선양되게 된다.

해몽서나 점몽가들의 논증 이외에도 경학가들이 이론적인 측면에서 내린 해석이 있다. 앞에서 서술했다시피 해몽이란 것은 춘추시대 이전에 있어서는 먼저 정부당국의 신앙으로서, 소위 말하는〈삼몽법〉과〈해몽〉관 등과 같은 것은 모두《주례》에 보인다. 그러므로 역대 유학자들 중에서《주례》에 주석을 다는 자는 모두 그들의 해몽에 대한 태도를 표명해야만 되게 되었다.《주례》라는 것이 유가 경전 중의 하나로 받들어졌기 때문에 역대의 유학자들 중 해몽이란 것을 단호하게 부정했던 사람은 매우 드물었다. 동한시대 정현의《주례》의《주》에서는『꿈이란 사람의 정신이 잠을 깬 후 점을 칠 수 있는 것이다』라고 했으며, 당나라 때의 가공언賈公彦의《소疏》에서는『사람이 잠을 자면 형체와 영혼은 움직이지 않는데 정신이 깨어서 본 것을 느껴서 점을 친다』고 했다.『정신이 잠을 깨어서 본다』는 것은 누구라도 이러한 경험을 갖고 있다. 그러나 꿈이 어떻게 해서『점을 칠 수가 있는 것』인지에 대해선 설명이 없다. 그러나 정현이나 가공언이 꿈이『점을 칠 수 있는 것』임에 대해선 긍정을 하고 있음이 틀림없다. 송나라 주신朱申의《주례구해周禮句解》에서는 『꿈이란 정신이 느끼는 바이며 길흉을 점칠 수 있다』고 해 정현의《주》와 거의 비슷한 태도를 견지하고 있다. 왕소우王昭禹의《주례상해周禮詳解》에서는 비교적 상세하고 서술하고 있다.

꿈이란 정신의 움직임이다. 사람의 정신의 왕래는 항상 천지와 교통한다. 화복과 길흉은 모두 천지에 의해서 운명지어지며, 각기 물류에 응험된즉 그 꿈으로써 점을 치게 되면 진실로 벗어남이 없다.

사실 이것은 왕소우 개인의 견해는 아니며 송대 이학가들이 갖고 있던 보편적인 해석이었다. 다음과 같은 자료들을 살펴보기로 하자.

여조겸呂祖謙 : 사람의 정신은 천지의 음양과 교통하고 있기 때문에 꿈에 의해 각기 물류에 이르게 된다.(《여씨독서기呂氏讀書記》에 보임)

주희朱熹 : 사람의 정신은 천지의 음양과 교통하고 있기 때문에, 낮에 한 행위와 밤에 꾼 꿈의 선악과 길흉은 각기 물류에 이르게 된다.(《시집전詩集傳》에 보임)

왕숙회王叔晦 : 하늘과 사람이 함께 감응하기 때문에 서로 감응하는 것이 그렇게 크게 벗어나지는 않는다. 이전의 왕들은 반드시 해몽관을 세워서 그 요상妖祥을 살피고 길흉을 판단했는데, 천인의 관계가 일치하는 까닭은 그들 사이에 서로 틈이 없도록 했기 때문이다.(《몽점일지·중점편衆占篇》에서 재인용)

보광輔廣 : 해몽의 뜻을 자세히 살펴보면, 이전의 왕들은 천인관계에 관심을 두었었는데 가히 정밀했다 할 수 있다.(《몽점일지·고법편古法篇》에서 재인용)

왕소우 등은 꿈이란 사람의 정신적 활동으로써 비난할 근거가 없으며 사실이 이러한 것이라고 인식했다. 또『사람의 정신과 천지의 음양이 서로 교통한다』는 것도 일리가 있다고 여겼다. 사람과 천지자연 사이에는 확실히 어떤 상호작용적인 관계가 존재하고 있다. 그러나 천지 자체에 원래부터 무슨 선악이니 화복이니 길흉이니 하는 것들이 존재하고 있으며, 꿈의 선악·길흉·화복들이니 하는 것들도 모두가 천지로부터 온 것이라고 생각한다면 이는 바로 문제거리가 된다. 길흉 운운하는 것은 단지 천지자연의 인간에 대한 관계 속에서만 존재하는 것이다. 보통 사람에게 이익이 있고 보탬이 되면 길한 것이 되고, 반대로 해가 되고 도움이 되지 않으면 흉한 것으로 볼 수 있다. 인간이라는 부분을 떠나 버리게 되면 천지자연간의 어떤 변화에도 이러한 길흉의 개념은 존재하지 않게 된다. 만약 천지자연 자체에 선악·화복·길흉 등이 존재하며, 이들이 꿈을 통해 사람에게 계시되어진다고 한다면 이는 바로 천지자연 그 자체를 인격화시킨 것이다. 문제의 관건은 바로 여기에 있다. 일반적으로 천인감응을 논한다고 해서 반드시 유심주의나 신비주의자라고 할 수는 없다. 만약 하늘(天)을 인격화해 버린다면 그러한 천인감응론은 유심주의일 뿐만 아니라 신도주의가 되어 버린다. 중국의 역사에 있어서 신비주의적인 천인감응론은 줄곧 종교신학의 이론적 기초가 되어왔다. 그러나 해몽미신으로 말할 것 같으면 송나라 이학가들의 가공을 통해서 비로소 신비주의적인 천인감응의 이론체계로 들어서게 되었다.

만약 송나라 때의 이학가들이 해몽을 신학적인 이론체계로 귀납시켰지만 그들 자신이 해몽에 대해 그렇게 흥미를 가지지 못했던 사람이라고 한다면, 명나라 때의 진사원陳士元 같은 사람은 저술이 풍부한 이학가일 뿐만 아니라 명실상부한 해몽 이론가라고 할 수 있다. 진사원이 심혈을 기울여 이룩한 해몽이론에 대한 연구성과는, 고대 중국에 있어선 아마 아무도 그와 비기지 못할 독보적인 존재이다. 젊은 나이에 그는 《몽림원해夢林元解》라는 책을 저술하였는데, 〈몽점夢占〉·〈몽양夢禳〉·〈몽원夢原〉·〈몽징夢徵〉 등의 제목을 포괄하고 있는 것으로 보아 해몽에 대한 이론을 담고 있는 것이라고 할 수 있다. 다만 현재에는 그 제목만 전할 뿐 그 내용은 살펴볼 수가 없을 뿐이다. 그후 그는 또 《몽점일지夢占逸旨》라는 책을 저술했는데, 역대의 수많은 해몽에 관한 기록과 전설에 대한 자료들을 수집하였을 뿐만 아니라 해몽철학을 계통적으로 제시해내었다. 《총서집성·초편》에서는 이 책을 종교류에다 귀속시키지 않고 철학류에다 귀속시키고 있다. 이러한 사실로 볼 때, 해몽 미신이 유심주의와 어떻게 밀접한 관계를 갖고 있는지를 더욱 명확하게 살펴볼 수가 있다.

해몽철학에서는 반드시 꿈의 본질에 대해서 먼저 해명을 해야만 한다. 진사원은 이 문제에 대해서 『정신의 혼백이 바깥으로 노닌다 神魂外游』라는 전통적인 관념을 벗어나진 못했지만, 그 논증에 있어선 독특한 일면을 확보하고 있다. 그는 다음과 같이 말하고 있다.

혼은 올 것을 알 수 있고 백은 지나간 것을 감출 수가 있다. 사람이 낮에 깨어있게 되면 혼은 눈에서 빛나게 되고, 밤에 잠을 잘 때에는 백이 간에 기숙을 하게 된다. 혼이 눈에서 빛나기 때문에 능히 볼 수 있는 것이며, 백이 간에 감추어져 있기 때문에 꿈을 꿀 수 있게 된다. 꿈이란 정신이 노니는 것이며 올 것을 알게 해주는 거울이다.(《몽점일지·진재편眞宰篇》에 보임)

『올 것을 알고』『지나간 것을 감춘다』라는 것으로써 혼과 백의 서로 다른 기능을 구분하고 있다. 송명시대의 일반 학자들도 모두 이렇게 인식했었다. 주희는 일찍이 『사람이 능히 계획을 세우고 생각을 할 수 있는 것은 혼의 행위에 의한 것이요, 능히 기억하고 변별할 수 있는 것은 백의 행위에 의한 것이다』(《주자어류朱子語類》제3권에 보임)라고 했다. 『눈에서 빛나고』『간에 기숙한다』고 하는 말은 수당시대 때의 위작인 《관윤자關尹子》에서 따왔다. 『혼은 눈에서 빛난다』라는 것은, 사람이 낮에 활동을 할 때 혼은 두 눈에 붙어있게 되므로 각양각색의 세상을 볼 수 있게 된다는 것을 말한다. 『백은 간에 기숙한다』라고 하는 것은, 사람이 잠을 잘 때에는 혼은 간에 숨어있게 된다는 것을 말한다. 《소문素問·오장생성론五臟生成論》에서는 『사람이 눕게 되면 피는 간으로 돌아간다』라고 했는데, 혼은 원래가 『정기와 피의 집합체』이며 『형체에 붙어있는 영적인 존재』라고 한다. 진사원은 여기서 고대 의학의 몇몇 자료들을 인용했다. 그러나 『혼이 간에서 기숙한다』는 것이 어떻게 해서 꿈을 꾸게 하는가? 진사원의 해석에 따르면, 『혼이 간에 기숙을 하게 되면』 사람의 생명을 유지할 수 있을 뿐만 아니라 눈과 귀로 보고 듣고 하는 것을 멈추게 하며, 이렇게 되면 혼은 육신을 떠나 바깥으로 나가 노닐 수 있게 된다는 것이다. 장황하게 얘기하고 있지만 결국 커다란 테두리를 맴돌고 있는데, 가장 중요한 한 마디는 바로 『꿈이란 정신이 노니는 것이다』라는 말이다. 그러나 앞에서 인용한 《해몽서》에서는 『혼백이 육신을 떠난다』고 하여 혼과 백을 함께 들었다는 사실에 주의해야 할 것이다. 진사원은 혼은 육신을 떠나지만 백은 오히려 육신내에 존재한다는 점을 강조했다. 그래서 『정신이 노니는 것』은 단지 『혼이 노니는 것』으로만 해석해야 한다. 만약 혼과 백이 함께 육신을 떠나 버린다고 한다면, 이론적으로 수면과 사망을 구분할 수 없게 되어 버린다. 이렇게 볼 때 진사원은 부끄럽지 않은 이론적인 머리가 있었으므로 다른 해몽가들보다 뛰어났던 것이다.

그러나 『정신이 노니는 것』이 어떻게 해서 꿈을 꾸게 할 수 있는지에 대해서, 진사원은 정신의 영혼이 바깥에서 접촉하는 것에 의한 것이라고 간단히 결론지어 버리거나 신령이나 귀신의 혼백을 한꺼번에 인용하지를 않고 유심주의적인 신神의 불멸론에 근거하여 정기나 신성한 기운들이 천지간에서 활동하는 것으로 설명하고 있다.

사람이란 육체의 지배를 받으며, 깨어 활동하고 잠을 자는 것에는 일정한 법칙이 있다. 깨어서 활동하는 것은 행위의 움직임에 의한 것이요, 잠자리에 들어 잠을 자는 것은 형체의 정지됨에 의한 것이다. 그러나 정신의 기운은 제멋대로 바깥으로 나가 노닐며, 천지자연과 조화를 이루어 함께 흐른다. 지허至虛한 상태로 돌아가고 지극히 영험스러움(至靈)에 모이게 되면 빛나는 혼은 시들지 않고 정신은 가벼워 가라앉지 않게 되니, 어찌 잠을 자고 활동하며 깨어있고 꿈을 꾸는 것들과 함께 움직이고 정지하게 되겠는가! 고로 형체는 비록 잠이 들었으나 정신은 잠들지 않고, 혹은 감추거나 혹은 고요하게 머무르며, 혹은 서로 통하거나 혹은 서로 접촉하기도 한다. 정신이 접촉하거나 감추어지기 때문에 잠을 잘 때 꿈을 꾸거나 혹은 꾸지 않게 된다.《몽점일지 · 주야편晝夜篇》

진사원의 분석에 의하면, 사람에게는 육체가 있어서 낮에는 활동을 하고 밤에는 쉬게 되는데, 이러한 것이 『형체의 움직임과 정지』에 속하는 문제이다. 그러나 〈정신〉은 그렇지가 않다. 정신은 육체의 구속을 받지 않고서 바깥으로 『나가 노닐 수 있다.』 그는 《장자》의 『사람과 천지자연간의 정신은 서로 왕래』한다는 말을 긍정하여 『천지자연과 조화되어 함께 흐르게 된다』고 하였는데, 즉 사람의 〈정신의 기운〉과 천지의 〈정신〉이 함께 흐르게 된다는 것이다. 〈지허〉니 〈지령〉이니 운운한 것은 〈신성스런 기운〉이라는 것이 육체와는 다르다는 특징을 강조하기 위한 것이다. 이것은 앞에서 혜원이 말한 바 있는 정신이란 『지허하여 형체가 없다』『정교함이 극에 이르러 신령스럽다』(《사문은 왕을 공경하지 않는다는 것에 관한 논설 沙門不敬王者論 · 형체는 없어지나 정신은 없어지지 않음 形盡神不滅五》《홍명집弘明集》권5)고 한 것과 같은 선상의 말이다. 『시들지 않고』『가라앉지 않는다』고 운운한 것은, 정신과 혼백의 활동은 잠을 자지도 않으며 쓰임에 끝이 없다는 것을 강조하기 위한 것이다. 낮에는 『혼이 눈에서 빛나기』 때문에 능히 외물을 볼 수 있게 되고, 밤에는 혼이 육신을 떠나 바깥으로 나가 노닐기 때문에 사람은 또 꿈에서 외물을 볼 수 있다는 것이다. 그래서 신혼의 활동은 육체적인 노동이나 휴식으로 인해서 옮겨가지 않는다. 사람이 낮에 일을 할 때에는 형체도 일을 하고 정신도 일을 하게 되지만, 밤에 잠을 잘 때에는 형체는 정지하지만 정신은 계속 움직인다. 그러나 정신은 『제멋대로 노닐』수는 있지만 반드시 『제멋대로 노니는』것만은 아니다. 만약 정신이 체내로 수렴되어 정적의 상태에 처한다고 한다면, 비록 잠을 잔다고 할지라도 꿈을 꾸지는 않게 될 것이다. 만약 정신이 몸 바깥으로 나가 『마음대로 노닐어』접촉하는 바가 있게 되면 잠을 잘 때 꿈을 꾸게 된다는 것이다. 진사원의 이러한 논술은 분명히 사변적인 형식을 취하긴 했지만, 전통적인 몽혼관념과는 단지 정교함과 조잡함의 차이일 뿐 본질적으로 다른 것이 아니다.

해몽에 관한 근거는 해몽철학에 있어서 결정적인 의미를 갖고 있다. 그렇다면 진사원이 제시한 근거는 무엇이었던가? 이에 대한 대답은 바로 천인감응이라는 것인데, 이것은 물론 신비주의적인 천인감응사상이다. 그는 『사람이란 천지간의 조화된 기운을 감추고 있으며, 하늘과 땅의 기운을 본받았기 때문에 정신은 서로 융합되고 관통되어 서로 어지러움이 없다 人葆沖和, 肖乎天地, 精神融貫, 無相鏊也』라고 하여, 하늘은 양에 속하고 땅은 음에 속하며 사람은 음양의 조화된 기운을 품고 났기 때문에 사람과 천지간에는 서로 비슷한 관계가 존재한다는 것이다. 사람의 정신은 천지의 정신과 서로 교통하기 때문에 천지자연을 위배할 수 없다. 이러한 이유 때문에 사람의 꿈으로부터 천지의 뜻을 예측해낼 수 있다는 것이다. 이러한 점을 논증하기 위해, 그는 우리가 앞에서 인용했던 송나라 유학자들의 그러한 말을 다시 원용했다.

물론 천지자연의 변화는 인체 생리상에 일정한 반응을 일으킬 수 있으며, 이러한 반응은 더 나아가 사람의 정신상태에 영향을 주며 사람의 수면과 잠을 잘 때의 꿈에도 영향을 주게 됨은 인정해야 한다. 《관윤자關尹子》에서 『(날씨가) 흐리려고 하면 꿈에서 물을 보게 되고, 맑으려고 하면 불을 보게 된다』《이주편二柱篇》고 했는데, 이러한 경험은 일정한 범위내에서는 사실과 부합되는 것이었다. 이러한 의미에 있어서는 『천지가 사람과 통하고』『천지가 나와 통한다』고 할 수 있다. 그러나 사람이 꿈을 꾸게 되는 것에는 생리적인 원인뿐만 아니라 심리적인 원인도 있다. 단지 자연계의 흐리고 맑고 춥고 덥고 하는 것들만으로는, 무엇 때문에 꼭 같은 자연

환경 속에서 사람의 몽경·몽상은 오히려 매우 큰 차별성과 다양성을 가지게 되는 것일까 하는 문제에 대한 설명이 근본적으로 불가능하다. 진사원은 사람들이 느끼지 못하는 사이에 몰래 〈천지의 음양〉을 〈천지의 정신〉으로 살짝 바꾸어 놓았다. 다시 한 걸음 더 나아가 〈천지의 정신〉을 다시 인격화시켜 천지의 신으로 바꾸어 버렸다. 사실 해몽철학은, 실로 일종의 철학이기 때문에 그 목적은 해몽을 논증하는 데 있는 것임은 매우 명백하다. 만약 해몽이 마지막에도 신령이나 귀신들과 연계되지 않는다고 한다면, 꿈의 길흉이 『각기 다른 종류로 전달되는 것』을 어떻게 설명할 것이며, 『선왕들이 반드시 해몽관을 세워서 그 길흉을 살폈다』고 하는 것은 또 어떻게 설명할 것인가? 그래서 진사원의 이론은 비록 현묘하긴 하지만, 그가 원용한 몽례들의 많은 예들이 적나라한 신도설교적인 항목들이다. 《뇌우편雷雨篇》에서는 『문건文虔이 날씨가 맑도록 기도하고, 허분許份이 눈이 내리도록 기도하고, 달혜무達奚武가 비를 내려달라고 바랐던 꿈과 같은 것들은 바로 정성이 감격하여 상하가 서로 통한 것이다……』라고 했다. 또 《수명편壽命篇》에서는 『……온서溫序와 이덕유李德裕의 죽음에 있어서는 모두가 꿈에 의거해서 고향으로 운구를 모셔 장사를 지냈던 것이니, 이 어찌 영혼이 일찍이 죽어 버렸다고 할 수 있겠는가!』라고 했다. 가장 노골적인 표현은 《신괴편神怪篇》에서 보이고 있는데, 그는 『왕봉선王奉先은 (이미 죽은) 아들이 집으로 돌아오는 꿈을 꾸었고, 육휴부陸休符는 (이미 죽은) 친구가 옥을 지키는 병졸이 되는 꿈을 꾸었고, 제갈諸葛의 어머니는 원숭元崇이 다른 사람에 의해 피살되는 꿈을 꾸었고, 구씨위緱氏尉는 숙민叔敏이 도적에 의해 피살되는 꿈을 꾸었고, 당나라 태종은 위징魏徵과 두여杜如가 모두 그날 밤에 죽는 꿈을 꾸었고, 당나라 태종은 또 (이미 죽은) 설수薛收와 우세남虞世南의 꿈을 꾸었다』고 하는 등등은 모두가 『돌아다니던 혼이 얼마 지나지 않아서 꿈을 통해서 서로 통한』 것이라고 했다. 또 『지나간 이전의 조대朝代의 영혼들이 후인들의 꿈에 나타나는 경우도 있는데, 예를 들면 제나라의 경공景公이 이윤伊尹의 꿈을 꾸었다든가, 한나라 환제桓帝가 노담老聃의 꿈을 꾸었다고 하는 것이다』고 했다. 공자가 꿈에서 주공周公을 본 것을 비롯하여 유협劉勰·장지순張之純·황연黃淵·황택黃澤·정현鄭玄·초주譙周 등이 공자를 꿈에서 보았다고 하는 것들도 모두 주공이나 공자의 『영혼이 하늘에 있으면서』 여러 성현들의 『꿈을 통해서 서로 만나게 된』 것으로 인식했다. 《시보편施報篇》에서는 또 불교의 인과응보에 관한 꿈의 예들을 적잖게 기록하고 있는데, 무슨『진씨陳氏의 처가 옛무덤에다 차茶를 드리고서는 십만 전錢의 돈을 얻게 되었다』라고 한 것이라든가, 또 무슨『주周나라의 노비 하나가 해골에 박힌 가시를 뽑아주고서 금으로 된 잔을 한 세트 얻게 되었다』고 하는 것들인데, 진사원은 이들을 사람과 귀신과의『정령이나 영혼이 변화하여 그렇게 된 것』으로 개괄하고 있는데, 이러한 사실로 볼 때 진사원의 소위 사람과 하늘의『정신이 서로 융합하고 관통한다』는 말의 실체를 살펴볼 수가 있다.

앞에서 진사원의『꿈이란 정신의 노닒이며 올 것을 미리 알게 해주는 거울이다』라고 한 말을 인용했었는데, 어떻게 해서『올 것을 미리 알게 해주는 거울』일 수 있는가? 해몽은 어떻게 해서 길흉을 예측해 줄 수가 있는가? 이러한 문제는 해몽철학에 있어서는 더더욱 회피할 수 없는 문제이다. 그는『세상은 항시 변하여 항구한 것이란 없으며, 살펴본즉 시초의 예견』이 되기 때문에『혼이 올 것을 알 수 있게 해준다』고 했다. 물론 세상의 어떠한 사물의 변화라 할지라도 모두 어떤 조짐이나 징조가 있게 마련이다. 그러나 여기에서의 문제는 이러한 조짐들이 어떻게 해서 공교롭게도 꼭 꿈에서 현시되어 나타나게 될까 하는 점이다. 현대과학의 관점에서 본다면 어떤 꿈들은 확실히 어떤 예견성을 갖고 있으며, 어떤 경우에는 깨어있을 때의 어떤 사유활동들을 꿈에서도 계속적으로 할 수가 있으며, 과학자들이나 예술가들은 종종 그들의 꿈으로부터 계발을 받기도 한다. 그러나 진사원을 비롯한 역대의 해몽가들은 결코 사람의 잠재의식의 능동성을 실제적으로 인정한 것은 아니었으며, 신비주의적인 천인감응을 고집한 것이었다.

진사원은 다음과 같이 말하고 있다.

천지자연에는 신이 내리는 재앙과 복이 있는데 모두가 천지의 정신이 발해서 생겨나는 것들이다. 상서로운 별, 상서로운 구름, 그릇이나 수레, 감미로운 샘물 등과 같은 것들은 모두 상서로운 것들로 천지의 길몽이다. 재앙을 내리는 별, 흙비, 천자가 죽는 것, 동쪽 오랑캐 지방의 양들과 같은 것들은 불길한 것들이며 천지의 악몽이다. 길몽과 악몽은 천지자연도 점을 칠 수가 있는데, 하물며 사람에게서랴!《몽점일지·주야편》

〈천지의 재앙과 복〉을 〈천지의 정신〉에 의한 것이라 했으며, 〈천지의 정신〉으로부터 또다시 〈천지의 꿈〉을 끌어내었는데 이것은 실제로 진사원의 해몽철학에서 새로 창조된 점이다. 그의 이전에는 서한시대의 동중서董仲舒와 동한시대의《백호통白虎通》에서 하늘이 재앙이나 화복을 내린다는 점을 선양한 적이 있다. 그러나 그들은 하늘이 화복을 〈고의적으로〉, 즉 하늘이 목적성을 갖거나 의식적으로 상벌을 내리는 것이지 〈하늘의 꿈〉인 것은 결코 아니었다. 진사원의 〈창조적으로〉 천지에는 길몽과 흉몽이 있으며, 〈정신의 노닒〉에 의해 감응을 이루게 되며, 그러한 까닭에 길몽과 흉몽이라는 것이 생겨난다고 했다. 그의 구체적인 논증을 보기로 하자.

  정신이 접촉하는 바는 혹은 멀기도 하며 혹은 가깝기도 하고, 혹은 오랜 시간이기도 하며 혹은 잠시이기도 하며, 밝거나 어둡거나 하는 특이한 형상이기도 하며, 위로 올라가거나 아래로 떨어지는 기이한 형태이기도 하며, 영광스럽거나 욕된 이상한 모습이기도 하며, 이기거나 지는 것과 같이 이상하게 버티는 것이기도 하다. 무릇 재앙과 화복 같은 종류들은 복잡하고 어수선하여 종잡을 수가 없다. 비록 전날 밤에 보고 듣지 못했던 것이라 할지라도 모두가 꿈 속에 나타날 수 있는 것이다. 이와 같이 꿈 속에서 얻은 바의 좋고 나쁨은 그것에 근거해서 점을 칠 수가 있다.《몽점일지·주야편》

진사원의 뜻은 『정신이 나가 노닐』 때 접촉하는 것은 어떤 경우에는 거리가 멀거나 가깝기도 하며, 시간적으로 길고 짧기도 할 뿐만 아니라 대상의 상태도 가지각색이라는 것이다. 그 중에서도 밝고 위로 올라가며 영광스럽고 승리하는 꿈자리는 일반적으로 길몽인데 반해, 어둡고 아래로 떨어지거나 치욕스러우며 실패하는 꿈자리는 일반적으로 흉몽이다. 천지의 재앙과 화복이 매우 복잡하기 때문에 어떤 경우에는 들어보지도 못한 몽상들이 꿈에서 나타날 수도 있다. 그러므로 꿈 속에서의 몽상에 근거해서 길흉을 점칠 수가 있다는 것이다. 진사원의 이러한 이론은 무슨 매우 뛰어난 이론은 아니며, 많은 부분들이 같은 말의 반복에 불과한 것임을 알 수 있다. 즉 꿈 속에 길흉의 몽상이 있기 때문에 그 몽상에 근거해서 길흉을 점칠 수 있다는 말인 셈이다. 만약 끝까지 캐물어 꿈 속에 어떻게 해서 길흉의 몽상이 있게 되느냐고 묻는다면, 그것은 『정신이 나가 노닐면서』 천지에 존재하고 있는 길흉의 형상들과 만나기 때문이며, 천지에는 어떻게 해서 길흉의 형상이 존재하는가라고 묻는다면 이는 〈천지의 정신〉에 의해 만들어진 것이며, 〈천지의 정신〉은 어떻게 해서 길흉의 형상을 만들어낼 수 있느냐고 묻는다면 이는 사람의 행위에 선과 악이 있기 때문에 천지가 이에 감응해서 만들어진 것이라고 할 것이다. 이렇게 계속 묻고 묻는다면 이전의 몽서들이 언급했던 『꿈이란 알려주는 것인데 그 형상을 알려준다』『천신의 계시를 받아 사람에게 알려주는 것이다』고 한 것으로 돌아가게 된다. 해몽철학은 결국 해몽신학을 벗어나지 못한다.

　마지막으로 독자들에게 주의를 환기시키고 싶은 것은 진사원이 이전의 경전 중의 말들을 인용하여, 거북이나 시초는 모두 점을 칠 수가 있으며 꿈은 더더욱 길흉을 예견해 줄 수 있다고 했다는 점이다.

　　조괘兆卦(거북의 갈라진 흔적)는 거북에 의해 만들어지며, 역괘易卦는 시초에 의해 나타나게 된다. 시초나 거북은 외재하는 객체물이므로, 성인은 가르침을 펴서 이를 이용해도 마치 신명에 통할 수 있고 큰 의문점을 헤아릴 수 있는 것처럼 보였다. 그러나 꿈의 경우에는, 꿈이 본래부터 혼과 연계된 것으로 외물을 빌어온 것이 아니므로, 그 시작과 끝을 살피고 심오한 이치를 탐구한즉 무성하고 쇠함과 살고 죽음을 어찌 얻어서 위배됨이 있겠는가!《몽점일지 · 장류편》

　거북점과 역점으로부터 해몽을 추론해내었는데, 그 전제조건은 그 자체에 대해 증명이 이루어져야 한다는 것이었다. 그러나 여기서 점복미신에 있어서의 매우 중요한 한 가지 문제와 부딪히고 있는데, 그것은 어떠한 점복도 신과 내통하고 길흉을 예시해 주는 중간 매개물을 설정하고 있지 않는 경우가 없다는 것이다. 예를 들어 점성에서는 별을 중간 매개물로 삼으며, 거북점에서는 거북의 갈라진 흔적을 매개물로 삼으며, 역점에서는 시초괘를 중간 매개물로 삼는다. 그러나 이러한 중간 매개물은 일종의 객체물이며, 죽은 물체일 뿐만 아니라 모두가 사람의 외부에서 존재하는 것들이다. 그러나 해몽은 이들과 다르다. 해몽에서의 중간 매개물은 완전히 살아있는 꿈의 주체인 몽상이며, 또 몽상이라는 것은 꿈을 꾸는 사람 자신이 몸소 경험한 직접적인 체험이다. 그러므로 해몽은 다른 점복에 비해 더욱 특수한 신비감을 갖고 있다. 해몽미신은 이러한 점을 이용했으며, 해몽철학 또한 이러한 점을 이용했다. 꿈의 본질과 원인 · 메커니즘 등을 진정한 과학적인 방법으로 설명을 해내어야만 비로소 해몽미신과 해몽철학을 근본적인 것부터 타파해 나갈 수가 있게 된다.

제 2 장

해몽가들의 역사적 발자취

해몽미신의 발전과정 속에서 해몽을 하는 사람과 해몽을 해주는 사람들은 매우 중요한 역할을 해왔다. 원시시대의 해몽은 대부분 나이든 사람이나 종교적인 직분을 가진 사람들이 담당했다. 은나라 왕의 신변에는 해몽을 하는 전문적인 점복관이 있었다. 서주시대의 왕실제도에 있어서는 더욱이 전문적으로 해몽을 하는 관직을 세웠다. 그러나 춘추시대 이후로는 해몽가들의 위치가 끊임없이 하락하여 정부의 관리였던 것이 점점 세속화되게 되었으며, 해몽 또한 꼭 해몽가에 의해 행해져야만 하는 것이 아니게 되었다. 그러나 위진시대로부터 수당시대에 이르기까지는 세속적인 해몽가들이 역사무대에서 또다시 상당한 활약을 보였다. 송명시대 이후로는 해몽가들은 방술지사들을 따라서 강호구류들의 무리 속으로 파묻히게 되었다. 해몽가들의 역사적 종적은 해몽미신의 영향과 성쇠를 반영하고 있기도 하다.

---

1 │ 은나라 때의 복사 속에 보이는 해몽

해몽의 가장 초기적인 모습은 일종의 완전히 비조직적인 미신이었다. 몽상의 함의와 그 길흉에 관한 것은 단지 씨족부락의 나이든 사람을 통해서 그들의 심리적 체험을 대대로 전수해 내려올 수밖에 없었다. 만약 헤젠족들에게 죽은 사람의 관을 메고 가는 꿈을 꾸면 어떻게 해서 들짐승을 잡을 수 있게 되고, 말을 타고서 길을 가는 꿈을 꾸면 어떻게 해서 사냥에서 수확을 얻을 수 없게 되는지를 물어본다면, 그들은 틀림없이 노인들이 줄곧 그렇게 말해왔다고 대답할 것이다. 헤젠족들의 선조 때에는 사회생활이 비교적 단순하여 그 몽상 또한 일상생활에서 보던 사물들이었기 때문에 전문적인 사람이 해몽을 맡아보아야 할 필요는 없었다. 그러나 이후의 상황은 달라지게 되었다. 생활이 날로 복잡해지면서 몽상도 날로 복잡해지게 되자, 노인들의 〈경험〉은 이미 해몽을 하고자 하는 사람들의 요구를 만족시켜 줄 수 없게 되었으며, 그리하여 종교적인 직분을 가진 사람에게 가서 물음을 구할 수밖에 없게 되었다. 예를 들면 율속족들은 〈니빠〉(尼扒)나 〈꽁빠〉(公扒)에게, 경파족은 큰 동살董薩이나 작은 동살董薩에게, 요족은 선공先公이나 도공道公에게, 묘족은 고상상故相商이나 상알相戛에게 물어볼 수밖에 없었다. 이러한 풍속들은 모두 오래 전부터 전해져 오던 것이다. 해방 전의 한족들의 농촌에서도 일반적인 꿈은 노인에게 가서 물어볼 수 있었으나 복잡한 꿈은 해몽가에게 물어보았다. 종교적인 직분을 가진 사람이나 해몽가들에게 물어본 까닭은, 그들이 해몽법을 잘 알고 있었던 까닭도 있었지만 더욱 중요한 것은 그들이 〈신과 내통〉하거나 〈귀신과 내통〉할 수 있어 몽상에 나타난 신이나 귀신의 뜻을 점쳐낼 수 있다고 여겼던 것에 있다.

한족漢族들의 전설 중에서는 아마도 무함巫咸이라는 사람이 가장 빠른 해몽가일 것이다. 장형張衡의 《사현부思玄賦》에서『무함을 시켜 해몽을 하게 하였네, 길하다는 좋은 징조를 얻었네』《후한서 · 장형열전》라고 했으며, 한유韓愈의 《향라지享羅池》에서는『들짐승과 이리를, 나는 꿈에서 보았네. ……무함이 하늘나라로 올라가 버렸으니, 이를 해몽할 수 있는 자 누가 있을꼬?』《한창려집韓昌黎集》라고 하였다. 무함이라는 이름은 《산해경》의 《해외서경海外西經》과 《대황서경大荒西經》에서 보이는데, 역사시대 이전의 무당임에 틀림없다. 무함이라는 이름은 또 《상서 · 군석君奭》편에도 보이는데, 은나라 왕의 현명한 신하라고 전하는 것으로 보아 종교적인 직분을 가진 사람이었던 것임에 틀림없다. 그러나 이러한 것들은 모두가 전설이며, 은나라 사람들의 복사 중에서나 비로소 믿을 만한 해몽가들의 역사적 발자취를 찾아볼 수가 있다.

은나라 왕의 꿈 중 어떤 것들은 은나라 왕 자신이 점을 친 것도 보인다. 예를 들면 다음과 같다.

계미날에 점을 쳐, 왕이 물어봅니다. 무기를 가진 귀신 꿈을 꾸었는데 오제사를 지내지 말아야 합니까? (癸未卜, 王貞鬼夢, 余勿祐?)

정미날에 점을 쳐 왕이 물어봅니다. 많은 귀신 꿈을 꾸었는데 재난이 닥치지 않겠습니까? (丁未卜, 王貞多鬼夢, 亡未郵?)

(다음에서 인용하는 복사卜辭 자료들은 모두 호후선胡厚宣의 《은인점몽고殷人占夢考》에서 인용하였다.)

위의 두 가지 복사에서 〈계미날〉과 〈정미날〉이라는 것은 점을 친 날짜를 말하며, 왕이란 고종인 무정武丁을 말한다. 〈祐〉는 제사이름이며, 〈郵〉은 재난을 뜻한다. 고종이 꿈에서 무기를 갖고 있는 귀신의 꿈을 꾸고서 점을 쳐 묻기를 『오제사를 다시 지내어서는 안 되는지』의 여부를 물었으며, 고종이 꿈에서 여러 차례 귀신을 보게 되자 점을 쳐서 『어려운 일이 있겠는가』를 물었던 것이다.

그러나 은나라 왕의 꿈의 대부분은 전문직에 있었던 점복관이 점을 쳐 물었다. 그 중에서 〈곡〉이라고 불리는 관리가 대신 점을 친 것이 가장 많이 보인다. 예를 들면 다음과 같다.

> 병자날에 점을 쳐 곡이 물었다. 왕이 아내의 꿈을 꾸었는데 화가 없겠습니까? (丙子卜, 穀貞, 王夢妻, 不隹囚?)
>
> □□날에 점을 쳐 곡이 물었다. 왕이 첩의 꿈을 꾸었는데 화가 없겠습니까? (□□卜, 穀貞, 王夢妾, 㞷間隹囚?)
>
> 신미날에 점을 쳐 곡이 물었다. 왕이 그의 형인 무기의 꿈을 꾸었는데 화가 없겠습니까? (辛未卜, 穀貞, 王夢兄戊兊不隹囚?)
>
> □인날에 점을 쳐 곡이 물었다. 왕이 그의 형인 정의 꿈을 꾸었는데 화가 없겠습니까? (□寅卜, 穀貞, 王夢兄丁隹囚?)
>
> 기미날에 곡이 점을 쳐 물었다. 왕께서 명제를 지내는 꿈을 꾸었는데 화가 없겠습니까? (己未卜, 穀貞, 王夢皿不隹囚?)
>
> 병술날에 곡이 점을 쳐 물었다. 왕께서 시제사를 지내는 꿈을 꾸었는데 ……하지 않겠습니까? (丙戌卜, 穀貞, 王㞷夢示, 不…?)
>
> 경술날에 곡이 점을 쳐 물었다. 왕께서 꿈을 꾸었는데 화가 없겠습니까? (庚戌卜, 穀貞, 王㞷夢, 不隹囚?)

이상의 복사에서 볼 수 있듯이 은나라 왕이 아내나 첩의 꿈을 꾸고서도 곡에게 대신 점을 치게 했다. 형님을 보아도 곡이 대신 점을 쳤으며, 제사나 천상에 대한 꿈도 역시 곡이 대신 쳤다. 묻는 내용은 모두가 화가 없겠는가라는 것이었다. 당란唐蘭 선생의 고증에 의하면 〈곡〉이란 이름은 복사에서 수백 번이나 나타나며, 무정시대의 중요한 점복관이라 했다. 우성오于省吾 선생은 〈곡〉이란 아마도 무정시대 때의 중요한 신하였을 것이며, 왕을 대신해서 많은 국가의 대사를 점쳤다고 한다.(《갑골문자집석甲骨文字集釋》3·1001－1006) 만약 그렇다고 한다면 〈곡〉이란 종교적인 직분과 정치적인 직분 두 가지를 겸직하고 있었으며, 왕의 곁에 있었던 지위가 매우 높았던 사람으로, 은나라 왕의 활동에 중요한 영향을 발휘했던 사람임에 틀림없다.

〈곡〉이란 사람 외에도 어떨 때에는 〈빈〉이라는 관리가 은나라 왕인 무정의 꿈에 대해 대신 점을 친 경우도 보인다. 예를 들면 다음과 같다.

> 을사날에 점을 쳐 빈이 묻습니다. 왕께서 복(사관의 이름)의 꿈을 꾸었는데 재앙이 있겠습니까? (乙巳卜, 賓貞, 王夢籏, 其隹旤?)
>
> 병자날에 점을 쳐 빈이 묻습니다. 왕께서 흰 소를 꿈에서 보았는데 화가 있겠습니까? (丙子卜, 賓貞, 王夢白牛, 隹旤?)

위에서 물어본 것은 무정이 꿈에서 〈복〉이라는 사관을 보았는데 재앙이 있겠는 가라는 것과, 꿈에서 흰 소를 보았는데 화가 있겠는가라는 내용이다.

은나라 왕의 신변에는 비록 곡이나 빈과 같은 고급관리가 왕을 대신해서 해몽을 하긴 했지만, 해몽이 이러한 관리들의 주요한 임무는 아니었으며 해몽은 단지 그들의 임무 중의 하나에 불과했다. 서주시대의 왕실제도에서는 왕의 꿈을 고도로 중시하였으며, 그리하여 전문적으로 해몽에만 종사하는 해몽관이 출현하게 되었다.

2 | 서주시대 왕실제도 중의 해몽관

《주례·춘관》의 기록에 의하면, 주나라 왕의 점복에 관한 사무는 모두 태복太卜이라는 관리가 총괄했다 한다. 정현鄭玄의 주석에 의하면, 태복은 점복관의 우두머리라 했다. 규정에 의하면, 태복은 일반적으로 두 사람이며 그 등급은 〈하대부下大夫〉급에 속했다. 태복의 아래에 태복이 이끄는 관서가 있었으며, 이에는 『복사卜師와 상사上士가 4명, 복인卜人과 중사中士가 8명, 하사下士가 16명, 부府가 2명, 사史가 2명, 서胥가 4명, 도徒가 40명』이었다. 그 중 관리가 34명이며, 서리(하급관리)가 44명으로 그 편제는 모두 78명이었다. 이것은 당시에 있어서는 매우 방대한 기구였다. 해몽관은 태복에 예속되었으며, 그 기구에는 『중사와 사가 2명, 도가 4명』이 있었다. 구체적인 직책으로는 태복이 〈삼몽지법三夢之法〉을 관장했는데, 이에는 주나라 왕이 어떻게 해서 꿈을 꾸게 되었고, 어떻게 점을 쳤으며, 점을 치는 절차 등등에 관한 것들을 포괄하고 있다. 구체적인 해몽활동은 바로 해몽관에 의해서 진행되었다.

해몽을 하려면 먼저 꿈의 내용을 말해야만 했다. 《일주서逸周書》와 《장자》에 있는 자료에 의하면, 주나라 왕실에는 〈꿈의 내용을 보고하는〉 제도가 있었던 것처럼 보이며, 적어도 〈꿈의 내용을 보고하는 것〉은 당시에 있어서는 습관적인 절차였다고 할 수 있다.

《정오해程寤解》: 『태사가 꿈을 꾸었는데, 잠을 깨고 나서 문왕에게 그 내용을 아뢰었다.』

《문경해文儆解》: 『문왕이 꿈의 내용을 말씀하셨으며』 『태자인 발發을 부르고』 『유사有司를 불렀다.』

《오경해寤儆解》: 『사월 삭에 왕께서 꿈을 말씀하셨으며, 조심해서 주공周公 단旦을 부르셨다.』

《무경해武儆解》: 『12년 4월에 왕께서 꿈을 말씀하셨다.』

《사기해史記解》: 『정월에 왕께서 성주成周에 계셨는데 (꿈에 놀라) 어두어둑한 새벽에 삼공을 비롯하여 좌사左史·융부戎夫 들을 부르셨다.』

《전자방田子方》: 『문왕이 장臧이라는 곳에서 한 장부가 낚시질하는 꿈을 꾸었는데, 다음날 아침 대부에게 ……라고 분부를 내리셨다.』

이상에서와 같이 꿈의 내용을 보고받은 사람으로는 주나라 왕·태자·삼공·좌사와 유사 등이 있었다. 좌사와 유사 등은 당연히 태복이나 해몽관에 소속된 관리이다. 물론 주나라 왕이 모든 꿈을 모두 보고해야만 했는지, 꿈을 꾸면 반드시 점을 거행했는지에 대해선 명확하지가 않다. 그러나 사안이 중대하다고 생각되는 것에 대해선 반드시 내용을 알려야만 했으며, 점을 치지 않으면 아니 되었다. 태사가 꾸었던 주나라 왕실의 뜰에 있던 가래나무가 소나무로 변한 것 같은 꿈은 더욱이 태자와 함께 명당에서 점을 거행하기도 했었다.

태복과 해몽관들의 계급은 비교적 낮았다. 그러나 주나라 사람들이 보편적으로 꿈을 중시했었기 때문에 그들은 조정과 재야의 상하층에서 오히려 상당한 존중을 받았다. 《시경·소아》의 기록에 의하면, 주나라 선왕이 꿈을 꾸고서는『대인에게 점을 치게 했네.』소치는 사람이 꿈을 꾸어『대인이 점을 쳤네』라는 내용이 있다. 어떻게 해서 주나라의 왕이나 소치는 사람의 꿈을 모두『대인으로 하여금 점치게 하였을까?』《몽점일지》에 의하면『그 엄중함에 이르면 함부로 감히 장난칠 수 없다』라고 했는데, 이것은 꿈을 점치는 일이란 함부로 할 수 없다는 것을 말한다. 그러나 하대부·중사 등의 직책을 백성들이 어떻게 해서 〈대인〉이라 부르게 되었을까? 정현의 《전箋》에 이르기를『대인으로 하여금 점을 치게 한다는 말은 성인의 해몽법으로 점을 치게 한다는 것을 말한다』고 했으니, 이는 분명 문장의 뜻에 부합되지가 않는다. 주희의 《시집전詩集傳》에서는『대인이란 태복에 소속된 것으로 해몽을 하는 관리다』라고 했으니, 단지 〈대인〉의 관속만 밝혔을 뿐 이 명칭의 의미에 대해선 언급하지 않았다. 우리들 생각으로는 〈대인〉이라고 부른 것은 대체로 해몽가에 대한 존중을 표시하기 위한 것으로, 지금의 〈선생〉과 같은 의미였을 것으로 생각된다.

《소아·정월》에서는『고로故老(연로하고 덕이 있는 사람)를 불러 해몽을 물어보네』라고 하였는데, 어떻게 해서 〈고로〉와 〈해몽〉을 함께 열거한 것일까? 주희는『고로는 옳고 그른 것에 대해 밝으며, 해몽이란 길흉에 밝다. 나라가 믿고 의지하는 바는 틀린 것을 바로잡는 것으로써 한다』고 했다. 사실 이 두 가지를 함께 나열한 것은 각기 각자의 장점이 있어서가 아니라 당시의 민간적인 전통과 국가제도가 함께 병존했던 두 가지 현상을 반영하고 있다고 할 수 있다. 고로가 해몽을 한 전통은 매우 오래되었으며, 민간에서는 여전히 수용되어지고 있었다. 해몽을 하는 관리는 주나라 때에 이르러 비로소 시작되었으며, 대체로 왕이나 왕실을 위한 해몽이었다. 주나라 왕의 해몽은 물론 민간의 해몽법을 기초로 하긴 했지만, 실제로는 민간의 해몽보다는 훨씬 더 복잡했으며 상세했다. 해몽관을 이미 중사나 사가 맡고 있었던 이상, 계절을 파악하고 별자리들을 관찰하며 음양을 분별하는 등등과 같이 상당한 지식과 전문적인 훈련을 갖추고 있어야만 했다. 이러한 것들은 모두가 일반적인 〈고로〉들이 소위 말하는 〈경험〉으로써 대체할 수 있었던 것은 아니다.

3 《춘추》경전 속에 보이는 해몽

서주시대에는 국가의 큰일들을 모두 점복에 의해 결정했으며, 해몽가들은 주나라 왕의 신변에서 상당한 세월을 누렸다. 춘추시대 이후로는 대체로 주나라 천자의 지위가 떨어지므로 해서 이미 그러한 해몽가들의 종적을 찾을 수 없게 되었다. 그러나 각국의 제후들은 여전히 해몽이라는 것을 굳게 믿고 있었다. 그렇다면 그들의 곁에는 전문적인 해몽관이 있었을까. 그리고 그들은 어떤 사람들에게 해몽을 의뢰했었을까?

명나라 때의 동설증董說曾은 《칠국고七國考》라는 책을 저술했는데, 대량의 문헌에 근거하여 선진시대의 일곱 제후국의 역대 관직에 대해 고증을 했었다. 청나라 때의 정정조程廷祚·심숙沈淑·이조원李調元은 또 각기 《춘추직관고략春秋職官考略》·《좌전직관左傳職官》·《좌전관명고左傳官名考》라는 책을 저술했다. 그들이 고증한 결과들에 의하면, 어느 제후국을 막론하고 전문적인 해몽관은 없었다. 단지 《칠국고》에서 〈몽대부〉라는 한 조항을 나열하고 있는데, 《점몽서》에서 인용한 《조사기趙史記》의 내용에 근거하면 『조나라의 간자簡子가 병이나 7일 동안이나 잠을 자면서 하늘나라에 올라가 노니는 꿈을 꾸었는데, 〈몽대부였던 동안우董安于가 말을 받아 기록하여 府부에다 보관했다〉고 했다.』 이 내용은 《사기·조세가趙世家》의 내용과 기본적으로 일치하고 있지만 《조세가》에는 〈몽대부〉란 세 글자가 없다. 우리들 생각으로는 《조사기》의 내용이 틀린 것이 없다손 치더라도 동안우는 단지 꿈의 내용을 받아 기록했을 뿐 꿈에 대한 해몽을 한 것은 결코 아니었으며, 따라서 위에서 말한 〈몽대부〉를 해몽관으로 볼 수는 없다고 생각한다.

《좌전》이나 《국어》·《사기》 등의 역사서에서 나타나고 있는 자료에 의하면 춘추시대의 각 제후들이나 그 신하와 측근들의 꿈은 대체로 다음의 네 부류의 사람들에 의해 해몽이 이루어졌다.

제일 먼저, 정부의 사관에 의해서이다. 예를 들면 다음과 같다.

소공 7년 : 노나라 소공이 양공께서 노제를 지내주는 꿈을 꾸었는데 재신梓愼이 점을 쳤다.

소공 31년 : 조나라 간자가 어린아이가 발가벗고서 노래 부르는 꿈을 꾸었는데 사관인 묵墨이 점을 쳤다.

애공 17년 : 위후衛侯가 혼양훈渾良이 머리카락을 풀어헤치고서 부르짖는 꿈을 꾸었는데 서미사胥靡赦가 점을 쳤다.

《진어晉語》: 괵공虢公이 흰 털과 호랑이 손톱을 가진 신선의 꿈을 꾸었는데 사관인 은嚚이 점을 쳤다.

《진본기秦本紀》: 진나라 문공이 누런 뱀이 하늘로부터 땅으로 떨어지는 꿈을 꾸었는데 사관인 돈敦이 점을 쳤다.

《조세가趙世家》: 조순趙盾이 숙대叔帶가 허리를 감는 꿈을 꾸었는데 사관인 완緩이 점을 쳤다.

재신은 노나라의 대부로 술수에 정통했으며 사관의 직책도 겸임하고 있었다. 《한서·예문지》에서 『술수란 명당·천문이나 역상曆象·역사의 기록이나 점복을 담당하는 것과 같은 직책을 말한다. ……춘추시대의 노나라에 재신이란 사람이 있었다』라고 했다. 서미사에 대해선 두예杜預의 주석에서 『위나라의 시초점을 치는 사관이라』고 했다. 사관인 묵·은·돈·원 등은 분명히 사관임을 알 수 있다. 중국의 선진시대의 사관들은 한편으로는 〈사건들을 기록〉하고 〈말을 기록〉하여 책을 만들어야 했으며, 다른 한편으로는 제사를 주재하고 점복 같은 일들도 맡아야만 했었다. 민공閔公 2년조에 의하면, 사관인 화룡활華龍滑과 예공禮孔이 『우리들은 사관이지만 실제로는 제사를 관리한다』고 한 기록이 있다. 양공 25년조의 기록에도 무자武子가 시초점을 쳤는데 『사관들이 모두 길하다고 했다』고 했으며, 《소疏》에서도 『사관이란 시초점을 치는 사람이다』고 했다. 《국책國策·송책宋策》에서는 『참새가 기새(鷃)를 낳는 꿈』을 꾸었는데, 『사관을 시켜 점을 치게 했다』는 기록이 보인다. 이밖에도 국가의 길흉이나 성쇠에 관련된 꿈들도 모두 사관이 역사서에다 기록하여야만 했다. 이러한 것은 중국에 있어서의 매우 오래된 전통이다. 원래 주나라 왕실의 해몽관의 편제 중에는 『사史가 2명』이 있었다. 그래서 제후들이 사관들에게 부탁을 해 해몽을 하는 것은 매우 자연스런 모습이었다. 물론 사관들에 의한 해몽과 원래의 해몽관에 의한 전문적인 해몽은 서로 같지는 않았다.

그 다음으로는 사회에 있던 무당들에 의한 것이었다.

성공 10년 : 진나라 문공이 대려大厲(악귀의 일종—역주)가 머리카락을 풀어헤치고 있는 꿈을 꾸었는데, 상전桑田 지방에 사는 무당이 점을 쳤다.

양공 18년 : 순언荀偃이 대려와 싸우는 꿈을 꾸었는데 무당이던 고皐가 점을 쳤다.

〈상전무桑田巫〉란 상전 지방에 사는 무당을 말한다. 상전이란 원래는 괵나라의 땅이었으나 이후 진나라에 의해 병합되었다. 무당인 고 또한 진나라 경양梗陽 지방의 무당으로 이름을 고라고 불렀다. 문공과 순언이 무슨 이유에서 무당으로 하여금 점을 치게 하였는가 하면, 무당은 춤과 기도를 통하여 귀신과 서로 내통할 수 있음을 알고 있었기 때문이었다고 한다. 해몽미신에 의하면, 꿈이란 귀신이 통하여 일어나는 것이며 귀신이 사람에게 알려주는 것이기 때문에, 무당에게 부탁하여 해몽을 한 것은 매우 자연스런 것이었다. 앞에서 언급했던 적이 있는 〈무함〉 또한 바로 무당이 아니었던가! 여기서의 무당과 사관이 서로 다른 점은, 바로 사관은 정부의 관리였던 반면 무당은 바로 민간의 종교적인 것에 관련된 직업이었다는 점이다.

세번째로는 제후들 주위의 관료들이었다.

희공 28년 : 진나라 군주가 초나라 공자와 격투하는 꿈을 꾸었는데 자범子犯이 점을 쳤다.

소공 7년 : 진나라 군주가 누런 곰이 침실 문을 들어오는 꿈을 꾸었는데 자산子產이 점을 쳤다.

소공 25년 : 송나라의 원공元公이 태자 난欒이 종묘에서 즉위하는 꿈을 꾸었는데 아침에 육경六卿들을 불러 점을 치게 했다.

《월절서越絶書》: 오吳나라 왕인 부차夫差가 검은 개가 가면서 짖는 꿈을 꾸고서는 군신들을 불러 점을 치게 했다.

자범·자산과 육경·군신 등은 사관도 아니며 종교적인 직책도 없었는데, 어떻게 해서 왕과 제후 들이 그들을 찾아 점을 치게 한 것이었을까? 왜냐하면 그들은 지식을 갖고 있었기 때문에 〈천인〉의 관계에 밝았고 사리를 이해할 수 있었기 때문이었다. 그리고 꿈이란 소위 말하는 〈천天과 인人이 서로 관여된 것〉이었기 때문에, 〈천인의 관계를 아는〉 사람이면 누구든지 점을 칠 수 있었기 때문이었다. 이러한 사실은 춘추시대의 해몽활동이 이미 종교적인 직분을 가진 사람이라는 한계를 돌파하여 세속화의 길로 들어가고 있음을 분명하게 설명해 주고 있다. 그러나 이러한 관료들은 비록 종교적인 직책은 없었지만 여전히 정부의 관리에 속해 있었다.

네번째로는 제후나 관료들 자신이었다.

성공 2년 : 한궐韓厥이 자기의 아버지 꿈을 꾸었는데 자신 스스로 점을 쳐 아버지의 말씀을 따랐다.

소공 7년 : 공성자孔成子와 사관인 조朝가 똑같이 강숙康叔의 꿈을 꾸었는데 스스로 점을 쳐 강숙의 명령을 따랐다.

애공 26년 : 득得(송나라 소공)이 새가 되는 꿈을 꾸었는데 스스로 점을 쳐 『나의 꿈은 좋은 꿈이로다』라고 하였다.

한궐의 꿈과 공성자·사관 조의 꿈은 모두가 소위 말하는 〈직몽直夢〉이며, 몽상에 근거해 꿈을 직접적으로 해석할 수가 있다. 예를 들어 그의 아버지가 어떻게 말씀하시는가에 따라서 한궐은 그렇게 이해를 했을 것이며, 강숙이 어떻게 말하느냐에 따라서 사관인 조가 그렇게 이해를 했었을 것이다. 이러한 종류의 꿈은 스스로 점을 치기가 매우 쉽다. 그러나 송나라 소공의 경우처럼 새가 되는 꿈의 경우는 몽상(새)의 상징적 의미에 따라서 해몽을 해야 하기 때문에 반드시 해몽의 지식에 대한 일정 정도의 이해가 있어야만 했다. 그러나 송나라 소공이 일정 정도의 해몽에 관한 〈지식〉을 알고 있었던 한 꿈을 스스로 해몽할 수 있었다. 그렇다면 어떠한 다른 사람일지라도 일정한 〈지식〉만 잘 확보하고 있다면, 그들 또한 자신 스스로 자신의 꿈을 해몽하거나 다른 사람 대신에 점을 쳐줄 수가 있었다. 그들에게 작위나 종교적인 직책이 있었는지의 여부, 그들이 정부의 관리였는지의 여부는 어떠한 제한도 받지 않았다.

역사적인 것과 논리적인 것은 기본적으로 일치한다. 위에서 든 네 가지 종류의 해몽에 관한 상황은, 춘추시대 이후로 해몽가들 사이에서는 이미 세속화의 경향이 출현하기 시작했으며, 역사의 무대에서 이러한 세속화된 해몽가들이 이미 활동하기 시작했다는 것을 설명해 주고 있다.《안자춘추晏子春秋》의 기록에 의하면 제나라 경공景公이 병이 들어 한 해몽가를 찾았는데, 이 해몽가는 정부의 관리도 아니었으며 민간의 무당도 아니었다.《월절서越絶書》의 기록에서도 오나라 왕이었던 부차가 검은 개가 짖는 꿈을 꾼 것과『시루에 불을 때어도 연기가 나지 않는』꿈을 꾸고서 군신들이 모두 이해를 하지 못하자 들어와 공손승孔孫勝을 불렀다 한다. 이 공손승도 아마 오나라의 세속적인 해몽가였을 것이며, 아무리 잘 되어도 하급관리에 불과했으며 해몽을 잘해서 이름이 난 사람일 것이다.《좌전》소공 11년조의 기록에는, 천구泉丘에 사는 사람에게 딸이 하나 있었는데 꿈에서 커튼이 맹씨孟氏의 종묘를 덮고 있는 꿈을 꾸고서는 곧바로 맹희자孟僖子에게로 달려갔다 한다. 해몽서의 설명에 의하면『꿈에서 장막을 보는 것은 근심이 되는 어두운 일이다』고 했으니, 이 여자는 스스로 그 꿈을 해몽했을 뿐만 아니라 꿈을 따라서 행동에까지 옮겼던 것이다.

전국시대는 해몽활동과 해몽가에 대한 기록이 매우 적다. 춘추시대에 시작된 해몽가들의 세속화 추세는 진일보된 발전을 이룬 것으로 생각된다.

4 | 역대의 세속적인 해몽가들

진나라가 육국을 통일한 후, 주나라의 제도를 모방하여 해몽관 제도를 일시적으로 회복시켰던 것처럼 보인다.《사기·진시황본기》의 기록에 의하면『진시황이 바다신과 싸우는 꿈을 꾸었는데 꼭 사람 모양 같았다. 물어 해몽을 해보니 박사가 말하기를〈수신水神이란 볼 수가 없는 것이며, 큰 물고기와 교룡을 그들의 제후로 삼는다〉고 했다』하였다. 상하 문맥으로 볼 때, 이 해몽관은 박사로 당연히 정부의 관료에 속하며 고급 지식분자였을 것임에 틀림없다.《본기》에는 또『진시황 2세가 흰 호랑이가 그의 수레를 끄는 왼쪽 말을 물어뜯어 죽여 버리는 꿈을 꾸었다. 마음이 불쾌하여 이상히 여기고서 물어 점을 쳤다. 점쟁이가〈경수涇水에 재앙이 있을 것이라〉고 했다』고 하였다.

그러나 해몽관은 비록 역사라는 긴 강 속에서 한번 부상하긴 했었지만, 또 금방 역사의 긴 강 속으로 묻혀 버리게 되었다. 한나라 이후 역대의 관제에서는 다시는 해몽이라는 이름이나 해몽관이라는 명칭을 찾아볼 수 없게 되어 버렸다. 반고의 《한서·예문지》에서만 『주나라 때에 그러한 관직이 있었다』라고 했을 뿐 진한시대에 대해선 전혀 언급하지 않고 있다. 《후한서·장환전張奐傳》의 기록에 의하면, 장환이 무위武威 지방의 태수로 있을 때 그의 아내가 장환의 도장과 도장 끈(印綬)을 갖고서 『누대에 올라 노래를 부르는』 꿈을 꾸었는데 『장환이 점을 치도록 했다』고 한 바 《예문유취藝文類聚》에서는 이를 인용하면서 『물어 점을 치게 했다』고 기록하고 있다. 《후한서·화희등황후기和熹鄧皇后紀》에서는, 또 등황후가 『일찍이 사다리를 타고 올라가서 하늘을 더듬어 잡는 꿈』을 꾸고서는 『해몽하는 사람에게 물었다』는 기록이 있다. 여기서의 장환과 등황후가 찾았던 해몽가는 모두 해몽을 직업으로 하고 있던 방술지사에 불과했다.

양한시대의 역사서에는 해몽가들의 활동이 드문드문하여 시종 그 이름이 보이지 않는 것으로 보아 영향이 크지 않았을 것으로 생각된다. 그러나 위진시대로부터 수당시대에 이르는 기간중에는 세속적인 해몽가들이 역사의 무대에서 상당한 활약을 보이게 된다. 그 중에서도 주선周宣과 색담索紞이 가장 유명한데 《위지》와 《진서》에 모두 그들에 대한 전기가 실려있다. 다음에서는 역사적인 순서에 따라 역사서에 이름이 남겨져 있는 사람들을 골라 고찰하고자 한다.

[1] 조직趙直과 송수宋壽

조직은 삼국시대 위나라의 땅인 익도益都(지금의 산동성 수광현壽光縣) 사람으로 생졸년대는 알 수가 없다. 그의 해몽활동에 관해서는 《삼국지》에 두 가지 자료가 보인다.

《촉지蜀志·위연전魏延傳》의 기록에 의하면, 제갈양이 북곡구北谷口로 출정할 때 위연이 그 선봉을 맡았다. 병영으로부터 10여 리를 출병하여 위연이 아마도 휴식을 하고 있을 때였으리라. 그의 『머리에 뿔이 생겨나는 頭上生角』 꿈을 꾸게 되어 해몽가인 조직을 불렀다. 위연은 촉나라의 이름난 장군이었으나 사람됨이 흉포하였으므로 조직은 그의 면전에서는 그를 속여 길몽이라고 했다. 그가 근거로 삼은 것은 『기린은 뿔이 있으면서도 쓰지 않는 동물이니, 이것은 싸우지 않아도 적군이

저들 스스로 와해될 징조를 말하는 것입니다』라고 했다. 이러한 해석법은 하나의 비유법이다. 〈머리에 뿔이 난 것〉은 기린의 상징이며, 그 꿈의 뜻은 위연에게 기린과 같은 점이 있다는 것이었다. 기린은 신성스런 동물로『머리에 뿔이 있으면서도 쓰지 않는다』고 한다. 위연은 무장이었으므로 적군을 죽이는 것은 무술과 무기인데, 이 또한『머리에 뿔이 있으면서도 쓰지 않는 것이 된다.』한 걸음 더 나아가 기린은『뿔이 있으나 사용하지 않아』도 온갖 짐승들이 스스로 물러나며, 위연이 선봉을 담당하고 있었으니 싸움을 하지 않아도 적군 스스로 와해될 징조라고 추론했다. 그러나 조직은 물러나와 사람들에게 다음과 같이 말했다.

〈각角〉이라는 글자는 〈도刀〉자 아래에 〈용用〉자가 있는 것이다. 머리 위에다 칼을 쓴다니 그 얼마나 무서운 일인가!

그는 다시 파자법을 사용했던 것이다. 〈각角〉자의 상하구조에 근거하여 조직은 위연이 꾼 꿈의 뜻이 그의 목이 칼로 베어지는 데 쓰일 것이라는 뜻, 즉 다른 사람의 칼에 의해 목이 잘려지게 될 것이라고 했다. 그러니 어찌 흉몽이라고 하지 않을 수 있겠는가? 제갈양이 죽은 후 위연이 장사長史 양의楊儀와 권력을 다투었는데, 이후 과연 마대馬岱에 의해 그의 머리가 잘려지고 말았다. 그리하여 역사서에서는 이 해몽이 응험이 있었다고 여겼다.

또 《촉지·장완전蔣琬傳》에 의하면, 장완이 한밤중에 소머리 한 개가 문 밖에서 많은 피를 흘리고 있는 꿈을 꾸었다. 꿈을 깬 후 마음이 매우 찜찜했다. 조직에게 해몽을 부탁했더니 조직이 큰 길몽이라고 했다.

피를 보았다는 것은 일이 분명해진다는 뜻이다. 소머리와 뿔은 〈공公〉자의 모습이다. 당신의 관직이 공의 위치까지 오를 것이니 크게 길할 징조이다.

『피를 보게 되면 일이 분명해진다』라는 것은 옛 해몽서의 실전된 문장일 것이다. 〈피를 흘리면〉 붉고 흰 것이 분명하게 되므로『일이 분명해진다』고 했다. 〈公〉자의 형상에 대해서는 또 파자법을 사용했다. 〈公〉자의 윗부분은 〈八〉자로 소머리의 두 뿔을 닮았으며, 아래의 〈厶〉자는 전서篆書로 쓰게 되면 소머리를 닮았다. 그래서 〈소머리와 뿔이라〉고 했다. 〈공公〉이란 고대 중국에 있어서는 가장 높은 관직이었으며, 이에 근거해서 장완의 『직위가 공에 이르게 될 것이라』고 했다. 과연 얼마되지 않아 장완은 십방령什邡令으로 임명되었으며, 제갈양이 죽은 후에는 또 다시 상서령이 되어 〈삼공의 지위〉에 올랐다. 그래서 역사서에서는 이 꿈에 대한 해몽 또한 응험이 있었다고 여겼다.

또 《익도기구전益都耆舊傳》의 기록에 의하면, 하지何祇가 『뽕나무가 우물 속에서 자라나는 桑生井中』 꿈을 꾸었는데, 조직이 이를 해몽하여 이르기를

뽕나무란 우물 속에서 사는 것이 아니다. 상桑자는 사십팔이 되므로 당신의 수명은 아마도 이를 넘기지 못할 것이다.

라고 했다. 조직은 여기서는 해음법과 파자법을 함께 사용했다. 〈桑〉(뽕나무)의 음은 〈喪〉의 음과 같으며, 〈桑生〉(뽕나무가 자라나다)을 〈喪生〉(목숨을 잃다)으로 해석했던 것이다. 〈桑〉자를 속자로는 〈桒〉으로 적는데, 그 형상은 윗부분이 세 개의 〈十〉자, 아랫부분이 〈木〉자로 구성되어 있다. 〈木〉자를 또다시 분석하면 〈十〉자와 〈八〉자로 구성되어 있다. 이를 모두 합치면 네 개의 〈十〉자에 한 개의 〈八〉자가 된다. 그래서 〈상桑자는 사십팔이 된다〉고 했다. 그래서 〈뽕나무가 우물 속에서 자라나는〉 꿈으로부터 〈목숨을 잃을 때〉가 사십팔 세라는 해석을 도출해내었다. 과연 하지는 48세까지 살다가 죽고 말았다.

삼국시대 오나라 지방에는 또 송수宋壽라는 유명한 해몽가가 있었다. 《오지吳志 · 조달전趙達傳》의 주석에서 《오록吳錄》을 인용하여 『송수의 해몽은 열에 하나도 틀리지 않았다』라고 했으나, 애석하게도 구체적인 자료를 찾아볼 수가 없다.

---

[2] 주선周宣

주선의 자는 공화孔和로 위나라 땅인 낙안樂安(지금의 산동성 박홍현博興縣 서남쪽) 사람이다. 《위지》 본전의 기록에 의하면, 주선은 평생 해몽을 직업으로 삼았으며 영활하고 언변이 좋아 『십중팔구는 맞았다』고 한다. 일반 백성들이 그를 매우 존숭했을 뿐만 아니라 왕후장상들까지도 그를 믿고 의심하지 않았다 한다.

　전하는 바에 의하면, 위나라 문제인 조비曹丕가 처음으로 주선의 명성을 듣고서는 자못 그렇지 않을 것이라 여기고서는 친히 시험을 한 번 해보기로 결정했다 한다. 그가 주선을 불러『나의 꿈에 궁실에서 기와 두 장이 땅에 떨어지더니 한 쌍의 원앙새로 변하는 꿈을 꾸었는데 이는 무슨 뜻인고?』하고 물으니, 주선이 대답하기를『후궁에 틀림없이 갑자기 죽는 사람이 있을 것입니다』라고 했다. 그가 사용한 해석법은 상징법으로 〈한 쌍의 원앙〉이란 청춘남녀의 상징이며, 〈기와 두 장이 땅에 떨어졌다〉는 것은 죽음의 상징이다. 〈궁실〉이란 황궁의 상징이다. 그러나 문제는 다시 말을 돌려『내가 경을 속였도다!』라고 했다. 원래 그는 하나의 가상의 꿈을 만들어내어 주선으로 하여금 올가미에 걸려들도록 하고자 했던 것이었다. 주선이 진상을 알지 못하고서 충실하게 문제의 말을 따라 해몽을 했던 것이다. 그러나 주선도 기지를 발휘하여 잘 대응했다. 그는 문제에게 되돌려 대답하길『대저 꿈이란 뜻에 불과할 뿐입니다. 그러나 단지 말로 형언하기만 하면 바로 길흉을 점칠 수 있게 되는 것입니다』라고 했다. 이 말의 뜻은 꿈이란 사람의 생각이므로 어떠한 생각을 말로 내뱉아 버리게 되면 바로 길흉의 징조가 된다는 것이다. 이야기가 채 끝나기도 전에『황문령黃門令이 궁인들이 서로 죽였다는 보고를 해왔다.』주선의 대답은 분명 일종의 궤변이었다. 사람이 깨어있을 때의 생각과 잠의 세계 속에서의 생각과의 한계를 말살해 버렸던 것이다. 이러한 해몽의 효험에 대해선 우연과 필연이 있는데 이에 대해서는 다음장에서 논하기로 한다.

　문제는 주선에게 또 다음과 같이 물었다.『나는 어제 푸른 기운이 땅으로부터 하늘로 올라가는 꿈을 꾸었는데』이는 무슨 뜻인고? 주선이 대답하기를『천하에 틀림없이 귀한 여자가 원통한 죄로 죽음을 당하는 일이 있을 것입니다』라고 했다. 이것은 상징법을 쓴 것이다. 〈청기青氣〉(푸른 기운, 〈청기清氣〉와 음이 같음)란 귀한 여자의 상징이며,『땅으로부터 하늘로 올라간다』라는 것은 죽음의 상징이다. 앞에서 든 해몽에서는 주선이 공간적인 한계를 〈후궁〉에다 두었으며 시간적인 한계는 두지 않았었는데 반해, 이번 해몽에서는 공간을 전체의 천하로 확대시켰으며 시간상에 있어서는 역시 아무런 한계도 설정하지 않았다. 이러한 해몽이라면 아마도 응험이 없을래야 없을 수가 없는 것이다.

　문제가 또다시 주선에게 물었다.『내가 꿈에서 동전의 무늬를 갈았는데 없애려고 하면 할수록 더욱더 선명해지는 꿈을 꾸었네!』이는 무슨 뜻인가? 주선이 실의

한 듯 한탄하며 대답을 하지 않았다. 문제가 또다시 묻자 그제서야 말문을 열며 『이것은 폐하의 가정에 관한 일입니다. 비록 뜻은 이와 같이하고 싶으나 태후께서 듣지 않으신다는 것입니다. 이것이 무늬를 지우려고 하나 (그렇게 하면 할수록) 더욱 선명해진다는 것입니다.』주선이 이번에는 심리적인 분석법을 이용하여 부회의 술수를 써 해몽을 했다. 당시 조비는 막 동생인 조식의 죄를 다스리려고 생각하고 있을 때였으므로 이 문제 때문에 태후와 갈등을 일으키고 있을 때였다. 주선이 조비의 마음을 정확하게 간파해내었기 때문에 문제는 주선에게 탄복을 하고서는, 곧바로 중랑中郎이라는 직위에 봉하고서는 태사의 관할에다 예속시켰다.

위에서 든 문제의 꿈에 대한 해몽 외에도, 주선에게서 가장 유명한 것으로는 태사가 추구芻狗(옛날 제사에 쓰기 위해 짚으로 만든 개—역주)를 세 번 물어온 것을 해몽한 이야기가 있다. 전하는 바에 의하면, 태사가 주선에게『내가 어젯밤 꿈에서 추구를 보았네!』라고 하자, 주선이 이를 해몽하여『당신은 먹을 것을 얻게 될 것입니다』라고 했다. 태사가 행차를 나가 과연 맛있는 식사 한 끼를 하게 되었다. 며칠이 지나 태사가 다시『어젯밤 꿈에서 또 추구를 보았소!』라고 하였다. 주선이 또 해몽을 해『당신은 수레에서 떨어져 다리가 부러지게 될 것이니 삼가 조심하십시오!』라고 했다. 얼마되지 않아 태사는 과연 수레에서 떨어져 다리에 골절상을 입게 되었다. 이후 태사가 또다시『어젯밤 꿈에서 또다시 추구를 보았소!』라고 하였다. 주선이 또다시 해몽을 하여『당신의 집에 불이 날 것이니 반드시 잘 지키십시오』라고 했다. 얼마되지 않아 태사의 집에 과연 불이 났다. 원래 태사가 추구를 세 번 꿈에서 보았다는 것은 모두가 허구였으며, 그도 주선을 시험해 보기 위한 것이었다. 그러나 그가 이해할 수 없는 것은 세 번의 꿈이 모두 허구였는데 어떻게 해서 세 번 해몽을 한 것이 모두 응험이 있느냐는 것이었다. 주선은『이것은 신령께서 당신으로 하여금 그러한 말을 하도록 하신 것입니다. 그러므로 진짜 꿈과 다를 것이 없습니다』라고 했다. 꼭같이 추구를 세 번 꿈꾸었는데, 어떻게 해몽이 각기 다른가 하는 것에 대해서는 주선도 그 나름대로의 해석이 있다.

추구라는 것은 신에게 제사를 지내는 물건이다. 그러므로 당신께서 처음 꿈을 꾸었던 것은 남은 음식을 얻어먹게 된다는 것이다. 제사가 끝나고 나면 추구는 수레바퀴에 치게 하여 버려 버리게 된다. 고로 두번째 꿈을 꾸었다는 것은 수레에서 떨어져 다리를 부러뜨리게 된다는 것이다. 추구가 수레바퀴에 치이게 되면, 그 다음엔 수레에 실어 태워 없애 버린다. 그러므로 마지막 꿈은 불이 나게 된다는 것이다.

주선의 분석에 의하면, 추구를 세 번이나 꿈꾸어 그 몽상이 비록 같았지만 그 상징적 의미는 각기 다르다는 것이다. 처음 꿈의 상징은 음식물이고, 중간 꿈의 상징은 수레바퀴에 치이게 될 상징이며, 마지막 꿈의 상징은 땔감을 의미한다는 것이다. 사실 이러한 것은 단지 주선이 다른 사람에게 내린 해석일 뿐이다. 그가 추구의 꿈을 세 번 해몽한 것은 차라리 꿈을 해석한 것이라기보다는 사리에 있어서의 추측이라고 하는 편이 더 나을 것이다. 역대로 이러한 해몽법은 근본적으로 없었기 때문이다.

《수서·경적지》에는 주선이 당시에 저술한 《몽서》라는 책을 기록하고 있으며, 이는 수·당·송·명대까지 계속 전해졌었다. 그러나 이상에서 열거한 해몽의 예들로 볼 때 주선은 해몽서의 말을 글자 그대로 묵수한 것은 결코 아니었을 것이며, 이것이 바로 그가 『십중팔구는 알아맞히게 된』 중요한 이유 중의 하나일 것이다.

[3] 색담索統과 만추萬推

색담은 자가 숙철叔徹로 돈황(지금의 감숙성 돈황현 서쪽) 사람이다. 역사서에서는 그를 『어려서 경사로 유학을 하여 태학에서 공부를 했으며 경전들을 박람하여 드디어는 대학자가 되었다』고 기록하고 있다. 이후 국가에 변란이 일어날 조짐이 보이면 곧바로 경사로부터 고향으로 돌아와 난세를 피하곤 했다. 그가 음양과 천문의 이치에 통달하고 술수와 점복에 능했었기 때문에 주위의 많은 사람들이 그에게 길흉에 관한 점을 묻곤 했다. 그러나 그는 일반적인 점복에 대해서는 관심이 없었으며, 단지 해몽하러 오는 사람에 대해서는 거절하지 않았다 한다. 《십육국춘추·전량록前涼錄》에서는 일찍이 그를 일컬어 『해몽에 있어서는 그 응험이 적중되지 아니한 적이 없었다』(《태평어람》 제397권에서 재인용)라고 하였다.

전하는 바에 의하면, 효렴孝廉이었던 영호책슈狐策이 꿈에서 그가 얼음 위에 있으면서 얼음 아래의 사람과 얘기를 하는 꿈을 꾸었다 한다. 색담이 이를 해몽하여 다음과 같이 말했다.

얼음의 위라는 것은 양을 의미하며, 얼음의 아래라는 것은 음을 말하는 것이며, 이는 음양에 관계된 일이다. 『장가를 가려고 벼르는 총각이 있으면 얼음이 풀리기 전에 이루어진다』고 했으니 혼인에 관계된 일이다. 당신이 얼음 위에서 얼음의 아래에 있는 사람과 대화를 나누었다고 했으니, 양을 위해서 음과 이야기한 것이므로 중매에 관계된 일이다. 당신이 남을 위해 중매를 서게 되면 얼음이 채 녹지도 않아 성사되게 될 것이다. 《진서·색담전》

이 해몽에서 대체로 사용한 방법은 상징법이다. 꿈 속에서의 얼음 위와 얼음 아래는 바로 음양의 상징이다. 음양에 관계된 일이란 바로 남녀간의 일이며, 남녀간의 일이란 바로 혼인에 관계된 일이다. 색담은 또 《시경·패풍·포유고엽匏有苦葉》의 시를 인용하여 이를 증명했다. 그는 꿈을 꾼 사람이 담당하고 있는 역할은 남녀를 중매해 주는 역할이며, 눈이 녹고 얼음이 풀리기 전에 혼사가 성사될 것이라고 했다. 영호책은 이렇게 늙은이가 어디에다 중매 얘기를 할 수 있을까 하고 생각하니 마음이 매우 답답했다. 공교롭게도 돈황태수가 영호책에게 자신의 아들과 장씨 성을 가진 어느 아가씨를 중매해 달라고 부탁을 해왔다. 음력 이월 이들 남녀의 혼인이 성사되었다.

전하는 바에 의하면, 군郡의 주부主簿를 맡고 있던 장택張宅이라는 사람이 한번은 그가 말을 타고 산으로 올라가 집을 세 바퀴 돌았는데, 단지 소나무만 보일 뿐 문이 어디에 있는지를 알 수가 없는 꿈을 꾸었다 한다. 색담이 다음과 같이 해몽을 했다.

　　말이란 리괘離卦에 속한다. 리괘는 불을 의미하며, 불이란 화禍를 의미한다. 사람(人)이 산山에 오르는 모습이 〈흉凶〉자이다. 단지 소나무만 보였다는 것은 묘지 문의 상징이다. 문이 어디에 있는지를 알지 못했다는 것은 문이 없다는 것이다. 세 바퀴를 돌았다는 것은 삼 년을 의미한다. 이후 삼 년 안에 큰 화가 있게 될 것이다.

이 해몽에서는 먼저 몽상인 〈말〉을 팔괘의 〈리괘〉로 바꾸었다. 다시 『리괘란 불을 의미한다』라는 말에 근거하였으며, 해음법에 의해 『火(불)란 禍(재앙)이다』라

는 결론을 도출해내었다. 또 파자법을 사용하여 『사람이 산에 올라가는 모습이
〈凶〉자이다』라고 했다. 몽상인 소나무를 묘문(죽음)의 상징으로 해석했다. 『문이
있는 곳을 알지 못한다』를 직접적으로 해석하여 『무문無門(방법이 없음)으로 해석
했으며, 세 바퀴는 삼 년을 의미하는 것』으로 해석했다. 마지막으로 『삼 년 안에 반
드시 큰 재앙이 있을 것이다』라는 말로 해몽의 결론을 내렸다. 삼 년 후 장택은 과
연 모반으로 인해 죽음을 당했다.

색담과 일가였던 색충索充이란 사람이 한번은 관 두 개가 그의 면전에 떨어지는
꿈을 꾼 적이 있는데, 색담은 다음과 같이 해몽했다.

> 관이란 〈관〉직이다. 반드시 경사에서 귀인이 그대를 천거하게 될 것이다. 관이 두 개
> 라는 것은 잇달아 다시 옮기게 된다는 것을 의미한다.

진晉나라 때의 속어에 『관직을 얻으려면 관의 꿈을 꾸게 된다』《세설신어·문
학》라는 말이 있다. 《몽서》에 이르기를 『관을 꿈꾸게 되면 관직을 얻게 되니 길하
다』라고 했다. 여기서는 〈棺〉과 〈官〉의 음이 서로 같음에 근거했다. 〈관이 두 개〉
라는 것은 한 개의 관(관직) 후에 또 하나의 다른 관(관직)이 생기게 되니 『잇달아
옮기게 된다』고 했다. 얼마되지 않아 사도司徒였던 왕융王戎이 편지를 보내와 돈
황태수에게 추천을 했다. 먼저 공조功曹가 되었고, 이후 다시 효렴孝廉이 되었다.

어떤 사람은 한 포로가 웃옷을 벗어 버리고서 그를 찾는 꿈을 꾸었는데, 색담이
이를 해몽하여, 〈로虜〉자의 윗부분을 벗겨 버리면 남게 되는 것은 〈남男〉자이다.
포로는 오랑캐 사람이므로 음에 속한다. 사람에 있어 음에 속하는 것은 여자이다.
그러므로 『당신의 아내가 아들을 낳게 될 것이다』라고 결론을 내렸다. 또 어떤 사
람은 꿈에서 〈내內〉자 속에서 한 작은 사람이 붉은 옷을 입은 채로 나무 지팡이 두
개를 들고서는 이리저리 치고 있는 것을 보았다. 색담이 이를 해몽하기를, 〈내內〉
자 가운데 〈사람〉이 있는 것은 〈육肉〉자이고, 작은 사람이 입고 있던 붉은 옷은 고
기의 색깔을 의미하며, 나무 지팡이 두 개는 젓가락을 의미하는 것이니, 『수많은
고기 음식이 당신을 기다리고 있을 것이오』라고 결론을 내렸다. 또 어떤 사람은 사
신으로 행차를 나갔을 때, 이리가 그의 한쪽 다리를 뜯어먹는 꿈을 꾸었다. 색담이
이를 해몽하여 〈각脚〉자에서 〈육肉〉자를 먹어 버리면 남는 것은 〈각却〉자이다. 그

러니 『당신은 아마도 가지 못하게 될 것이오!』라고 결론을 내리기도 했다. 이와 같은 것 등등이다.

앞부분에서 예로 든 세 가지 해몽에서는 색담은 그의 매우 깊고 박식한 지식들을 운용하였으며, 수많은 곡절을 거쳐 부회적인 설명을 가했다. 뒤에서 든 세 가지 해몽에서는 대체로 〈파자법〉에 의해 몽상을 해석했다. 꿈의 겉으로 드러난 형상과 숨어있는 뜻 사이에는 항상 분명히 어떤 곡절의 관계가 있다는 것을 인정하지 않을 수 없다. 그러나 해몽가의 영험은 그 해몽술이 뛰어난 것이라기보다는 차라리 몽상과 관련된 일과 심리에 대한 분석이 뛰어난 것이라고 하는 편이 더 나을 것이다. 그러므로 우리들은 다시 한 번 독자들에게 역사서의 기록이란 지나치게 현란하며, 다 믿기는 어려운 것들이란 사실을 상기시키고 싶다. 해몽의 응험에 대한 문제는 다음 장에서 집중적으로 분석하고자 한다.

색담 이외에도 《진서·장무전張茂傳》(《정담전丁潭傳》의 뒤에 붙어있다)에서는 해몽가였던 만추萬推도 그 당시에 일정한 영향을 미쳤던 것으로 기록하고 있다. 장무가 어릴 때 꿈에서 큰 코끼리 한 마리를 보았는데, 만추가 이를 해몽하여 『그대는 반드시 큰 군의 군수가 될 것이나 끝이 좋지 않을 것이오』라고 했다. 장무가 그 까닭을 물으니, 만추가 다음과 같이 해석을 해주었다.

코끼리란 큰 짐승이다. 〈수獸〉(짐승)란 〈수守〉(지키다)와 같다. 고로 큰 군의 책임을 맡을 직책을 얻을 것임을 알았다. 그러나 코끼리라는 짐승은 상아 때문에 사람들의 해를 당한다.

만추의 해몽법은 주선이나 색담의 방법과 비슷했지만, 그 명성은 그들과 비길 수가 없었다.

---

[4] 양원신楊元慎

양원신은 북위 효명제 때의 사람으로 일찍이 낙양에 산 적이 있다. 양현지楊衒之의 《낙양가람기洛陽伽藍記》에 의하면 양원신은 『산과 물을 좋아하였고 연못에서 수영하기를 좋아했으며』 『《노자》·《장자》를 읽어 현학玄學에 밝았다. 생각이 깊고 해몽을 잘 하였다』고 한다.

전하는 바에 의하면, 효창孝昌(525‒527년) 연간에 광릉廣陵의 왕연王淵이 삼사三司들과 의논하여 총병력 10만을 이끌고서 갈영葛榮을 토벌하고자 하였는데,『밤에 곤의袞衣가 홰나무에 기대서 있는 꿈을 꾸었는데』자기 생각에 길조라고 생각하고서는 원신에게 물어보았다. 원신이『틀림없이 삼공의 직위를 얻게 될 것입니다』라고 했다. 그러나 그는 자리를 물러나와 다른 사람들에게는『죽은 후에 삼공의 지위를 얻게 될 따름이니라』고 했다. 곤의는 옛날에 황제와 삼공이 입던 의복이었기 때문에『곤의의 꿈을 꾸었다』는 것은 삼공을 상징하는 것이다. 그러나 〈괴槐〉자는 나무 〈목木〉변에 〈귀鬼〉자가 합쳐진 것이므로『죽은 후에 삼공의 지위를 얻게 된다』고 했다. 과연 왕연은 이후 갈영에게 죽음을 당했는데, 죽은 후 사도司徒라는 직위에 추서되었다.

양성陽城 지방의 태수였던 설영백薛令伯이 한번은『기러기를 화살로 잡은 꿈』을 꾸고서는 원신에게 해몽을 부탁했다. 원신은『경卿은 새끼양을 잡고, 대부는 기러기를 잡는 것이니, 당신은 대부의 지위에 오르게 될 것입니다』라고 했다. 얼마되지 않아 설영백은 간의대부諫議大夫라는 벼슬에 올랐다.

경조京兆였던 허초許超가 한번은『양을 훔친 죄로 옥에 갇히게 된』꿈을 꾸었었는데, 원신은 이를 해몽하여『틀림없이 양성령陽城令이 될 것입니다』라고 했다. 이 해몽에서는 〈도盜〉(훔치다)자를 음이 같은 〈도到〉자로, 〈양羊〉자를 〈양陽〉자로 해석했으며, 〈옥獄〉을 옛날에는 〈환토圜土〉라고 했으며 성곽의 형상을 말했다. 결론적으로 허초는 앞으로 〈양陽〉이라고 불리는 지방으로 가서 그 지방을 다스리게 될 것이라고 했다. 이후 그는 과연 공을 세워 〈양성후陽城侯〉로 봉해지게 되었다. 〈령〉과 〈후〉는 비록 고금의 차이는 있지만 관직은 대체로 별차이가 없었다.

《낙양가람기》에서는『원신의 해몽은 뜻이 만 가지로 나타나나 뜻을 따라 정이 부합되어 모두 신비한 영험이 있으며』당시의 사람들은『그를 주선에다 비유했다』고 기록하고 있다.

---

[5] 장유張猶와 황번작黃幡綽

수당시기의 해몽가는 정사 속에서는 이미 침몰해 버렸다. 그러나 각종의 야사나 잡록·필기·소설 등에서는 여전히 그 흔적들을 찾아볼 수가 있다. 장유와 황번작은 바로 당나라 전기 때의 직업적인 해몽가였다.

《태평광기太平廣記》의 기록에 의하면, 당나라 무주武周 연간에 우의정이었던 노장용盧藏用과 중서령이었던 최식崔湜이 영남 지방으로 유배되었다. 행차가 형주荊州 지방에 이르렀을 때, 최식이 밤에 꿈을 꾸었는데 그가 강단 아래서 다른 사람의 설법을 들으면서 자기 자신을 거울에 비추는 것이었다. 유배를 당한 사람으로서 마음에 의혹이 생겨 장유에게 해몽을 부탁했다. 장유가 최식에게 어떻게 말해 주었는지는 그렇게 명확히 알 수 없으나 아마도 제멋대로 얼버무렸을 것이다. 그러나 노장용에게는 최공에게 아마도 큰 재난이 닥치게 될 것이라고 살짝 귀띔하여 주었다. 장유의 해석은

> 강단 아래서 설법을 듣는 꿈을 꾸었다는 것은 소리가 위로부터 온다는 것이며, 〈경鏡〉(거울)자란 쇠 〈금金〉방에 〈경竟〉자가 합쳐진 것이다. 그 〈경竟〉(종말)이 바로 오늘이라는 말이 아닌가?(《몽점일지·자획편字劃篇》에서 재인용)

라고 하는 것이었다. 위의 해몽에서는 비유법과 파자법·해음법을 함께 사용하고 있다. 『소리가 위로부터 온다』는 말은 비유에 의한 것으로 그것은 명령이 위로부터 하달된다는 뜻이다. 『쇠 〈금金〉방에 〈경竟〉자』라는 것은 파자를 한 것이며, 파자를 한 후 〈금金〉자를 음이 같은 〈금今〉자로 해석했다. 〈금경今竟〉이란 말은 바로 오늘 끝이 난다는 뜻이다. 전하는 바에 의하면, 얼마되지 않아 어사가 조정의 명령을 갖고서 형주로 왔으며, 최식이 이 소식을 듣고서는 스스로 목숨을 끊었다고 한다.

《차류씨견문록次柳氏見聞錄》의 기록에 의하면, 안녹산이 반란을 일으켰을 때 해몽가였던 황번작이 반란군의 점령지역에 남게 되었다. 어느 날 안녹산이 밤에 『옷소매가 길어 계단 아래까지 드리우는』 꿈을 꾸었다고 하고서는 황번작에게 해몽을 하도록 했다. 그가 『옷을 드리우고서 통치하게 될 것입니다』라고 했는데, 뜻인즉 몽상이 안녹산이 황제가 될 것임을 예언하고 있다는 것이었다. 얼마되지 않아 안녹산이 또 꿈에서 『궁전 가운데 창문이 거꾸로 서있는』 꿈을 꾸었다고 했는데, 황번작이 또 이를 해몽하여 『옛것을 없애 버리고 새로운 것을 따르게 될 것입니다』라

고 하였다. 그 의미는 안녹산이 왕조를 바꾸고서 새로운 천하를 세우게 되리라는 것이었다. 안녹산은 물론 이를 구실로 인심을 미혹시키고 여론을 대대적으로 조성했다. 이후 안녹산의 난이 실패로 끝나자 당나라 현종이 촉蜀 지방으로부터 서울로 돌아와 황번작을 문책했었는데, 황번작의 대답이 매우 교묘했다. 그는 『신이 옛날에 해몽을 했을 때 반드시 그렇게 되지 않으리라는 것을 알고 있었습니다』라고 했다. 현종이 『그것을 어떻게 알았는고?』라고 묻자, 답하기를 『긴 소매가 계단에 이른다는 것은 손을 내밀어도 얻을 수 없다는 것을 말하며, 창틀이 거꾸로 서있다는 것은 풀칠(〈호糊〉와 〈호胡〉는 음이 같음)을 할 수 없다는 것을 의미합니다』라고 했다. 현종은 그의 뛰어난 기지에 탄복을 하고서는 그를 사면해 주었다.

[6] 한천韓泉과 양자근楊子菫

중당시대 이후 《유양잡조酉陽雜俎》에서는, 비교적 영향력이 있었던 한천·매백성梅伯成·양자근 등과 같은 아마추어 해몽가들을 언급하고 있지만 모두 매우 간략하게 서술하고 있다.

한천은 관직이 비서랑秘書郞에 이르렀으며 학식이 매우 깊었다. 당시에 위중행衞中行이 중서사인中書舍人을 맡고 있었는데, 한천의 옛 제자가 위중행의 문하에 들어가려고 시험을 치르려 했다. 위중행이 처음에는 흔쾌히 승낙을 했었다. 방이 나붙을 때쯤 해서 이 제자가 꿈을 꾸었는데, 갑자기 노새를 타고 있다가 떨어져 도랑에 빠졌는데 곁으로 나와 보니 신발이 하나도 젖지 않은 꿈이었다. 한천은 반쯤 농담조로 너의 일이 아마도 매우 묘하게 될 것 같구나 하면서, 『꿈에 근거하면 위생衞生이 서로 어긋나니 아래가 젖지 않는구나』라고 했다. 여기서의 해몽은 해음법과 상징법을 함께 사용했다. 노새는 다른 이름으로 〈위衞〉라고 부른다. 그래서 〈위생衞生〉이라고 했다. 노새라는 것은 원래가 사람의 탈것인데, 지금은 이 노새가 도리어 사람을 떨어지게 했다. 그래서 〈위생이 서로 어긋난다〉고 했다. 다시 해음법에 근거해 〈위생〉으로써 〈위중생衞中生〉을 해석해내었다. 그 뜻인즉 위중행의 말을 믿을 수가 없다는 것이었다. 신발은 발 아래에 신는 것이며, 〈발 아래〉(足下)란 바로 너를 말한다. 〈족하부점足下不霑〉이란 〈족하부점足下不占〉이란 말과 같으니 방에 너의 이름이 없게 될 것이라는 말이라 했다. 과연 방이 났을 때 그의 이름이 없었다.

매백성은 위원威遠 군대의 나이어린 장군으로 평소에도 해몽을 잘하였다. 광대였던 이백련李伯憐이라는 사람이 있었는데, 경주涇州라는 곳으로 공연을 나가 거기서 쌀 1백 곡斛(1곡은 10말—역주)을 보수로 받게 되었다. 집으로 돌아온 후 동생에게 가져가라고 했으나 날짜가 되어도 오지 않았다. 그가 꿈에서 흰 말을 씻는 꿈을 꾸었는데 좋은 꿈인지 나쁜 것인지를 몰랐다. 매백성이 이를 해몽하여

> 보통 사람들이란 반어反語(속어)를 좋아한다. 〈흰 말을 씻는다〉는 것은 〈흰 쌀을 쏟아붓는다〉는 것을 의미한다. 당신께서 걱정하는 바는 아마도 바람비의 걱정에 의한 것이 아닐까?

라고 했다. 〈반어〉는 아마도 〈속어〉의 잘못된 표기일 것이다. 〈세洗〉와 〈사瀉〉는 고음이 비슷한고로 〈씻다〉를 〈쏟아붓는다〉로 해석했다. 〈백미〉를 속어에서는 〈백마〉라고 하기도 했으니, 〈백마를 씻는다〉는 〈백미를 쏟아붓는다〉로 할 수 있다. 과연 이후에 배가 위하渭河에서 전복되어 흰 쌀이 모두 물 속으로 잠겨 버렸다 한다.

양자근은 보궐補闕이라는 관직에 있었다. 어떤 사람이 소나무가 문 앞에서 자라나는 꿈을 꾸었고, 또 다른 사람은 가시나무가 지붕 위에서 자라나는 꿈을 꾸었다. 양자근이 이를 해몽하여 『소나무는 구릉지구에 심는 것이니, 소나무가 문 앞에 자라난다는 것은 묘지를 상징한다』고 했다. 〈자棘〉(가시나무)자는 〈束〉자가 중복된 것으로 귀신이 혼을 부르는 소리이다. 위의 두 가지 꿈 모두가 죽는다는 것의 상징인데, 과연 두 사람은 모두 얼마 지나지 않아 죽어 버렸다.

강회江淮 지역에 한 선비가 있었는데, 사람들은 그를 왕씨라고 불렀을 뿐 이름은 알지 못했다. 그는 일찍이 거리에 광고를 붙여놓고 남의 해몽을 해주었다는 것으로 보아, 아마도 생활이 매우 곤궁에 처하게 되자 전업을 하여 해몽으로 밥벌이를 했던 것 같다. 장첨張瞻이라는 상인이 자주 바깥으로 돌아다녔는데, 집으로 돌아가기 전에 『절구통에다 밥을 짓는』 꿈을 꾸게 되었다. 그가 왕씨에게 물었더니 왕씨의 해몽은 다음과 같았다.

그대는 돌아가면 아내를 보지 못하게 될 것이오. 절구통에다 밥을 짓는다는 것은 솥이 없다는 것이다.

절구통에다 밥을 짓는다는 것은 솥이 없다는 것을 의미한다. 솥이 없다는 것을 옛사람들은 〈무부無釜〉라고 했다. 〈부釜〉자는 〈부婦〉자와 음이 서로 같으므로 〈솥이 없다는 것〉은 〈아내가 없다는〉 의미이며, 그런 까닭에 『아내를 보지 못할 것이다』라고 했던 것이다.

이상에서 든 네 사람과 그 자료들은 모두 《유양잡조》의 제8권에 보인다. 《유양잡조》는 매우 이름이 있는 민속학 저작이었으므로 그들의 해몽에 관한 이야기는 매우 널리 유전되었다.

[7] 양정식楊廷式

양정식은 자가 헌신憲臣으로 오대 때의 천주泉州 사람이며, 관직은 오나라의 시어사侍御史에까지 올랐다. 《십국춘추十國春秋》의 본전에 의하면 『정식은 해몽에 밝았다』고 했는데, 그 역시 아마추어적인 해몽가에 속했다.

전하는 바에 의하면, 현령이었던 모정보毛貞輔가 『과거시험에 응시하기 위해 광릉 지방으로 갔는데』 밤에 『해를 삼키는』 꿈을 꾸었다. 꿈을 깬 후에도 배에서 아직 열기가 있는 듯하였는데, 좋은 것인지 나쁜 것인지를 알지 못해 양정식에게 물었다. 양정식이 다음과 같이 해몽하였다.

이 꿈은 너무 큰 것으로 당신이 감당할 수 있는 것이 못 됩니다. 만약 당신으로 말씀 드린다면 적조장赤鳥場의 관리가 될 것입니다.

〈해〉라는 것은 해몽에서 제왕의 상징이므로 『이 꿈은 너무 큽니다』라고 했다. 양정식의 생각으로는 모정보가 제왕이 될 재목이 아니었으므로 만약 정말로 그 꿈을 꾸었다면 적조장의 한 관리가 될 것이라고 했다. 적조란 원래 태양 속에 있는 발이 셋 달린 신성스런 새를 말하는데, 문학작품 속에서는 종종 이로써 태양을 대신하기도 한다. 적조장이란 적조가 그려진 기를 걸어놓고 부대를 사열하는 장소를 말한다. 이 해몽이 공교롭게도 모씨가 〈태양을 삼키는〉 꿈과 서로 맞았으므로 사람들이 그를 해몽에 〈밝았다〉라고 칭찬했던 것이다.

오대 이후로는 각종의 서적들 속에서 해몽가에 대한 종적을 다시는 찾아볼 수가 없게 되었다. 남송시대의 홍매洪邁는 그의 《용재수필容齋隨筆》에서 해몽에 관해 이같이 논술하였다.

해몽술은 위진시대 방사方士들의 기술이 유행할 때에는 간혹 있는 듯하더니, 오늘날에는 이러한 점복에 주의를 기울이지 않는다. 비록 시정市井의 망술妄術 같은 것은 숲과 같이 많아도 해몽으로 이름을 떨친 사람은 하나도 없도다. 그 학문은 아마도 끊어진 듯하구나!

제3장

해몽술의 비밀

해몽의 신비라는 것은, 하나는 꿈을 꾸는 사람이 꿈의 본질을 이해하지 못하고서 신령이나 귀신이 암암리에 자신을 지배하고 있다고 생각하는 데서 생기는 것이며, 다른 하나는 꿈을 꾼 사람이 해몽하는 사람의 방술方術을 이해하지 못하고서 그들이 신과 내통할 수 있다고 여기는 데에 있다. 꿈의 본질이라는 문제에 대해서는 고대 중국의 철학가와 과학자 들이 이미 많은 연구를 해왔으며, 이것에 대해서는 다음 장에서 집중적으로 토론하기로 한다. 해몽가의 방술이라는 문제에 있어선 해몽가들이 역대로 고의로 이를 현학적으로 만들고 비밀을 공개하지 않으므로써 신비스럽도록 만들었으며, 단편적으로 남아있는 해몽서들에서도 명확한 기록을 찾아볼 수가 없기 때문에 아직까지 이에 대해 분석을 해낸 사람이 없다. 우리들의 연구결과에 의하면, 고대 중국의 해몽방식은 하나의 역사적인 연변과정을 갖고 있으며, 해몽가의 수법이 얼마나 은밀했던가에 상관없이 탐색해낼 수 있는 내재적 논리가 존재하고 있으며, 누구도 〈직접해석〉·〈전석〉·〈반대해석〉 등과 같은 격식을 벗어나지 못했던 것으로 보인다. 해몽가들이 말하는 소위 〈응험〉이라는 문제에 있어서는, 그들이 습관적으로 억지맞춤을 해왔던 기량에 대해 밝혀내는 것 이외에도, 그들이 꿈을 꾼 사람과 그 몽상에 대해 시도했던 사리분석과 정신분석에도 당연히 주의를 기울여야만 할 것이다. 해몽가의 심오한 도리에 깊숙이 들어가고 해몽과정의 사유에 있어서의 메커니즘을 바르게 이해할 수만 있다면, 해몽술의 비밀을 발견해낼 수 있게 될 것이다.

1 | 해몽방식의 역사적 연변

해몽이란 몽상에 근거해서 길흉을 미리 점치는 일종의 미신이다. 해몽술이란 몽상에 근거해 인간사의 길흉을 구체적으로 해석하고 점을 치는 방식이나 방법을 말한다. 해몽미신에서는 언제나 꿈이란 신령의 계시나 귀신이 서로 통해서 일어난 것이라고 말하고 있기 때문에, 해몽의 과정이란 것은 실제로 일정한 해몽술을 운용해서 몽상 속에서 신령이나 귀신이 내려준 계시나 내용을 찾아내는 것이다. 그러나 해몽은 일종의 사회현상이기도 하다. 그래서 해몽의 방식은 시대의 차이, 사회의 문화수준의 차이와 각종 종교미신의 영향 등으로 인하여 역사의 과정 속에서 끊임 없는 연변을 경험해왔다.

[1] 은나라 사람들의 두 가지 해몽방법

몇몇 미개민족의 습속에 근거하면, 원시인들의 초기 형태의 해몽활동은 아마도 매우 간단했을 것으로 보인다. 그것은 바로 관련있는 몽상들을 어떤 모종의 징조로 인식한 후, 이러한 몽조에 근거해서 인간사의 길흉을 점쳤다. 어떤 몽상들이 어떻게 해서 인간사에서의 어떤 징조로 인식되어지느냐 하는 문제는 순전히 대대로 전해져 온 관습적인 관념에 속한다. 만약 그 근원을 추구해 본다면 한 민족의 생활경험과 종교적 관념, 그리고 특히 민족적 심리들에 의해 오랜 기간 동안 축적되어진 산물이라고 말할 수밖에 없을 것이다. 같은 몽상에 대해서도 서로 다른 민족들 사이에서 그 징조가 서로 다른 것은 이러한 점을 잘 증명해 주고 있다.

그러나 몽상에는 별의별 것이 다 있다. 만약 관습적인 전통적인 관념들을 모아 무형의 어떤 사전을 만든다고 한다면, 이 사전의 항목이 너무나 적어서 많은 몽상들에 대한 해석들을 이 사전 속에서는 찾을 수가 없게 될 것이다. 모든 일에 대해서 점을 칠 수 있게 하기 위해서는 원시적인 해몽방법을 고치지 않을 수 없게 되었다. 이러한 개선이 채 완성되지 않았을 때는 다른 점복 형식을 빌어와 해몽을 할 필요가 있었을 것이다. 그러므로 우리들은 은나라 사람들에게서 두 가지의 해몽방법이 동시에 공존하고 있는 것을 발견할 수 있게 된다. 하나는 몽상에 직접 근거해서 해몽을 하는 것으로, 은나라의 고종이 부열의 꿈을 꾸고서는 꿈 속에서 본 형상을 따라 부열을 찾아나섰던 것과 같은 경우이다. 다른 하나는 거북점을 이용해서 해몽을 하는 것으로, 이러한 경우는 복사 중에서 보이는 해몽에 관한 기록들과 같은 경우 이다.

이 두 가지 방법들 중 어느것이 주된 것이고, 어느것이 종속적인 것이었는지에 대해선 아직까지 판단할 방법이 없다. 설사 은대까지만 잡는다 하더라도 민간에서 성행했던 것은 아직도 그러한 원시적인 해몽방식이었을 것이다. 명확하고 비교적 간단한 몽상에 대해서는 은나라 왕도 대체로 몽상을 분석하는 방법으로써 해몽을 했을 것이다. 만약 몽상의 의미가 명확하지 않을 경우에는 거북점을 이용해 판단할 수밖에 없었을 것이다. 이러한 해몽방식의 특징은 몽상의 내용이 어떠한지를 묻지 않고, 단지 거북껍질의 갈라진 무늬의 모습이 어디로 향하고 있는지를 따지기만 했다는 데 있다. 이렇게 본다면, 거북점은 아마도 해몽을 하는 데 있어서 최종적인 판단의 의미를 갖고 있었다고 할 수 있다.

[2] 《주례》의 〈삼몽법三夢法〉

《주례》의 기록에 의하면, 태복은 〈삼조법三兆法〉과 〈삼역법三易法〉·〈삼몽법〉을 함께 담당하고 있었다 한다. 거북점과 역점·꿈점은 모두 주나라 사람들이 국가의 길흉을 관찰하던 점복방법이었다. 점복의 기능으로 볼 때 거북점이나 역점은 모든 것에 대해서 점을 칠 수가 있었다고 할 수 있다. 주나라 사람들도 거북점이나 역점을 빌어서 해몽을 했을 것이다. 거북점을 통해서 해몽을 했다는 것에 대해서는 주나라 사람들의 복사를 검토해야만 할 것이다. 현재의 상황으로서는 주나라 사람들의 갑골복사는 아직 출토된 것이 적어 그 예를 찾아볼 수가 없다. 그러나 은나라의 문화가 주나라에 미친 영향으로 추측해 볼 때 이러한 추측은 완전히 가능하다. 역점을 통해서 해몽을 했다는 것은, 현재 《주역》의 계사전으로부터 몇몇 실마리를 찾아볼 수 있다. 리괘履卦에서는 『범의 꼬리를 밟아도 물지 않으니, 만사가 모두 형통하느니라 履虎尾, 不咥人, 亨』고 하였는 바 호랑이의 꼬리를 밟았으나 오히려 호랑이가 물지 않는다고 했으니, 이것은 일종의 몽상으로써 괘의 뜻을 해석한 것임이 분명하다. 박괘剝卦에서는 『초육初六에서, 상다리가 부러지는 것을 꿈점으로 치니 흉하도다 剝床以足, 蔑貞, 凶』라 했고, 『초이初二에서는, 상머리가 부러지는 것을 꿈점으로 치니 흉하도다 剝床以辨, 蔑貞, 凶』라고 했다. 필자의 생각으로는 위의 두 〈멸蔑〉자는 모두 〈몽夢〉자로 읽어야 할 것이다. 〈멸〉자와 〈몽〉자는 옛날에는 통용되었다. 그러므로 〈멸정蔑貞〉이란 해몽을 하다라는 뜻이다. (고형高亨의 《주역고경금주周易古經今注》(개정본), 중화서국 1984년판, 227–228쪽) 앞의 예에서는 꿈에서 상다리가 부러지는 것을 보았으니 흉하다라는 것이고, 뒤의 예에서는 꿈에서 상머리가 부러지는 것을 보았으니 흉하다는 것을 말하고 있다. 『상다리가 부러지는 것』과 『상머리가 부러지는 것』은 모두가 몽상에 해당된다. 그러나 〈삼몽법〉이란 것이 이미 〈삼조법〉이나 〈삼역법〉 등과 함께 나열되고 있는 이상, 주나라 사람들의 해몽방법은 은나라 사람들보다는 진일보한 발전을 이루었다는 것을 설명해 주고 있다.

《주례》에서 말하는 이른바 〈삼몽법〉이란 『첫째 치몽致夢, 둘째 기몽觭夢(괴상한 꿈), 셋째는 함척咸陟』이다. 그 구체적인 의미에 대해서는 동한시대의 정현부터 주석을 달았지만 이미 그렇게 명확하지가 않다. 정현의 해석에 의하면, 『치몽이란 꿈이 이르는 바를 말하는 것으로 하후씨가 만들었다』고 했으며, 기觭는 마땅히 〈기掎〉자로 읽어야 할 것이며, 『기 또한 얻는다는 뜻이니 꿈의 얻는 바를 말하며 은나라 사람들이 만들었다』고 했으며, 『함이란 모두라는 뜻이며, 척이란 얻는다는 뜻이다……. 이는 꿈의 얻는 모든 바를 말하며 주나라 사람들이 만들었다』고 했다. 이렇게 말한다면 〈삼몽법〉은 각기 하·은·주 등 세 나라의 치몽 혹은 득몽(꿈을 얻는)방법이라고 할 수 있다. 그러나 정현도 자신의 해석에 대해서 충분히 이해하고 있었던 것은 아니었다.

한나라 때의 유학자인 두자춘杜子春은 〈삼몽법〉에 대해서 또 달리 해석을 했다고 했는데, 정현의 주석에서는 단지 두자춘이 〈기觭〉자를 『기특하고 위대하다는 〈기奇〉자로 읽어야 한다』고 한 점만을 언급했을 뿐 나머지에 대해서는 알 수가 없다. 당나라 때의 가공언賈公彦은 기본적으로 정현의 주석을 따랐다. 그러나 송나라 사람들의 《주례》에 대한 주석은 한나라 유학자들과는 자못 달랐다. 예를 들어 왕소우王昭禹의 《주례상해周禮詳解》에서는 다음과 같이 말하고 있다.

첫째가 치몽致夢이라는 것인데, 〈치致〉라는 것은 시켜서 이르게 하는 바가 있다는 뜻이다. 말을 하게 되면 이를 수가 없고, 명령을 해도 이를 수가 없으며, 이르게 된즉 생각하는 가운데서 나타날 뿐이다. 그래서 치몽이라는 것은 스스로 이르는 것에서 나오는 것이 아니다. 두번째는 기몽觭夢이라는 것인데, 하나는 위로 하고 하나는 아래로 향한 그런 소의 뿔을 〈기〉라고 했으니, 사람이 낮에 사물이나 행위를 우러러 살펴보고서 밤이면 이들이 감응되어 꿈이 되는데, 이들은 비록 생각하는 가운데서 나오는 것은 아니지만 역시 그 기인하는 바가 있는 것이다. 세번째는 함척咸陟이라는 것인데, 어떤 마음이 있어서 사물에 두루 미치는 것을 감感이라 하고, 아무런 마음이 없이 사물에 감응되는 것을 함咸이라 하는데, 아무튼 마음이 없은즉 아무런 구속되어 얽매이는 것이 없게 되며, 그렇게 된즉 그 꿈은 생각에서 나오는 것이 아니며 외부 사물에 의해 생겨나는 것도 아니며, 완전히 자연스레 일어나는 것이다. 이러한 것을 함척이라 하며, 그 뜻은 대체로 이러하다.

이러한 해석이 한 번 나오게 되자 송나라 주신朱申의《주례구해周禮句解》, 청나라 방포方苞의《주례집주周禮集注》, 이광파李光坡의《주례술주周禮述注》등에서는 모두 이 해석을 따르게 되었다.

우리들 생각으로는 왕소우 등과 같은 사람은〈삼몽법〉을 세 가지의 꿈의 원인으로 해석하므로써 원래의 뜻을 상실한 것처럼 보인다. 그러나 정현은〈삼몽법〉을 꿈을 얻는(득몽) 세 가지 방법으로 해석하였으며, 그 상세한 내용은 알 수 없으나 대체적인 의미는 정확하다 할 수 있다.《주례》의〈삼조법〉에서 말하고 있는 것은 거북껍질에다 어떻게 홈을 파고서 갈라진 무늬(兆)를 얻는가에 대해 말하고 있으며,〈삼역법〉에서는 시초의 묶음을 어떻게 나누어 괘를 얻는가 하는 방법에 대해 말하고 있는 것으로 보아,〈삼몽법〉에서도 어떻게 치몽하고 어떻게 득몽하는가 하는 것에 대한 방법을 말하고 있어야만 할 것이다. 문화인류학에서 제공되고 있는 자료들에 근거하면, 북미의 원주 인디언들과 아프리카나 오스트레일리아 등의 몇몇 원시민족들에게는 다음과 같은 풍속이 있다 한다. 전쟁이나 파종·수확 등과 같은 중대한 활동이 있을 경우에는, 항상 부락의 추장이나 이와 관련있는 주술가들이 일정한 순서에 의해 일정한 장소에서 잠을 자면서 꿈을 꾼 후 신의 계시를 얻은 연후에 비로소 전쟁을 해야 할 것인지의 여부, 언제 수확하고 파종을 해야 할 것인가 하는 등등을 결정하게 된다. 주나라 사람들이 해몽에 근거해서〈국가의 길흉을 관찰하던〉일은 매우 엄숙한 일이었다. 아무렇게나 무슨 꿈을 꾼 것이 아니라면 어떤 것이든 점을 칠 수가 있었으며, 이에는 또한 일정한 순서와 규정이 있었다. 정현은〈삼몽법〉을 각기 하나라·은나라·주나라 사람들의 창조물이라고 여겼으나, 오늘날에 이르기까지 우리는 그가 무엇에 근거해 이러한 주장을 하게 되었는지는 알 수가 없다. 그러나 그 속에는 수많은 고대의 풍속들이 보존되고 있다는 사실만은 오히려 믿을 만하다.

만약〈삼몽법〉이 꿈을 얻는 방법이라면 꿈을 얻은 후에는 어떻게 그 길흉을 판단하게 되는 것일까? 거북점에서는 먼저 거북껍질의 갈라진 무늬(兆)를 얻은 후에 비로소 그 갈라진 무늬의 방향과 색깔에 근거해 길흉을 판단하게 된다. 이렇게 하려면 먼저 갈라진 무늬에 대해 어떤 분류를 한 후, 어떤 것은 좋은 것이고 어떤 것은 나쁜 것이라는 바를 확정해야만 할 것이다. 역점에서도 먼저 괘상卦象을 얻은 후에 그 괘상의 구조형식에 근거해 길흉을 판단한다. 이렇게 하려면 먼저 괘상에 대한 분류가 있어 어떤 것은 좋은 것이고 어떤 것은 나쁜 것인지에 대해 확정이 있어야만 할 것이다. 이치대로라면 해몽도 이와 같아야만 할 것이다. 그러나 실제로는 명확하지가 않다. 《주례》에서 〈삼몽법〉을 논한 후『기경운십其經運十, 기별구십其別九十』이라고 했다. 이 두 마디가 분명 몽상의 분류와 그 길흉에 관련된 말임에는 틀림없는 것 같으나 문자가 너무 간략한 바람에 역대 주석가들 사이에서는 의견이 매우 분분하다.

먼저 정현은

〈운運〉은 간혹 〈혼緷〉으로 쓰기도 하는데, 이는 시침관視祲官(햇무리를 관찰하는 관리—역주)이 관장하던 열 종류의 햇무리를 말한다. 왕이란 하늘에 있어서의 태양이다. 밤에 꿈을 꾸게 되면 낮에 태양가의 기운을 살펴 길흉을 점친다. 점을 치는 것에는 열 종류의 햇무리가 있었으며, 매 햇무리마다 아홉 가지의 변례變例가 있었다. 그러나 이러한 방법은 지금은 이미 전하지 않는다.

라고 했다. 이러한 해석은 완전히 하나의 추측이다. 그는 아마도 뒷문장에서『일월과 성신으로 해몽을 한다』라는 말을 보았기 때문에 〈운휘運輝〉(햇무리)으로써 〈운運〉을 해석해, 이를 태양과 관련있는 어떤 천체현상으로 간주했다. 사실 《주례》에는 확실히 〈햇무리를 관찰하는〉 관직이 있어서『열 가지 햇무리의 법칙』을 관장하고, 이에 근거하여『그 요상함을 살펴 길흉을 점친다』고 하였지만 해몽과는 관련이 없다. 햇무리를 살피는 이의 직능은 바로『집을 편안히 하고 복이 내리는 것을 관장하는 것』이라고 했으니, 바로 사택의 길흉을 살펴 재앙과 화를 면하게 하는 것이었다.

원나라 때의 모응룡毛應龍은 《주례집전周禮集傳》에서 정악鄭鍔의 해석을 인용하여, 정현의 해석을 단호하게 부정했다. 정악은

〈기경운십其經運十〉이란 말은, 바로 해몽하는 기본적인 법칙에 열 가지가 있다는 것

을 말한다. 한 번 운용함에 아홉 번의 변화가 있는데, 열 번 운용하게 되면 아흔 번의 변화가 생기게 되므로『기경운십其經運十, 기별구십其別九十』이라고 했다. 〈십운十運〉이라는 것은 꿈의 움직임과 변화를 말한다. 정신이 움직이고 심술心術이 움직인 연후에 꿈에 나타나게 된다.

라고 했다. 『십운十運이라는 것은 꿈의 움직임과 변화』라고 했는데, 이는 일리가 있는 말이다. 그러나 말의 논리가 철저하지 못하다는 생각이 든다. 《주례》의 내용을 상세하게 읽어보게 되면, 〈삼조법〉에 대해 총체적 결론을 내려『그 기본적인 조兆의 대체적인 모습으로는 모두 1백20가지가 있으며 그 점사占辭로는 1천2백 가지가 있다』고 했으며, 〈삼역법〉에 대해 총체적 결론을 내리면서는『그 기본적인 괘에는 모두 8가지가 있으며, 그 부수적인 괘에는 모두 64괘가 있다』고 한 것으로 보아, 이들은 모두 거북껍질의 갈라진 무늬와 역괘의 크고 작은 분류를 말하고 있는 것임에 틀림없다. 마찬가지 이치로 〈삼몽법〉에 대해 총체적 결론을 내리면서『기경운십, 기별구십』이라고 했으니, 이 역시 몽상 혹은 몽조의 크고 작은 분류를 가리키는 것임에 틀림없을 것이다. 역괘의 큰 분류가 8괘이며, 이 8괘를 중첩하여 64괘를 얻을 수 있으며 이는 작은 분류에 속한다. 장사長沙의 마왕퇴馬王堆에서 출토된 백서帛書《역경》에서는, 단독괘를 〈경經〉이라 했고 중복괘를 〈별別〉이라 부르고 있다. 그렇다면 꿈에 있어서의 큰 분류와 작은 분류, 그 〈경〉과 〈별〉에 해당되는 것으로는 도대체 얼마나 있는 것일까? 《주례》의 다음 글에 의하면, 해몽관은『육몽六夢의 길흉을 점친다』고 했으니 여기서 말한 〈육몽〉이 몽조나 몽상의 큰 분류임에 틀림없다. 만약 이러한 분석과 추리가 성립된다고 한다면 〈기경운십〉은 마땅히 〈기경운육其經運六〉으로 고쳐져야 할 것이며, 이는 아마도 전해져 내려오는 동안의 판각상의 오류에 의한 것일 터이다. 만약 〈기경운육〉이라고 한다면 〈기별구십〉은 성립될 수가 없으며, 〈기별육십其別六十〉이나 〈기별오십사其別五十四〉가 되어야만 한다. 그렇지 않다고 한다면 태복이 관장했던 〈삼몽〉법과 해몽관이 관장했던 〈육몽〉과의 전후관계를 근본적으로 서로 연결시킬 수가 없게 된다.

[3]『일월성신日月星辰으로 해몽하다』

앞에서 서술한 바와 같이, 은나라 때의 복사에 의하면 은나라 왕들은 거북점을 해몽을 하는 데 있어서의 중요한 수단으로 삼았다. 오늘날 《주례·점몽占夢》편을 보게 되면, 은나라 왕은 이밖에도 점성을 해몽하는 중요한 한 수단으로 삼기도 했다. 이러한 사실은 해몽의 변화과정에 있어서의 중대한 변화이다. 《주례》에서 규정한 해몽관의 직능은 이러한 점을 매우 명확하게 설명해 주고 있다.

해몽관은 세시歲時를 관장하며, 하늘과 땅의 회합을 살피며, 음양의 기를 변별하며, 일월성신에 근거하여 육몽의 길흉을 점친다.

『세시를 관장하며』라는 말은, 해몽관이 천상을 살피는 관직을 겸직하고 있다는 것을 말하는 것이 아니다. 해몽관은 원래부터가 『백성을 위해 세시를 살피는 일』은 하지 않았다. 그가 파악하고 있었던 것은, 단지 주나라 왕이 꿈을 꾸는 시간에 관한 것이었다. 이 시간은 먼저 세시가 되고 그 다음이 사시이며, 그 다음으로 또 월과 날짜·시 등이 된다. 해몽관이 이러한 시간에 있어서의 〈계수〉를 무엇 때문에 파악하였던 것일까?

첫째는, 『하늘과 땅의 회합을 살피기』 위해서이다. 하늘이란 천상의 별을 가리키는 것으로 구체적으로는 12성차星次를 말한다. 땅이란 지상의 강역들을 가리키며, 구체적으로는 주나라의 천자와 각국 제후들의 〈분야分野〉(전국시대의 천문가가 중국의 전국토를 하늘의 28수宿에 각기 대응되게 배당하여 나눈 것─역주)를 말한다. 〈하늘과 땅의 회합〉이라는 것은, 실제로는 바로 〈하늘과 사람과의 관계〉를 가리키는 것이다. 고대 중국에서는 매우 일찍부터 세성歲星으로써 해를 나타내었다. 세성이란 바로 목성을 말한다. 목성의 천상에서의 운행은 약 12년에 한 주기를 이룬다. 목성의 운행을 관찰하기 위해서 옛날의 천문학자들은 황도黃道를 12등분으로 나누고, 이를 〈12성차〉라고 불렀다. 세성 즉 목성이 매년 한 성차에 머무를 때마다 지상에서는 어느 한 나라의 분야에 대응된다고 여겼다. 《국어·주어周語》에서는 영주구伶州鳩의 말을 인용하여 『옛날 무왕이 걸왕을 정벌할 때 세성이 순화鶉火의 위치에 있었다』고 했다. 또 『세성이 머무르고 있는 곳은 바로 우리 주나라 분야이다』고 했다. 이것은 무왕이 걸왕을 정벌했던 그해에 세성이 마침 순화라는 이 성차에 머무르고 있었으며, 이에 대응되는 지상의 분야는 바로 주나라였다는 것이다.

이밖에도 태양과 달이 천상에서 운행할 때 둘의 운행속도가 서로 다르기 때문에 매월 한 차례씩 합삭하게 되는데, 옛날에는 이를 『태양과 달이 함께 만난다』라고 했다. 태양과 달이 함께 만날 때에는 물론 시가 있고 날이 있게 마련이며, 그 위치 또한 달을 따라 12성차를 지나게 되며, 매 성차는 마찬가지로 각기 어떤 나라의 분야와 대응을 이루게 된다. 이렇게 『하늘과 땅의 회합을 관찰』하게 되면 주나라 왕이 꿈을 꾼 시간에 근거하여 지상의 어느 나라에 있어서의 인간사의 변화를 점칠 수 있게 되는 것이다.

두번째는 『음과 양의 기를 변별하기』 위해서이다. 1년은 사시 12개월로 구성되어 있으며, 하루는 밤과 낮 12시로 되어 있으며, 음과 양의 두 기가 혹은 상승하기도 하고 혹은 하강하기도 하는데, 점성가들의 눈에는 이들 모두에 길흉이나 재앙의 징후가 있는 것으로 여겨졌다. 봄 3개월은 양기가 끊임없이 상승하며 음기는 이와 상응하여 하강한다. 가을 3개월은 양기가 끊임없이 하강하는 대신 음기가 이와 상응하여 상승한다. 여름 3개월은 양기가 음기보다 강하며, 겨울 3개월은 음기가 양기보다 강하다. 하지는 양기가 가장 강할 때이며, 동지는 음기가 가장 강하고, 춘분과 추분은 음기와 양기가 평형을 이룰 때이다. 이러한 음기와 양기가 자라나고 소멸되고 하는 것은, 원래가 하나의 자연현상인데 점성가들은 오행의 『왕王·상相·사死·휴休·수囚』에다 부회하여 설명하였다. 그들의 설명에 의하면, 봄에는 『목왕木王·화상火相·토사土死·수휴水休·금수金囚』이며, 여름에는 『화왕·토상·금사·목휴·수수』이며, 가을에는 『금왕·수상·목사·토휴·화수』이며, 겨울에는 『수왕·목상·화사·금휴·토수』(《백호통白虎通·오행편五行篇》과 《오행대의五行大義》를 참조)이다. 하루의 밤과 낮에도 이와 마찬가지로 음양이 자라나고 소멸되기도 하며, 12시도 마찬가지로 오행과 서로 배합된다. 해몽관은 아마도 이와 같은 현상으로부터 주나라 왕의 꿈과 관련된 이웃나라들의 길흉에 대해 점을 쳤을 것이다. 《주례정의周禮正義》에 의하면, 이가령李嘉令의 말을 인용하여 『그 꿈이 음양과 세시에 부합되면 길한 것이고 음양과 세시에 위배되는 것이면 흉하다』고 했다.

세번째는 『일월성신으로 육몽의 길흉을 점치기』 위해서이다. 『하늘과 땅의 회합』과 『음양이 생겨나고 없어지는 것』이 해몽가들의 근거가 되긴 하지만, 직접적으로는 볼 수 없는 것이기 때문에 일월성신의 운행과 변화로써 그 표지를 삼아야만 했다. 일월이란 자연히 태양과 달을 말하며, 성신이란 5대 행성 및 28수를 포함한 것을 말한다. 태양은 양에 속하는 것으로 왕이 하늘에 있는 상징이다. 정현은 『왕이란 하늘에 있어서의 태양이다』 하였다. 달은 음에 속하는 것으로 후비나 대신이 하늘에 있는 상징이다. 《후한서 · 천문지》에서 『달이란 모든 음의 우두머리로서 후비 · 대신 · 제후 들의 상징이다』 하였다. 중국 고대의 천상관측에 근거해 보면, 태양과 달의 이상현상에는 박薄(태양과 달이 빛이 없거나 기가 엷어지는 현상) · 식蝕(일식과 월식) · 훈暈(태양과 달의 주위에 빛과 기체가 있는 현상) · 적謫(일식과 월식이 출현하기 전에 나타나는 검은 그림자) · 이珥(무리) · 예霓(무지개) 등이며, 오성五星과 기타의 성신에 관계된 이상현상에 관한 것으로는 합合(운행이 하나의 성좌에 함께 이루어지는 현상) · 산散(혜성으로 변하는 현상) · 범犯(두 별의 빛이 극히 가까운 거리내에서 서로 만나는 현상) · 릉陵(한 별이 다른 한 별을 분별없이 지나치는 현상) · 투鬪(두 별이 서로 부딪치는 현상) · 혜彗 · 패孛 등이 있다. 이상에서 든 각종 이상현상들의 출현은 모두 국가의 길흉과 관련이 있는 것으로 여겨졌다. 점성을 통해 해몽을 하는 것은 대체로 주나라 왕이 꿈을 꾸었을 때 일월성신이 어느 지점에 있었는가, 이상현상이 있었는가의 여부, 일어났다면 어떠한 이상현상이 일어났는가 하는 것들을 관찰하고, 이러한 것으로부터 미래에 일어날 일과 길흉을 점쳤으며, 그런 연후에 이에 근거하여 몽상과 몽조의 내용과 그 길흉을 판단하던 것이었다.

[4] 사관인 묵墨과 위평衛平의 해몽례

고대 중국의 점성학에 관한 많은 내용들이 오늘날에는 이미 그렇게 명확하게 알 수가 없게 되어 버렸다. 점성을 통해서 어떻게 구체적으로 해몽을 했는가에 대한 몇몇 세세한 절차는 더더욱 밝히기가 어렵다. 그러나 다행한 것은 《좌전》이나 《사기》에 두 가지의 점례가 보존되어 있어 이로부터 그 대략을 살펴볼 수 있다는 것이다.

소공 31년조에서

12월 신해날인 삭朔(초하루)에, 일식이 있었다. 그날 밤 조趙나라의 간자簡子는 동자가 발가벗은 채로 딩굴면서 노래를 부르는 꿈을 꾸었다. 아침이 되어 사관이었던 묵에게 『내가 이와 같은 꿈을 꾸었는데, 오늘 일식이 있었으니 어찌된 것인가?』라고 하면서 점을 치게 했다. 사관이었던 묵墨이 대답하여 이르기를 『지금부터 6년 뒤의 이달에 오

吳나라가 초나라의 도읍인 영郢 지방으로 쳐들어갈 것입니다. 그러나 끝내는 승리하지 못할 것입니다. 그리고 영 지방으로 쳐들어가는 날짜는 틀림없이 경신날에 이루어질 것입니다. 해와 달이 성신의 꼬리에 해당하는 위치에 있으면서 일식이 있었습니다. 경오날이 태양에 비로소 일식이 출현하기 전에 검은 그림자가 나타나는 이상현상이 있었습니다. 화火는 금金을 이깁니다. 그러므로 화의 위치에 있는 초나라를 이기지 못할 것입니다』하였다.

라고 기록하고 있다. 12월 신해날은 초하루였다. 고대 중국의 하나라의 달력에 의하면, 매월의 초하루를 〈삭〉이라고 했으므로『삭에, 일식이 있었다』고 했다. 그 다음 문장으로부터 볼 때 일식이 일어난 시간은 해가 뜰 때였으며, 조나라 간자가 꿈을 꾼 시각은 밤의 후반이었다. 당시의 역법에 의하면 한밤중 이후를 아침(且)의 시작으로 잡았었기 때문에, 아침에 일어난 일식과 조나라 간자가 밤의 후반부에 꿈을 꾼 것은 시간적으로 같은 날에 속했다. 그래서 조나라 간자가 연계시켜서 물었던 것이다. 꿈의 내용은 한 아이가 옷을 발가벗은 채로 춤을 추면서 노래를 부르는 것이었다. 공교롭게도 일식과 마주치게 되었으므로 자신에게 무슨 화가 미치지나 않을까 걱정이 되어, 아침에 일어나자마자 사관이었던 묵을 찾아가 물었던 것이다.
    사관인 묵이 대답하기를, 6년 이후의 오늘 이날이 되면 아마도 초나라의 수도인 영으로 쳐들어가게 되겠지만 결과적으로는 승리하지 못한다는 것이었다. 영 지방으로 쳐들어가는 그날은 틀림없이 경신날에 이루어질 것이라고 했다. 그날의 태양과 달은 때마침 동방의 창룡蒼龍 7수 중의 꼬리별 부분을 지나고 있을 것이다. 일식이 경오날부터 조짐을 보이기 시작했으며, 오행 중에서 〈화는 금을 이기므로〉 오나라가 승리할 수 없다는 것이었다. 사관인 묵의 이러한 결론은 오늘날 우리의 입장에서 본다면 매우 당돌하고도 독단적이기도 하다. 그러나 당시의 점성학에 비추어보건대 사관인 묵 스스로도 어떤 생억지를 부리고 있었다.
    진晉나라 때의 사람인 두예杜預의 《주》에는 다음과 같이 실려있다.

오午는 남방으로, 초나라의 위치를 말한다. 오는 오행의 화火에 해당되며, 경庚은 금金에 해당된다. 태양이 경오날에 이상현상이 있었으므로 재난은 초나라에 생기게 된다. 초나라의 적국은 오직 오나라뿐이었던 까닭에 영으로 침입해올 나라는 틀림없이 오나라일 터라는 것을 알았다. 화가 금을 이긴다는 것은 금이 화의 아내가 된다는 것이다. 일식이 신해날에 일어났으며, 해는 오행의 수水에 해당된다. 수水는 숫자에 있어 6에 해당되므로 6년이라고 했던 것이다.

두예의 해석에 의하면, 사관이었던 묵은 먼저 일식이 출현한 시간인 신해날로부터 이러한 이상현상이 일어나기 시작한 시간이 경오날임을 추출해내었다. 경오날을 추출해낸 후 묵은 또 간지와 5방을 배합하여 〈오〉의 위치는 남방에 해당되고 이에 대응되는 곳이 바로 초나라이며, 그리하여 일식은 초나라에 앞으로 커다란 재난이 있게 될 징조라는 것을 말해 준다고 했다. 초나라의 적국은 오로지 오나라뿐이었으므로 오나라가 초나라를 침범하게 될 것이라고 했다. 초나라의 수도인 영에 침입한 것에 대해서는 아마도 일식이 이미 태양 면의 중앙에 진입한 것에 근거했을 터이다. 다시 경오날을 오행에 배합하면 경은 금에 해당되고 오는 화에 해당되니, 이들 둘은 서로 상극으로 금이 화를 두려워한다. 그래서 『화가 금을 이긴다』고 했다. 또 『금은 화의 배필』이며, 전하는 바에 의하면 『부부가 함께 얻게 되면 강하다. 이것은 초나라가 강성하게 될 징조이다』라고 했으니, 초나라는 망하지 않을 터라는 것이다. 6년 이후에 오나라가 영을 칠 것이라고 한 까닭은 일식이 발생한 시간인 신해날을 오행에다 맞춘 것에 기인한다. 해는 오행의 수에 해당되며, 수는 숫자로 6이니 6년이라고 한 것이다. 틀림없이 경신날에 이루어질 것이라고 한 것은, 바로 그날 공교롭게도 태양과 달이 별의 꼬리 부분에서 합삭을 이루어 일식이 나타날 것이라는 데 근거했다. 물론 이러한 문제들은 여전히 그렇게 명확하지는 않다. 예를 들어 신해날에 일어난 일식으로부터 어떻게 경오날에 변화가 있을 것인지를 추론해내었는가에 대해서는, 두예를 비롯한 역대의 주석가들도 모두 언급이 없다. 그러나 주석을 거친 후, 우리들은 사관인 묵의 해석과 판단에 대해서 대체로 어떤 윤곽을 가질 수 있게 되었다고 할 수 있을 것이다.

두예의 《주》에서는 사관인 묵의 해몽에 대해 『사관인 묵은 꿈이 일식의 응험으로 꾼 것이 아님을 알았기 때문에 일식의 허물에 대해서만 해석했지, 꿈을 해석하지는 않았다』고 논평하고 있다. 두예가 말한 상황은 확실히 사실에 속하지만, 그의 판단은 틀렸다고 해야만 할 것이다. 점성술을 통해서 해몽을 함에 있어서, 그 특징은 바로 몽상을 구체적으로 분석하지 않고 성상의 길흉을 바로 몽상의 길흉으로 삼는다는 데 있으며, 이러한 것을 두고 바로『일월성신으로써 해몽한다』고 하는 것임을 알아야만 할 것이다.

당나라 때의 사람인 가공언은 《소疏》에서, 한나라의 복건服虔의 학설을 인용하여 두예의《주》에 대해 약간의 보충을 가했다. 예를 들면 소공 31년조에는『세성이 석목析木에 있었으니』6년 후에는『세성이 대량大梁에 있게 될 것』이며, 그해 11월에는『태양이 성기星紀에 있었으니』 이는 바로 오나라의 지역에 속한다는 것이다. 이 가운데 6년 후는 윤월이므로 시간은 12월이 아니라 11월이라는 것이다. 이것이『6년 후의 이달에 오나라가 영으로 쳐들어올 것이라』는 바를 설명해 준다는 것이다. 또『태양과 달이 별의 꼬리에 있게 되면 신하가 망한다』고 했는데, 당시의 상황으로는 진나라가 패주였고 초나라와 동맹을 맺고 있었으며, 또 조나라 간자는 정치를 행하는 경대부였던 까닭에 조나라 간자에게 꿈을 꾸도록 한 것이라고 했다. 또 초나라의 선조는 전욱顓頊이며, 전욱의 아들이 노동老童이었던 까닭에『동자는 초나라의 상징이 되며』『딩굴면서 노래를 불렀다는 것은 초나라가 울음으로 나아간다는 것과 같다』고 했다. 이것은 몽상의 분석에 속하는 것으로『일월성신으로써 해몽을 한다』는 것과는 관계가 없는 것이다.

《사기·귀책열전》에는 송宋나라의 원왕元王 2년에 신비한 거북 한 마리가 원왕에게 꿈을 통해서 도움을 구하여, 원왕이 박사들을 모아놓고 점을 쳐 해석한 것을 기록하고 있다. 원왕의 꿈과 위평衛平이 점을 친 대략의 내용은 다음과 같다.

원왕이 묻기를『오늘 과인이 꿈에서 한 사람을 보았는데, 목은 쭉 빼들었고 머리는 길었으며 수를 놓은 검은 비단옷을 입었고 덮개가 있는 수레를 타고서 과인에게 오더니 〈저는 양자강의 명을 받들어 강의 사신으로 나왔는데, 그물이 저의 길을 막고 있습니다. 천양泉陽의 예차預且가 저를 잡는 바람에 도망을 갈 수가 없습니다. 몸이 어려움에 빠졌으나 이 어려움을 말할 사람이 없습니다. 왕께서는 덕과 의리가 있는 분인 까닭에 제가 특별히 와서 말씀드리는 것입니다〉라고 했는데 이는 무엇인고?』하였다. 위평이 이 이야기를 듣고 곧장 〈식式〉을 잡고서 일어나더니, 머리를 들고서는 달빛을 살펴보더니 다시 북두칠성이 가리키는 방향을 살피고서 태양이 있는 곳을 측정했다. 규구規矩로써 거들었으며, 다시 권형權衡으로 보충했다. 사방이 이미 정해지고 팔괘도 각기 그 위치를 찾아 서로를 바라볼 수 있게 되었다. 그 길흉을 살피니 개충介蟲이 먼저 나타났다.

이때 비로소 원왕에게 대답하기를 『어제 임자날 성수가 견우성에 있었는데, 은하수들이 큰 회합을 가져 신들이 함께 의논을 했습니다. 은하수는 정남북으로 위치해 있고, 강하江河는 이미 서로 만나기로 약속했습니다. 남풍이 먼저 도착하고 양자강의 사신도 먼저 이르렀습니다. 그러나 흰구름이 은하수를 막고 서니 만물이 모두 움직이지 못했습니다. 북두칠성의 손잡이 부분이 태양을 향하고 사자는 감금을 당하게 되었습니다. 검은 옷을 입고 덮개가 있는 수레에 타고 있으니, 그 이름은 거북(龜)입니다. 왕께서는 빨리 사람을 보내시어 물어 그를 구하소서』라고 했다.

이것은 분명 허구임이 틀림없다. 그러나 우리가 흥미를 느끼는 부분은 위평이 점성을 이용해서 해몽을 하는 절차에 관한 것이다.

〈식式〉은 〈식栻〉과 같은 것으로 나무로 만든 점성기구이다. 그 모양은 『윗부분은 둥글어 하늘과 닮았고, 아랫부분은 네모져 땅을 본떴으며, 성도星圖를 돌려서 지상의 때와 맞추는 데 쓰인다』(《사기·일자열전日者列傳》의 색은索隱에 보인다)라고 했는데, 이것이 바로 『하늘과 땅의 회합을 살핀다』는 것이다. 『달빛을 살핀다』는 것은, 달의 모습에 이상현상이 있는지의 여부와 어떤 이상현상이 있는지를 살피는 것이다. 시간이 아직 12시가 지난 한밤중이었기 때문에 북두칠성이 가리키는 방향으로 태양이 있는 위치를 확정할 수 있다. 그후 규구를 사용해서 성수가 배열된 길을 계산하며, 위치한 도수가 바로 소위 말하는 『태양과 달을 정하고 형도衡度를 나눈다』고 한 것이다. 〈식〉의 윗부분은 성상에 근거해 동서남북을 확정할 수 있도록 해놓았고, 아랫부분에는 팔괘도를 이와 대응시켜 놓았다. 전체적인 해몽의 순서는 역시 먼저 별을 점치고, 다시 꿈을 점치는 것이었다.

먼저 꿈을 꾼 시간이 임자날이라는 것을 확정짓고, 더 나아가 송나라와 대응되는 성차가 바로 견우성이 자리한 위치임을 확정한 후, 다시 하늘의 은하가 정남북으로 곧게 뻗어있고 지상의 강하가 바로 물이 불어나는 시기였으니 바로 신들이 모여 회의를 하는 징후라는 것을 고려했다. 남풍이 방금 불어온다는 것은 양자강의 사자가 이미 송나라의 지역에 이르렀다는 것을 말하며, 하늘의 흰구름이 모두 은하수를 향해 에워싸고 있다는 것은 사자의 갈 길이 막혔다는 것을 상징하며, 북두칠성의 손잡이 부분이 태양을 가리킨다는 것은 사자가 틀림없이 재난에 처했음을 의미하며, 검은색의 옷을 입고서 덮개가 있는 수레를 타고 있다는 것은 바로 거북의 색깔과 거북껍질의 형상이다. 그래서 원왕의 꿈에 나타난 것은 틀림없이 신비스런 거북임에 틀림없다는 것이다. 위평의 해몽과정은 사관인 묵에 비해 훨씬 더 명확하다. 마지막의 몽상에 대한 분석에 있어서는 점성을 매우 자연스레 해몽으로 넘기고 있다.

이상에서 든 두 가지의 해몽례는 억측과 견강부회한 곳이 많으며, 이러한 방술들은 당연히 역사 속에서 도태되었음은 의심할 여지도 없다. 그러나 한 역사의 현상으로서 그 속으로부터 그 당시 사람들의 사상과 관념을 살펴볼 수가 있다. 종교사의 연구라는 측면으로 말한다면, 이러한 방술들이 역사 속에서 이미 소멸되었다는 바로 그 이유 때문에 이 두 가지의 해몽례는 더욱 역사적 가치가 있는 것이다. 이것은 바로 정현이 말했듯이 오늘날 우리들이 이것들에 근거해서『그 남은 모습들을 살필 수가 있다.』

---

[5] 해몽과 거북점·역점의 상호 참조

『일월성신으로 해몽을 한다』는 것은 점성을 해몽의 한 수단으로 삼는다는 것이다. 이와 마찬가지로 해몽은 거북점이나 역점과도 서로 참조하는 관계를 갖고 있다. 앞에서 말한 바와 같이 태복은 〈삼조〉와 〈삼역〉·〈삼몽〉을 함께 관장했으며, 이러한 세 가지의 점복방법은 주나라 사람들에게 있어서는 서로 독립된 것이거나 분리된 것은 아니었다.

《상서·홍범洪範》편에는 기자箕子가 무왕에게 나라를 다스리는 방법에 대해 대답을 한 일부 문헌이 전해지고 있는데, 거기서 거북점과 시초점의 결과가 어떤 경우에는 서로 일치하였으며 또 어떤 경우에는 일치하지 않았던 것들에 대해 언급하고 있다. 왕이 제시한 주장에 대해서 만약『거북점이 순조롭고 시초점도 순조로와』두 가지 점이 일치하면 길하며, 만약『거북점은 순조로우나 시초점이 순조롭지 않거나』『거북점이 순조롭지 않고 시초점은 순조로울』경우에는 길흉의 판단이 비교적 복잡했다. 이러한 거북점과 시초점을 서로 참조하는 것은 당연히 은나라 사람들의 제도에 속한다.

《주례》에는 나라의 큰일 중에서 거북점에 의거해 결정을 해야 할 8가지를 규정하고 있는데, 이를 〈팔명八命〉이라고 했다. 태복은 한편으로는『나라의 일들을 거북점의 팔명에 의거』하는 한편, 또 〈팔명〉으로써『삼조·삼역·삼몽 등의 점을 참조했다.』이것은 바로 거북점과 역점·해몽 등을 서로 참조해야만 비로소 나라일의 길흉을 전반적으로 판단할 수 있었으며 『길한즉 행하고 그렇지 않은즉 그만두었다』는 것을 말해 주고 있다. 어떻게 참조했는가 하는 것에 대해서는 《주례》에서 상세히 언급하고 있지 않다.

《상서·태서太誓》편에서는 무왕이 군사를 모아놓고 주왕을 정벌할 것을 맹세할 때, 그의 군사들에게 『짐의 꿈이 짐의 점과 합치되니, 길상吉祥보다 더 중요하다. 오랑캐 상나라를 반드시 이기게 될 것이다』라고 한 것을 기록하고 있다. 무왕이 점을 쳤다는 것은 군사를 모아놓고 맹세를 하기 전에 거북점을 쳤다는 것을 말하는 것임에 틀림없다. 무왕이 꿈을 꾸었다는 것도 군사를 모아놓고 훈계를 하기 이전에 이루어졌을 것이다. 몽조와 거북점이 일치하는 것에 근거해서 무왕은 주왕의 정벌이 반드시 성공할 수 있을 것이라고 믿었다. 이러한 예는 몽점과 거북점을 서로 참조한 한 예로 볼 수 있을 것이다. 어떤 사람은 《사기》와 《육도六韜》의 고증에 근거해 당시 무왕이 친 거북점과 시초점은 모두 불길한 결과로 나왔으나, 오로지 강태공만이 『말라빠진 뼈조각과 썩은 시초는 사람보다 나을 수 없습니다』라고 강조한 것 때문에 비로소 주왕을 정벌하기로 결정을 내렸다고 하기도 한다. 그러나 당시 무왕이 꿈을 꾼 것이나 점을 친 것이 정말이든 거짓이든 관계없이 이러한 방법으로 병사들의 사기를 진작시킨 것은, 당시의 병사들에게 이러한 관념이 보편적으로 존재하고 있었다는 것을 설명해 주고 있다.

《좌전》소공 7년조에서는 또 『시초점이 꿈보다 중요하니 무왕이 이를 사용했다』고 하고 있으니, 해몽과 역점을 서로 참조한 한 예가 될 수 있을 것이다. 전하는 바에 의하면, 위나라의 영공이 태어나기 전 공성자와 사관인 조라는 두 대신이 꿈에서 위나라의 시조인 강숙이 그들에게 『원을 나라의 임금으로 세우라』고 한 꿈을 동시에 꾸었다고 한다. 이러한 상황을 역사서에서는 〈몽협夢協〉이라고 부른다. 이후 위나라의 양공이 확실히 원이라는 아이를 하나 낳았다. 그러나 원의 위로는 맹칩孟縶이라는 형님이 있었으므로 위나라의 양공이 죽고 나서 누가 왕위를 계승할 것인가 하는 문제는 매우 어려운 문제거리가 되었다. 그리하여 공성자는 원에게 왕위를 계승할 것을 기도하고서는 역점을 친 결과 둔괘屯卦가 나왔다. 사관이었던 조가 이를 해석하여, 괘사에서 〈원형元亨〉이라고 했으니, 마땅히 원으로 하여금 왕위를 계승하게 해야 한다고 하면서, 또 한편 무왕의 『시초점이 꿈보다 더 중요하다』고 한 전례를 내세웠다. 물론 앞서 말한 〈몽협〉은 아마도 허구일 것이다. 그러나 공성자와 조가 이러한 방법을 사용하고 이러한 이유를 내세웠던 것은, 주나라 사람들에게도 이러한 전통적인 관념이 있었다는 것을 설명해 주고 있다. 이것은 해몽과 역점이 서로 일치할 경우에는 어떠한 망설임도 있을 수 없다는 것을 말해 주고 있다.

[6] 해몽술의 독립적 발전

앞에서 서술한 바와 같이 해몽은 초기 형태에 있어서는 단지 한 가지 방법밖에 없었으니, 즉 몽상에 의거해 그것이 상징하는 내용을 해석하는 것이었다. 이후 은나라 사람들은 거북점을 빌어서 해몽을 했으며, 주나라 사람들은 점성을 빌어서 해몽을 했다. 그러나 은나라든 주나라 사람에게서든 원래의 전통적인 해몽방식은 여전히 존재하고 유행했었다. 은나라 사람으로는 고종이 몽상에 의거해 부열을 찾았다는 전설이 있으며, 주나라 사람으로는 문왕이 몽상에 의거해 장臧이라는 지방에 사는 대인을 구했다는 전설이 있으니, 이들은 모두 몽상에 직접 근거하여 해석을 한 예들이다. 《일주서》에서 기록하고 있는 『주나라 왕실의 정원에 있는 가래나무』가 상나라의 정원에서 『소나무·측백나무·두릅나무·떡갈나무 등으로 변한』 주나라 왕과 태사의 꿈 같은 것은 완전히 주나라의 흥성과 주나라가 상나라를 대신할 것이라는 상징으로 만들어진 것이며, 점성이나 거북점과는 관계가 없다.

주나라 사람들이 『일월성신으로 해몽을 한』 것은 춘추시대에서도 아직 찾아볼 수 있는 풍속이었다. 앞에서 인용했던 사관이었던 묵과 위평의 두 가지 해몽례는 바로 매우 전형적인 예이다. 그러나 《좌전》·《국어》·《사기》 등에 기록된 춘추시대의 해몽과 점을 친 예를 살펴보게 되면, 절대 대부분이 몽상의 분석을 통해서 해몽을 하고 있다. 이러한 사실은 해몽이 점복의 한 방식이긴 했었지만, 이미 기타의 점복방식을 벗어나 독립적인 발전의 길을 걷고 있음을 잘 설명해 주고 있다.

전국시대 이후 해몽은 전체적인 종교신학의 영역에서 지위가 끊임없이 하락하여, 정부당국의 어떤 종교적인 활동으로부터 민간의 세속적인 미신으로 변하게 되었다. 그러나 이와 동시에 해몽은 도리어 가면 갈수록 더욱더 하나의 독립된 형식으로서의 독특한 특색을 나타내게 되었다. 많은 세속적인 해몽가들이 역사의 무대에 서게 되었고, 그들의 해몽활동들은 모두가 몽상의 분석을 중심으로 한 것이었다. 현존하는 각종 해몽서들의 잔권과 일문들에서는 모두가 다음과 같은 내용들을 말해 주고 있다.『어떤 몽상이 있게 되면 어떤 일이 일어날 것을 예견해 주게 된다. 어떤 몽상들은 길조이며 어떤 몽상들은 흉조인가? 어떤 상황하에서는 길조이며 어떤 상황하에서는 흉조인가?』한 마디로 말해서 이러한 것들은 모두가 몽상의 주위를 맴돌고 있다고 할 수 있다.

《몽서》에서 바로『꿈이란 象象이다』라고 말한 것과 같이, 해몽의 본래 의미는 바로 몽상에 근거해 길흉을 점치는 것이었다. 또한 해몽술이라는 것의 본래 의미는 신비적인 몽혼관념의 지배하에서 진행되는 일종의 몽상분석술이었다. 그렇기 때문에 해몽의 미신이 생겨난 후 몽상 자체를 해석하는 활동은 실제로 끊임없이 진행되었다. 그 가운데서 거북에 홈을 파고 갈라진 무늬를 얻어 해몽을 하거나, 일월성신으로써 해몽을 하는 것들은 모두가 어떤 역사적 단계에서 취한 몇몇 대체방식이었다. 이러한 대체방식에 의한 해몽이라는 것은 결국에는 거북점과 점성술의 내용일 것이다. 우리들이 다음에서 분석하고자 하는 해몽술은, 해몽가가 몽상을 어떻게 분석을 하여 사람의 일에 끌어다붙이는가 하는 방식과 방법에 한정하기로 한다.

2 │ 해몽술의 논리적 분석

해몽을 해주는 사람과 꿈점을 치는 사람은 그들의 해몽술을 언제나 비밀로 삼고 공개하지 않는다. 이렇게 하면 해몽활동의 신비성을 유지하고 증대시킬 수 있을 뿐만 아니라, 해몽을 할 때 필요에 따라서 제멋대로 억지로 끌어다붙이는 데도 편리하게 된다. 그러나 그들이 남들의 해몽을 해주고 있는 것인 이상 이렇게든 저렇게든 그들의 해몽방법이 폭로되지 않을 수는 없다. 그래서 설령 고대 문헌에서는 역대의 어느 해몽가의 해몽술에 대해서도 전혀 기록을 남기고 있지는 않지만, 그곳에는 수많은 해몽례와 점을 친 예들이 남겨져 있으며, 그들의 해몽방식과 방법들은 그러한 해몽례와 점복의 예들 속에 구체적으로 남아있다. 고대 해몽가들의 해몽술이 얼마나 복잡하고 변화가 많은 것에 상관없이 우리들은 현대적인 논리방법을 운용하여 명확한 실마리를 귀납해낼 수가 있다.

앞에서도 말한 바와 같이 해몽술은 신비한 몽혼관념하에서 진행되었다. 해몽술에서 요구하는 것은, 몽상의 분석을 통해 그 속에 내포된 신의 뜻(즉 신령이나 혼귀의 뜻)을 밝혀내고, 이러한 신의 뜻이 사람일의 미래에 미치게 될 징조(길조에 속하는지, 흉조에 속하는지, 혹은 사람의 일이 앞으로 어떻게 발전될 것인지 하는 것들)를 설명하는 것이다. 그 결론은 시간이 경과된 후 사실의 검증으로써 그『점의 응험이 거짓이 아님』과 앞에서의 징조가 이후에 들어맞음을 증명하는 것이다. 이렇기 때문에 해몽의 관건은, 바로 이미 나타난 몽상과 몽조를 앞으로 발생할 일과 연관시켜서 앞뒤가 서로 일치한다는 것을 반드시 설명하고 증명해야만 하는 것에 있다. 그러나 실제에 있어서 몽상이나 몽조와 미래에 일어날 일의 사이에는 어떨 경우에는 일치하는 경우도 있지만, 대개의 경우에는 결코 일치하지 않았으며 심지어는 완전히 반대가 되기도 했다. 그러므로 논리적으로는 다음과 같은 세 가지의 상황이 있을 수 있다. 첫번째는 서로 일치하는 관계이며, 두번째는 서로 다른 관계이며, 세번째는 서로 반대되는 관계이다. 이와 마찬가지로 역대로 존재해왔던 각종의 기괴한 해몽술들은 바로 다음과 같은 세 가지의 해석방식을 벗어나지 못한다. 첫번째는 〈직접해석〉이며, 두번째는 〈전석轉釋〉이며, 세번째는 〈반대해석〉이다. 부인할 수 없는 논리는 해몽을 하는 어떠한 사람이나 꿈점을 치는 어떠한 사람들이든간에 모두 이러한 틀을 뛰어넘지는 못하며, 그들은 단지 이러한 틀 속에서 그들의 총명함과 술수를 갖고 놀 수밖에는 없었다는 것을 결정해 주었다.

[1] 직접해석

직접해석은 가장 간단한 해몽술이다. 이 방법의 특징은 어떤 몽상을 그것이 계시하는 일로 직접해석하는 것이다. 즉 어떠한 몽상이 있게 되면 곧 어떠어떠한 일이 있게 될 것으로 여기며, 몽상과 그것이 계시하는 일은 형식이나 내용을 막론하고 서로 일치하는 관계에 속한다. 서로 일치하는 관계이기 때문에 이러한 해몽방법은 매우 쉬우며, 일반적인 상황하에서는 꿈을 꾼 사람이 자기 스스로 점을 칠 수도 있다. 그러나 어떤 경우에는 지식이나 경험의 부족으로 인해 자기 스스로 점을 치지 못할 경우도 있는데, 이럴 경우에는 해몽가의 해석을 듣게 되면 곧바로 매우 명확하게 이해될 수가 있다.

예를 들어, 은나라의 고종이 부열傳說을 찾는 꿈을 꾸고서 바로 부열을 찾은 것과 같은 경우이다. 그는 비록 꿈 속에서는 부열이라는 이름을 알지는 못했지만 부열의 모습은 보았다. 그는 하느님께서 자신에게 이러한 사람을 내려주신 것이며 이러한 사람을 반드시 찾을 수 있을 것이라고 여겼는데, 이러한 꿈은 그 자신이 직접 해석하여 스스로 점을 친 경우이다. 또 무왕은 삼신께서 그에게『나는 반드시 너로 하여금 은나라의 주왕을 정벌하도록 하겠다』고 말하는 꿈을 꾸었다. 몽상이 이와 같은즉, 무왕은 이것이 바로 삼신께서 자신에게 내린 명령이라고 여기고서는 과연 출병하여 주왕을 정벌했다. 이것 또한 직접해석이며 스스로 해몽을 한 경우이다. 그러나 어떤 꿈들은 신의 모습이 기이하거나 변화를 일으키기도 해서 비록 직접해석을 할 수는 있었으나, 꿈을 꾼 사람이 반드시 이를 스스로 점칠 수 있었던 것은 아니었다. 예를 들어 괵공虢公이 꿈에서 종묘 속에 있는 한 신을 보았는 바『사람의 얼굴에 흰 털이 있었으며 호랑이 발톱을 하고서』서쪽 벽에 서있었는데, 어떤 신인지를 알 수가 없었다. 사관인 은闇의 해석을 거쳐, 만약 그러하다면 그것은 바로 욕수蓐收로서『하늘의 형벌을 내리는 신』이라고 했다. 또 다른 예를 들면, 진나라 군주는 누런 곰이 그의 침실 문을 들어서는 꿈을 꾸고서는 매우 두려워했다. 자산子産이 그에게 해석해 주기를, 누런 곰은 곤鯀(우왕의 부친—역주)으로『옛날 요임금이 죽어 우산羽山이라는 곳에서 곤어(큰 물고기)로 변했는데, 그 귀신이 변하여 누런 곰이 되었다』고 했다.

직접해석하는 방식은 가장 간단하고 가장 쉬웠기 때문에 해몽의 역사에서 제일 먼저 나타났다. 원시인들은 초기의 어떤 단계에 있어서는, 원래는 몽상을 실재하는 어떤 것 즉 우리들이 깨어있을 때 눈으로 보고 귀로 듣는 것과 꼭 같은 실제적인 것으로 여겼다. 그래서 그들은〈본능적으로〉몽상을 직접해석하는 습관이 있었던 것 같다. 예를 들어 치로키인Cherokees들의 경우, 만약 자기가 뱀에 물리는 꿈을 꾸게 되면 반드시 정말로 뱀에 물린 것과 같이 치료를 해야만 한다. 북미의 인디언들은 자신이 전쟁에서 포로가 되는 꿈을 꾸게 되면, 곧 정말로 포로가 된 것처럼 그의 친구로 하여금 자신을 꽁꽁 묶게 하고서는 마음대로 욕을 지껄이도록 요구한다. 만약 어떤 사람이 자기의 집이 불에 타는 꿈을 꾸었다면 진정으로 집이 불타는 것을 보아야만 비로소 마음을 놓을 수 있다고 한다.(레비-브륄Lévy-Bruhl의《원시사유

原始思維》상무인서관 1981년, 49쪽) 이러한 관념의 영향으로 인해 세계 각지의 원시인들에게는『밤에 꿈에서 어떤 것을 보게 되면, 곧 그와 같은 어떤 일이 꼭 일어날 것으로 여기는』습관들이 보편적으로 존재하게 되었다. 지금에 이르기까지도 중국 내의 몇몇 후진 민족들이나 심지어는 한족들 중에서도 벽지에 떨어져 있는 몇몇 농촌에서는, 아직도 여전히 자신도 모르는 사이에 자신의 꿈에 대해서 이와 같이 인식하고 있는 것을 볼 수 있다.

해몽이론에 의한다면, 〈직접해석〉이 해몽에 있어서의 중요한 방식 중의 하나인 까닭은 어떤 꿈들은 〈직몽直夢〉에 속하기 때문이다. 〈직몽〉의 특징은 〈직협直協〉(꿈과 직접적으로 합치됨)과 〈직응直應〉(꿈을 꾼 내용이 직접적으로 응험이 있음)이기 때문에 〈직접해석〉을 해야만 하는 것이다.

동한시대의 왕충王充은 유명한 무신론자였는데, 그가 해몽미신을 비판하면서 〈직몽〉이라는 이러한 현상은 확실히 존재하는 것이긴 하지만 소위 말하는 〈직응〉은 어쩌다가 간혹 합치되거나 응험이 있는 것임에 불과하다고 했다. 예를 들어 어떤 사람이 밤의 꿈에서 갑이라는 사람과 당신을 보았는데, 다음날 바로 갑이라는 사람과 당신을 보게 되었다고 한다면 이런 경우를 〈직응〉이라고 할 수 있다. 그러나 갑이라는 사람과 당신에게 물어보았더니 모두 밤에 꿈을 꾼 그 사람을 꿈에서 본 적이 없다고 한다. 그래서 이러한 예는 이미 꿈이란 것이 귀신이 서로 통해서 이루어진다는 것을 증명할 수 없을 뿐만 아니라, 해몽이 반드시 응험이 있다는 것도 증명할 수가 없다고 했다.

동한시대의 왕부王符는 결코 신비주의자는 아니었지만, 해몽에 대해서 애매한 관념들을 적잖이 갖고 있었다. 〈직몽〉에 대해서 매우 열심이었는데, 이것이『해몽의 응험이 거짓이 아니다』라는 것의 유력한 증거가 된다고 여겼다. 그는『먼저 꿈을 꾼 바가 있고 이후 틀림이 없으면 이는 직몽이라 할 수 있다』고 하면서 몽례를 들어서 증명했다.

옛날 무왕시대 때, 읍강邑姜(무왕의 아내이며 성왕의 어머니—역주)이 막 태숙太叔을 임신했을 때 꿈에서 상제가 그에게 말하기를『너에게 우虞라는 아들을 낳게 하고, 그에게 당唐의 땅을 주겠다』고 했다. 아들이 태어남에 손바닥에 〈우虞〉라는 무늬가 있었으므로 이를 이름으로 지었다. 성왕이 당나라를 멸망시키고 드디어 그에게 이 땅을

주었다. 이는 직몽이라 할 수 있다.《잠부론潛夫論·몽열夢列》

이 꿈과 이러한 일은 언뜻 보기에는 〈직몽〉임에 틀림없는 것처럼 보인다. 먼저
상제께서 꿈 속에서 매우 명확하게 말씀하셨고, 그후 손금에 나타난 〈우〉자를 증
거로 삼았으니 〈직접해석〉하는 것은 당연하다. 그러나 실제에 있어서 이러한 〈직
접해석〉은 완전히 하나의 억지이다. 왕부보다 앞서 왕충이 말했다시피 이러한 현
상은 〈자연적인 것〉에 불과할 뿐 신의 뜻과는 아무런 관계도 없다.《논형論衡·기요
편紀妖篇》당나라 때의 공영달孔穎達은 한 걸음 더 나아가 이를 고증하여『예서는
진秦나라 말기에 생겨났으니, 손금에 새겨진 무늬는 결코 예서가 아닐 것이다.《석
경石經》의 고문에서는 〈우虞〉자를 〈虶〉로 적고 있으니 손금의 모습과 혹 비슷하
다』고 했다.(《좌전左傳·은공隱公》편 두예의 주석과 공영달의 소疏를 참조) 그래서 손
금은 상제가 새긴 것일 수가 절대로 없다는 것이다. 꿈 속에서 상제가 말한 그 말들
에 대해서는 더더욱 회의할 만하다고 했다.

명나라 때의 진사원은 완전무결한 신비주의자였다. 그는 〈직몽〉을 〈직협直叶〉
이라 불렀는데, 〈협叶〉이란 〈협協〉으로 〈합치된다〉는 뜻이다. 일과 꿈이 서로 합
치되기 때문에 직접적으로 응험이 나타나며, 이러한 꿈은 당연히 〈직접해석〉으로
써 해몽을 해야 한다고 했다.

무엇을 직협이라고 하는가? 꿈에서 당신을 꿈꾸게 되면 당신을 보게 되고, 갑이라는
것을 꿈꾸게 되면 갑이란 것을 만나게 되고, 사슴을 꿈꾸게 되면 사슴을 얻게 되며, 곡
식을 꿈꾸게 되면 곡식을 얻게 되며, 자객을 꿈꾸게 되면 자객을 만나게 되며, 말을 부
리는 기술을 전수받는 꿈을 꾸게 되면 말을 부리는 기술을 전수받게 된다. 이러한 것이
바로 직협의 꿈이며, 유추가 가능하다.《몽점일지·감변편感變篇》

꿈에서 당신을 보고 갑이라는 것을 꿈꾼다는 예는《논형》에서 인용했으나, 왕충
은 결코 〈직몽〉이라고 여기지는 않았다. 꿈에서 사슴을 본다는 예는《열자列子》
에서 인용했으며, 꿈에서 곡식을 본다는 예는《진서》에서 가져왔고, 꿈에서 자객
을 본다는 예는《오대사》에서 가져왔고, 말을 부리는 기술을 전수받는 꿈을 꾼다
는 예는《여씨춘추》에서 가져왔다. 이러한 몽례들과 소위 말한 〈응험〉이란 것은,

어떤 것들은 만들어낸 것이며 어떤 것들은 우연히 합치된 것이며 어떤 것들은 모종의 희망이나 예감이 실현된 것들이다. 《진서·유호전劉浩傳》의 기록에 의하면, 유호는 그의 조모께 효순이 매우 대단하였으나 가정이 빈곤하여 먹을 것이 없었다. 밤에 꿈에서 어떤 사람이 서쪽 울타리 밑에 양식이 있을 것이라고 말해 주었다. 꿈을 깬 후 양식을 발견해내었을 뿐만 아니라, 그 옆에『7년 동안의 곡식 1백 석을 효자인 유호에게 주노라』는 글까지 있었다 한다. 이러한 꿈과 일은 근본적으로 믿을 수 없는 것이다. 《회남자·도응훈道應訓》의 기록에 의하면, 어떤 사람이 마차의 말 부리는 법을 배웠는데 3년을 배웠는데도 소득이 없자 마음이 몹시 상해 잘 때도 언제나 이 일을 생각했다. 어느 날『한밤중에 스승에게 말을 부리는 기술을 배우는 꿈』을 꾸었는데, 다음날 아침 스승이 그를 불러세워『말을 부리는 기술』을 가르쳐 주었다 한다. 이러한 일은 매우 있을 수 있는 일이긴 하지만 귀신의 뜻과는 아무런 관계도 없다.

해몽술 중에서 〈직접해석〉이 가장 간단하여 마치 무슨 비결을 배울 필요가 없는 것처럼 보인다. 그러나 꿈점을 치는 사람의 입장에서 본다면 실제 하나의 커다란 금기에 속한다. 만약 충분한 파악이 없다면 절대로 경솔하게 운용할 수 없을 것이다. 왜냐하면 일과 몽상간에는『직접적으로 합치되거나』『직접적인 응험이 있게 되는』경우는 거의 없기 때문이다. 만약 경솔하게 〈직접해석〉을 한다면 현실에 부딪쳤을 때『점의 응험이 없게 되어』돌아갈 여지를 상실하기가 매우 쉽기 때문이다. 그렇게 된다면 해몽가는 위신이 땅에 떨어지게 될 뿐만 아니라 밥통조차도 잃어버리게 되고 말 것이다. 우리들이 검사한 바에 의하면, 현존하는 각종의 해몽서 잔권들과 일문들 속에는 〈직접해석〉의 방식을 통해 해몽을 한 경우는 매우 드문데, 이는 아마도 이러한 이유 때문일 것이다. 역대로 꿈을 해몽하거나 꿈을 점친 사람들이 가장 즐겨 사용했던 해몽술은 바로 〈전석〉법이었음이 사실로 나타나고 있다. 그 수법과 종류가 가장 많았던 것도 바로 〈전석〉법이었다.

---

[2] 전석轉釋

〈전석〉법이 〈직접해석〉법과 다른 점은, 몽상을 그것이 예견하는 바의 일로 바로 직접적으로 해석하지 않고, 몽상을 일정한 형식으로 전환한 후에 다시 전환된 몽상에 근거하여 그것이 예견하는 일을 해석하는 데 있다. 이렇게 하게 되면, 몽상을 일정한 형식으로 전환하게 되어 해몽가는 자신이 돌아갈 수 있는 여지를 남겨놓을 수 있어 필요에 의해 마음대로 끌어다붙일 수가 있게 된다. 또 해몽가들은 몽상이 인간사와 비록 표면적으로는 서로 일치하지 않는다 하더라도 실제로는 일치한다고 말을 할 수도 있게 된다. 표면상으로 서로 일치되지 않는다는 이러한 점 때문에, 이런 특수한 능력을 가진 방술지사들의 도움을 통해서 몽상에 내포되어 있는 신이나 귀신의 뜻을 알아내는 것이 필요했을 터이다. 그래서 진상을 모르는 사람들은 해몽가들이 몽상을 해석하는 것을 보면 신비롭기만 한 것이다.

〈전석〉의 구체적인 방법은 매우 많지만, 자주 보이는 것으로는 상징법·연상법·유추법·파역법破譯法·파자법破字法·해음법諧音法 등이 있다.

(1) 상징법

상징법은 몽상을 그것이 상징하는 것으로 바꾼 뒤 상징하는 것에 근거해서 다시 꿈의 뜻과 인간사를 설명하는 방법이다. 해몽이론에 의하면 꿈에는 〈상몽象夢〉 혹은 〈상조象兆의 꿈〉이 있는데, 〈상몽〉이나 〈상조의 꿈〉은 반드시 상징법으로 해석해야만 한다고 한다. 《잠부론·몽열》에는 다음과 같이 실려있다.

> 《시경》에서 말하기를 『곰과 말곰은 아들을 낳을 상이요, 독사와 뱀은 딸을 낳을 상이라네』하였으며, 『많은 물고기들은 풍년을 말해 주고, 갖가지 깃발들은 후손이 창성하게 상몽이로다』하였는데, 이러한 것들을 상몽이라 한다.

곰과 말곰, 독사와 뱀의 꿈에 관한 것은 《소아·사간斯干》편에 보인다. 정현의 《전箋》의 해석에 의하면, 『곰이나 말곰은 산에 있으니 양의 상징이다.』그래서 꿈에서 곰이나 말곰을 보게 되면 사내아이를 낳을 징조이며, 『독사와 뱀은 구멍 속에서 살기 때문에 음의 상징이다.』그래서 꿈에서 독사나 뱀을 보게 되면 계집아이를 낳게 될 징조라고 했다. 확실히 기질적인 면에 있어서 곰은 양강적인 성질을 갖고 있으며, 뱀은 음유의 덕을 갖고 있다. 그들이 각기 남자와 여자의 상징이 된다는 것은 중국민족의 오랜 문화를 통해 형성된 사회적 심리일 것이다. 그 원류를 따진다면, 아마도 역사시대 이전의 토템숭배와 족외혼 등과 관계가 있을 것이다. 물고기나 갖가지 거북이나 뱀 등이 그려진 깃발들을 꿈에서 본 것을 해몽한 것은 《소아·무양無羊》편에 보인다. 원시인들은 처음에는 어렵으로 생활을 영위했으므로 오랜 세월이 지나 그러한 심리적 관습에 의해 꿈에서 물고기를 보게 되면, 풍성한 수확을 거두게 될 징조라고 여기게 되었을 것이다. 원시인들에게는 토템이 사람을 낳을 수 있다는 관념이 있었는데, 새끼를 많이 낳고 장수하는 거북과 뱀을 그린 깃발이 꿈 속에 나타나면 이는 자연히 인구가 불어 흥성할 징조라고 인식했다. 해몽관의 이러한 전환과 해석은 앞에서 서술한 전통적으로 내려오는 민족적 관습과 심리를 이용한 것이었다.

상징적인 몽상이나 몽조는 곰이나 말곰, 물고기나 뱀 등과 같은 것들에 한정되는 것은 아니며, 그 범위는 포함되지 않는 것이 없을 정도라고 할 수 있다. 예를 들어 지상의 식물·동물·산등성이·누각 등이나 하늘의 일월성신·비나 바람·천둥·번개 등이나, 일상생활 중의 각종 기물들, 입고 먹는 것들을 비롯해서 인체의 각기 관들과 같은 것들도 모두 상징적인 의미를 갖고 있으며, 그것이 상징하는 것에 의해 꿈이 의미하는 뜻과 인간사를 설명할 수가 있다. 어떤 것이 꿈에서 어떻게 해서 그런 상징적인 의미를 가지는가 하는 문제에 있어서는, 일반의 해몽가들이나 해몽서를 막론하고 모두 이를 신의 뜻에 의한 것으로 돌리고 있다. 그러나 우리들 생각으로는 이러한 것은 마땅히 각민족의 그런 고유한 오래된 종교적인 관념이나 풍속 습관, 사회적 심리 등에서 찾아야 할 것으로 생각된다.

상징법의 몽례와 점을 친 예들은 매우 많다. 식물류로는 한漢·당唐시대의 일서들에서 다음과 같이 말하고 있다.

소나무는 인군仁君이다. 꿈에서 소나무를 보게 되면 인군을 만나게 될 징조이다.

느릅나무는 인군으로 인덕이 지극한 사람이다. 느릅나무 잎을 따는 꿈을 꾸면 은혜를 받게 되며, 그 나무 위에 있는 꿈을 꾸면 귀한 관직을 얻게 된다. 그 잎이 무성하게 자라나는 꿈을 꾸게 되면 복록이 있게 된다.

복숭아나무는 임금을 지키고 나쁜 것을 피하게 한다. 꿈에서 복숭아를 보는 것은 임금을 지키는 관직을 뜻하게 된다.

오얏은 감옥을 관리하는 관리로 오얏을 얻는 꿈을 꾸는 것은 감옥관을 걱정해서이다.

수양버들은 사신이다. 꿈에서 수양버들을 보면 사절로 나가게 된다.

대나무는 처사가 전원에 기거하는 것을 뜻한다. 꿈에서 대나무를 보게 되면 처사가 된다.(이 책의 부록 2, 초목류 제49 − 54를 참조)

이상에서의 소나무・느릅나무・복숭아나무・오얏나무・수양버들・대나무 등은 모두 식물로서, 꿈 속에 출현할 때는 각기 서로 다른 상징적 의미를 갖고 있다. 소나무는 진귀한 교목으로 나무가 높고 크며 항상 푸르며 늙지 않는다. 옛사람들은 종묘나 궁전을 지을 때 항상 소나무로 대들보를 만들었다.《백호통・종묘편宗廟篇》에서『소나무는 스스로 흔들어 움직이는 까닭에 그렇게 부른다』고 했으며,《자설字說》에서는『소나무는 온갖 나무들의 우두머리이다』고 했다. 아마도 소나무가 나무 중의 왕이기 때문에 꿈에서 인군을 상징한다고 여겼을 것이다. 느릅나무도 옛사람들에겐 신령스런 나무였으며, 느릅나무가 불에 타는 것을『하늘이 내린 불』이라고 여겼다. 아마도 〈유楡〉와 〈어御〉자가 발음이 같았기 때문에 인군의 상징으로 인식되었을 것이다. 오얏나무라는 〈이李〉는 옛날에는 〈리理〉자와 통했으므로 〈이李〉는 형옥을 다스리는 관직이름이었으며 〈사리司李〉라고 불렀다.《관자・법법法法》편에서는『고요皐陶가 형관을 했다』고 했는데, 고요는 중국 역사에 있어서 가장 최초의 형옥관이다.《관자・대광大匡》편에서는『공경대부의 자제들이 〈이李〉를 맡았다』고 했는데, 주석에서『이李라는 것은 옥을 다스리는 관직이름이다』고 했다. 그래서 꿈에서의 오얏나무는 옥관의 상징이 되게 되었다. 복숭아나무는 옛날 풍속에 의하면, 사악함을 물리치고 귀신을 몰아내는 힘이 있는 것으로 여겼었다.《주례・융우戎右》의 정현이 단 주석에서는『복숭아나무는 귀신이 두려워하는 바이다』라고 했으며,《좌전》소공 4년조의 기록에 의하면『복숭아나무로 만든 활과 탱자나무로 만든 화살』은 재앙을 없애준다고 했다.《후한서・예의지》에서도 문 위에다 복숭아무늬를 새겨놓으면 나쁜 기운이 들어오는 것을 막을 수 있다고 했다. 그래서 복숭아나무는 꿈에서 임금을 지키는 관리의 상징으로 여겨졌다.『수양버들이 사신을 뜻한다』는 관념은 그 역사가 매우 길다. 이전부터 친구나 가족이 멀리 떠날 때, 송별하는 사람들은 모두 수양버들을 꺾어서 주었다. 그러나 그 유래에 대해서는 많은 사람들이 잘 알지 못하고 있다. 사실 옛사람들은 수양버들로 수레를 만들었으며, 되돌아보면 〈수레〉〈車〉를 〈류柳〉라 부르기도 했다. 복건은『동군東郡 지방에서는 광철거廣轍車를 류柳라고 부른다』고 했으며, 이기李奇는『큰 우마차를

류柳라고 한다』(《강희자전》류柳자의 해석에 보임)고 했다. 신분이 높은 사람들이 외유를 할 때에는 반드시 수레를 탔으므로, 꿈에서의 수양버들은 사절로 나가게 될 상징으로 여겨졌다. 『대나무는 처사를 뜻한다』는 것은, 아마도 위진시대에 〈죽림칠현〉이라는 것이 나오고 난 뒤에 형성된 관념일 것이다.

동물류로는 한·당시대의 몽서의 일문에 다음과 같은 것들이 있다.

닭은 무관武官을 상징하는데, 이는 볏과 며느리발톱이 있기 때문이다. 꿈에서 수탉을 보게 되면 무관을 걱정하게 된다.

백로는 (구설수를 상징하는데) 그 소리는 매우 듣기가 싫다. 꿈에서 백로를 보게 되면 구설수에 오르게 된다.

꿈에서 해오라기를 보게 되면 짝을 잃게 될 상이다. 아내가 꿈에서 그것을 보게 되면 홀로 살게 될 것이며, 남편이 꿈에서 그것을 보게 되면 아내를 잃게 된다.(이 책의 부록 2, 조충류 제59·60·57을 참조)

수탉은 싸우기를 좋아한다는 것은 주지의 사실이다. 수탉의 볏은 투사의 어떤 표지처럼 보인다. 수탉은 이러한 습성이 있기 때문에 꿈에서는 무관의 상징으로 여겨졌다. 해몽가들은 꿈에서 수탉을 보게 되면 무관이 찾아와 귀찮게 하게 될 징조라고 했다. 백로는 새의 일종으로 소리가 매우 듣기에 거북하여 사람들이 모두 싫어한다. 그래서 백로가 꿈에 나타나게 되면 구설수에 오르게 될 징조로 여겨졌다. 전하는 바에 의하면, 밤에 꿈에서 백로를 보게 되면 다음날 사람들과 말다툼을 하게 된다고 한다. 해오라기는 물새로서 암수 한 쌍을 이룬다. 《당운唐韻》에서는 육전陸佃의 말을 인용하여 『긴 눈으로 정기를 교합하기 때문에 교청鵁鶄이라 한다』고 했다. 《사광금경師曠禽經》에서도 해오라기는 『정기를 교합하여 새끼를 밴다』고 했다. 〈정기를 교합〉하기 때문에 함께 노닐면서 자연스레 서로 눈빛으로 마음을 전한다. 그러나 함께 기거하지는 않는 까닭에 『짝을 이루어 기거하지 못한다』고 했다. 해오라기의 이러한 습성 때문에 꿈에서 이를 보게 되는 것은 부부관계의 일종으로 인식되었다. 만약 부인이 꿈에서 보게 되면 과부가 될 징조요, 남편이 보게 되면 홀아비가 될 징조라고 했다.

《몽점일지》에서는 또 『봉새는 어진 새다. ……두루미는 신선의 새요, 매는 의로운 새요, 까마귀는 효성스런 새요, 꿩은 절개있는 새요, 공작은 문채가 아름다운 새요, 기러기는 귀한 새요, 까치는 기쁜 소식을 주는 새요, 물수리와 할미새는 유별有別과 유서有序가 있는 새요, 올빼미는 요사스런 새다』고 했다.《몽점일지·봉조편鳳鳥篇》이러한 새들은 각기 꿈에서의 상징적 의미를 갖고 있다. 곤충이나 뱀, 그리고 길짐승들 중에서 앞에서 들었던《시경》에서의 곰과 말곰이나 독사와 뱀에 관한 꿈 이외에도, 용은 역대로 줄곧 제왕의 상징으로 여겨져 왔다.《신서新書·용경容經》에서는『용이란 것은 군주의 임금이다』고 했으며,《풍속통風俗通》에서는『용은 양에 속하는 것으로 임금의 상징이다』고 했다. 해몽가들은 용꿈을 꾸게 되면 틀림없이 천자를 낳거나 천자가 될 것으로 해석한다. 역대의 정사들 속에도 이러한 전설은 매우 많으며, 해몽가들은 더더욱 흥미진진하게 이야기하고 있다.

천상류天象類에 속하는 것으로 가장 자주 보이고 가장 전형적인 것으로는 해와 달보다 더한 것은 없다. 해는 제왕의 상징인데, 해를 꿈에서 보게 되면 사내아이를 낳아 천자가 되며, 달을 보게 되면 계집아이를 낳아 황후가 된다고 한다.《몽점일지》에서는 다음과 같이 말하고 있다.

해와 달은 극히 고귀한 상징이다. 옛날 한나라 무제의 어머니가 신녀로부터 해를 받는 꿈을 꾸었다. 또 송나라의 태종·진종·인종·영종 등은 모두 임신하여 낳음에 꿈에서 해를 보지 아니한 사람이 없었다. 달은 모든 음의 우두머리로서 역시 하늘의 사자다. 한나라 원元 왕후의 탄신과 부제루夫齊婁 왕후가 딸을 낳았을 때 모두 달을 가슴에 품는 꿈을 꾸었으며, 과연 이들은 이후에 황후가 되었다.《몽점일지·일월편》

그러나 해가 꿈에 들어오는 꿈이 원래부터 제왕이 되는 상징이었던 것은 결코 아니다. 아마도 이 세상에 아직 제왕이 있기 전에도 이미 일찍부터 해의 형상을 꿈에서 보았을 것이다. 경파족景頗族이나 요족瑤族과 다른 기타의 소수민족들의 풍속에서는 꿈에서 보는 해는 노인을 상징하는 것으로, 만약 해가 떨어지는 것을 꿈에서 보게 되면 집이나 그 촌락의 노인이 죽게 될 징조로 여겼다.《습유기拾遺記》의 기록에 의하면, 제곡帝嚳의 부인인 추도씨鄒屠氏가 해를 삼키는 꿈을 꾼 적이 있는데 사내아이를 하나 낳고서 이렇게 모두 여덟 아이를 낳았다고 하는 전설이 있다. 이와 같이 꿈에서의 해는 남자의 상징이다.《신서·자사刺奢》의 기록에 의하면,

하나라의 걸왕은『나에게 천하가 있는 것은 하늘에 해가 있는 것과 같다』고 말했다고 한다. 이는 아마도 땅으로부터 제왕이 존재하며, 제왕이 존재하는 것으로부터 하늘의 해를 자신의 상징으로 삼았으며, 그리하여 이후의 사람들은 이때부터 꿈에서의 해를 제왕의 상징으로 삼게 되었다고 해야 할 것이다.《전국책·조책趙策》에서는, 위나라 영공의 말을 인용해『나는 꿈에서 군주를 보는 자는 꿈에서 해를 본다고 들었다』고 했으니, 대략 이러한 관념은 춘추시대 때부터 비로소 후세로 전해졌다고 할 수 있을 것이다. 그래서 왕부인이 해가 가슴 속으로 들어오는 꿈을 꾸었을 때 태자가『이는 귀하게 될 징조입니다』고 했던 것이다.《사기·외척세가》또《왕찬王纂》에서는 이를 부연설명하여『왕부인이 신녀가 해를 안고서 자기에게 주는 꿈을 꾸었는데, 이를 삼키자 아이를 잉태하게 되었으며 (한나라) 무제를 낳았다』고 했다. 달이 꿈에서는 후비의 상징으로 여겨졌던 시기는, 아마도 꿈에서의 해가 제왕의 상징으로 여겨졌던 것과 같은 시기이거나 조금 늦은 때였을 것이다. 문자의 기록으로 나타나고 있는 것으로는 한나라 때에 이르러서야 비로소 보이고 있다.《한서·외척전》에서는 원 왕후의 어머니가 원 왕후를 잉태하였을 때『달이 가슴 속으로 들어오는 꿈』을 꾸었다고 했다.《북제서·신무루후전神武婁后傳》에서는 또 신무루 왕후는 딸을 둘 낳았는데, 모두 달이 가슴 속으로 들어오는 꿈을 꾸었었으며, 이들은 모두 이후 황후가 되었다고 한다. 사실 역사서에 보이는 이러한 기록들은 일이 있은 후 과장된 것이 대부분이다. 정말로 그러한 일이 있었는지의 여부에 대해 단순하게 믿을 수는 없다. 그리고 세상에서 전해지고 있는 수많은 해와 달에 관한 꿈에 의해 낳은 자식들이 모두 제왕이거나 황후일 필요도 없는 것이다.

이밖에도《논형·기요紀妖》편의 기록에 의하면『누대와 산등성이는 관직의 상징이다. 누대에 오르거나 산등성이에 오르는 꿈을 꾸게 되면 곧 관직을 얻게 된다』고 했다. 또《백공육첩白孔六帖》에서는《몽서》의 말을 인용하여『걸왕은 검은 구름이 그의 궁전을 부수는 꿈을 꾸었고, 주왕은 큰 번개가 그의 머리를 치는 꿈을 꾸었다』고 했는데, 검은 구름이나 큰 번개는 모두가 상징적 의미이다. 문학가들은 붓과 먹을 떠나지 못하므로 아름다운 문장은 무늬있는 비단으로 비유되었다. 그래서 꿈에서의 붓과 먹, 무늬있는 비단 등은 대체로 문학적 재질의 상징으로 여겨졌다. 전하는 바에 의하면, 마융馬融은 비단과 같은 아름다운 무늬를 꿈에서 보았고, 왕순王珣은 서까래와 같이 큰 붓을 꿈에서 보았으며, 이백李白은 붓에서 꽃이 피는

꿈을 꾸었고, 왕발王勃은 묵환墨丸이 소매에 가득한 꿈을 꾸었다 한다. 이후 해몽
가들은 이러한 전설에 근거하여 기타의 서로 비슷한 몽상들을 점치기도 했다.

　상징법으로써 꿈의 뜻을 전석하는 것은 비교적 간단했지만, 어떤 경우에는 상당
히 복잡하기도 했다.《좌전》성공 16년조의 기록에서는

　　여기呂錡가 달을 향해 화살을 쏘아 적중시키고, 물러나서는 진흙 속으로 빠지는 꿈을
　꾸었다. 점을 쳐보니, 희씨姬氏 성은 해요, 다른 성씨는 달이니 틀림없이 초나라 왕일
　것이다. 활을 쏘아 적중시켰으며 물러서다 진흙 속에 빠졌다고 했으니 그 또한 반드시
　죽게 될 것이다.

라고 했다. 여기는 바로 진나라의 위기魏錡를 말한다. 해와 달이 존엄한 것과 천한
것, 친족과 외족을 상징한다는 것은 일반적인 의미와는 서로 다르다. 해는 희씨 성
으로 존엄하고 친족인 것을 상징하는 반면, 달은 다른 성씨로 천하고 외족임을 상
징한다. 점을 친 사람은 당시의 상황에 근거하여 특별히 진나라와 초나라로 전석을
했다. 그래서 꿈에서 본『달을 쏘아 적중시켰다』는 것은 초나라의 왕을 쏘게 될 징
조라고 보았다. 또『물러나서는 진흙 속으로 빠졌다』는 것을 죽음의 상징으로 해
석했다. 두예의 주석에서는『여기가 스스로 진흙에 빠졌으니 이 또한 죽게 될 상이
다』고 했다. 왜냐하면『진흙에 빠진다』는 것은『흙 속으로 들어가는』것과 같은 것
이기 때문이다. 그래서 점친 사람은, 여기呂錡도 마지막에는『그 또한 반드시 죽
게 될 것이라』고 했다.

　《좌전》애공 26년조의 기록에 의하면, 송나라의 경공이 죽고 나자 득得과 계啓
가 서로 임금자리 다툼을 했다. 득은 자신의 꿈이 좋은 꿈이라 틀림없이 왕의 자리
에 앉을 수 있을 것이라 생각했다.

　　득이 꿈을 꾸었는데, 계는 머리를 북쪽으로 한 채 노문盧門의 바깥에서 잠을 자고, 자
　기는 까마귀가 되어 그 위에 앉았는데, 부리는 남문에 걸쳐져 있고 꼬리는 동문桐門에
　얹혀져 있었다.『나의 꿈은 훌륭하도다, 반드시 왕위를 얻으리라』고 했다.

여기서 노문이란 송나라 동쪽 성의 남문을 말하고, 동문은 북문을 가리킨다. 꿈

속에서의 문의 안과 문의 바깥은 각기 나라를 얻고 잃는 것의 상징이며, 남쪽으로 향하는 것과 북쪽으로 머리를 둔다는 것은 살고 죽는 것의 상징이다. 두예의 주석에서도 계가『머리를 북쪽으로 했다는 것은 죽게 될 상이며, 문의 바깥에 있다는 것은 나라를 잃는다는 것이다』고 했으며, 《소》에서는 《예운禮運》의 말을 인용하여 『죽은 사람은 북쪽으로 머리를 두고 산 사람은 남쪽으로 머리를 둔다. 그러므로 머리를 북쪽으로 둔다는 것은 죽게 될 상이다』고 했는데, 이것은 물론 춘추시대 당시에 유행하던 관념들이다. 득으로 말하자면 까마귀의 부리가 남문에 걸려있고, 꼬리는 북문에 얹혀져 있어 몸이 〈남향〉을 하고 있으니 당연히 〈살 사람〉의 상이며, 전신이 문 안쪽에 있다는 것은 또『나라를 얻게 될』상이다. 〈까마귀〉로 변한 것에 대해서는 모두 해석이 없는데, 필자의 생각으로는 〈오烏〉와 〈오吾〉는 발음이 같은 것으로 해석할 수 있다. 〈오烏〉(까마귀)가 계의 몸 위에 서식하고 있다는 것은 바로 〈오吾〉(내)가 계를 이길 수 있다는 상징이 아닌가?

이와 함께 지적해 두어야 할 것은, 각 개별 민족은 각 민족의 사회와 역사, 종교적 전통, 풍속습관과 사회적 심리 등의 차이로 인해 몽상에 대한 상징적 의미가 종종 현저한 차이를 보이는 민족적인 특징을 확보하고 있다는 점이다. 그래서 서로 같은 몽상에 대해서도 각 민족간의 해석은 종종 차이를 보이기도 한다. 예를 들어 경파족은 호박이나 오이를 한 광주리 짊어지고 집으로 돌아오는 꿈을 재난의 상징으로 보지만, 다른 기타의 민족에서는 이러한 예가 없다. 또 요족은 나무·뱀·돌 등을 부나 재산의 상징으로 보며, 나무를 자르거나 돌을 굴리거나 뱀이 도망가는 꿈을 꾸면 재산을 잃어버리게 될 징조라고 여긴다. 헤젠족들은 긴 옷을 입는 꿈을 꾸면 재산을 모으게 될 징조로 여긴다. 꼭 같은 여자 꿈에 대해서도 헤젠족은 일이 순조롭게 될 징조라고 여기는 반면, 요족은 앞으로 작은 재난이 생길 징조라고 여긴다. 그러나 중국의 각 민족들은 거의 대부분이 이빨을 노인 혹은 가족의 상징으로 보며, 이빨이 빠지는 꿈을 꾸게 되면 사람이 죽게 될 것으로 여긴다. 윗니가 빠지면 웃사람이 죽게 되며,아랫니가 빠지게 되면 동년배나 아랫사람이 죽게 된다고 한다. 서양의 풍속에도 이와 유사한 이야기가 있다.

(2) 연상법

연상법은 몽상을 먼저 그것과 서로 관련된 어떤 것으로 바꾼 뒤에, 그 서로 관련된 어떤 것에 근거해서 다시 꿈의 뜻과 인간사를 설명해내는 것을 말한다. 이러한 해몽법은 대부분이 생활경험을 근거로 삼기 때문에 점을 치는 사람들에게 비교적 쉽게 받아들여지고 이해되어지는 방법이다. 그러나 종종 생활 속의 어떤 연계를 절대화하거나 보편화시키면서 이러한 연계의 역사성과 조건성을 무시하는 바람에 그 효과가 상징법보다도 덜 영험스런 경우들도 있다.

연상적인 해석법은 역사시기 이전에 이미 출현했을 것이다. 중국의 몇몇 소수민족들의 풍속들에서 이미 적잖은 이러한 해몽례들을 볼 수가 있다. 예를 들어 밤에 술 마시는 꿈을 꾸거나 돈을 얻는 꿈을 꾸게 되면 사냥에 나가 반드시 수확이 있게 될 것이며, 말을 타고 길을 달리는 꿈을 꾸게 되면 사냥을 나가 빈손으로 돌아오게 된다는 것이다. 이러한 예는 바로 그들의 수렵이라는 생활경험에 근거한 일종의 〈연상〉법이다. 사냥을 나가 동물을 잡아오게 되면 돈을 벌 수가 있고, 수중에 돈이 있어야 비로소 술을 마실 수 있다. 사냥을 나가 소득없이 빈손으로 돌아오면 말 위에는 자연 무거운 짐이 없기 때문에 사냥꾼들이 말을 타고 길을 달릴 수 있다. 이렇게 해서 헤젠족들은 꿈 속에서의 술을 마시고 돈을 얻고 하는 것들을 수렵물을 얻는 것과 연관시키고, 말을 타고 길을 달리는 것을 사냥나가 빈손으로 돌아오는 것과 연관시켰다. 또 경파족들은 아내가 꿈에서 뾰쪽한 끝이나 창·긴 칼 등을 보게 되면 사내아이를 낳게 되며, 솥이나 화덕 등을 보게 되면 계집아이를 낳는다는 것이다. 왜냐하면 경파족은 남성은 역대로 칼이나 검을 휘둘렀으며, 여자는 줄곧 집에서 밥을 했기 때문이다. 그래서 해몽을 할 때 이와 같은 〈연상〉이 이루어졌다.

한·당시대 몽서의 일문들 중에는 〈연상〉법에 의한 몽례와 해몽례들이 많이 보인다.

꿈에서 아娥를 보게 되면 결혼을 걱정해서이다.
꿈에서 부뚜막을 보게 되는 것은 아내를 구하거나 딸을 시집보내고 싶어하기 때문이다.
꿈에서 시루를 보게 되는 것은 아내를 취하고자 해서이다.
꿈에서 새로운 남비를 보게 되면 좋은 아내를 취하게 된다.
(이 책의 부록 2, 48·32·28·30을 참조)

〈아娥〉라는 것은 옛날 젊은 여자들의 두 어깨 위에 하는 장식물이며, 부뚜막은 부녀자들이 밥을 짓던 곳이며, 시루와 남비는 모두 옛날의 취사도구이다. 이러한 기물들은 모두 여자와 연관되어 있는 것이므로 남자들의 꿈에 나타나게 된다는 것은, 확실히 남자들의 〈혼인 걱정〉과 〈아내를 구하고자 하는〉 심리와 관련이 있다고 여겨졌다. 그러나 꿈에서 이러한 것들을 보았다고 해서 반드시 바로 대상을 찾거나 아내를 구할 수 있게 된다는 것을 의미하지는 않을 것이다. 또 예를 들면 다음과 같은 것들이 있다.

> 바둑을 두는 꿈은 싸우고자 하는 욕망이 있어서이다.
> 활을 가지거나 거문고를 타는 꿈을 꾸면 반드시 친구를 얻게 된다.
> 꿈에서 채찍을 보게 되면 사신으로 가고 싶어하는 것이 있어서이다.
> 꿈에서 잔이나 소반을 보게 되면 손님이 오게 된다.
> 꿈에서 오곡을 보게 되면 재물을 얻게 되고 길하다.
> (이 책의 부록 2, 26·20·23·31·39를 참조)

바둑을 두면 항상 한판 승부를 내야만 한다. 바둑을 두는 꿈을 꾼다는 것은 확실히 꿈을 꾸는 사람의 〈싸우고자 하는〉 심리를 반영하고 있다. 거문고를 탄다는 것은 자기를 알아주는 사람을 얻어 친구로 삼고자 하는 바람에서이다. 채찍은 말을 타고 사신을 나가는 도구이며, 잔과 소반은 모두 손님이 올 때 준비해야 하는 것이며, 오곡은 그 자체가 하나의 재물이다. 해몽술에서 이러한 〈연상〉에는 반드시 일정한 근거가 있다. 그러나 꿈에서 거문고 타는 것을 보면 반드시 친구를 얻게 되고, 잔과 소반을 보게 되면 손님이 오게 되고, 오곡을 보게 되면 반드시 재물을 얻게 된다는 것 등은 아마도 꼭 그러하지는 않을 것이다.

상징법이든 연상법이든 상관없이 일반적인 통례가 있는 반면, 또 특수한 해석이 있게 마련이다. 조잡한 해몽가들은 항상 통례를 사수할 것이며 그 결과 해몽도 영험스럽지가 못하며, 고명한 해몽가는 임기응변이 뛰어나 각종의 견강부회를 잘 부릴 수가 있다. 앞에서 말한 바 있는 주선이 태사의 추구에 관한 꿈을 세 번씩 점쳤을 때 모두 이러한 〈연상〉법을 응용했었다. 그러나 첫번째 점에서『맛있는 음식을 얻을 것』이라고 했고, 두번째 점에서는『수레에서 떨어져 다리를 부러뜨리게 될 것』이라고 했으며, 세번째 점에서는『당신의 집에 불이 나게 될 것』이라고 하여 같은 몽상에 대해서 세 번의 점괘가 모두 달랐다. 여기서 어떻게 〈연상〉을 했는가 하는 것은 복잡하고 미묘한 문제가 매우 많다.

(3) 유추법

유추법이란 몽상의 어떤 특징에 근거해서 꿈의 뜻을 비유하여 해석하고 인간사를 유추해내는 방법을 말한다. 이러한 해몽법의 관건은 몽상의 어떤 특징을 추출해내고 어떻게 유추해 나가느냐에 있다. 해몽가들이 더욱더 원만하고 부드럽게 해몽하고, 해몽이 응험이 있음을 증명하는 측면에 있어서 〈유추〉법은 상징법이나 연상법에 비해 더욱더 편하다. 꿈을 꾼 사람은 항상 일종의 사이비적인 만족을 얻게 된다.

한·당시대의 해몽서 일문들 속에서 수많은 〈유추〉법에 의한 점괘와 해몽례 들을 찾아볼 수가 있다.

자는 길고 짧음을 바르게 재는 것이다. 꿈에서 자를 보는 것은 바른 사람을 얻고자 해서이다.

저울은 평평함을 정하는 것이다. 꿈에서 저울을 보면 공평하게 된다.

정자는 공을 쌓아 백성들이 만드는 것이다. 정자를 짓는 꿈을 꾸게 되면 어떤 공적이 이루어지게 된다.

거칠게 만든 나막신은 비천한 사람을 부린다는 것이다. 꿈에서 거칠게 만든 나막신을 보면 동복童僕을 부리게 된다.

(이 책의 부록 2, 14·15·7·37를 참조)

〈자〉는 〈길고 짧음을 바르게 재는〉 기능을 갖고 있다. 물건으로써 사람에 비유하여 유추를 했다. 꿈에서 〈자〉를 보게 되면 바른 사람을 얻고자 해서이다. 〈저울〉은 양쪽 끝이 서로 평형을 이루는 특징을 갖고 있다. 물건을 사람에 비유하여 유추하게 되니, 꿈에서 저울을 보게 되면 공평하게 사람을 대하게 된다는 것이다. 정자는 사람의 노동에 의해 지어지는 것이다. 물건을 사람에 비유하게 된즉 정자를 짓는 꿈을 꾸게 되면 어떤 공이 있는 업적을 완성하게 된다는 것이다. 거칠게 만들어진 나막신은 매우 저질의 신발이다. 물건을 사람에게 비유하게 되니, 꿈에서 거칠게 만든 나막신을 보게 되면 동복을 얻어 부릴 수 있게 된다는 것이다. 이러한 비유와 유추는 근거가 없다고는 할 수 없으며 응험이 없다고도 할 수 없다. 그러나 이들을 어떤 공식이나 교의로 삼고서 꿈을 꾼 사람의 구체적인 상황을 무시해 버린다면, 응험이 있기도 매우 어려우며 사람을 속이기도 매우 힘들게 된다. 재봉을 하는 사람이 〈자〉를 꿈에서 보았다면 〈옷을 재고자 해서〉일 것이고, 목공이 〈자〉를 꿈에서 보았다고 한다면 이는 〈목재를 재고자 해서〉일 가능성이 높다. 단지 인재를 선발하고 재능을 감별해야 하는 경우의 꿈일 때만 이렇게 설명할 수 있을 것이다. 거칠게 만들어진 나막신의 꿈을 생활 속에서의 동복과 연계시켜 유추를 한다는 것은 더더욱 견강부회적이다.

고명한 해몽가들은 해몽서를 결코 묵수하지 않으며 언제나 꿈을 꾼 사람의 상황과 맞추어서 유추를 해나간다. 예를 들면 위나라 문제가 『궁전 지붕의 기와 두 장이 땅에 떨어져 원앙새로 변하는 꿈』을 꾸었을 때, 주선은 먼저 해몽서를 펴든 것이 아니라 문제의 주위에 무슨 일이 일어날 것인가를 고려한 연후에 다시 어떤 방식으로 유추를 해나갔다. 지붕의 기와가 땅에 떨어지면 틀림없이 부서질 것이므로, 사물로써 사람의 일에다 미루어본즉 사람이 죽을 것이라는 바를 유추해내었다. 원앙은 종종 남녀간의 애정으로 비유되므로 해서, 황실에는 민간으로부터 데려온 많은 여자들이 있었으므로 궁녀 중에 죽는 이가 생길 것이라고 유추했다. 그리하여 마지막으로 『후궁에 갑자기 죽는 사람이 생길 것입니다』라고 결론을 내렸다. 이렇게 유추를 해나가면 사람들은 그렇게 견강부회한 것으로 생각지는 않게 된다. 또 최식崔湜이 꿈에서 자신이 강단 아래에서 설법을 듣는 꿈을 꾸었는데, 최식은 당시에 마침 유배 가는 중에 있었으므로 『강단 아래에서 설법을 들으면 소리가 위로부터 오게 된다』는 것으로부터 유추해내어 어떤 명령이 위로부터 하달될 것이라고 했다. 이러한 유추는 비교적 합리적이라 할 수 있다.

진사원의 《몽점일지》에서는 어떤 종류의 꿈들을 〈비상比象〉이라고 부르고 있는데 《몽점일지·감변편感變篇》이를 분석해 보게 되면, 그가 〈비상〉이라고 부른 꿈들 중에 어떤 것들은 상징에 속하고 어떤 것들은 〈비유〉에 속하며, 단지 일부분만이 〈유추〉에 속하고 있다. 예를 들어 『관직에 나아가게 되려고 하면 관을 꿈에서 보게 되고, 돈을 벌게 되려고 하면 꿈에서 똥을 보게 된다』고 했는데, 자신의 주석에서 진나라 때의 은호殷浩의 말을 인용하여 『관직이란 원래가 썩고 냄새나는 것이기 때문에 관직을 얻게 될 때는 시체를 꿈에서 보게 되며, 돈이란 원래가 세속세계의 더러운 것이므로 돈을 벌게 될 때에는 꿈에서 똥을 보게 된다』고 했다. 이렇게 해석할 경우, 꿈에서 관이나 똥을 보는 것은 모두 상징에 속하게 된다. 그러나 〈관棺〉과 〈관官〉은 음이 서로 같으므로 〈해음〉법에 의한 것이라고 할 수도 있다.《이원異苑》에서는『똥이나 오물은 돈이나 재물의 상징이다』고 했다. 그러나 꿈에서 똥을 보게 되면 돈을 번다는 것은 〈반대해석〉에다 귀납시킬 수도 있을 것이다. 또『비가 오려고 하면 물고기를 꿈에서 보게 되고』『식사를 하려고 할 경우에는 개를 부르는 꿈을 꾸게 되며』『상을 당하려고 하면 꿈에서 흰옷을 보게 되며』『은총을 입으려고 하면 비단옷을 입는 꿈을 꾸게 된다』고 하는 등등은 모두 〈연상〉에 속하는 것이 분명하다. 그러나 다음과 같은 두 경우는 〈유추〉에 속한다.

귀하게 되려고 한즉 높은 곳에 오르는 꿈을 꾼다.
어떤 일을 계획했으나 이루어지지 않을 경우 진흙길에 가시가 가득한 꿈을 꾸게 된다.

앞의 예에서는 사람의 일(귀하게 되는 것)을 일(높은 곳에 오르는 것)에다 비유를 했고, 뒤의 예에서는 사물(진흙길에 가시가 가득한 것)을 사람의 일(어떤 일을 계획함)에다 비유한 후에 유추를 해내었다.

(4) 파역법破譯法

파역법이라는 것은, 몽상을 먼저 어떤 부호로 전환한 뒤에 이 전환된 부호에 근거해서 꿈의 뜻과 인간사를 해석해내는 방법을 말한다. 이러한 해몽방법은 지금의 암호를 해독하는 것과 극히 비슷하다. 그래서 이를 〈파역법〉이라 부르며, 또 〈코드전환법〉이라고 부르기도 한다. 꿈을 꾼 사람은 일반적으로 꿈의 의미를 잘 모르며, 해몽가의 해석을 들어야만 비로소 명확한 이해가 이루어진다. 이러한 〈암호〉는 순전히 해몽가의 필요에 따라 〈음양〉으로 전환되어질 수도 있으며, 혹은 〈오행〉으로, 혹은 〈팔괘〉로 전환되어질 수도 있다. 신령이나 귀신이 왜 하필이면 직접적으로 그 뜻을 전달하지 않으며, 해몽가들이 왜 이렇게 바꾸어서 해석을 해야만 하는가 하는 문제에 대해서는, 귀신이 고의로 뭐가 뭔지를 알 수 없도록 한 것이며, 해몽가들만이 이러한 귀신들과 내통을 할 수 있다고 말할 수밖에 없다.

이러한 해몽방법은 비교적 복잡하여 〈음양〉이나 〈오행〉·〈팔괘〉 등과 같은 개넘이 출현했을 때 시작되었거나, 혹은 그 영향이 이미 깊어진 뒤에 비로소 있었을 가능성이 있다. 앞에서 예로 든 사관인 묵墨은 조나라 간자의 꿈을 해몽하여 『화火는 금金을 이기기 때문에 승리할 수 없습니다』라고 했었다. 〈화〉는 초나라를 대표하는 하나의 부호이고, 〈금〉은 오나라를 대표하는 꿈의 부호이다. 《논형》에서는 동한시대 때에 『꿈에서 불을 보면 구설수에 오르게 되는 것으로 해몽한』 이야기를 하고 있는데, 여기서의 〈불〉은 〈구설수〉를 대표하는 일종의 부호이다.

진나라 때의 해몽가들이 이러한 방법을 가장 좋아하고 잘 운용했었다. 전하는 바에 의하면 정애鄭艾가 촉나라를 칠 때, 자신은 산 위에 앉아있고 아래로 물이 흐르는 꿈을 꾸게 되었다. 호군이었던 원소爰邵가 《주역》의 괘 모양에 근거해 전체의 몽상을 〈건괘蹇卦〉로 전환하고, 다시 이 〈건괘〉에 근거하여 꿈의 길흉을 점쳤다. 《삼국지·위지·정애전》 영호책令狐策이 얼음 위의 사람과 얼음 아래의 사람이 서로 대화하는 꿈을 꾸었을 때, 색담索紞이 〈얼음의 위〉와 〈얼음의 아래〉를 〈음양〉으로 전환했었다. (다음에서 드는 색담의 해몽례는 모두 《진서·색담전》에 보인다.) 장택張宅이 말을 타고서 산을 오르는 꿈을 꾸었을 때, 색담은 『말은 이괘離卦에 속하며 이괘는 불을 뜻하므로 화火(불)란 화禍(재난)와 같다』고 했다. 이 경우에는 〈말〉을 먼저 팔괘 중의 〈이〉괘로 전환하고 다시 〈이〉괘를 오행의 〈화〉로 바꾸었으며, 그후 다시 화火를 음이 같은 화禍로 해석했다. 그래서 『화火란 재난이다』고 했다.

색담의 영향으로 진과 진나라 이후의 얼마간의 기간 동안에는 파역법이 매우 성행했었다. 《진서·부융전苻融傳》의 기록에 의하면(《부견전苻堅傳·하》에 보인다. 부융의 자는 박휴博休이며, 전진前秦시대의 부견의 막내동생이다), 부융은 팔괘를 이용한 파역법으로 동풍董豊의 꿈을 해몽하여 동풍의 아내가 풍창馮昌에 의해 해를 입을 것이라고 했는데, 그 해몽과정이 색담보다도 더 복잡하게 얽혀있다.

《주역》에서 감괘坎卦는 물을 뜻하고, 말은 이괘離卦가 된다. 꿈에서 말을 타고 남쪽으로 강을 건너는 데 북쪽을 한 바퀴 돌고서 남쪽으로 간다는 것은, 감괘로부터 이괘로 간다는 것을 뜻한다. 세 개의 효爻가 동시에 변하게 되면 이괘가 된다. 이괘는 중간의 여자를 뜻하고 감괘는 중간의 남자를 뜻한다. 두 개의 태양은 두 남편을 나타내는 상이다. 감괘는 또 법을 집행하는 관리를 뜻하는데, 법관이 남편을 힐문한다는 뜻이다. 아내가 피를 흘리며 죽는다. 감괘는 두 효가 양이고 한 효가 음이며, 이괘는 두 효가 양이고 한 효가 음이다. 서로 위치를 바꾸게 되면, 이괘가 아래에 위치하고 감괘가 위에 위치하게 되어 〈기제旣濟〉괘를 형성하게 되니, 문왕이 이를 만나 유리羑里에 갇히게 될 상이다. 예가 있은즉 목숨을 구하게 되고, 예가 없으면 죽게 될 것이다. 말의 왼쪽이 축축하게 젖었다고 했으니, 축축하게 젖었다는 것은 물을 말한다. 왼쪽이 물(水)이고 오른쪽이 말(馬)이면 〈풍馮〉자가 된다. 두 개의 태양(日)이면 〈창昌〉자가 된다. 그러니 풍창馮昌이 죽인 것이 아니겠는가!

동풍이 3년 동안 바깥으로 나와 공부를 한 뒤 집으로 돌아가는 길에 처가집에서 묵게 되었는데, 그날 밤에 아내가 피살되었다. 동풍은 다른 사람에 의한 타살이라고 했고, 처가집 사람들은 동풍이 죽인 것이라 했다. 살인범이 도대체 누구인지, 이 사건의 판결은 매우 어려웠다. 이 일이 있기 전, 동풍이 한 번은 꿈을 꾸었는데 말을 타고서 강을 건너는 데 처음에는 남쪽을 향해서 가더니 나중에는 북쪽으로 되돌아왔고, 또다시 북쪽으로부터 남쪽으로 가는 것이었다. 부용이 팔괘에 근거해서 이를 물이 나타내는 부호는 〈감〉괘이고, 말을 나타내는 부호는 〈이〉괘이다(현존하는 《주역·계사전》과 《주역·설괘說卦》에는 모두 이러한 말이 없는 것으로 보아 아마도 다른 어떤 판본에 근거했을 것이다), 남쪽으로부터 북쪽으로 가다가 또다시 북쪽으로부터 남쪽으로 갔다고 하니 이는 〈지之〉자의 형상이 된다고 했다. 그리하여 동풍의 몽상은 『감괘로부터 이괘로 가는(之) 것』으로 전환할 수가 있다. 〈감〉괘의 형상은 ☵와 같아 세 효가 함께 변하게 되면 〈이〉괘의 형상인 ☲로 바뀌게 된다. 〈이〉괘는 두 개가 양효이며 한 개가 음효이므로 〈가운데 여자〉라고 했으며, 〈감〉괘는 두 개의 음효 사이에 한 개의 양효가 끼여있으므로 〈가운데 남자〉라고 했다. 동풍이 물 속에 〈두 개의 태양〉이 있는 것을 보았는데, 이는 이 사건과 관련있는 두 남자를 상징하는 것으로, 하나는 동풍이고 다른 하나는 아직 누군지 명확하지 않다. 〈감〉괘는 또 법을 집행하는 관리의 상징이므로 당연히 위에 있는 것이다. 그리하여 감괘를 위에 놓고 이괘를 아래에 놓게 되면 〈기제〉라는 괘를 형성하게 된다. 이 괘의 선례에 따라 『문왕이 이를 만나게 되니 유리에 갇히게 될 상이로다』고 했다. 피고가 만약 이유(〈예禮〉는 〈이理〉와 같다)가 있은즉 마지막에는 틀림없이 감금 속에서 목숨을 구할 수 있게 될 것이라고 했다. 다시 꿈 속에서의 『말 옆이 축축하게 젖었다』는 것에 근거해서 왼쪽은 물(水)이요, 오른쪽은 말(馬)이니 이를 합치

게 되면 〈풍馮〉자가 된다는 것이다. 〈두 개의 태양(日)〉을 서로 포개게 되면, 이는
또 〈창昌〉자가 된다. 그래서 동풍의 아내를 살해한 진정한 범인은 〈풍창〉이라는
사람이라고 했다. 부용의 파역법에는 견강부회한 곳이 적잖다. 그러나 이러한 예로
부터 해몽가들의 생각과 이러한 해몽방법의 특징들을 이해할 수가 있다.

《진서》에서는 전조前趙의 황제였던 유요劉曜의 꿈을 기록하고 있는데, 태사太史
였던 임의任義가 사용했던 방법은 대체로 파역법에 의한 것이었다. 함화咸和 3년
(328)에 유요가 꿈을 꾸었는데, 『금빛 얼굴과 붉은 입술을 한 세 사람이 동쪽으로
뒷걸음질을 치면서 말도 하지 않으면서 물러나는 것이었다. 유요가 절을 하고서 이
들의 뒤를 따라가는 꿈』이었다. 많은 대신들이 이 꿈은 길조라고 했으나, 임의만은
일이 심상치 않다고 했다. 그가 내린 점괘는 다음과 같았다. 『진나라 병사들이 틀
림없이 폭거를 일으키게 될 것이며, 임금과 장수를 잃고서 나머지 병사들은 조나라
지역으로 패퇴해올 것이다. 멀면 3년이고 가까우면 7일 안에 그 응험을 볼 수 있을
것이다.』 그가 이렇게 해석하게 된 과정은 아래와 같다.

삼三이라는 것은 역법에서의 운통運統의 극을 말한다. 동쪽은 진괘震卦의 방위로, 왕
이 시작되는 곳이다. 금金이라는 것은 태괘兌卦의 방위로, 사물이 쇠락하는 것을 뜻한
다. 붉은 입술에 말을 하지 않는다는 것은 일이 이미 끝났다는 것을 말한다. 뒷걸음질을
치면서 읍揖(절)을 한다는 것은 물러설 때의 예절이다. 그에게 절을 했다는 것은 다른
사람에게 굴복한다는 것을 뜻한다. 발걸음을 뒤쫓아갔다는 것은 삼가 국경을 넘지 않았
다는 것을 말한다. 동정東井은 진나라의 관할지역이고, 오거五車는 조나라의 관할지역
이다.

유요가 정권을 잡고 있을 당시의 수도는 진나라 땅(지금의 섬서성)인 장안에 있
었다. 임의는 진나라 땅에서 앞으로 병란이 일어날 것이며, 병란의 과정에서 조나
라(前趙)가 멸망하게 될 것이라고 했다. 원래의 조나라 땅에서 최후를 맞을 것이라
고 했다. 어째서 이 꿈에서 이러한 징조가 나타난다는 것일까? 그는 먼저 꿈 속에
서 본 세 사람의 〈삼三〉자를 〈운통〉에서의 〈삼통三統이나 삼정三正〉(하·상·주
삼대의 달력을 말함—역주)을 말하는 〈삼三〉으로 번역을 했다. 〈삼〉이라는 것은 한
주기를 완성하고서 막 종결되려는 것을 의미한다. 그래서 『역법에서의 운통의 극

을 말한다』고 했다. 이러한 〈코드 전환〉은 확실히 독특한 모습을 지니고 있으며, 단번에 논조를 결정해 버렸다. 이어서 그는 『동쪽을 향해서 뒷걸음질을 친다』는 것의 〈동(쪽)〉을 팔괘에서의 진괘로 바꾸고서는, 〈진〉괘는 왕이 출발하는 방위를 나타내는 것이라고 여겼다. 『동쪽을 향해서 뒷걸음질을 친』 이상, 이는 왕과의 이별을 나타내는 것이라고 했다. 세 사람이 모두 금빛 얼굴을 하고 있었으니, 이를 오행에서의 〈금〉을 팔괘에다 맞추게 되면 팔괘에서의 〈태〉괘로 바뀌게 된다. 〈태〉괘는 서쪽을 나타내며, 사물이 쇠락하는 것을 의미한다. 『붉은 입술에 말을 하지 않았다』는 것은 일이 이미 끝났다는 것을 의미한다. 유요가 그들을 향해서 몸을 굽혀 절을 했다는 것은 바로 『다른 사람에게 굴복하는 것』을 말하는 것이니, 다른 사람에게 패하거나 굴복하게 될 상이다. 유요가 세 사람의 발걸음을 뒤좇아갔다는 것은 병란이 일어난 후 그들이 전조前趙의 국경을 넘지 않을 것이라는 바를 예견해 준다고 했다. 물론 병란이 왜 하필이면 진나라 땅에서 일어나게 되고, 피해를 받는 것이 전조前趙의 정권일 것인가 하는 문제에 대해서 임의는 또 점성에 근거해 해몽을 했다. 아마도 유요가 꿈을 꾼 그날은 때마침 태양이 하늘에 있는 위치가 바로 동정을 지나서 오거로 향하고 있을 때였다. 동정은 정수井宿로도 불리는데 28수 중에서 남쪽 주작자리의 첫번째 별이며, 지상에서는 진나라의 분야分野에 해당된다. 오거는 필수畢宿로 28수에서의 서쪽 백호자리의 다섯번째 별이며, 지상에서는 조나라의 분야에 해당된다. 또 『멀리는 3년 가까이로는 7일』이라고 한 시간은 아마도 꿈을 꾼 날짜와 시간에 관계가 있는 것으로, 춘추시대의 사관이었던 묵이 사용했던 그러한 방법을 운용했던 것으로 보이나 그 상세한 과정은 이미 알 수가 없다. 그러나 전체적인 해몽과정으로 볼 때, 대체로 몽상을 오행과 팔괘 같은 부호로 코드 전환을 했으며, 이를 다시 이와 관련된 다른 점치는 법들과 연결시켰다. 이와 같이 대체로 역사서에 기록된 해몽례나 점 들의 경우 『점을 쳐 응험이 없는 경우가 없었다.』 과연 이 일이 있은 지 1년도 되지 않은 함화 4년(329)에 유요가 이끌던 전조의 정권은 석륵石勒이 이끄는 후조에 의해 멸망되고 말았다.

파역이나 코드 전환에 의해 점을 치는 방법은, 해몽가들에게 매우 넓은 돌아갈 수 있는 여지를 남겨주었다. 해몽가들은 어떻게 어떻게 하는 것이 몽상을 원만하게 설명할 수 있다고 생각되면 그렇게 코드 전환시키고, 어떻게 어떻게 해석을 해야만 이후에 응험이 있을 것 같으면 거기에 맞도록 코드 전환을 시킨다. 그러나 웬만한 해몽가들의 경우에는 이렇게 하기가 쉽지 않다. 이러한 해석법은 상당히 풍부한 지식과 매우 기민한 두뇌를 가져야만 했으며, 특히 음양이나 오행·팔괘 등이나 다른 점복에도 〈정통〉해야만 했었다.

(5) 파자법破字法

파자법이란 몽상을 먼저 한자의 필획으로 분해한 후에, 이 필획에 의해 만들어진 한자에 근거해서 다시 꿈의 뜻과 인간사를 해석해내는 방법을 말한다. 근본적으로 말하자면, 〈파자〉법도 일종의 〈코드 전환〉이나 〈파역〉법에 속한다. 다만 전환된 암호나 부호가 오행이나 팔괘 등과 같은 것이 아니라 한자의 필획이라는 점이 다를 뿐이다.

〈파자〉법에 의해 해몽을 한 예는, 황제黃帝가 풍후風后와 역목力牧을 구했다는 예가 가장 빠르다.『큰 바람이 천하의 모든 먼지 찌꺼기를 날려 버리는』몽상으로부터 먼저 〈풍風〉자를 점쳐내고,『구垢자에서 토土자를 날려 버리면 후后자가 남게 된다』고 하여 또 〈후后〉자를 점쳐내었다. 이를 합치게 되면 성은 풍씨요, 이름이 후인 사람이 된다. 어떤 사람이『1천 균이나 되는 쇠뇌를 들고서 수많은 양떼를 쫓고 있는』몽상으로부터 먼저 〈력力〉자를 점쳐내었고, 다시『수많은 양떼를 쫓는』몽상으로부터 〈목牧〉자를 점쳐내었다. 이를 합하게 되면 성이 역씨요, 이름이 목인 사람이 된다. 앞에서도 지적했던 것과 같이 문자가 아직 생겨나지 않았거나 아직 규범화가 이루어지지 않았던 시대에서는 이러한 해몽방법은 근본적으로 불가능하다. 이러한 방법의 출현은 빨라도 전국시대를 넘지는 않을 것으로 생각된다. 《좌전》에서『지止자와 과戈자가 합쳐서 무武자가 된다』고 한 예가 있기는 하지만, 단지 이 한 가지 예밖에 보이지 않는다. 전국시대의 제자서들 중에는『스스로를 위하는 것이 사私(厶)』이며,『사私자를 꺼꾸로 하게 되면 공公자가 된다』『십十과 일一을 합친 것이 토土자이다』,『칼(刀)을 들고서 우물(井)을 지키는 것이 형刑자이다』라고 한 것과 같은 해석들이 곳곳에 보인다.(당란唐蘭의《중국문자학》상해고적 출판사, 1979년판, 71쪽) 다만 사람들이 한자의 분석을 떠나서 다른 어떤 한자로 만들기 시작할 때 해몽가들도 비로소 이러한 방법을 해몽에다 응용할 수 있는 것이다.

서한시대의 경학가들은 유가경전을 연구함에 있어서 글자를 풀어서 해석하기를 즐겼다. 예를 들어 공양학의 대가였던 동중서 같은 이는『옛날 글자를 만들 때, 3

획을 긋고서 그 가운데를 꿴 것이 바로 왕王자라고 했다. 삼三이라는 것은 하늘과 땅과 사람의 셋을 말하며, 이들 세 가지에 두루 통하는 자를 왕이라 한다. 공자께서 말씀하시기를, 하나로써 셋을 꿰는 것이 왕이라고 했다』고 하였다.(《설문해자》의 왕王자 해석에 보임) 이후에 흥기한 참위신학에서는 글자를 푸는 식의 예언이나 비밀어 같은 것들이 더더욱 대량으로 나타나고 있다. 예를 들어 《상서·중후中侯》에서는 『묘금도卯金刀(한漢나라의 왕성인 유劉자를 풀어서 쓴 은어 ─ 역주)에 제왕이 나타나게 되며, 요임금의 뒤를 다시 잇게 된다』고 했는데, 〈묘卯자와 금金자·도刀자〉를 합치게 되면 〈유劉〉자가 된다. 이에다 다시 허신의 《설문해자》의 사회적 영향과 기타의 다른 문화적인 요소의 작용으로 인해 〈파자〉법은 해몽을 하는 중요한 한 방법으로 자리잡게 되었다.

《진담塵談》에 의하면, 한나라 유방이 정장亭長이 되었을 때, 한 번은 밤에 양 한 마리를 쫓아가서 그 양의 두 뿔과 꼬리를 뽑아 버리는 꿈을 꾸었다고 한다. 해몽가는 이를 해몽하여 『양羊자에 뿔과 꼬리가 없으면 왕王자가 됩니다』라고 했다 한다. 일설에 의하면, 이는 유수劉秀가 처음에 꾸었던 꿈이라고 하기도 하는데, 아마도 모두 이후에 만들어진 억지해석일 것이다. 《후한서·채무전蔡茂傳》에서는 채무가 한 번은 『벼(禾)를 잃어버리는(失)』 꿈을 꾸었는데 『실失자와 화禾자를 합치게 되면 질秩(녹봉)자가 되니』 채무는 관직이 올라 녹봉을 얻게 될 터라는 것을 기록하고 있다.

파자법은 진나라 시기의 해몽에서 가장 보편적으로 사용되었는데, 그 중에서도 색담이 가장 뛰어났다. 《곽우전郭禹傳》의 기록에 의하면, 곽우가 임종하기 전에 한 번은 밤에 『청룡을 타고 하늘로 오르다가 지붕에 이르러서 그치고 마는』 꿈을 꾸었는데, 자신이 해몽하기를 『옥屋(지붕)이라는 글자는 시尸자가 위에 있고 지至자가 밑에 있는 것이다. 용이 날아서 지붕에 이르렀다는 것은 내가 죽는다는 것이다』라고 했다 한다. 그는 〈옥屋〉자로부터 〈시尸〉자와 〈지至〉자를 분석해내고서, 죽을 날이 곧 다가왔다고 생각했던 것이다. 《역웅전易雄傳》의 기록에 의하면, 역웅이 밤에 『수레를 타고 가는데 그 옆에 고기가 걸려있는』 꿈을 꾸고서는, 자신이 이를 해몽하여 『고기에는 반드시 근육이 있는 것이니, 근筋(근육)은 근斤과 같다. (음이 같은 것에 근거했다) 거車(수레)자 옆에 근斤자가 있으니, 내가 참수를 당하게 된다는 말인가?』라고 했다 한다. 그는 몽상으로부터 〈거車〉자와 〈근斤〉자를 분석해내고, 이를 합쳐 〈참斬〉자로 해석했던 것이다. 《왕준전王濬傳》에서는 〈칼〉을 꿈 꾼 것에 관한 전설을 싣고 있는데, 이는 이후 거의 유명한 전고처럼 되어 버렸다. 왕준이 꿈에서 지붕 대들보 위에 칼 네 자루가 걸려있는 꿈을 꾸고서는 마음이 매우 불쾌했다고 한다. 주부主簿였던 이의李毅가 축하를 드리면서 『도刀(칼)가 세 개면 주州자가 됩니다.(〈주州〉자를 예서로 쓰게 되면 〈도刀〉자를 세 개 나란히 늘어놓은 것과 비슷하다.) 거기에다 또 하나를 〈더하게〉(益) 되니, 이는 분명 익주부益州府로 부임하게 된다는 것이 아닙니까!』라고 했다 한다. 즉 당신은 분명히 익주로 가서 높은 벼슬을 하게 될 것이라는 해석이었다. 이밖에도 앞에서 인용했던 《색담전》에서의 〈포로〉(虜)의 옷을 벗기면 〈남男〉자가 되고, 이리가 〈다리〉(脚)를 물어뜯으면 〈각却〉자가 되고, 사람이 산에 오르는 것이 〈흉凶〉자가 되며, 내內자 안에 사람이 있는 것이 〈육肉〉자가 된다고 해석한 것 등등은 당시에는 거의 인구에 회자될 정도로 유명한 것들이었다.

수당시대 기간중에도 파자법이 역시 상당히 유행했던 것 같다. 예를 들면 『송松자를 십十자와 팔八자·공公자로 해석』하여, 꿈에서 소나무를 보면 18년 후에 삼공의 지위에 오르게 된다고 한 것과 같은 것들이다. 《구당서·장지화전張志和傳》 또 『괴槐자를 나무(木) 옆의 귀신(鬼)』으로 해석해, 꿈에서 회화나무(槐)를 보면 죽어서 귀신이 된다고 한다.(《몽점일지·자획편字劃篇》에서 《수서隋書》에서 기록한 탁발순拓拔順의 꿈을 인용한 데 보인다.) 또 『실失자는 소의 두 가닥 꼬리』라고 해서 꿈에서 소의 두 꼬리를 보면 재물을 잃게 된다고 한다. 《조야첨재朝野僉載》 그 중에서도 농서隴西의 이공좌李公佐가 사소아謝小娥에게 해몽을 해준 것이 있는데 매우 희극적이다. 사소아의 남편과 시아버지가 함께 바깥에서 장사를 하다가 불행하게도 모두 피살되었다. 시아버지가 꿈에 나타나서 『나를 죽인 자는 수레 속의 원숭이요, 문 동쪽의 풀이다』라고 했으며, 남편이 꿈에 나타나서 『나를 죽인 자는 벼 가운데를 걸어가고 하루 남편이다』라고 했다. 사소아가 도처로 돌아다니며 물어보았으나 그 뜻을 알지 못해 살인범의 이름을 알아내지 못했다. 이후 이공좌가 비밀리에 다음과 같이 해석을 해주었다.

수레(車) 속(中)의 원숭이(猴)라는 것은 신申자를 말하며, 문(門) 동쪽(東)의 풀 (草)이라는 것은 란蘭자를 말한다. 벼(禾) 가운데(中)를 걸어간다(走)는 것은 밭(田)

을 통과해서 가는 것이니 역시 신申자를 말하며, 하루(一日) 남편(夫)이라는 것은 춘春
자를 말한다. 그러므로 당신의 시아버지를 죽인 자는 신란申蘭이라는 사람이고, 당신의
남편을 죽인 자는 신춘申春이라는 사람이다.《당인전기唐人傳奇 · 사소아전謝小娥傳》

〈거車〉자의 중간은 〈신申〉자이다. 12띠에서 원숭이띠가 〈신申〉이다. 그래서
『수레 속의 원숭이는 신申자를 말한다』고 했다. 〈란蘭〉자는 초두변이 위에 있고,
〈문門〉자 속에 〈동東〉자(원래는 〈柬〉자이지만 보통 〈東〉자로 쓴다)가 있는 것이다.
그래서 『문 동쪽의 풀이란 것은 란蘭자를 말한다』고 했다. 『벼 가운데를 걸어간
다』는 것은 〈전田〉(밭) 가운데를 지나서 가는 것이므로, 〈밭〉(田)을 지나서 가게
되면 역시 〈신申〉자가 된다. 〈하루(一日) 남편(夫)〉이라는 것은 이 세 글자를 합치
게 되면 바로 〈춘春〉자가 된다. 이렇게 해서 두 살해범이 신란과 신춘이라는 것을
점쳐내었다. 이공좌는 문학가였으므로 이러한 얘기는 그의 창작일 가능성이 높다.
그것이 사실이든 허구이든 관계없이 이는 당시 사람들의 관념과 풍속을 반영하고
있다.

이후에도 이러한 해몽법은 여전히 계속 사용되었는데, 『문聞이라는 글자를 문
(門) 속의 귀(耳)』라든가, 『모毛자를 천千자 아래에 칠七자』로 해석한 예들이다.
필획의 분해와 조합이 꼭 정확한 것도 아니었으며, 끝까지 얘기를 하자면 결국 억
지해석이었다.

(6) 해음법諧音法

해음법이란 먼저 몽상이 나타내는 글자와 음이 서로 같은 글자를 취해서 이에 근
거해서 몽상을 해석하고 인간사를 설명하는 방법을 말한다. 이 방법은 〈파자법〉과
본질적인 면에 있어서는 차이가 없으나, 단지 파자법은 몽상을 자형으로 전환하는
데 비해서 이 방법은 음이 같은 글자로 전환한다는 데 그 차이가 있다. 물론 어떠한
측면에서 자형을 선택하는가, 혹은 어떠한 측면에서 음이 같은 글자를 선택하는가
하는 문제는 전적으로 해몽가의 필요에 의해서 결정된다.

앞에서 인용했던 《시경》에서의 『많은 물고기들은 풍년을 말해 주고』라고 한 것
에서, 〈많은 물고기〉는 풍성한 수확을 상징하는 것일 뿐만 아니라, 〈어다魚多〉(물
고기가 많다)는 〈여다餘多〉(여분이 있다)와 음이 같아 여유가 있는 풍성한 수확으로

해석할 수가 있다. 지금도 농촌에서는 풍성한 수확을 기원하는 세화歲畵(설날에 붙이는 그림)에는 포동포동한 아기가 커다란 잉어 한 마리를 안고 있는 그림이 자주 보이는데, 그 뜻은 바로 〈유어有魚〉(물고기가 있다)를 음이 같은 〈유여有餘〉(여유가 있다)로 해석하는 데 있다. 그러나 선진시대에는 이러한 해음법으로 해몽을 한 예는 그리 많이 보이지 않는 것 같다.

동한시대에는 허신의 《설문해자》가 있었고, 이후 유희劉熙의 《석명釋名》이 있었다. 뜻풀이(훈고)에 있어서 《설문해자》는 글자의 형체에 주로 근거했고, 《석명》은 글자의 소리나 음에 주로 근거했다. 글자의 소리나 음에 근거했다는 것은 바로 음이 서로 같거나 비슷한 글자로써 그 글자의 뜻을 해석했다는 것을 말한다. 《석명》은 선진시대 이래로 내려오던 이러한 방면에 있어서의 성과들을 총결한 것으로 당시의 사회에 많은 영향을 끼쳤다. 그래서 삼국시대의 조직趙直의 꿈에서 〈상桑〉(뽕나무)을 음이 같은 〈상喪〉(죽다)자로 해석해, 꿈에서 뽕나무를 보면 불길하게 된다고 했다. 진나라 때의 색담은 〈화火〉(불)를 음이 같은 〈화禍〉(재난)로 해석을 해, 꿈에서 불을 보면 재난이 있게 된다고 했다.

육조시대의 민가 중에는 이러한 〈해음〉을 예술적 기교로 삼는 것이 매우 뛰어났다. 〈연蓮〉자로 〈연憐〉(가련하다)을 대신했고, 〈우藕〉자로 〈우偶〉(짝)를 대신했으며, 〈청晴〉자로 〈정情〉을 대신했으며, 〈부용芙蓉〉으로 〈부용夫容〉을 대신한 예들이 곳곳에 보인다. 그리하여 불에 기름을 붓듯 해몽에서 해음법은 매우 빠른 속도로 유행하게 되었다. 후세의 각종 잡기나 소설 속에서도 이러한 〈해음법〉을 사용한 몽례들과 해몽 들이 매우 많이 보인다.

《보광록葆光錄》에서는 장사직張司直이 병이 났을 때, 한 번은 자신이 임신을 한 꿈을 꾸고서는 마음이 지극히 불쾌했다 한다. 그러나 해몽가가 그에게 『아이를 배었다』는 것은 〈임신姙娠〉을 말하며, 〈임신〉이라는 것은 〈임신壬辰〉과 음이 같으니 당신의 병은 임신날이 되면 바로 낫게 될 것이라고 했다 한다.

《청상잡기靑箱雜記》에서는, 이문정李文定은 수염이 입가에 가득 나있었는데, 어시御試에 참가하기 하루 전날 밤에 갑자기 꿈에서 자신의 수염이 완전히 깎여져 버리는 꿈을 꾸고서는 마음이 매우 불안했다 한다. 해몽가가 이를 해몽해서 수염이 깎인다는 것을 〈체자剃髭〉라고 한다. 지금 장원급제한 사람의 이름이 유자劉滋이니, 〈체자〉라는 음은 〈체자替滋〉(유자를 대신하게 될 것이다)와 같으므로 이번 어시에서 당신이 장원급제를 하게 될 것이라고 했다 한다.

같은 책에서, 마량馬亮이 강녕江寧 지방의 지부知府를 맡고 있다가 임기가 만료되었을 때, 한 번은 혀에 털이 나는 꿈을 꾸었다 한다. 한 스님이 이를 해몽하여, 혀에서 털이 나면 깎을 수가 없다. 〈체부득체剃不得〉(깎을 수가 없다)이라는 것은, 〈체부득체替不得〉(바꿀 수가 없다)과 음이 같으므로 당신은 틀림없이 재임하게 될 것이라고 했다 한다.

《인화록因話錄》의 기록에 의하면, 유종원柳宗元이 영주永州 사마에서 유주柳州 자사로 자리를 옮기게 되었을 때, 버드나무가 땅에 쓰러지는 꿈을 꾸었다 한다. 점쟁이가 이를 해몽하여 『살아있을 때에는 〈유수柳樹〉라 하고 죽었을 때는 〈유목柳木〉이라고 한다. 〈목木〉은 〈목牧〉과 음이 같다. 그러므로 당신은 유주 지방의 목사가 될 것이오!』라고 했다 한다.

위진시대 이후로는 시체를 넣는 〈관棺〉을 이와 음이 같은 〈관官〉(관직)으로 해석하는 것이 사림이든 민간이든 상관없이 매우 유행했었다. 『관직을 얻으려면 관을 꿈에서 보게 된다』고 한 것이 《세설신어·문학》편에 보이며, 《진서·은호전殷浩傳》에서도 보인다. 이러한 몽례는 기타의 다른 잡기들 속에서는 더욱더 많이 보인다. 조양기趙良器라는 사람은 11개의 관을 꿈에서 보고서 11개의 관직을 역임했으며, 관이 중서시랑中書侍郎에까지 올랐다고 한다.(《정명록定命錄》에 보임) 고달부高達夫라는 사람은 꿈에서 수많은 관들이 있었는데 그 자신이 그 중 넓은 관 속에 앉아있는 꿈을 꾸고서는, 장사長史에서 첨사詹事로 승진이 되었다고 한다.(《정명록》에 보임) 이봉길李逢吉이라는 계집종이 있었는데, 한 번은 그녀가 관이 집 안으로 들어오는 꿈을 꾸고서는 중서사인中書舍人이라는 벼슬을 하게 되었다고 한다.(《기이록紀異錄》에 보임) 현존하는 몇몇 《몽서》들의 잔권과 일문들 중에는 이와 유사한 몽례들이 매우 많이 보이는데, 예를 들면 다음과 같다.

꿈에서 관을 보면 관직을 얻게 되고 길하다.(《돈황유서》 P3105)

꿈에서 관이나 곽 속에 들어가는 꿈을 꾸면 관직을 얻게 되고 크게 길하다.(《돈황유서》 S620)

꿈에서 관을 보게 되면 일반 백성의 지위를 벗어나 관직에 오르게 되며 크게 길하다. (《돈황유서》 S620)

꿈에서 관을 보면 관직에 관계된 일이 순조롭다.(《돈황유서》 S620)

관(棺材)을 민간에서는 어떨 경우에는 줄여서 〈재材〉라고도 하는데, 이는 〈재財〉(재물)와 음이 같으므로 해서 또한 크게 길한 것으로 여겨졌다.

꿈에서 죽은 사람의 관과 곽이 선반 위에 올려져 있는 것을 보면 재물을 얻게 된다.(《돈황유서》 S620)
관이 죽은 사람을 비추는 꿈을 꾸면 재물을 얻게 된다.(《돈황유서》 S620)
관에 절을 드리는 꿈을 꾸면 크게 길하며 재물을 얻게 된다.(《돈황유서》 S620)
관 속에 죽은 사람이 있는 것을 보면 재물을 얻게 된다.(《돈황유서》 P3105)

이상에서 든 여섯 가지의 해몽방법은 어떤 경우에는 단독으로 사용되기도 했지만, 어떤 경우에는 몇 가지를 합쳐서 복합적으로 사용하기도 했기 때문에 종종 서로 뒤섞이고 상호침투하기도 했다. 이러한 점은 독자들도 앞에서 든 수많은 몽례들 속에서 누구라도 볼 수가 있으므로 다시 서술하지 않겠다.

[3] 반대해석

해몽에는 직접해석도 있으며 전석도 있는데, 전석법이 직접해석에 비해 더욱 신축성이 있다. 그러나 어떤 몽례들은 몽상의 내용이 이후에 일어난 일과 공교롭게도 완전히 반대로 되는 경우가 있는데, 이때에는 전석의 방법을 동원해도 원만하게 꿈을 해석하기가 매우 어렵게 된다. 몽상이라는 것이 사람의 일을 예견해 주는 것이라는 점을 계속적으로 견지해 나가기 위해서, 해몽가는 이러한 경우는 일종의 〈반대징조〉라고 설명을 하는 수밖에 없다. 그리하여 직접해석과 전석법 이외에 〈반대해석〉이라는 방법이 하나 생겨나게 되었다.

〈반대해석〉이라는 것은 몽상을 반대로 뒤집어 놓고서 그 반대쪽의 뜻에 따라 꿈의 뜻을 해석하고 인간사를 설명하는 방법을 말한다. 해몽의 논리에 의하면, 어떤 꿈에는 〈반대의 꿈〉이나 〈극과 극의 꿈〉이라는 것이 있는데, 이러한 것들은 바로 〈극히 상반된 일이 일어나거나〉 〈몽상과 반대로 되는 징조〉를 특징으로 하고 있다. 이와 상응해서 〈반대해석〉 또한 해몽술의 기본방식 중의 하나가 되었다.

아마도 사람들은 몽조와 인간사의 사이에 서로 상반되는 상황이 존재하고 있음을 매우 일찍부터 발견했을 것이다. 그렇기 때문에 몇몇 소수민족들의 풍속 중에는 일찍부터 〈반대해석〉과 같은 해몽례가 있었다. 예를 들어 요족의 경우에는 집이 불에 타는 꿈을 꾸면 이를 재물을 얻게 될 징조라 여겼고, 다른 사람이나 자기가 죽는 꿈을 꾸면 이는 꿈에서 죽은 사람이나 혹은 자신이 장수하고 복을 받게 될 징조라 여겼으며, 자기가 우는 꿈을 꾸면 이는 복이 있을 징조라고 여겼다. 경파족의 경우에는 술을 마시고 고기를 먹는 꿈은 흉하게 될 징조로, 이웃이나 아니면 그 마을에 사람이 죽게 될 것으로 여겼다.(《운남 소수민족 철학사회사상 자료선집》 제2집, 제103호, 9 – 10쪽) 그러나 이러한 민족들에게는 〈반대의 꿈〉이라는 용어도 없을 뿐더러 〈반대해석〉을 해몽의 기본적인 방법으로 인식한 것도 아니었다.

한족의 경우, 현재 문헌에 보이는 선진시대의 〈반대해석〉에 의한 해몽례는 매우 적으며, 이들은 종종 하나의 특수한 예로 여겨졌었다. 《장자 · 제물론》에서는 『꿈에서 술을 마시는 자는 아침이 되면 울게 되고, 꿈에서 우는 자는 아침이면 사냥을 즐기게 된다』고 했으나, 이론적인 부분으로부터 이러한 것을 개괄한 것은 결코 아니었다. 아마도 이러한 해몽법은 비교적 복잡하기 때문에 동한시대에 이르러서야 비로소 〈반대의 꿈〉이라는 용어를 볼 수 있게 되는 것 같다.

《잠부론 · 몽열》에서는

진나라의 문공이 성복城濮의 전투에서 꿈을 꾸었는데, 초나라 군주가 자신을 땅에다 뉘어 놓고서 그의 뇌수를 빨아 마시는 꿈이었다. 이는 원래는 매우 나쁜 꿈이었으나 이후 전쟁에서 크게 승리를 거두게 되었으니, 이러한 것을 반대의 꿈(反夢)이라고 한다. (이 책의 부록 1, 《잠부론 · 몽열》의 새로운 교정을 참조)

고 했다. 이 꿈을 만약 〈직접해석〉으로 하게 된다면 틀림없이 매우 나쁘고 흉한 꿈이다. 그래서 진나라 문공이 매우 두려워했다. 만약 〈전석법〉에 의한다고 해도 누가 이기고 누가 지게 될 것인지를 설명하기가 어렵다. 진나라 문공을 따라다니던 자범子犯이 〈반대해석법〉을 써서 이 꿈은 흉몽이 아닐 뿐만 아니라 길몽에 속한다고 여겼다. 물론 〈반대해석〉이라는 것이 몽상을 단순하게 거꾸로 뒤집기만 하면 되는 것은 아니다. 꺼꾸로 뒤집은 후에 반드시 그러한 점괘의 이유를 설명해야만 해몽을 하는 사람이 받아들이게 된다. 자범의 해석을 들어보기로 하자.

　　길한 것입니다. 우리는 하늘을 얻고 초나라는 그 죄를 복종하여 받으나, 우리는 오히
　려 부드럽게 대해 줄 징조입니다.(《좌전》희공 28년조)

　이렇듯 자범은 꿈 속에서 초나라 군주가 진나라 문공을 땅에다 뉘어 놓았으나, 문공은 누워 있어 얼굴이 하늘을 향했기 때문에 『하늘을 얻었다』고 했고, 초나라 군주는 문공의 몸 위에 엎드려 있었기 때문에 얼굴이 땅을 향했으므로 이는 〈죄가 있음〉을 나타낸다고 했다. 그리고 초나라 군주가 이빨로 문공의 뇌수를 빨아 마셨다는 것은 그들이 부드러운 것으로 강한 것을 이겼다는 것을 상징한다고 했다. 초순焦循은 《소문素問》의 주석에 근거해서, 뇌수라는 것은 『음에 속하고 부드러운 것이기 때문에 자범이 〈우리는 도리어 부드러움으로 대해 준다〉고 했다. 그들이 이빨로써 우리의 뇌수를 빨아 마셨다고 했는데, 이빨은 강한 것이다. 우리가 뇌수로써 그들을 받아들였으니 이것은 부드러움으로써 강함을 이기는 것이다. 그래서 〈부드러움으로 대한다〉고 했다』라고 했다. 그래서 자범의 결론은 자기 쪽이 반드시 이길 터라는 것이었다. 물론 자범은 여기서 상징법을 사용하기도 했다. 그러나 총체적으로는 여전히 〈반대해석〉에 속한다.
　한위시대 이후로 〈반대해석〉에 의한 해몽례는 점점 많아지게 되었다.《남사·심경지전沈慶之傳》에서는, 심경지가 황제의 의장대를 데리고서 변소 안으로 들어가는 꿈을 꾸고 나서 마음 속으로 매우 역겨워했다고 한다. 그러나 당시의 〈해몽을 잘하는 사람〉이 『당신은 틀림없이 매우 귀하게 될 것입니다』라고 했다 한다.《북제서·이원충전李元忠傳》의 기록에 의하면, 이원충이 벼슬자리로 나아가려 할 즈음에 그가 손에 횃불을 들고서 부친의 묘 속으로 들어가는 꿈을 꾸는 바람에 한밤중에 매우 놀라 깨었다고 한다. 그러나 그가 가르침을 받던 스승이 이 꿈은 〈매우 길한 것〉이라고 해몽해 주었다고 한다. 제량齊梁의 학사였던 소침蕭琛은 이러한 반대징조의 꿈을 『반대 속에서 이상하게 부귀를 얻게 되는 꿈』이라고 부르면서(《난신멸론難神滅論》의 서문[《홍명집弘明集》제9권에 수록]에 보임)《좌전》에서의 두 가지를 그 예로 들었는데, 하나는 조나라 간자가 동자가 노래를 부르는 꿈을 꾸었는데 이

것이 도리어 오나라가 영 지방으로 쳐들어갈 징조라고 했던 예이며, 다른 하나는 낮은 직급의 신하들이 경공을 업고서 하늘로 올라가는 꿈을 꾸었는데 그 결과는 함께 순장되어 버린 예였다.

송나라 때의 소식蘇軾도 《물류상감지物類相感志》에서, 꿈이란 『어떤 경우에는 꺼꾸로 되어 상을 이루기도 하는데, 죽은 사람을 슬퍼하여 울고 하는 꿈을 꾼 사람이 도리어 관작을 배수받는 응험을 얻기도 하는 것과 같은 경우이다』고 했다. 송명 시대의 각종 소설이나 잡기 들에서는 특히 이러한 류의 몽례와 점괘 들을 수집하고 인용하기를 좋아했었다. 《태평광기》에서는 《기문紀聞》에서의 말을 인용하여, 진 양晉陽 지방의 어떤 사람이 호랑이에게 잡아먹히는 꿈을 꾸었는데, 그의 어머니가 『꿈에서 죽으면 살게 되는데, 이것은 꿈이란 것은 현실과 반대되기 때문에 그렇다』고 했다고 기록되어 있다.(《태평광기》 제1297권) 《설부說郛·해산기海山記》에서는 수나라 양제煬帝가 우경아牛慶兒에게 해몽을 해주면서 『죽는 꿈을 꾸면 살게 된다』고 했다 하였다.(《설부》 제32권) 《박안경기拍案驚奇》 이각본二刻本에는 『꿈이란 반대되는 것이다. 복을 얻는 꿈을 꾸면 재난이 오게 되고, 웃는 꿈을 꾸면 울게 된다』라는 말이 있다.(《박안경기》 이각본 제19권) 물론 해몽가들이 모든 꿈을 모두 반대로 해석하지는 않았을 것이며, 단지 몇몇 꿈만을 반대로 해석할 것임은 당연하다. 어떤 꿈들이 반대로 나타나게 되는 것인지 하는 것은 물론 해몽가 자신이 결정하는 문제이다. 진사원은 일찍이 〈반대의 꿈〉을 〈극과 극의 꿈〉이라고 부르고서 이론적인 측면으로부터 귀납을 해보려고 노력했다. 그는 다음과 같이 말하고 있다.

무엇을 극과 극의 반대라고 하는가? 혼인이나 파티와 같은 일이 있은즉 꿈에서는 울게 되고, 울거나 구설수에 올라 소송을 벌이는 일이 있은즉 노래 부르고 춤추는 꿈을 꾸게 되고, 추운즉 꿈에서는 따뜻하고, 배고픈즉 꿈에서는 배부르며, 병이 난즉 치료를 받는 꿈을 꾸고, 효를 걱정한즉 붉은 옷이나 진홍색 도포옷을 꿈에서 보게 되며, 축하할 것을 걱정한즉 꿈에서는 삼이나 마로 만든 흉복을 보게 된다. 이와 같은 극과 극이 반대되는 꿈은 그 유추가 가능하다.《몽점일지·감변편感變篇》

역대 해몽서의 잔권들 중에는 상당한 부분이 이러한 〈반대해석〉에 의해 길흉을 점치고 있다. 예를 들어, 꿈에서 죽거나 다치는 꿈을 꾸면 죽거나 다치지도 않을 뿐

더러 재물을 얻게 되고 장수하게 될 징조라고 한다.

참수를 당하여 피를 흘리는 꿈을 꾸면 크게 길하다.(《돈황유서》S620)

칼에 상처를 입는 꿈을 꾸면 크게 길하며 재물을 얻게 된다.(《돈황유서》S620)

뒤로 묶이는 꿈을 꾸면 크게 길하다.(《돈황유서》P3281)

꿈에서 죽은 사람을 보게 되면 장수하게 된다.(《돈황유서》S620, P3281)

또 우는 꿈을 꾸면 재난이 없을 뿐만 아니라, 이는 도리어 경사가 있을 징조라고
한다.

우는 꿈을 꾸면 경사가 있고 좋은 일이 생기게 된다.(《돈황유서》S620)

행군하면서 우는 꿈을 꾸면 도깨비가 사라지고 길하게 된다.(《돈황유서》S620)

우는 꿈을 꾸면 좋은 일이 생기게 된다.(《돈황유서》P3281)

우는 꿈을 꾸면 즐겁게 축하할 일이 생기게 된다.(《돈황유서》P3281)

그리고 또 꿈에서 더럽고 지저분한 것을 보면, 몸에 병이 드는 것이 아닐 뿐더러
재물을 얻게 될 징조라고 한다.

똥에 옷을 버리는 꿈을 꾸면 재물을 얻게 된다.(《돈황유서》S620)

꿈에서 변소를 보게 되면 역시 재물을 얻게 된다.(《돈황유서》S620)

오물에 옷을 버리는 꿈을 꾸면 재물을 얻게 된다.(《돈황유서》P3281)

변소에 빠지거나 오물에 옷을 버리는 꿈을 꾸면 재물을 얻게 된다.(《돈황유서》
P3281)

이밖에도 꿈에서 호랑이를 보고 놀라면 크게 길하게 되고, 호랑이를 타고 가는
꿈을 꾸면 크게 부귀하게 되며, 큰 불이 집 안으로 번져 들어오는 꿈을 꾸면 크게
부귀하게 되며, 집이 불에 타는 꿈을 꾸면 좋은 일이 있게 되고(《돈황유서》S620),
꿈에서 피가 흐르는 것을 보면 자리를 옮겨 승진하게 되며 길하게 되고, 병을 얻는
꿈을 꾸면 좋은 일이 있게 된다(《돈황유서》P3281)는 등등과 같이 이러한 예들은

수없이 많다.

해몽을 할 때 해몽가들은 어떤 경우에는 〈직접해석〉을 하기도 하고, 어떤 경우에는 〈반대해석〉을 하기도 해 이리저리 끌어다 맞추기 때문에 꿈점을 치는 사람들은 더욱더 해몽의 신비를 느끼게 된다. 그러니 어떤 사람들은 의혹을 가지고서『꿈에서 좋은 것을 보면 길하고 나쁜 것을 보면 걱정이 되는 법인데(〈직접해석〉을 말한다), 어떻게 해서 해몽가가 해석을 하게 되면 나쁜 꿈이 길한 것으로 변하게 되는가?(〈반대해석〉을 말한다.) 어찌해서 어리석은 사람이 말한 좋은 꿈은 또 흉한 것으로 변하게 되는 것인가?』(《돈황유서》P3908 서문)라고 말한 것도 이해가 된다. 송나라 때의 진관秦觀의 시에서도『세상 사람들은 흉한 꿈을 꾸면 길하게 된다고 한다네, 신이 사람을 희롱함에 정말 뜻이 있단 말인가!』라고 했다.(《회해집淮海集·기몽답유전집紀夢答劉全集》제3권) 꿈이란 원래는 신령이나 귀신이 사람에게 내려주는 어떤 계시인데, 어떻게 해서 어떤 경우에는 직접적으로 말해 주고 어떤 경우에는 반대로 말해 주게 되는 것일까. 이는 정말 장난질하는 것과 같지 않은가.

고대 서양에 있어서의 해몽에 대한 상황이 어떠했는지는 상세히 고찰할 수가 없다. 그러나 논리적으로 볼 때 역시 이러한 직접해석·전석·반대해석의 세 가지 기본방식을 벗어나지는 못할 것이다. 서양에서도『꿈이란 현실과 반대이다』『밤의 꿈은 낮의 일을 반대로 계시해 준다』는 등과 같은 속담이 있는 것으로 보아(전종서錢鐘書의 《관추편管錐編》제2책, 중화서국 1979년, 495－496쪽), 이들도 역시 〈반대해석〉에 속할 것이다. 어떻게 〈전석〉하느냐 하는 구체적인 해몽법에 있어서는 적잖은 차이가 있을 수는 있지만, 아마도 별다른 큰 차이는 아닐 것으로 생각된다.

| 3 | 해몽가의 핑계말(遁辭)과 부가조건 |

해몽은 직접해석을 할 수도 있고 전석을 할 수도 있으며, 또 필요한 경우에는 반대로 해석을 할 수도 있다. 이러한 것은 해몽가들에게 극도의 융통성을 제공해 주었다. 그러나 이렇게 융통성이 있다 할지라도 해몽을 할 때마다 반드시 응험이 있다고는 보장할 수가 없다. 역사적 사실로 본다 하더라도 역대의 해몽은 언제나 응

험이 있는 것이 적었고 응험이 없는 것이 많았다. 송나라 때의 유서인《태평어람太
平御覽》에는〈응몽應夢〉이라는 한 난을 설정하고 있지만, 응험이 있었던 꿈을 수
집한 것은 수십 조목에 불과하다. 후세에 사람들이 각지에서 수집을 했지만 수백수
천 종을 넘지는 않는다. 그러나 옛날부터 지금까지 존재했던 꿈은 실제로 얼마나
되는지는 알 수가 없을 정도로 많다.

그렇다면 역대의 해몽들에서 어떤 이유에서 응험이 있는 것은 적고 응험이 없는
것이 많은가? 이는 대체로 해몽 자체가 갖고 있는 애매성과 허구성, 그리고 속이는
성질 등에 의해서 결정된다고 생각한다. 해몽가들도 이러한 점을 인정하지 않을 수
는 없을 것이다. 또 점을 쳐도 응험이 없는 것은 꿈을 꾼 사람과 해몽을 하는 사람
둘 다에 원인이 있다고 생각한다.《잠부론·몽열》에는 다음과 같이 실려있다.

> 오늘 잠자리의 꿈은 수 차례의 변화가 있었으며, 온갖 물체가 연이어 나타나는 바람
> 에 그 중심된 것을 확실하게 잡을 수가 없었다. 그런 까닭에 점을 쳐도 맞지 않았다. 이
> 것은 점의 잘못이 아니라 꿈을 꾼 사람의 과실이다. 혹 그 꿈을 상세히 살핀다 하더라도
> 점을 치는 사람이 연관지어 넓게 살필 수 없으므로 그 꿈은 응험을 얻지 못한다. 이것은
> 해몽사가 나빠서 그런 것이 아니라 말이 잘못되었기 때문이다.(이 책의 부록 1,《잠부
> 론·몽열》의 새로운 교정 참조)

꿈을 꾸는 사람에게 있어서는 하룻밤에도 앞의 꿈과 뒤의 꿈이 끊임없이 변하여
꿈을 꾸는 본인도 명확하지 못할 때가 많다고 한다. 말이 정확하지 않으면 자연히
점을 쳐도 응험이 없게 되며, 이는 점치는 사람을 탓할 수가 없다. 점을 치는 사람
의 측면에서는, 해몽서를 융통성 있게 활용하지 못한다면 자연히 점이 영험스럽지
못하며, 이 또한 해몽서가 나빠서 그렇다고는 말할 수 없다고 한다.

그러나 꿈을 꾼 사람이 자신의 꿈을 정확하게 말해 주고 점을 치는 사람도〈융통
성 있게〉해몽서를 이해하고 운용한다면 점을 침에 반드시 응험이 있게 될 것이 아
닌가? 그러나 분명히 꼭 그렇지는 않다. 점을 쳐서 응험이 없는 경우에도 발뺌을
하고 도망을 갈 수 있도록 하기 위해서 해몽가들은 수많은 핑계말을 만들어내었는
데, 그 중 가장 중요한 것으로는 다음과 같은 두 종류가 있다.

첫째, 응험이 있고 없는 것은 사람에 따라 다르다는 것이다. 만약 당신이 꿈을

점쳤는데도 응험이 없었다고 한다면, 이는 당신이라는 이 꿈을 꾼 사람이 비교적 특수하기 때문이라는 것이다. 왕부는 〈사람의 꿈〉에 대해서 이같이 피력한 적이 있다.

　　같은 일이라 할지라도 귀한 사람이 꿈을 꾼 경우에는 좋고 천한 사람이 꾸게 되면 재앙이 온다. 군자가 꿈에서 본즉 영광이 되고 소인이 본즉 치욕이 된다. (이 책의 부록 1,《잠부론·몽열》의 새로운 교정을 참조)

이후 진사원陳士元은 이를 확대하여 다음과 같이 피력하였다.

　　제왕에게는 제왕의 꿈이 있고 성현에게는 성현의 꿈이 있으며, 하인과 노복에게는 하인과 노복의 꿈이 있으며, 궁하고 통함과 좋고 나쁨은 각기 그 사람에 따라 달라진다. 흉한 사람은 길몽을 꾸었다 할지라도 길함은 또한 흉함이어서 길함을 만날 수가 없으며, 길한 사람은 흉몽을 꾸었다 할지라도 흉함이 또한 길함이어서 흉을 가히 피할 수 있다.《몽점일지·고법편古法篇》

꿈의 개성적 차이는 꿈을 꾼 사람의 사회적 지위와 직업활동 등과 확실히 관련이 있다는 것은 인정하지만, 응험이 있느냐 없느냐 하는 것은 이와 무관하다. 이러한 해석에 의하면 당신의 꿈 자체가 길몽이라 하더라도 당신의 지위가 너무 비천하거나, 혹은 당신이 〈흉한 사람〉이기 때문으로 해서 길한 응험이 없다는 것이다. 반대로 당신의 꿈 자체는 흉몽이라 할지라도 당신의 지위가 고귀하거나, 혹은 당신이 〈길한 사람〉이기 때문에 흉한 응험이 없다는 것이다. 흉몽에 흉한 응험이 없다는 것은 그래도 낫다. 그러나 길몽에 길한 응험이 없는 책임을 도리어 꿈을 꾼 사람에게로 밀어다붙였다.

두번째는, 응험이 있고 없고 하는 것은 꿈점을 치는 사람의 마음이 정성스러운가 그렇지 않은가에 있다는 것이다. 해몽의 이론에 의하면, 해몽이라는 것은 신의 뜻을 밝혀내는 것으로 매우 신비스럽기 때문에 가벼이 장난칠 수가 없다는 것이다.《몽열》에서『정성이 움직이는 바가 있을 때만이 신령이 계시해 주는 바를 점칠 수가 있다』고 했다. 바꾸어 말하자면, 꿈점을 칠 때에는 반드시 마음을 정성스러이 해야만 하며 정성스러운즉 영험스럽고 응험이 있을 것이다. 만약 당신의 해몽에 응험이 없다고 한다면, 이는 당신의 그때 마음이 정성스럽지 못했기 때문이라는 것이다. 이렇게 되면 점을 치고서 응험이 없는 책임은 꿈을 꾼 사람에게로 돌아가게 된다. 정성스러운가 그렇지 않은가 하는 것은 마음 속의 문제이기 때문에 볼 수도 없으며, 그렇기 때문에 점을 치는 사람이 꿈을 꾼 사람의 마음이 정성스럽지 못했다고 고집한다면 반박하기가 어렵게 된다.

물론 해몽가와 점을 치는 사람이 부득이한 경우가 아니면 이러한 핑계말을 쓰기를 결코 좋아하지는 않는다. 그들은 언제나 방법을 강구해내서 가능한한 점에 응험이 있도록 한다. 이를 위해 그들은 해몽에 대해 수많은 부가조건들을 첨가했다. 《몽점일지》에서 개괄한 바에 의하면『꿈에는 점을 치지 않는 것이 다섯 가지가 있고, 응험이 없는 꿈이 다섯 가지가 있다』고 한다.《몽점일지·고법편》

〈다섯 가지 점을 치지 않는〉 꿈은 꿈을 꾸는 사람에게 부과한 조건들이다.

첫째『귀신이 정해지지 않은 꿈은 점을 치지 않는다.』진사원은 보광輔廣의 견해를 인용하여, 선왕들이 점을 친 것은『하늘과 사람과의 관계를 추구하기 위한 것』이었으나, 후세의 수많은 사람들은 낮에 흐리멍덩해 자신이 무엇을 했는지도 명확히 알지 못한다. 그리하여 꿈에서 어떤 일들을 보았다고 한다면, 틀림없이 혼란만 더욱 가중시키게 될 것이다. 꿈을 꾸는 사람이 꿈을 꿀 때『귀신이 정해지지 않았기』때문에 이러한 꿈은『하늘과 사람간에 서로 감응을 일으킨다고』볼 수 없으며, 반드시 신의 뜻에 대한 계시라고도 할 수 없기 때문에 당연히 점을 칠 수가 없다는 것이다. 그들의 몽상에서 어떤 징조를 찾을 수 있다 하더라도, 단지 일의 이후에 『우회적이며 어렴풋한』곳에서 다시 꿈의 뜻을 되돌려 추측할 수 있을 뿐이라고 한다.

둘째『마음대로 생각하면서 꾼 꿈은 점치지 않는다.』『마음대로 생각한다』는 것은 낮에 제멋대로 생각을 하는 것을 말한다. 대체로 이와 같이 제멋대로 생각하는 것은, 신령이나 귀신과는 관계가 없는 것이기 때문에 꿈에 나타난다 하더라도 인간사의 징조가 아닌 것으로 본다. 그러나 주선은 일찍이『꿈이란 뜻일 뿐이다. 참으로 말로 표현이 되고 길흉을 점칠 수 있다』고 했는데, 진사원은 이 문제를 어떻게 해석했는지 알 수가 없다.

셋째『꿈에서 흉액凶阨한 것을 아는 것은 점치지 않는다.』『꿈에서 흉액한 것을 안다』는 것은, 꿈을 꾼 사람이 꿈을 깬 후 자기 스스로 그 꿈이 나쁜 꿈이며 재난이 있을 것임을 아는 것을 말한다. 자기 스스로 흉악한 것을 안다는 것은 실제적으로 자신의 꿈을 자신이 이미 점친 것이 된다. 스스로 점을 친 이후인즉 다시는 점을 칠 수가 없다. 무엇 때문인가? 진사원은 《좌전》의 두예의 주석을 인용하여 『《전傳》에서 수 차례에 걸쳐 점을 치는 것을 경계했다』고 했는데, 『수 차례에 걸쳐 점을 친다』는 것은 무엇을 말하는가? 『수 차례에 걸쳐 점을 친다는 것』은 한번한번 점칠 때마다의 결과가 서로 다른 것을 말하는 것일 터이며, 이렇게 될 경우 신의 뜻을 모호하게 하거나 신령에 대해서 공경스럽지 못하다는 것이다. 사실 일반 사람들은 통상적으로 자신의 꿈에 대해서 단지 일종의 모호한 예감만을 갖고 있을 뿐이며, 단지 해몽가들이나 해몽을 할 줄 아는 사람들만이 비로소 『길흉을 점칠 수 있는』것이다.

넷째는 『꿈 속에서 놀라 꿈이 다 끝나지 않은 것에 대해서는 점을 치지 않는다.』 『꿈 속에서 놀란다』는 것은 꿈을 꿀 때 어떤 큰 소리나 사람들이 심하게 깨워 놀라 깨는 바람에 꿈을 끝까지 다 꾸지 못한 것을 말한다. 이러한 꿈에 대해서도 점을 치지 않는다는 것이다.

다섯째는 『꿈에는 처음과 끝이 있는데, 그 반쪽을 잃어버렸다고 생각되는 것에 대해서는 점을 치지 않는다.』 『놀라서 중간에 깨는』 꿈은 시작은 있으나 끝이 없다. 깨어나서 단지 꿈의 끝부분만을 기억하는 꿈은 끝만 있을 뿐 시작이 없다. 어쨌든 시작과 끝이 완전하지 않는 꿈은 모두 점을 칠 수가 없다.

공평한 마음으로 얘기를 하자면 『다섯 가지 치지 않는 점들』 중에서 네번째와 다섯번째의 경우는 이치가 없다고 말할 수는 없다. 그러나 첫번째와 두번째, 세번째의 경우는 해몽가가 자신을 위해 도망갈 구멍을 마련해둔 경우이다. 만약 자기가 느끼기에 점을 치기가 어렵다든지 자신이 없거나 그렇게 자신이 많지 않을 경우에는, 모두 앞에서 예시한 〈조건〉을 들추어서 점치기를 거부하여 점이 응험이 없을 것을 미리 예방한다.

〈응험이 없는 다섯 가지〉는 실제로는 해몽가에게 제시된 요구이다.

첫째 『본래의 뜻을 느끼지 못하는 꿈은 응험이 없다.』 『본래의 뜻을 느끼지 못한다』는 것은, 꿈이 신의 뜻의 계시인지 혹은 신령이나 귀신이 통해서 꾸게 된 것인지를 해몽자가 모르는 것을 말한다. 이러한 사람은 근본적으로 해몽을 이해하지 못하고, 해몽을 믿지도 않아 〈비전문가〉로서 해몽에는 자연히 응험이 없게 마련이다.

둘째 『해몽술이 전문적이지 못한 경우에는 응험이 없다.』 자기가 남에게 해몽을 해주면서도 해몽의 방법을 알지 못하거나, 비록 조금 안다고는 하지만 전문적이지 못할 경우에는 통하지 않는다. 이런 경우에는 점을 쳐도 응험이 없다.

셋째『정성이 이르지 않으면 응험이 없다.』꿈을 꾼 사람도 해몽을 할 때에는 마음에 정성이 있어야 하고, 해몽하는 사람도 마찬가지로 마음에 정성이 있어야 한다. 정성이 있어야만『신과 통할 수 있으며』『신과 통할 수 있어야만』비로소 점을 쳐 몽상이 내포하고 있는 신의 뜻을 알 수 있다고 한다. 정성이 없을 때에는, 비록 해몽술을 알고 있다 하더라도 응험이 없다는 것이다. 그러나 도대체 그들의 마음이 정성스러운지의 여부,『신과 통했는지』아니면 사람을 속이는 것인지는 단지 그들 자신만이 알 수 있을 뿐이다.

넷째『먼 것을 깎아서 작은 것에 가까이하고자 하면 응험이 없다.』『먼 것을 깎아서 가까이한다』는 이 말은 《한서·예문지·수술략數術略》에 나오는 말로『도道가 혼란스럽다, 그 병은 소인이면서도 억지로 하늘의 도를 알고자 하는 데서부터 나오는 것이며, 큰 것을 깨뜨려 작은 것으로 만들고 먼 것을 깎아서 가까이하는 까닭에 도술은 깨어져서 알기 어렵게 되었다』고 했다. 여기서는 해몽의 〈큰 도〉를 모른 채 잔기술만을 갖고 노는 것을 말한다. 사실 이번의 경우는 앞의 세 경우를 종합한 것이다.『근원을 알지 못한다』는 것은 자연히 〈큰 도〉를 알지 못한다는 것이며,『기술이 정교하지 못하다』는 것은 단지 잔재주만을 부릴 줄 안다는 것이며, 〈큰 도〉를 알지 못하고 기술을 부릴 줄 모르는 까닭은 바로 마음이 정성스럽지 못하기 때문이며 그런 까닭에 응험이 없다는 것이다.

다섯째『마음이 확정되지 아니하거나 서로 상반되는 경우에는 응험이 없다.』『마음이 확정되지 아니하거나 서로 상반된다』는 것은, 한 가지 꿈에 대해서 여러 가지 해설이 있거나 서로 모순되는 경우를 가리킨다. 꿈을 꾼 사람에게 비위를 맞추기 위해서 길하다고 하고, 다른 사람을 속이기 위해서 또다시 흉한 꿈이라고 말하는 경우이다. 해몽을 하는 사람이 말한 길흉이 확정되지 않았는데 응험을 어떻게 말할 수 있겠는가?

〈다섯 가지 응험이 없는 경우〉는, 표면적으로는 해몽가에 대한 엄격한 요구인 것처럼 보이나 실제로는 물러섰다가 나아가기 위한 어떤 책략이다. 이러한 것이 각 개별 해몽가들의 점에 응험이 없도록 할 수는 있지만, 전체적인 해몽미신의 제방을 무너뜨리지는 못한다. 왜냐하면 몇몇 해몽가들의 점이 응험이 없다는 것은, 그들

개개인의 문제에 속하는 것이지 해몽 자체의 신성함이나 영험스러움에 대해 의심할 수 있는 것은 아니라고 할 수 있기 때문이다.

앞서 말한 평계말과 부가조건 외에도, 해몽가들은 항상 그들이 마지막으로 내리는 점의 판단에 대한 말을 매우 모호하고 신축성이 있도록 한다. 설사 점의 판단이 명확하다 하더라도 그들은 〈응험〉이 있을 시간과 장소에 대해서는 수많은 여지를 남겨둔다. 예를 들어 조직趙直은 『각角자는 도刀자 아래에 용用자가 있는 것이니 매우 흉한 꿈이다』라고 했으나, 언제 그리고 어디서 재난이 있게 될 것인지에 대해서는 언급하지 않았다. 주선周宣은 『후궁에 갑자기 죽는 사람이 있을 것이다』고 하여 공간은 확정했으나 시간에 대해서는 확정하지 않았다. 추구芻狗의 꿈을 세 번 점친 경우에 있어서도 구체적인 시간을 확정하지 않았다. 이렇게 하면 수 개월이나 반 년이 지나도 응험이 나타나지 않는다 하더라도, 그들은 여전히 『시간이 아직 되지 않았다』고 할 수 있을 것이다. 이러한 수단은 일종의 속임수가 아니라고 하지 않을 수 없다.

4 │ 해몽의 정신심리적 분석

역대로 해몽은 언제나 응험이 있는 것이 적었다. 그러나 많든적든간에 항상 응험이 있긴 있었다. 그렇지 않다면 누가 해몽을 믿었을 것이며, 해몽으로 어떻게 사람들을 속일 수 있었겠는가? 주선周宣이나 색담索紞의 이름이 한 시대를 드날렸던 것은 더더욱 상상하기 힘들 것이다. 그러나 확실히 응험이 있었다면, 여기에는 한 가지 문제가 있으니 해몽이 어떻게 해서 어떤 경우에는 응험이 있느냐는 것이다. 고대 중국의 무신론자들은 이 문제에 대해 대부분이 『우연히 적중되거나』 『우연히 합치된 것』으로 해석을 한다. 이러한 해석은 물론 역사에 있어서 나름대로의 진보성과 합리성을 갖고 있다. 그러나 『우연히 적중되거나』 『우연히 합치된 것』이라고 하는 것은, 문제를 진정으로 해결한 것은 결코 아니다. 왜냐하면 사람들은 한 걸음 더 나아가 어떻게 해서 『우연히 적중되거나』 『우연히 합치될』 수 있느냐고 물을 것이기 때문이다. 우리들 생각으로는 해몽이 어떤 경우에는 응험이 있고, 어떤 해몽가들이 고명한 까닭은 그 관건이 꿈을 꾼 사람의 구체적인 상황에 대해 구체적인 분석을 해낼 수 있었고, 특히 몽상을 통해서 꿈을 꾼 사람의 심리를 잘 분석해낼 수 있었기 때문이라고 생각한다. 해몽이 설사 직접해석을 할 수도 있고 전석을 할 수도 있고 반대로 해석을 할 수도 있다고 하지만, 결국 어떤 방식을 채용하든간에 단지 꿈을 꾼 사람의 구체적 상황, 특히 꿈을 꾼 사람의 심리상태와 결합하여야만 해석을 할 수가 있다. 완전한 헛소리거나 터무니없는 것은 불가능하다.

〈심리분석〉은 또 〈정신분석〉이라고도 하는데, 현대 서양인들이 만들어낸 술어이다. 그러나 그것이 현대 서양인들의 〈전유물〉은 결코 아니다. 고대 중국의 해몽가들은 점이 응험이 있도록 하기 위해서, 꿈을 꾸게 되는 심리적 원인과 몽상이 반영하고 있는 꿈을 꾼 사람의 심리적 상태를 줄곧 매우 중시해왔다. 《주례·춘관·점몽》에서 제시한 〈여섯 가지의 꿈〉에는 정몽正夢(평안한 꿈)·악몽噩夢(놀라는 꿈)·사몽思夢(생각하던 바를 꾸는 꿈)·오몽寤夢(비몽사몽간에 꾸는 꿈)·희몽喜夢(즐거워하는 꿈)·구몽懼夢(두려워하는 꿈—역주) 등이 포함되어 있는데, 이는 바로 몽상이 반영하고 있는 심리적 상태로써 분석을 한 것이다. 《잠부론·몽열》에서는 해몽은 『안으로 마음의 뜻을 살필 것』을 강조하고 있는데, 〈마음의 뜻〉이란 바로 사람의 심리를 말한다. 물론 해몽가들이 심리학자가 아니기 때문에 그들을 높이 칠 수는 없다. 그러나 해몽을 하나의 직업으로 삼았기 때문에 해몽가들은 꿈을 원만하게 해석하고, 점의 응험이 있도록 하기 위해서 해몽서를 그대로 묵수한 것은 절대로 아니었으며 심리적 분석에 주의를 기울였다.

《진서·색담전》에 의하면, 태수였던 음담陰澹이 색담의 해몽이 매우 영험이 있음을 찬탄하고서는 그에게서 매우 좋은 해몽서를 구하려고 생각했었다. 그는 자신이 좋은 해몽서를 가지게 되면 색담처럼 그렇게 영험이 있을 것으로 생각했다. 그러나 색담의 대답은 그의 기대와는 완전히 빗나가고 말았다.

　　제가 옛날에 태학에 들어갔을 때, 부로父老(늙은 사람에 대한 존칭—역주) 한 분을 주인으로 모셨습니다. 그 사람은 모르는 것이 없었으며, 이름을 숨기고 있어서 마치 은일하는 사람 같았습니다. 나는 부로에게 해몽하는 방법을 배웠는데, 살피고 추측하여 말했을 뿐 실제로 해몽서는 없었습니다.

『살피고 추측하여 말한다』는 것은 태학에 있던 그 부로의 해몽술의 깊고 정밀한 부분이며, 또한 색담 그 자신의 해몽에 대한 총체적 결론이었다. 소위 『살피고 추측한다』는 것은 〈살피는 것〉으로부터 〈추측해낸다〉는 것으로, 먼저 〈살핀〉 연후에 〈추측한다〉는 것이다. 어떻게 〈살피는가?〉 여기에 대해서는 당연히 설명이 있다. 그러나 〈꿈을 살핀다〉고 한 이상 또 〈사람을 살필 것〉임에는 틀림이 없다. 사람을 살피고 꿈을 살피는 중요한 내용은 바로 심리적 분석 혹은 정신적 분석이다. 대범하고 고명한 해명가들은 결코 꿈을 꾼 사람이 말하는 그 꿈만을 듣고서 해몽을 하지 않는다. 그는 언제나 말을 빙빙 돌려서 꿈을 꾼 사람의 수많은 상황을 심문하여 서로 참조하고 분석을 한다. 분석한 이후에 다시 꿈을 꾼 사람이 앞으로 있을 몇 가지 가능성을 예측하며, 이와 함께 서로 비교한다. 이러한 작업이 완성되면 비로소 꿈을 꾼 사람에게 해몽을 해주게 된다. 예를 들면 색담이 영호책슈狐策에 대해 해몽을 할 때, 반드시 먼저 꿈을 꾼 사람에게 긴지 짧은지를 물어 상황을 살펴보았다. 다시 몽상의 자체로부터 분석을 하여, 꿈을 꾼 사람이 기왕에 얼음 위에서 얼음 아래의 사람과 대화를 나눈 이상에는 그 심리적 상태를 고찰하고, 그 심리적 원인을 찾아 올라가면 반드시 어떤 사람과 어떤 일을 교섭하는 데 있어서 어떤 간격이 벌어져 있을 것이며, 어떤 간격이 벌어져 있다고 한다면 어떤 사람의 위탁을 받아서 다른 사람 대신에 교섭을 하고 있을 가능성이 매우 높다고 생각했다. 다시 몇몇 단서를 참고하여 영호책이 다른 사람의 중매를 서고 있음을 추측해내었다. 역사서에서는 그 일의 신비성을 높이기 위해 이러한 줄거리들을 모두 생략해 버렸다. 어떤 사람들은 그 중의 오묘함을 이해하지 못하고 이러한 방면의 자료들에 주의하지 않았다.

또《낙양가람기洛陽伽藍記》에 의하면, 양현楊衒은 양원신楊元愼의 해몽을 두고 『뜻이 만 가지가 되어도 뜻을 따라 상황과 합치되었다』고 했다. 『뜻이 만 가지가 된다』는 것은, 수법이 뛰어나 보통 사람들이 예상할 수 있는 바가 아님을 형용하고 있다. 『뜻을 따라 상황과 부합이 된다』고 한 것은 점을 치는 사람의 〈뜻〉에 따라 꿈을 꾼 사람의 〈상황〉이 합치된다는 것이다. 점치는 사람의 〈뜻〉이란 꿈을 원만하게 해석하여야 할 필요성을 말하며, 꿈을 꾼 사람의 〈상황〉이란 바로 꿈을 꾼 사람의 정신이나 심리를 말한다. 예를 들면 꿈을 꾼 사람이 꿈을 서술할 때의 상태, 꿈이 표현해내고 있는 상황, 꿈을 꾼 사람이 해몽을 하는 사람에게 요구하는 상태

등등을 말한다.『상황과 부합된다』는 것은, 바로 이러한 심리상태를 헤아려 심리분석을 했다는 것을 말한다. 추측이 맞고 분석이 맞아떨어졌을 때, 꿈을 꾼 사람은 해몽가의 해몽으로부터 어떤 심리적 만족을 얻게 되며, 심지어는 꿈을 꾼 사람이 해몽하는 사람을 도와서 인간사를 함께 맞장구쳐 주게 된다.

사실 일반적으로 말해서 해몽서란 경직된 것이며 교조적인 것이다. 그러나 어떤 점사들은 단지 꿈을 꾼 사람의 심리만 분석한 것일 뿐 그 길흉에 대해 구체적으로 점을 치지는 않았다. 예를 들어 해몽서에서 어떤 점사들은 단지『꿈에 무엇을 보게 되면 어떤어떤 걱정을 하게 된다』고만 말할 뿐 어떤 예견을 점치지는 않았다.

꿈에서 침대가 부서진 것을 보는 것은 아내 걱정을 해서이다.

꿈에서 휘장을 보게 되는 것은 비밀스런 일을 걱정해서이다.

꿈에서 수탉을 보게 되는 것은 무관武官을 걱정해서이다.

꿈 속에서 매를 보게 되는 것은 도적을 걱정해서이다.

꿈에서 거미를 보게 되는 것은 임신한 부인을 걱정해서이다.

(이상의 예들은 이 책의 부록 2, 13·12·59·58·65를 참조)

꿈에서 문이 부서진 것을 보게 되는 것은 자손 걱정을 해서이다.(《돈황유서》 S620)

부부는 침대를 함께 한다는 것은 누구나 다 알고 있다.『침대가 부서진 것』을 꿈에서 보았으니 반드시 어떤 심리적 원인이 있을 것이다. 이는 일반적으로 말해서 남편이 아내와 이혼하게 될까, 도망갈까, 병이 날까, 하는 걱정들로 인해서 일어나는 것이기 때문에『아내 걱정을 해서이다』라고 했다. 휘장의 작용은 바깥과 차단시키거나 가려서 다른 사람이 보지 못하게 하는 것이므로, 꿈에서 휘장을 보았다는 것은 반드시 심리적 원인이 있을 것인즉 바로 다른 사람에게 알리고 싶지 않고자 하는 어떤 일이 있는 것이다. 수탉은 싸우기를 좋아하며, 매는 물건을 낚아채므로 인간사에 비유하자면 확실히 무사나 도적 같은 것이다. 그래서 꿈에서 그것들을 보게 되는 것은『무관을 걱정해서이고』『도적을 걱정해서이다』라고 했다. 거미는 배가 부르므로 임신부와 비슷하다. 그래서 거미를 꿈에서 보게 되는 것은 바로 임신한 아내를 걱정하는 심리에서 온다. 혹은 임신한 아내가 유산을 할까봐, 혹은 아내가 임신을 해서 거미와 같이 배가 불러질 것을 갈망하는 마음에서 온다. 사람들은 종종 자손이 한 집안을 젊어지고 가문을 일으켜 세운다고 한다. 그래서 꿈에서 문은 종종 자손의 상징이 된다. 문이 부서지는 것을 꿈에서 보게 되는 심리는, 바로 자손이 큰 그릇이 되지 못할까 하는 걱정에서 온다. 이상에서와 같은 분석은 백분의 백 모두 꼭 정확하다고는 할 수 없지만, 그러나 일반적인 이치에 비추어볼 때 실제와 부합한다고 해야 할 것이다. 주의할 만한 것은 이러한 종류의 점사들이 비록 해몽서에 나타나고 있어 해몽에 속하는 것이긴 하지만, 순수한 심리분석으로 조금도 신비스런 의미가 없다는 사실이다.

해몽서들 중에는 또 단지 『꿈에서 무엇을 보면 무엇을 하게 된다』고만 말하고 있을 뿐 마찬가지로 길흉에 대해서는 구체적인 판단을 내리지 않고 있는 점사들도 있다. 물론 『어떤 것을 〈욕欲〉하게 된다』는 것과 『어떤 것을 걱정한다』는 것은 서로 다르다. 〈욕欲〉이라는 단어는 고대 한어에서는 여러 의미를 가진 다의어로, 『어떤 것을 〈욕欲〉한다』는 것은 꿈을 꾼 사람이 무엇을 하고 싶어한다는 것을 나타내기도 하고, 또한 무슨 일이 앞으로 일어날 것이라는 바를 나타내기도 한다. 여기에는 심리적 분석도 있고 해몽가의 술수가 담겨있기도 하다.

서찰이란 사람을 천거하는 데 쓰이는 것이다. 꿈에서 서찰을 보면 천거를 받게 된다. (혹은 서찰을 보는 것은 천거를 받고 싶어서이다.)

자는 사람의 장단점을 바로 재는 것이다. 꿈에서 자를 보게 되면 바른 사람을 얻게 된다. (혹은 꿈에서 자를 보게 되는 것은 바른 사람을 얻고자 하는 마음 때문이다.)

바둑을 두는 꿈을 꾸면 싸우게 된다. (혹은 바둑을 두는 꿈을 꾸게 되는 것은 싸우고자 하는 욕망 때문이다.)

퉁소를 부는 꿈을 꾸면 구하는 것이 있게 된다. (혹은 퉁소를 부는 꿈을 꾸는 것은 구하고자 하는 것이 있기 때문이다.)

꿈에서 시루를 보게 되면 아내를 얻게 된다. (혹은 꿈에서 시루를 보는 것은 아내를 얻고자 하는 마음 때문이다.)

(이 책의 부록 2, 68·14·26·8·28을 참조)

꿈에서 집 안에 관이 있는 것을 보면 부귀하게 된다. (혹은 집 안에 관이 있는 꿈을 꾸게 되는 것은 부귀해지고자 하는 마음 때문이다.) (《돈황유서》 S620)

〈서찰〉은 옛날의 서신이다. 옛날에는 관리가 되려면 일반적으로 다른 사람이 편지를 써서 추천을 해주어야만 했다. 꿈에서 서찰을 본다는 것은, 꿈을 꾼 사람이 다른 사람이 자기를 추천해 주어 관리가 될 것을 바라는 일종의 심리를 반영하고 있다. 그래서 〈욕천거야欲薦擧也〉라고 했다. 그러나 이는『천거를 바란다』로 해석해도 되고,『다른 사람의 천거를 받게 될 것이다』로 해석해도 된다. 그것은 일종의 심리분석으로 인간사에 대한 어떤 점의 판단이라 할 수 있다. 점을 친 이후 만약 다른 사람의 추천을 받게 되면 해몽가는 반드시『보라! 나의 해몽이 얼마나 영험이 있는가!』라고 할 것이며, 만약 천거를 받지 못할 경우에는 또『나는 단지 당신이 다른 사람의 천거를 받고 싶어한다고만 말했을 뿐이다』고 할 것이다. 이렇게저렇게 해도 그들은 언제나 이유가 있으며, 그렇기 때문에 우리는 그것들을 해몽가의 술수라고 부른다. 〈자〉의 꿈도 〈서찰〉의 꿈과 상황이 같다. 그 아래의『싸우게 될 것이다』『구하는 것이 있게 될 것이다』『아내를 취하게 될 것이다』라고 한 것과 같이 상관된 몽상은 확실히 꿈의 이러한 욕망과 심리를 반영하고 있기 때문에 미신이라고 할 수는 없다. 그러나『싸우게 될 것이다』『구하는 것이 있게 될 것이다』『아내를 얻게 될 것이다』라고 해석한 것들은 점을 쳐 판단한 것이므로 미신에 속한다. 『집 안에 관이 있는』꿈에 대해서는 몇 마디 더 설명을 해야만 하겠다.『관을 꿈에서 보면 관직을 얻는다』는 말은 옛날부터 매우 광범위하게 퍼져 있던 얘기로, 꿈에서『집 안에 관이 있는 것』을 보게 되는 것은 꿈을 꾼 사람의 관직을 얻고 싶어하고 부귀를 얻고자 하는 일종의 심리를 반영하고 있다. 그러나 꿈에서『집 안에 관이 있는 것』을 본다고 해서 반드시 부귀해진다는 것은 아니다. 해몽이란 것은 방술의 일종으로 점을 판단할 때 애매하게 둘 다 해석이 가능하도록 하는 것임은 쉽게 이해가 간다. 그러나 점의 판단에 있어서『무엇을 하고자 함이다』고 한 부분에는 심리적 분석이 내포되었다는 사실은 긍정을 해야만 할 것이다.

앞에서 우리들은 해몽술의 세 가지 기본방식을 분석하고 해몽가들이 억지로 갖다붙이는 방법을 파헤쳤다. 그러나 만약 우리들이 편견적인 태도를 가지지만 않는다면, 해몽가들의 그러한 견강부회의 과정 속에서도 자신도 모르는 사이에 심리적 분석이라는 부분과 접촉을 하게 될 것이다. 예를 들어 〈전석〉의 방식과 〈반대해석〉의 방식이라는 것은 실제로는 꿈의 현시된 모습과 숨어있는 모습에 대해 구분을 한 것이다. 〈전석〉의 과정 중에서 상징법은, 객관적으로는 그러한 유구하고도 깊은 전통을 가진 민족적 심리와 사회적 심리에 근거하고 있으며, 어떠한 몽상이 어떠한 상징적 의미를 갖고 있다는 것은 결코 임의적이지는 않다. 〈전석〉의 과정 중에서 연상법과 유추법·코드 전환(파역)법·파자법·해음법 등등은 모두 꿈의 〈전이작용〉과 몽상활동의 특징·몽상의 표현방법 등과 관련되어·있다. 〈반대해석〉혹은 〈극과 극의 꿈〉도 꿈을 꾸는 사람의 심리적 모순이나 그 양극의 변환과 관련되어 있다. 이러한 모든 내용들은 현대의 꿈의 해석에 있어서의 대가인 프로이트의 꿈에 대한 해석과 많은 부분에서 놀랄 만한 일치를 보이고 있다. 필자는 프로이트가 만약 고대 중국의 해몽술을 심도있게 연구한다면 흥분해서 고함을 치고 펄쩍 뛰게 될 것이라고 감히 확신한다. 프로이트 자신도 그가 말하는 몽상의 상징적 의미는『일정 정도에 있어서 옛사람과 일반인의 꿈에 대한 해석의 의미와 일치함』을 인정했다.(《정신분석입문》상무인서관 1984년, 113쪽) 물론 해몽은 미신이며, 심리분석은 과학으로 이들은 서로 다른 두 개의 범주에 속한다. 그러나 고대 중국의 해몽술의 심리분석에는 그 자체의 과학적 가치가 있는 것이지, 그 심리분석이 해몽미신에 붙어있는 것이라고 해서 바뀌어지는 것은 결코 아니다. 이것은 점성술이 천상관측이나 천문관측에 대해 나름대로의 과학적인 가치를 갖고 있는 것과 마찬가지 이치이다.

마지막으로 필자는, 또 해몽가들이 해몽을 해나가는 심리적 분석과정에서 꿈을 꾼 사람들은 일반적으로 몽상으로부터 인간사에 이르는 순으로의 과정만을 볼 뿐이라는 점을 지적해두고 싶다. 실제로는 또 인간사로부터 몽상에 이르는 역순의 과정도 있다. 이러한 역순의 과정을 꿈을 꾼 사람은 볼 수 없다. 그러나 해몽의 과정에서는 매우 중요한 역할을 한다. 그것은 꺼꾸로 다시 바른 순서의 과정을 교정하므로써 해몽가가 해몽을 함에 더욱더 원만해질 수 있도록 해준다. 다시 앞으로 돌아가 주선이 조비의 갈아진 동전의 꿈을 해몽하는 과정을 살펴보기로 하자.

황제(위나라 문제인 조비)가 물었다.『내가 동전의 무늬를 가는 꿈을 꾸었는데, 없애려고 하면 할수록 더욱더 선명해졌으니, 이는 무엇 때문인고?』(주)선이 한탄하면서 대답이 없었다. 황제가 다시 묻자 주선이 대답하여 가로되『이것은 폐하의 집안일에 관계된 것입니다. 비록 뜻으로는 그렇게 하고 싶으나 태후께서 듣지 않으니 이것이 무늬를 지우려고 하나 선명해지는 것입니다.』이때 조비는 동생인 조식의 죄를 다스리려고 하여 태후께 졸랐으나, 다만 작위를 깎기만 했을 뿐 죄를 다스리지는 못했었다.

주선이 조비의 꿈을 해석할 때 조비는 이미 황제였다. 그보다 먼저 태자를 세우는 문제로 야기된 모순 때문에 조비는 황제가 되자마자 조식에 대해 압박을 가했다. 먼저 조식을 계속적으로 옹호해왔던 정의丁儀와 정이丁廙 두 형제를 죽이고, 이어서 조식을 그의 봉지로 내쫓고서는 엄밀한 감시하에 두었으며, 끝내는 조식을 사지에 몰아넣고서야 이를 그만두었다. 조식에 대한 조비의 압박은 당시의 길가는 사람들도 다 알던 것으로 주선도 그 이전에 매우 잘 알고 있었을 것이다. 당시의 조비의 심리상태에 근거하여, 조비가 동전의 무늬를 가는 꿈을 말하자 주선은 자연히 당시의 행동들과 연관을 짓게 되었으며, 이것은『폐하의 집안일에 관계된 것』이라고 했는데, 이는 바로 정상적인 순서대로의 과정 즉 몽상으로부터 인간사로 옮겨간 것이다. 그러나 그뒤에서는 다시『폐하의 집안일』로부터 동전의 무늬를 지우는 꿈을 자세히 분석하였는데, 그 구체적인 방법은『동전의 무늬』를 조식의 상징물로 보고『내가 동전의 무늬를 지운다』는 것을 조비가 바라는 것으로 보았으며,『더욱 선명해진다』는 것을 태후가 조비의 바라는 바를 막는 바람에 이루지 못했으며 이로 인해 조식은 도리어 사람들의 동정을 널리 얻었다는 것을 나타낸다는 것이다. 역순의 과정에서는 몽상을 일일이 설명한 후 머리를 돌려 조비에게『비록 뜻은 그렇게 하고 싶으나 태후께서 듣지 않으시니, 이것이 〈무늬를 지우려고 하나 더욱 선명해진다〉는 것입니다』라고 했다. 이렇게 조비의 심리를 파악하고서는 당시의 실제상황에다 맞추고 꿈에 대한 해석도 몽상과 꽉 끼워 맞추었다. 이렇게 되자 황제였던 조비조차도 자신도 알지 못하는 사이에 주선의 포로가 되고 말았다. 주선의 저 유명한『추구芻狗의 꿈을 세 번 점쳤던 것』도 대체로 태사의 심리상태와 기타의 상황에 근거하여 일종의 역순과정에 의한 분석방법이라고 생각한다. 단순히 몽상인 추구로부터 출발하여 정상적인 순서를 밟는 과정에 의해서는『세 번 점이 서로 다르다』는 것이 나오기 어렵다.

해몽이 이렇다면 다른 점복들도 유사한 상황일 것이다. 그러나 일반적인 사기꾼들은 이러한 비결을 알지도 못하며 파악할 수도 없다.

제4장

해몽서의 유전流傳

역사적으로 볼 때 해몽미신이 먼저 있었고, 그후에 비로소 해몽서가 있었다. 해몽서가 나타난 이후로는 도리어 해몽서는 해몽가들이 해몽을 할 때의 중요한 근거가 되었다. 해몽이라는 자체의 특징으로 인해 해몽서는 대체로 각종의 몽상에 대한 점사占辭(점치는 말)로 이루어져 있다. 이러한 점사들은 처음에는 원시인들이 갖고 있던 몽조의 응험에 관한 각종의 관념으로부터 나왔으며, 이후에는 해몽의 필요에 의해 정리하여 책으로 만들어졌다. 중국은 역대로 해몽서가 매우 많으며 끊이지 않고 전해져 오고 있다. 그러나 해몽가들이 종종 자신의 전유물로 여기거나 감추어 남에게 보이지 않으므로 해서, 또 이후의 해몽미신이 날로 쇠락함에 따라 지금은 대부분이 망일되어 버렸으며, 우리가 새로이 발견한 몇몇 완전한 해몽서들을 제외한 나머지들은 모두 책이름만 남아있고 내용은 망일되었거나 잔편들만 남아있다. 그러나 자료가 비록 불완전하긴 하지만 그것들의 일반적인 모습과 그 유전의 일반적인 실마리는 아직도 여전히 찾아볼 수가 있다.

1 │ 해몽서의 특징과 형식

고대 중국의 수많은 점복들은 모두 그와 관련된 책이 있다. 예를 들면 거북점에는 귀서龜書가 있으며, 시초점에는 각종의 시서蓍書와 역서易書가 있다.《한서예문지·수술략數術略·시귀蓍龜》해몽서는 일반적으로 줄여서 몽서라고 부르기도 한다. 귀서와 역서·해몽서 들이 점을 치는 책이 되기 위해서는 반드시 꿈을 꾼 사람에게 어떻게 길흉을 점치는가를 말해 줄 수 있어야만 한다. 그 중 가장 중요한 것은 거북점이나 시초점은 모두 점을 치는 도구가 필요하지만, 해몽은 점을 치는 도구가 필요가 없거나 그 자체가 도구가 된다. 이렇게 되면 내용에 있어서 귀서에서는 거북 껍질의 갈라진 흔적에 근거해 어떻게 길흉을 판단하는가 하는 것 이외에도, 어떻게 거북껍질에 홈을 파고 갈라진 흔적을 얻는가 하는 것에 대해서도 설명을 해야만 하며, 역서에서는 괘의 형식에 따라 어떻게 길흉을 판단하는가 하는 것 이외에도 어떻게 시초를 세어서 괘를 만드는가 하는 방법에 대해서도 설명을 해야 한다. 그러나 해몽서는 그렇지 않다. 해몽에서도 득몽得夢이니 치몽致夢이니 하는 문제들이 있으며 이것은 오랜 옛날에 있어서 매우 중요한 문제이기도 했었지만, 춘추시대 이후의 해몽가들은 꿈을 꾼 사람이 어떻게 해서 득몽을 했는가 하는 것은 근본적으로 묻지도 않았으며 단지 그 몽상이 어떠했는지에 대해서만 물었다.

우리들이 파악하고 있는 자료에 의하면, 고대 중국의 해몽서의 편찬 체례는 일반적으로 책의 앞에 간단한 꿈에 대한 이론이나 짧은 서문을 놓았으며, 그런 뒤에 비로소 본문이 있다. 예를 들어 《태평어람》의 제397권에서 인용하고 있는 『꿈이란 상象이다』 『꿈이란 알리는 것이다』라고 한 부분들은 바로 꿈에 대한 간략한 이론으로 꿈의 신비스러운 본질에 대해 설명하고 있다. 예를 들어 돈황의 유서에 현존하는 《신집주공해몽서新集周公解夢書》의 앞에는 짧은 서문이 있어 이 책의 편찬과정을 설명하고 있다. 그러나 꿈에 대한 이론이 있건없건 서문이 있건없건 상관없이 본문은 모두 몽상의 분류에 따라서 배열을 했다. 몽상의 분류는 대체로 하늘·땅·사람의 순서로 배열하고 있다. 하늘류에서는 하늘·해·달·별·시절·바람·비·천둥·번개 등등을 포함하고 있으며, 땅류에서는 산·내·불·오곡五穀·육축六畜·초목·금수禽獸 등등을 포함하고 있으며, 사람류에서는 의식주와 생활·혼례와 상례·장수와 요절·과거科擧와 재화 등등을 포함하고 있다. 이렇게 분류한 후 매개의 몽상에 대해 각기 길흉을 설명하고 있다. 그래서 역대의 각종 해몽서들은 각종의 몽상들의 점사들을 분류하여 편찬한 것에 불과하다고 할 수 있다.

대부분의 해몽서들에는 모두 점사가 실려있다. 그 구조는 대체로 세 부분으로 구성되어 있다. 귀서의 점사는 대체로 복사라고 부르며, 은허의 갑골과 관련된 기록들을 고찰하면 대체로 1)갈라진 무늬의 도형, 2)갈라진 무늬를 해석하는 말, 3)점을 쳐 판단하는 말 등으로 구성되어 있다. 역서의 점사는 대체로 계사繫辭나 서사筮辭라고 하는데, 《주역》에 근거하면 그 구성은 대체로 1)괘효卦爻의 도형, 2)괘를 설명하는 말, 3)점을 쳐 판단하는 말 등으로 이루어져 있다. 해몽서도 역시 귀서나 역서와 대응을 이루어 1)몽상에 관한 말, 2)꿈을 해석하는 말, 3)점을 쳐 판단하는 말 등으로 구성되어 있다. 그러나 해몽이라는 자체의 특징으로 인해서 해몽서의 점사도 독특한 어떤 특징을 갖고 있다.

몽상에 대한 말이라는 것은 바로 몽상을 서술하는 말들이다. 거북점에서의 갈라진 무늬는 그림으로 그릴 수도 있고 서술을 할 수도 있다. 역점에서의 괘형은 문장으로써 기술하기에는 불편하지만 그림으로 그리면 오히려 더욱 일목요연해진다. 몽상은 매우 복잡하고 변화가 많기 때문에 단지 문장으로 서술하는 것만이 가능하다. 그 문장의 형식은 일반적으로『꿈에서 ××××을 보았다』거나 혹은『꿈에서 ××××을 얻었다』로 되어 있다. 초기의 해몽서는 비교적 간단하여『꿈에서 도장과 혁대고리를 보았다』『꿈에서 구슬과 귀걸이를 보았다』『꿈에서 부뚜막을 보았다』『꿈에서 향기나는 물건을 보았다』는 등등과 같이 일반적으로 꿈에서 어떤 형상을 보았다는 것을 기록하고 있다. 후기의 해몽서는 비교적 복잡하여 꿈에서 어떤 형상을 보았다는 것을 기록하고 있을 뿐만 아니라, 그 상황에 대해서도 설명을 하고 있다. 예를 들면 꿈에서〈하늘〉을 보았다면 사람이 하늘로 올라간다든지 아니면 하늘이 무너진다든가, 꿈에서〈해〉를 보았다고 한다면 해가 떠오른다든지 아니면 해가 진다든지 하여, 그것이 갖게 될 길흉에 있어서는 종종 커다란 차이를 보이기도 한다. 예를 몇 가지만 들어 보기로 하자.

꿈에서 하늘에서 어떤 사람이 내려오는 것을 보면, 크게 길하다.
꿈에서 하늘을 보면 크게 길하며, 귀한 아들을 낳는다.
꿈에서 염천炎天을 보면, 반드시 나라에 병란이 있게 된다.
꿈에서 하늘에 구름이 끼거나 비가 오는 것을 보면, 몸에 병이 있게 된다.
(모두《돈황유서》P3105에 보인다.)

꿈을 해석하는 말은, 바로 몽상을 해석하고 꿈의 뜻을 설명하는 말들이다. 역서에서 괘를 설명하는 말에는, 물상의 상징으로 괘를 설명한 것(예를 들어〈건乾〉은 하늘이요,〈곤坤〉은 땅이라고 한 것들이다), 옛일을 들어 유추하여 괘를 설명한 것(예를 들어〈역易나라에서 양떼들을 잃어버린 이야기〉(상나라의 왕해王亥의 이야기—역주)나〈제을帝乙이 소녀에게 장가를 든 이야기〉(제을은 상나라의 왕인 주紂의 아버지—역주) 들이다), 혹은 인간사의 분석으로 괘를 설명한 것(예를 들어〈군자는 모름지기 낮에는 매사에 적극적이며 게으르지 않아야 하고, 밤에는 늘상 경각심을 갖고 있어야 한다〉고 한 것들이다) 등이 있다. 괘의 형상은 자기 스스로 해석할 수 없으며 이러한 해석은 모두가 괘형을 일종의 부호로 보고서 이 부호를 다시 다른 의미로 전환하는 것이기 때문에 원칙상으로는 위에서 든 세 가지의 방식을 모두〈전석〉법에다 귀납시킬 수가 있다. 그러나 몽상은 그렇지 않다. 비록 수많은 꿈들이 나타내고 있는 바가 천지자연 현상이긴 하지만, 꿈을 꾸는 사람과 이러한 현상의 관계로부터 말한다면 각종 몽상들은 모두 사람(꿈을 꾼 사람)을 중심으로 하고 있다. 그러므로 해몽서에서 꿈을 해석한 말은 몽상에 근거해서 〈전석〉한 것도 있는가 하면, 또 몽상에 근거해 〈직접해석〉한 것과 〈반대해석〉을 한 것도 있다. 이러한 것들에 대해서는 앞장에서 이미 많은 분석을 했었다.

이밖에도 역서에서의 괘를 설명하는 말들은 모두가 괘형에 바로 붙어있다. 해몽서에서의 꿈을 해석한 말은 몽상에 대한 말에 바로 붙어있는 것도 있고, 몽상에 대한 말 앞에 붙어있는 것도 있다. 두번째의 상황은 매우 특수한 것으로 대부분은 한·당시기 동안에 나타난 해몽서에서 보이고 있다. 예를 들면 다음과 같다.

> 땅은 음으로서 아래가 캄캄하다는 것을 상징한다. 꿈에서 땅을 보면 몸이 평안해진다.
> 성城이란 사람들의 군주로 한 현의 우두머리를 상징한다. 꿈에서 성을 보면 군주를 보게 된다.
> 버선은 아들을 상징하는 것으로, 몸의 끝부분에 속하는 것이다. 버선을 얻는 꿈을 꾸면 반드시 자식을 얻게 된다.(부록 2, 제4·6·36을 참조)
> 이(蝨)는 사람의 걱정거리로, 사람의 몸을 문다. 꿈에서 이를 보면 걱정거리가 생기게 된다.(부록 2, 제66을 참조)

위에서 든 네 가지 예에서는 꿈을 해석한 말이 앞에 있고, 몽상에 대한 말이 뒤에 있다. 꿈을 해석한 말은 해몽을 하는 추리의 대전제이며, 몽상에 대한 말은 소전제이며, 점을 쳐 판단한 말은 바로 결론인 것처럼 보인다.

이밖에도 또 매우 특수한 상황이 하나 있는데, 그것은 바로 해몽서에서의 꿈을 해석한 말이 종종 생략된 경우이다. 당송시대 이후의 해몽서들은 대부분이 이러한데 예를 들면 다음과 같다.

> 꿈에서 땅이 갈라지는 것을 보는 것은 어머니가 다칠 것을 걱정하기 때문이다.
> 산을 오르는 꿈을 꾸면 구하고자 하는 바를 모두 얻게 된다.
> 꿈에서 해가 막 떠오르는 것을 보면 명성과 직위가 올라가게 된다.

꿈에서 북두칠성을 보면 근심이 있게 된다.

(모두《돈황유서》P3105에 보인다.)

해몽가의 입장에서 본다면, 해몽서에서 꿈을 해석한 말이 생략되어 버리면 그들이 마음대로 갖다 맞추기에 편리해진다. 그러나 현존하는《주역》의 64괘를 검사해 보면 어떤 괘와 효에도 해석말이 없는 것은 없다. 이것은 아마도 몽상이라는 것 자체가 하나의 생동하는 구체적인 형상이며, 형상 자체는 바로 그것의 의미를〈현시〉 해내고 있으며, 그래서 괘효의 형상은 하나의 추상적인 부호로서 만약 부호를 전환하지 않는다면 그 의미를 설명할 수가 없기 때문일 것이다.

점사라고 하는 것은, 바로 가장 마지막으로 길흉을 판단하는 말을 말한다. 전체의 점에 관한 말 중에서 가장 핵심적이고 가장 중요한 부분이다. 가장 마지막의 판단은 앞부분의 몽상에 대한 분석과 해석을 이어받고 있기 때문에, 점사는 언제나 항상 전체 점사의 가장 마지막 부분에 놓이게 된다. 또 꿈의 길흉은 모두가 몽상이 예견해 주는 인간사에 의해서 말하고 있기 때문에, 점괘를 내리는 말은 그 내용상의 차이에 의해 형식상에 있어서도 각종의 서로 다른 차이를 보인다.

그 중 한 가지 형식은 꿈의 길흉을 직접 판단하지만, 길흉의 내용에 대해서는 어떠한 구체적인 설명도 하지 않는 경우이다. 예를 들면 다음과 같다.

침대에 올라가 앉는 꿈을 꾸면 길하다.

벌거벗고서 옷을 말리는 꿈을 꾸면 크게 길하다.

멍석자리에 앉아서 문을 나서는 꿈을 꾸면 흉하다.

집 안에 소나 말이 있는 꿈을 꾸면 흉하다.

(모두《돈황유서》P3281에 보인다.)

꿈을 꾼 사람에게 이후에 좋은 일이 생기기만 한다면 그 내용이 어떠하든 상관없이 앞의 두 점은 모두 응험이 있다고 할 수 있으며, 꿈을 꾼 사람이 단지 이후에 나쁜 일을 당하게 되기만 한다면 내용에 상관없이 뒤의 두 점은 모두 응험이 있다고 할 수 있을 것이다. 해몽가의 입장에서 말한다면, 이러한 해몽은 비교적 융통성 있고 주동적이라 할 수 있다.

또 다른 한 가지 형식은, 꿈의 길흉을 직접적으로 판단하지는 않고 단지 예견되는 인간사만을 설명하는 경우이다. 예를 들면 다음과 같다.

칼을 얻는 꿈을 꾸면 이익이 있게 된다.

피리를 얻는 꿈을 꾸게 되면 현명한 친구를 얻게 된다.

꿈에서 빚을 본다는 것은 걱정이 해소된다는 것을 상징한다.

꿈에서 왕개미를 보면 도둑들이 많아진다.

(이상의 예는 이 책의 부록 2, 제16·27·44·67을 참조)

여기에서와 같이 『이익이 있게 된다』『현명한 친구를 얻게 된다』『걱정이 해소된다』『도둑이 많아진다』라고 한 것들은 표면적으로는 길흉에 대해 판단을 내리지 않은 것처럼 보이지만, 실제로는 길흉을 인간사의 속에다 기탁시켜 놓았다. 앞의 세 점은 길한 것이고, 마지막 하나는 흉한 것임은 매우 명확하다. 이와 같은 점사는 내용이 비교적 구체적이기 때문에 어떤 경우에는 해몽가에게 하나의 제약이 되기도 한다.

또 다른 하나의 형식은, 길흉에 대해서도 직접판단을 함과 동시에 길흉의 내용에 대해서도 구체적으로 설명을 한 경우이다. 예를 들면 다음과 같다.

땅을 사는 꿈을 꾸면 크게 길하며 부귀해진다.(《돈황유서》 P3105)

하늘로 올라가는 꿈을 꾸면 크게 길하며 귀한 아들을 낳는다.(《돈황유서》 P3105)

호랑이에게 쫓기는 꿈을 꾸면 반드시 병이 나게 되며 흉하다.(《돈황유서》 S620)

꿈에서 지붕이 새는 것을 보면, 전쟁에서 지고 사람이 죽으며 관청의 일이 흉해진다.
(《돈황유서》 S620)

이상과 같은 점사는 일반적으로 먼저 길흉을 구분하고, 그런 다음에 다시 구체적인 내용을 설명한다. 일에 큰 차이가 없기만 한다면, 꿈을 꾼 사람은 점사가 기본적으로는 응험이 있는 것으로 인식하게 될 것이다.

또 다른 하나의 형식은 길흉에 대해 부가조건을 제시한 것으로서, 어떤 경우에는 길하고 어떤 경우에는 흉하다고 설명한 경우이다. 예를 들면 다음과 같다.

거울을 비추는 꿈의 경우, 밝았다면 길할 것이고 어두웠다면 흉할 것이다.(《돈황유서》P3281)

꿈에서 관과 무덤을 보았을 경우, 밝았다면 길할 것이고 어두웠다면 흉할 것이다. (《돈황유서》P3105)

비가 내리는 꿈일 경우, 봄·여름이면 길하고 가을·겨울이면 흉하다.(《돈황유서》 P3105)

꿈에서 작은 벌레를 보면 길하고 큰 벌레를 보면 흉하다.(《돈황유서》S620)

여기에서는 같은 몽상에 대해서 밝고 어두움, 봄과 가을, 크고 작음 등과 같은 조건의 차이에 따라서 점사의 길흉이 달라진다. 이러한 점사의 형식은 해몽가가 억지해석을 하는 데 편리하게 되어 있다. 왜냐하면 이후에 일어난 일이 점사와 서로 다를 경우, 해몽가는 『당신(꿈을 꾼 사람)이 밝고 어두움, 봄과 가을, 크고 작음과 같은 조건을 잘못 알지 않았느냐』고 물을 것이기 때문이다.

역대의 해몽서들을 비교하는 과정에서 한·당시대 해몽서의 일문에서는 대부분이 두번째의 형식을 채용하고 있으나, 돈황의 유서에서 보이는 해몽서의 잔편들에서는 대부분이 첫번째 두번째 세번째의 형식을 채용하고 있음을 발견할 수 있다. 이것은 아마도 해몽가가 더욱 큰 융통성을 추구하기 위해서 해몽서의 체례와 형식을 개조한 것이라 할 수 있다.

2 │ 해몽서의 제재와 유래

해몽서의 제재는 바로 각종의 몽상과 관련된 그런 점사들이다. 해몽서의 유래라는 것은 먼저 바로 그러한 점사들의 내원이다. 해몽의 역사로 볼 때, 해몽서가 있기 전에는 어떤 몽상에 대해 입으로 전해지는 점사가 이미 출현하고 유행했었다. 중국의 수많은 소수민족들에게서 그들이 문자나 해몽서를 갖고 있지 않아도 해몽활동과 몽상에 대한 어떤 점사들은 도리어 오래 전부터 존재했다는 것을 볼 수 있다. 그러한 점사들은 아마도 이전의 해몽에서 기특하게 맞거나, 자주 맞아떨어져 사람들의 심리에 깊은 인상을 남겨주었기 때문에 광범하게 유전되었을 것이다. 연장자들이 모두 얼마간을 알고 있다면 종교적인 직분을 갖고 있던 사람들은 더욱 많이 알고 있었을 것이다. 그것들이 비록 문자로 기록되지는 못했지만 해몽서의 출현에 있어서는 최초의 자료를 제공했다.

각종의 몽상에 대한 점사로부터 해몽서가 형성되기까지는 반드시 문자적인 조건을 갖추어야만 한다. 그러나 문자적인 조건이 갖추어졌다고 해서 해몽서가 자연히 생겨나는 것은 아니다. 해몽이 전체의 사회생활 중에서 중요한 위치를 차지하므로써 국가와 종교적인 직분을 가진 사람들의 중시를 받을 때만이 비로소 어떤 사람이 역사에 걸쳐 누적되어 온 그러한 제재들을 기록하고 정리해내게 되는 것이다. 은나라 때의 복사로부터 그 속에는 수많은 은나라 왕들의 해몽에 대한 기록이 있음을 볼 수 있다. 이러한 기록들은 그 당시에는 점사가 응험을 얻을 수 있는지의 여부에 관한 것을 살필 수 있었으며, 이후에는 같은 몽상에 대해 내린 점사에 대해서도 참고할 만한 가치를 가지게 되었다. 《주례》에 주나라의 왕실에서는 전문적 직종의 해몽관이 있었다는 기록이 있는 것으로 볼 때, 평상시에도 틀림없이 해몽에 대한 기록이 있었을 것으로 보인다. 이러한 기록은 그 당시와 이후에 있어서도 마찬가지로 이중적인 가치를 갖고 있다. 역서에서의 점사(괘사와 효사)들은 원래 모두가 역대로 전해져 내려오던 역점의 기록 중에서 선택된 것이다. 해몽서에서의 점사들의 상황 또한 아마도 이와 같을 것으로 생각된다.

해몽서의 제재에 대해서는, 하나는 원시인들의 입으로부터 전해져 오던 그러한 몽상에 관한 점사들이고, 다른 하나는 종교적인 직분을 가졌던 사람들이 선택한 해몽에 관한 기록들이다. 그래서 역사에 있어서의 최초의 해몽서는 어떤 개인의 저작은 결코 아니다. 여기에서의 개인이 했던 작용이란 제재를 수집하고 문자를 다듬고 편찬하는 것에 지나지 않았다. 사실 이후의 역대 해몽서들은 비록 대부분이 저자의 이름이 있지만, 실제로는 이전의 해몽서를 보충하고 다듬은 것들이다. 만약 현존하는 수많은 해몽서의 잔권들을 비교해 보면, 점사의 많은 부분이 기본적으로 일치하고 있다는 것을 알 수 있다. 단지 도교가 생겨난 이후로 해몽서에는 도교에 관한 내용이 첨가되었으며, 불교가 들어온 이후에는 해몽서에 불교에 관한 내용이 첨가되었을 뿐이다.

《상서·다사多士》편의 기록에 의하면 『은나라의 선조들에겐 책이 있고 전典이 있었다』고 했다. 여기에다 은나라 사람들의 복사에 나타나고 있는 해몽에 관한 기록들을 보탠다면, 은나라 때에 이미 해몽서를 편찬할 수 있는 조건을 구비했다고 볼 수 있다. 그러나 문헌기록이나 고고발굴자료로 볼 때나 아직까지 이러한 방면에 있어서의 실마리를 발견해내지 못하고 있다.

주나라 사람들은 〈삼몽법三夢法〉을 관장했었는데, 〈삼몽법〉에 대한 문자기록은 틀림없이 있을 것 같다. 주나라에는 또 해몽관이 있었는데, 해몽관에게는 또 근거로 삼을 만한 해몽서가 있어야만 했을 것이다. 어떤 사람은 〈삼몽법〉이라는 것을 하나라·은나라·주나라 등 세 나라의 해몽서라고 여기기도 한다.(《진서산문집眞西山文集·십일경문대十一經問對》《주관집전周官集傳》에서 구양겸歐陽謙과 정악鄭鍔의 학설을 인용하고 있다.) 하나라에 해몽서가 있었는지에 대해서는 판단하기가 곤란하다. 은나라와 주나라 때에 해몽서가 있었을 것이라는 추측은 상황으로는 믿음이 가긴 하지만, 궁극적으로는 반드시 고고발굴에 의한 실제적 증명이 있어야만 할 것이다.

고대 중국에 있어서 해몽서에 관한 명확한 기록은 춘추시대에 처음으로 보인다. 《안자춘추·내편·잡하雜下》에서는, 안자가 해몽가를 불러 제나라의 경공景公에게 해몽을 해주는 것을 기록하면서 『그 책을 펴시오』(원문에서는 〈청반구서請反具書〉로 되어 있으나, 고증에 의하면 〈반反〉은 〈번繙〉으로 읽어야 하며, 〈구具〉는 〈기其〉의 잘못된 표기이다. 그러므로 〈청반구서請反具書〉는 〈청번기서請繙其書〉로 해석해야 한다)라고 했으니, 그 책이라는 것은 자연히 해몽서를 말하는 것일 터이다.

전국시대에는 이미 몇 가지의 해몽서가 존재했었을 것이다. 서진西晉시대의 태강太康(280-289) 연간에 지금의 하남성 급현汲縣에서 전국시대 위나라 양왕襄王의 묘에서 수많은 죽간들이 발견되었는데, 역사적으로는 이를 《급총죽간汲塚竹簡》이라 부르고 있다. 이 속에는 《쇄어瑣語》11편이 들어있는데, 이를 직접 살펴본 적이 있는 속석束晳의 말에 의하면 『여러 나라들의 꿈·요사함·괴기함·상 들을 점치는 책이다』라고 했다.《진서·속석전》속석이 직접 자신의 눈으로 살펴보았다고 했으니, 그의 말은 당연히 믿을 수 있는 것일 터이다.

3 │ 역대 해몽서의 유전

고대 중국의 해몽서는 매우 많다. 동한시대의 반고班固가 편찬한 《한서 · 예문지》로부터 시작하여 역대 역사서의 목록에서는 항상 〈수술류數術類〉나 〈오행류五行類〉에 대한 기록이 있다. 비록 이러한 기록이 현재에는 책이름만 있을 뿐 내용은 전해지지 않고 있기는 하지만, 이러한 책이름이 있으므로 해서 대체적으로는 어떤 실마리를 찾을 수가 있다.

《한서 · 예문지》의 저록에 의하면 한나라 때에 유행했던 해몽서로는 다음의 두 가지가 있다.

[1]《황제장류점몽黃帝長柳占夢》11권

저자는 〈황제黃帝〉로 되어 있으나, 이는 분명 이름을 빌린 것이다. 《회남자淮南子 · 수무훈修務訓》에서는, 전국시대와 진한시대에 이르는 학자들이 책을 저술할 때에는 대부분이 옛사람에게 의탁하는 습관이 있었는데, 이는 『세상 사람들이 옛 것을 귀하게 여기고 지금을 천하게 여겼기 때문이다. 그래서 도를 말하는 사람은 반드시 신농씨나 황제의 이름에 의탁을 한 후에야 비로소 저술에 들어갈 수 있었다』고 했다. 이 책의 작자는 아마도 책을 신성스럽게 하고자 하는 욕심에서 황제의 이름에 의탁했을 것이다. 황제의 이름을 빌렸으니 아마도 진한시대 이전에 매우 유행했었을 것이며, 아마도 상고시대의 해몽에 관한 어떤 내용들도 포함되어 있었을 것이다. 이 책은 한나라 이후에 망일되었으며, 현재는 단지 두 단락의 일문만이 전해지고 있다.

한나라와 위나라에 걸쳐 살았던 황보밀皇甫謐의 《제왕세기帝王世紀》에서는

황제가 꿈에서 큰 바람이 천하의 먼지와 때(塵垢)를 다 쓸어 버리는 꿈을 꾸고, 또 어떤 사람이 1천 균이나 되는 쇠뇌를 들고서 수많은 양떼들을 쫓는 꿈을 꾸었다. 황제가 잠을 깨고서 탄식하면서 말했다. 바람(風)이라는 것은 호령함을 말하니 집정자를 말한다. 구垢(때)자에서 토土(흙)자를 날려 버리면 후后자가 남는다. 천하에 어찌 성이 풍

風씨고 이름이 후后인 사람이 있단 말인가? 1천 균이나 되는 쇠뇌를 들고 있다는 것은 힘이 특이한(異力) 사람을 말한다. 수많은 양떼를 쫓는다는 것은 백성을 다스림(牧民)에 뛰어나다는 것을 말한다. 천하 어디에 성이 역力씨이고 이름이 목牧인 자가 있단 말인가? 그리하여 점을 두 번 친 후, 풍후를 바닷가에서 구했으며 재상으로 삼았다. 역목을 큰 연못에서 구했으며 장군으로 삼았다. 황제는 그리하여 《점몽경占夢經》11권을 지었다.(《사기·제왕본기》 정의正義에서 재인용)

고 했다. 청나라 때의 요진종姚振宗은 『이것은 이 책의 서문이며, 황보씨가 이를 인용하여 기록한 것임에 틀림없다』고 여겼다.《한서·예문지·조리條理》

당나라 때의 《법원주림法苑珠林》에서는 유향劉向의 《효자전》을 인용한 바 있다.

순임금의 아버지께서 밤에 잠자리에 누워 꿈을 꾸었는데, 봉황 한 마리가 자신의 이름이 계鷄라고 하면서 쌀을 물어다가 자신에게 먹여주며, 계가 자손이 된다고 했다. 자세히 보니 봉황과 같았다. 《황제몽서黃帝夢書》에서 이르기를, 이것은 자손들 중에 반드시 귀하게 되는 자가 있을 것이라고 했다.(《법원주림》 제49권)

유향이 말한 《황제몽서》라는 것은 아마도 이 해몽서일 가능성이 높다. 전설 속에서는 황제가 순임금보다 시대가 앞서므로 이 몽서가 가탁에 의한 것이었다는 바가 더욱더 증명되는 셈이다.

이상의 두 가지 자료로 볼 때 이 책에서의 꿈에 대한 기록은 매우 상세한 것 같지만, 점사에 있어서 아직 규범화되지는 않았던 것 같다.

[2] 《감덕장류점몽甘德長柳占夢》 20권

감덕이란 사람은 전국시대 중기의 점성가이며 천문학자이다. 《사기·천관서天官書》에서는 『옛날의 천문학을 전하는 사람은 제나라에 있는 감공이다』고 했으며, 서광徐廣은 『혹자는 감공의 이름이 덕德이라고 한다』고 했다. 《주례》에서의 해몽은 대체로 점성으로써 해몽을 했다. 감덕은 아마도 점성술과 해몽술을 겸비했던 사람일 것이다. 이 책 역시 《수서·경적지》에 보이지 않아 구체적인 내용은 알 길이 없다.

위에서 든 두 종류의 해몽서에 모두 〈장류長柳〉라는 이름이 붙어있다. 〈장류〉라는 것은 사람 이름이 아니면 어떤 점치는 방법일 것이다. 요진종姚振宗은 유신庾信의 《제왕헌비齊王憲碑》의 글에서 『비풍飛風(角)·장류長柳·월각月角·성미星眉 등이 마음 속에서 암송되지 아니한 것이 없으며, 손에서 편찬되지 아니한 것이 없다』고 한 말을 인용하여, 북조시대 이후인 주나라시대 때까지만 해도 이러한 방법이 있었으나 이후에 실전되었다고 여겼다. 《한서·예문지·조리條理》 명나라 때의 《몽점일지·장류편》에서는 『장류의 표현법은 예첩藝牒에 실려있다고 했으나 그 상세한 것은 알 수가 없다』고 했다.

《수서·경적지》의 저록에 의하면, 위진시대 이후로 유행했던 해몽서로는 모두 8가지가 있었으며 이를 순서에 따라 나열하면 다음과 같다.

---

〔3〕《점몽서》3권

경방京房의 저작이다. 경방은 서한시대의 금문今文학자로서 맹희孟喜의 문인인 초연수焦延壽에게서 《주역》을 배웠으며, 〈통변通變〉설에 근거해 〈주역〉을 해석했으며 오행의 재이災異를 즐겨 말했다. 이 책은 《한서》에는 실려있지 않는 것으로 보아 아마도 경방이 세상에 살아있을 때에는 숨겨놓고 세상에 공개하지 않고 있다가, 그가 세상을 떠난 후 점점 세상에 알려져 한위漢魏시기에 세상에 유행했을 것으로 보인다. 경방 본인의 사상적 특징에 근거해 본다면, 이 책은 아마도 오행설의 내용을 대량으로 담고 있을 것이다. 명나라 때의 《국사경적지》에 이르기까지는 아직 전해지고 있었으나 그 이후에 실전되고 말았다.

---

〔4〕《점몽서》1권

최원崔元의 저작으로, 작자와 그 내용에 대해서는 모두 상세히 알 수가 없다. 명나라 때의 《국사경적지》에서는 아직 보이고 있으나 그후에 실전되었다.

[5] 《갈가선인점몽서竭伽仙人占夢書》1권

갈가선인은 인도의 고승이 아닌가 생각된다. 《수서·경적지》의 천문지에는 《천문설》 30권, 《바라문천문》 1권이 있는데 모두 갈가선인의 저작으로 되어 있다. 바라문이란 고대 인도를 말하며, 동한시대 말기에는 중국에서는 부처나 고승을 〈선인〉이라 불렀다. 이러한 점으로 미루어볼 때 이 책은 한위시기중에 인도로부터 전래된 불교 해몽서일 것으로 추측된다. 명나라 때의 《국사경적지》에서는 아직 보이고 있으나 그 이후에 실전되었다.

[6] 《점몽서》1권

주선의 저작이다. 주선은 위진시대의 유명한 해몽가이다. 이 책은 《신당서·경적지》와 《구당서·경적지》에 각각 2권본과 3권본의 두 종류가 저록되어 있다. 《신당서·경적지》에는 이 3권본이 〈주선 등의 저작〉으로 되어 있으며, 《송서·경적지》에서는 단지 3권본만 보이며 저자에서도 〈등〉자가 빠져있다. 주선은 역사상으로 매우 영향력이 있었으므로 당송시대의 유서들이나 명나라 사람들의 저작들 속에서도 적잖은 일문들이 보존되어 있다. 예를 들어 《초학기初學記》 제30권, 《백공육첩白孔六帖》 제94권, 《태평어람》 제924권 등에서 모두 《주선몽서周宣夢書》를 인용하여

앵무새는 죽은 사람을 대신해 집에 기거한다. 꿈에서 앵무새를 보는 것은 죽은 사람을 걱정해서이다. 앵무새가 집 위에 앉아있는 꿈을 꾸는 것은 뛰어난 현인을 걱정해서이다.

라고 하였다. 또 명나라 사람이 지은 《몽점일지》 제7권과 제8권에서는 또 다섯 조목을 인용하고 있다.

《주선몽서》에서 『닭은 무관으로 볏과 며느리발톱을 갖고 있다. 꿈에서 수탉을 보는 것은 무관을 걱정해서이다』라고 했다.

《주선몽서》에서 『소나무는 사람들의 군주로, 꿈에서 소나무를 보면 군주를 만나게 된다』고 했다.

또 『느릅나무는 인군의 덕으로 지극한 인仁이다. 느릅나무 잎을 따는 꿈을 꾸면 임금 의 상을 받게 된다. 느릅나무에 사는 꿈을 꾸면 귀한 관직을 얻게 된다』고 했다.

또 『버드나무는 사신이다. 버드나무를 쥐고 있는 꿈을 꾸면 명을 받들어 사신으로 나가게 된다』고 했다.

또 『곡식은 재물로 전답에서 나는 것이다. 꿈에서 곡식을 보게 되면 재물이 생겨난다 는 것을 말한다』고 했다.

위에서 든 다섯 가지 예는 각각 《예문유취藝文類聚》의 제91 · 88 · 89 · 85권에도 보인다.

이 책은 명나라 때의 《국사경적지》에서는 아직 저록되고 있으며, 현재까지도 여전히 잔권들이 전해지고 있다.

---

[7] 《몽서》 10권

저자는 미상이다. 수나라 이후의 저록에서는 더이상 나타나지 않고 있다. 최근 우리들이 돈황의 유서 중에서 이와 유사한 잔권이 있음을 발견했다.

---

[8] 《신찬점몽서新撰占夢書》 17권

목록도 함께 있으나, 저자는 미상이다. 혹자는 『수나라 양제煬帝의 칙명을 받아 편찬한 것』으로, 위에서 든 《몽서》 10권의 기초 위에서 다른 여러 해몽가들의 해몽 서를 합친 것이라 여기기도 한다. 당나라 이후의 저록에서는 더이상 보이지 않고 있다.

---

[9] 《해몽서》 2권

저자는 미상이다. 수나라 이후의 저록에서는 더이상 보이지 않고 있다. 우리들은 최근 돈황의 유서 중에서 이 책의 잔권들이 있음을 발견했다.

[10]《잡점몽서雜占夢書》1권

저자는 미상이다. 역시 이후의 저록에서는 보이지 않고 있다.

《신당서》와 《구당서》·《송서》 경적지의 예문 목록에 근거하여 수당시대 이후에 새로이 출현하고 유행했던 해몽서로는 모두 일곱 가지가 있었는데, 순서에 따라 배열을 하면 다음과 같다.

[11]《몽서》4권

노중현盧重玄의 저작이다. 노중현은 당나라 때의 도교 이론가로 《열자해列子解》 등의 책을 저술했다. 이 책은 아마도 도교나 혹은 도교적인 경향을 반영한 해몽서임에 틀림없을 것이다. 명나라 때의 《국사경적지》에서는 아직 저록이 보이고 있으나 이후 실전되었다.

[12]《몽준夢雋》

류찬柳燦이 편찬했다. 류찬의 자는 소지炤之이며, 당나라 말 소종昭宗 때의 재상이었다. 엄격하게 말하자면 이 책은 해몽서는 아니며, 단지 꿈을 기록한 책에 불과하다. 그 내용은 정사나 야승 중에서 어떤 전설적인 얘기들을 집록하여 몽혼미신을 선양한 것들이다. 지금 이 책은 이미 존재하지 않는다. 송나라 때의 《태평광기》와 명나라 때의 《몽점일지》에서는 모두 이를 인용하고 있다. 청나라 때의 마국한馬國翰이 편찬한 《옥함산방집일서玉函山房輯佚書》에서는 다섯 가지 예를 모아놓았는데, 몇 가지 예를 들어 보면 다음과 같다.

우번虞翻이 《주역》에 주석을 달고서는 헌상을 하고서 글을 올려 이르기를, 군리郡吏인 진도陳桃가 신臣과 도사가 서로 만나는 꿈을 꾸었는데, 머리를 풀어헤친 채 허름한 가죽옷을 입고 있었으며, 역易의 육효六爻를 가지고 있다가 그 중의 셋을 구부러뜨려서 신에게 마시도록 했는데, 신이 이를 다 달라고 애걸을 하여 모두 삼켜 버렸다. 도사가 『역易의 도道는 하늘에 있는 것이니, 삼효三爻면 족하노라!』라고 했다 한다.

상중감商仲堪이 단도丹徒에 있을 때, 꿈에서 어떤 사람이 나타나『당신께서 다른 것을 구제하고자 하는 마음이 있으시어 저를 높고 마른 곳으로 옮겨주실 수 있다면, 뼈가 다하여 없어질 때까지 그 은혜를 잊지 않겠습니다』라고 하는 것이었다. 다음날 과연 관棺 하나가 물에 떠내려왔다. 중감이 이를 거두어 높은 언덕에다 묻어주었더니, 그날 밤 꿈에서 본 그 사람이 와서 감사해했다 한다.

후위後魏 때의 여영閭英이 비성령肥城令으로 있을 때, 꿈에서 태양이 자신이 거주하고 있던 황산黃山의 가운데로 떨어졌으며, 마을 사람들은 우마차로 끌어당겨도 나오지 않았는데, 여영이 이를 안고서 돌아오는 꿈을 꾸었다. 이후 그는 산기상시散騎常侍라는 직위에 올랐다 한다.

---

[13]《주공해몽서》3권

〈주공〉이란 주나라 초기의 사람이었던 희단姬旦의 이름에 가탁한 이름이다. 이 책은 송나라 이후로는 저록에서 보이지 않는다. 우리들은 최근 돈황의 유서 중에서 이 책의 잔권들을 발견했다.

---

[14]《점몽서占夢書》10권

왕승축王升縮의 저작이다. 작자의 생평에 대해서는 상세히 알 수가 없다. 아마도 《수서·경적지》에 기록된 《몽서》 10권이 바로 이 책일 것이며, 이후 왕승축의 정리를 거쳤기 때문에 왕승축의 저작이라고 했을 것이다. 이 책은 송나라 이후의 저록에서는 보이지 않는다.

---

[15]《교정몽서校定夢書》4권

진양陳襄이 교정했다. 작자의 생평에 대해서는 자세히 알 수가 없다. 이 책은 아마도 《당지》에 수록된 주선의 《몽서》 3권본이 이후 진양의 교정과 새로운 보충을 거친 것이 아닌가 한다. 송나라 이후에는 망일되었다.

[16]《신석응몽록新釋應夢錄》

석釋 소단紹端의 저작이다. 작자의 생평에 대해서는 자세히 알 수가 없다. 그러나 작자의 신분과 책의 이름으로 볼 때, 이 책은 아마도 몽조의 응험에 관계된 불교 얘기들을 모아놓은 책일 것이다. 그러나 명나라 때의《국사경적지》에서는《해몽록》1권이란 이름으로 저록하고 있다. 명나라 이후에는 망일되었다.

[17]《몽응록夢應錄》

첨성원詹省遠의 저작이다. 작자의 생평에 대해서는 자세히 알 수가 없다. 책이름에 근거해 볼 때 역시 해몽서는 아니며, 몽조의 응험에 관한 기록을 모아놓은 책인 것 같다. 송나라 이후에는 망일되었다.

명나라 초횡焦竑의《국사경적지》《명사·예문지》와 청나라 때의《사고전서·총목제요》의 존목저록에 의하면, 명나라 때에 새로이 나타난 해몽서는 모두 다섯 종류가 있으며, 이를 순서에 따라 나열하면 다음과 같다.

[18]《몽점일지夢占逸旨》8권

진사원의 저작이다. 진사원은 자가 심숙心叔으로 가정嘉靖 연간 갑신년(1544)에 진사가 되었으며 관직은 난주灤州 지방의 지주知州에까지 올랐고, 저서로는《역상구해易象鉤解》《오경이문五經異文》《논어유고論語類考》등이 있다. 이 책은 비록 이름은《일지逸旨》라 하고 있지만, 해몽을 하는 점사나 방법에 대한 내용은 없다. 내편 두 권은 해몽에 대한 이론이며, 외편 여섯 권은 몽조를 모아 편집한 것으로 고대 해몽미신에 관계된 수많은 이야기들을 모아놓고 있다. 지금은《귀운별집歸雲別集》과《예해주진藝海珠塵》등과 함께 합쳐《총서집성·초편》의 철학류에 분류시켜 놓았다.

[19]《고금응몽이몽전서古今應夢異夢全書》4권

장간산張幹山의 저작이다. 작자의 생평에 대해서는 자세히 알 수가 없다. 책이름으로 볼 때 그 내용은 아마도《몽점일지》의 외편과 비슷할 것으로 보인다. 청나라 때에 이미 망일되었다.

[20]《기몽요람紀夢要覽》3권

동헌童軒의 저작이다. 동헌의 자는 사앙士昻이며 명나라 경태景泰 연간 신미년 (1451)에 진사가 되었으며, 관은 이부상서에까지 올랐다. 이 책은 몽론 1권과 역대의 꿈에 대한 사실기록 2권을 포함하고 있으며, 권말에서는 양몽부禳夢符(악몽을 떨쳐 버리는 부적)와 해몽법이 들어있다.《사고전서 · 총목제요》에서는 동헌이 기록하고 있는 해몽법은 『비루하고 황당하며』『주진시대의 옛 해몽법이 아닌』『마을 무당들의 말들을 주워 모은 것』이라고 했다.《사고전서》에도 존목만 남아있을 뿐 이미 망일되었다.

[21]《몽점유고夢占類考》12권

장봉익張鳳翼의 저작이다. 장봉익의 자는 백기伯起이며 가정 연간 갑자년(1564)에 과거에 급제하였다. 이 책은 『육경을 비롯한 자사子史와 패관稗官 야승 등에 기록된 몽조에 관련된 이야기들을 모아 책으로 만든 것으로 34류로 분류했다. 대체로 원문을 주워 모은 후 후인들의 논설도 약간 덧붙였으며, 자신의 견해도 끝에다 첨부해 두었다.』《사고전서 · 총목제요》에서는 이 책이 이름에서는 〈점몽〉이라 하고 있으나, 해몽의 법칙에 있어서는 『거의 그 기술을 얻지 못했다』고 했다.《사고전서》에는 목록만 존재할 뿐 이미 망일되었다.

[22]《몽림원해夢林元解》34권

진사원의 저작이며, 하동여何棟如가 재편집했다. 진사원은 바로《몽점일지》의 저자이기도 하다. 하동여는 자가 무극無極으로 명나라 만력萬歷 연간 무술년(1598)에 진사가 되었으며, 관은 태복시太僕寺의 소경少卿에까지 올랐고 저서로는《명조사대법明祖四大法》등이 있다. 이 책은 몽점 26권, 몽양夢禳 2권, 몽원夢原 1권, 몽징夢徵 5권 등으로 나누어져 있다. 진사원은 자기 스스로 이 책은 송나라 경우景祐 연간에는《원몽비책圓夢秘策》이라 불리었으며, 이는 진나라 갈홍葛洪의 것이 원본이며 송나라 소옹邵雍이 편집했다고 했다. 그러나《사고전서·총목제요》에서는 그 말에 대해『증거를 댈 수가 없다』고 하면서 아마도『술가術家들이 의탁한 글일 것이다』라고 여겼다.《사고전서》에서는 단지 목록만 존재할 뿐 이미 망일되었다.

《청사고·예문지》에 근거하면, 청나라 때에는 새로 나온 해몽서가 없고 단지 왕조원王照圓과 홍이훤洪頤煊이 각기 편집한 몽서 일문의 편집본이 있을 뿐이며, 이들 두 책의 내용은 기본적으로 서로 일치하고 있다.

이상에서와 같이 중국 역대 역사서의 예문지에 실린 목록에 근거해 볼 때, 모두 22종류의 해몽서가 나타났다. 그 중에서도 진정으로 점을 치거나 해몽을 한 책은 모두 14부에 불과하다.

4 │ 현존하는 몇 가지 해몽서

중국의 고대 해몽서는 지금은 그 대부분이 실전되고 말았다. 청나라 때의 왕조원과 홍이훤도 단지 당송시대의 유서로부터 이전의 해몽서의 일문들을 수집한 것에 불과했다. 그러나 왕조원과 홍이훤이 비록 박학했다고는 하지만, 그들은《설부說郛》나《오조소설대관五朝小說大觀》등에 보존되어 있는 해몽서의 잔편들에 대해서는 주의하지 못했으며, 더욱이 돈황의 유서나 그 속에 보존되어 있는 수많은 해몽서의 초록본에 대해서는 알 수조차 없었다. 사실 현대의 돈황학을 연구하는 학자들조차도 적잖은 해몽서가 존재하고 있다는 사실은 알면서도 지금에 이르기까지 착실히 정리하고 연구한 사람은 없었다.

우리들이 고증한 바에 의하면, 현존하는 해몽서의 잔권과 완전본은 모두 다음과 같은 6종류가 있다.

[1] 주선의 《점몽서》 잔권

주선의 《점몽서》는 《수서·경적지》에 최초로 저록되어 있으며, 명나라 이후에는 망일되었다. 현존하는 《오조소설대관》에는 《몽서》 1권이 있으며, 명나라의 도정陶珽이 보충 편집한 《설부》 109권에서 뽑아낸 점사는 모두 26가지로, 앞뒤 두서가 없으며 작자의 이름도 없다. 그러나 시대의 배열순서에 있어서 〈위魏〉라고 표시되어 있어, 마침 주선이 살았던 시기와 같으므로 해서 이러한 것들이 바로 주선의 《해몽서》 잔권일 것으로 생각된다.

당송시대의 유서들과 명나라 때의 《몽점일지》에 근거하여, 지금에 이르기까지 확실하게 《주선몽서》의 일문으로 여겨지는 것은 모두 5가지가 있는데, 이들은 앞에서 이미 모두 예로 들었었다. 그 중에서 『느릅나무 잎을 따는 꿈』과 『소나무를 보는 꿈』의 두 가지는 《오조소설대관·몽서》에도 보인다. 그리고 《오조소설대관·몽서》의 기타 조목들도 점사의 형식으로 볼 때 《주선몽서》의 다섯 가지 일문과 같다. 예를 들면 다음과 같다.

메추라기는 싸움을 뜻하며, 이들은 서로 만나면 노여워한다. 꿈에서 메추라기를 보는 것은 싸우는 것을 걱정해서이다.

오얏은 감옥을 지키는 관리를 뜻한다. 꿈에서 오얏을 보는 것은 옥관을 두려워해서이다.

이러한 형식의 특징은, 꿈을 해석하는 말을 앞에다 놓고 그 다음에 몽상에 대한 말을 놓고 마지막에 점사를 놓았다는 데 있다. 전체적인 점사가 비교적 길다. 이것은 주선의 《몽서》가 이후의 다른 해몽서들과 서로 다른 차이를 보이는 중요한 표지이다. 물론 잔권 중에는 『침대가 부서진 꿈을 꾸면 이는 아내를 걱정해서이다』나 『양鑲(옛날의 무기로 칼이나 검과 비슷함―역주)과 방패를 꿈에서 보면 서로 등질 것을 걱정해서이다』라고 한 것들처럼 개별적인 점사가 비교적 짧거나 꿈을 해석한 말이 없는 것들도 있다. 그러나 후세의 해몽서에서 보이는 점사들은 바로 이러한 형식으로부터 변하여 온 것이다.

〔2〕《몽서》 잔권

《몽서》는 《수서·경적지》에 최초로 실려있으며, 《신당서》와 《구당서》에서는 이미 망일되었다. 우리들은 최근 돈황의 유서 중에서 이를 발견했는데, 바로 P3105권이 아마도 《몽서》의 잔권일 가능성이 매우 높다.

P3105권은 두 부분으로 나누어져 있다. 앞부분은 손상되어 제목이 없으며 뒷부분은 《별몽서別夢書》 1권이란 제목으로 되어 있다. 그러나 원문을 자세히 읽어보게 되면 실제로는 같은 책의 서로 다른 두 부분임을 알 수 있다. 뒷부분의 점사는 15조목이 현존하는데, 자목의 편차는 〈하늘에 관한 부(天部) 제1〉로 되어 있다. 앞부분의 점사는 34조목이 현존하며, 그 중간에 〈일월에 관한 부(日月部) 제3〉이란 자목이 끼여있다. 그렇다면 〈천부 제1〉과 〈일월부 제3〉의 중간에는 분명 〈땅에 관한 부(地部) 제2〉가 있어야만 할 것이다. 그러나 〈일월부 제3〉에 속하는 앞부분의 11조목의 점사들은 『땅이 움직이는 꿈을 꾸게 되면 사신으로 나가 옮겨가게 된다』 『몸이 땅에 떨어지는 꿈을 꾸면 관직을 잃게 된다』든가 『땅을 사는 꿈을 꾸면 크게 길하고 부귀하게 된다』는 등등과 같이 모두가 〈땅〉(地)의 몽상에 관한 것들이다. 필자가 보건대, 이는 유서의 편집자가 앞뒤 두 부분의 배열순서를 꺼꾸로 놓은 것이라 생각한다.

〈별몽서〉라는 것은 책의 이름이 되지 않는다. 이는 아마도 베껴쓴 사람이 원래 책의 이름을 몰랐고, 또 내용과 형식 모두가 다른 해몽서들과 서로 다른 까닭으로 해서 임시로 이름을 지어놓은 것임에 틀림없다. 돈황의 유서들 중에 보이는 각종의 초본抄本 해몽서들 중에서 〈부〉로써 편차를 삼은 것은 이 책밖에 없다.

역대 해몽서들 중에서 직접적으로 《몽서》라고 이름을 붙인 것으로는 이밖에도 당나라 노중현盧重玄의 《몽서》가 있다. 그러나 노중현은 도가 인물인 반면 P3105권은 불교를 선양한 내용이다. 예를 들어 『부도浮屠가 비를 맞는 꿈을 꾸면 구하는 바가 이루어지지 않을 것이다』라고 하여 비가 내리는 속에 젖은 불상을 꿈에서 보면 불길하다고 여겼는데, 그 목적은 신도들로 하여금 부처님을 위해 사원을 수리하고 세우고자 함에 있었으며, 이는 바로 남북조시대에 불교사원을 크게 세웠던 사회적 배경과 부합된다. 그래서 우리들은 이 책이 바로 《수서·경적지》에서 보이는 《몽서》의 잔권이며, P3105권의 제목이 《몽서》였을 것이라고 추측한다.

[3] 《해몽서》 잔권

《해몽서》는 《수서·경적지》에 최초로 실려있으며, 《신당서》와 《구당서》에서는 이미 보이지 않는다. 우리들은 최근 돈황의 유서들 속에서 P2829와 S2222(2)가 바로 《해몽서》의 잔권임을 발견했다.

P2829의 원래 제목은 《해몽서》이며, S2222(2)의 원래 제목은 《해몽서 1권》이다. P2829권에는 점사 40조목이 현존하며 어떤 글자들은 이미 알아볼 수가 없다. S2222(2)권에는 50조목의 점사가 현존하며, 글자들은 대체로 변식이 가능하다. 이 두 두루마리의 점사의 문자나 내용·배열순서 등은 모두 기본적으로 같다. 개별 문자상에 있어서의 차이는 아마도 베끼는 사람에 의한 잘못이나 고침일 것이다. S2222(2)권의 중간에는 〈인간사에 관한 장〉이라는 자목의 표제하에 이빨·머리카락·나무빗·신발·음식물·형제·부모 등등에 관한 몽상들이 끼여있다. 내적으로 볼 때 앞부분에 현존하고 있는 점사 19조목, 하늘에 관한 몽상 8조목, 땅에 관한 11조목, 일월·성신·산천 등등에 관한 몽상들은 모두가 앞뒤가 서로 이어지는 것들이다.

주의할 만한 것은 『꿈에서 스님을 보면 구하는 것이 이루어지지 않는다』라고 한 점사로서 이는 분명히 반불교적인 경향을 담고 있으며, P3105권의 《몽서》 잔권과는 서로 다르다.

[4] 《주공해몽서》 잔권

《주공해몽서》는 《송서·예문지》에 최초로 실려있으며, 원래는 3권이었으나 원나라 이후에 망일되었다. 최근 우리들은 돈황의 유서 중에서 P3281·P7685·S2222(1) 등의 두루마리가 모두 이 책의 잔권임을 발견했다.

P3281의 원래 제목은 《주공해몽서 1권》이다. 서문은 비교적 완전하며 문자도 기본적으로는 변식할 수 있을 정도이다. 주의할 만한 것은 책의 제목이 비록 〈주공〉으로 되어 있긴 하지만 서문에서는 주공이 어떻게 꿈을 논하고, 어떻게 꿈을 점쳤는가 하는 것들을 말하고 있는 것이 아니라, 『요임금이 몸에서 털이 나는 꿈을

꾸고서 60일 만에 천자가 되었다』는 것으로부터 시작하여 역대로 순임금·탕왕·
문왕·무왕·한나라 고조·광무제·효무제 등이 꿈에서 어떤 것들을 보았으며, 꿈
을 꾸고 얼마간의 세월이 지난 뒤에 천자의 지위를 얻었는가 하는 것들을 서술하고
있으며, 마지막에서는 『오나라 무열황제는 창자가 오나라의 문을 감고 있는 꿈을
꾸고서는 황제가 되었다』는 것으로 끝을 맺고 있다. 이러한 것으로 볼 때〈주공〉은
확실히 가탁한 이름임에 틀림없으며, 주공이 어찌 1천 년 이후의 동오東吳의 무열
황제인 손견孫堅의 일까지 알 수 있었겠는가? 혹자는〈주공〉이란 사람이 주선을
말하는 것은 아닌가라고 묻기도 한다. 이 또한 불가능하다. 왜냐하면 역사적으로
주선을 존칭하여〈주공〉으로 불렀던 적이 없을 뿐만 아니라, 그가 조위曹魏의 근
거지에 생활했으면서 역대 제왕들의 꿈을 나열하면서 단지 오나라의 무열왕인 손
견만을 거론하고, 위나라 무제인 조조曹操를 거론하지 않을 수는 없었을 것이기 때
문이다. 서문에서 단지 삼국시대의 손견까지만 언급하고 수나라와 당나라의 황제
들에 대한 언급은 없기 때문에, 이 책의 저본은 아마도 틀림없이《수서·경적지》
에서 싣고 있는 삼국시대의 어떤 해몽서이었을 것이며, 이후 새로운 이름을 붙이고
내용에도 더해진 것이 있으므로 해서《송서·예문지》에 실리게 되었을 것이다. 원
작자는 삼국시대의 동오 지방에서 생활했을 것임이 틀림없기 때문에 아마도《오지
吳志·월달전越達傳》의 주석에서 말한 송수宋壽일 가능성이 높다.

《주공해몽서》는〈장章〉으로써 차례매김을 하고 있으며, 자목으로는〈하늘에 관
한 장 제1〉·〈지리에 관한 장 제2〉·〈잡사에 관한 장 제3〉등으로 되어 있다. 그러
나 P3281의 제6장은 이미 손상되어 완전하지가 않으며, 제7장은 목록만 있을 뿐
내용은 없다. S2222(1)은 비록 서문은 손상되었으나 본문은 도리어〈하늘에 관한
장 제1〉로부터〈언어에 관한 장 제17〉까지는 완전하며, 그 이후는 완전하지 않다.
P3685의 경우에는〈사택舍宅에 관한 장 제8〉부터〈임목林木에 관한 장 제12〉까지
의 부분적인 점사만 남아있을 뿐이다.

《주공해몽서》의 점사는 비교적 간단하며 꿈을 해석하는 말이 없다. 어떤 점사들
은《몽서》잔권의 것과 서로 뒤섞여 나타나고 있다. 그 내용에 있어서 현저한 특징
이 하나 있는데, 그것은 바로 관직을 걱정하고 병을 걱정하는 내용에 관한 것이 매
우 많다는 점이다. 예를 들어『집 안의 땅이 꺼지는 꿈을 꾸는 것은 관직을 걱정해
서이다』『하늘에서 검은 기운이 내려오는 꿈을 꾸면 돌림병이 유행하게 된다』『고

운 명주를 꿈에서 보는 것은 관의 일을 걱정해서이다』『술에 크게 취한 꿈을 꾸는 것은 병을 걱정해서이다』『풀을 뽑는 꿈을 꾸는 것은 관의 일을 걱정해서이다』『뽕나무가 집 안에 있는 꿈을 꾸는 것은 관의 일을 걱정해서이다』『우물에 빠지는 꿈을 꾸는 것은 관직과 병을 걱정해서이다』『호랑이를 타는 꿈을 꾸는 것은 관의 일을 걱정해서이다』『붉은 뱀을 꿈에서 보는 것은 병을 걱정해서이다』라는 등등이다. 이러한 것은 아마도 사회가 불안하고 질병이 비교적 많았던 당시의 사회적 심리가 복잡하게 얽혀 반영된 것이라 할 수 있다.

[5] 《신집주공해몽서新集周公解夢書》 완전본

《신집주공해몽서》는 역대 역사서의 예문지에서는 보이지 않으며, 돈황유서의 P3908과 S5900의 두 두루마리에 보존되어 있다. P3908는 매우 보기드문 완전본이다. 현존하는 중국의 각종 해몽서들 중에서 완전본은 이것 하나밖에 없다. S5900은 단지 손상된 서문과 제1장의 점사 13조목만이 있을 뿐이다.

《신집주공해몽서》는 제목에서도 〈새로 편집한다〉(新集)고 했으며, 서문에서도 『이리하여 《주공해몽서》 20여 장을 편찬 집록한다』고 했으니, 이 책이 만들어진 것은 《주공해몽서》의 이후라고 할 수 있다. 그러나 이 두 책은 배열순서가 다를 뿐만 아니라 본문에서도 많은 차이를 보이고 있다. 《신집주공해몽서》의 〈천문에 관한 장 제1〉의 점사 15조목 중에서 단지 3조목만이 《주공해몽서》에서 왔으며, 《신집주공해몽서》의 〈지리에 관한 장 제2〉의 점사 12조목 중에서 단지 두 조목만이 《주공해몽서》의 〈지리에 관한 장 제2〉에서 왔으며, 기타의 같은 종류의 점사들을 비교해 보아도 서로 같은 것은 매우 적다. 그러므로 〈새로 편집한다〉고 운운한 것은 《주공해몽서》를 단순히 확충한 것은 결코 아니며, 기타의 수많은 점몽서나 해몽서 들을 동시에 참고로 하여 대량의 점사들을 다시 선택하고 배열하였으며, 문자에 있어서도 많은 가공을 거친 것일 터이다. 그리하여 〈편찬하고 집록하여〉 만들어진 하나의 새로운 책이다. 또한 책 전체의 배열순서와 문자는 비교적 가지런하고 통일되어 있다.

《신집주공해몽서》가 사상에 있어서 가지는 하나의 현저한 특징은 바로 유가·도가·불가의 삼교사상이 함께 어우러져 있으며, 그 중에서도 도가사상이 위주로 되어 있다는 점이다. 서문의 첫머리에서 요지를 밝히면서 다음과 같이 말하고 있다.

무릇 사람이 세상에 태어나서는 사대四大(불교에서의 세상 만물을 이루는 근본이 되
는 땅(地)·물(水)·불(火)·바람(風)의 네 가지—역주)로써 형체를 세우고, 오상五
常(유가에서 말하는 사람으로서 항상 지켜야 하는 인仁·의義·예禮·지智·신信의
다섯 가지—역주)을 받아서 성품을 키우며, 삼혼三魂(도가에서 사람의 몸에 있다고 하
는 태광胎光·상영爽靈·유정幽精의 세 가지—역주)이 뒤를 따르고, 육백六魄(사람의
몸에는 일곱 혼백이 있는데, 사람이 죽을 때 한 혼백은 흩어지지 않고서 해골을 지키게
되며 나머지 여섯 혼백은 모두 흩어져 사라지게 된다고 한다—역주)이 앞서게 된다.
꿈이란 신이 노니는 것이며, 의지하여 붙어서 분별하기가 어렵다……

〈사대〉는 불교적인 개념이며, 〈오상〉은 유가적인 개념이며, 〈삼혼과 육백〉은 바
로 도가적인 개념이다. 이것은 삼가의 이론을 합쳐 공통적으로 꿈을 논한 것이다.
이밖에 본문 속에도 〈불도와 음악에 관한 장 제8〉이라는 전문적인 장도 있으며, 거
기서는 『부처님께 절을 올리는 꿈을 꾸면 귀한 사람의 힘을 얻게 된다』『꿈에서 금
강역사를 보게 되면 꿈을 꾼 사람은 다른 사람의 힘을 얻게 된다』『신을 모셔놓은
묘당을 꿈에서 보면 신선에게 먹을 것을 구할 수 있게 된다』『꿈에서 도주道住를
보게 되면 변화가 일어나게 된다』라는 등등의 점사들이 있어, 이는 또 불교와 도교
가 함께 중시된 모습을 보이고 있다. 그러나 『꿈에서 중을 보면 모든 일이 제대로
되지 않는다』라고 한 점사도 있는데 이는 불교를 비방하는 내용인 것 같다. 이러한
사상적 특징을 조명하면 바로 당나라의 문화와 사상적 배경이 된다. 당나라는 이씨
성의 세상이었으며, 그들 스스로 노자인 이이李耳의 후예라고 부르곤 했다. 칙천무
후가 통치한 반 세기를 제외하고서는 줄곧 도교가 제일의 위치를 차지했었다. 그러
나 이와 동시에 유교를 봉건제도의 사상적 기초로 삼았으며, 불교에 대해서도 시종
일정한 지위를 제공했었다. 이러한 점으로 볼 때, 《신집주공해몽서》란 책이 지어
진 때는 대체로 당나라 때였을 것으로 추측된다. 다만 이 책의 작자에 대해서는 추
측을 할 수가 없다.
《신집주공해몽서》의 본문은 모두 23장으로 되어 있으며, 몇몇 특수한 부분이 있
기도 하다. 제1장부터 제18장까지는 다른 해몽서와 마찬가지로 모두 몽상의 분류

에 따라서 점사를 분류해 놓았다. 그러나 제19장은 〈12지일支日의 득몽에 관한 장〉
이며, 제20장은 〈12시時의 득몽에 관한 장〉, 제21장은 〈건제만일建除滿日의 득몽
에 관한 장〉으로 모두 득몽을 할 때의 시일에 대한 해몽으로 기타의 다른 해몽서와
는 매우 다르다. 물론 이것은 《주례》의 〈일월성신으로 해몽을 했던〉 옛날의 전통
적인 방법은 아니며, 세속에서 유행하던 오행의 시일을 해몽에다 갖다넣은 것이다.
만약 모월 모일 모시에 득몽을 했다면 도대체 시간에 따라서 꿈점을 쳐야 할지, 아
니면 몽상에 따라 꿈점을 쳐야 할지를 알 수가 없다. 만약 두 가지 점이 모두 같다
고 한다면 그래도 괜찮다. 만약 다르다고 한다면 어떻게 처리해야만 할 것인가? 필
자가 보기에는 이러한 선택권은 단지 점을 치는 사람에 의해서만 조종될 수 있으
며, 꿈을 꾼 사람은 단지 머리를 숙인 채 듣고만 있어야 할 것이다.

　《신집주공해몽서》의 마지막 두 장에서는 또 악몽을 막는 금기와 악몽을 없애주
는 부적들을 나열하고 있어 이는 또 도교적인 색채를 나타내고 있다. 그러나 몽주
夢呪는 도교적인 것도 아니요, 불교적인 것도 아니며 세속적인 것이다.

[6] 《점몽서》 잔권

　돈황유서의 S620에서는 또 한 권의 해몽서의 잔권이 현존하고 있는데, 머리부
분도 없고 꼬리부분도 없으며, 저자의 이름도 없고 편집한 사람이 원래 제목을 《해
몽서》라고 붙여놓았다. 다른 두루마리들과 비교해 본 것에 근거하면, P2829와
S2222(2)에는 원래부터 모두 《해몽서》라는 제목이 있었고,·S620은 그것들과는 매
우 달랐으며, 《주공해몽서》나 《신집주공해몽서》들과도 매우 달랐다. 구별의 편의
를 위해서 여기서는 《점몽서》라고 임시로 이름을 붙여두는 바이다.

　《점몽서》의 편폭은 매우 방대하다. 돈황의 유서에 현존하고 있는 각종 해몽서들
의 잔권이나 완전본 들 중에서 이 수초본手抄本에서의 자목이 가장 많으며 점사도
가장 많다. 전체 책은 〈편〉으로써 배열순서를 삼고 있는데, 잔권은 〈물에 관한 편
제24〉로부터 시작하여 아래로는 불에 관한 편, 다리나 길·문 등에 관한 편, 오색
금조禽鳥에 관한 편, 물고기와 거북에 관한 편, 돼지와 양에 관한 편, 용과 벌레에
관한 편, 들짐승에 관한 편, 곤충에 관한 편, 그리고 분묘관곽·문무관직·목욕·
형상·형벌에 관한 편 등으로부터 〈음식에 관한 편 제43〉에 이르러서도 아직 끝이

나고 있지 않는 것 같다. 우리들의 간단한 통계에 의하면, 잔권에 보존되어 있는 자목만 하더라도 430여 조목의 점사가 있다. 편목이 이렇게 자세하고 점사가 이렇게 복잡하다면, 이것은 분명 수많은 해몽서들의 내용을 종합한 것일 터이다. 이렇게 추측한다면 S620의 책이 이루어진 시기는 아마도 《신집주공해몽서》의 뒤일 가능성이 높다.

《점몽서》는 내용적인 면에 있어서는 불교와 도교의 둘을 모두 함께 받아들이고 있으며, 어느것을 찬양하거나 어느 한쪽을 깎아내리지는 않고 있다. 〈불법선佛法仙에 관한 편 제30〉에서는 『꿈에서 노자를 보면 사람의 바라던 바를 들어준다』고 했는가 하면, 또 『꿈에서 스님을 보면 큰 복이 오고 크게 길하게 된다』고 했으니, 이는 《신집주공해몽서》가 도교적인 경향에 편중되었던 것과는 다르며, 또한 송나라 때의 문화적인 배경과 합치되고 있다.

《송사·예문지》에서는 왕승축의 《점몽서》 10권이 있다고 했는데, S620이 혹시 이 몽서의 잔권은 아닌지 진일보된 고증을 해볼 만한 가치가 있을 것이다.

제 5 장

길몽과 흉몽·기몽祈夢과 양몽禳夢

해몽의 목적은 인간사의 길흉을 미리 점치고자 하는 데 있다. 그러므로 꿈을 꾼 사람이든 점을 치는 사람이든 모두 매우 자연스럽게 몽상이나 몽조를 길한 것과 흉한 것의 두 부류로 나누었다. 해몽의 과정 속에서 이러한 구분에는 대략적이고도 일반적인 표준이 있기는 하지만 움직일 수 없는 확정적인 표준이란 없다. 그러나 꿈을 꾼 사람의 심리는 언제나 길몽을 좋아하고 흉몽을 싫어하게 되어 있다. 그래서 해몽미신에 수반되어, 또 길몽을 바라고 악몽을 막고자 하는 미신활동도 생기게 되었다. 꿈이란 것이 신령이나 귀신의 지배를 받는다고 인식되어진 이상 기몽이나 양몽에서도 신이나 귀신을 꿈꾸고, 신이나 귀신과 서로 통할 수 있는 꿈을 꾸거나, 새를 꿈꾸거나, 주문을 외우는 꿈을 꾸거나 하는 것 등등이 생겨나게 되었다. 이러한 이상한 풍속습관은 역으로 또 해몽미신의 어떤 표현으로 나타나게 되었다.

1 | 길흉 구분의 일반적 표준

어떠한 점이든 점의 마지막 판단에서는 길흉을 구분해야만 한다. 이러한 구분은 인류의 원시시대에 있어서의 가장 소박하고 가장 실용적인 가치개념을 반영하고 있다. 다시 말해, 자신에게 유리한 예견이면 모두 길한 것이며, 자신에게 불리한 것이면 모두가 흉한 것으로 인식되었으며, 처음에는 유리하느냐 불리하느냐 하는 것이 매우 구체적이었을 것이다. 《설문해자》에서는 『길吉이란 좋은 것이다』라고 했다. 〈길〉자를 갑골문에서는 〈❀〉라고 적고 있는데, 윗부분은 음식물의 모습이고 아랫부분은 신에게 제사를 드리는 제단이나 신전을 표시하는 것으로, 아래위를 합치게 되면 신을 향해 축하를 드리는 일을 표시하고 있다. 《설문해자》에서는 또 『흉凶이란 나쁜 것이다. 땅의 가운데가 서로 꺼진 모습을 본떴다』고 했으니, 이러한 관념은 아마도 지진을 두려워하는 공포심리에 의해 만들어진 것일 터이다.

글자상에 있어서의 길흉의 의미에 근거해 본다면, 몽조를 길흉으로 구분하는 것은 아마도 구체적인 것으로부터 추상적인 것으로 전화해가는 과정일 수도 있을 것이다. 중국 동부의 오로첸족(鄂倫春族)·혜젠족(赫哲族)·어웬키족(鄂溫克族), 서남부의 외족佰族·독룡족獨龍族·붕룡족崩龍族 등은 모두 단지 꿈에서 어떤어떤 것들을 보게 되면 어떠어떠하다는 각종의 구체적인 견해만을 갖고 있다. 단지 이족彝族이나 묘족苗族·경파족景頗族 등에게만이 비로소 명확한 길흉의 구분이 있다. 이 중간에는 아마도 북미의 치피와 사람(Chippewa)들과 같은 그러한 단계로 어떤 나쁜 꿈, 더러운 꿈, 악몽과 길몽, 혹은 행복한 꿈에 대해서 모두 각기의 고유한 명칭이 있었을 것이며, 몽조의 길흉이라는 양분법은 사유추상의 일정한 수준이 조건으로 갖추어져야만 가능하다.

중국의 고대 문헌들을 살펴보면, 은나라 사람들은 이미 꿈을 두 부류로 나누었던 것 같다. 은허의 복사에서는 은나라 왕이 꿈을 점칠 때에는, 언제나 한 번은 긍정으로 묻고 한 번은 부정으로 묻는 대칭형식의 질문법을 사용했다. 예를 들어 재해가 있을 것인지, 아니면 재해가 없을 것인지? 재앙이 있을 것인지, 아니면 재앙이 없을 것인지? 어려움이 있을 것인지, 아니면 어려움이 없을 것인지? 일이 순조로울 것인지, 아니면 순조롭지 않을 것인지를 물었다. 그러나 아직 〈길흉〉을 함께 거론한 대칭형식은 보이지 않는다. 단지 《주례》에서 비로소 명확하게 길몽과 흉몽(악몽)의 구분을 볼 수가 있으며, 해몽관의 임무는 바로 〈여섯 가지 꿈의 길흉을 점치는 것〉이었다.

길흉의 구분에 대한 구체적인 과정이 어떠했든간에 해몽미신을 관찰하는 데 있어서 가장 흥미를 느끼게 하는 것은 해몽을 하는 사람이 어떻게 길흉을 구분하는가 하는 것, 혹은 길흉을 구분하는 표준은 도대체 무엇인가 하는 점이다. 이러한 문제에 있어서 일반적인 해몽서에서는 아직 직접적인 논술을 보지 못했다. 오히려 동한시대 왕부王符가 그의 《잠부론·몽열》편에서 설명한 것이 보인다.

꿈을 관찰하는 대체는 다음과 같다. 깨끗하고 신선하면 좋은 것이고, 모습이 건장하고 굳건하며, 대나무나 나무들이 무성하고 아름다우며, 궁전이나 기계가 새로 만들어져 방정하며, 길이 확 트이거나 밝게 빛나고 온화하며 점점 위로 올라가거나 흥성하는 상은 모두 길하며 기쁜 것으로, 하고자 하거나 하고 있는 일이 이루어지게 된다. 더럽고 썩은 것이나, 썩고 말라 문드러지거나, 비스듬히 넘어지거나, 의형(코를 베는 형벌)이나 월형(발꿈치를 베는 형벌) 등을 받아 평안하지 않거나, 막히고 어두우며, 해체되어 아래로 떨어지거나 쇠락하는 상은 모두 흉악하며, 계획하거나 하는 일이 이루어지지 않게 된다. 요상하고 괴이하거나, 가증스러운 일들은 모두 걱정거리가 생기게 된다. 그림이나 난태卵胎, 사실이 아닌 것을 새기거나 속이 빈 토기 등등은 모두 속게 되는 것들이다. 광대가 노래하고 춤을 추는 것과 어린아이들이 유희를 즐기는 것들은 모두 즐거운 것들이다. 이러한 것들이 그 대체적인 모습이다.

왕부의 이러한 구분은 기본적으로는 양분법에 의한 것이다. 그러나 단순한 길과 흉의 양분법이 아니라 길한 것과 길하지 않은 것의 양분법이다. 그는 길몽을 〈길하고 기쁘다〉(吉喜)고 했으니, 〈기쁘게 웃는〉(歡笑) 꿈은 당연히 또한 〈길하고 기쁜〉 꿈에 속할 것이다. 다만 이러한 꿈은 종종 일종의 희극성을 갖고 있을 뿐이다. 〈흉악한〉 꿈은 비록 마땅히 흉몽이라고 해야만 하겠지만, 그밖에도 또 〈우환〉의 꿈, 〈속이는〉 꿈 등은 단순하게 〈흉몽〉으로만 돌릴 수는 없다. 바꾸어 말해서, 길하지 않다고 해서 반드시 흉한 것은 아니다. 흉하다는 것은 길하지 않는 것의 극한 반대적인 모습이다. 각종의 해몽서로부터 살펴볼 때, 단지 큰 재난이나 큰 어려움, 회멸되거나 죽게 될 징조만을 〈흉〉한 것이라 부를 수 있다. 이렇게 본다면, 길흉은 결코 임계臨界적인 것은 아니다. 길흉이라는 것이 서로 대립하기 때문에 길흉 사이에는 항상 일정한 거리가 있다. 이러한 구분에 있어서의 왕부의 표준이 무엇이었는지는 지금 이미 명확하지가 않다. 그러나 이에는 반드시 〈근거〉를 둔 바가 있을 것이며, 절대로 제멋대로 상상한 것은 아닐 터이다. 물론 〈근거를 둔〉 바가 이미 실전되어 버린 어떤 해몽서라는 것은 아니지만, 그러나 수많은 해몽가들의 소위 말하는 해몽에 있어서의 수많은 〈경험〉을 받아들였다고 할 수 있을 것이다. 이러한 구분에 따라 각종 해몽서를 찾아본 결과 대체적인 상황은 확실히 이와 같다고 말할 수 있다.

예를 들어, 몽상이 〈깨끗하고 신선한 것〉은 길한 반면 〈더럽고 썩은 것〉은 길하지 않다.

> 꿈에서 맑은 물을 보면 길하고, 흐린 물을 보면 흉하게 된다.(《돈황유서》S620)
> 목욕하는 꿈을 꾸면 모든 일이 길하게 된다.(《돈황유서》P3908)
> 청소를 하고 목욕을 하는 꿈을 꾸면 크게 길하고 부귀하게 된다.(《돈황유서》S620)
> 옷이 진흙에 더럽혀지는 꿈을 꾸면 치욕을 당하게 된다.(《돈황유서》P2829)

붉은 흙에 옷이 더럽혀지는 꿈을 꾸면 크게 흉하게 된다.(《돈황유서》P3908)

〈대나무나 숲이 무성하고 아름다운〉 몽상이면 길하고, 〈썩고 말라 문드러지는〉 몽상이면 길하지 않다.

꿈에서 초목이 무성한 것을 보면 집안이 흥성하게 된다.(《돈황유서》P3908)

꽃이 피는 꿈을 꾸면 몸이 크게 귀하게 된다.(《돈황유서》P3908)

무덤을 둘러싼 숲이 무성한 꿈을 꾸면 부귀해진다.(《돈황유서》P3281)

나무가 죽는 꿈을 꾸면 크게 쇠하게(혹은 죽게) 된다.(《돈황유서》P3908)

나무가 갑자기 말라죽는 꿈을 꾸면 꿈을 꾼 사람의 어머니가 병들게 되며 흉하다.(《돈황유서》P3908)

물이 마르는 꿈을 꾸면 걱정거리가 있게 된다.(《돈황유서》P3281)

〈궁실을 새로 짓는〉 몽상이면 길하고, 〈비스듬히 넘어지는〉 것은 길하지 않다.

집을 짓는 꿈을 꾸면 크게 부유하게 된다.(《돈황유서》P3900)

새로운 집을 짓는 꿈을 꾸게 되면 크게 길하며, 재화를 얻게 된다.(《돈황유서》S620)

집을 짓고 세우는 꿈을 꾸게 되면 번창하게 된다.(《돈황유서》P3900)

집이 꺼지는 꿈을 꾸는 것은 관직을 걱정해서이다.(《돈황유서》S2222(2))

땅이 꺼지는 꿈을 꾸면 집이 불안해진다.(《돈황유서》P3908)

집의 기둥이 부러지는 꿈을 꾸게 되면 집이 파산하게 된다.(《돈황유서》P3908)

〈밝게 빛나고 온화한〉 몽상이면 길하고, 〈막히고 어두운 것〉이면 길하지 않다.

꿈에서 거울이 밝은 것을 보면 길하고, 어두운 것을 보면 길하지 않게 된다.(《돈황유서》P3908, P3281)

꿈에서 관이나 무덤이 어두운 것을 보면 흉하고, 밝은 것을 보면 길하게 된다.(《돈황유서》P3281, P3105)

빛이 집 안으로 들어오는 꿈을 꾸면 크게 귀하게 된다.(《돈황유서》P3908)

불이 난 꿈을 꾸면 꿈을 꾼 사람은 크게 길하게 된다.(《돈황유서》 P3908)

하늘의 검은 기운이 땅을 덮고 있는 꿈을 꾸면 시시로 전염병에 걸리게 된다.(《돈황
유서》 S2222(2))

〈위로 올라가고 점점 흥하는〉 몽상은 길하고, 〈해체되어 떨어지고 쇠퇴하게 되
는〉 몽상은 길하지 않다.

해가 막 떠오르는 꿈을 꾸게 되면 명예와 지위를 얻게 된다.(《돈황유서》 P3289)

비상하는 꿈을 꾸면 오랜 평안을 얻게 된다.(《돈황유서》 S2222(2))

하늘에 오르는 꿈을 꾸면 귀한 자식을 낳게 된다.(《돈황유서》 P3908)

해와 달이 지는 꿈을 꾸면 매우 흉하게 된다.(《돈황유서》 P3908)

몸이 땅에 떨어지는 꿈은 관직을 잃어버리고 걱정이 생기게 되어, 흉하게 된다.(《돈
황유서》 P3105)

위쪽에서 아래쪽을 향해 처하는 꿈을 꾸면 관리는 직위를 잃게 되며 흉하게 된다.
(《돈황유서》 S620)

허심탄회하게 말하자면, 왕부가 개괄해낸 이러한 표준은 먼저 사람들이 꿈에서
깨어있을 때의 현실사물에 대해 표현해낸 일종의 심리상태나 심리적 경향이며, 그
런 다음에 비로소 사람들이 잠을 잘 때나 꿈을 깬 후의 몽경이나 몽상 등이 표현해
낸 일종의 심리상태나 심리적 경향이다. 누구라도 이러한 체험이나 느낌을 경험한
적이 있을 것이다. 밤에 꿈세계에서 몽상이 만약 〈깨끗하고 신선한〉 것이었다면,
꿈 속에서도 마음이 즐거우며 꿈을 깨고 나서도 정신이 환하게 밝을 것이다. 만약
〈지저분하고 더러운〉 것이었다면 꿈 속에서든 꿈을 깨고 나서든간에 항상 우울하
고 즐겁지가 않으니 자연히 기운을 낼 수가 없을 것이다. 그러나 해몽가가 말한 길
흉이라는 것은 꿈을 꾼 사람이 몽상에 대해서 느낀 것이 아니라, 바로 몽상이 예견
해 주는 인간사를 말하는 것이다. 몽상이 아름다울 경우에는 확실히 사람의 활동에
대해 적극적인 작용을 일으킨다는 점은 사실로 나타나고 있다. 그러나 〈기쁘고 즐
거운〉 꿈이면, 반드시 〈하고자 하는 일이나 하고 있는 일이 이루어지게 된다〉는 것
은 꼭 그렇지만은 않다. 반대로 몽상이 나쁠 경우에는 인간의 활동에 소극적인 영

향을 일으키기는 하지만, 〈가증스럽고 싫은〉 몽상이라고 해서 반드시 하고자 하는 일이 이루어지지 않거나 하는 일이 성공하지 않게 된다는 것은 아니다. 현실생활 속에서 꿈은 아름다운데도 이루어지지 않는 현상들은 매우 많으며, 반대로 꿈은 나빴으나 일이 성공한 예도 적지 않다. 그러므로 길하다 길하지 않다든가 혹은 길하다 흉하다고 하는 표준은 사실을 통해 검증될 수는 없는 것이다. 몽상 속에 출현했던 그림이나 난태卵胎 · 조각 · 토기 등등은 모두 생활 속에서 틀림없이 속임을 당했다고 한다면, 현대인들은 절대로 믿지도 않는 것들이다. 그림이나 조각들은 비록 실물은 아니지만 예술품이며, 난태는 비록 아직 어떤 생물체로 이루어진 것은 아니지만 만물이 생겨나는 상징이며, 토기는 중간이 비록 비었긴 하지만 바로 중간이 비었기 때문에 쓰일 수 있는 것이 아닌가! 어떤 점에 근거하여, 이러한 몽상들이 가공적인 특징을 갖고 있으며, 이러한 가공적인 특징들 때문에 인간생활 속에서 반드시 속임을 당해야만 한다고 할 수 있는가? 꿈 속에서 광대들이 춤을 추고 어린아이들이 유희를 즐기는 것을 보면, 꿈을 꾼 사람의 마음은 틀림없이 기쁘고 즐거울 것이지만 나타나는 인간사도 반드시 기쁘고 즐거울 것이라고는 할 수 없으며, 서로 필연적인 관계도 갖고 있지 않다.

그러나 여기서 주의를 해야 할 것은, 꿈을 길하거나 길하지 않는 것으로 나눈 왕부의 표준이 설사 사실에 꼭 부합되지는 않는다 할지라도 그것은 확실히 일반 사람들이 갖고 있는 공통적인 심리상태, 혹은 심리적 경향을 반영하고 있다는 점이다. 더욱 중요한 것은 왕부가 비록 해몽미신과 서로 뒤섞여 분명하지는 못했지만, 꿈을 길하고 길하지 않은 것으로 분류함에 있어서 이를 신령이나 귀신의 뜻과는 조금도 연결시키지 않았다는 점에 있다. 이러한 점은 왕부에게 있어서는 매우 기특한 부분이며, 그렇기 때문에 왕부를 결코 신비주의자로 귀납할 수는 없다. 그러나 진사원의 경우는 다르다. 그는 비록 스스로를 유학자라고 자처했지만, 그는 정말로 진정한 의미의 신비주의자였다. 그는 사람의 꿈에 길하고 길하지 않는 것이 있는 것은 하늘과 땅의 꿈에 길하고 길하지 않는 것이 있는 것으로부터 연유하는 것이며, 하늘과 땅의 꿈에 길하고 길하지 않는 것이 있는 것은 모두가 하늘과 땅의 〈정신〉에 의해서 일어나는 것이라고 여겼다.

그리고 사람 꿈의 길흉은 바로 잠을 잘 때 정신이 육체를 떠나 하늘과 땅 사이에 있는『밝고 어두운 것은 그 상이 서로 다르고, 올라가고 떨어지는 것은 그 상태가 서로 다르며, 영광스러움과 치욕스러움은 그 경계가 서로 다르고, 이기고 지는 것은 그 지니는 것이 서로 다르다』는 등등과 같은 길조와 흉조 들을 만나는 데서 발생되는 것이라고 했다. 그래서 청량한 것은 길한 반면 어두운 것은 흉하고, 위로 올라가는 것은 길한 반면 아래로 떨어지는 것은 흉하며, 영광스러운 것은 길한 반면 수치스러운 것은 흉하며, 이기는 것은 길한 반면 지는 것은 흉하다는 것이다. 한마디로 사람 꿈의 길흉은, 그 근원은 결국은 〈하늘과 땅의 정신〉에 의해 주재되고 결정되고 예견되어지는 것이라는 바이다. 진사원은 확실히 신령의 바라는 바를 저버리지 않아 〈해몽〉의 〈숨은 뜻〉을 깊게 체득할 수 있었다.

불교에서 말하는 꿈에서도 길한 것과 흉한 것으로 나누는 것이 있다. 그러나 그들은 꿈의 길흉을 종종 꿈의 선악이라는 이름으로 부른다. 꿈의 길흉과 선악의 원인에 대해서, 그들은 꿈을 꾸는 사람의 선악의 행위에 의해서 결정이 되는 것으로 인식하는데, 하나는 전생의 선악행위로 바로 〈선악의 씨앗〉을 말하며, 다른 하나는 현세의 선악행위로 불보살에 대한 태도를 말한다. 당나라 때의 《법원주림·면몽편眠夢篇·삼성부三性部》에서는 전생에 복과 덕이 있는 자에게는 선몽이 나타나고, 죄장罪障(극락왕생에 지장이 있는 죄—역주)이 있는 사람에게는 악몽이 나타나게 된다고 했다. 악몽의 몽상으로는 일반적으로 살생·도둑·간음 등과 같은 것들이 있고, 선몽의 몽상으로는 부처나 보살과 같은 모습이나 부처께 예불을 드리거나 독경을 하거나, 계율을 지키고 보시를 베푸는 등등과 같은 종교활동과 관계있는 것들이 있다. 《법화경·안락행품安樂行品》에서는 꿈의 느낌을 개괄하여 〈좋은 모습〉에는 다섯 가지가 있다고 했는데, 첫째는 꿈에서 부처가 중생들에게 설법을 베푸는 모습을 보는 것이고, 둘째는 자기가 중생들에게 설법을 베푸는 꿈을 꾸는 것이며, 셋째는 부처가 자기에게 전수해 주는 꿈을 꾸는 것이고, 넷째는 보살의 도를 닦는 꿈을 꾸는 것이며, 다섯째는 자신이 팔상성도八相成道하는 꿈을 꾸는 것이다. 《보리심경菩提心經》에서는 부처의 말씀을 인용하여 선몽의 상에는 네 가지가 있다고 했는데, 첫째는 꿈에서 연꽃을 보는 것이요, 둘째는 볕을 가리는 우산이나 덮개를 보는 것이요, 셋째는 둥근 달을 보는 것이며, 넷째는 부처의 모습을 보는 것이라 했다. 불교적인 해석에 의하면, 선몽은 꿈을 꾼 사람으로 하여금 한 걸음 더 나아가 선의 뿌리(선근)를 키워 나갈 수 있게 하며, 악몽은 또 꿈을 꾼 사람으로 하여금 두려움을 느끼게 하여 착한 마음을 가지도록 한다는 것이다. 길흉과 선악을 이렇게 구분하는 것은 완전히 불교의 교의를 선양하기 위한 것이다.

2 │ 길흉의 확정성과 불확정성

해몽에서의 길흉에는 대략적이며 일반적인 표준은 있지만 절대불변의 표준이 있는 것은 아니다. 그러므로 길흉이라는 것은 확정적이면서 또 불확정적인 것이다. 어떠한 해몽가도 길흉의 확정성을 부정하지 못할 것이다. 왜냐하면 만약 부정하게 된다면 해몽의 고유한 신학적 의미가 사라져 버리기 때문이다. 그러나 어떠한 해몽가라 할지라도 어떤 길흉의 표준을 묵수하지는 않을 것이다. 왜냐하면 만약 그것을 묵수한다면, 해몽이라는 것이 응험을 얻기가 매우 어려울 것이며 그렇게 되면 사람들은 꿈점을 치지 않을 것이기 때문이다.

왕부와 진사원이 몽상을 개괄해내었던 『밝고 어두운 것은 그 상이 서로 다르고, 올라가고 떨어지는 것은 그 상태가 서로 다르며, 영광스러움과 치욕스러움은 그 경계가 서로 다르고, 이기고 지는 것은 그 지니는 것이 서로 다르다』고 한 것과 같은 차별성으로 볼 때, 이러한 표준은 단지 〈직접해석〉이나 〈전석〉법의 〈상징〉이나 〈유추〉 등등의 해석방법만을 고려한 것이지 〈반대해석〉이나 〈전석〉의 나머지 방법 등은 근본적으로 고려하지 않은 것이다. 예를 들어 〈지저분하고 더러운〉 꿈의 경우, 〈직접해석〉법이나 〈상징〉과 〈유추〉법에 근거해 해석한다면 당연히 길하지 않은 상이 된다. 그러나 〈반대해석〉법으로 해석을 하게 되면, 그 징조는 길한 것에 속할 뿐만 아니라 어떤 경우에는 심지어 크게 길한 것이 되기도 한다. 몇 가지 예를 들어 보기로 하자.

변소에 빠지는 꿈을 꾸면 귀하게 된다.(《돈황유서》P2829)
길에서 대소변을 보는 꿈을 꾸면 크게 재물을 얻는다.(《돈황유서》P3908)
똥이나 오줌이 옷을 더럽히는 꿈을 꾸면 크게 길하게 된다.(《돈황유서》P3908)
변소에 빠져 옷을 더럽히는 꿈을 꾸면 재물을 얻게 된다.(《돈황유서》P3281)

또 예를 들면, 남을 살상하거나 살상을 당하는 꿈을 〈직접해석〉법이나 〈상징〉·
〈유추〉법에 근거하여 해석하게 되면 당연히 길하지 않은 상이 된다. 그러나 〈반대
해석〉법에 의해 해석을 하게 되면 마찬가지로 길한 것에 속할 뿐만 아니라, 어떤
경우에는 정말로 크게 길한 것이 되기도 한다. 몇 가지 예를 들어 보자.

> 부모의 상을 당하는 꿈을 꾸면 크게 길하게 된다.(《돈황유서》 S2222(2))
> 칼로 죽임을 당하는 꿈을 꾸면 명이 길어진다.(《돈황유서》 P3908)
> 감옥에 들어가거나 곤장을 맞는 꿈을 꾸면 모두 길하게 된다.(《돈황유서》 P3908)
> 칼에 상처를 입는 꿈을 꾸게 되면 크게 길하여 재물을 얻게 된다.(《돈황유서》 S620)
> 자신이 죽는 꿈을 꾸면 명이 길게 된다.(《돈황유서》 P3281)

〈코드 전환〉이나 〈파자〉·〈해음〉 등등과 같은 방법에 의해 점을 치는 경우에는
길흉의 상황이 더욱더 복잡해진다. 이와 같이 길흉이란 것은 확정적이면서도 또 확
정적이 아닌 것이기도 하다.

해몽서에는 항상 가지각색의 몽상들에 대해 길흉을 점치는 말이 있는데, 이런 경
우에는 길흉이라는 것이 확정적인 것으로 보아야만 할 것이다. 그러나 각종의 해몽
서에 나타나고 있는 같은 몽상에 대한 판단은 꼭 일치하지는 않고 있으니, 길흉이
란 것은 또 불확정적인 것으로 변해 버리고 만다. 예를 들어 어떤 해몽서에서는
『칼에 상처를 입는 꿈을 꾸게 되면 크게 길하여 재물을 얻게 된다』고 했는가 하면,
또 어떤 해몽서에서는 『칼에 상처를 입는 꿈을 꾸면 재물을 잃게 된다』고도 하였
으니, 도대체 재물을 얻게 될 것인지 아니면 잃게 될 것인지가 명확하지 않다. 또
예를 들어, 어떤 해몽서에서는 『호랑이를 타고 가는 꿈을 꾸면 크게 부귀하게 된
다』고 했는가 하면, 어떤 해몽서에서는 『호랑이를 타고 가는 꿈을 꾸면 관의 일을
걱정하게 된다』고 했으니, 도대체 즐거운 일인지 아니면 걱정되는 일인지가 분명
하지 않다. 왕부는 꿈에서 『광대들이 춤을 추는 것』을 보면 『모두가 즐거워할 일』
이라고 했으나, 어떤 해몽서에서는 좋은 것이라고 하기도 했으며(『꿈에서 노래 부르
고 춤추는 것을 보게 되면 크게 길하게 된다』고 했다), 또 많은 해몽서에서는 좋지 않
은 것이라고 해(『꿈에서 노래 부르는 것을 보면 구설수에 오르게 된다』『꿈에서 춤을 추
는 것을 보면 꿈을 꾼 사람은 놀라고 두려워하는 일이 있게 된다』고 했다) 이러한 꿈이

좋은 것인지 아니면 좋지 않은 것인지가 정확하지 않다. 특히 조금 머리가 돌아가는 해몽가라면 해몽서에 있는 점사들을 그대로 묵수하지는 않을 것이며, 고명한 해몽가라고 한다면 더더욱 잘 〈살피고 추측하여서 말하게 될 것〉이다. 앞에서 말한 바 있는, 같은 추구의 꿈인데도 주선이란 사람이 세 번을 점쳐 매번 길흉이 서로 달랐다는 것은 바로 이를 가장 잘 증명해 주는 예이다.

꿈의 길흉의 확정성과 불확정성이라는 문제를 우리가 제일 처음으로 발견해낸 것은 결코 아니며, 《몽점일지》를 지은 진사원조차도 일찍부터 이 문제에 대해 주의를 했었다. 그는 몇몇 역사적 자료에 근거하여 『용꿈을 꾸고서 이에 응험을 얻어 복을 받은 것도 있다. ……그러나 용꿈을 꾸고서도 길상이 아닌 것도 있다. 예를 들면 곽우郭雨는 죽음에 이르렀을 때 용이 지붕 위에서 머무르는 꿈을 꾸었으며, 장문표張文表는 패배하려 했을 때 용이 목으로부터 나오는 꿈을 꾼 것과 같은 것들이다』고 했다. 또 『남제南齊시대의 요광지遙光之는 패배할 때 무리를 이룬 뱀들이 성안 사람들과 함께 있는 꿈을 꾸었지만, 《시경》에서는 뱀이란 여자를 낳을 징조라 하고 있으니 어찌 모두 그러하겠는가!』라고 했다.

이밖에도 해몽가들은 그들의 점이 효험이 있을 것을 보장하기 위해 꿈의 길흉의 판단에 대해 수많은 부가조건들을 덧붙였다.

그 중 하나는, 꿈의 길흉은 사람의 지위에 따라 달라진다는 것이다.

> 지금 같은 일이라 할지라도 귀한 사람이 꿈을 꾸즉 상서로운 징조가 되며, 천한 사람이 꾼즉 재앙이 되며, 군자가 꾼즉 영예가 되며, 소인이 꾼즉 치욕이 된다.《잠부론 · 몽열》

두번째는, 꿈의 길흉은 사람 마음의 좋고 나쁨에 따라 차이가 난다는 것이다.

> 사람의 마음은 좋고 나쁨이 서로 다른데, 혹은 이것 때문에 길하기도 하고 혹은 흉하게 되기도 한다. 각자가 스스로를 살펴서 점을 치면 항상 따르는 바가 있게 된다.《잠부론 · 몽열》

세번째는, 꿈의 길흉은 사람의 즐거워하고 슬퍼하는 바가 〈마음으로부터 나온〉 것인지를 보아야 한다는 것이다.

꿈에서 기쁜 일을 보고서 자기의 마음도 크게 기쁘고 즐거우면 이는 마음에서 나온 것으로 정말로 길한 것이며, 흉한 일을 꿈에서 보고서 자신의 마음도 매우 걱정되고 두려운즉 이는 마음에서 나온 것으로 정말로 나쁜 것이 된다.《잠부론·몽열》

네번째는, 꿈의 길흉은 꿈을 꾸는 사람 자신의 길흉을 살펴보아야 한다는 것이다.

흉한 사람이 길한 꿈을 꾼 경우, 비록 길하다 하더라도 흉한 것이며 길함을 만날 수가 없다. 길한 사람이 흉한 꿈을 꾼 경우, 흉하다 하더라도 또한 길하며 도리어 흉함을 피할 수가 있다.《몽점일지·고법편古法篇》

이밖에도 다섯번째, 여섯번째의 조건들이 계속 있을 수 있다. 해몽가가 필요를 느끼기만 하면 언제라도 첨가할 수 있는 것이다.

이렇게 하여, 갖가지 해석방법의 차이로 인해 각종 해몽서들의 해석에 차이가 생겨나게 되었으며, 이에다 다시 이러한 부가조건들이 덧보태어지게 되어 해몽가들은 그들이 길흉을 점치는 데 있어서 매우 많은 여지를 남겨놓을 수 있게 되었다. 해몽이란 것은 해몽가에 있어서는 일종의 직업적인 것으로, 그들은 꿈을 꾼 사람에게 가능한한 그들의 점이 응험이 있는 것임을 믿게 하려고 하지, 어떤 헛점이 있도록 하지는 않는다. 만약 헛점이 있게 된다 하더라도, 그들은 또 이를 변호하거나 도망칠 수 있는 말을 만들게 된다. 이러한 점은 우리가 지금 되돌아본다 하더라도 실제로 이상한 것은 아니다.

덧붙여 말하고 싶은 것은, 어떤 한 가지 현상에 주의해야 한다는 점을 환기시키고 싶다. 그것은 바로 은나라 왕들이 해몽을 한 것은 언제나 모두 무슨 화나 재난이 있을까를 걱정해서였다는 점이다. 이것은 은나라 사람들이 귀신을 두려워하고 존경하는 특수한 심리를 반영한 것일 터이다. 그러나 후세의 해몽서 중에 나타나고 있는 꿈은 대부분이 길몽이며, 단지 극소수만이 흉몽에 속한다. 현존하는 완전본 《신집주공해몽서》의 통계에 의하면 전체 책에는 모두 311조목의 점사가 있는데, 그 중 길몽은 160조목으로 51퍼센트를 차지하고 있고, 흉몽은 52조목으로 16퍼센트를 차지하고 있으며, 나머지는 이들 둘의 중간에 속하는 것들이다. 그리고 해몽가가 꿈에 대해 판단을 내릴 때에는, 대부분이 먼저 길한 것으로 판단을 내리고 있어 꿈점을 치는 사람의 심리에 영합함과 동시에 더욱 많은 사람들이 점을 치도록 유도했다. 그런 다음에 비로소 길하지 않은 부분에 대한 점괘를 내려 당신에게 무슨 우환이 있을 것이라는 것 등을 말한다. 단지 극소수의 상황하에서, 자신이 확실한 파악이 있을 경우에만 비로소 흉하다는 점괘를 내리게 된다.

3 │ 길몽에의 기도와 악몽을 떨쳐 버림

꿈에는 길흉이 있고, 그 길흉은 모두가 신령에 의해 주재되어지는 것이다. 이러한 관념에 의해서 해몽이라는 미신이 뒤따르게 되었고, 이와 동시에 또 길몽을 빌거나 악몽을 물리치고자 하는 종교활동이 있게 되었다. 신령에게 길몽을 비는 것은 길몽을 가져다 주는 그러한 기쁜 심리적 감수를 얻기 위한 것이 아니라, 신령이 현실생활에 가져다 주는 복을 바라기 위한 것이었다. 무당의 힘을 빌어 악몽을 물리치고자 하는 것은, 그 대부분이 나쁜 꿈이 사람들에게 미치는 심리적 간섭을 떨쳐 버리기 위한 것은 아니었으며, 현실생활에 있어서 재앙과 화를 면하고자 하는 것에 있었다. 그러나 길몽을 바라고 악몽을 물리치고자 하는 종교활동은, 원래는 해몽미신에서 근원했으나 이후 역사의 연변 속에서 종교적인 습속으로 변하게 되었으며, 이렇게 됨으로써 도리어 그것은 종교미신의 사회적 영향을 확대시키고 혹은 종교미신의 한 구성부분을 이루게 되었다.

은나라 사람들에게 길몽을 비는 활동이 있었는지는 명확히 알 수가 없다. 은나라의 복사를 살펴보면, 악몽을 만날 때면 항상 재앙을 내린 귀신에 대해 제사를 지냈으니, 이는 악몽을 물리치는 그런 범주에 속한다고 해야만 할 것이다. 《주례》에서는 길몽을 꿀 수 있도록 기도하고 악몽을 물리치고자 한 활동에 대해 매우 명확한 기록이 있다. 이러한 종교활동을 주관하는 것이 해몽관의 중요한 임무 중의 하나였다. 《주례·춘관》에서는

계동이 되면 왕을 모셔 꿈을 꾸게 했으며, 길몽을 왕께 헌상하면 왕께서는 절을 하고

서 그것을 받았다. 사방에서 다가올 해에 일어날 악몽의 싹을 없애버리므로써 악몽을 내쫓으며, 그리하여 비로소 악귀를 내쫓는 명령을 내리게 된다.

季冬聘王夢, 獻吉夢於王, 王拜而受之. 乃舍萌於四方, 以贈惡夢, 遂令始難歐疫.

라고 기록하고 있다. 《주례》의 이러한 기록에 대해, 역대의 주석가들은 거의 대부분이 마음대로 억지 추측을 하는 바람에 그 뜻을 정확하게 밝히지 못했다. 먼저 〈빙왕몽聘王夢〉과 〈헌길몽獻吉夢〉에 대해 살펴보기로 하자.

정현의 주석에서는 『빙聘이란 문안드린다는 것이다』라고 했으니, 그의 해석은 매년 연말이 되면 해몽관은 『돈을 싸들고서 문안을 드리며』『군신들의 길몽들을 왕께 드리며, 아름다운 것으로 귀납한다』는 것이다. 이와 함께 《시경》에서의 『목인이 꿈을 꾸었네, 많은 물고기들이여, 많은 깃발들이여!』라고 한 것을 해몽관이 주나라 왕에게 헌상한 길몽이라고 여겼다. 이러한 해석은 그럴 듯하여 많은 주석가들이 이 해석을 따랐다. 그러나 자세히 살펴보게 되면 문제가 매우 많아진다. 먼저 《주례》에서 말한 것은 〈빙왕몽聘王夢〉(왕의 꿈을 모신 것)이지 〈빙신몽聘臣夢〉(신하의 꿈을 모신 것)은 아니며, 〈빙목인지몽聘牧人之夢〉(목인의 꿈을 모신 것)은 더더욱 아니다. 그 다음으로 군신들의 꿈을 왜 평소에는 수집하지 않고 있다가 꼭 연말이 되기를 기다렸다가 〈빙이문지聘而問之〉(모셔서 묻다)했는가 하는 문제이다. 그 다음으로는 군신들의 꿈이라 할지라도 군신들에게는 높고 낮음의 차이가 있는데, 어떻게 해서 주나라 왕이 『절을 하고서 그것을 받는다』는 것일까? 근대의 학자인 손이양孫詒讓은 『왕의 꿈을 모신다는 것』은 주나라 왕에게 지난해의 길몽을 헌상하는 것을 말하는 것으로 해석했다.(《주례집해》를 참조) 손이양 역시 틀렸다. 주나라 왕의 꿈을 왜 하필이면 연말이 되기를 기다렸다가 해몽관을 통해서 물었으며, 주나라 왕의 꿈을 왜 해몽관을 통해서 다시 주나라 왕에게 헌상했으며, 그리고 또 『절을 하고서 그것을 받았던』 것일까? 사실 『왕의 꿈을 모시고』와 『길몽을 드린다』는 것은 바로 주나라 왕이 이듬해에 길몽을 구할 수 있도록 하기 위해 기도하는 일종의 종교의식이다. 〈빙〉이란 〈빙이문지聘而問之〉가 아니라 〈빙이구지聘而求之〉(모셔서 구한다)로 해석해야 한다. 매번 〈연말〉이 되어서라는 것은, 연말은 바로 묵은 해와 새로운 해가 교차되는 시기로 해몽관은 특별히 다가오는 새해에는 주나라 왕에게 길몽을 내려줄 것을 신령에게 부탁하였다. 모셔 구하는 절차가 끝난 후에는, 구하고자 하는 길몽을 주나라 왕에게 바치게 된다. 길몽은 신령께서 내려주신 것이므로 주나라 왕은 절을 하지 않을 수 없으며 경건해하지 않을 수가 없다. 여기에서의 〈모시다〉〈바치다〉〈받다〉라고 한 것들은, 모두가 신령과 해몽관 그리고 주나라 왕 사이에 허구로 그려낸 일종의 상징적인 종교의식이다.

『길몽을 모신다』는 것과 마찬가지로 『악몽을 보낸다』라는 것도 주나라 왕이나 군신들의 지난해의 악몽들을 없애 버리는 것이 아니라, 주나라 왕을 위해 다가올 해의 악몽을 미리 먼저 물리치는 것이다. 〈사舍〉라는 것은 〈버리다〉〈없애다〉〈제거하다〉는 뜻이며, 〈맹萌〉이란 〈새순〉이나 〈새싹〉이며, 〈징조〉라는 뜻이다. 〈사맹우사방舍萌於四方〉이란 것은 바로 사방에서 다가올 해에 일어날 악몽의 싹을 없애 버린다는 것이다. 그 다음의 문장에서 〈이증악몽以贈惡夢〉이라고 했는데, 〈증〉이란 보낸다는 뜻으로 〈증악몽〉이란 것도 역시 해몽관이 주나라 왕을 위해 다가올 새해의 나쁜 꿈을 보내 버리는 일종의 의식이다. 이는 마치 후세에서 돌림병을 방지하기 위해 전염병을 관장하는 신을 전송하는 의식을 거행했던 것과 같다. 한나라 때의 유학자였던 두자춘杜子春은 〈맹萌〉은 〈명明〉으로 읽어야 하며, 어떤 저본에서는 〈명明〉으로 되어 있다고 했으며, 정현은 『사맹舍萌이란 채집한다는 것으로 해석할 수 있다』고 했다. 이러한 해석은 모두가 뜻풀이(훈고)를 빌어 문구에만 얽매인 것으로, 원래는 명확하던 것을 도리어 애매하게 만들어 놓고 말았다. 〈사맹〉과 〈증악몽〉의 구체적인 종교의식이 바로 〈난구역難歐疫〉이라고 한 활동부분이다. 〈난難〉은 때로는 〈나儺〉라고 적기도 하는데, 《회남자 · 시칙훈時則訓》의 고유高誘의 주석에서는 『나儺란 제거한다는 뜻과 같다』고 했다. 〈구歐〉는 〈구毆〉와 같은 뜻이니 내몰아 없앤다는 뜻이다. 〈역疫〉이란 보통 돌림병을 퍼뜨리는 귀신(疫鬼)을 말한다. 〈난구역〉이란 바로 악몽을 물리치기 위하여 거행했던, 일종의 역귀를 몰아내기 위해 행했던 것과 같은 의미의 종교의식을 말한다.

《후한서 · 예의지禮儀志》의 기록에 의하면 〈난구역〉과 같은 이러한 풍속은 후한시대까지만 해도 아직 존재했었으며, 이를 〈대나大儺〉라고 불렀었고, 내용에는 각종의 역귀들을 물리치는 것들을 포함하고 있으며 『백기가 꿈을 잡아먹는다 伯奇食夢』는 것으로 악몽을 물리쳤다는 것을 표시하였다. 그러한 활동은 매우 성대하였으며, 심지어는 명절과 같은 성질을 지니기도 했다. 의식이 시작되기 전에 먼저 황문관가의 자제들 중 120명의 어린이들을 뽑아 역귀를 몰아내는 〈아이〉들의 역할을 하게 하였으며, 그들은 모두 붉은색의 두건을 두르고서 검은색의 제복을 입었고 각자의 손에는 파랑고巴榔鼓를 들었다. 주인공은 방상시方相氏와 12신수神獸들이 되었다. 방상시로 분장한 사람은 머리에는 곰의 가죽을 둘러썼으며 바깥에는 황금색의 큰 눈 네 개를 그리고, 웃옷은 검은색으로 바지는 붉은색으로 치장하였다. 12 신수로 분장한 사람은 각각 머리 위에 뿔을 달고 몸에는 털을 걸쳤다. 의식은 궁전의 큰뜰에서 거행되었다. 저녁에는 문관과 무관 들이 양쪽 계단에 줄을 서고서, 방상시와 12신수로 분장한 아이들이 그 가운데서 춤을 추면서 그들이 12가지의 역귀들을 몰아내는 것을 나타내었다. 시작할 때에는 황문령이 먼저 『아이들아, 준비를 하거라. 모두들 와서 역귀를 쫓으시오!』라고 명령을 내린다. 그후 황문령이 노래를 하면, 아이들이 함께 따라서 노래를 하는데, 그 가사는 다음과 같다.

갑작식흉, 불위식호, 웅백식귀매, 등간식불상, 남제식구, 백기식몽, 강량·조명공식책
사기생, 위수식관, 착단식거, 궁기·등근공식고. 혁여구, 납여간, 절해여육, 추여폐장.
여불급주, 후자위양!

甲作食殟, 胇胃食虎, 雄伯食鬼魅, 騰簡食不祥, 攬諸食咎, 伯奇食夢, 強梁·祖明共食磔
死寄生, 委隨食觀, 錯斷食巨, 窮奇·騰根共食蠱. 赫女(汝)軀, 拉女(汝)干, 節解女(汝)肉,
抽女(汝)肺腸. 女(汝)不急走, 後者爲糧!

〔갑작은 흉함을 잡아먹고, 불위는 호랑이를 잡아먹고, 웅백은 도깨비를 잡아먹고, 등간은 상서롭지 않은 것들을 잡아먹고, 남제는 허물(잘못)을 잡아먹고, 백기는 꿈을 잡아먹고, 강량과 조명은 찢어죽임을 당한 희생이나 기생하는 것들을 잡아먹고, 위수는 보는 것을 잡아먹고, 착단은 거대한 것을 잡아먹고, 궁기와 등근은 뱃속 벌레들을 잡아먹는다네. 너의 몸을 드러나게 하고, 너의 몸체를 꺾어 버려, 너의 육체를 마디마디 해부하고, 너의 폐와 장을 뽑아 버리리라. 만약 네가 급히 도망가지 않는다면 다음 사람의 먹이가 되고 말리라!〕

마지막에는 궁전의 뜰을 세 바퀴 돌면서 모두들 환호를 하고, 손에는 횃불을 들고서 역귀를 대궐의 정문 밖으로 몰아낸다. 이러한 〈대나〉라는 의식 속에서의 〈백기식몽〉이란 것은, 바로 백기로 하여금 다가올 해에 출현할 가능성이 있는 악몽들을 모두 먹어 버리게 하는 것을 말한다. 악몽이 없으면 재난도 없어지게 된다는 것

이다.

역대의 제왕들은 악몽을 매우 두려워했으며, 이로 인해 악몽을 물리치는 신비적 의식에 대해 매우 진지했다. 진시황은 『사람의 모습을 한 바다신과 싸우는 꿈』을 꾸었는데, 해몽관이 이를 〈나쁜 신〉이니 반드시 『없애버려야만 할 것』이라고 했다. 해몽박사관의 해석을 빌리자면 『물의 신은 볼 수가 없으며, 큰 물고기나 교룡을 그 신하로 삼는다』고 했다. 그리하여 어민들에게 큰 물고기를 잡는 그물을 가져오도록 명령을 내리고, 자신은 쇠뇌로 큰 물고기가 나타나기를 기다려 화살을 쏘았다. 그는 낭아琅琊 지방으로부터 출발하여 북쪽으로 영성산榮成山에 이르기까지 계속 큰 물고기를 발견하지 못했다. 그후 지부之罘 지방에 이르러서야 큰 물고기 한 마리를 발견하고서는 쏘아죽였다. 그러나 진시황의 악몽을 떨쳐 버리고자 했던 이러한 힘들고도 힘들었던 활동은 결코 그의 액운을 바꿀 수는 없었다. 진시황의 2세 또한 『흰 호랑이가 마차를 끄는 왼쪽 말을 물어뜯는』 꿈을 꾸었는데, 해몽관이 이는 경수涇水의 신이 재앙을 내릴 징조라고 해석했다. 이 악몽을 물리치기 위해 진시황 2세는 친히 망이궁望夷宮으로 가서 목욕재계를 하고서는 경수에다 네 필의 말을 빠뜨렸다. 그러나 결국은 그의 아버지보다 더 비참한 최후를 맞고 말았다.

한나라 때에 유행했던 천인감응이라는 봉건적 신학은, 일반적으로 악몽이란 하늘의 신이 일반 사람들에게 내리는 일종의 경고라고 생각했다. 그러나 신비주의자들은 종교의식에 의해 악몽을 물리칠 것을 고수했으며, 이러한 사상을 가진 사람들은 도를 닦고 정치를 닦고 몸을 닦으므로써 악몽을 물리칠 것을 주장했다.

가의賈誼가 이르기를 천자가 악몽을 꾸면 도를 닦고, 제후가 악몽을 꾸면 정치를 닦고, 대부가 악몽을 꾼즉 몸을 닦는다고 했다.《신서新書 · 대정大政 · 상》

유향劉向이 이르기를 재앙이란 하늘이 천자와 제후들에게 경고하는 것이며, 악몽은 사대부들에게 경고하는 바이다. 고로 재앙이라도 좋은 정치에게는 이기지 못하고, 악몽이라도 좋은 행동에게는 이기지 못하는 것이다라고 했다.《설원說苑 · 경신敬愼》

왕부王符가 말하기를 기이한 꿈이 마음을 움직이는 경우가 있는데, 좋고 나쁨을 막론하고 항상 두려워하는 마음을 갖고서 닦고 반성하며 덕으로써 그것을 맞아들인다면 곧 길한 모습으로 만나게 될 것이다라고 했다.《잠부론 · 몽열》

악몽을 물리치는 이러한 방법에서는, 종교적 의식을 말하지 않고 꿈을 꾼 사람 자신의 수행을 강조했는데, 이는 실제로는 해몽미신 속에서 발생된 일종의 해몽을 부정하는 경향이라고 할 수 있다.

악몽을 물리치는 미신은 몇몇 소수민족의 정권에까지 영향을 미치기도 했다. 《진서》의 기록에 의하면, 전조前趙의 제왕이었던 유요劉曜는 해몽의 결과가 좋지 않자『친히 두 번의 교사郊祀를 거행하고 신사를 꾸미고 섶을 태우며 멀리 산천의 신들에게 제사를 올렸는데, 두루 미치지 않은 곳이 없었다』고 했으며, 이와 동시에 사형 이하의 범죄자에 대해서는 모두 사면을 내렸으며, 백성들의 조세에 대해서도 모두 반으로 감면을 해주었다고 한다. 이와 같았을진대 제왕에게 악몽이 있는 것은 도리어 백성들에게는 좋은 일도 아니었을까.

《천보유사天寶遺事》에는 또 다음과 같은 얘기가 실려있다. 주상周象이라는 사람 은 사냥을 매우 좋아했는데, 이후 분양령汾陽令이라는 관직에 오르게 되었다. 어느 날 밤에 젖먹이 호랑이에게 막 쫓기는 꿈을 꾸었는데, 꿈을 깬 후 병이 나게 되었으 며 의사도 약도 아무런 소용이 없었다. 한 스님이 길을 지나가면서 이 집에는 나쁜 기운이 있구나라고 하여, 주상은 스님을 안으로 청하여 재앙을 물리칠 수 있도록 도와달라고 했다. 이에 스님이 신단을 만들고서 칼을 손에 쥐고서 주문을 외우니, 갑자기 주상의 침대 밑에서 호랑이 울음소리가 났으며 스님은 곧바로 이를 향해 물 을 뿌렸다. 그후 주상의 병이 점점 낫게 되었다고 한다. 이러한 이야기는 내용의 많 은 부분이 허구이다. 그러나 스님이 미리 먼저 주상의 마음병을 알고서 재앙을 떨 쳐 버리는 형식으로써 심리적 치료를 한 것이라고 한다면, 그 결과는 완전히 응험 이 있는 것이라고 긍정할 수 있다.

길몽을 꿀 수 있도록 기도하고 악몽을 물리치도록 하는 종교적인 풍속은, 민간에 서는 계속적으로 유전되고 이어졌다. 《대명통일지大明統一志》의 기록에 의하면, 지금의 복건성 선유현仙游縣의 동북 지방에는 원래 구리호九鯉湖라는 호수가 있고 그 위에는 하고何姑의 사당이 있으며, 아홉 하선고何仙姑를 모셔두고 있었다 한다. 매번 향시가 있는 해가 되면, 그 지방의 과거 응시생들은 과거에 응시하기 전에 모 두 여기에 와서 길몽을 꿀 수 있도록 기도하고 그리하여 그들이 과거에 급제할 수 있기를 바랐다. 전하는 바에 의하면,『가끔 효험이 있었다』고 한다. 그러나 어쨌든 간에 하선고는 길몽을 꿀 수 있도록 기도한 과거 응시생들이 모두 급제를 할 수 있도록 보장해 줄 수는 없는 것이며, 급제하지 못한 그런 응시생들이 미리부터 하선고의 꿈을 받았는지의 여부도 알 수가 없다. 길몽을 바라고 악몽을 물리치고자 하는 활동은 또 몽신·몽귀·몽주 등등의 활동과도 관계가 있는데, 이는 다음절에서 살펴보기로 하자.

4 | 몽신·몽귀·몽주와 기타

[1] 몽신夢神

몽신이라는 것은 《초사楚辭·초혼招魂》에서 제일 먼저 보인다. 전하는 바에 의하면, 옥황상제의 수하에 〈꿈을 관장하는〉 신이 있었다 한다. 아래위 문장의 의미로 볼 때 〈꿈을 관장하던〉 신의 직능은, 하나는 혼을 부르는 것(引魂)이고 다른 하나는 꿈으로 통하게 하는 것(通夢)이었다. 그래서 주석에서『황제에게 꿈으로 통하게 하고, 혼백을 불러들이는 것을 하는 관리이다』고 했다.

당나라 때의 《낙고기諾皐記》·《기사주記事珠》와 《치허각잡조致虛閣雜俎》의 기록에 의하면, 이름이 〈지리趾離〉라고 하는 몽신이 있었다고 하는데 그 이름이 어디서 왔는지는 알 수가 없다.『그 신의 이름을 부르고 잠자리에 들면 맑은 꿈을 꾸게 되어 길하게 된다』고 한다. 즉 잠자리에 들기 전에 〈지리〉란 몽신의 이름을 부르고서 잠을 자게 되면 〈깨끗하고 아름다운〉 꿈을 꾸어 길하게 된다는 것이다.

《당운唐韻》과 《광운廣韻》의 〈樧〉(shè)자의 주석에서는, 모두 《선경仙經》에서의『의사宜樧는 선몽을 관장하는 신이다』라는 말을 인용하고 있다. 이 신이 전문적으로 길몽을 꾸게 해주는 신인지, 혹은 이 신을 부르거나 이 신에게 기도를 드리게 되면 반드시 길몽을 꾸게 되는지에 대해서는 확실히 알 수가 없다.

[2] 몽귀夢鬼

꿈에는 몽신이 있는가 하면 몽귀도 있다. 민간에서는 일반적으로 나쁜 꿈은 대부분 귀신이 재앙을 내려서 그렇게 된 것이라고 생각한다. 《주례》와 《한서》에서의 〈나구역(儺毆疫)〉은 바로 악몽을 꾸게 하는 귀신을 물리치게 하는 종교적 의식이다. 거기서 말하는 『백기伯奇가 꿈을 잡아먹는다』라는 내용은, 바로 백기라는 신이 악몽을 꾸게 하는 귀신을 몰아내어 그 가죽을 벗기고 그것의 근육을 골라내어 마지막에는 그것을 잡아먹어 버리는 것을 말하는 것이다.

송나라 때의 《물류상감지物類相感志》에서는, 또 전문적으로 사람의 꿈을 삼켜 버리는 〈식몽수食夢獸〉라는 귀신이 있다고 하였다. 『식몽수는 그 상세한 모습을 알 수는 없으나, 실제로는 귀신이다. 사람의 꿈을 잡아먹기를 좋아하며 입을 다물지 않으며, 항상 아침에 사람들이 꿈얘기를 하기를 기다렸다가 선악을 따르게 한다. 그래서 군자는 꿈얘기를 신중하게 한다』고 했다.

운남성의 율속족들도 악몽을 귀신이 재앙을 내린 결과로 인식한다. 몽귀의 이름은 〈밀가니密加尼〉라고 하는데, 마을에서 악몽을 꾼 사람이면 누구나 이 귀신을 물리치는 제사를 지냈다. 제물로서는 보통 돼지 한 마리와 닭 한 마리를 잡았는데 이들은 암컷 한 마리와 수컷 한 마리여야 했으며, 이를 준비한 후 〈밀가니〉신을 동쪽으로 보내 드린다. 몽귀가 사람이 준비한 돼지고기와 닭고기를 먹은 후 쫓겨나게 된 이상 악몽이라고 하더라도 더이상 재앙을 내릴 수는 없게 된다고 한다.

경파족의 풍속에는, 악몽을 꾸면 『귀신을 소리내어 불러야만 한다』는 것이 있다. 이 귀신은 물론 몽귀를 말하는 것이지만, 그 귀신의 이름이 무엇인지는 알 수가 없다.

---

〔3〕몽주夢呪

몽신·몽귀와 서로 관련이 있는 것으로 고대 중국에서는 또 수많은 몽주들이 있다. 몽주는 일반적으로 매우 신비한 것으로 단지 스님이나 도사·해몽가들만이 알 수 있는 것이다. 유관한 몽주를 파악하고 있기만 한다면, 몽신이나 몽귀 들과 서로 메시지를 주고받을 수 있을 뿐만 아니라 좋은 꿈을 구할 수도 있으며 악몽을 물리칠 수도 있다고 한다.

불교적인 주문으로는 〈구몽주求夢呪〉〈금륜주金輪呪〉〈야신주夜神呪〉〈길몽주吉夢呪〉 등이 있다.

〈구몽주〉는 《돈황유서》 P2322에 현존해 있는데, 이는 산스크리트어를 음역한 것으로 대략 남북조시대 때에 중국으로 들어왔다. 전하는 바로는, 매일 저녁 잠자리에 들기 전에 불상 앞에서 향과 꽃을 드린 후 이 주문을 일곱 번 외우게 되면, 그 효험이 빠르면 바로 그 당시에 일어나거나 늦으면 7일 안에 바라는 사람을 반드시 꿈 속에서 볼 수 있게 된다고 한다. 만약 매일 밤마다 연속으로 108번을 외우게 되면 서로 다른 어떠한 사람이 어떠한 말이라도 하기만 하면, 무엇을 보고 싶다고 생각만 하게 되면 꿈에서 다 볼 수 있다고 한다. 당시에 이를 믿는 사람들이 실험을 해보았는지, 주문을 외운 후 그러한 응험이 있었는지의 여부에 대해서는 알 수가 없다. 주문을 보게 되면, 읽으려면 혀가 매우 괴롭다. 바라고자 하는 꿈을 반드시 구할 수 있다고는 하지만 아마도 반드시 그렇지는 않을 것이며, 그렇지만 쉽게 잠이 들어 꿈의 세계로 갈 수 있는 것만은 틀림이 없다. 그 주문은 다음과 같다.

　나모륵탁이사사, 나모아리사, 바로기리사, 바라사보리살요사, 마아살요사, 다척다, 지리미지리륵륵의의, 마아리사바로기리사, 바라사, 사가.
　那暮勒橐梨蛇蛇, 那暮阿梨蛇, 波路鞿提蛇, 波羅蛇菩提薩謠蛇, 摩阿薩謠蛇, 多擱多, 至梨彌至梨勒勒義義, 摩阿梨蛇波路鞿提蛇, 波羅蛇, 莎呵.

〈금륜주〉라는 이름은 《운선잡기雲仙雜記》에 보이고 있지만 그 주문은 이미 전하지 않는다. 전하는 바에 의하면, 두 귓밥을 치고 〈계심환桂心丸〉을 복용한 후 〈금륜주〉를 외우기만 하면, 마음 속에 그리는 사람이 세상에 있건없건간에 그날 밤에 반드시 꿈에 나타나게 된다고 한다. 이런 것으로 볼 때, 〈금륜주〉라는 것도 역시 꿈을 구하는 주문이라 할 수 있겠다.

〈야신주〉라는 것은 《유양잡조酉陽雜俎》에 현존해 있는데, 주문은 모두 〈파산파연저婆珊婆演底〉라는 다섯 자로 되어 있다. 밤에 길을 걸을 때나 잠자리에 들 때 항상 이 주문을 외우게 되면 공덕을 쌓을 뿐만 아니라 공포와 악몽을 물리칠 수도 있다고 한다.

〈길몽주〉는 《속박물지續博物志》에 현존되어 있는데, 원래는 《치허각잡조致虛閣雜俎》에서 나온 것이다. 주문은 모두 『원주장관元州牂管, 취축미제取竺米提』라는 8자로 되어 있다. 잠자리에 들기 전에 이 주문을 일곱 번 외우게 되면 반드시 길몽을 꾸게 된다고 한다.

도교적인 몽주로는 〈악몽길몽축惡夢吉夢祝〉〈염악몽주厭惡夢呪〉〈태제벽몽신주太帝辟夢神呪〉 등이 있는데, 지금은 모두 《운급칠첨雲笈七籤》이라는 도교 경전에 보존되어 있다.

〈악몽길몽축〉은 〈악몽축〉과 〈길몽축〉으로 되어 있다. 전하는 말에 의하면, 태소진인太素眞人(즉 천계진인天界眞人으로 득도하여 하늘나라로 올라간 신선을 말한다—역주)이 일찍이 사람들에게 악몽을 피할 수 있는 방법을 가르쳐 주었는데, 연속적으로 악몽을 꾸는 사람은 『하나는 백요魄妖(칠백七魄이 만들어낸 요사스런 기운, 즉 칠시七尸를 말한다—역주)가, 두번째는 심시心試(마음을 찌르는 악한 기운—역주)가, 세번째는 시적尸賊(사람을 해치는 귀신의 기운—역주)』이 재앙을 내린 것인데, 이 악몽을 없애는 방법은 『꿈을 깬 후 왼손으로 인중(코와 윗입술 사이의 우묵 들어간 곳—역주)을 열네 차례 꼬집고 이빨을 열네 번 톡톡 친』 다음 낮은 목소리로 다음과 같은 주문을 외운다고 한다.

대동진원장련삼혼, 제일혼속수칠백, 제이혼속수니환, 제삼혼수심절도. 속계태소삼원군, 향우불상지몽, 시칠백유시내협사원. 급소도강호, 명상고제군, 오로·구진각수체문. 황궐신사·자호장군파월, 악령, 소멸악정, 반흉성길, 생사무연.

大洞眞元長鍊三魂, 第一魂速守七魄, 第二魂速守泥丸, 第三魂受心節度. 速啓太素三元君, 向遇不祥之夢, 是七魄游尸來協邪源. 急召桃康護, 命上告帝君, 五老·九眞各守體門. 皇闕神師·紫護將軍把鉞, 握鈴, 消滅惡精, 返凶成吉, 生死無緣.

〔대동천大洞天의 진원眞元의 기氣(신성하고 깨끗한 원기—역주)로 하여금 꿈을 꾸는 사람의 삼혼을 제지하게 하소서. 첫번째 혼으로 하여금 빨리 가서 몸의 칠백七魄을 지키게 하시고, 두번째 혼으로 하여금 빨리 가서 니환泥丸(즉 뇌수腦髓를 말한다—역주)을 지키게 하시고, 세번째 혼으로 하여금 빨리 가서 심장의 박동수를 조절하게 하소서. 빨리 가서 하늘나라의 세 신(각기 천天·지地·인人을 주관함—역주)에게 여기 불길한 악몽을 만났으며, 이는 칠백이 만들어낸 시체의 기운과 외부의 사악한 기운이 함께 내린 재앙이라고 알리소서. 빨리 하원신下元神(몸의 아랫부분을 주관하는 신—역주)이신 도강을 불러서 먼저 꿈을 꾸는 사람의 생명을 보전토록 하소서. 그리고 나서 신성스러우신 하느님과 다섯 방향의 신들, 구진九眞(득도한 신선들—역주)들께 알리시

어 그들로 하여금 꿈을 꾸는 사람의 몸의 각 문들을 지키도록 하소서. 천궁天宮의 신사 神師(즉 법사)와 장군 들로 하여금 도끼와 신의 요령을 들게 하시어 함께 와 악몽을 꾸게 하는 요정을 소멸시키소서. 그리고 흉한 것을 길한 것으로 바꾸시고 생과 사가 모두 악몽과 관련이 없도록 하소서.]

주문을 다 외운 후 잠을 자게 되면 틀림없이 길몽을 꾸게 된다.『그리고 악몽을 꾸게 하던 기운은 삼궐의 아래에 갇혀 버리게 된다.』3년 후가 되면 다시는 그런 길하지 않은 악몽을 꾸지 않게 된다. 만약 밤에『길몽을 꾸면 길한 응험이 있고』『마음 속으로 스스로 좋은 것이라고 여기게 되면 바로 길한 꿈이다.』꿈을 깬 후『눈을 열네 번 비비고』다시 〈길몽주〉를 외우게 되는데, 그 뜻은 신선에게 감사를 드리고자 하는 데 있다. 그 축사는 다음과 같다.

태상고정, 삼제단영, 강궁명철, 길감고정, 삼원유백, 천황수경, 소향해합, 비선상청, 상여옥진, 구회자정.
太上高精, 三帝丹靈, 絳宮明徹, 吉感告情, 三元柔魄, 天皇受經, 所向諧合, 飛仙上淸, 常與玉眞, 俱會紫庭.
[태상의 어른의 도는 전지전능하시며, 세 분 하느님의 단약은 매우 영험하시와, 저의 심궁心宮(즉 심실 혹은 심방─역주)은 매우 명철하고, 길상스런 감응이 길몽을 일으켰습니다. 삼원三元(세 가지의 원기─역주)은 저의 체온을 부드럽게 변화시키고, 저희들은 줄곧 천황께서 내려주신 경전을 따랐습니다. 이르는 곳은 모두 화합을 이루고, 저는 신선처럼 날아서 상청上淸(삼청천의 한 단계─역주)으로 오르고, 늘상 뭇 신선들과 함께 푸른 기운이 감도는 하늘나라에서 만납니다.]

잠자리에 들기 전에 만약『침을 스물일곱 번 삼키고』재빨리 왼손의 두번째와 세번째 손가락으로 코 아래 인중 부분의 왼쪽을 누르게 되면,『신령이 통해서 모든 것을 볼 수 있고, 모든 사악함을 막을』수 있게 됨은 물론 악몽의 간섭도 없어지게 된다.

〈염악몽주〉라는 것도 역시 악몽을 떨쳐 버리는 주문이다. 악몽을 만나게 되었을 때 바로 〈태상대도군太上大道君〉〈구언기상具言其狀〉이라는 주문을 네다섯 번 외우게 되면 악몽은 자연히 사라지게 된다고 한다. 이밖에도 〈청동군구결靑童君口訣〉이라는 것이 있는데, 전하는 바에 의하면 악몽을 만난 후 곧바로 누운 자리에서 다음과 같은 주문을 외운다고 한다.

태령옥녀, 시진위혼, 육궁금동, 내수생문, 화악반선, 상서삼원, 사아장생, 승경가운.

太靈玉女, 侍眞衞魂, 六宮金童, 來守生門, 化惡返善, 上書三元, 使我長生, 乘景駕雲.

[아홉 겹 구름 위의 선녀는 저의 진기眞氣와 신혼神魂을 지켜주시며, 육신궁六神宮의 어린 신선은 와서 저의 생명의 문을 지켜주십니다. 악몽을 길몽으로 바꾸어 주시고, 천상의 세 신께 말씀드려 주십시오. 저로 하여금 영원히 살 수 있도록 해주시고, 천상의 구름을 타고 올라가도록 해주십시오.]

그후『침을 일곱 번 넘긴 후 이빨을 일곱 번 톡톡 친다.』이와 같이 네다섯 번을 반복하게 되면 악몽은 자연히 사라지게 된다고 한다.

〈태제벽몽신주〉라는 주문도 마찬가지로 악몽을 쫓는 주문에 속한다. 그러나 이 주문은 도사 자신들만을 위해 쓰인 것인 듯하다. 도사들이 악몽을 만나게 될 때, 『혹 다른 사람과 싸우는 꿈을 꾸거나 서로를 단속하는』꿈을 꾸게 되는 것은『칠백七魄과 유시游尸』가 재앙을 내려서 그런 것이라고 하기도 하고, 바깥을 떠돌아다니는 귀신이 〈본댁〉에 들어와서 그런 것이라고 하기도 하고,『삼혼三魂이 흩어져 덮어 가리고』『오신五神이 무서워 떨어서』그런 것일 터라고 하기도 하고, 신의 혼이『속박되는 바람에 돌아가지 못한』까닭에 그런 것일 터라고 하기도 한다. 잠을 깬 후 반드시 위쪽을 보고서 바로 누워『이빨을 스물한 번 톡톡 친』연후에 낮은 목소리로 다음과 같은 주문을 외운다.

구천상제, 사문팔령, 칠방이원, 삼소원정, 태을도강, 상예삼청, 속고제군 : 섭명황녕, 속소칠백, 교실신정. 약유불상, 칠시귀병. 종호쌍진, 유탁연형. 태미대신, 참벌사정, 삼혼화유, 혈시침영, 신귀절택, 촉향이진. 사아신선, 장보겁령.

九天上帝, 四門八靈, 七房二元, 三素元精, 太乙桃康, 上詣三淸, 速告帝君 : 攝命黃寧, 速召七魄, 校實神庭. 若有不祥, 七尸鬼兵. 從呼雙眞, 流濁鍊形. 太微大神, 斬伐邪精 : 三魂和柔, 血尸沈零 : 神歸絶宅, 觸向利眞. 使我神仙, 長保劫齡.

[아홉 겹 하늘 위에 높이 계시는 하느님이시여, 사천문의 여덟 신령을 제압하여 지켜 주시고, 저의 칠방七房(일곱 장부臟腑 ─역주)에 순수한 기운(진기眞氣)기운이 가득 차도록 해주시고, 저의 삼궁三宮(상단전·중단전과 하단전을 말한다 ─역주)에 참된 정기가 가득차게 해주소서. 북두의 신이신 태을과 생명의 신이신 도강이시여, 빨리 가셔서 삼청(즉 옥청玉淸·상청上淸·태청太淸의 세 지존스런 천신 ─역주)께 제 생명의 뿌리를 보존토록 하소서. 바깥을 떠돌아다니는 칠백七魄을 모두 불러와 이목과 두뇌 중의 여러 신들을 모두 각자의 위치에 임하도록 하소서. 만약 길상스럽지 못한 꿈이 있으면, 그것은 바로 칠시의 기운이 귀병鬼兵으로 변하여 내리는 재앙일 것입니다. 진음眞陰과 진양眞陽의 기운을 불러들이고, 탁음濁陰과 탁양濁陽의 기운을 없애려면, 수시로 자기 자신의 몸을 닦아야 합니다. 천상의 큰 신들이시여, 재앙을 내리는 저 요정들을 요절내도록 도와주소서. 삼혼이 일단 부드러워지기만 하면 피비린내나는 시기尸氣는 소리를 감추고 숨어 버리게 될 것입니다. 신선의 혼이 텅빈 집으로 돌아온다면 순수한 기운(진기眞氣)은 점점 회복될 것입니다. 그리하여 저로 하여금 신선이 되게 하시고, 영원히 생명을 보존토록 하게 하소서.]

주문을 다 외운 후 다시 『이빨을 톡톡 열네 번을 치고 침을 열 번 삼킨다.』 만약 항상 이렇게 하고 항상 이 주문을 외울 수 있다면, 『삼혼이 온화하고 익숙하게 되고, 칠백이 제약을 받으며, 신의 기운이 정명해지며, 시예尸穢가 죽어 없어지게 된다. 그리고 주문을 받은 귀신은 지옥에서 시련을 받게 된다』고 한다.

도교에서의 각종 몽주들은 모두 주문을 외우기 전이나 외운 후에 『이빨을 톡톡 치거나』 『침을 삼키는데』 이것은 중국의 전통 의학에서의 안신安神이나 양신養神, 혹은 정신의 편안함과 마음의 평안을 구하는 한 방법이었으며, 악몽을 발생시키는 나쁜 마음 상태를 바꾸는 데 도움이 되는 것으로, 이를 미신으로 돌릴 수는 없다. 불교에서의 주문은 그 의미를 잘 알 수는 없지만, 도교적인 주문은 대부분이 상제나 신선 들에게 각종의 시적尸賊이나 악한 정기·요괴 등등을 물리치게 해달라고 부탁하는 내용이다. 이를 굳게 믿는 사람에게 있어서는 이러한 것들이 확실히 정신상의 해탈을 얻을 수 있게 해주었다. 그러나 이러한 해탈은 환상적인 해탈일 뿐이다. 그리고 귀신을 의심하는 심리는 언제라도 다시 악몽으로 나타날 수도 있다.

당나라 때의 이름난 의사였던 손사막孫思邈은 원래가 종남산終南山에 있던 도사였다. 그의 《비급천금요방備急千金要方》에서 그는 악몽에 대한 도교적인 태도를 기록한 적이 있다. 그는 밤에 악몽을 꾸면 다른 사람에게 말하지 말 것을 강조했다. 아침에 『동쪽으로 물을 향해서 〈악몽착초목惡夢着草木, 호몽성보옥好夢成寶玉〉이라는 주문을 외우면』 곧바로 허물이 없어지게 된다고 했으며,『꿈의 좋고 나쁨은 결코 말하지 않는 것이 좋은 것』이라고 여겼다.

불교나 도교 이외에 민간에서도 몇몇 주문들이 전해지고 있다. 예를 들어,《신집 주공해몽서》에서는 사람이 악몽을 꾸게 되는 것은 어떤 금기들을 깨뜨렸기 때문이라고 하면서, 이러한 금기들로 모두 20가지를 나열하고 있다. 그 중 열번째에서 말한 『머리를 우물 속으로 향해서 본다』와 열여덟번째에서 말한 『칼을 자기의 머리 위에다 둔다』와 열아홉번째의 『대낮에 우물가의 난간 위에 앉아있는』이러한 행위들은 모두가 위험한 것이며, 두려움 때문으로 해서 확실히 악몽을 꾸게 될 가능성이 존재한다. 기타의 나머지들은 모두 귀신을 건드리는 것들에 대해서 말하고 있다. 이 해몽서의 이론에 의한다면, 악몽을 꾸는 것을 막기 위해서는 평상시에도 이러한 금기에 관련된 것들에 주의를 해야 한다는 것이다. 악몽을 꾸었다고 하더라도 절대로 다른 사람에게 말을 해서는 안 된다. 그 마음을 반드시 경건하게 갖고서 몽부夢符를 한 장 그려서 살며시 침대다리에다 붙여놓고서 다른 사람이 알게 해서도 안 된다. 이와 함께 주문을 외우면 악몽을 물리칠 수가 있게 된다. 몽부는 부록 3의 마지막 부분을 참조하면 되고, 그 몽주는 다음과 같다.

적적양양, 일출동방, 차부단몽, 벽제불상. 독지삼편, 백귀잠장, 급급여율령. 부악몽성운명행귀, 악상성가명자직, 우성자(이) 자세호, 오지여명식여자. 원오천리, 급급여율령, 칙.

　赤赤陽陽, 日出東方, 此符斷夢, 辟除不祥. 讀之三遍, 百鬼潛藏, 急急如律令. 夫惡夢姓雲名行鬼, 惡想姓賈名自直, 又姓子(而)字世瓠, 吾知汝名識汝字. 遠吾千里, 急急如律令, 勅.

　〔붉디붉은 햇빛이여, 해는 동방에서 뜨며, 이 부적은 악몽을 끊어줄 것이며, 상서롭지 못한 것들을 없애줄 것이다. 이를 세 번을 읽으면 온갖 귀신들이 법령을 받은 듯 재빨리 숨어 없어질 것이다. 악몽 너의 성은 운이요 이름은 행귀이며, 나쁜 생각 너의 이름은 가요 이름은 자직이며, 또 다른 성은 자요 자는 세호이니, 나는 너의 이름도 알고 너의 자도 알고 있도다. 나에게서 천 리 바깥으로 법령을 받은 듯 재빨리 멀어지거라. 칙.〕

몽부는 분명 도교로부터 왔으나 몽주는 도교적인 것 같지가 않다. 『악몽 너의 성은 운이요 이름은 행귀이다』라고 한 것은 〈귀〉자와 관련이 있으나, 『성은 자요 자는 세호』라고 한 것은 어디서 왔는지 그 유래를 알 수가 없다.

또 『야몽불상, 사재서벽, 태양일조, 화위길상 夜夢不祥, 寫在西墻, 太陽一照, 化爲吉祥』[간밤의 꿈이 상서롭지 않아, 서쪽 담벼락에다 써놓았네. 햇빛이 한 번 비추니, 길상으로 변해 버리네]이라는 네 구로 된 구결이 수많은 지역에서 유행하고 있다. 이러한 것도 몽주의 범위에 귀속시키는 것이 마땅하겠지만, 언제 누구에게서부터 시작되었는지는 알 수가 없다.

---

[4] 몽초夢草

《유양잡조》의 기록에 의하면, 한나라 무제 때에 외국의 사신이 몽초를 갖다 주었는데, 모습은 마치 부들(香蒲)과 같았으며 낮에는 수축하여 땅 속으로 들어가고 밤에는 피는 것같이 보였다 한다. 사람들은 이 풀을 가슴 속에다 품게 되면 『자신 스스로 꿈의 좋고 나쁨을 알 수 있다』고 했다. 한나라 무제는 이씨 부인을 무척이나 사모했었는데, 이 몽초를 가슴 속에다 품고서 잠을 잤더니 과연 꿈결에서 이씨 부인을 보게 되었다고 한다.

《왕자년습유기王子年拾遺記》에서는 또 융고融高라는 지방에 몽초가 있었는데, 『줄기는 톱풀(蓍)과 같았으며 이를 가슴에다 품고서 꿈을 점치게 되면 그 화복을 알 수 있다』고 했다.

---

[5] 몽조夢鳥

《산해경·서산경西山經》에서는 『기여䲹鵌라는 새가 있는데, 모습은 까마귀 같으며 머리는 셋이고 꼬리는 여섯이며 잘 웃는다』고 하였다. 전하는 바에 의하면, 이 새의 고기를 먹으면 꿈에서 가위눌리는 일이 없게 된다고 한다.

《이아·석조釋鳥》에서는 『광狂이라고 불리는 몽조가 있는데, 머리에는 볏이 있으며 몸은 다섯 가지 색깔로 되어 있다』고 했다. 그렇다면 이것은 전설 속의 봉황과 유사하며, 그렇기 때문에 어떤 사람은 〈광狂〉자와 〈봉鳳〉자는 서로 통가通假가 된다고 하기도 한다. 그러나 이름은 몽조라고 했지만, 길몽을 꿀 수 있도록 기도하고 악몽을 물리칠 수 있었는지에 대해서는 알 수가 없다.

---

[6] 몽충夢蟲

《수신기搜神記》에서는, 바닷가에 팽월蟛蚏이라는 벌레가 있는데 모습은 게와 같으면서 몸이 게보다는 조금 작은데,『사람에게 꿈을 통하게 해줄 수 있으며 일컬어 장경長卿이라고 부른다』고 했다. 바닷가의 사람들은 많은 이들이 이를 〈장경〉이라고 부르고 있지만 어떻게 해야만 〈꿈을 통할 수〉 있는지, 그 이름을 부르면 바로 꾸고자 하는 〈꿈을 통할〉 수가 있는 것인지의 여부에 대해서는 알 길이 없다.

몽신·몽귀와 몽주 등은 모두가 미신이며, 몽초나 몽조·몽충 등은 더더욱 미신적인 것들이다. 우리들이 지금 생각하기에는 이들 미신이 매우 이상하다고 여기겠지만, 역사는 결국 역사인 것이다. 사람들이 아직 꿈의 비밀을 알지 못하고 있었을 때는, 단지 상상에만 기댈 수밖에 없었을 것이니 해몽의 포로가 될 수밖에 없었다. 이러한 점을 이해한다면 무슨 이상할 것도 없게 된다.

제6장

해몽미신의 사회적 영향

해몽미신은 비록 조직적인 종교는 아니지만 오래된 몽혼관념으로부터 변화하여 온 것으로 그 원류가 지극히 멀고 오래되었다. 그것은 매우 광범한 사상적 기초를 갖고 있었기 때문에 고대 중국의 사회생활 속에서 줄곧 가벼이 여길 수 없는 사회적 영향을 발휘해왔다. 은나라 왕과 주나라 왕들은 해몽으로써 나라의 길흉을 살폈으며, 국가의 대사를 결정하는 중요한 수단의 하나로 삼았음은 앞에서도 말한 바와 같다. 전체적인 고대의 중국사회에 있어서의 해몽미신의 영향은 대체로 다음과 같은 세 가지로 나타나고 있다. 역대 통치자들은 해몽에 근거하여 그들이 〈천명을 받은 것〉임을 증명하기를 가장 즐겨했다는 것과, 각 정파별 정치가들이 종종 해몽을 정치투쟁의 한 정신적 무기로 삼았던 것과, 수많은 노동자들은 이러한 미신 속에서 속고 노역을 당하며 우롱을 당해야 했던 것들이다.

1 │ 통치자들의 소위 〈천명을 받은 징표〉라는 것

고대 중국의 제왕들은 모두 스스로 〈천자天子〉라고 자처했다. 천자라는 것은 하느님의 아들을 말한다. 그러나 무엇으로써 이를 증명할 것인가? 한 가지 방법은 바로 하늘이 상서로움을 내려주었다는 것으로써 그들이 〈천명을 받았다〉는 것을 증명하는 것이다. 상서祥瑞라는 것은 하늘이 내려주신 길상을 나타내는 매우 얻기 어려운 물상을 말한다고 한다. 예를 들면, 전설 속에서의 『봉황이 훌륭한 모습을 하고서 날아들고, 좋은 벼를 헌상하는 사람이 생기고, 진나라에서는 꿩 비슷한 기이한 것을 얻고, 노나라에서는 노루 비슷한 상서로운 짐승을 잡았다』《사통史通·서사書事》라고 한 것과 같은 것들이다. 그러나 봉황이든 벼든 꿩이든 노루든간에 모두 객관적으로 실재하는 물상들이며, 이들은 반드시 눈으로 증명이 가능한 것들이다. 이와 같은 옛날의 전설들은 물론 선전을 하는 데 사용될 수 있었겠지만, 지금 이와 같은 상서로움들을 그려낸다면 헛점들이 매우 쉽게 드러나게 될 것이다. 그러나 해몽이라는 방법은 그렇지 않다. 내가 어떤 꿈을 꾸었다, 내가 꿈에서 본 것이 도대체 어떤 것인지 하는 것은 지금에 이르기까지도 단지 꿈을 꾼 자신만이 알고 있을 뿐 다른 사람은 이를 긍정하거나 부정할 수 없는 부분이다. 꿈이란 것이 신령이 통해서 이루어진 것이라고 인식되고 있는 이상, 해몽에 근거해서 자신이 〈하늘로부터 천명을 받았음〉을 증명하고, 자신이 정말로 하늘의 아들임을 증명하는 것은 더없이 편리한 것이었다.

요임금·순임금·우임금·탕임금·문왕·무왕 들은 모두 꿈에 의해서 제왕이 되거나 천자가 된 사람들로, 어떤 것들은 오래된 전설이기도 하고 어떤 것들은 후세에 억지로 만들어낸 것이기도 하다. 《주공해몽서》에서는 다음과 같이 말하고 있다.

> 요임금은 몸에 털이 나는 꿈을 꾸고서 60일 후에 천자의 지위를 얻었으며, 순임금은 눈썹이 자라나고 머리카락이 희어지는 꿈을 꾸고서 60일 후에 천자가 되었으며, 탕임금은 누각으로 날아 올라가 사방을 살펴보는 꿈을 꾸고서 60일 후에 천자의 지위에 올랐으며, 문왕은 해와 달이 자신의 몸을 비추는 꿈을 꾸고서 60일이 지난 후에 서백西伯이 되었으며, 무왕은 나무에 오르자 낙엽들이 자신을 둘러싸는 꿈을 꾸고서 80일이 있자 응험이 있었다.(《돈황유서》P3281)

위에서와 같이 털이 생기고, 눈썹이 자라나며, 누각으로 올라가고, 몸을 비쳐주고, 나무에 올라가는 그러한 꿈들은 아마도 오래된 전설일 것이다. 왜냐하면 후세에 이르러 억지로 만들어진 것들은 모두가 거의 예외없이 하늘이나 태양·용 등을 꿈에서 보는 것들로 표현되고 있기 때문이다.

고대 중국의 신학적 관념에서 본다면 하늘은 바로 하느님이다. 하늘을 존중한다는 것은 바로 하느님을 존중하는 것이 된다. 그래서 동중서 같은 사람은『하늘이란 모든 신의 큰임금이다』《춘추번로春秋繁露·교제郊祭》라고 했다. 해는 바로 군왕과 제왕의 상징이 된다. 소위『꿈에서 해를 보면 임금을 보게 된다』고 하는 경우이다. 용 또한 하느님의 화신이기 때문에 천자는 소위 〈진룡천자眞龍天子〉가 된다. 이러한 관념은 그 뿌리가 깊고 오래되었기 때문에 해몽에 항상 나타나고 있다. 그래서 역대 제왕들은 등극하기 전이나 등극한 후에 항상 하늘이나 해·용 등에 관한 꿈과 같은 신화들을 만들어내게 되었으며, 앞의 시대로까지 되돌아가 선왕께서도 원래 이러이러하였다고 하는 것을 만들어내기까지 했다. 예를 들어《하도정좌보河圖挺佐輔》에는 다음과 같이 실려있다.

황제가 천로天老에게 『나는 흰 용 두 마리가 흰 그림을 빼내어서 나에게 주는 꿈을 꾸었다』고 했다.(《몽점일지·종공편宗空篇》에서 재인용)

《동관한기東觀漢記》에서는 해몽가의 말을 빌어 다음과 같이 말했다.

요임금은 하늘로 기어 올라가는 꿈을 꾸었고(혹자는 『요임금이 청룡을 타고서 태산에 오르는 꿈을 꾸었다』고 하기도 한다), 탕임금은 하늘에 올라서는 하늘을 핥는 꿈을 꾸었다.(《태평어람》 제765권에서 재인용)

《백공육첩白孔六帖》에서는

하나라 우임금이 천시를 만나지 못했을 때, 배를 타고서 달 속을 지나는 꿈을 꾸었다. (〈달 속을 지난다〉는 것은 하늘을 지난다는 뜻이다.)

고 했다. 서한의 무제 이후로 동중서董仲舒가 선양한 천인감응의 봉건적 신학이 정부당국의 통치지위를 점하는 사회사상으로 자리잡게 되자, 해몽은 하늘이 인간에게 감응을 내리고 제왕에게 천명을 내리며 한나라로 하여금 천하를 얻게 해주는 매우 중요한 도구의 하나가 되어 버렸다. 이러한 관념은 머리가 비교적 정확했던 사마천司馬遷조차도 그 영향을 받지 않을 수 없었으니, 그는 《사기·고조본기》에서 다음과 같이 말하고 있다.

……그 전에 유온劉媼이 한 번은 큰 못의 언덕가에서 쉬면서 신과 만나는 꿈을 꾸었다. 그때에 천둥번개가 치고 하늘이 캄캄해졌는데, 태공이 가서 보니 교룡이 그 위에 있는 것이 보였다. 이러한 일이 있고 나서 임신을 했으며 그후 고조를 낳게 되었다.

『신과 만나는 꿈을 꾸었다』는 것은, 바로 꿈에서 신과 서로 접촉했다는 것을 말한다. 무슨 신이었을까? 그것은 바로 태공이 보았던 하늘의 교룡이었다. 『신과 서로 만나는 꿈』을 꾸고서 임신을 했기 때문에 유방은 진정한 〈천자〉이며 〈용의 자손〉이라는 것이다. 사실 유온이 도대체 이런 꿈을 꾸었는지는 하늘만이 알 뿐이다. 『천둥과 번개가 치고 하늘이 캄캄해졌을 때』라면 유온은 놀라 뛰어서 되돌아오거나 혹은 숨을 만한 장소를 찾아야만 했을 것인데, 어떻게 큰 연못가에서 잠을 자면서 꿈을 꿀 수 있었단 말인가! 태공이 〈가서 보았다〉는 것은 가능하지만, 교룡을 보았다는 것은 거짓말이다. 이 꿈은 분명히 이후에 조작된 것이며, 그것이 담고 있는 정치적 의미를 일목요연하게 볼 수 있다. 사마천은 이 전설에 대해 분석도 하지 않은 채 역사적 사실로 인용했으니, 조금은 멍청했다고 하지 않을 수가 없다.

한나라 문제文帝는 원래는 대代라는 지방의 왕이었으나 주발周勃 등이 여呂씨 일족들을 평정한 후에 비로소 제왕으로 옹립되었다. 이러한 것은 당시의 정치적 상황으로서는 매우 자연스런 것이었다. 그러나 이러한 상황의 변화에 〈하늘이 명령을 내린〉 어떠한 근거가 있단 말인가? 이 〈하늘이 내린 명령〉의 근거를 하나는 거북점에서 구했으며, 다른 하나는 꿈점에서 구했다. 거북점을 친 결과『큰 가로획 무늬가 강하게 나타나니, 내가 천왕이 될 것이다 大橫庚庚, 余爲天王』고 했다는 것이 《본기》에 보인다. 꿈점도 《사기》와 《한서》에 보이는데, 《사기 · 외척세가》에서는『박희薄姬가 한 번은 〈창룡이 자기 배를 차지하는〉 꿈을 꾸고서는 대왕을 낳았다』고 기록하고 있다. 《한서 · 정통전鄭通傳》에서는『문제가 한 번은 꿈을 꾸었는데 하늘로 오르고자 했으나 오를 수가 없었는 바 어떤 머리가 누런 사람이 그를 밀어 하늘로 올라가게 해주었다』고 했는데, 이 역시 〈황제의 꿈에다 맞추기 위해 황제가 점을 치는〉 꼴이라고 할 수 있다. 그러나 박희나 문제가 정말로 창룡이나 하늘로 오르는 꿈을 꾸었는지는 누구도 알 수가 없다. 황제의 입에서 나온 것인 이상 아래의 백성들은 단지 진실로 〈믿을〉 수밖에 없으며 감히 의심을 가질 수는 없었다.

한나라 무제는 고조나 문제보다 더 신비스럽다. 천자에 오르기 위해『큰 연못가의 언덕』으로 가 〈하늘의 명령을 받을〉 필요도 없었으며, 『머리가 누런 사람』이 도와줄 필요도 없이 매우 편안하게 황궁 안에서 꿈을 꾸고서 천자를 낳았다. 한나라 무제의 어머니는 효경왕孝景王 황후인데 《사기 · 외척세가》의 기록에 의하면, 그녀가 무제를 잉태하였을 때 한 번은『해가 가슴 속으로 들어오는』꿈을 꾸었다고 한다. 《왕찬王纂》에서는 또 그녀가 꿈에서『신의 딸이 해를 받들어 자기에게 주었으며, 이를 삼키고서 임신을 하게 되었으며 이후 무제를 낳았다』고 했다.

한나라 광무제의 경우가 가장 통쾌하다. 황제의 보좌에 앉기 위해 조금도 숨김없이 부하들에게 자신이 용을 타고서 하늘에 오르는 꿈을 꾸었다고 말했다.《동관한기》에서는 다음과 같이 기록하고 있다.

광무제가 풍이馮異를 불러 말하기를『내가 용을 타고서 하늘로 올라가는 꿈을 꾸었는데, 꿈을 깨고서도 마음이 두근거린다』고 했다. 풍이가 재배를 드리면서 축하하여 말씀드리기를『이는 천명이 정신에 일어난 것이며, 마음이 두근거린다는 것은 대왕께서 신중하신 성격 때문입니다』라고 했다.(《예문유취藝文類聚》제79권에서 재인용)

풍이는 비록 무장武將이긴 했지만, 유수劉秀의 꿈에 대해 마음 속으로 깨닫고 이해하여 재빨리 여러 장수들과 상의하여 존호를 결정한 뒤 유수로 하여금 정식으로 황제라 칭하게 했다.

양한시대 때부터 만들어진 이러한 사회적 풍조는 위진시대, 특히 남북조시대를 거치면서 더욱더 극렬스럽게 되었다.《총담叢談》에서는 조비가 황제가 될 때 한번은 꿈에서 해가 땅에 떨어져 셋으로 나누어졌는데, 그 중의 하나를 주워 가슴 속에다 간직하는 꿈을 꾸었다고 한다. 이것은 분명히 천하가 삼분된 것을 반영한 것이다.《송서》에서는 손견의 아내가 손권을 임신했을 때『해가 가슴 속으로 들어오는』꿈을 꾸었다 하니,《송서ㆍ부서지符瑞志》이 또한 손권이 동오 지방에서 황제를 칭한 것을 반영한 것이다. 유비는 서촉에 있었으니 대체로 유씨 성의 정통에 의해 스스로 명을 받은 것으로 여긴 듯하며, 꿈의 이야기로〈하늘의 명령〉을 받은 것을 증명한 것은 보이지 않는다. 동진에는 이씨 태후가 있었는데, 전하는 바에 의하면『용 두 마리가 무릎을 베며, 해와 달이 품 속으로 들어오는 꿈을 몇 차례나 꾸었다』하는데《진서ㆍ후비전后妃傳ㆍ하》그녀는 이후 효무제와 회계의 문효왕, 번양의 장長공주 등을 낳았으니, 이 꿈은 당연히〈고귀한 징험〉을 갖고 있는 것이라고 해야 할 터이다. 남북조시대는 천하가 나누어져 한민족 정권과 소수민족의 정권이 서로 대립하고 있었다. 그러나 해나 용에 대한 꿈에 있어서는 소수민족이나 한민족의 구분 없이 서로 번갈아가면서 계속적으로 나타났으며, 어떤 것들은 매우 교묘하게 만들어진 것도 있었다. 전조의 황제였던 유연劉淵은 그의 어머니가 아들을 낳게 해달라고 기도했을 때『해의 밝은 빛을 먹는 꿈』을 꾸었으며,《진서ㆍ유원해재기劉元海載記》유총劉聰의 어머니는 그를 잉태했을 때『해가 품 속으로 들어오는 꿈』을 꾸었다 한다.《진서·유총재기劉聰載記》전하는 바에 의하면, 북위의 태조였던 탁발규拓拔珪는 그의 어머니가 그를 잉태했을 때『해가 집으로부터 나왔는데 빛이 하늘로 올라가는 꿈』을 꾸었다고 하며《위서·태조기》세종世宗이었던 탁발각拓拔恪은 그의 어머니가 그를 잉태하였을 때『해가 용으로 변했으며』그 용이 그녀의 몸을 몇 바퀴나 감는 꿈을 꾸었다 한다.《위서·세종기》또 남제의 최영건崔靈建은 꿈에서 하느님이 그에게『소도성蕭道成은 나의 열아홉번째 아들인데 나는 지난해에 이미 천자의 지위를 주었노라』고 했다 한다.《남사南史·제본기齊本紀》하느님이 왜 다른 사람에게 말하지 않고 단지 최영건에게만 말을 했던 것일까? 아첨하여 영욕을 구하고자 함이 글 속에 생생하게 나타나고 있다. 소도성 자신의 경우에 있어서는, 한 번은 17세 때에『청룡을 타고서 해를 쫓아 서쪽으로 가는 꿈』을 꾸었는데, 가족들이 점쟁이에게 물어본즉『지극히 귀하게 될 상』이라고 했다 한다.《남사·제본기》북제의 신무루神武婁 황후에게는 더더욱『네 마리 용꿈』이라는 것이 있었다고 하는데, 그 하나는 문양文襄을 잉태했을 때『잘려진 용을 한 마리』꿈에서 보았고, 두번째는 문선제文宣帝를 잉태했을 때『큰 용을 꿈에서 보았는데, 머리와 꼬리가 하늘과 땅에 닿았고 입을 벌리고 눈을 움직여 그 모습이 사람을 놀라게 하였다』한다. 세번째는 효소제孝昭帝를 잉태했을 때, 『용이 땅에서 꿈틀거리는 꿈』을 꾸었으며, 네번째는 무성제武成帝를 잉태했을 때『용이 목욕을 하는 꿈』을 꾸었다 한다.《북제서·신무루황후전》진나라의 고조가 천하를 제패하기 전에『하늘이 열리며』『붉은 옷을 입은 신이 해를 받쳐들고 있었고』그가 해를 뱃속으로 삼켰는데, 꿈을 깬 후에도 배 안에 아직 뜨거운 기운이 남아있었다 한다.《진서·고조본기》이와 같은 얘기들은 수도 없이 많다. 만약 양한시대가 꿈으로써〈하늘의 명을 받은 것〉을 증명함에 있어서 아직도 신비한 모습을 담고 있었다고 한다면, 남북조시대의 각 조대에서는 옛날의 진부한 것을 그대로 답습하고 있으며, 대부분 이 같은 모델들이다. 그러나 꿈에 대한 신비한 관념이 광대한 군중들의 머릿속을 아직 지배하고 있던 시점에 있어서는, 위에서 든 각종의 방법들은 왕권을 논증해 주는 신학적 근거로써 작용했었기 때문에 여전히 매우 중요한 작용을 하고 있었다.

수당시대에는 아마도 불교의 영향으로 인해 하늘과 해, 용꿈에 대한 풍조는 통치자들 속에서 사라진 것 같다. 그러나 통치자들이 왕의 권위를 논증할 때에는 언제나 이러한 신학적 도구를 이용했다.《독이지獨異志》의 기록에 의하면 수나라 문제는 꿈에서 그의 왼쪽 손이 없는 꿈을 꾸었는데, 한 노승이 이를 해몽하여『왼쪽 손이 없다는 것은 독권을 말하는 것이니 천자가 될 것이다』라고 했다 한다.《기이록紀異錄》에서는 또 당나라 고조가 황제가 되기 전에 그 유명한『침대에서 떨어지는 꿈』을 꾸었다 하는데, 몸이 침대에서 떨어지자 구더기떼들의 먹이가 되었다고 한다. 지만智滿이라고 하는 선사가 이를 해몽하여『공께서는 천하를 얻으실 것입니다! 죽었다는 것은 폐斃(죽다)를 말하며, 침대에서 떨어졌다는 것은 하下(아래)를 말하는 것입니다.〈폐하陛下〉라는 것은 지존의 형상을 의미합니다. 무리를 진 벌레들의 먹이가 되었다는 것은 수도 헤아릴 수 없는 군중들이 들러붙게 된다는 것을 의미합니다』고 했다 한다. 양견楊堅과 이연李淵이 도대체 이러한 꿈을 꾸었는지의 여부에 대해서는 말을 하기가 매우 어렵다. 그러나 해몽가들이 해몽에 의해 점을 쳐주었다고 하는 것보다는 오히려 그들이 황제가 되고 싶어하는 절박한 심정에 영합을 했던 것이라고 하는 편이 나을 것이다. 이후 당나라 현종 때에는 어떤 사병이『해를 안고서 하늘로 올라가는』꿈을 꾸었었다고 하며,(《정명록定命錄》에 보임) 당나라 선종 때에는 또 어떤 사람은 우마차 속에 상서로운 태양이 있는 꿈을 꾸었다고도 한다.(《선실지宣室志》에 보임) 이 두 왕이 재위했던 시기는 사회가 매우 혼란했었으므로 또다시 해묵은 장난거리들을 들추어내었던 것이다.

고대 중국의 역사에 있어서 양송시기의 황제들이 해나 용·하늘 등에 관한 꿈을 꾸었다는 신화가 제일 많다. 송나라의 태조인 조광윤은 한 나라를 열었던 황제이지만, 황제가 되기 전에 꿈에 의한 어떤 징조가 있었다는 애기는 듣지 못했다. 그러나 태종 이후로는 이러한 애기들이 끝도 없이 나왔다.《송사》의 기록에 의하면, 태종의 어머니가 태종을 잉태했을 때 한 번은『신이 해를 받쳐들고서 그녀에게 주는』꿈을 꾸었다고 하며《송사·태종본기》진종眞宗이 태어날 때 그의 어머니 또한『꿈에서 해를 보았는데 치마로 그것을 받쳐들었다』고 한다.《송사·진종본기》또 영종英宗이 안의왕安懿王이 될 때『용 두 마리와 해가 함께 떨어져 옷으로 그것을 받는 꿈』을 꾸었다고 하며《송사·영종본기》영종寧宗의 어머니가 임신을 했을 때는『해가 정원에 떨어졌는데 손으로 그것을 받는 꿈』을 꾸었다고 하며《송사·영종본기》이종理宗이 태어났을 때는 그의 아버지가『붉은색 옷과 금색 모자를 쓴 사람이 와서 부르짖는 꿈』과『집 안에 붉은 빛이 땅에까지 비치어 마치 해가 가운데 있는 것 같은 꿈』을 꾸었다고 하며《송사·이종본기》도종度宗의 어머니가 임신을 했을 때

『색깔있는 옷을 입은 신선이 용 한 마리를 안고서 가슴 속으로 들어오는 꿈을 꾸었는데, 이런 일이 있고 나서 임신이 되었다』고 한다.《송사·도종본기》이러한 몽상이나 몽조·몽징 등의 주된 내용은 여전히 〈해〉나 〈용〉·〈하늘〉이긴 하지만 가면 갈수록 정도가 심해지면서 내용들도 새롭게 바뀌었다. 원래는 단지 해가 가슴 속으로 들어오는 꿈에 불과하던 것이 지금은 치마로 해를 받쳐들거나 옷으로 해를 받는다든가 손으로 해를 받는다는 등으로 변했다. 원래는 단지 용을 타고 하늘로 오르는 꿈에 불과하던 것이 신선이 자기를 받쳐들고 하늘로 오른다든지, 신선이 용을 안고서 가슴 속으로 들어온다든지 하는 것 등으로 변했다. 이러한 것들은 새로운 발명과 새로운 창조적인 면이 있었다고 말할 수밖에 없다. 그러나 소위 말하는 이러한 몽조나 몽징 등은 일반 백성들을 속일 수는 있었으나, 이러한 것으로써 송나라 조씨 왕조를 보존하여 지켜 나갈 수는 없었다. 사실이라는 것은 하나의 예리한 풍자였다. 송나라 때에 이러한 몽조나 몽징 등이 가장 많았지만, 송나라 조씨 왕조의 정권은 역사상에 있어서 매우 허약한 왕조였다.

물론 역대 제왕들의 이러한 〈몽조〉들은 백분의 백 모두가 허구라고는 말할 수 없다. 그러나 백분의 구십오 이상은 거짓으로 만들어낸 것이라고 할 수 있다. 황제나 태후 들은 그들대로 자신들을 위해 자기 스스로 여론을 조성했으며, 관료들이나 아랫사람들은 그들대로 아첨을 해서 윗자리로 올라가기 위해 이를 만들어내었다. 역대 정사의 작가들이 흑백을 분명히 가리지도 않은 채 한 가지 생각으로 이러한 것들을 모두 역사서 속에다 집어넣었거나, 혹은 정통적인 천명관념에 얽매여서 그렇게 했거나, 혹은 통치자들이 백성들을 기만하는 데 도움을 주기 위해 그렇게 했든간에, 그러한 동기에 관계없이 그 사회적 작용은 완전히 부정적이었다.

2	정치가들의 정신적 무기

역대 제왕들은 해몽을 통하여 그들이 〈하늘의 명을 받았다는 징표〉를 논증하므로써, 사실은 해몽을 일종의 정치적인 정신적 무기로 삼았다. 그러나 제왕들은 제왕들대로 해몽을 이용할 수도 있었으며, 신하나 관료 들은 그들대로 해몽을 이용

해 먹을 수 있었다. 정권을 잡고 있는 사람들도 해몽을 이용해 먹을 수 있었으며, 재야에 있는 사람들 또한 이를 이용해 먹을 수 있었다. 그러므로 해몽이라는 것은 종종 각 계파들간의 정치세력들끼리 서로 싸워 나가는 일종의 정신적 무기로 변질되게 되었다.

《한비자·난사難四》의 기록에 의하면, 위나라 영공靈公이 미자하彌子瑕를 총애했었는데 신하들이 매우 불만이 많았다. 한 번은 남애기를 좋아하는 사람이 영공에게 『저는 임금을 뵈옵고서 부뚜막 꿈을 꾸었습니다』라고 했다. 영공이 화가 나서 『나는 나라의 임금이 된 자는 꿈에서 해를 보게 된다고 들었었는데, 어떻게 해서 과인을 보고 나서 부뚜막 꿈을 꾸었단 말인고!』라고 했다. 그러자 그는 『해라는 것은 천하를 두루 비추며, 임금이란 자는 마땅히 한 나라를 두루 보살펴야만 합니다. 그러나 부뚜막이라는 것은 그렇지 않아 단지 한 사람만이 그 앞에 앉아서 불을 때며, 뒤에 있는 사람은 볼 수가 없는 것입니다』라고 했다. 여기서 그 사람이 말한 꿈은 단지 일종의 간언을 드리기 위한 방법으로, 사실 그러한 꿈을 꾸었었는지 하는 것은 반드시 사실일 필요는 없다. 그리고 후세의 어떤 정치가들은 더욱이 〈몽조〉라는 것을 만들어내어 의식적으로 사람들의 마음을 미혹시키기도 했다.

《남사·장경아전張敬兒傳》의 기록에 의하면, 장경아가 한 번은 군사적인 공을 세워서 남제의 고조인 소도성蕭道成의 총애를 받아 권세와 지위가 매우 높았었다. 그러나 그의 야심은 끝이 없어서 부하 장군들을 만날 때마다 꿈얘기를 했다. 전하는 바에 의하면 『내가 지위가 귀하게 되기 전에 한 마을에 살았었는데, 사당 속에 모셔놓은 나무가 갑자기 수십 장丈의 높이로 자라나는 꿈을 꾸었으며, 또 옹주雍州에 있을 때에는 그 나무가 하늘 끝까지 이르는 꿈을 꾸었다』고 했는데, 이는 이러한 꿈얘기로써 부하들을 유혹하여 〈말로 표현할 수 없을 만큼 귀하게 될 것이라는 바〉를 스스로 말한 것이다. 그의 아내였던 상尙씨도 남편과 장단을 맞추었다. 그녀는 『옛날에 꿈에서 한쪽 손이 불과 같이 뜨겁더니 남편이 남양군南陽郡을 얻었고, 원휘元徽 연간에는 한쪽 다리가 불과 같이 뜨거운 꿈을 꾸었더니 남편이 이곳을 얻게 되었으며, 건원建元 연간에는 반쪽 몸이 불과 같이 뜨거운 꿈을 꾸었더니 개봉부開封府를 얻게 되었는데, 지금 또다시 온몸이 불과 같이 뜨거운 꿈을 꾸었다』고 했다 한다. 장경아는 또다시 이를 가까운 사람들에게 그의 아내가 꿈을 꾸었는데 처음 꾼 꿈은 어떻고 그 다음 꿈은 어떠어떠했으며, 지금 또다시 『온몸이 불과 같이 뜨거운』꿈을 꾸었다고 선전했다. 〈온몸이 뜨거운〉 꿈을 꾸었다는 것은 어떻다는 뜻인가? 이것은 그 자신이 더욱 높은 곳으로 올라가 〈바로 하늘 끝까지〉 올라가고 싶다는 것을 의미한다. 하늘이라는 것은 임금의 상징이니, 이것은 바로 그가 황제가 되고 싶다는 말이었다. 〈온몸이 뜨거웠다〉는 것은 이미 때가 다 되었다는 것을 상징한다. 정말로 지나친 야심이 말 속에 넘쳐 흐르고 있다. 이후 그는 제나라 무제인 소색蘇賾에게 주살되고 말았다.

몇몇 역사서에서 보이는 자료에 의하면, 당나라 때의 정치가들도 해몽이나 꿈얘기를 매우 좋아했다고 한다. 당나라 초기에는 무사였던 획護이 이연李淵을 따라다닐 때, 이연이 그의 몸을 타고서 하늘로 올라가는 꿈을 꾸었다고 했다. 이에 이연이 웃으면서『함부로 나에게 아부하지 말지어다!』라고 했다 한다.《신당서·외척열전》 이연은 무사인 획이 이러한 것을 빌어 자기에게 아첨하기 위한 것에 불과하다는 것을 알았던 것이다. 칙천무후의 곁에는 여자 시종인 상관완아上官婉兒(즉 昭容)라는 사람이 있었는데, 칙천무후의 총애를 받아 단번에 매우 높은 권세를 누리게 되었다. 그래서 그녀의 어머니가 그녀를 임신했을 때, 밤에 꿈에서 신선이 커다란 저울을 하나 주면서『이 저울로 천하를 달아보거라』고 하였다고 하는 전설이 있게 되었다.《몽점일지·기물편》 이것은 상관완아가 여론을 조성하기 위해 만든 것임이 분명하다. 칙천무후의 말기에는 오랜 기간 동안의 전제와 당나라 왕실에 대한 압박으로 인해 백성들의 불만이 날로 격화되었다. 그녀는 여릉왕廬陵王이었던 이철李哲을 태자로 삼아 정치적인 위기를 모면하고자 했는데, 꿈얘기로써 적인걸狄仁杰의 뜻을 물어보았다. 그녀는 꿈에서 앵무새를 한 마리 보았는데『깃털이 매우 컸으나 날개가 모두 접혀져 있었다』고 했다. 적인걸이 점을 치더니『앵무라는 것은 폐하의 성입니다.(〈鵡〉와 〈武〉는 발음이 같다.) 두 날개라는 것은 폐하의 두 아들인 여릉왕과 상왕相王을 말합니다.(두 날개가 두 아들을 상징하는 것으로 해석했다.) 폐하께서 이 두 아들을 거두어 주신다면 두 날개는 완전하게 될 것입니다』라고 했다 한다.《조야첨재朝野僉載》 이렇게 말한 꿈얘기와 이러한 점괘는 두 쪽 모두가 마음이 서로 통한 것으로, 칙천무후는 바로 이 시점으로부터 변화를 일으켜 비교적 순리에 맞는 정치를 하게 되었다.

안녹산은 중당시대에 반란을 일으킨 유명한 사람이다. 그가 반란을 일으키기 전에 한 번은 현종에게 글을 올려, 그가 이정李靖과 서무공徐茂公이 자신에게『먹을 것을 구하는』꿈을 꾸었다고 했다.《몽점일지·범유편泛喩篇》그 반역적인 마음을 이미 폭로한 것이었다. 반란기간중에는 또 도처에서 『옷소매가 길어서 계단 아래에까지 늘어지는』꿈을 꾸었다고 선전을 해대면서, 소위『옷을 늘어뜨리면서 천하를 다스린다』는 말과 끼워맞추었다. 결과는 어떻게 되었던가? 몸과 이름을 망쳐 버리는 말로를 장식하고 말았었다.

정치적 투쟁이 어떤 경우에는 매우 극렬했다고 하지만, 꿈 때문에 시체를 다시 죽이거나 사람을 죽이는 것보다 더 잔인한 경우는 없었다.《진서·모용준재기慕容儁載記》의 기록에 의하면, 모용준이 밤에 석계룡石季龍이『그의 팔을 물어뜯는』꿈을 꾸고서는, 꿈을 깬 후 곧바로 그의 묘를 파헤쳐 그 시체를 부관참시할 것을 명령하고서는, 또『발로 짓밟으면서 〈죽어서 어디 감히 천자의 꿈에 나타나느냐!〉라고 욕을 해대었으며』어사에게도 그 〈죄악〉을 다스리게 해서『채찍질을 해 장수漳水에 내다 버리도록 했다』고 한다.《남사·송본기》의 기록에 의하면, 송나라 명제인 유욱劉彧은 태수인 유음劉愔이 단지 꿈에서 반란을 일으켰다는 이유만으로 그를 사형에 처했다 한다. 그가 이런 꿈을 꾸었는지의 여부는 그 자신만이 알고 있을 뿐이다. 서양에서도 일찍이 이러한 사람을 놀라게 하는 일이 있었다고 한다. 로마교황은 1백 명의 백성들을 사형에 처하도록 했는데, 그 이유는 단지 이 사람들이 꿈에서 자신을 해치려고 했다는 이유에 의해서였다 한다.(프로이트의《꿈의 해석》518쪽) 당나라 때의 대종代宗인 이예李豫는 환관인 이보국李輔國을 죽이려고 생각하고서는『드러나게 죽이지 않게 하기 위해서 사자를 보내 밤에 찔러죽이도록 했다.』그는 이 일을 숨기기 위해 꿈에서 고종이 고력사高力士로 하여금 사람을 데리고 가서 이보국을 죽이도록 하는 것을 보았다고 하는 말을 만들어내었었다 한다.

해몽이란 것이 비록 세속적인 미신이긴 하지만, 중국의 고대사회에서는 종종 정치적인 부분과 뒤엉키기도 했으며 각 계파간의 정치가들에 의해 이용되어지기도 했다. 이것도 바로 해몽미신의 사회적 작용의 하나이다.

3 ｜ 노동자들의 마취제

역대의 제왕들이 해몽에 근거해서 그들이 〈하늘의 명을 받았다는 징표〉를 증명하였으며, 또 각 계파의 정치가들은 해몽을 하나의 투쟁의 무기로 삼았었다. 그렇다면 제일 마지막으로 이들에 의해 속임을 당하고 우롱을 당했던 주요한 대상은 누구였던가? 중요한 대상은 바로 수많은 보통의 대중들이었다.

중국의 고대사회는 비록 서양처럼 정교합일政教合一적인 그러한 현상은 출현하지 않았었지만, 종교미신은 줄곧 정치와 밀접한 관계를 갖고 있었다. 종교미신은 비록 국가정권에 의해 그 작용을 발휘하지는 못했었지만, 도리어 수많은 군중들의 뇌리를 얽어매고 있었다. 각종의 종교미신 중에서도 해몽은 매우 특수한 마취제였다.

먼저 갖가지 형식의 종교미신들과 서로 비교해 볼 때, 해몽이란 것은 매우 특수한 신비감을 갖고 있다. 각종의 종교에서 숭배하고 있는 신령은 모두 신직에 종사하는 사람들에 의해서 묘사되고 선전된다. 그러므로 이러한 관념은 외부로부터 군중들의 뇌리 속으로 주입된 것이다. 기타의 점복들도 모두 어떤 모종의 객체(거북 껍질이나 시초풀)를 인간과 신의 매개로 삼고 있기 때문에, 길흉에 대한 판단도 또한 외부로부터 군중들에게 부과된 것이다. 신직에 종사하는 사람들이 선전과정 속에서 허구가 없거나, 점을 치는 사람이 점을 치는 과정 중에서 속이는 것이 없다고 한다면 종종 사람들의 의혹을 불러일으킬 것이다. 그러나 해몽은 그렇지 않다. 왜냐하면 꿈이란 것은 매우 생동적이며 매우 구체적이고 매우 직접적인 심리적 체험이기 때문에 어떤 신직에 종사하는 사람들이나 점쟁이들이 외부로부터 주입을 하거나 부과하는 것이 없다. 꿈을 꾼 사람이라면 어떠한 사람도 자신이 꾼 꿈이나 몽상·몽경 등에 대해 어떠한 회의를 할 수도 없다. 해몽의 과정 속에서 점이 쳐지는 것은 외재적인 거북의 갈라진 무늬나 시초풀의 점괘가 아니라 바로 꿈을 꾼 사람 자신의 몽상이기 때문에, 이렇게 되면 인간과 신의 사이에 더이상 어떤 중간적인 고리가 없게 되며, 자기의 꿈이 바로 자기와 신을 이어주는 매개물이 된다. 사람들이 꿈의 본질과 꿈의 원인을 잘 알지 못했을 때, 자기 스스로가 매개물이 되는 이러한 특징은 말로 표현할 수 없는 어떤 힘이 암암리에 자기를 지배하고 있다는 사실을 실제로 직접적으로 경험할 수 있도록 해주었다. 바로 이러한 까닭에 사람들은 해몽이 종종 자발적인 것이며, 자신의 내심으로부터 나왔으며 의식적으로 느끼지도 못하는 것들이라고 믿었다. 그러므로 이러한 신비주의적인 색체는 각종의 종교들이나 기타의 미신들보다도 훨씬 더 깊은 영향을 발휘했다.

다음으로, 신비적인 해몽술 앞에서는 수많은 민중들은 내심적으로는 언제나 귀신에 대해 회의를 가지게 된다. 해몽가들이 어떤 때에는 〈직접해석〉을 했다가, 또 어떤 때에는 〈전석〉을 했다가, 또 어떤 때에는 〈반대해석〉을 하는 바람에 일반 대중들은 어떤 것이 길몽인지 어떤 것이 흉몽인지를 근본적으로 분간할 수가 없게 되었다. 물론 누구라도 신령에게 자신에게 좋은 꿈을 내려달라고 바라고 기도하게 되며, 이렇게 되면 적어도 심리상에 있어서는 안위를 얻을 수 있게 된다. 그러나 신령이란 것도 대개가 가난한 자를 싫어하고 부가 있는 자를 좋아하여 못 사는 일반 백성들은 그다지 보살피지 않는 것일까! 설사 길몽을 꾸었다 하더라도 그들은 걱정을 할 수 있으니, 이것은 또한 일종의 〈반대징조〉가 아니겠는가! 그러므로 그들은 생활 속에서 항상 위축되고 위축되어 어떤 천재나 인재가 자신의 머리 위에 내려오지나 않을까 겁을 내었다. 그리하여 마지막으로는 그들이 받고 있는 경제적인 착취와 정치적인 압박을 모두 귀신이 재앙을 내린 것으로 돌려 버리게 되었다. 자신의 운명을 정확하게 인식하지 못한 이상 자신의 운명을 자각적으로 파악한다는 것은 더더욱 그렇게 할 수가 없었다. 이것이 바로 해몽미신이 수많은 민중들에게 준 특수한 마취작용이었다.

이밖에도 각종의 종교미신들 중에서 해몽은 여전히 중요한 사상적 기초를 이루고 있다. 왜냐하면 어떠한 종교미신도 모두가 귀신의 존재를 전제로 하고 있는데, 꿈의 활동이라는 것은 귀신의 존재를 가장 유력하게 〈증명〉해 줄 수 있는 것이기 때문이다. 꿈의 활동에 근거한다면 영혼의 존재를 〈증명〉할 수 있으며, 육체가 죽게 되면 영혼이 혼귀로 변하게 되며, 영혼이 승천하여서는 또 신령으로 변하게 된다고 한다. 그리고 해몽이라는 것은 바로 몽상에 근거해서 신령이나 혼귀의 뜻을 들추어내는 것이다. 이렇게 되면 해몽이라는 것은 실제로 각종 귀신관념들의 최후의 피난처가 되는 것이다. 조금만 주의를 한다면, 지금도 수많은 사람들이 이러한 종교들 혹은 그러한 종교들을 믿지 않으며, 무슨 풍수라든지 관상이라든지 하는 것들도 믿지 않지만, 꿈이란 것에 대해서는 언제나 어떤 신비감을 갖고 있음을 발견할 수 있게 될 것이다. 왜냐하면 꿈을 꾼다는 것에 대해 언제나 어떤 볼 수 없는 힘이 자신과 접촉하고 있으며, 더 나아가서는 자신이 꾼 꿈이 어떤 징조일까·하는 것을 알고 싶어하기 때문이다. 어떤 한 사람이 해몽을 깊게 믿게만 되면, 이를 귀신관념과 분명하게 구분을 할 수는 정말로 없게 되어 버린다.

해몽이란 것은 일종의 미신으로, 중국의 고대 사회생활 속에서의 작용이란 것은 의심할 여지도 없이 부정적이고 유해한 것이었다. 그러나 세상에 존재하는 어떠한 일이라도 이는 항상 복잡한 문제들이다. 해몽이 수천 년 동안을 지나오면서 각양각색의 꿈들과 줄곧 관계를 맺어옴으로써 이러한 특수한 종교적 현상을 정확하게 인식할 수 있게 해주는 많은 자료들을 축적해 놓았다. 해몽을 하는 사람이 해몽을 할 때 운용한 심리적 분석은 어떤 때에는 자신도 모르는 사이에 꿈의 어떤 비밀과 접촉하기도 하며, 그렇게 하므로써 어떤 합리적인 내용이 있는 경우도 있었다. 해몽미신에 대해 우리는 반드시 과학적인 방법으로써 분석하고 내용을 들추어내며 미신적인 부분을 타파해야만 할 것이다. 이와 함께 인류역사에 있어서 해몽이라는 것이 가져왔던 몇몇 〈부산물〉에 대해 마찬가지로 과학적인 태도를 가져야만 할 것이다.

꿈의 철학 下編

고대 중국의
꿈에 대한 탐색

꿈에 대한 미신은 종교적 신학의 범주에 속하고, 꿈에 대한 탐색은 과학적 인식의 범주에 속한다. 종교와 과학의 대립 속에서, 어떤 철학가들은 해몽미신을 이용하여 유심주의를 논증하므로써 사람들을 미신 속으로 더욱 깊이 빠져들게 하였으며, 또 어떤 철학가들은 과학적 탐색에 근거하여 유물주의를 견지하고 발전시키므로써, 사람들로 하여금 끊임없이 꿈에 대한 인식을 갖도록 했다. 이것은 동일한 인식과정에 대한 두 가지의 서로 다른 측면으로, 하편에서는 뒤의 측면에 대해 집중적으로 고찰하고자 한다.

고대 중국에 있어서 꿈의 탐색에 종사했던 사람으로는 과학자가 있었고, 철학가가 있었으며, 또한 예술가도 있었다. 과학자들은 주로 형체나 물체의 측면 즉 생리병리학적인 측면에 착안을 했으며, 예술가들은 주로 정신적인 측면과 마음의 측면 즉 정신심리학적인 측면에 착안했고, 철학가들은 형체와 정신이나 마음과 외물이라는 생리병리학적인 측면과 정신심리학적인 두 가지 측면을 동시에 접촉하지 않을 수 없었다. 물론 학자들마다 또한 각각 치중하는 바에 있어서의 차이가 있기는 하다.

고대 중국에서의 꿈에 대한 탐색은 그 원류가 오래되고 역사가 길다. 멀리 선진시대의 저명한 학자들은 꿈에 대해서 이미 이성적으로 사고하기 시작하였다. 그 이후, 역대로 많은 사람들이 각기 다른 측면으로부터 꿈의 문제를 연구하고 토론하기도 했다. 따라서 꿈에 대한 연구는 횡적으로 끊임없이 확대되었고, 종적으로도 끊임없이 그 깊이를 더하였다. 근대의 서양문화가 중국에 유입되기 전, 고대 중국에는 꿈에 대한 탐색에 있어서 자신의 특수한 방향과 특수한 방식을 확보하고 있었으며, 그리하여 독자적인 어떤 특수한 이론과 특수한 범주를 제시해 주었다. 예를 들면 《황제내경皇帝內經》에서의 『음사가 꿈을 일으킨다 淫邪發夢』는 학설이나, 《주례周禮》에서 제시한 〈여섯 가지 꿈〉에 관한 학설, 《열자列子》 속에 나타나 있는 『〈정〉이 변하여 왔다갔다 한다 情化往復』는 학설, 방이지方以智의 『깨어있는 상태에서는 제어를 받고, 잠을 자게 되면 숨어 버린다 醒制臥逸』는 학설, 왕청임王淸任의 『뇌의 기가 막힌다 腦氣阻滯』는 학설과 같은 것들이 있다. 또 다른 예를 들면

『형체가 열려있고, 형체가 닫혀져 있다 形開形閉』『뜻이 나타나고 뜻이 숨는다 志顯志隱』『정신이 쓰이고 정신이 감추어진다 神用神藏』는 것과 같은 것들이 있고, 왕충王充의 『꿈의 정신 夢之精神』·악광樂廣의 『〈상〉과 〈인〉 想與因』·왕정상王廷相의 『〈백식〉의 느낌 魄識之感』과 『〈사념〉의 느낌 思念之感』 그리고 꿈의 〈인연因衍〉 등과 같은 것들이 있는데, 이러한 것은 모두 서양의 전통적인 꿈의 학설이나 이론과는 같지 않은 점이다.

　현대 인류의 인식수준에 근거해 볼 때, 고대 중국의 꿈에 대한 탐색은 주로 꿈의 본질과 특징, 그리고 꿈을 꾸는 원인과 메커니즘이라는 두 가지 측면에 집중되고 있다. 전자는 꿈과 수면과의 관계, 꿈의 상태와 깨어있는 상태와의 구별, 그리고 꿈의 심리적 특징 등을 포함하며, 후자는 꿈의 생리병리학적 원인과 꿈의 정신심리학적 원인, 그리고 이 두 가지 사이의 관계 등을 포괄하고 있다. 그 이외에도 많은 구체적인 문제들을 토론하고 있다. 이러한 것이 있음에도 지금까지 이에 대해 계통적인 연구를 한 사람이 없었다. 그래서 우리들은 다음의 고찰에서 수많은 역사 문헌들 속으로부터 깊이 숨겨져 있는 이치를 찾아내지 않을 수 없었고, 역사성을 갖게 될 많은 분석들을 하지 않을 수 없었다. 각종의 이론과 관점에 대한 평가에 있어서는 우리들이 역사주의적인 태도를 취하려 노력하였을 뿐만 아니라, 아울러 그것들이 현대적 인식에 있어서 갖고 있는 가치를 가능한한 설명하려고 노력하였다.

제1장

꿈의 본질과 특징에 관하여

사람들은 일찍부터 꿈을 꾼다는 체험을 갖고 있었으나, 오랜 기간 동안 꿈의 본질에 대해서는 결국 명확하게 알 수가 없었다. 미신주의자들은 꿈이란 영혼이 육체를 이탈하여 바깥에서 노니는 것이라고 말한다. 수천 년 동안 내려온 해몽미신은 바로 여기에서 나온 것이다. 유심주의자들은 꿈이란 정신의 독립적인 활동이라고 한다. 이러한 회답도 사람들을 순전히 몽상의 테두리에서 빙글빙글 돌게 할 뿐이다. 설령 그 속에 어떠한 합리적 사상이 포함되어 있다 할지라도, 왕왕 터무니없는 체계에 의해 질식당하고 만다. 그러나 엄숙한 과학자나 철학가, 그리고 문학가나 예술가 들의 태도는 이와 같지 않았다. 그들은 항상 사람들의 생활경험 속에서 출발하여, 전통적 몽혼관념과 명확히 한계를 그으려 노력했으며, 꿈 그 자체 그리고 그것과 유관한 생리심리학적인 원인들 중에서 꿈의 비밀을 찾으려 노력했다.

꿈의 본질에 대한 고대 중국에 있어서의 과학적인 탐색은, 먼저 꿈이라는 것이 사람의 꿈이며, 또 사람의 어떤 특수한 활동으로 귀신과는 무관한 것임을 견지하였다. 그 다음은 꿈의 상태와 깨어있는 상태의 구별에 대해 수많은 비교분석을 하였고, 마지막으로는 『뜻이 숨겨져 있다 志隱』거나 『정신이 감추어진다 神藏』거나 『정신이 칩거한다 神蟄』는 등의 개념으로부터 꿈의 〈잠재적 의식〉의 내면세계를 접촉하게 됨으로써, 꿈이란 일종의 특수한 정신상태와 특수한 정신적 활동임을 인식하게 되었다.

---

1 꿈과 수면의 관계

꿈이란 수면의 과정중에서 발생하는 것으로, 이것은 누구나 다 아는 생활경험이다. 고대 중국에 있어서의 꿈에 대한 탐색은 바로 이러한 생활경험을 기초로 삼고 있다. 중국인의 조상들이 어떻게 이러한 기초로부터 출발하였는지를 이해하려면, 먼저 이를 이해하기에 앞서 〈몽夢〉자의 자형 변천과 고대 중국에 있어서의 〈수면睡眠〉에 내포된 뜻을 고찰해야만 할 것이다.

[그림 1]   [그림 2]   [그림 3]   [그림 4]   [그림 5]

[1] 〈몽夢〉자의 자형 변천

현재 중국에서 통용되고 있는 〈몽夢〉자는 여러 차례에 걸쳐 역사적으로 변화한 결과물이다. 갑골문에서 〈몽〉자의 필획 모습은 그림 1에서 보이는 바와 같이, 기본적으로 회의자會意字이다. 왼쪽 부분은 받침대가 있는 침상의 모습이고, 오른쪽의 윗부분은 긴 속눈썹이 자라고 있는 특별히 돌출된 커다란 눈의 모습이다. 오른쪽 아래에 휘어 꺾인 선은 사람의 신체를 표시하고, 나머지 부분은 손가락에서 팔뚝까지 이어져 있는 부분을 나타내고 있다. 자형 전체의 원시적인 뜻은, 사람이 침상에서 손으로 눈을 가리키며 잠을 자는 것으로, 수면중에 눈에 보이는 바가 있음을 나타내고 있다. 사람이 깨어있는 상태에서의 눈에 보이는 바가 있는 것에 대해서는 그림 2와 같은 두 개의 자형으로 표시될 수 있으며, 이는 바로 우리들이 현재 사용하고 있는 〈견見〉자이다. 그림 1과 그림 2의 두 가지 자형이 차이를 보이고 있다는 것은, 고대 중국인들이 그 당시에 이미 수면중에 눈에 보이는 바가 있는 것과 깨어 있는 상태에서 눈에 보이는 바가 있는 것을 서로 구분하였다는 것을 설명해 주고 있다.

주나라 때의 주문籒文에서 보이는 〈몽〉자의 형상은 그림 3에 표시된 것과 같으며, 이를 해서로 쓰게 되면 바로 〈寢〉이다. 그 필법은 갑골문에 비해 더욱 복잡해지고 있다. 동한시대 때의 허신許愼의 《설문해자》의 분석에 따르면, 〈寢〉자는 기본적으로 형성자形聲字이다. 그 형성의 구조는 『〈宀〉을 따르고, 〈疒〉을 따르며, 〈夢〉성이다 從宀, 從疒, 夢聲』라고 했다. 우리들은 이 글자가 〈宀〉자를 따르고 있다는 데에 대해서는 조금의 의혹도 없으나, 〈疒〉자를 따르고 있다는 데에 대해서는 아마도 그렇지 않다고 생각한다. 왜냐하면 갑골문에서의 〈몽〉자는 단지 사람이 침상에서 자는 모습만을 표시하고 있을 뿐이지, 병으로 인하여 침상에 기대어 누워 있다는 뜻은 아니기 때문이다. 그리고 주문에서의 〈몽〉자 중 그림 4에 표시된 부분은, 분명히 갑골문에서의 〈몽〉자의 왼쪽 부분을 옮겨온 것이며, 주문에서의 〈宀〉자와 〈夕〉자는 새로이 더해진 것이다. 그림 5에 표시된 부분은 갑골문 〈몽〉자의 오른쪽 부분을 토대로 하여 변천되어 나온 것이다. 초두변(艹)은 원래 길다란 속눈썹을 몇 가닥 표시하던 부분이고, 〈四〉자를 세로로 세우게 되면 〈目〉자가 된다. 남아 있는 두 획은 해서 이후에 〈冖〉으로 씌어지게 되었는데, 분명히 원형에 비해 간략화되었다. 그러나 여기서 주의해야 할 것은, 서주시대와 춘추시대에는 그림 5에 표시된 것과 같은 글자가 존재하지 않았으며, 이러한 형체는 실제로 당시의 〈薎〉자에서 아랫부분의 〈目〉자가 생략된 모습이다. 생략된 원인은 〈夕〉자가 들어올 수 있도록 공간을 비워준 것이다. 그래서 주문에서의 〈몽〉자의 구조는 응당 『〈宀〉을 따르고, 〈爿〉을 따르고, 〈夕〉을 따르며, 〈薎〉의 생략된 모양을 따르며, 또한 〈薎〉성이다 從宀, 從爿, 從夕, 從薎省, 薎亦聲』라고 해야 할 것이다. 그것이 나타내고 있는 의미는, 동굴 속에서(從宀), 사람이 침상에 누워있고(從爿), 시간은 저녁이며(從夕), 모호한 상태에서 보이는 바가 있다(從薎省)는 것을 말하고 있다.

마땅히 보충 설명을 해야 할 것은, 《설문》에서 『몽이란 밝지 않은 것이다 薎, 不明也』라 했으며, 이 글자의 아랫부분은 〈冒〉으로 쓸 수도 있으며 또한 〈旬〉으로도 쓸 수 있다고 했다. 『〈旬〉이란 눈동자가 움직이는 것이다』라고 했으니, 안구의 활동을 나타낸다. 무릇 사람의 눈에 보이는 바가 있으면, 안구는 반드시 활동을 하여야만 한다. 안구가 움직일 때는 속눈썹이 아래위로 움직이는 것이 가장 두드러지게 나타난다. 잠시 다시 갑골문에서의 〈몽〉자 중의 큰 눈에 있는 세 개의 속눈썹을 보게 되면, 모두 같은 방향으로 휘어져 있는데, 이것 또한 안구가 움직이고 있는 것을 나타내고 있는 것이 아닌가? 꿈이란 사람이 잠을 자는 가운데서 모호하게 보는 바가 있을 뿐만 아니라, 안구활동으로 인해서도 보이는 바가 있는 것이다. 만약 이러한 점을 현대에 이르러 발견해낸 꿈을 꿀 때의 안구의 쾌속운동과 연계시켜 본다면, 고대 중국인들은 사람이 꿈을 꾸는 것에 대해서 매우 일찍부터 진지하고도 자세하게 관찰했음을 알 수 있다. 보라! 그들이 꿈을 꿀 때의 환경과 상태에 대해 묘사한 모습이 얼마나 생동적인가!

주문에서의 〈몽〉자에 이르러서는 필획이 매우 많아지고, 이후에 〈薎〉자는 또 〈夢〉으로 변천되었다. 많은 문자학자들은 〈薎〉이 〈夢〉자의 본자本字이며, 〈夢〉자는 〈薎〉자의 가차자假借字라고 한다. 그러나 우리들 생각으로는 〈夢〉은 가차자가 아니라 간화자簡化字이다. 왜냐하면 〈夢〉자는 바로 〈薎〉자에서 나누어져 나왔고, 아울러 그 중 가장 중요한 성분을 보존하고 있기 때문이다. 〈夢〉자로써 『밝지 않다 不明』는 개념을 나타낸 것은, 바로 잠을 잘 때는 본래부터가 모호한 상태이기 때문이다. 그러므로 〈夢〉자를 사용하여 『밝지 않다 不明』는 것을 나타낸 것은 바로 〈薎〉의 본뜻에서부터 분화되어 나온 것이다.

〈瘳〉자에서 〈夢〉자로 간략화한 것은 대체로 전국시대에 이미 나타났다. 《장자》·《순자》·《묵경墨經》 중에 쓰이고 있는 것은 모두 〈夢〉자이다. 그러나 한나라 때의 어떤 유가경전(《주례》와 같은 것들)에서는 여전히 계속해서 〈瘳〉자를 사용하고 있다. 한나라 때 이후에 이르러서야 비로소 〈瘳〉자는 기본적으로 도태되고, 곳곳에서 〈夢〉자가 통행되게 되었다.

우리들이 현재 사용하고 있는 〈夢〉자는 50년대에 초서의 필획에 근거하여 간략화한 것이다.

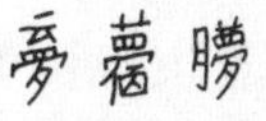

夢薴朦

[그림 6]

이밖에도 고대문헌 중에서 가끔 그림 6에 표현된 것과 같은 몇 가지 자형을 볼 수 있는데, 그것은 모두 〈夢〉자의 속자俗字이며, 이들은 고대에서조차도 자주 사용되고 자주 보이는 형체는 아니다.

[2] 고대에 있어서의 〈수면睡眠〉의 함의

고대 중국에 있어 〈수睡〉와 〈면眠〉은 본래가 서로 다른 단순어이다. 〈수면睡眠〉이 하나의 합성어로 된 것은 매우 늦은 시기에 와서이다. 《설문》에서 『수睡는 앉아서 잠자는 것으로, 눈이 아래로 처지는 것』이라 했다. 〈수睡〉는 즉 현재의 속어에서 말하는 눈꺼풀이 서로 다투면서 앉아 조는 것을 말한다. 〈면眠〉은 〈면瞑〉과 통하며, 《설문》에서 『면瞑이란 눈을 모이게 하는 것이고, 〈목目〉자와 〈명冥〉자를 따른다』고 했다. 사람들이 잠을 자기 시작할 때 눈꺼풀은 반드시 서로 다투게 된다. 그러나 눈꺼풀이 다툴 때에는 분명히 아직 잠을 자고 있지는 않은 상태이다. 사람들이 잠을 자고 있으면 눈꺼풀은 일반적으로 덮이게 되는데, 눈을 덮는다고 해서 반드시 정말로 잠자는 것은 아니다. 이와 같이 〈수睡〉와 〈면眠〉의 본뜻은 비록 현재의 〈수면睡眠〉이라는 뜻과 서로 가깝지만, 여전히 일정한 차이는 있다.

〈수睡〉와 〈면眠〉을 제외하고서 고대 중국에서 현대 사람들이 이야기하는 〈수면〉과 정말로 가까운 단어는 〈매寐〉이다. 《설문》에서 『매寐는 눕는 것이며, 〈瘳〉이 생략된 모습을 따르며, 〈未〉성이다』고 했다. 단옥재段玉裁의 해석에 따르면, 〈매寐〉는 곧 현대 사람들의 속어에서 말하는 『잠들었다』이다. 〈매寐〉자는 이미 〈瘳〉자의 생략된 모습을 따르고 있는 이상, 이러한 상태는 분명히 꿈과 관계가 있다.〈와臥〉라는 글자는 갑골문에서는 〈⿰〉이라고 적고 있는데, 이는 사람이 침대 위에 누워있는 모습을 형상한 것이다. 사람이 침대 위에 누워있는 것은 휴식을 의미하며, 그래서《설문》에서 『와臥는 쉬는 것이다』라고 했다.(《설문》에서〈와臥〉자는 〈인人〉자와〈신臣〉자를 따르고 있다고 했는데, 이는 잘못된 해석이다. 은강殷康의《문자원류천설文字源流淺說》520쪽 참조) 물론 침대 위에 누워있다고 해서 반드시 잠을 잔다는 것은 아니다. 그러나 고인들이 볼 때 수면이란 일종의 중요한 휴식방법이었으며,〈와臥〉는 실제로 수면을 표시하는 데 종종 사용되었다.

〈수睡〉와〈면眠〉이 진정으로 하나의 단어로 이루어진 것은 불경을 번역하던 중에 형성되었다. 혜영慧影은《지론소智論疏》에서 다음과 같이 말하였다.

대저 꿈의 법도를 논하자면, 수면을 할 때에 꿈을 꾸기 시작하고 잠을 자지 않으면 꿈도 꾸지 않는다. 예를 들어 사람이 수면중의 꿈에서 호랑이를 보고 두려워 고함을 질렀다고 한다면, 깨어있는 사람이 그것을 보고서 꿈을 꾸고 있다는 것을 알 뿐이다.(정복보丁福保의《불학대사전》의〈수면〉에 대한 해석에서)

그러나 불경 중에서는 비록〈수면〉이라는 두 글자가 항상 함께 사용되긴 했지만,〈수睡〉와〈면眠〉자의 함의는 여전히 구별되고 있다. 말하자면『의식이 혼미한 것을〈수睡〉라 하였고, 오식五識이 어두워 움직이지 않는 것을〈면眠〉이라 했다.』(정복보의《불학대사전》의〈수면〉에 대한 해석에서) 불교의 경전적 의미에 의하면,〈의식〉이란 일반적으로 사유의 이지적 활동을 가리키며,〈오식五識〉은 감각기관의 듣고 보는 활동을 가리킨다. 그래서〈수睡〉와〈면眠〉이 비록 성질은 서로 같지만, 도리어 서로 다른 단계에 속하는 문제이다. 수隋나라 때의 이름난 승려였던 지의智顗는 중국의 전통적인 개념을 이용하여 다음과 같이 말하였다.

내심內心이 혼미한 것을〈수睡〉라 이름하고, 오정五情(희喜·로怒·애愛·오惡·욕欲의 다섯 가지 감정—역주)이 어두워 덮이고, 사지四肢를 방자하게 늘어뜨리며, 구부려 누워 깊이 잠자는 것을〈면眠〉이라 한다.(《수습지관좌선법요修習止觀坐禪法要》상권)

〈수睡〉라는 것은 심리적으로 애매모호하여 외부세계의 사물에 대해 불분명하게 된

상태를 가리킨다. 〈면〉이라는 것은 감정활동이 완전히 숨겨져 전신의 피부와 골격이 느슨해진 채 얌전하게 잠을 자는 것을 가리킨다. 이것은 〈면〉이 〈수〉보다 한층 더 깊은 상태임을 말해 주고 있다.

역사적인 조건의 제약으로 말미암아 고대 중국에 있어서의 수면에 대한 인식은, 일반적으로 인체의 생리적 신진대사와 활동에 관한 리듬법칙에 대해서는 고려할 수가 없었다. 예를 들면 『눈이 아래로 처진다』『눈을 감는다』그리고 자리에 눕는다, 침상에 눕는다라고 한 것과 같은 등등은 다만 수면의 외부상태에 대한 묘사일 뿐이다. 그러나 고대 중국의 철학가들은 도리어 일찍부터 수면상태하에서 사람들이 지니고 있는 특수한 심리적 특징에 주의하였다.

[3] 수면의 심리적 특징

전국시대에 장자莊子(대략 B.C. 369 — 286년)의 이름으로 책이름이 지어진 《장자 · 제물론齊物論》에서는 다음과 같이 말하였다.

잠을 자는 것(寐)은 영혼이 교유交游하는 것이다.

其寐也魂交.

〈매寐〉는 사람의 수면상태를 말하는 것으로, 사람은 수면중에는 비록 감각과 사고는 잠시 정지하게 되지만 인체는 여전히 호흡을 하고 생명을 지니고 있을 뿐만 아니라, 아울러 감각이나 사고와는 다른 종류의 정신적 활동을 하고 있다. 《장자》에서 말하는 〈혼魂〉이란 〈형形〉과는 상대적인 개념으로, 바로 정신이자 넋을 말한다. 《장자》에서는 간혹 사람의 육체(형形)를 정신이 기거하는 장소로 간주하기도 했는데, 이러한 견해는 잘못된 것이다. 그러나 《장자》에서는 〈매寐라는 것〉에도 〈영혼이 교유하는〉 이러한 정신적 활동이 있음을 긍정하였는데, 이는 도리어 부정할 수 없는 사실에 속한다. 바로 이러한 〈영혼이 교유하는〉 정신적 활동으로 인하여, 잠을 자는 사람이 비로소 꿈을 꿀 수가 있게 되는 것이다. 장자가 이야기한 〈정신이 교유한다〉는 것은 원래 전국시대의 학자들이 수면중에 꿈을 꾸면서 서로 변론을 벌이는 것을 풍자한 것이었으나, 무의식중에 수면의 심리적 특징과 접촉하게

되었다. 그래서 진晉나라 때의 사마표司馬彪는 《주注》에서 『정신이 서로 뒤섞이는
것』이라고 하였고, 당唐나라 때의 성현영成玄英은 《소疏》에서 『넋이 연유를 잊어
버리고 교접하는 것』이라 하였다. 만약 장자가 당시에 지적했던 구체적인 내용을
접어둔다면, 소위 『영혼이 교유한다』고 한 것은 바로 몽상夢象이 연이어 변화하는
것을 말한 것으로 인식할 수 있을 터이다.

전국시대 때의 순자荀子(대략 B.C. 313—238년)는 그의 책 《해폐解蔽》편에서 다
음과 같이 말하였다.

> 마음이 잠을 자게 된즉 꿈을 꾸게 되고(마음이 집중되지 않고) 해이하게 된즉 마음대
> 로 움직이게 되고, 그것을 부리면 사고思考하게 된다.
> 心臥則夢, 偸則自行, 使之則謀.

순자가 볼 때, 수면을 하면서 꿈을 꾸고, 마음대로 허튼 생각을 하는 것(自行)과
사고하고 판단하는 것(謀) 들은 모두 사람의 정신적인 심리활동에 속하지만, 각기
스스로의 특징을 갖고 있다고 했다. 『마음이 잠을 자게 된즉 꿈을 꾸게 된다』고 한
것은, 꿈이란 것이 사람이 잠을 잘 때의 특수한 심리활동이며, 아울러 사람이 무릇
수면중일 때는 언제나 이러한 심리활동을 하게 된다는 것을 매우 분명하게 설명해
주고 있다. 그러나 꿈이라는 이러한 특수한 심리활동에 있어서 꿈을 꾸는 사람은
스스로를 〈부릴〉 수가 없는데, 즉 자신을 제어할 수가 없으며, 그 결과 다른 사람
에게도 사고와 판단을 제공할 수가 없다. 『해이하게 된즉 마음대로 움직이게 된다』
고 한 것은 사람이 터무니없는 생각에 빠져있을 때, 정신은 자기제어를 방치하게
되고 자기제어를 받지 않아 마치 마음대로 활동(自行)하는 것과 같기 때문에 『마
음이 집중되지 않는다(偸)』고 했다. 『그것을 부리면 사고하게 된다』라고 한 것은,
사람이 사고하고 판단을 하게 될 때 정신활동은 명확히 자기제어를 받고(使) 아울
러 자각성이 있게 된다(謀)는 것을 의미한다. 《장자》와 서로 비교해 볼 때, 순자의
이러한 정신심리에 대한 세 가지 상태의 구분은, 그가 꿈을 꾸는 것을 수면의 심리
적 특징으로 여기고 있음을 매우 명확하게 나타내 주고 있다.

전국시대에 묵자墨子(대략 B.C. 468—378년)의 이름으로 책이름이 지어진 《묵자·
경상經上》에서는 다음과 같이 말하였다.

누워 잠을 잔다는 것은 지각이 있으나 지각이 없는 것을 말한다.

臥, 知無知也.

《묵경墨經》에서의 이러한 명제는 《장자》에서의 『잠을 자는 것은 영혼이 교유하는 것이다』라고 한 것과 《순자》에서의 『마음이 잠을 자게 된즉 꿈을 꾸게 된다』라고 한 것에 비해 더욱 사변적인 성질을 짙게 풍기고 있다. 《묵경》의 관점에 따르면, 먼저 〈지知〉란 사람의 어떤 능력을 말한다. 《경상經上》에서는 『〈지〉란 재능이다 知, 材也』라 하였고, 《경설상經說上》에서는 이를 해석하여 『〈지〉라는 것은 지각을 할 수 있는 까닭을 말한다. 그러나 반드시 지각을 해야만 하는 것은 아니다. 이는 〈명〉(사리에 밝음)과 같다 知也者, 所以知也, 而不必知. 若明』는 것으로 해석하였다. 〈지知〉는 일종의 능력으로, 바로 사람들이 이를 빌어서 지각에 이르려고 하는 활동(所以知)을 말한다. 그러나 사람에게는 이러한 능력이 있기는 하지만, 어떠한 때에도 항시 이러한 능력을 모두 사용해야 하는 것은 아니다. 예를 들어 사람의 눈에는 사물을 볼 수 있는 능력이 있지만, 그러나 언제라도 항상 반드시 사물을 보아야만 하는 것은 아니다. 눈을 감으면 곧 보이지 않게 되는 것이 아닌가? 이와 동시에 《묵경》에서는 〈지知〉를 또한 사람의 어떤 인식활동으로 간주했다. 《경상》에서 『〈지〉란 이어 맞추는 것이다 知, 接也』라 하였다. 《경설상》에서 이를 해석하여 『〈지〉라는 것은 그 앎으로써 사물을 만나 그것을 그릴 수 있는 것을 말한다. 이는 견見(보는 것)과 같다』라고 했다. 〈지知〉를 일종의 인식활동으로 보았다는 것은, 바로 사람들이 자신이 가지고 있는 〈지〉의 능력을 빌어서 외부 사물과 접촉하고 그들의 모습을 반영할 수 있다는 것을 가리키는 것이다. 예컨대 사람이 사물을 볼 수 있는 눈의 능력을 빌어 이 물건 저 물건을 볼 수 있는 것과 같다. 《묵경》에서 말하는 『지각이 있으나 지각할 수 없다 知無知也』라고 한 것에서, 처음의 〈지知〉는 〈지知〉의 능력을 가리키고, 두번째의 〈지知〉는 〈지知〉의 활동을 가리킨다. 이 뜻은 바로 〈지知〉의 능력은 있으나 이러한 능력을 발휘할 수가 없으며, 〈지知〉에 이르고자 하는 활동이 없다는 것을 말한다. 바꾸어 말하면, 수면시에 사람들의 지각능력은 잠복상태에 처해 있다는 것이다. 《묵경》의 이러한 개괄은 매우 이치가 있다고 해야만 할 것이다. 단지 아직 그렇게 엄밀하지 못할 뿐이다. 그 하나는, 사람이 잠을 잘 때에는 전체적으로 말해서 비록 외부 사물과 접촉을 하는 지각활동은 정지하였다고 할 수 있지만, 여전히 어떤 미세한 감각이 있다고 할 수 있다. 그렇지 않으면 꿈을 꿀 수가 없다는 점이다. 두번째는, 《장자》에서의 『영혼이 교유한다』고 한 것과 《순자》에서 말한 것과 같이 꿈을 꾸는 것도 일종의 특수한 정신활동이며, 또한 일종의 특수한 〈지知〉라고 한 것이다. 남조시대 때의 문학가였던 사령운謝靈運은 그의 시에서 『깨어있는 상태에는 잠을 자면 아는 것이 없다고 말하지만, 잠을 자매 보이는 것이 없는 것이 아니라네. 의장이 눈앞에 가득하고, 좋고 나쁨이 번갈아 수만 번 교체하네 覺謂寢無知, 寐中非無見, 意狀盈眼前, 好惡迭萬變』라고 했다. 다만 이러한 지각활동을 사람들이 자각적으로 의식하지 못할 뿐인 것이다. 그래서 우리들 생각으로는, 《묵경》에서의 이러한 인식은 마땅히 『잠을 잔다는 것은 지각이 있으면서도 스스로 지각하지 못한다 臥, 知無自知也』는 것으로 고쳐져야만 할 것으로 생각된다.

동한시대 말기의 유희劉熙가 저술한 《석명·석자용釋姿容》에서는 다음과 같이 말하였다.

〈면〉이란 다함이다. 지각이 없으며 넓고 어두운 모양이다.

眠, 泯也. 無知, 泯泯也.

〈와〉란 다른 상태로 변화하는 것이다. 정기가 변화하여 깨어있을 때와 같지 않다.

臥, 化也. 精氣變化不與覺時同也.

수면의 심리적 특징에 대한 《석명》에서의 이러한 개괄은 《묵경》의 영향을 받았음이 분명하다. 유희는 수면이란 인간의 지각능력을 잠시 동안 사라지게 하는 것으로, 수면시에 사람들은 지각활동을 하지 않는 것으로 여겨서, 그래서 『지각이 없으며 넓고 어두운 모양이다』라고 했다. 그러나 유희는 『지각이 없는 것 無知』를 절대화하지는 않은 것 같다. 그의 관점에 따르면, 사람이란 활동을 하건 수면을 하건간에 체내에는 언제나 〈정기〉의 변화가 있으며, 단지 정기의 변화상태나 방식의 차이일 뿐이라는 것이다. 기왕 〈정기〉에 어떤 상태 혹은 어떤 방식으로의 변화가 있다고 했을진대, 모호하게나마 지각하는 바가 있어야만 할 것이다. 이러한 애매모호하고, 있는 듯하면서도 없는 듯하는 〈지각〉이 바로 꿈의 상태이다.

남송 때의 모황毛晃이 증보하여 편찬한《증운增韻》에서는 다음과 같이 말하였다.

〈매〉라는 것은 눈에 잘 보이지 않음이다. 눈이 감기고, 정신이 감추어진 것이다.

寐, 昧也. 目閉神藏.

〈매〉란 눈에 분명치 않아 흐릿흐릿한 것이다.

昧, 目不明也.

모황은 사람이 수면을 할 때, 눈은 외부 사물을 정확히 볼 수 없다고 여겼다. 어떻게 해서 정확히 볼 수가 없는가? 왜냐하면 수면시에는『눈이 감기고 정신이 감추어지기』때문이라고 했다. 사람이 수면시에 눈이 감긴다라고 하는 것은 얘기할 만한 가치가 없는 일이나, 그러나『정신이 감추어진다』라고 한 것은 도리어 놀라운 규정이다. 그것이 의미하는 것은 사람이 수면중에 정신은 여전히 존재하는 것이지만, 단지 노출되지 않고 내재되어 있어 일종의 잠복상태에 처하여 있을 뿐이라는 것이다.《묵경》에서의『지각이 있으나 지각할 수 없다 知無知也』라고 한 것과,《석명》에서의『지각이 없으며 넓고 어두운 모양이다 無知, 泯泯也』라고 한 것도 원래는 모두 이러한 뜻이 있기는 하지만,『정신이 감추어진다 神藏』라고 한 이 말에서와 같이 그렇게 적절하지는 못하다. 수면시에 정신이 바로 잠복상태에 처해 있기 때문에, 몽경夢境이나 몽상夢象 들이 왕왕 애매모호하고 명확하지 않게 되는 것이다.

[4] 꿈이란 수면중의 어떤 심리활동이다

《장자》에서의『잠을 자는 것은 영혼이 교유하는 것이다』라고 한 것과《순자》에서 말한『마음이 잠들게 되면 꿈을 꾸게 된다』라고 한 것은, 실제로 모두 사람이 수면중에 꿈을 꿀 수 있다는 것을 명시하고 있다. 그러나 그들은 꿈에 대해서 정면으로 어떠한 설명도 하지 않았다.《묵경》에서『잠을 잔다는 것은 지각이 있으나 지각할 수 없는 것을 말한다』라고 말한 이후로, 바로 이에 덧붙여서 꿈에 대해 일종의 판단을 내리게 되었다.《경상》에서는 다음과 같이 말하였다.

꿈이란 잠을 자면서 그렇다고 여기는 것이다.

夢, 臥而以爲然也.

《묵경》에서의 이러한 판단은 매우 꾸밈이 없고 사실적인데, 꿈이란 확실히 사람이 수면중에서 스스로 무엇을 보았다고 여기고, 어떤 일이 생겼다고 여기는 것이다. 여기에서 『그렇다고 여긴다 以爲然也』라는 것에는 두 가지 측면의 뜻이 있다. 첫째는, 〈마음〉은 이와 같다고 여기지만 실제의 일은 반드시 이와 같지는 않다는 의미이다. 이는 꿈의 허구적이고 환상적인 성질을 언급한 것이다. 예컨대 꿈 속에서 자신이 호랑이에게 물렸다고 느끼지만, 실제로는 자신의 주변에 호랑이라는 것이 근본적으로 존재하지 않는 것과 같은 경우이다. 두번째는, 〈마음〉이 이와 같다고 여기며, 아울러 마음 속에서도 활동하는 바가 있고, 또한 마음 속에서도 〈지각하는〉 바가 있다는 의미이다. 예컨대, 자신이 호랑이를 보게 되었다 여기고서는, 자신이 호랑이에게 물렸다고 여기는 것과 같은 경우이다. 이것은 다만 『지각이 있으나 (스스로) 지각하지 못하는 知無(自)知』상태하에서의 〈지각〉인 것이다. 이러한 것으로부터 알 수 있듯이 『잔다는 것은 지각이 있으면서 지각을 할 수 없는 것이다』라고 한 것에는 확실히 꿈을 절대화시켰다는 결점이 있다. 왜냐하면 이러한 『지각을 할 수 없는 것 無知』은 단지 스스로 느낄 수 있는 〈지각知〉이 없다는 것만을 설명할 뿐이지, 꿈 속에서 여전히 존재하고 있는 스스로 느끼지 못하는 〈지각〉이라는 것은 도리어 반영하지 못하고 있기 때문이다.

동한 때의 허신(대략 58—147년)은 《설문해자》에서 다음과 같이 말하였다.

꿈이란 잠을 자면서 느끼는 것이 있는 바이다.

夢, 寐而有覺者也.

꿈에 대한 허신의 정의는 《묵경》에서의 사상을 계승하였고, 또한 이에 비해 진보된 면이 있다. 진보된 측면이라는 것은 바로, 그는 꿈이란 사람이 수면중에서의 일종의 〈느낌이 있는〉 감각, 혹은 〈느낌이 있는〉 체험이라는 것을 명확하게 인정했다는 데 있다. 물론 『그렇다고 여기는 것이다 以爲然也』라는 말도 『느끼는 것이 있는 것이다』라고 한 것과 같은 의미이다. 그러나 『느끼는 것이 있다는 것』과 같이 그렇게 명확하게 개괄한 것은 아니다. 물론 이는 수면중에서의 〈느낌이 있는 것〉

이라는 의미로, 사람이 깨어있는 상태하에서의 〈느낌이 있는 것〉과는 같지 않다. 이러한 점에 있어서는 허신이 당시에 있어서 아직 여전히 명확하지는 않았던 것 같다.

동한시대 때의 정현鄭玄(127─200년)은 《주례》에 대한 주석에서 다음과 같이 말하였다.

꿈이란 사람의 정신이 깨어있는 바로, 점을 칠 수가 있다.

寱(夢)者, 人精神所寤, 可占者.

정현은 꿈으로써 점을 칠 수가 있다고 했는데, 이는 미신에 속하는 것으로 취할 바가 못 된다. 그러나 꿈이란 것을『사람의 정신이 깨어있는 것』으로 인식했는데, 이는 확실히 일리가 있다. 그러나 주의해야 할 것은, 이 〈오寤〉자가 《설문》에서는 〈寱〉부에 속하고 있으며,『깨어있는 바 所寤』라는 것은 바로 잠을 자는 속에서도 〈깨어있다〉는 것으로, 곧 수면중에서 정신이 〈깨어있는〉 바가 있다는 것을 말한다. 그래서 당나라 때의 가공언賈公彦은 《소疏》에서『사람이 침상에서 잠을 잘 때 형체와 넋은 움직이지 않으나 정신은 깨어있어 보이는 바가 있으며, 잠에서 깨어나 그것을 점칠 수가 있다』고 했다. 그러나 동한 때의 《설문》과 《석명》에서는 모두 〈오寤〉를 깨어있는 상태의 지각이라고 했다. 《설문》에서는『오寤란 잠에서 깨어 기지개를 켜는 것이다』라고 했고, 《석명》에서는『오寤는 깨달음이다. 사물과 서로 접하여 깨닫는 것을 말한다』라고 하였다. 《한서》와 《후한서》에서도 일반적으로 모두 이와 같이 해석하였다. 그래서『정신이 깨어있는 바』라고 추상적으로 말했을 뿐 〈꿈〉 속에서 〈지각을 한 것〉인지, 〈깨어난 후〉에 〈지각을 한 것〉인지에 대해서는 명확하게 구분하지 않고 있다.

남송 때의 주희朱憙(1130─1200년)는 다음과 같이 인식했다.

꿈이란 잠을 자는 가운데 마음이 움직이는 것이다.

夢者, 寐中之心動也.《주자대전집朱子大全集·답진안경答陳安卿》

아마도 진안경陳安卿이 주희에게 편지를 보내어 꿈에 대해 물어본 적이 있어, 주희가 회답을 하는 가운데서『깨고 잠을 자는 것이란, 마음의 움직임과 정지함이며 생각이 있고 생각이 없는 것이다. 생각이 있고 생각이 없는 것이란, 움직임 가운데서의 움직임과 정지함이다. 꿈이 있고 꿈이 없다는 것이란, 또한 정지한 가운데서의 움직임과 정지함을 말한다』라고 했다. 주희의 관점에 의하면, 사람이 깨어있는 상태에는 〈마음과 몸〉은 전체적으로 말해서 일종의 움직이는 상태에 처해 있다고 한다. 그러나 사람은 어떤 때에는 사고를 하기도 하고, 어떤 때는 사고를 하지 않기도 하기 때문에, 그래서 움직이는 가운데서도 여전히 움직이고 정지하는 것의 구분이 있다. 마찬가지로 사람이 수면상태에 있을 때에도 〈마음과 몸〉은 전체적으로 말해서는 일종의 정지하는 상태에 처하게 된다. 그러나 사람은 어떤 때에 꿈을 꾸기도 하고 어떤 때에 꿈을 꾸지 않기 때문에, 그래서 정지하는 가운데서도 움직이고 정지하고 하는 것의 구분이 있으며, 꿈을 꿈다는 것은 바로 정지하는 가운데서의 움직임을 말한다고 했다. 그는 『만약 야간에 꿈을 꾼다고 해도 이 역시 마음이 이미 움직이는 것이다』라고 했다. 그러나 이는 깨어있는 상태의 움직임 중의 움직임과는 다르다.(모두 《주자대전집·답진안경》에 보인다.) 이러한 주희의 분석은 사변적인 느낌이 너무 농후하긴 하지만, 그러나 정현의 『정신이 깨어있는 바』라고 한 말에 비해서는 훨씬 더 깊이가 있다.

명나라 때의 낙초봉樂韶鳳과 송렴宋濂 등이 편찬한 《정운正韻》에서는 다음과 같이 말하였다.

> 꿈이란 깨어있는 상태와의 반대로, 잠 속에서 사물의 형태를 보는 것이 있는 것이다.
> 夢, 覺之對, 寐中所見事形也.

《정운》에서의 꿈에 대한 규정은, 꿈을 먼저 깨어있는 지각과 대립시켜 구분해내었는데, 이 점은 이전의 저작들에 비해 뛰어나다. 이후 그들은 더 나아가 꿈의 내용에 근거하여 꿈을 『잠 속에서 사물의 형태를 보는 것이 있는 것이다』라고 규정하였는데, 이것 또한 허신의 『잠을 자면서 느끼는 바가 있는 것이다 寐而有覺』라고 한 것과 정현의 『정신이 깨어있는 바 精神所寤』라고 한 말을 구체화시킨 것이다. 오늘날 우리들의 관점으로 볼 때, 이러한 규정이 비록 매우 천박하긴 하지만, 그러나 그 정확성에 대해서는 도리어 회의를 할 필요가 없다.

프로이트가 일찍이 『모든 꿈의 공동적 특징은, 제일 첫번째는 바로 수면이다. 꿈은 분명히 수면중에서의 심리활동이다』라고 지적했었다.(《정신분석입문》상무인서관 1984년, 61쪽) 이상에서 든 여러 학자들의 꿈에 대한 규정이 비록 각양각색이긴 하지만, 그러나 모두 모든 꿈의 제일 기본적이고 공통적인 특징을 정확하게 파악하고 있었다.

2 | 꿈의 상태와 깨어있는 상태와의 구별

꿈이란 것을 사람의 수면중의 어떤 정신심리적 활동으로 규정하는데, 이는 꿈에 대한 과학적 탐색의 출발점이다. 이러한 출발점을 벗어나게 되면, 일체의 탐색은 모두 공허한 것이 되고 만다. 그러나 출발점은 단지 출발점일 뿐, 만약 탐색이 여기에만 머물러 버리고 만다면, 꿈의 본질을 절대로 발견할 수는 없을 것이다. 왜냐하면 꿈을 수면과 연관시키게 되면 단지 꿈을 꾸는 생리적 상태에 대해서만 묘사하게될 뿐, 꿈의 활동범위에 대해서는 제한을 두게 되기 때문에 꿈이 꿈이 되는 것, 즉 꿈의 정신심리적 활동의 특수성에 관해서는 설명을 해낼 수가 없게 된다. 이러한 문제를 명확히 하기 위해서는 반드시 이에서 한 걸음 더 나아가 꿈의 상태와 깨어있는 상태를 구분해내어야만 한다.

고대 중국에서는 꿈의 상태(睡夢)와 깨어있는 상태의 구분에 대해 여러 측면으로 고찰을 하였는데, 이를 개괄하자면 이에 대한 구별 중에서 중요한 것으로는『형체가 닫힘 形閉』과『형체가 열림 形開』·『접촉함이 없음 無接』과『접촉함이 있음 有接』·『옛것에 연유함 緣舊』과『새것을 앎 知新』·『뜻이 없음 無志』과『뜻이 있음 有志』·『주체가 없음 無主』과『주체가 있음 有主』그리고『깨어있는 상태에서는 제어하고 잠을 잘 때에는 숨는다 醒制臥逸』는 등등이 있다.

[1]『형체가 닫힘 形閉』과『형체가 열림 形開』

중국의 역사에 있어서 이성적 수준으로 제일 먼저 꿈의 상태와 깨어있는 상태를 구별한 것은 《장자》를 손꼽아야 할 것이다. 《장자·제물론齊物論》에서는 다음과 같이 말하였다.

> 잠을 잔다는 것은 영혼이 교유하는 것이고, 깨어있다는 것은 형체가 열려있는 것이다.
> 其寐也魂交, 其覺也形開.

앞에서 논술한 바와 같이 『영혼이 교유한다 魂交』는 것은 몽상이 교차하고 변화하는 것을 가리키고, 『깨어있다 覺』는 것은 맑게 깨어있는 의식을 가리킨다. 《설문》에서는 『각覺이란 깨어남이다』라고 했다. 또한 『깨어남이란 잠에서 깨어나 기지개를 켜는 것이다』라고 하였다. 《한서·동현전董賢傳》의 주석에서는 또 『각覺이란 잠에서 깨어남이다』라 하였다. 이러한 뜻풀이는 모두 〈각覺〉이 수면중에서 깨어난 이후 맑게 깨어있는 활동이 있음을 나타내고 있다. 그래서 《장자》의 이러한 두 문장은 실제로 꿈의 상태를 깨어있는 상태와 대립시켜, 그것의 특징을 각기 나누어 설명하려고 하였다. 그렇다면 꿈의 상태와 깨어있는 상태의 특징에 대한 구별은 무엇인가?《장자》의 분석에 따르면, 깨어있는 상태의 특징은 『형체가 열리는 것』이고, 이것에 대응하여 꿈의 상태라는 특징은 『형체가 닫힌 것』이어야 한다는 것이다.

〈형체〉는 정신심리적 활동과 서로 연관이 있어 주로 형체가 있는 사람의 육체, 특히 육체의 감각기관을 가리킨다. 『형체가 닫혀있고 形閉』와 『형체가 열려있다 形開』라는 것은 장자가 도가의 고유한 사상에 근거하여 창조해낸 매우 특이한 개념이다. 《노자》에서도 항상 『그 구멍을 막고, 그 문을 닫는다 塞其兌, 閉其門』고 했다.(《노자》 제52·56장) 〈태兌〉란 두 귀와 콧구멍과 구강의 통로를 말하며, 〈문門〉이란 두 눈을 말한다. 《심술心術》에서 항상 『그 궁을 깨끗이하고, 그 문을 연다 潔其宮, 開其門』고 했는데(《관자管子·심술》 상편) 〈궁宮〉이란 사람의 마음을 가리키고, 〈문門〉이란 사람의 두 눈과 두 귀를 가리킨다. 《노자》와 《장자》에서는 모두 사람의 정신심리적 활동에도 일종의 개폐구조가 있음을 감지하였다. 《장자》에서 『형체가 열리는 것』이라고 말한 것은 곧 사람이 깨어있을 때 육체와 각 관문이 모두 외부세계로 향해서 개방되어 있다는 것을 말한다. 이와 대응하여 『형체가 닫힌 것』이라고 말한 것은 사람이 수면중 꿈을 꿀 때에는 육체의 각 관문이 외부세계에 대해 닫히기 시작한다는 것을 말한다. 누구나 다 볼 수 있듯이 『형체가 열리는 것』과 『형체가 닫히는 것』의 개념은, 여기에서 많은 부분에 있어서 비유적인 성질을 갖고 있다. 그러나 이러한 비유는 도리어 사소한 것으로 볼 수는 없으며, 바로 이러한 비유 속에서 장자는 매우 중요한 문제와 접촉을 하고 있는데, 이것은 바로 꿈의 상태와 깨어있는 상태가 각기 서로 다른 생리적 기초를 가지고 있다는 것이다. 이러한 점은 지금까지도 여전히 그 나름대로의 과학성을 지니고 있다. 만약 인류의 현대적 인식으로부터 분석을 한다면, 인체의 인지기관과 각종의 감각기관은 마땅히 인체에 있어서의 하나의 정보 시스템이라고 말해야만 할 것이다. 사람이 깨어있을 때에는 자신의 정보 시스템은 밖으로 열려져 있고, 잠을 자면서 꿈을 꿀 때에는 이러한 정보 시스템이 곧 바깥에 대해서는 잠시 닫히기 시작한다. 우리들이 한 번만 생각해 본다면, 사실 바로 이와 같은 것이 아니겠는가?

장자는 위대한 철학가라고 해도 부끄럽지 않고, 그가 창조해낸 『형체가 열리는 것』과 『형체가 닫히는 것』의 상대적인 개념은 구체적이며 더욱 깊은 의미를 지니고 있어, 사람들이 꿈의 상태와 깨어있는 상태에 대한 구별을 파악하는 데 커다란 길을 열어주었다. 그러나 《장자》의 이러한 상대주의는 그로 하여금 스스로 개척한 길을 따라 나아가게 하지 못하였을 뿐만 아니라, 오히려 최후에는 꿈의 상태와 깨어있는 상태의 경계를 말살하고야 말았다. 《제물론》의 제일 마지막 부분에는 유명한 고사가 하나 있는데, 바로 장주莊周가 꿈에서 나비가 되는 것이다. 장자는 다음과 같이 말하였다. 그는 종전의 꿈 속에서 자기가 한 마리의 나비로 변하여 이리저리 날아다니고 편안하고 고요하게 만족스러움을 얻었는데, 갑자기 잠에서 깨어난 후 자신이 실제의 장주라는 것을 발견하였다. 그래서 그는 문제를 하나 제시하게 되었는데 『장주의 꿈에서 나비가 되었는지, 나비의 꿈에서 장주가 되었는지를 알 수가 없구나』라는 것이었다. 《제물론》의 논리에 따르면, 사람들은 옳고 그름이 일치하여야 하고 죽고 사는 것이 일치하여야 할 뿐만 아니라, 마찬가지로 『꿈과 깨어있는 상태도 일치하여야 한다』고 한다. 당신이 장주의 꿈에서 나비가 되었다고 해도 되고, 나비의 꿈에서 장주가 되었다고 해도 되는데, 이 두 가지 설법은 모두 같은 것이다. 그러나 장자의 이러한 견해에 대해 우리들은 절대로 찬성할 수는 없다.

물론 장자는 그 나름대로의 근거를 가지고 있다. 잠시 그의 근거가 성립되는지의 여부를 살펴보기로 하자. 장자는 다음과 같이 말하였다.

사람이 막 꿈을 꾸고 있을 때에는 그가 꿈을 꾸고 있다는 것을 알지 못한다. 꿈 속에서 또한 그 꿈을 점치기도 하는데, 깨어난 후에 비로소 꿈을 꾸었다는 것을 안다. 아울러 크게 깨달은 후에 비로소 이것이 일장대몽—場大夢이었다는 것을 안다. 그러나 우매한 자는 스스로 깨어있다고 여긴다. ……공자나 당신도 모두가 꿈을 꾸고 있는 것이다. 내가 당신들이 꿈을 꾸고 있는 것이라고 하는 것 또한 역시 꿈이다.

사람들은 확실히 꿈 속에서는 자신이 꿈을 꾸고 있다는 것을 항상 느끼지 못하여, 언제나 그 당시 자신이 보고 들은 바가 모두 진실이라고 여긴다. 사람들은 확실히 꿈에서 자신이 꿈을 점칠 수가 있고 혹은 다른 사람에게 청하여 꿈을 점칠 수 있을 뿐만 아니라, 매우 진지한 태도를 취한다. 다만 깨어난 이후 비로소 자신이 원래 꿈을 꾸었다는 사실을 발견하게 된다. 이러한 상황은 본래가 모두 사실에 속한다. 그러나 장자는 도리어 이러한 것으로부터 추론하여, 단지 〈성인〉과 같이 크게 깨달음이 있은 연후에야 비로소 우리들의 한평생이 매우 분주하며 모든 행위들이 원래 한바탕 꿈에 불과하다는 것을 이해할 수 있게 되지만, 우둔한 이는 도리어 『스스로 느끼고 있다고 여기며』 자신이 명확하게 깨어나 활동을 하고 있는 것으로 여긴다고 했다. 장자의 견해에 의하면, 공자와 같은 이러한 〈큰 성인〉이라고 할지라도, 그들이 하루종일 행하고 있는 바 역시 꿈을 꾸고 있다는 것이다. 장자는 여기에서 자신을 본래 대오각성한 성인으로 분장하려 하였으나, 다만 입을 열기가 겸연쩍었던 바람에 일부러 겸허하게 『내가 당신들이 꿈을 꾸고 있는 것이라 말하는 것 역시 꿈이다』라고 말하였던 것이다. 장자의 논리에 의하면, 사람들은 꿈 속에서 『스스로 깨어있다고 여기지만』 깨어난 후에 비로소 그것이 꿈이었음을 알게 되며, 이러한 까닭에 꿈을 꾸는 것과 깨어있는 것의 사이에는 객관적인 경계가 없다는 것이다. 그러나 장자 스스로 지적했던 『형체가 열리는 것』과 『형체가 닫히는 것』이 것이 바로 객관적 경계가 아니겠는가? 장자는 꿈의 상태가 깨어있는 상태로 전화될 수 있으며, 깨어있는 상태가 꿈의 상태로 전화될 수 있다고 할 수 있을 것이다. 그러나 그렇지는 않다. 전화라는 것은 피차에 경계가 존재한다는 것을 전제로 하는 것이며, 그렇지 않을 경우에는 무엇이 무엇으로 전화되는지를 명확히 설명할 수가 없다. 장자는 꿈의 상태와 깨어있는 상태가 어떤 때는 서로 교차한다는 것으로 말할 수도 있을 것이다. 그러나 이러한 상황이 있을 수 있다는 것은 부인할 수 없지만, 꿈의 상태와 깨어있는 상태 사이에는 언제나 매우 커다란 경계가 존재하고 있다. 만약 매우 커다란 경계가 존재하지 않는다면, 장자가 어떻게 자기 자신이 일찍이 『꿈에서 나비가 되는』 괴이한 꿈을 꾸었다는 것을 알 수 있을 것이며, 어떻게 『꿈에서 나비가 되고』 『꿈에서 장주가 되는』 문제를 제시할 수 있다는 말인가? 《장자》의 뒤를 이어 성현영成玄英 또한 『깨어있기도 하며 꿈이기도 하고, 나비가 있기도 하고 장주가 있기도 함에 이를 부허浮虛라고 하는데, 또한 끝이 없는 구분이 아니다』라고 말한 것도 이상할 것이 없다.

장자가 한 걸음 앞으로 나아갔고, 또한 한 걸음 후퇴하였다는 이것이 중요한 것은 아니다. 중요한 것은 그가 일찍이 한 걸음 앞으로 나아갔으므로, 이후의 사람들은 이것에 의해 계발을 받고 계속적으로 앞으로 나아가는 사람이 있어야 한다는 점이다. 북송시대의 저명한 철학가였던 장재張載(1020—1077년)는 자각적으로 『형체가 열리는 것』을 깨어있는 상태의 특징으로, 『형체가 닫히는 것』을 꿈의 상태의 특징으로 보아, 장자의 정확한 관점을 더욱 진일보된 모습으로 발휘시켰다. 《정몽회고正夢會稿 · 동물편動物篇》에서 그는 다음과 같이 말하였다.

깨어있는 상태란 형체가 열려 뜻이 외부와 교유하는 것이고, 꿈이란 형체가 닫히어 〈기〉가 내부에 전적으로 모이는 것이다.

寤, 形開而志交諸外也 ; 夢, 形閉而氣專乎內也.

왕부지王夫之가 주석을 붙여 『열린다는 것은 펼치는 것이고, 닫힌다는 것은 구부리는 것이다』라고 하였다. 사람이 수면상태에서 깨어났을 때 제일 먼저 귀와 눈의 보고 듣는 계통이 열리기 시작한다. 일어난 이후의 갖가지 활동으로 말미암아 인지기관도 일을 하기 시작한다.

이러한 사람은 곧 외물과 접촉하지 않을 수가 없게 되는데, 이것이 곧 『외부와 교유한다 交諸外』라고 한 것이다. 그러나 꿈을 꾼다는 것은 이렇지가 않다. 사람이 꿈을 꿀 때에는 보고 듣는 계통이 닫힐 뿐만 아니라 인지기관의 이성적 활동도 정지하기 시작하는데, 이러한 상태를 장재는 『기가 내부에 전적으로 모이는 상태 氣專乎內』라고 부르고 있다. 〈기〉라는 것은 정기를 가리킨다. 고대 중국의 철학가와 의학가 들은 인체의 정신활동이란 바로 오장五臟에 감추어진 정기와 직접 관련이 있는 것으로 줄곧 인식해왔다. 『내부에 전적으로 모인다 專乎內』는 것은 정기가 오장의 내부에 감추어져 있어, 단지 체내에서만 변화가 발생한다는 것을 말한다. 이러한 해석에 따르게 되면, 『형체가 열리는 것』과 『형체가 닫히는 것』의 분별은 현대의 신경생리학에서 이야기하는 〈흥분〉과 〈억제〉의 두 가지 상태에 상당하는 것이다. 인체의 신경계통이 바로 흥분상태에 처해 있을 때는 시시각각으로 외계의 자극에 대해 반응을 나타낸다. 그러나 반대로 인체의 신경계통이 바로 억제상태에 처해 있을 때에는 기본적으로 외계에 대해 반응을 하지 않는다. 만약 정보이론이라는 관점에서 본다면, 『형체가 열려있을』 때 인체의 정보계통은 개방상태에 처하게 되어, 외래 정보의 입력(input)이 있을 뿐만 아니라 외계 정보에 대한 출력(output)이 있다. 『형체가 닫혀있을』 때에는 인체의 정보계통은 닫혀진 상태에 처하게 되어 기본적으로는 외계에 대한 정보의 접수와 처리가 정지된다. 물론 장재의 당시의 분석은 단지 생활의 경험에 근거한 것이었을 뿐 현대과학의 이러한 인식이 있을 수는 없다. 그러나 발전이라는 관점에서 본다면, 현대적 인식의 어떤 맹아를 포함하고 있다는 것은 의심할 여지가 없다. 그가 『정기精氣』라는 개념으로써 사람의 정신활동을 설명한 점은, 지금은 이미 시대에 뒤떨어진 부분이다. 그가 이야기했던 『내부에 전적으로 모인다』라는 것도 어느 정도에 있어서는 절대화한 것이다. 왜냐하면 꿈을 꿀 때 사람은 여전히 어느 정도의 약한 자극의 영향을 받기 때문이다. 그러나 장자로부터 제창되어 장재에 의해 발휘되었던 『형체가 열리는 것』과 『형체가 닫히는 것』이라는 이러한 개념은 지금에 이르기까지 여전히 일정 정도의 과학적 의의를 가지고 있다.

---

[2]『접촉함이 없음 無接』과 『접촉함이 있음 有接』

『형체가 열리는 것』과 『형체가 닫히는 것』이라는 이러한 상대적인 개념은 주로 꿈의 상태와 깨어있는 상태간의 서로 다른 생리적 기초를 설명하는 데 있지만, 그러나 이미 사람의 정신계통의 개폐구조라는 부분과도 접촉하고 있다. 사람의 정신계통에는 열림과 닫힘이라는 것이 있을진대, 이는 곧 꿈의 상태와 깨어있는 상태라는 것들이 외부 사물에 대해 갖는 서로 다른 관계와도 관련이 있다. 그래서 『형체가 열리는 것』과 『형체가 닫히는 것』의 이러한 경계로부터 『접촉함이 없음』과 『접촉함이 있음』의 또 다른 경계를 끌어내게 되었다.

　장자는『깨어있는 상태는 형체가 열리는 것이다』라고 말한 후, 이를 이어서 또『접촉한 것들과 얽혀서 하루종일 마음이 서로 옥신각신한다 與接爲構, 日以心鬪』고 하였다. 그것은 원래〈대지大知〉와〈소지小知〉의 무리배들을 풍자하는 것으로, 그들이 눈을 뜨기만 하면 온종일 서로 논쟁하는 것을 설명하려던 것이었다. 그러나『접촉한 것들과 서로 얽혀서 與接爲構』라는 말에서의〈접촉하다〉라는 것에는 매우 깊은 뜻이 있다. 장자는 여기에서 아무 생각 없이 이야기했을 것으로 보이나, 후세의 철학자들은 오히려 이에 대해 주의를 불러일으켰다.

　《설문》에서『접接이란 교유함(交)이다』라고 하였는데, 이것이 바로〈접接〉의 본뜻이다. 《묵경墨經》에서는 일찍이『지知라는 것은 접촉함(接)이다』라고 하여, 사람의 인식활동을 외물과 교접交接하는 것으로 여겼다. 《회남자淮南子·원도훈原道訓》에서 일찍이 말한 적이 있는『지知란 사물과 접촉함이다』라고 한 것도 이러한 뜻이다. 그래서 고유高誘가 주석을 한 것 또한『접接이란 교유함이다』라고 했다. 〈접接〉자는 손〈수手〉자를 따르고 있다. 사람이『형체가 열려있을』때에는, 수족과 사지와 이목구비의 구멍은 반드시 외물과 교접하는 관계를 일으키게 되며, 그리하여 눈은 색을 변별할 수 있게 되고, 귀는 소리를 들을 수 있게 되며, 마음은 다른 사람의 뜻을 알 수 있게 된다. 반면『형체가 닫혀있을』때에는, 사람의 정신계통은 기본적으로 보는 것은 닫히고 듣는 것은 막히는 지각이 없는 상태에 처하게 되어, 설사 어떤 이가 눈을 뜬 채로 잠을 잔다 할지라도 그는 꿈 속의 상태에 있으며 신체 주위의 일들에 대해 알지 못한다. 그래서『오寤는 섞임이며, 사물과 교접하여 섞이게 된다』라고 하였다. 그러나 꿈 속에서는 사물과 서로 접촉을 할 수가 없다. 《열자》의 저자는 바로 이러한 점에 주의하였는데, 그는 장자의『형체가 열리는 것』과『형체가 닫히는 것』에서부터 출발하여, 한 걸음 더 나아가『정신이 교유하는 것을 꿈이라 이르고, 형체가 접촉하는 것을 깨어있는 상태라 이른다』라고 했다. 《열자·주목왕周穆王》편에서 다음과 같이 말하였다.

　깨어있는 상태에는 여덟 가지의 징조가 있고, 꿈에는 여섯 가지의 징후가 있다. 무엇을 여덟 가지 징조라고 하는가? 첫째는 연고(故)이며, 둘째는 행위(爲)이고, 셋째는 얻음(得)이며, 넷째는 잃음(喪)이고, 다섯째는 슬픔(哀)이며, 여섯째는 기쁨(樂)이고,

일곱째는 삶(生)이며, 여덟째는 죽음(死)이다. 이러한 여덟 가지의 징조는 형체가 접촉한 것들이다. 어떤 것을 여섯 가지 징후라고 하는가? 첫째는 정몽正夢(편안한 꿈)이고, 둘째는 악몽噩夢(놀라는 꿈)이며, 셋째는 사몽思夢(생각하던 바를 꾸는 꿈)이고, 넷째는 오몽寤夢(비몽사몽간에 꾸는 꿈)이며, 다섯째는 희몽喜夢(즐거워하는 꿈)이고 여섯째는 구몽懼夢(두려워하는 꿈—역주)을 말한다. 이 여섯 가지는 정신이 교유한 것들이다.

저자는 여기에서 명의상으로는 깨어있는 상태와 꿈의 징후를 분석하려고 했지만, 실제로는 깨어있는 상태와 꿈의 상태에 대한 표현형태를 분류하여 설명한 것이다. 저자의 분석에 따르면, 깨어있는 의식에는 여덟 가지의 표현형태가 있다. 『첫째는 〈연고〉이며, 둘째는 〈행위〉이다』라고 한 것은 목적과 행위의 자각의식을 가리키며, 목적의식과 행위의식은 모두 일정한 외물 대상과 서로 연계되어 있다. 『셋째는 〈얻음〉이며, 넷째는 〈잃음〉이고, 다섯째는 〈슬픔〉이며, 여섯째는 〈기쁨〉』이라고 한 것은 사람의 자각행위 중에서의 각종의 자아감각을 가리킨다. 왜냐하면 사물을 얻고 잃는다는 느낌은 그것에 따라서 마음을 사물에다 기탁하기 때문에, 반드시 비애나 혹은 즐거운 감정이 나타나기 때문이다. 『일곱째는 〈삶〉이며, 여덟째는 〈죽음〉』이라고 한 것은 사람의 자각활동 중에서의 삶과 죽음에 대한 자각의식을 가리킨다. 이러한 사물의 존재와 변화에 따라 개별적 존재의 생존과 행복에 이로움이 있을 수 있고, 사물의 출현과 변화에 따라 개인의 존재와 생명이 위급해질 수도 있다. 이러한 의식과 느낌, 그리고 체험 등은 모두 외물과 서로 접촉하므로써 관계가 일어난다. 그래서 『이러한 여덟 가지 징조는 형체가 접촉하는 것이다』라고 했던 것이다. 꿈의 상태의 표현상태에 대해서, 저자는 완전히 《주례·춘관春官》에서의 〈여섯 가지 꿈〉의 학설을 그대로 인용하였지만, 깨어있는 상태의 여덟 가지 형태와 하나하나 대조할 수는 없었다. 꿈의 상태에서의 〈즐거움〉과 〈두려움〉도 깨어있을 때의 〈슬픔〉과 〈기쁨〉과도 서로 연계시켜서 구체적으로 분석할 수가 없었다. 〈여덟 가지의 깨어있는 상태〉와 〈여섯 가지의 꿈〉에 대한 분류도 그렇게 과학적이지는 않다. 그러나 중요한 것은 그가 깨어있는 상태라는 것이 외부 사물에 대해 『접촉함이 있고』 꿈의 상태는 외물에 대해 『접촉함이 없다』라는 이러한 한 가지 경계를 드러냈다는 데 있다. 무릇 사람의 깨어있는 의식은 모두 사람의 육체와 감각기관이 외부 사물과 접촉한 결과물이며, 그리고 꿈 속에서의 환각은 사람의 뇌에 원래부터 존재하고 있던 갖가지의 의상意象들이 서로 교접된 결과로 나타난 것이다. 《주목왕》편의 전체적인 내용으로 볼 때, 여기에서 이야기하는『정신이 교유한다 神交』는 것은 바로 이전에 장자가 이야기했던『영혼이 교유한다 魂交』는 것이며, 이는 완전히 정신계통에 있어서의 내부적 활동에 속하며, 외부 사물과는 직접적인 관계가 없다.

《열자》는 《장자》에서의 『형체가 열리는 것』과 『형체가 닫히는 것』으로부터 한 걸음 더 나아갔으나, 결과적으로 후퇴하여 되돌아오고 말았다. 왜냐하면 《주목왕》편의 요지는 궁극적으로는 결국 무슨『〈각〉과 〈몽〉이 서로 다르지 않다 覺夢不異』는 것, 즉 깨어있는 상태와 꿈의 상태간에는 구별이 없다는 것을 설명하려 하는 것에 있기 때문이다. 《열자》의 저자는 깨어있는 상태란『접촉함이 있는 것』이고, 꿈의 상태란『접촉함이 없는 것』이라고 말하지 않았으며, 이것이 바로 이들 둘간의 차이가 아니겠는가라고 의문을 가질 수도 있을 것이다. 사실 이렇게 의문을 가지는 것은 무슨 그리 이상한 것이 못 된다. 그가『후퇴하였다』라고 한 것은 바로 이와 같은 이유에서이다. 그렇다면 그가 이야기한『깨어있는 상태와 꿈의 상태간에는 차이가 없다 覺夢不異』라고 한 근거는 또한 무엇인가? 당나라 때의 노중현盧重玄의 개괄에 근거하면 다음과 같은 두 가지의 중요한 점이 있다.《열자해列子解·주목왕편》

첫째는『깨어있는 상태와 꿈의 상태는 다르게 나타나며, 그 변화에 있어서도 처음부터 구별이 없다』라는 것이다. 저자는 깨어있는 상태와 꿈의 상태에는 각각 특수한 원인을 갖고 있으며, 깨어있는 상태는『접촉함이 있음』에서 나오고, 꿈의 상태는『정신이 교유하여』나오는 것이라는 점을 인정하였다. 그러나 이 두 가지는 전화될 수 있다라고 말해 버리므로써 근본적으로 구별이 없게 되었다. 이 점은 우리들이 앞에서 장자의 관점을 분석할 때 이미 설명하였는데, 전화라는 것은 반드시 피차간에 구별이 있음이 전제가 되어야만 한다. 전화라는 사실에 근거하여 이 두 가지에 구별이 없다고 하는 것을 설명할 수는 없다.

둘째『깨어있는 상태 또한 정신의 움직임이며, 꿈 역시 정신의 움직임이다』라는 것이다. 이는 매우 중요한 문제이다. 깨어있는 상태와 꿈의 상태는 모두가 사람의 정신활동으로, 이러한 점으로 말하자면 분명히 구분이 존재하지 않는다. 그러나 우리들이 여기에서 고찰해야 할 것은 이 두 가지의 정신활동에 어떠한 구별이 있는가

하는 것인데, 저자와 노중현은 분명히 논제를 몰래 살짝 바꾸어 버렸다. 그러나 어떻든간에, 《열자》에서 이미 깨어있는 상태의 그것은 『접촉함이 있고』 꿈의 상태는 『접촉함이 없다』는 것을 논증하였는데, 이것은 하나의 공헌이 있는 것으로 우리들이 충분히 긍정해야만 할 부분이다.

앞서 이야기한 바와 같이 북송시대 때의 장재는 일찍이 《장자》에서의 『형체가 열리는 것』과 『형체가 닫히는 것』의 이러한 개념에서 한 걸음 더 나아가 논술을 하였다. 장재가 이야기했던 『(깨어있는 상태란) 형체가 열려 뜻이 외부와 교유하는 것이다 形開而志交諸外也』라고 한 말에서 『외부와 교유하는 것 交諸外』이라는 말은 외부 사물과 〈접촉〉하는 것을 말한다. 장재는 또 『(꿈이란) 형체가 닫혀 기가 내부에 전적으로 모이는 것이다 形閉而氣專乎內也』라고 한 말에서의 『내부에 전적으로 모이는 것이다 專乎內』라는 것도 또한 바로 외물과 『접촉하지 않는』 것을 말한다. 이후 명나라 때의 유기劉璣가 《정몽正夢》의 이 부분에 대해 주석을 하면서 다음과 같이 지적하였다.

〈오寤〉는 깨어남이다. 〈형形〉이란 그 몸을 가리켜 말하는 것이다. 사람이 잠의 상태를 끝내고 깨어난다는 것은 그 형체가 열려 사물과 접촉하는 것을 말한다. 막 잠을 자면서 꿈을 꾸는 것은 그 몸이 닫히고(형체가 닫힘) 정기가 안에서 전적으로 모이는 것이다.
寤, 覺也. 形, 指此身而言. 人之旣睡而覺(醒來)者, 此形開而與物相接也. 方睡而夢者, 此身閉(形閉)而氣專乎內也.《정몽회고正夢會稿·동물편動物篇》

여기에서 주의할 만한 것은 장재가 이미 《장자》가 열어놓은 길을 따라 앞으로 나아갔을 뿐만 아니라, 《열자》가 개척해 놓은 길을 따라서도 나아갔지만 모두 후퇴하지 않았다는 점이다. 그래서 그는 꿈의 상태와 깨어있는 상태간의 구별에 대해서 조금도 의심하지 않았다. 이러한 문제에 있어서 그는 《장자》와 《열자》의 저자에 비해 더욱 자각적이었으며 더욱 뛰어났다.

프로이트는 수면의 심리적 특징에 대해 다음과 같이 인식하고 있다. 『나는 외계와 교섭하길 원치 않고, 그리고 외계에 대해 흥미도 일으키길 원하지 않는다. 나는 수면으로 들어가 외계를 벗어나고, 그러한 외계의 자극으로부터 도피한다. 마찬가지로 내가 만약 외계에 대해 싫증을 느낀다면 곧 수면으로 들어갈 수 있을 것이다.』(《정신분석입문》 61쪽) 우리들이 볼 때, 수면시의 심리적 특징이 이와 같고 수면시 꿈을 꿀 때의 심리적 특징도 이와 같다. 그래서 고대 중국에서는 『접촉함이 있음』과 『접촉함이 없음』이라는 것으로 깨어있는 상태와 꿈의 상태의 경계를 나누었는데, 이는 지금까지도 여전히 사실과 부합되고 있으며 근거가 있는 것이다.

---

[3] 『옛것에 연유함 緣舊』과 『새것을 앎 知新』

꿈의 상태와 깨어있는 상태의 구별은 그것의 생리적 기초와 외물에 대한 관계에서 표현되고 있을 뿐만 아니라, 그것의 내용에 있어서도 표현되고 있다. 장재는 『접촉함이 없음』과 『접촉함이 있음』이라는 이러한 경계선에 뒤이어서 계속 앞으로 나아가 깨어있는 의식의 활동을 제시하였고, 내용적으로도 끊임없이 새롭게 하였다. 그러나 수면중의 몽상활동은 그 내용이 단지 이전에 있던 재료에만 한정되어 있다.《정몽회고·동물편》에서는 다음과 같이 말하였다.

> 깨어있는 상태란 이목에서 새로운 것을 아는 바이고, 꿈이란 마음에 익숙하여 옛것에 연유하는 바이다.
>
> 寤所以知新于耳目, 夢所以緣舊于習心.

『형체가 열려있을』때, 사람의 육체와 감각기관은 끊임없이 외계의 사물과 접촉하게 되므로, 자연히 끊임없이 새로운 사물과 새로운 현상 및 새로운 정보들이 눈과 귀로부터 대뇌(당시에는 〈心〉으로 잘못 여겼음)로 반영되어 들어가기 때문에, 사람의 의식에는 새로운 내용들이 끊임없이 증가하게 된다. 유기劉璣는 『이미 깨어나 사물과 접촉하게 되면, 눈과 귀에 들리고 보이는 것이 새롭다』라고 말하였으며 《정몽회고·동물편》 왕부지는 『열린즉 정신이 서로 접촉하여 눈과 귀는 마음이 나날이 새로움을 본받는 쓰임이 된다』라고 하였는데《장자정몽주張子正夢注·동물편》이는 모두 이러한 뜻을 이야기한 것이다.

『형체가 닫힐』때에는, 사람의 육체와 감각기관은 기본적으로 외계의 사물과의 접촉을 정지하게 되므로, 당연히 새로운 사물과 새로운 현상 및 새로운 정보가 대뇌로 들어올 수 없게 된다. 그렇다면 수면중에 일어나는 몽상활동은 그 재료가 또한 어디로부터 오는 것일까? 이에 대한 대답은, 단지『옛것에 연유한다』고 할 수밖에 없다. 즉 단지 이전부터 있던 인상과 과거에 저장해 두었던 정보에 의거하여 연상하고 이를 모아서 이어 맞출 수밖에 없다. 그래서 유기는 이를 해석하여『대저 꿈이 이루어지는 이유는 모두가 늘상 보는 옛날 일에 연유해서 이루어진다』라고 했다.《정몽회고·동물편》사람의 몽상은 항상 기괴하고 변화무상한 까닭에 마치 터무니없이 출현한 것같이 여기지만, 실제로는 모든 사람마다 각기 모두 그러한 기괴한 몽상을 스스로 진지하고 자세하게 분석할 수가 있으며, 그 중에는 자신이 이전에 경험한 적이 없는 소재는 하나도 없다.

장재가 여기에서 지적한『익숙한 마음』이란 이러한 개념은 매우 주의하고 음미할 만한 가치가 있다.『익숙한 마음』이라는 것은 곧 사람이 깨어있을 때의 의식이 장기간에 걸쳐 적정積淀되어 형성된 심리이다. 이러한 심리는 주로 꿈 속에서 작용을 발휘하며, 깨어있을 때는 사람들이 이를 결코 자각하지 못한다. 북송 때의 왕안석王安石은 일찍이 신종神宗 때 변법을 주장하였으나, 늙어서는 금릉金陵으로 돌아가 은거하면서 세상의 일에 관여하지 않았다. 그러나 그때의 변법활동으로 인해 적정을 이루어 형성된 심리는 여전히 영혼의 깊은 곳에 잠복하고 있었다. 이후 그는 한 편의 시에서『요임금과 걸왕의 옳고 그름이 꿈으로 들어오는 것 같고, 예전부터 내려오던 습관을 알고 있기에 완전히 잊을 수가 없구나』라고 하였다. 왕안석이 이야기한『예전부터 내려오던 습관 餘習』은 바로 장재가 말했던『익숙한 마음 習心』으로, 그 중에는 프로이트의〈잠재의식〉과 같은 의미가 상당히 많이 숨겨져 있다.

명나라 때의 철학가였던 왕정상王廷相(1474—1544년)은 꿈에 대해 논하면서 다음과 같이 지적하였다.

무릇 옛날에 경험했던 바와 낮에 행했던 바가 꿈 속으로 들어가게 되면 바로 옛 경험에 연유한다는 느낌이 된다.

凡舊之所履, 晝之所爲, 入夢也則緣習之感.

왕정상이 이야기한『옛것에 연유한다 緣習』는 것은 장재의 꿈에 관한 이론과 왕안석의 시의 영향을 받았을 가능성이 매우 높다. 사람들은 무릇 자신이 경험한 일들에 있어 자신의 마음 속에다 갖가지 인상을 반드시 남겨두게 되는데, 이러한 인상은 시간의 추이를 따라가면 갈수록 더욱 모호해지게 된다. 그래서 사람이 깨어있는 상태에서는 어떻게 기억을 하려 해도 기억을 할 수가 없게 된다. 그러나 원래 있던 그러한 기억이 완전히 소멸된 것은 아니다. 바로 소멸되지 않았기 때문에, 이후에 꿈 속에서 다시 나타나거나 혹은 조금 고쳐진 형태로 다시 나타나게 되는 것이다. 낮에 행했던 활동은 당연히 기억이 매우 새롭기 때문에, 이러한 인상이 꿈 속에 나타날 때 누구도 이를 괴이하게 여기지는 않는다. 그러나 〈이전에 경험했던 것〉과 〈낮에 행한 것〉에 관계없이 이러한 인상의 재료들은 모두 사람이 깨어있을 때 저장된 것들이다. 사람들은 꿈 속에서 이전에 자신이 경험하지 못하고 자신이 들어보지도 못했던 매우 기괴한 인상들을 창조할 수 있다. 그러나 이전에 있었던 인상의 재료 이외에는 도리어 어떠한 새로운 재료도 창조해낼 수가 없다. 사실 이러한 이치는 매우 간단하다. 왜냐하면 꿈을 꿀 때 인체의 정보체계는 닫혀진 상태이기 때문에 외계의 정보가 들어오지 못하고, 단지 원래의 정보세계 속에서 맴돌 뿐이기 때문이다.

[4] 『뜻이 없음 無志』과 『주체가 없음 無主』 및 『뜻이 있음 有志』과 『주체가 있음 有主』

『옛것에 연유함』과 『새것을 인지한다』는 것으로써 꿈의 상태와 깨어있는 상태의 내용상에 있어서의 경계를 지은 것은 장재의 공헌이며, 이전에 《장자》와 《열자》에서는 이야기한 적이 없는 내용이다. 그러나 이러한 문제에 있어 장재의 가장 중요한 공헌은 여기에 있는 것이 아니라, 그가 〈뜻〉(志)이라는 개념을 드러냈다는 점에 있다. 즉 깨어있는 상태는 〈뜻〉이 있고, 꿈의 상태에서는 〈뜻〉이 없다는 것이다. 이 점에 있어서 그는 이전의 사람들이 나타내지 못한 바를 나타내었고, 이전 사람들이 말하지 못했던 바를 말한 것으로, 꿈의 상태와 깨어있는 상태의 사이에 있어 더욱 중요하고 더욱 심오한 경계와 접촉하게 되었다.

장재는 『깨어있는 상태란 형체가 열려 뜻이 외물과 접촉하는 것이다』라고 했다. 그러나 꿈을 논할 때는 〈뜻〉이라는 개념을 말하지 않았다. 이러한 〈뜻〉이라는 것은 무엇인가? 《설문》에서는 『〈지志〉란 뜻(意)이다』라고 하였다. 어떠한 〈뜻〉을 말하는 것일까? 《영추靈樞 · 본신本神》에서는 『마음에 기억되는 바를 뜻(意)이라

하고, 뜻(意)이 보존된 바를 〈지志〉라고 한다』라고 말하고 있다.《소문素問·선명오기편宣明五氣篇》의 왕빙王冰의 주석에서는 『의意란 기억하여 잊어버리지 않는 것이고, 지志란 의意에 전념하여 변하지 않는 것이다』라고 했다. 후세에 이르게 되면, 이에 대해 더욱 명확하게 말하고 있다.《음부경陰符經》에서는 『지志라는 것은 그것을 부리려 하는 것이다』라고 하였다.《북계자의北溪字義》에서는 『지志란 마음이 가는 바이다』『지志란 확정하여 틀림이 없는 뜻으로 향하는 것이다. 마음은 그곳을 향해 가며, 기대에 의지하여 확고하게 그것을 얻으려 하는 것이 곧 지志이다』라고 하였다. 〈지志〉에서 강조되고 있는 바는 바로 깨어있는 상태에서의 의식의 자각성과 목적성이라는 것을 매우 분명하게 말하고 있다. 『지志는 외물과 접촉한다』라고 한 것은, 즉 깨어있는 상태의 의식이 자각적이고 목적성이 있게 외물과 접촉하는 것을 말한다. 순자는 심心(마음)을 논하면서 일찍이 『그것을 부린즉 사고思考하게 된다 使之則謀』고 했는데, 이 『부린다 使』는 글자에 이미 깨어있는 상태에서의 〈지志〉라는 조짐을 함유하고 있기는 하지만, 그러나 아직은 사실에 입각하여 일을 논하고 있는 상태이다.《열자》에서도 깨어있는 상태에 대해서 논증을 하면서 일찍이 『연고 故』나 『행위 爲』 등의 개념을 제시하였는데, 여기에도 〈지志〉의 뜻이 포함되어 있긴 하지만, 단지 깨어있는 상태의 한두 종류의 형태로써 말하고 있을 뿐이다. 장재가 이야기했던 『뜻이 외물과 접촉하는 것 志交諸外』이란 말에서의 이 〈지志〉라는 것은, 이미 〈깨어있는 상태〉의 본질적 특성의 수준에 도달하고 있다. 말하자면 사람의 정신이 깨어있는 상태일 때 들리고 보이는 것과 행동하는 것들은 모두 자기의지의 지배하에 놓이게 된다는 것이다.

깨어있는 상태에서는 〈지志〉라는 것이 있다면 꿈의 상태에서는 어떠한가? 장재의 관점에 따르면, 꿈의 상태는 〈지志〉의 지배를 받지 않는다고 한다. 왕부지王夫之(1619—1692년)는 《장자정몽주張子正夢注》에서 다음과 같이 말하였다.

　지志(뜻)가 외물에 접촉하면 정기가 퍼지게 된다. 정기가 내부에 전일하면 지志는 숨게 되며, 그렇게 된즉 정신 또한 감추어져 민감하지 못하게 된다. 정신이란 것은 지志를 따라서 움직이고 그치는 것이다.
　志交諸外而氣舒, 氣專于內而志隱, 則神亦藏而不靈, 神隨志而動止者也.

『정기가 퍼진다 氣舒』는 말은 인체의 정기가 의식의 지배하에서 『새로운 것을 인식 知新』하는 작용을 발휘하는 것이며, 『뜻이 숨게 된다 志隱』는 것은 사람이 꿈을 꿀 때 자신의 의식이 감추어지거나 잠복하게 되어 그러한 작용을 발휘할 수 없게 된다는 것을 말한다. 이 세상에 그 누가 자신의 의지로써 자신의 꿈을 지배할 수 있단 말인가? 또 그 누가 자신의 의지로써 자신의 꿈을 통제할 수 있단 말인가? 누구도 그렇게 할 수는 없다. 완우阮禹는 《지욕부止欲賦》에서 『재차 베개에 엎드려 잠을 구하네, 바라건대 꿈을 이루어 신神과 접촉할 수 있기를!』이라고 읊었는데, 그 결과는 『끝내 밤이 다할 때까지 보이지 않았네, 동쪽에선 이미 해가 떠 새벽이 되었구나』라고 했다. 구양수歐陽修는 《옥루춘玉樓春》이란 시에서 『그래서 단침(홑베개)에 기대어 꿈 속에서 찾으려 했으나, 꿈 또한 이루지 못한 채 등불만 다해 가네』라고 하였다. 그들은 모두 무엇인가를 꿈꾸려고 매우 고심했으나 도리어 꿈을 이룰 수가 없었던 것이다. 반대로 어떤 일들은 사람이 반감을 가지는 것이며 싫어하는 것인데도, 도리어 공교롭게도 꿈 속에 출현하기도 한다. 이것 또한 자기 뜻대로 되지 않는다는 것을 말해 준다.

『뜻이 숨는다 志隱』라는 이러한 개념은 장재가 비록 직접적으로 지적하지는 않았지만, 『꿈이란 형체가 닫히고 정신이 내면에서 전일하는 것이다』라고 한 이러한 판단 중에 이미 숨겨져 있는 개념이다. 『정신이 감추어져 있다 神藏』라는 이 개념은, 왕부지가 『뜻이 숨는다 志隱』라는 특징으로부터 끌어낸 것이다. 앞에서 인용한 바 있는 《증운》에서는 『매寐란 잠을 말하며, 눈이 감기고 정신이 감추어져 있는 것이다』라고 했다. 이러한 해석은 지나치게 간략하다. 왕부지는 이러한 개념을 끌어내었을 뿐만 아니라, 비교를 통해서 그것이 갖고 있는 숨은 뜻을 밝혀내었던 것이다. 왕부지는 『지志라는 것은 사람 마음의 주체이다』라고 여겼다. 사람이 『형체가 열려있는』 상태에 있을 때에는 수족과 사지 그리고 이목구비의 각 구멍들의 활동이 모두 자기의식의 지배를 받으며, 사람의 모든 정신활동도 자기의지의 지배를 받는다고 했다. 그러나 『형체가 닫혀있는』 상태하에서는 이와는 반대가 되는데, 『정신이 물러나서 형체에서 듣는다 神退聽于形』고 하여, 즉 꿈 속에서의 정신활동은 반대로 육체의 지배를 받는다고 했다. 육체에 어떠한 반응이 있다면, 사람은 곧 어떤 형태의 꿈을 꾸게 되는데, 의학에서 말하는 『굶주리면 취하는 꿈을 꾸고』 『배가 부르면 나누어 주는 꿈을 꾼다』라고 한 것과 같은 것으로, 모두 가슴 속에서의 변화에 의해서 결정되는 것이다.『정신이 물러나서 형체에서 듣는다』라고 했으니 자기의 의지는 곧 작용을 할 수가 없게 되며, 그래서 꿈의 상태 중에서의 정신활동 은 단지 잠복상태하에 처해 있는 어떤 정신활동일 뿐이라는 것이다. 이로써 몽경夢 境과 몽상夢象은 왕왕 변화하여 일정하지 않고, 논리적 조리가 없다. 그래서『정신 또한 감추어져 민감하지 못하다』라고 말하고 있다. 왕부지는 또한『정신은 지志에 따라 움직이고 그친다』라는 것을 강조하였다. 이것은 바로 정신에 뜻이 있으면 펼 치게 되고, 뜻이 없으면 감추어지게 되며, 뜻이 있으면 깨어있는 상태이고, 뜻이 없 으면 꿈이다라는 것을 말하고 있다. 이러한 개괄은 매우 이치가 있다.

장재와 왕부지 사이에 있어 주희朱熹는 또한 특별히『주체가 있음 有主』과『주 체가 없음 無主』이라는 문제를 제시하였는데, 장재의『뜻이 있음 有志』과『뜻이 없음 無志』이라는 경계를 더욱더 심화시켰다. 주희는 《답진안경答陳安卿》에서 다 음과 같이 말하였다.

> 깨어있는 상태에서는 주체가 있으나 잠의 상태에서는 주체가 없다.
> 寤有主而寐無主.《주자대전집》

『뜻이 있으면』반드시『주체가 있고』『뜻이 없으면』반드시『주체가 없다.』왕 부지는『지志란 사람 마음의 주체이다』(《장자정몽주 · 태화편太和篇》에 보인다)라고 하였는데, 아마도 이것으로부터 깨우침을 얻었을 것이다. 만약 〈지志〉가 표현하는 바가 자각성이라고 한다면, 〈주主〉가 표현하는 것은 〈주재성主宰性〉 혹은 〈주체 성〉이다. 주희의 분석에 따르면, 사람은 낮에는『음陰은 엎드려 드러나지 않고 양 陽이 일을 처리하며, 양陽이 주로 움직이게 되는 까닭에 정신이 움직이고 넋이 따 라서 깨어있게 된다』고 했다. 이것은 곧 사람이 깨어있을 때는, 심신이 자신의 육 체와 정신활동을 주재하게 되며, 그리하여 비로소 깨어있는 상태로 드러나게 된다 는 것이다. 바로 이러한 까닭으로 인하여 깨어있는 상태에서의 정신활동은 비로소 『명백한 듯이 환하게 드러나 실마리를 가히 찾을 수 있게 된다.』이러한 것을 곧 『깨어있는 상태에는 주체가 있다 寤有主』라고 부른다.『잠의 상태에는 주체가 없 다 寐無主』라고 하는 것은, 주로『꿈의 상태에서는 주체가 없다 夢無主』라는 의미 이다. 전하는 바에 의하면, 사람이 수면을 할 때에는『양陽이 엎드려 드러나지 않고 음陰이 일을 처리하며, 양陽이 정靜을 주재하는 까닭에 넋이 세워지고 정신이 잠을 자게 되어 잠의 상태가 된다』고 한다.『넋이 세워지고 정신이 잠을 자게 되는 魄定神蟄』까닭에, 심신은 스스로 주체가 될 수 없을 뿐 아니라 도리어 반대로 육체의 지배를 받게 되기 때문에『잠의 상태에서는 주체가 없다』거나, 혹은『꿈의 상태에는 주체가 없다』라고 했다. 비록 꿈이라는 것도 일종의『마음의 움직임』이기는 하지만,『정신이 잠을 자는』상태하에서의『조용한 가운데에서의 움직임』이어서, 그 활동은『잠잠하여 흔적이 없고』『그 흔적을 찾을 수가 없어』깨어있는 상태에서의 정신과는 서로 동일한 차원에서 논할 수가 없다.

명나라 때의 학자였던 도융屠隆은 일찍이 자신의 꿈을 기록하면서 감개하여 다음과 같이 말하였다.

오호라! 사람이 매우 놀라는 일을 당했을 때, 그 깨어있는 상태에서는 그래도 힘써 억지로 제압하여 그것을 억누를 수 있다는 것을 인식할 수가 있다. 그러나 꿈의 상태에 있어서는 억지로 할 수가 없다.

嗚呼! 人遭震撼, 當其覺也, 尚可以識力强制勝之. 至于夢寐則不可强矣.(《고금도서집성》제150권《기몽紀夢》에서 재인용)

실제로 누구에게나 모두 이러한 체험이 있다. 깨어있을 때의 의식은 자신이 주재할 수 있으나, 꿈 속에서는 몸이 제 마음대로 되지 않고, 마음 또한 제 마음대로 되지가 않는다.

마땅히 인정해야 할 점은, 장재와 주희는『뜻이 있는 것과 없는 것』및『주체가 있는 것과 없는 것』이라는 개념을 사용하여 깨어있는 상태와 꿈의 상태의 경계를 나누었는데, 이것은 고대에 있어서는 매우 대단한 사상이라는 점이다. 그러나 장재든 주희든 상관없이, 그들은 〈뜻〉(志)과 〈주체〉(主)의 내용에 대해서는 매우 심도 있게 파헤치지 못하였으며, 그래서 그들의 사상은 일정 정도에 있어서는 여전히 직관적인 부분을 지니고 있다고 하겠다.

---

[5]『깨어있으면 제어하고 잠을 자면 숨는다 醒制臥逸』는 것과『꿈 속에서 진실한 감정

명나라와 청나라가 교체되는 시기에 있어 방이지方以智(1611—1671년)는 저명한 철학가 겸 과학자였다. 그는『형체가 열림』과『형체가 닫힘』그리고『뜻이 있음』과『뜻이 없음』같은 개념들을 사용하여 꿈의 상태와 깨어있는 상태간의 경계를 긋지 않았으나, 그가 제시한『깨어있으면 제어하고 잠을 자면 숨는다 醒制臥逸』는 명제는, 또 다른 방식을 사용하여 꿈이란 일종의 특수한 정신심리적 활동이란 점을 매우 생동감 있게 설명하였다.

그는《약지포장藥地炮莊・대종사大宗師》에서 다음과 같이 말하였다.

꿈이란 것은 사람의 지혜에서 드러나는 것이다. 깨어있을 때에는 제어를 받는 바로, 마치 고삐에 묶여있는 말과 같던 것이 잠을 자게 되면 달아나 버린다. 그러나 묶임에 익숙해지면 고삐를 벗겨도 길들여지게 된다. 그 정신은 흐려지지 않고, 반대로 달려와 형체를 알려준다.

夢者, 人智所現. 醒時所制, 如旣絡之馬, 臥則逸去. 然旣經絡過, 卽脫亦馴. 其神不昧昧, 反來告形.

방이지의 이해에 따르면, 꿈이라는 것도 사람의 마음 속의 지혜활동의 어떤 표현(『사람의 지혜에서 드러나는 것이다』라고 했다)이라는 것이다. 마음 속의 지혜가 깨어있을 때는 각종의 사고와 욕망이 모두 주체적 의지의 지배를 받는데, 이것을 바로『깨어있을 때에는 제어를 받는 바 醒時所制』라고 일컬었다. 방이지의〈제制〉(제어)는 장재가 말한〈지志〉(뜻)와 같은 것으로 이들 모두는 주체적 자아의 작용을 드러낸 것이다. 그러나 사람은 꿈 속에서는 각종의 사고와 욕망이 도리어 고삐 풀린 말처럼 제어를 받지 않은 채 활동을 하게 되는데, 이것을 또『잠을 자게 되면 달아나 버린다 臥則逸去』라고 표현했다. 사람들이 꿈 속에서 헛된 생각을 하는 상태로 들어가게 되는 것은, 바로 마음 속의 지혜가 자아제어를 상실한 결과물이다. 앞에서 인용했던 순자의『해이하게 된즉 마음대로 움직이게 된다 偸則自行』라는 말은, 다만 마음 속의 지혜가 자아제어를 상실한 것을 터무니없는 생각을 하게 되는 것과 서로 연계시킨 것일 뿐이다. 뜻밖에도 이것이 바로 꿈의 가장 중요한 특징인 것이다. 고삐 풀린 말로써 꿈 속에서 자아제어를 받지 않는 것을 비유하였는데, 이는 장재와 왕부지가 『뜻이 숨어있다 志隱』『정신이 감추어져 있다 神藏』고 했던 말에 비해 더욱 형상적이고 생동적이다. 방이지가 볼 때, 설사 각종의 사고와 욕망이 꿈 속에서 제어를 상실했다고 할지라도, 꿈을 꾼다는 이러한 특징은 이러한 것 때문에 사람의 자각의식을 어지럽히지는 않는다는 것이다. 그것들은 이미 원래부터 자기 의지의 제어를 받아왔을 뿐만 아니라, 의식이 깨어난 이후에는 주체가 또다시 그것 에 대한 제어를 새로이 하게 된다. 이는 바로 이미 사람에게 길들여진 말과 같아서, 비록 어떤 때에 고삐를 풀어 버리고서 날뛸 수도 있지만, 되돌아온 후에는 여전히 사람의 부림을 듣게 된다. 꿈의 상태라는 것이 사람의 자각의식을 어지럽힐 수는 없으며, 사람의 자각의식은 여전히 자기 자신이 일찍이 꿈을 꾸었다는 사실을 의식 할 수 있을 뿐만 아니라, 자신의 꿈의 상태에 대해 분석을 할 수도 있다. 이러한 것이 바로 『그 정신은 흐려지지 않고, 반대로 달려와 형체를 알려준다』라고 한 것 이다. 『형체를 알려준다』라는 것은, 바로 깨어난 이후에도 의식이 머리를 되돌려 자신에게 꿈의 내용을 알려준다는 것이다.

　　방이지는 말로써 사람의 마음 속의 지혜를 비유하였는데, 이것은 중국 사람들에 게 있어서는 하나의 전통적인 관념인 바 구체적으로는 바로 『원숭이나 말이 날뛰 듯 마음이 집중되지 않고 산란하다 心猿意馬』는 말에서 나왔다. 당나라 때의 허혼 許渾은 《정묘집丁卯集·제두거사題杜居士》에서 『단서가 다 없어져 버리면 마음은 원숭이와 같은 모습이요, 정신이 한가한즉 마음은 말이 달려가는 것 같다네 機盡心 猿狀, 神閑意馬行』라고 했다. 앞구절에서는 사람 마음 속의 지혜가 문제를 사고할 때에는 원숭이처럼 이리저리 뛰어다니고, 사고가 정지되었을 때에는 또한 원숭이같 이 엎드려 누워 움직이지 않는다　것을 말한다. 뒤의 구절에서는 사람의 정신이 집중될 때에는 말과 같이 수레를 끌고서 길을 따라서 앞으로 나아가며, 정신이 게 으르고 산만할 때에는 또 말이 마음대로 어지러이 뛰어가는 것과 같다는 것을 표현 하고 있다. 방이지는 이러한 비유를 빌어 말의 〈고삐〉와 말이 〈달아난다〉는 개념 을 사용하여, 사람의 깨어있는 상태와 꿈이라는 두 상태하에서의 정신활동의 특징 을 설명하였는데, 이는 인식에 있어서의 커다란 비약이며 중요한 과학적 의의를 지 니고 있다. 더욱 흥미있는 것은, 옛날 그리스의 플라톤Platon은 일찍이 말의 고삐 를 빌어 깨어있는 상태와 꿈의 상태의 차이를 설명하였는데(전종서錢鐘書의 《관추 편管錐編》 제2책, 492 - 493쪽을 참조), 이는 방이지의 『깨어있을 때에는 제어를 받고, 잠을 자게 되면 숨어 버린다 醒制臥逸』고 했던 구상과 정말로 약속이나 한 듯 서로 일치하고 있다.

청나라 말의 반덕여潘德興(1785—1831년)는 저명한 시인이다. 그는 《구몽부驅夢賦》라는 작품에서 꿈을 꾸는 사람과 꿈의 신과의 대화의 형식을 빌어서, 마음 속의 지혜가 『깨어있을 때에는 제어를 받고, 잠을 자게 되면 숨어 버린다 醒制臥逸』는 이치를 형상적으로 설명했을 뿐만 아니라, 『꿈에서는 진실된 마음을 토로한다 夢吐眞情』는 특징을 생동감 있게 드러내었다. 이것은 한 편의 문학작품이긴 하지만, 그 사상은 도리어 매우 철학적이다. 작자는 다음과 같이 묘사하였다 : 주인이 아침에 일어나 안색이 좋지 않으매, 눈을 뜬 채로 여전히 간밤의 악몽으로 멍하니 있으면서 어찌해야 좋을지를 몰랐다. 이후에 그는 꿈의 신인 지리趾離를 불러와서 노기충천한 어조로 다음과 같이 물었다.

너 왔구나! 너는 어찌하여 나를 괴롭히는가? ……무릇 내가 낮에 필요치 않은 것을 너는 밤에 반드시 있게 하는구나. 깊은 밤에 떼를 지어와 밟으니 아름다움과 추함을 기억할 수가 없구나. 아무런 준비도 되어 있지 않은 나를 습격하여 혼잡하게 뒤섞이어 유랑토록 하는구나…….

꿈의 신도 당연히 이를 인정하지 않고서 기지개를 한 번 켜고서는, 고개를 돌려 화를 내며 다음과 같이 말하였다.

그대가 덕이 없이 나를 물리치는 것이 증오스럽구나……. 벼슬길을 두려워하니 그대는 실로 정숙하지 못하구나. 낮에는 거짓으로 막아 덮어 버리고, 밤에는 그 〈정情〉을 토해내는구나……. 무릇 그대가 몸이 있으니, 이 꿈은 그림자와 같은 것이로다. 꿈의 구역을 밟지 않으면, 심경心境을 비추지 못한다……. 내가 낮에 어디에 기거하면서 그대의 집에 나아가겠는가!(《양일재집養一齋集》제11권)

주인은 꿈의 신에게 어찌하여 저녁에 그렇게 괴롭히는가? 대저 우리들이 낮에는 필요로 하지 않은 것인데, 너는 왜 그것들을 나타나게 하는가라고 질책하고 있다. 『무릇 내가 낮에 필요치 않은 것을 너는 밤에 반드시 있도록 하는구나』라는 것을 자세히 헤아려 보면 조금 지나치기도 하다. 그러나 한낮에 사람들의 심령 속에서 억제되고 감추어진 각종의 욕망들이 밤의 꿈 속에서 늘상 이런저런 모습으로 표현되어 나타나게 된다고 했는데, 이는 틀림없는 사실이며 누구나 모두 이러한 체험을 갖고 있을 것이다. 그래서 꿈의 신이 꿈을 꾼 사람에게『낮에는 거짓으로 막아 덮어 버리고, 밤에 그 정情을 토해내는구나』라고 했다. 대낮의 심리활동은 자아의식의 제어를 받기 때문에, 사람들은 일반적으로 자기 자신으로 하여금 단지 그렇게 선하고 좋은 욕망만을 표현해내도록 한다. 악하고 추한 욕망을 말하려고 할 경우에는, 혹은 가능한한 억제를 함으로써 그것이 표현되어지지 못하도록 할 것이며, 혹은 어쩌면 이를 위장하여 은폐된 형식으로 표현해내려고 할 것이다. 그러나 꿈 속에서의 심리활동은 도리어 자아의식의 제어를 받지 않기 때문에, 각종의 욕망은 좋고 나쁘거나 아름답고 추한 것에 관계없이 숨김없이 모두 튀어나와 그 본래의 면모를 드러내게 된다. 꿈을 꾼 사람이 노여워하는 것은 바로 이러한『아름다움과 추함을 기억할 수 없고, 아무런 준비도 되어 있지 않은 나를 습격한다』는 것에 있다. 그러나 꿈의 신은 다음과 같이 잘 대답해 버린다. 너의 꿈 속에 나타나는 그러한 추하고 더러운 것은 본래부터가 너의 욕망 속에 존재하고 있던 것이다. 너 스스로〈부덕不德〉하면서, 눈이 먼 채 나를 원망해서 무슨 소용이 있겠는가! 너 자신은 관청에서 하루종일 근심걱정에 싸여 방황하고 두려워하면서, 도덕군자인 양 점잔을 빼면서 분장을 하고 있다. 그러나 저녁이 되어 꿈 속에서는 곧 자신의 진실된 모습을 폭로하지 않을 수가 없게 된다. 이것이 암시하는 의미는 바로『너가 만약 책망하려고 한다면 바로 너 자신을 책망하라!』는 것이다.

《구몽부》에 깔려있는 몇몇 사상도 상당히 뛰어나다. 예를 들면『무릇 그대가 몸이 있으니, 이 꿈은 그림자와 같은 것이다』라는 말이다. 반덕여의 관점에 따르면 모든 사람은 모두 꿈을 꿀 것이며, 아울러 모든 꿈은『아름다움과 추함을 기억할 수가 없다』고 한다. 이러한『아름다움과 추함을 기억할 수 없는』꿈은 바로 몸이 있으면 그림자가 있는 것과 같아 누구도 벗어날 수가 없는 것이다. 그래서 꿈의 신이 꿈을 꾸는 사람에게 단지 너 자신이 여전히 존재하고 활동을 계속한다면, 이러한『아름다움과 추함을 기억할 수 없는』꿈은 곧 그림자와 같이 항상 너를 따라다닐 것이라고 말하였다.

또 다른 예로『꿈의 구역을 밟지 않으면, 심경心境을 비추지 못한다』라는 부분이다. 뜻을 말하자면, 한 사람의 몽경夢境이나 몽상夢象을 분석하지 않고서는, 진정한 의미에서 한 사람의 진실된 심리를 전면적으로 이해할 수 없다는 것이다. 몽경이나 몽상이라는 것은 거짓되지 않고 숨겨져 있지 않기 때문에 각종의 사욕과 음탕한 감정들이 모두 남김없이 폭로되며, 그래서 꿈의 분석은 사람의 심리를 인식하는 데 대해 매우 중요한 가치를 가지고 있다. 일반 사람들은 이것에 대해 반드시 의식할 필요는 없지만, 섬세한 예술가들은 이러한 체험을 매우 많이 가지고 있다. 육유陸游는《고학孤學》이라는 시에서『집안이 가난하면 역량을 점치게 되고, 야밤의 꿈에서는 노력을 시험하네』라고 하였다.《면학勉學》이라는 시에서는 또『힘써 노력한 것은 어렵고 위급할 때 나타나게 되고, 정성精誠은 꿈 속에서 알게 된다』라고 하였다. 양시楊時는《유집중묘지游執中墓誌》에서 또한『밤에 꿈 속에서 그것을 살피면, 그 뜻이 바른지 그렇지 않은지를 점칠 수 있다』라고 하였다. 현대의 정신분석학파는 정신병의 치료에 있어서, 환자의 몽경이나 몽상 들을 분석하므로써 병에 이르는 원인을 찾아내는 것을 주요한 방법으로 삼고 있다. 이러한 치료법의 효과는 이미 많은 임상실험에서 실증된 바 있다.

또 다른 예를 들자면『내가 낮에 어디에 기거하면서 그대의 집에 나아가겠는가』라는 부분이다. 반덕여의 관점에서 본다면, 사람의 꿈 속에서 드러나는 각종의 욕망과 감정은 저녁에 하늘로부터 떨어져 온 것이 아니라, 그것은 바로 대낮에 본래부터 사람의 정신심리 속에 존재하던 것으로 단지 잠복되고 은닉되어져 있거나, 혹은 닫혀져 있는 바람에 문 밖으로 나오지 못하기 때문이며, 그래서 주체적 자아는 종종 그것들의 존재를 인식하지 못한다는 것이다. 일단 저녁 꿈 속에서 튀어나오게 되면 즉 괴이하게 여겨지게 되어 그 오묘함을 설명할 수가 없게 되며, 그것이 어디서 나왔는지를 알지 못한다. 여기에서『그대의 집에 기거한다』라는 것은 물론 하나의 비유에 불과하지만, 그러나 이러한 비유로부터 통일된 인간의 정신심리를 폭로된 것과 은폐된 것의 두 가지 구성부분으로 구분하였는데, 전자는 깨어있는 상태에서의 활동범위이며, 후자는 꿈의 상태에서의 활동범위를 나타낸다.

『깨어 자각한다』는 말에서의〈성醒〉(깨어있다)이라는 글자에 관해 보충하여 고증을 하고자 한다. 한자에서의〈성醒〉자는 본래 술에 취한 것으로부터 .깨어나는 것을 가리킨다.《설문》에서는『성醒이란 술에 취했던 것이 해결된다』라고 하였다. 이후에 이것을 빌어 꿈으로부터 깨어난 것을 표시하였다.《증운增韻》에서는『성醒

이란 꿈에서 깨어나는 것이다』라고 하였다. 사람이 취중에는 알콜로 인해 대뇌의 신경세포가 마비되므로써 자아의식은 자아제어의 작용을 상실하게 되며, 술취한 사람은 스스로는 말하는 것과 행동하는 것을 자각하지 못한다. 이러한 현상은 꿈에서의 꿈을 꾸는 사람의 정신상태와 기본적으로 동일한 성질에 속한다. 그래서 술에 취한 상태는 꿈 속의 상태와 마찬가지여서, 주체가 자각하지 못하여 종종 진실된 감정을 토로하게 된다.

---

3 〈꿈의 정신〉으로부터 〈정신이 칩거한다〉·〈정신이 감추어져 있다〉라는 관념에 이르기까지

멀리 선진시대(기원전 221년 이전)의 중국 철학가들은 이미 수면의 심리적 특징이나 꿈의 상태와 깨어있는 상태와의 구별 등과 같은 이러한 몇몇 중요한 문제들과 접촉하였다. 장자가 제시했던『잠을 자는 것은 영혼이 교유하는 것이며, 깨어있다는 것은 형체가 열려져 있는 것을 말한다 其寐也魂交, 其覺也形開』라는 것이나, 순자가 제시했던『마음이 잠을 자게 된즉 꿈을 꾸게 되고, ……그것을 부린즉 사고하게 된다 心臥則夢, ……使之則謀』는 개념, 그리고《묵경墨經》에서 논증했던『누워 잠을 잔다는 것은 지각이 있으나 지각이 없는 것을 말한다 臥, 知無知也』라는 것과『꿈이란 잠을 자면서 그렇다고 여기는 것이다 夢, 臥而以爲然也』라고 하는 것들은, 당시 중국 선조들의 인식이 이미 높은 수준에 도달했다는 것을 반영하고 있다고 할 수 있다. 그러나 장자·순자와《묵경》에서의 이러한 논증과 판단은, 비록 각기 나름대로의 뛰어난 견해가 있어 어느 정도 수준에 이르기는 했지만, 이론적인 측면에 있어서는 전반적인 개념이 결핍되어 있어 위에서 서술했던 특징과 구별을 총체적으로 설명하기는 어렵다.

서한시대는 신학神學이 범람한 시대였다. 미신주의자들은 귀신의 존재를 논증하기 위한 한 가지 중요한 수단으로서, 오랜 역사를 가진 전통적인 몽혼夢魂관념을 이용하여 정신은 육체와 떨어져 영원히 존재할 수 있다는 것을 설명하려 하였다. 이러한 것에 대응하여 무신론자들은 귀신의 존재를 부정하기 위해서, 〈몽혼〉이라

는 이러한 정신활동이 사람의 육체에 대해 가지는 의존성을 설명하려 하였을 뿐만
아니라, 〈몽혼〉이라는 이러한 정신활동과 사람이 깨어있을 때의 정신활동과의 구
별을 설명하려 하였다. 바로 이러한 중대한 문제를 해결하기 위해, 동한 때의 위대
한 학자이며 무신론자였던 왕충王充(27—약 97년)은『정신은 형체에 의지한다 精
神依倚形體』는 것을 대전제로 삼아『꿈의 정신 夢之精神』이라는 이러한 개념을 제
시하였다. 왕충은『깨어있는 상태에서 보고 자는 상태에서 듣는 것은 모두 정신을
사용한다 覺見臥聞, 俱用精神』라고 여겼다.《논형論衡·정귀편訂鬼篇》『깨어있는 상
태에서 본다 覺見』는 것은 사람이 깨어있을 때 귀나 눈·지각에 의해 보고 들리는
바가 있는 것을 말하는 것으로, 이는 당연히 정신활동의 결과에 속한다.『자는 상
태에서 듣는다 臥聞』는 것은 무엇을 말하는가? 이는 바로 사람이 수면중에서 보고
듣고 하는 것을 말한다. 다시 말하면,《묵경》에서 이야기했던『잠을 자면서 그렇다
고 여긴다 臥而以爲然也』고 한 것이나《설문》에서 이야기했던『자면서도 감각이
있는 것 寐而有覺者』과 같은 것으로, 한 마디로 말하자면 꿈이다. 왕충의 관점에서
볼 때『자는 상태에서 듣는다 臥聞』는 것도 마찬가지로 사람의 정신활동에 의한
결과물이기는 하지만『깨어있는 상태에서 볼 覺見』 때의 정신과는 서로 다른 것으
로, 일종의『꿈의 정신』에 속한다고 할 수 있다. 그의 분석에 따르면,『꿈의 정신』
은 대체로 두 가지의 특징이 있는데, 하나는『꿈의 정신』이라는 것의 활동이 외물
에 대해 지각이 없다는 것이다. 그는 이에 대해『사람이 꿈을 꾸면 깨어있을 때 했
던 일을 알지 못한다 人夢不知覺時所作』는 것과『사람이 자는 사람의 옆에서 이야
기를 하여도, 자는 사람은 이를 알 수 없다 人言談有所作于臥人之旁, 臥人不能知』
는 것으로 근거를 삼았다.《논형·논사편論死篇》이 점은 분명히 사람이 꿈을 꿀 때
『형체가 닫혀』외물과『접촉하지 않는다』는 학설과 연계되어 있으며, 그리하여 꿈
이 꿈을 이루게 되는 중요한 심리적 특징이 된다. 다른 하나는『꿈의 정신』이라는
것은 인체의『원기가 피로하고 정기가 다하는 氣倦精盡』상태로부터 근원한다는
것이다. 왕충의 견해에 의하면, 사람은 수면중에서도『정기는 아직 존재한다. 精
氣尙在』그러나 대낮에 지치고 소모가 너무 많게 되면 저녁에 바로 수면에 들지 않
을 수 없으며, 수면시에는『눈에서 빛을 반사하게 되는데 빛을 반사하므로써 정신
에 인물의 형상이 보이게 된다. 目反光, 反光而精神見人物之象』《논형·논사편》그
래서 몽상夢象이란 것은 환상적인 것이며 모호한 것이다. 이러한 점은 〈정기론精

氣論〉이라는 낙인이 매우 깊이 찍히게 되었는데, 이러한 논점은 그 당시의 의학적 관점의 영향을 받았다. 그러나 『원기가 피로하고 정기가 다한다』는 표현법은 무의식중에 다음과 같은 중요한 사실과 접촉하고 있으며, 그것은 바로 사람이 수면중에서 꿈을 꿀 때에는 모든 육체나 생리(대뇌 신경계통)는 억제상태에 처하게 되는데, 이것이 바로 수면과 꿈을 꾸게 되는 것의 생리적 기초라는 것이다. 만약 첫번째의 특징이 《장자》와 《묵경》에서의 논증과 판단 등에 이미 포함되고 있는 것이라고 한다면, 두번째의 특징은 새로운 계발을 주는 것이라 하겠다.

인식의 발달이라는 관점으로 볼 때, 왕충이 제시한 『꿈의 정신』이라는 총체적인 개념은 일종의 종합적 추세를 반영한 것으로 하나의 위대한 시도였다. 그러나 이러한 개념의 자체로 볼 때에는 내용상으로 단순하고 부족하여 충실하지가 못하며, 또 논리적으로도 같은 말을 반복하고 있다는 한계가 있다. 그래서 후세에 끼친 영향이 크지 않았으며, 이러한 개념을 사용한 사람이 그 이후로 다시는 없었다. 위진시대 이후의 역사에서 본다면, 이후의 학자들은 계속해서 『형체가 열려있느냐의 여부 形開形閉』·『접촉함이 있느냐의 여부 有接無接』·『뜻이 있느냐의 여부 有志無志』 등등과 같은 것으로써 깨어있는 상태와 꿈의 상태에 대한 경계를 나누고, 꿈의 생리적 특징을 분석하는 것 등에만 맴돌고 있다. 그러나 송명시대 이후로는 새롭고 종합적인 추세가 가면 갈수록 더욱 분명하게 나타났다. 이러한 경향은 주희朱熹의 『정신이 칩거한다 神蟄』는 것에 대한 논술과 모황毛晃이나 왕부지王夫之 등의 『정신이 감추어져 있다 神藏』는 것과 같은 개념 등에서 대부분 표현되고 있다.

주희는 중국 남송시대 때의 매우 박학했던 사상가이다. 그는 비록 항상 도학가적인 모습으로 우리들의 인상에 남겨져 있지만, 어떤 문제에 대한 관찰과 분석에 있어서는 도리어 매우 세심하였다. 꿈과 그리고 꿈의 상태와 깨어있는 상태와의 구별에 있어서 주희는 중국의 전통적인 음양陰陽개념을 이용하여 비교하였다. 그는 『사람 마음의 영혼 人心之靈』은 『음양에 붙어서 그 정기를 받는다 麗乎陰陽而乘其氣』고 여겼다. 낮에는 『양이 일을 하며, 양은 움직임을 주재하기 때문에 정신이 움직이고 넋이 이를 따르게 되므로 깨어있는 상태가 된다.』 밤에는 『음이 일을 하며, 음은 고요함을 주재하기 때문에 따라서 넋이 정립되고 정신은 칩거하게 되어 잠을 자는 상태가 된다.』(이하에서의 『정신이 칩거한다』는 것에 대한 자료는 모두 《주자대전집·진안경에게 답함 答陳安卿, 진안경에게 다시 답함 又答陳安卿》에 보인다.) 주희의 관찰에 따르면, 사람이 완전히 수면상태에 있거나, 또는 꿈을 꾸지 않는 상태하에서 심령은 『깊고 어두워 만사를 알지도 깨닫지도 못하여 아마 목석과도 다를 바가 없고, 죽은 상태와도 거의 차이가 없다』고 했다. 그렇다면 이때 사람의 심령은 도대체 어디로 달아나 버리게 되는 것이며, 그것은 도대체 어떤 형태로 존재하게 되는가? 주희는 동물이 동면하는 것으로부터 계시를 받아, 다른 사람들과는 달리 『정신이 칩거한다 神蟄』는 새로운 개념을 제시하였다. 동물의 동면은 〈거의〉 죽음에 가까우나 죽지는 않았으며, 『목석과 거의 다를 바가 없으나』 실제로는 다름이 있으니, 사람의 『정신이 칩거한다』는 것 또한 이와 같다고 했다. 왜 그러한가? 왜냐하면 사람이 얼마나 얌전하게 잠을 자느냐에 상관없이 『그를 부른즉 응답이 있고, 그를 놀라게 한즉 깨어나게 된다. 呼之則應, 驚之則覺』그래서 절대로 정신이 죽었느니, 정신이 없느니, 정신이 사라져 버렸다느니라고는 말할 수 없다. 『정신이 칩거한다』는 것의 특징을 주희는 다음과 같은 네 가지로 개괄하였다.

첫째 『정신이 칩거할』 때 심령도 활동을 할 수가 있는데, 이것이 바로 꿈이다. 그는 『만약 밤에 꿈을 꿀 때가 있다면, 이 또한 이러한 마음이 이미 움직인 것이다』라고 하였는데, 이것은 심령 또는 정신의 『정지한 가운데의 움직임 靜中之動』이다. 즉 전체적인 정지상태하에서의 활동으로, 정신이 깨어있을 때의 사유활동과는 다르다.

둘째 『정신이 칩거할』 때 심령활동 외에는 흔적이 없다. 말하자면 몽상夢象이나 몽경夢境은 다만 꿈을 꾸는 자신만이 알며, 다른 사람이 옆에서는 알 수가 없다. 그는 『정신이 움직이게 되는 까닭으로, 허령虛靈의 지각의 본모습이 분명하게 드러나 단서를 찾을 수가 있게 되는데, 이는 마치 〈양〉이 일단 회복되기만 하면(양기는 소생함을 나타낸다) 모든 만물에는 봄기운(식물이 맹아하고 동물이 걸어다니게 되는)이 있게 되는 것과 같다.』 『정신이 칩거하게 되는 까닭에 허령虛靈의 지각의 본모습이 깊이 잠재되어 숨게 되므로써 거의 흔적을 찾아볼 수가 없게 되는데, 이는 마치 순곤純坤의 달(가장 추운 겨울)이 되면 만물이 자라나게 될 징조를 찾을 수가 없는 것과 같다』라고 했다.

셋째 『정신이 칩거할』 때에는 심령의 지각이 혼란스럽고 모호하다. 이것은 바로 꿈의 형상이 정신이 깨어있을 때와 같이 그렇게 뚜렷하지가 않다는 것을 말한다. 그는 『깨어있을 때는 맑으나, 잠을 잘 때에는 흐리다』라고 했다. 꿈에서 느끼는 바는『깨어있을 때의 오묘함과 같지 않고』『고요하게 느껴 통하는 오묘함은 반드시 깨어있는 상태에서 말하게 된다』라고 하였다.

넷째『정신이 칩거할』때에는『마음에 주체가 없다.』이것은 바로 꿈을 꿀 때 꿈을 꾸는 사람 자신의 마음 속에는 주체가 없으며, 마음은 주체에 의해서 움직이지 않는다는 것을 말한다. 그는『깨어있는 상태에서는 주체가 있으나 잠을 자는 상태에서는 주체가 없다』고 했다.『잠을 자는 상태에서는 주체가 없다』고 했으니, 잠을 자는 상태에서의 꿈에도 또한 주체가 없게 된다. 그는 꿈 속에서의 사람의 마음이 밖으로는 실마리를 찾을 수가 없으며 안으로는 혼란스럽고 모호하게 되는 까닭은, 모두가『마음에 주체가 없는 것』에서 기인하여 일어나는 것이라고 했다.

『정신이 칩거한다』라는 개념의 제시는 주희의 중요한 공헌이다. 그것의 가치는 바로 다음과 같은 것에 있다. 사람들로 하여금, 꿈의 상태를 사람의 정신이 잠복해 있는 상태에서의 어떤 특수한 심리활동이라고 간주하게 했다는 점이다. 만약 그것과『꿈의 정신』이라는 것이 모두 전체적인 것으로부터 꿈의 심리적 특징을 파악하려고 노력했다고 한다면,『정신이 칩거한다』고 한 개념은 형식적인 부분으로부터 내용적인 부분에 이르기까지를 막론하고 모두 새로운 수준과 높이에 도달한 것이다. 특히『정신이 칩거한다』는 개념의 내용에 있어서 앞의 세 가지는 비록 이전 사람들이 다소간 이미 언급을 한 부분이지만, 주희처럼 그렇게 명확하게 설명한 것은 아니었으며, 네번째의 특징은 완전히 이전 사람들이 발견하지 못했던 것이며, 이전 사람들이 이야기하지 않았던 것에 속한다. 앞서 이야기한 바와 같이 장재張載는 일찍이 깨어있는 상태에서는 〈뜻〉(志)이 있고 잠을 자는 상태에서는 〈뜻〉이 없다는 것에 주의하여, 꿈 속에서의 심리활동에는 자각성과 목적성이 없다고 설명하였다. 주희의『주체가 있고 有主』『주체가 없다 無主』는 개념에서의 〈주체〉는 더욱 진일보하여 현대에서 자아의식이라 불리는 개념에 더욱 접근하게 되었다. 말하자면『정신이 칩거할』때에 꿈의 활동은 자아의식의 지배를 받지 않게 된다는 것이다.

주희 이후로 남송시대 때의 모황毛晃과 명나라 말기 때의 왕부지王夫之는『정신이 감추어져 있다 神藏』는 개념을 제시하였는데, 주희의『정신이 칩거한다』라는 개념과 실제로는 같은 것이다. 모황은 단지《증운增韻》에서『매寐란 눈에 보이지 않는 것이고, 눈이 감기고 정신이 감추어지는 것이다』라고 하였는데,『눈이 감기어』『눈에 보이지 않는 것』(사물을 명확히 볼 수 없음)을『정신이 감추어져 있는 神

藏』상태와 연계시켰을 뿐이다. 왕부지는 주로『뜻이 숨어있다 志隱』는 개념으로 부터『정신이 감추어져 있다』는 것을 끌어내고, 다시『정신이 감추어져 있다』는 것으로부터 지각이 어떻게 해서『역할을 잘하지 못하는가』를 설명하였다. 실제로 주희가 이야기했던『정신이 칩거한다』는 것도 정신이『엎드려 감추어져 있다』는 것을 강조한 것이다.

현대 서양의 심리학자인 프로이트는《꿈의 해석》이라는 이 한 권의 책으로 세상에 이름을 드날렸으며, 그는 꿈을 해석하는 과정 중에서 제일 처음으로 잠재의식이란 개념을 명확히 제시하였고, 아울러 이러한 개념을 꿈의 본질과 메커니즘을 분석하는 데 자각적으로 운용하였다. 이것이 그의 획기적인 창조이며, 이는 꿈이 진정으로 과학적 연구의 대상으로 자리잡았음을 표시하고 있다. 프로이트는 꿈이란 사람의 잠재의식의 활동이며, 꿈에서 표현되는 것은 잠재의식의 소망이라 여기고 있다. 그리고 잠재의식의 가장 중요한 특징은 그것이 사람의 자아에 의해서 억압되고 배척되어, 그것이 의식의 영역으로 진입하는 것을 허락하지 않는 것인데, 이렇게 되면 곧 일종의 잠복상태에 처할 수밖에 없다. 그러나 사람은 수면시에는 정신이 자아의 제어력을 잃어버리게 되므로써, 잠재의식은 자신도 느끼지 못하는 사이에 자신의 소망을 따라서 튀어나오고 폭로되게 되는데, 이것이 바로 꿈이라고 했다. 물론 고대 중국에서는 각종 역사적 조건의 제약으로 인해 꿈에 대한 인식이 여전히 이러한 고도의 추상성에까지 도달할 수 없었음을 인정해야만 한다. 그러나 우리들이 앞서 인용했던 것과 앞으로 대량으로 인용하게 될 재료에 근거해 본다면, 중국의 학자들은 매우 일찍부터 꿈을 과학적 탐색의 대상으로 여겼으며, 그리하여 중국에서는 매우 일찍부터 잠재의식이라는 개념의 사상이 맹아하고 있었다고 자신있게 말할 수 있다. 송명시대에 이르러서는『깨어있을 때에는 제어를 받고, 잠을 자게 되면 숨어 버린다 醒制臥逸』는 것과『정신이 칩거한다 神蟄』『정신이 감추어져 있다 神藏』는 것과 같은 이러한 종류의 사상에서 실제적으로는 이미 잠재의식이라는 개념의 형태가 출현하였다.

또한 지적해야만 할 것은『정신이 칩거한다』『정신이 감추어져 있다』와 같은 종류의 개념은, 비록 추상적인 정도상에 있어서는 아직 〈잠재의식〉이라는 개념의 수준에 도달하지는 못했지만, 그러나 그것과 서로 관련된 많은 규정들, 예를 들면 『형체가 닫히고 形閉』『접촉이 없고 無接』『옛것에 연유한다 緣舊』『뜻이 숨어있다 志隱』라고 한 등등은, 도리어 〈잠재의식〉이라는 개념의 범위를 크게 뛰어넘은 것이다. 프로이트는 특수한 문화적 배경으로 인해서, 자아의식을 잠재의식에 대한 억압과 배척인 것으로 수 차례에 걸쳐 강조하는 바람에, 이 두 가지는 절대로 서로 용납할 수 없고 절대로 뛰어넘을 수 없는 것같이 여겼는데, 이는 분명히 평면적이고 형이상학적이다. 실제로 사람의 꿈 속에서 나타나는 것은 모두가 자아에 의해서 억압받고 배척되는 것만은 아니다. 고대 중국에서의 『정신이 칩거한다』『정신이 감추어져 있다』라고 한 것과 같은 종류의 개념들은, 비록 비교적 소박하기는 하나 오히려 변증적인 특징을 갖고 있다. 『정신의 칩거 神之蟄』라는 것은 『정신의 깨어남 神之醒』으로부터 전화轉化되어 나온 것이며, 『정신의 칩거』라는 것은 또 한편으로는 반드시 『정신의 깨어남』으로 전화되게 된다. 『정신의 감추어짐 神之藏』은 분명히 드러남으로부터 『숨겨지게 되는 것이며』『정신의 감추어짐 神之藏』이라는 것도 반드시 드러나게 된다. 그래서 이러한 개념 중에서, 사람들은 이미 꿈의 상태와 깨어있는 상태라는 이 두 가지의 정신적 상태의 구분을 발견했을 뿐만 아니라, 이들 두 가지 사이의 관련과 전화의 관계도 발견했다. 바로 이러한 점은 현대에 있어서라 할지라도 여전히 자연스레 과학적 가치를 지니게 되는 것이다.

제 2 장

꿈의 원인과 메커니즘에 관하여

사람은 왜 꿈을 꾸는가? 미신주의자들은 몽혼설夢魂說을 선양하기도 하는데, 이는 완전히 미신에 속한다. 이러한 길을 따라가게 되면 사람들은 단지 우매함 속으로 더욱 깊이 빠져들게 될 뿐 꿈을 꾸는 원인에 대해서는 근본적으로 명확하게 알 수가 없게 된다. 유심주의자들은 그것을 정신의 독립적인 활동으로 귀납한다. 그러나 정신이 어떻게 해서 독립적으로 활동을 할 수가 있으며, 또 이러한 독립적 활동이 어떻게 해서 공교롭게도 수면중에 나타나게 되는지에 대해서는 그들도 설명을 해줄 수가 없었다. 과학자와 유물주의자 들의 태도는 그와 달랐다. 그들은 꿈이란 사람의 꿈이며, 몽상이 그렇게 허황되고 괴이한 것에 관계없이 반드시 그것이 발생되는 원인이 있을 것이며, 그리고 이러한 원인은 절대로 꿈을 꾸는 사람을 떠날 수는 없다고 여기고 있다. 기나긴 역사의 과정 속에서 그들은 먼저 생리병리학적인 측면과 정신심리학적인 것의 두 가지 측면으로 나누어 꿈의 원인을 찾았으며, 그런 연후에 점차 이들 둘간의 관계와 관련을 밝혀내었다.

1 꿈의 생리병리학적인 원인과 메커니즘

중국 의학에서는 꿈의 생리적 기초를 매우 중시한다. 임상실험의 수요 때문에, 의학가들이 최초로 생리병리학적인 측면으로부터 꿈의 원인과 메커니즘을 탐색하였다. 전통적 의학의 영향과 촉진하에서 고대의 중국 철학은, 형체와 정신의 관계라는 것으로부터 착안하여 약간의 이론적 연구와 개괄을 해내었다.

[1]《내경内經》의『음사가 꿈을 이룬다 淫邪發夢』는 학설

《내경》은 황제黃帝의 이름에 가탁한 저작으로 중국에서 가장 오래되고, 또한 영향이 가장 큰 의학 경전이다. 이 책이 이루어진 연대를 보면 대략 전국시대로부터 서한시대 초기에까지 연속된다. 《내경》은 《소문素問》과 《영추靈樞》의 두 부분을 포괄하고 있으며, 이 두 부분은 모두 꿈의 생리병리학적인 원인에 관한 문제를 고찰하였다. 그 중《영추》의《음사발몽淫邪發夢》편은 중국에 있어서 꿈의 생리적 메커니즘을 분석한 최초의 전문적인 문장으로, 서한시대 이전의 중국 의학의 꿈에 대한 견해를 집중적으로 반영하고 있다.

《음사발몽》편에서는 황제黃帝와 기백歧伯이 서로 문답하는 형식을 취하고 있다.

> 황제가 말하기를, 원컨대 음사淫邪가 널리 만연함에 관해서 듣고자 하니 어떻겠습니까? 기백이 말하기를, 바른 것과 사악함은 외부로부터 안으로 들어오며 일정한 거처가 없으나, 도리어 장부臟府에 넘쳐 흐릅니다. 일정한 거처를 얻을 수 없어 영위營衛(몸을 보양하는 혈기로 동맥혈과 정맥혈을 이름—역주)와 더불어 함께 행하고 혼백과 더불어 날아다니니, 사람들로 하여금 잠을 잘 때 편안하고 기쁜 꿈을 가질 수 없도록 한답니다.

황제가 묻고 있는 문제에 대해, 명나라 때의 의학 경전의 주석가였던 장경악張景岳(1562—1639년)의 해석에 따르면『〈사악함이 지나쳐 만연한다는 것〉은 상리에 벗어남이 꿈으로 되어 변화무상한 것을 말함이다』라고 했다.(《유경類經》제84권에 보인다.) 장경악의 주석이 기본적으로 정확하나, 다만 뜻이 아직 미진한 것 같다.

《좌전》소공昭公 원년에 의화醫和가『음淫(지나침)은 여섯 가지의 질병(한질寒疾·열질熱疾·말질末疾·복질腹疾·혹질惑疾·심질心疾의 여섯 가지—역주)을 발생시킨다 淫生六疾』고 했다. 두예杜預의 주석에서는『음淫이란 지나침(過)이다』고 했다. 의화의 분석에 따르면, 구체적으로『여섯 가지의 기氣』(즉 음陰·양陽·풍風·우雨·회晦·명明)가 너무 지나쳐서, 이것으로 인해『여섯 가지의 지나침 六淫』이라는 이름이 있게 되었다.『여섯 가지의 지나침』이란 음음陰淫·양음陽淫·풍음風淫·우음雨淫·회음晦淫·명음明淫을 말한다. 그러나 이후에는 다시 풍음風淫·한음寒淫·서음暑淫·습음濕淫·조음燥淫·화음火淫으로 변했다.《설문》에서는『음淫이란 잠기는 것(浸)이다』라고 하였고,《석명》에서도『음淫이란 잠기는 것이다』라고 했다. 〈음〉이란 외계의 어떤 자연적인 인소가 너무 지나침을 가리킬 뿐만 아니라, 또 이러한 인소가 사람에게 침입하는 것을 의미하고 있다. 그래서 〈육음六淫〉이라는 것은 실제로는 너무 지나치므로 인하여 인체에 스며드는 외계의 각종 인소를 가리킨다. 〈사악함〉(邪)은 〈바른 것〉(正)과 서로 상대적인 것으로 사악한 기운을 가리키며, 구체적으로는 〈육음六淫〉과 각종 전염병의 기운을 포괄한다.

〈반연泮衍〉에 대해 장경악의 주석에서는 말이 없으나, 실제로는 일종의 비유이다. 『얼음이 풀리는 것을 반泮이라 하고, 물이 넘치는 것을 연衍이라 한다』고 했으니, 〈반연泮衍〉의 본뜻은 얼음이 녹고 눈이 녹아, 물이 흘러 도처에 만연하는 것을 말한다. 본문의 요지와 연계시키게 되면, 황제는 『사악함이 지나침 淫邪』이 어떻게 해서 꿈을 꾸게 할 수 있는지, 그리고 『사악함이 지나침』이 어떤 식으로 꿈을 꾸게 하는지를 물은 것이다. 전자는 원인에 속하는 문제이고, 후자는 메커니즘에 속하는 문제이다. 그러나 황제는 직접적으로 묻지 않고 도리어 〈반연泮衍〉이란 비유를 사용하여 『사악함이 지나침』이 외부로부터 인체를 자극시킨 후, 사람의 정신이 어떻게 해서 얼음이 녹아 물이 만연하는 것같이 그렇게 각종의 변화무상한 몽상이 출현하게 되는가를 물었다. 여기서 주의해야 할 것은, 작자는 황제의 이름에 가탁하였으며 또 이러한 방식으로 물었다는 것은 일반적인 것이 아니며, 의미심장하여 자세히 음미할 가치가 있다는 것이다. 얼음이 녹고 눈이 녹음이 마치 말이 고삐를 벗어버리는 것과 같은 비유와 마찬가지로, 사람이 꿈 속에서 잠재의식이 자아제어를 받지 않아 자유로운 활동을 하게 되는 이러한 중요한 문제와 접촉하게 된다. 다만 당시의 사람들은 이러한 현상에 대해 비록 체험으로는 느끼고 있었지만, 그러나 아직 여전히 모호하며 아직 자각하지 못하였을 뿐이다.

이것은 황제가 제시한 문제이며, 다시 기백의 대답을 살펴보기로 하자.

기백은 먼저 『바른 것과 사악함은 외부로부터 안으로 침입한다』라는 것으로부터 이야기를 시작한다. 〈정사正邪〉(바른 것과 사악함)라는 것은, 장경악의 해석에 따르면 『〈정사〉란 것은 정풍正風이 아님을 말한다. 음양陰陽과 노일勞逸은 밖으로부터 느끼는 것이고, 성색聲色과 기욕嗜欲은 안에서 움직이는 것으로, 다만 신심身心에 연루되는 것이기 때문에 이 모두를 〈정사〉라고 부른다. 또한 〈밖으로부터 안으로 침입하지〉 않는 것이 없다』고 했다.(《유경》 제84권) 『〈밖으로부터 안으로 침입하지〉 않는 것이 없다』라고 한 것은 옳게 말하였다. 그러나 『성색聲色과 기욕嗜欲은 안에서 움직인다』라고 한 것은 〈밖에서부터 안으로 침입하는 것〉이 아닌 것 같다. 그리고 〈정사正邪〉의 〈정正〉자는 매우 불분명하다. 우리들 생각으로는, 황제가 질문했던 것은 〈음사淫邪〉이고 기백이 대답을 한 것은 〈정사正邪〉이므로 이 두 가지 단어의 속뜻은 꼭 같지는 않을 것으로 생각된다. 황제가 말한 〈음사〉라는 것은 바로 사악한 기운을 말한 것이고, 기백이 말한 〈정사〉라는 것은 사악한 기운일 뿐 아니라 〈정풍正風〉이라는 개념도 포함한다.《영추·자절진사刺節眞邪》에서는 『정기正氣라는 것은 정풍正風을 말한다』고 했는데, 외계의 정상적인 기후를 가리킨다. 그러나 실제는 이와 같지 않아서 외계의 정상적이든, 혹은 비정상적인 자연 변화는 모두 사람들로 하여금 꿈을 꾸게 할 수가 있다. 장경악의 설명에 의하면, 〈정正〉자는 시종 들러붙는 것이 없었을 뿐 아니라, 정상적인 기후에서는 사람들로 하여금 꿈을 꾸게 할 수 없는 것처럼 여겨진다. 이는 사실에 부합되지 않을 뿐만 아니라《내경》의 원뜻에도 부합되지 않는다.

청나라 때의 장지총張志聰은《영추》에 대해 주석을 달면서 황제가 이야기한 〈음사淫邪〉에는 〈허사虛邪〉와 〈정사正邪〉의 구별이 있다고 여겼다.『〈허사〉라는 것은 허향부정虛鄕不正의 음사淫邪를 말하며, 사람에게 미치게 되면 대부분이 죽게 된다. 〈정사〉라는 것은 풍우風雨와 한서寒暑 같은 것으로 하늘의 바른 기운을 말한다. 무릇 〈허사〉가 사람에 미치게 되면 차갑게 형체를 움직이게 되고, 〈정사〉가 사람에 미치게 되면 미약하여 있는 듯하나 없는 듯하기도 하고, 없어진 듯하나 존재하는 듯하기도 하며, 형체가 있는 듯하나 없는 듯하기도 하여 그 사정을 알 수가 없다』(《고금도서집성》 제47책 제144권)고 했는데, 이와 같이 말한다면 〈허사〉라는 것은 일종의 강한 자극을 말하는 것으로, 그것은 사람을 병에 이르도록 할 수 있을 뿐 아니라 사람을 수면상태로부터 깨어나게 한다. 그래서 〈허사〉는 사람으로 하여금 꿈을 꾸게 하기는 어렵다. 그러나 〈정사〉는 그렇지 않다. 그것은 일종의 약한 자극이기 때문에 사람으로 하여금 계속적으로 수면의 상태를 지속시키고, 또한 잠을 자는 사람으로 하여금 쉽게 꿈을 꾸게 한다. 장지총의 〈정사〉에 대한 이러한 해석은, 이전의 사람들에게서는 볼 수 없었던 것이며 매우 식견이 있는 것이라고 생각된다. 그러나 〈허사〉에는 강한 것도 있고 약한 것도 있어서 자는 사람으로 하여금 꿈을 꾸게 할 수도 있다고 말해야만 할 것이다. 〈하늘의 바른 기운〉을 어떤 이유에서 〈정正〉이라고 이름하고, 이것을 또한 〈사邪〉자와 서로 연결시켰는가 하는 것에 대해서는 장경악의 말을 빌어 대답할 수가 있을 것이다 : 정상적인 풍우風雨나 한서寒暑는 잠을 자는 사람에게 있어서는 〈신심身心에 관여함이 있는 것〉에 속하기 때문에, 그것을 또한 〈사邪〉(악한 것)라고 부를 수 있다.

『음사가 꿈을 이룬다 淫邪發夢』는 것의 과정에 관하여 작자는 대체로 다음과 같은 세 가지 단계로 나누었다.

1)『바른 것과 사악함은 외부로부터 안으로 들어오며, 일정한 거처가 없다.』이 것은 주로 사람이 수면중에 있어서, 외계의 갖가지 인소가 육체에 미치는 각종의 약한 자극을 가리킨다. 이러한 인소들은 외계의 환경 속에서는 정상적인 것일 수도 있고 비정상적인 것일 수도 있는데, 다만 모두 외계로부터 사람의 육체에 침입하는 것이기 때문에『밖으로부터 안으로 침입한다』라고 했다. 그러나『안으로 침입한 다』라는 것에서의〈침입〉은 또한 깊은 뜻이 있는데, 말하자면 사람이 수면중에 이 러한 자극에 대해 정신적인 준비가 없으며, 그래서 자신도 모르는 사이에 이러한 자극을 받게 된다는 것을 말한다. 그러나 주의해야 할 것은, 사악한 기운도『안으 로 침입』할 수 있고,〈바른 바람〉(正風)도『안으로 침입』할 수 있다는 것인데, 왜 냐하면 사람은 수면중에는 체내의 방어기능이 매우 크게 약화되기 때문이다.『일 정한 거처가 없다』라고 운운한 것은 이러한 외계적 인소들의 자극이 인체의 정상 적인 수요가 아니어서, 이와 관련된 기관과 조직에 의해 흡수되지 못해 정상적인 반응을 취할 수가 없기 때문이다. 꿈을 발생시키는 전체적인 과정으로부터 볼 때, 이러한 단계는 주로 몽상활동을 유발시키는 외부의 자연조건을 제공하는 단계라 할 수 있다.

2)『도리어 장부臟府에 넘쳐 흘러 일정한 거처를 얻지 못한 채 영위營衞와 더불 어 함께 행한다』는 것은, 주로 외부의 자극이 인체내에서 작용하는 생리적 활동을 가리킨다.『도리어 장부에 넘쳐 흐른다』라는 것은 외부 자극이 겉으로부터 속으로 들어와 오장육부에까지 영향을 끼치는 것을 말한다. 그러나 이러한 자극은 인체의 수면중인 육체가 필요로 하는 바가 아니기 때문에, 그것들은 오장육부의 활동을 방 해하여『일정한 거처를 얻을 수 없어서』결과적으로는 인체의 정상적인 영위營衞 의 기氣 속으로 파고 들어가 인체내의 도처에 돌아다니게 된다. 고대 중국 의학의 관점에 따르면, 영기營氣와 위기衞氣라 불리는 두 가지 기운은 온몸 전체에 퍼져 있고 내외內外가 서로 관통되어 있으며, 끊임없이 운행하여 인체에 대해 자양과 보 호의 작용을 일으킨다.〈영기〉라는 것은 계곡이 변화된 정기로서 음陰에 속하고 혈血이 주체이며, 혈관 속으로 운행하여 혈액을 운반하고 오장육부와 조직을 자양 하는 등과 같은 작용이 있다.〈위기〉라는 것은 계곡이 변화된〈한기捍氣〉(힘을 강 하게 확산하는 기운)로서, 양陽에 속하고 기氣가 주체이며 혈관 밖에서 움직여서 피 부와 근육을 온양해 주고 보호해 주며, 또한 땀구멍을 열고 닫는 것을 조절해 주는

등등의 작용이 있다. 〈정사正邪〉의 기氣가 영위營衛의 기氣에 섞여 들어가므로 인해, 영위의 기의 정상적인 운행은 곧 이러저러한 방해를 받게 되고, 더 나아가 사람의 수면 속에서 특수한 정신활동을 발생시키게 된다. 꿈을 발생시키는 전체적인 과정에서 볼 때, 이러한 단계는 몽상활동을 만들어내는 내부의 생리적 기초단계이다.

3) 〈정사正邪〉는 영위營衛를 방해하니 『혼백魂魄과 더불어 날아다니며, 사람들로 하여금 편안하게 잠을 자지 못하게 하고 기쁜 꿈을 꾸지도 못하게 한다.』 고대 중국의 의학체계 중에서 혼백이라는 것은 본래는 정신적 범주에 속한다. 《영추·본신本神》에서 『덕기德氣는 정신精神·혼백魂魄·심의心意·지사志思·지려智慮 등을 낳는다』라고 하였다. 《영추·본장本藏(臟)》에서는 『오장은 정신精神·혈기血氣·혼백魂魄 등을 은닉해 주는 곳이다』라고 하였다. 그러나 주의해야 할 것은, 고대 중국에서 말하는 정신精神이라는 것은 바로 정기精氣의 활동이며, 혼백 자체도 정기이며, 단지 음양의 구별이 있을 뿐이라는 점이다. 《여씨춘추·금색禁塞》에서 고유高誘는 『양陽의 정기는 〈혼〉이 되고, 음陰의 정기는 〈백〉이 된다』라고 주석을 달았다. 《회남자·설산훈說山訓》에서 고유는 『〈백〉이란 사람의 음의 신神이며, 〈혼〉이란 사람의 양의 신이다』라고 주석을 하였다. 허신의 《설문》에서도 『〈혼〉이란 양정기이며, 〈백〉이란 음정기이다』라고 하였다. 혼과 백이 각기 음과 양의 정기에 속하며, 영위의 기가 방해를 받는 상황이기 때문에, 곧 오장으로부터 〈날아오를〉 수가 있는 것이다. 〈날아오른다〉라고 운운하는 것은, 순전히 옛사람들이 정기의 활동에 근거해서 생겨나게 된 일종의 상상이다. 그것이 설명하려 하는 것은, 혼백이 오장육부로부터 떨어져 나가므로 인해 정신이 불안해지며, 더 나아가 정신이 불안하므로 인해 그 활동 속에서 몽상이 생겨난다는 것이다. 이러한 중요한 부분에 관해 우리들은 더욱 발전된 분석을 해야만 할 것이다.

《영추·본신》에서 『혈맥血脈·영기營氣·정신精神 등은 오장에 숨는 바이다. 음란하여 오장육부를 떠나 버리면, 정신을 잃게 되고 혼백은 날아가 버리게 된다……』고 했는데, 이것은 『혼백이 날아다니게』 되는 원인을 설명하고 있으며, 이는 분명히 원래 오장 속에 숨겨져 있던 정기가 오장을 떠났기 때문이다. 이 점은 당나라 때의 의사였던 손사막孫思邈이 더욱 명확한 해석을 보여주고 있다. 그는 『오장이란 혼백의 숙소이며, 정신이 의탁하는 곳이다. 혼백이 날아다니는 것은 그 오장이 텅 비어 있는 것이다』라고 하였다.(《비급천금요방備急千金要方》 제40권) 『혼백이 날아다니고, 오장이 텅비어 있는 것』은 어떠한 현상을 나타나게 할 수 있는가? 먼저 오장이 방해를 받으므로 인하여 사람이 잠을 자도 편안함을 얻지 못하고, 동시에『혼백이 어지러이 움직이고 魂魄妄行』『감정에 따라 사악함이 넘치는 隨感淫邪』현상이 나타나게 되는데, 이것이 바로 꿈 속에서의 환상과 환상활동이다. 혼백은 정기가 되어 사람이 깨어있을 때에는 본래부터 오장에서 활동, 즉 〈행行〉하고 있다고 할 수 있다. 그러나 이러한 활동은 주체의 지배를 받는다. 그리고『어지러이 움직이고 妄行』라는 것은 주체가 이러한 정신활동에 대해 지배할 수 없다는 것을 의미하고 있다. 그래서 많은 몽상들은 꿈을 꾸는 사람이 깨어난 이후 자기 스스로도 이상하고 이해하기 어려운 것으로 느끼게 된다.『혼백이 날아다니고 魂魄飛揚』『혼백이 어지러이 움직이고 魂魄妄行』할 때의 정신적 특징에 대해서는,《영추·본신本神》에서『의지가 흐릿하여 분명하지 않고 슬기있는 생각은 몸체를 떠나 버린다 志意恍惚, 智慮去身』라는 말로 개괄하였다.『의지가 흐릿하여 분명하지 않다』는 것은 어떤 자아의 중심이 없음을 가리키고,『슬기있는 생각은 몸체를 떠나 버린다』는 것은 이성적 활동을 상실한 것을 말한다. 이들은 공교롭게도 모두 현대심리학에서 잠재의식이라는 개념의 중요한 특징들이다.

《내경》에서의『음사가 꿈을 일으킨다 淫邪發夢』는 학설은 현대의 과학적인 관점에서 볼 때 단지 매우 유치한 추측에 불과하며, 그것의 수많은 구체적인 견해들은 이미 시대에 뒤떨어진 것들이다. 그러나 이런 추측 속에서도 적어도 다음과 같은 세 가지는 지금까지도 여전히 과학적 의의를 지니고 있다고 생각한다. 첫째 수면과정중의 외부 자극은 꿈을 꾸는 사람으로 하여금 몽상을 일으키도록 유발할 수 있다는 것이고, 둘째는 수면중 몽상이 일어나는 것에는 일정한 생리적 기초가 있다는 것이며, 셋째는 수면중의 몽상활동은 사람의 정신이 제어받지 않는 상태하에서의 결과물이라는 점이다.

만약『음사가 꿈을 일으킨다』라는 말을 꿈의 메커니즘에 대한 설명이라고 하면서, 그 시대적 낙인을 깊이 찍어 버린 채 너무 높은 평가를 할 수 없다고 한다면, 《내경》에 묘사된 많은 몽상들은 바로 장기간에 걸친 대량의 생활경험과 임상실험을 개괄한 것이기 때문에, 우리들은 엄숙하게 대하지 않을 수 없다. 예를 들면 기氣가 성하므로 해서 나타나게 되는 각종의 꿈에 대해서《음사발몽》편에서는 다음과 같이 말하고 있다.

음기陰氣가 성하면 큰물을 건너면서 두려움을 느끼는 꿈을 꾸게 되고,

양기陽氣가 성하면 큰불이 나서 태우게 되는 꿈을 꾸게 되고,

양기와 음기가 모두 성하면 서로 죽이는 꿈을 꾸게 되며,

위가 성하면 날아가는 꿈을 꾸게 되고, 아래가 성하면 떨어지는 꿈을 꾸게 되며,

매우 배가 고프면 취하는 꿈을 꾸게 되고, 매우 배가 부르면 나누어 주는 꿈을 꾸게 된다…….

당나라 때의 왕빙王冰의 해석에 따르면(《소문素問·맥요정미론脈要精微論》의 왕빙 주석), 물이란 음의 최고이기 때문에 큰물을 건너는 꿈을 꾸게 되고, 불이란 양의 최고이기 때문에 큰불이 나서 태우는 꿈을 꾸게 되며, 서로 죽이는 꿈이란 바로 음과 양이 『서로 다투는 상』이다. 또한 기氣가 위로 올라가느냐, 기가 아래로 내려가느냐, 부족하느냐, 여유가 있느냐에 따라서 날아가는 꿈, 떨어지는 꿈, 취하는 꿈, 나누어 주는 꿈과 같은 몽상이 있게 된다고 했다.

장경악의 해석에 근거하면(《유경》제84권), 큰물을 건너는 꿈은 『음이 양을 이겼기 때문에 음의 상象이 많은 꿈을 꾸게 되기』 때문이며, 큰불이 나는 꿈을 꾸는 것은 『양이 음을 이겨 많은 양의 상이 많은 꿈을 꾸게 되기』 때문이며, 서로 죽이는 꿈을 꾸는 것은 『모두가 성하게 된즉 다투게 되는 것』이기 때문이며, 날아가는 꿈을 꾸고 떨어지는 꿈을 꾸는 것은 각기 『양이 성하다는 것은 위에 가깝고, 음이 성하다는 것은 아래에 가깝기』 때문이며, 취하는 꿈과 나누어 주는 꿈을 꾸는 것은 바로 『속이 부족하거나 혹은 여유가 있기』 때문이라고 했다. 이와 같은 등등에 대해 위의 두 가지의 해석은 완전히 일치하고 있다.

이러한 해석들은 모두 고대 중국 의학의 음양이론에 근거한 것이다. 현대의 일반인들은 이러한 해석이 모두 너무 두리뭉실하며 추상적이라고 느낄 수도 있으나, 그것들은 도리어 중국 의학이 역대에 걸쳐 임상실험에서 증명한 것들이다. 《내경》의 작자는 상술한 몽상에 대해 단지 〈쏟아 버리는〉 방법으로 치료한다면 매우 빨리 소멸될 것이라는 바를 매우 자신있게 강조하였다. 그래서 진晉나라 때의 황보밀皇甫謐의 《침구갑을경針灸甲乙經》, 수나라 때의 소원방巢元方의 《제병원후총론諸病源候總論》, 당나라 때의 손사막孫思邈의 《천금요방千金要方》, 그리고 명나라 때의 장경

악張景岳의 《유경類經》 등은 모두 《내경》에서 상술한 견해에 대해 확신한 채 의심을 품지 않았다. 이는 절대로 〈경전을 존중함〉에서 나온 것이 아니며, 《내경》을 맹목적으로 믿은 것은 더더욱 아니다. 실제 사정이 만약 이와 같지 않다고 한다면, 후세의 이런 저명한 의사들이 완전히 회피할 수 있었을 것이며, 더욱이 이것에 근거하여 질병을 진단하고 치료할 필요가 없었을 것이다. 그래서 《내경》에 열거된 이러한 몽례들을 현대적인 실험방법에 의해 연구하고 감정할 필요가 있다고 생각한다.

《내경》에서 제시한 『음사가 꿈을 일으킨다』는 학설은, 전국시대에서부터 서한시기에 이르기까지의 꿈의 생리적 메커니즘에 대한 중국 의학에 있어서의 견해를 반영하고 있을 뿐만 아니라, 이후 중국의 의학에서 2천 년 동안 전통적인 견해로 자리잡게 되었다. 예를 들면 수나라 때의 의학가였던 소원방은 『심신이 허약함과 기쁜 꿈 虛勞喜夢』에 대해 논하며 다음과 같이 말하였다.

> 무릇 심신이 허약한 사람은 혈기가 쇠약하고 오장육부가 허약하여, 사악함(邪)에 쉽게 상처를 입는다. 사악함은 외부로부터 내부로 모여드나 일정한 거처가 있지 않아 도리어 장부에 넘쳐 흐르며, 일정한 거처를 얻을 수 없어 영위營衛와 더불어 행하며 혼백과 더불어 날아다니니, 사람으로 하여금 잠을 잘 때 편안하고 즐거운 꿈을 꾸지 못하도록 한다.(《소씨제병원후총론巢氏諸病源候總論》 제4권)

기타의 여러 병들이 생겨나는 꿈의 징후에 대해서, 역대 의학가들은 일반적으로 모두 《내경》의 방식에 따라 해석을 해왔다. 물론 의학과 임상실험은 언제나 끊임없이 발전하게 마련이다. 《내경》이 비록 경전으로 받들어지고는 있지만, 후세의 의학가들은 이를 계승하면서 실제적으로는 이러한 관점에 대해서 끊임없이 개조하고 발전시켜 왔다.

진나라 때의 이름난 의사였던 황보밀(215—282년)은 《내경》에서의 꿈에 대한 학설을 매우 추종하였는데, 그가 편집한 《침구갑을경》 중에서는 한 글자 한 문구마다 거의 《영추·음사발몽》편의 전문을 수록하였다. 그는 다만 표제를 『음사가 꿈을 일으킨다 淫邪發夢』에서 『정사가 안으로 침입하여 꿈을 생겨나게 한다 正邪襲內生夢』로 살짝 고쳤을 뿐이다. 이러한 개정은 황보밀의 『음사가 안으로 침입 淫邪襲內』하는 것이 꿈을 이룰 수 있을 뿐만 아니라, 『정풍이 안으로 침입 正風襲內』

하여도 꿈을 이룰 수 있다는 인식을 반영하고 있다.

명나라 때의 장경악은《유경》을 저술하였는데,〈몽매夢寐〉라는 한 장을 일부러 설정하여,《영추·음사발몽》편의 전문에 대해 매우 상세한 해석을 하였다. 그러나 장경악이 볼 때 꿈의 상태가 일어나는 것은, 한 측면에서는 인체가 외계에서『오행五行에 부림을 당하는』변화의 결과이며, 다른 측면에서는 체내에서 또『꿈이란 마음에서 이루어진다』는 것의 결과이기도 한 것으로 인식했다. 그는 꿈을 꾸게 되는 생리적 원인과 메커니즘을 긍정하였을 뿐만 아니라 꿈을 꾸는 심리적 원인과 메커니즘에 대해서도 주의하였다. 후자의 측면에 대해서는《내경》에서는 매우 명확하지 못하였다. 장경악의 이 방면에 대한 공헌에 대해서는 이후에서 분석하게 될 것이다.

〔2〕몽상夢象과 장상藏(臟)象(1)

《내경》에서『음사가 꿈을 일으킨다 淫邪發夢』또는『정사가 꿈을 일으킨다 正邪發夢』는 등의 메커니즘을 제시하면서부터, 중국의 전통의학에서는 몽상夢象을 장상藏象과 연계시키기 시작했다. 한편으로는 일정한 몽상은 일정한 장상을 이루는 성분이고, 다른 한편으로는 일정한 몽상 또한 일정한 장상에서 탄생한다.

몽상이란 곧 사람의 꿈 속에 출현하는 각종의 의상意象과 그 변화이며, 장상이란 바로 중국 의학의 특유한 한 범주이다.〈장藏〉자는 지금은〈장臟〉으로 쓰이며, 사람의 오장육부를 지칭한다.〈장상〉이 상징하는 것은 인체의 오장육부의 생리병리학적인 것에 반영되는 현상이다.《소문》에는《육절장상론六節藏象論》이 있는데, 장경악이 주석을 하면서『상象이란 형상을 말한다. 장藏(즉 臟)은 안에 기거하며, 형形은 밖에서 드러난다. 그런 까닭으로 장상藏象이라 부른다』고 했다.

《내경》에서는 사람이 수면중에『정사正邪는 밖으로부터 안으로 침입한다』라고 하여 사람의 오장에 영향을 끼칠 뿐 아니라, 사람의 육부에도 영향을 끼칠 수 있는 것으로 인식하고 있다. 이러한 영향은 반드시 사람의 오장육부로 하여금 각종의 변화를 일으키게 한다. 이러한 변화가 표현되어 나와 밖에서 그것을 형상화하게 되는데, 이것이 곧 장상藏象이다.《내경》에서의 분석에 따르면, 장상의 변화에는 대체로 두 가지의 유형이 있다고 한다. 하나는 장臟의 기운에〈여유가 있어〉기능이 너무 성한 것에 속하는 표현이고, 다른 하나는 장의 기운이 〈부족〉하여 기능이 쇠약한 것에 속하는 표현이다. 〈여유가 있음〉과 〈부족함〉에는 또한 내외의 구분이 있다. 《음사발몽》편에서 『기氣가 부부(腑)에 지나치게 된즉 밖으로는 여유가 있고 안으로는 부족하다. 기氣가 장장(臟)에 지나치게 된즉 안으로 여유가 있고 밖으로는 부족하다』고 했다. 어느 상황에 속하든간에 상관없이 장상은 몽상을 결정하게 되고, 서로 다른 장상은 서로 다른 몽상을 나타내게 된다.

만약 장臟의 기운이 안에서 〈여유가 있고〉 밖에서 〈부족〉하다면, 아래에 열거된 것과 같은 몽상들이 출현할 수 있을 것이다.

간肝(간장)의 기氣가 성하면 분노하는 꿈을 꾸게 되고,

폐肺(폐장)의 기가 성하면 두려워하거나 울거나 날아다니는 꿈을 꾸게 된다.

심心(심장)의 기가 성하면 잘 웃거나 두려워하는 꿈을 꾸게 된다.

비脾(비장)의 기가 성하면 노래를 부르거나 신체가 무거워서 일으키지 못하는 꿈을 꾸게 된다.

신腎(신장)의 기가 성하면 허리의 척추가 둘로 나누어져 서로 붙지 않는 꿈을 꾸게 된다.(《영추·음사발몽》에 보인다.)

오장의 기가 성하게 되면 꿈 속에서 그것이 형상화되는데, 어찌하여 각각의 몽상이 서로 다르게 되는 것일까? 그 대답은 바로 각각의 장상이 서로 다른 까닭에 각자의 몽상이 달라진다는 것이다.

《소문·음양응상대론陰陽應象大論》에서 『간肝이란 뜻에 있어서는 분노함이 된다』라고 하였으니, 그 뜻은 간의 성질이 본래 분노하길 좋아한다는 것이다. 간의 기가 성하게 되면 자연히 더욱 돌출하게 된다. 《천금요방千金要方》에서 《편작扁鵲》을 인용하면서 『간은 실제로 뜨거우며, 뜨거운즉 양기가 왕성해지고, 왕성한즉 분노하는 꿈을 꾸게 된다』고 했다. 특히 화가 올라 간의 양기가 지나치게 높으면, 늑막의 통증이 번조煩躁하고 근육이 고동치므로 인하여, 반드시 감정이 격동하여 쉽게 폭발하고 쉽게 노하게 된다. 장상이 이와 같으니 몽상 또한 이와 같게 된다.

《소문·음양응상대론》에서 『폐肺는 뜻에 있어서는 근심이 되고』『소리에 있어서는 우는 것이 된다』라고 하였다. 왕빙은 『근심이라는 것은 깊은 우려를 말하며』

『운다는 것은 슬픈 소리를 말한다』고 주석하였다. 이것은 폐가 감정적인 측면에서 표현되는 특징이다. 폐의 기가 성하게 되면 폐실증肺實症을 유발시킬 수도 있는데, 폐가『가득차게 되면 목이 메이고 호흡이 짧아져 힘을 써서 말을 하려 해도 말이 잘 나오지 않으므로』자주 우는 꿈을 꾸게 된다. 폐실증의 또 다른 징후는『배가 더부룩해지며 기관지 천식이 있으며』『자주 놀라는』것인데, 이렇게 해서 자주 두려워하는 꿈을 꾸게 된다. 이밖에도 폐는 호흡운동을 주관하는데, 만약『양기가 위로 올라가 내려오지 않는다면』꿈에서는 자연히『날아다니는』몽상이 나타나게 될 것이다.

《소문·음양응상대론》에서 심心이란『뜻에 있어서는 기쁨이 되고, 변하여 움직임에 있어서는 우울함이 된다』라고 하였다. 심장의 기가 성하면 감정이라는 측면의 표현에 있어서는 바로 웃기를 좋아하고 잘 웃게 된다. 심장의 기가 성하면 심실증心實症으로 바뀌게 되는데, 어떤 때는 입이 바르지 않아『분별없이 웃고』또는『웃음을 그치지 않기도 하게』되는데, 이러한 것으로 인해 몽상 또한 웃는 것들이 많아지게 된다. 또『심장의 기가 성하면 생각이 많아지게 되고, 생각이 많으면 머뭇거리게 되고, 머뭇거리면 상심하게 되며, 상심하면 정신을 잃게 되고, 정신을 잃어버리면 두려워하게 된다.』(장원소張元素의《의학계원醫學啓源·오장육부맥증법五臟六腑脈證法》을 참조) 그래서 꿈에서는 또한 두려워하는 몽상이 많게 된다. 이러한 몽상도 일종의 〈장상〉의 반영이다.

장경악은《유경》에서『비장脾臟은 음악을 좋아하여, 소리에 있어서는 노래가 된다』라고 하였다. 비장의 기가 성하면 삼키길 좋아하게 되고, 삼키길 좋아하게 되면 구강의 혀와 이가 빈번하게 움직이게 된다. 이러한 동작이 아마도 꿈에서는 음악과 노래로 변하게 될 것이다. 몽상 중의『신체가 무거워 일으킬 수 없다』는 것은, 아마도 비장의 기가 성하므로 인하여 비실증脾實症이 된 것을 말하는 것일 터이다. 손사막은『비장이 가득차면 사지가 들리지 않고, 몸이 산과 같이 무겁다』(《비급천금요방》제46권)고 하였고, 장원소는『비장이 가득차면 사지가 조급해하며, 몸은 무거워진다』(《의학계원·오장육부맥증법》)고 하였다.

장경악은《유경》에서『허리는 신장이 있는 곳이기 때문에 허리의 척추가 둘로 나누어져 서로 붙지 않는 꿈을 꾸게 된다』고 했는데, 이러한 해석에서는 신장의 기가 성한 것인가 아니면 약한 것인가에 대한 구분을 하지 않았다. 실제로 이러한 몽상도 이에 상응하는 〈장상〉으로부터 나타난 것이다. 장원소는 『신장이 팽창하면 배가 부르게 되어 허리와 척추를 저리고 아프게 한다』고 했으며, 또 『허리와 척추가 나쁘면 급한 통증이 오고 즐겨 눕게 된다』라고 하였다.《의학계원·오장육부맥증법》신장의 기가 성하므로 인해 허리 근육과 척추가 시큰시큰 쑤시는 통증을 일으키게 되며, 그래서 꿈에서는 허리 근육이 척추와 떨어지는 것같이 느끼게 된다. 몽상은 〈장상〉과도 대체로 일치한다.

만약 장臟의 기가 안으로 〈부족〉하고 밖으로는 〈여유가 있을〉 경우에는 다음과 같은 각종의 서로 다른 몽상이 출현할 수 있다.

그 기氣가 심장에 붙으면 언덕과 산·연기나 불 등이 꿈에 보이며,
폐肺에 붙으면 꿈에서 날아다니며, 쇠나 철과 같은 기이한 물건들을 보게 되며,
간肝에 붙으면 산림과 수목을 꿈에서 보게 되며,
비장脾臟에 붙으면 꿈에서 구릉·큰 연못·부서진 집과 비바람 등이 보이게 되며,
신장腎臟에 붙으면 연못으로 가서 물 속으로 빠지는 꿈을 꾸게 되며,
방광膀胱에 붙으면 헤엄을 치는 꿈을 꾸게 되며,
위胃에 붙으면 음식을 먹는 꿈을 꾸게 되며,
대장大腸에 붙으면 꿈에서 들판이 보이게 되며,
소장小腸에 붙으면 꿈에서 촌락과 거리 등이 보이게 되며,
담膽에 붙으면 서로 다투고 스스로를 자르는 꿈을 꾸게 되며,
음기陰器에 붙으면 성교를 하는 꿈을 꾸게 되며,
목덜미에 붙으면 참수당하는 꿈을 꾸게 되며,
정강이에 붙으면 꿈에서 걸어가지만 앞으로 나가지 못하고, 땅을 파서 만든 광이나 동산에 머무르는 꿈을 꾸게 되며,
다리와 팔에 붙으면 꿈에 예절을 갖추고 절을 하는 꿈을 꾸게 되며,
태胎에 붙으면 소변을 보는 꿈을 꾸게 된다.(모두《영추·음사발몽》에 보인다.)

〈그 기氣〉라는 것은 『밖으로부터 안으로 침입하는』〈정사正邪〉의 기氣를 가리킨다. 이러한 기는 오장육부 사이로 흘러다니게 되는데, 즉 주객이 전도되어 이것과 관련된 오장육부로 하여금 각종 병의 변화와 병의 증상을 드러나도록 한다. 이

러한 병의 변화와 병의 증상도 사람들로 하여금 이에 상응하는 몽상을 가지도록 할 수도 있다.

위에서 인용한 이러한 일단의 문장 중에서 볼 수 있듯이,《내경》의 작자는 오장 五臟을 오행五行에다 배합시켜 심장에 붙게 되면 화火에 관계된 것을 꿈꾸게 되고, 폐肺에 붙게 되면 금金에 관계된 것을 꿈꾸게 되며, 간肝에 붙게 되면 목木에 관계된 것을 꿈꾸게 되고, 비장에 붙게 되면 토土에 관계된 것을 꿈꾸게 된다고 했다. 이는 분명히 견강부회적인 모습이 있고, 서로 관련을 시킨 몽상들도 꼭 그렇게 절대적인 것은 아니라는 것을 알 수 있다. 그러나 중국의 고대 의학에서 왜 이와 같이 오장을 오행에다 반드시 배합시켜야만 했을까 하는 문제는, 이〈견강부회〉라는 말만으로 간단하게 귀납시킬 수 있는 것은 아니며, 이는 아마도 오장 각각의 생리병리학적 특징과 관계가 있을 것이다. 여기에서 열거하고 있는 몽상으로 볼 때, 만약 단지 견강부회적이고 상상적인 것일 뿐이라면 이미 일찍이 임상실험에서 부정되고 말았을 것이다. 그러나 실제로는 역대 의학가들이 비록 정도의 차이가 있긴 하지만 기본적으로는 이를 모두 긍정하였다.

고대 의학에서 심장을 화火에다 배합시켰다는 것에 대해서는 잠시 제쳐두고 거론하지 않을 수도 있지만, 그러나 외부로부터 들어오는 사악한 기운(外邪)이 만약 심기를 침울하게 한다면, 확실히『큰 열이 위로 올라가 데워지게 되는 大熱上煎』증상이 있게 되고, 어떤 때에는 마음 속이 이글이글거려 정말로 참기가 힘들기도 할 것이다. 그리고『심장의 화火가 위로 올라가 불꽃처럼 뜨겁게 된다 心火上炎』는 것에서 일어나는 혀가 해어진다는 것은 외관뿐만 아니라 속으로 느끼는 것까지도 모두 불이 타는 상태와 극히 유사하게 된다. 연기나 불을 꿈에서 보게 되는 것은 이러한 〈장상〉과 매우 관련이 있을 것이다. 장원소는『마음에 기가 쌓여 오랫동안 떠나지 않으면 고민이 되고, 마음이 아프게 된다. 가득차게 되면 웃음이 그치지 않고, 불이 나는 꿈을 꾸게 된다』고 했으며, 또『사악한 기운이 심장에 붙으면 연기나 불을 꿈에서 보게 된다』고 했다.《의학계원 · 오장육부맥증법》그러나 주의해야 할 것은, 장원소는 단지 〈연기나 불〉만을 이야기했을 뿐 〈언덕이나 산〉에 대해서는 언급을 하지 않았는데, 이는 《내경》에 대한 일종의 수정이라는 점이다. 〈언덕이나 산〉을 꿈에서 본다는 것은 아마도『사악한 기운이 심장에 붙는다는 것』과 관계가 그렇게 밀접하지는 않을 것이다.

폐肺에 상처를 주는 사악한 기운은 주로 건조한 기운이다. 임상증상으로는 마른 기침과 목병(인후병)이 많이 보이고, 어떤 경우에는 목과 가슴이 찢어지는 느낌이 있기도 하는데, 〈쇠나 철〉을 꿈에서 보는 것은 아마도 이러한 증상과 매우 관련성이 있을 것이다. 장원소는 『폐가 텅비거나 가득차거나 혹은 차거나 뜨겁게 되면 사람들로 하여금 숨을 헐떡거리며 기침을 하게 하고, 가득차게 되면 무기를 보거나 두려워하는 꿈을 꾸게 되며, 기력이 감퇴되고 슬픈 감정이 많아진다』고 하였다.《의학계원·오장육부맥증법》찢어지는 감정으로부터 무기를 보게 되는 꿈에 이르는 과정은 이치가 순조롭게 통한다. 본래『슬픈 감정이 많았는데』게다가 무기를 만나게 되었으니, 꿈 속에서 자연히 두려운 상象이 출현하게 되는 것은 당연할 것이다. 그러나 무기는 쇠나 철에 속하지만, 쇠나 철이라고 해서 반드시 무기인 것은 아니기 때문에 장원소의 개괄은《내경》에 비해 더욱 이치가 있는 듯하다.

간肝에 상처를 주는 사악한 기운은 텅비거나 가득차거나 혹은 차갑거나 따뜻하거나에 관계없이, 그 증상은 모두 머리가 어지럽고 눈이 침침하게 되는 것으로 나타난다.《천금요방千金要方》에서《편작》을 인용하여『간에 병이 있으면 눈의 정기를 빼앗는다』고 했는데,『눈의 정기를 빼앗기게 되면』물건을 보는 데 분명하지 않고 애매모호하게 된다. 장원소는『간이 텅비게 되면 가늘고 부드러운 화초를 꿈에서 보게 되며, 가득차게 되면 무성한 산림을 꿈에서 보게 된다』라고 하였다.《의학계원·오장육부맥증법》『가늘고 부드러운 화초』의 꿈은 아마도 간풍肝風(어지럼·두통·이명耳鳴·가슴이 두근거리고 입이 비뚤어지며 수족이 경련을 일으키는 증상의 병 —역주)이 안으로 움직이고 눈과 입이 비뚤어진 것에 의해 형성된 것일 가능성이 높다. 그래서 대낮에 보았던 화초와 같은 종류나 산림과 같은 종류의 형상들이 밤의 꿈에서 나타나기 때문에, 결국에는 유사한 형상이거나 환상 들이 나타나게 된다.

비장에 상처를 주는 사악한 기운은 주로 습한 기운이다. 차가운 습기로 비장이 곤란하게 되거나 습하고 더운 것으로 인해 비장을 상하게 되는 것에 관계없이, 사람의 몸에는 언제나 물기운이 들어와 어지럽힌다는 강렬한 습한 느낌이 있으며, 언제나 위胃 속이 비대해졌다고 느껴지게 된다. 이러한 증상은 사람들로 하여금 마치 몸이 큰 연못가에 가있어 습기가 가득한 것 같고, 또한 집이 파손되어 비바람을 피하기 어려워 습기가 사람에게로 몰려오는 것같이 느끼도록 한다. 꿈 속에서 나타나는 유사한 형상은 아마도 대낮의 생리적 느낌과 서로 관련이 있을 것이다.

　신장은 온몸에서 수액의 움직임을 주관하는데, 만약 외부의 방해를 받으면, 기능은 반드시 정상을 잃어버리게 된다. 만약 신장이 허약하여 수종증水腫症이 되면, 온몸이 붓게 되는데 하지下肢가 더욱 심하게 붓게 되며, 신장을 만져보게 되면 틀림없이 움푹 들어가 있을 것이며, 허리와 배는 모두 부푼 느낌이 있을 것이다. 게다가 다시 형상이 차갑고 다리가 차가워, 마치 몸이 얼음 속 가운데에 있는 것같이 느껴지게 된다. 장원소는 『신맥腎脈이 조금씩 커지면 물기운이 배꼽 아래서 일어나 그 부스럼이 단단해져 위로 올라가 가슴에까지 이르게 된다』고 하였다.《의학계원·오장육부맥증법》 이러한 병리적 형세는 마치 사람이 물 속에 빠진 것과 같다. 『연못으로 가서』 『물 속으로 빠지는』 꿈은 아마도 이러한 증상이 몽경夢境 속에서 반영된 것일 터이다.

　기타의 『방광에 붙으면 헤엄을 치는 꿈을 꾸게 된다』는 것과 같은 것은 아마도 사악한 기운이 방광 속에서 운행하므로 인해 유발되는 것일 터이다. 또 『위에 붙으면 음식을 먹는 꿈을 꾸게 된다』라는 것은, 아마도 사악한 기운이 위 속을 운동하도록 하여 유발되는 것일 터이다. 〈들판〉이나 〈거리〉를 꿈에서 보는 것에 대해서 장경악은 『대장大腸은 전도傳導하는 기관으로, 그 구불구불한 곳은 더러운 것을 받아들여 들판과 유사하며, 소장小腸은 성함을 받아들이는 기관으로 물질이 모이는 바가 몸에서의 거리와 유사하다』고 했다.(《유경》 제84권) 아마도 〈소장〉이 더 구불구불하기 때문에 사악한 기운이 지나가는 것이 마치 골목을 지나가는 것 같고, 대장은 넓기 때문에 들판의 큰 도로에 진입하는 것과 같을 것이다. 『다투고 스스로를 자르는』 꿈은 아마도 담膽이 병들어 자주 두려워하고 쉽게 노하는 것과 『늙게 되면 곧 옆구리 아래가 아픈 것』과 관계가 있을 것이다. 『참수를 당하는』 꿈에 대해서, 장지총張志聰은 『양陽의 세 가지 기운은 모두 목덜미를 따라서 머리로 올라가기 때문에 머리는 모든 양의 우두머리이다. (사악한 기운이) 목덜미에 붙으면 양기陽氣가 머리로 올라갈 수가 없기 때문에, 그래서 그 머리가 잘리는 꿈을 꾸게 된다』라고 했다.(《고금도서집성》 제47책 제144권에서 재인용) 이하에서의 『성교를 하는 꿈』 『앞으로 나아갈 수 없는 꿈』 『예배를 드리는 꿈』 『소변을 보는 꿈』과 같은 등등은, 분명히 이와 관련된 부위가 받은 외계의 자극과 이들 부위의 각각의 기능들과 관련이 있다.

[3] 몽상夢象과 장상藏(臟)象(2)

《영추·음사발몽》편에서는 주로 『정사正邪는 밖으로부터 안으로 침입한다』는 것에 근거하여 오장육부의 기가 성하고 기가 쇠한 경우의 꿈을 분석하였다.《소문·방성쇠론方盛衰論》에서는, 외부의 기와 내부의 기가 한창 성하느냐 아니면 한창 쇠하느냐 하는 것에 근거하여 오장육부의 기가 성하고 기가 쇠한 경우의 꿈을 분석하였는데, 이렇게 되므로써 몽상과 장상 사이의 관계는 더욱 어지럽게 엉키어 복잡하게 되었다.

외부의 기의 한창 성함과 쇠함이라는 것은, 사계절에서의 음양의 한창 성함과 쇠함을 가리킨다. 예를 들면 봄에는 양기가 한창 성하고 음기는 한창 쇠할 때이며, 가을에는 음기가 한창 성하고 양기가 한창 쇠할 때이다. 외부의 기가 한창 성하느냐 한창 쇠하느냐 하는 것은, 봄과 가을 때의 몽상의 변화에 반드시 영향을 끼칠 것이다. 내부의 기의 한창 성함과 한창 쇠함이라는 것은, 인체에서의 음양의 한창 성함과 한창 쇠함를 가리킨다. 예를 들면 소년 때에는 양기가 한창 성하고 음기는 한창 쇠할 때이며, 노년은 음기가 한창 성하고 양기가 한창 쇠할 때이다. 내부의 기의 한창 성함과 한창 쇠함의 변화도 소년이나 노년의 몽상의 변화에 반드시 영향을 끼칠 것이다. 다만《방성쇠론》에서는 간혹 문장이 빠져있기도 해서, 장臟의 기운이 한창 성한 꿈에 대해서는 구체적인 분석은 보이지 않는다. 지금은 단지 작가의 장臟의 기운의 한창 쇠할 때의 꿈에 대한 논술만 살펴볼 수 있을 뿐이다.

소기少氣가 역류하면 사람으로 하여금 허망한 꿈을 꾸게 하고, 그것이 극에 이르면 혼미한 상태에 이르게 된다. 세 가지의 양陽이 끊어지고 세 가지의 음陰이 미세하기 때문에, 소기少氣라고 한다. 그러므로;

폐肺의 기운이 허하게 되면 꿈에서 밝은 사물을 보게 되고, 사람을 베어 피를 흘리는 것이 보인다. 그 때를 얻으면 병사들이 전쟁을 하는 것이 꿈에 보인다.

신장의 기가 허하면 배를 타고 가다 물에 빠지는 꿈을 꾸게 되며, 그 때를 얻으면 물속에 숨어 마치 두려워함이 있는 것 같은 꿈을 꾸게 된다.

간의 기가 허하면 버섯 향기와 풀이 돋아나는 꿈을 꾸게 되며, 그 때를 얻으면 나무 아래에 엎드려 일어나지 못하는 꿈을 꾸게 된다.

심장의 기가 허하면 꿈에서 불을 끄며 양陽에 속하는 사물을 보게 되며, 그 때를 얻으면 태우는 꿈을 꾸게 된다.

비장의 기가 허하면 음식이 부족한 꿈을 꾸게 되며, 그 때를 얻으면 담을 쌓고 집을 짓는 꿈을 꾸게 된다.

『역류한다는 것은 기가 꺼꾸로 흐르는 것을 말한다.』《내경》에서는 인체에 있는 음양의 기가 운행하는 데에는 각기 스스로의 노선이 있다고 여겼다. 『따르는 것을 순종한다고 하고, 반대로 하는 것을 역류한다고 한다.』역류의 출현은 먼저 외부에서 스며들어 교란하는 것과 관련되어 있으며, 어떤 때에는 내부의 욕망에 의해 일어나는 것이기도 하다. 그러나 내부에 존재하는 피로함과 편안함·욕망 등과 같은 사악함은 결국 외계의 소리나 색깔·맛 등이 유인하는 것과 분리될 수가 없다.《내경》의 관점에 따르면, 어떠한 원인에서 나왔건 상관없이 인체 오장육부의 음양의 기는 꺼꾸로 흐르는 경우가 가끔 있기도 하는데, 이럴 경우에는 곧 몽환이 나타나게 된다고 한다. 만약 꺼꾸로 흐르는 것이 매우 심할 경우에는, 심지어 사람들을 혼미하고 어지럽게 하여 깨어나지 못하게 할 수도 있을 것이다. 수나라 때의 의학가였던 양상선楊上善은 일찍이『허虛라는 것은 꺼꾸로 흐르는 것을 말한다』라고 했다.(《소문》의 왕빙 주석에서 인용한 곳에 보인다.) 오장의 기가 허한 것은 모두 기가 꺼꾸로 흐르는 것과 관계가 있다. 그래서 오장의 기가 허하면 각양각색의 몽상이 나타날 수 있다. 이러한 견해는 매우 명확하며, 모두가『음사가 꿈을 일으킨다 淫邪發夢』거나 혹은『정사가 꿈을 일으킨다 正邪發夢』는 노선을 따라 계속 앞으로 발전한 것이다.

오장의 기가 허한 몽상에 대해서 당나라 때의 왕빙王冰은 여전히 오행으로써 해석하였다. 예를 들면 폐의 기가 허한 꿈에는 밝은 사물이 보이는데, 이는『금金의 색깔을 닮은 것』에 근거했다고 한다. 신장의 기가 허한 꿈에서는 배를 타고 가다 사람이 물에 빠지는 것이 보이는데, 이는『신장은 물과 관련이 있다』고 한 것에 근거했다고 한다. 간의 기가 허한 꿈에서는 버섯 향기와 풀이 돋아나는 것이 보이는데, 이는『간이라는 것은 풀과 나무에 부합되는』것이라는 데 근거했다 한다. 심장의 기가 허한 꿈에서는 불을 끄며 양에 속하는 사물이 보이는데, 이는『심장이라는 것은 화火에 부합한다』는 것에 근거했다 한다. 비장의 기가 허하면 담을 쌓고 집을 짓는 꿈을 꾸게 되는데, 이는『모두 흙(土)의 사용』에 근거한 것이라 한다. 여기서 우리들은 작자든 주석을 한 사람이든 상관없이 모두 폐는 금金에, 신장은 수水에, 간은 목木에, 심장은 화火에, 비장은 토土에 해당된다는 것으로써 모델을 삼고 있음을 볼 수 있다. 이를 하나의 고정된 모델로만 여긴다면, 이는 비교할 수 없는 것을 억지로 비교하게 되는 결함을 피할 수가 없게 된다. 그러나 재차 강조하고 싶은 것은, 상술한 몽상이 절대로 어떤 한 의학자 개인이 마음대로 상상하고 꾸며낸 것이 아니라 틀림없이 수많은 임상실험을 근거로 하였으며, 또한 오장의 기가 허한 때의 장상臟象들과 서로 연계시켰다는 점이다. 그 중 단순히 기가 허해서 일어나게 된 꿈이 앞절에서 논했던 사악한 기운이 오장에 붙어서 기가 허해서 일어나게 된 몽상들과 대체로 서로 일치하고 있기 때문에, 다시 하나하나씩 분석할 필요는 없을 것이다. 그러나『그 때를 얻을 때』에는 어떻게 해서 몽상에 변화가 일어나게 되는지에 대해서는 설명을 해야만 할 것이다.

고대 중국의 의학에서는 오장을 오행에다 배합시켰고, 아울러 오행을 사시四時에다 배합하였다. 배합한 결과를 말하자면, 봄의 3개월 동안은 목木이 왕王이 되며, 목木은 간肝과 배합하게 되어 간의 때가 된다. 여름 3개월 동안은 화火가 왕이 되며, 화火는 심장과 배합하게 되어 심장의 때가 된다. 가을 3개월 동안은 금金이 왕이 되며, 금金은 폐와 배합하게 되어 폐의 때가 된다. 겨울 3개월 동안은 수水가 왕이 되며, 수水는 신장과 배합하게 되고 신장의 때가 된다. 토土는 중월中月(진辰·무戊·축丑·미未의 달)에 각각 18일 동안 왕노릇을 하여, 토土는 비장과 배합하며 이때는 비장의 때가 된다. 이러한 까닭으로 인하여 오장이 각각 그 때를 얻게 되는 경우에는, 목木은 간肝을 도울 수 있고, 화火는 심장을 도울 수 있으며, 금金은 폐를 도울 수 있고, 수水는 신장을 도울 수 있고, 토土는 비장을 도울 수 있다. 이러한 억지 비교는 간을 목木에다 비유하고 심장을 화火에다 비교한 것들에서 더욱 심하며, 과학적 의의가 별로 없음이 분명하다. 그러나 여기에 매우 주의할 만한 중요한 사상이 하나 담겨져 있는데, 그것은 바로 오장의 기가 허한 경우 비교적 적합한 외계조건을 만나게 된다면 그 〈장상〉에는 변화가 일어나게 되고, 그 징후는 반드시 개선(심지어 허虛로부터 실實의 상태로 전환될 수도 있다)되는 바가 있으며, 이와 상응하여 그 몽상도 자연히 완전히 꼭 같지는 않게 된다는 점이다. 예를 들면『비장의 기가 허하면 음식이 부족한 꿈을 꾸게 되는데』이는 아마도 비장이 허하여 소화불량이거나 혹은 〈잘 삼키는 습관〉에 의한 것일 터이며, 그래서 꿈 속에서는 항상 배불리 먹지 못했다고 느끼기 때문일 것이다. 그러나 『그 때를 얻으면 담을 쌓고 집을 짓는 꿈을 꾸게 된다』고 했는데, 이는 분명히 기가 허한 징후에 의한 것은 이미 아니다. 장원소는 『비장이 허하면 담을 쌓고 집을 짓는 꿈을 꾸게 된다』《의학계원·오장육부맥증법》고 했는데, 이는 아마도 비장이 실實하고 뱃속이 가득 불러서 사지가 무거운 증세와 관련이 있다. 이와 같은 여러 가지의 상황들은, 계절의 기의 한창 성함과 한창 쇠함이 반드시 〈장상〉에 영향을 미치게 되고, 더 나아가 몽상에도 영향을 끼친다는 것을 설명해 주고 있다. 봄의 3개월 동안에 간의 기가 허하게 되면 반드시 나무 밑에 엎드려 일어나질 못하는 꿈을 꾸게 되는지, 혹은 가을 3개월 동안에 폐의 기가 허하게 되면 병사들이 싸우는 꿈을 꾸게 되는지 하는 것에 대해서는, 우리들이 너무 지나치게 진지하게 생각할 필요는 없으며, 이후에 과학적으로 검증할 수 있도록 남겨두어야 할 것이다.

《방성쇠론方盛衰論》에서 『소기少氣가 꺼꾸로 흐르게 되면 사람으로 하여금 허망한 꿈을 꾸게 한다』라고 하였으며, 또한 『세 가지의 양陽이 끊어지고 세 가지의 음陰이 미세하기 때문에 소기少氣라고 한다』고 하였다. 이에 대해 왕빙은 주석을 달아 『세 가지 양의 맥은 격차가 매우 심하고 세 가지 음의 맥은 미세한데, 이것이 소기少氣의 징후이다』고 했다. 『소기少氣가 꺼꾸로 흐른다』는 것은 장상臟象에 속하고, 세 가지의 양과 세 가지의 음이라고 한 것은 맥상脈象에 속한다. 이러한 관점에 따르면, 몽상이라는 것은 장상과 관계가 있을 뿐만 아니라 맥상과도 관계가 있다. 엄격하게 말하자면, 맥상 또한 장상이다. 매 오장육부의 징후 속에서 항상 맥상의 특징을 설명해야만 한다. 그러나 맥상 또한 일종의 특수한 장상이다. 그래서 몽상과 맥상 사이에도 특수한 관계가 있다.

〈맥상〉이란 인체의 맥박의 형상과 동태를 가리키는 것으로, 보통 손목 뒤의 동맥이 있는 곳에서 촉진觸診(손가락으로 만져서 진단하는 인체 진단법의 하나―역주)한다. 진나라 때의 왕숙화王叔和는 《맥경脈經》에서 일찍이 맥상을 부침浮沈·지속遲速·홍세洪細·활섭滑澁 등 24종으로 나누었고, 명나라 때의 이시진李時珍의 《빈호맥학瀕湖脈學》과 이중재李中梓의 《진가정안診家正眼》에서는 또 이를 덧보태어 각각 27종과 28종으로 나누었다. 맥상을 어떻게 구체적으로 나누는가 하는 것은 바로 한의학의 구체적인 문제이다. 우리가 여기에서 강조하고자 하는 것은, 고대 중국의 의학에서는 몽상과 맥상과의 관계를 분명히 긍정하였다는 점이다.

《소문素問·맥요정미론脈要精微論》에서는 일찍이 사람의 맥상에 근거하여『오장의 여유 있음과 부족함, 육부의 강함과 약함, 형체의 성함과 쇠함을 볼 수 있다』고 했으며, 더 나아가『맥脈은 음과 양을 포함한다』는 것에 근거하여 다음과 같이 기록하고 있다.

　　이것은 다음과 같은 것을 알게 한다. 음이 성하면 큰물을 건너고 두려운 꿈을 꾸게 되며, 양이 성하면 큰불이 일어나 태우는 꿈을 꾸게 되며, 음과 양이 모두 성하면 서로 죽이며 부상을 당하는 꿈을 꾸게 되며, 위가 성하면 날아다니는 꿈을 꾸게 되고, 아래가 성하면 떨어지는 꿈을 꾸게 되며, 배가 매우 부르면 나누어 주는 꿈을 꾸게 되고, 배가 매우 고프면 취하는 꿈을 꾸게 되며, 간의 기가 성하면 분노하는 꿈을 꾸게 되고, 폐의 기가 성하면 우는 꿈을 꾸게 된다.

　우리들은 《맥요정미론》의 이러한 문장이 《음사발몽》편에서의 오장의 기가 성한 꿈을 논한 내용과 거의 커다란 차이점이 없음을 볼 수 있다. 그러나 《음사발몽》편은 장상으로부터 몽상을 직접 설명하였고, 《맥요정미론》에서는 먼저 맥상으로부터 장상을 설명하고, 다시 장상으로부터 몽상을 설명하였다. 그렇다면 맥상으로부터 몽상을 직접 설명할 수는 없는 것일까? 《내경》에서의 맥상에 관한 이론에 의하면, 맥상은 장상을 직접적으로 설명할 수 있을 뿐만 아니라, 몽상을 직접적으로 설명할 수 있어야만 한다. 그런데 《소문》이나 《영추》를 막론하고, 우리들은 아직 이러한 측면에 있어서의 재료를 찾지 못하였다. 오히려 이후에 나온 《열자列子·주목왕周穆王》편 중에서 명확한 실마리가 있음을 발견했다. 《주목왕》편에는 다음과 같은 언급이 있다.

　부허浮虛로 병이 되는 자는 하늘로 나는 꿈을 꾸게 되고, 침실沈實로 병이 되는 자는 물에 빠지는 꿈을 꾸게 된다.

　〈부허〉나 〈침실〉은 맥상에 속하는 것이며, 『하늘로 나는 꿈』이나『물에 빠지는 꿈』은 몽상에 속한다. 맥상의 차이로 인해 몽상의 차이를 직접적으로 끌어내었다.

여기에서 사람들을 갑갑하게 하는 것은, 《주목왕》편이 《맥요정미론》에서의 위에서 인용했던 문자의 뒷부분을 요약 인용하고 있는 이 두 문장이다. 그리고 《맥요정미론》에서는 이미 〈맥요脈要〉라는 이름으로 제목을 달고 있음에도 불구하고, 꿈의 원인을 논함에 있어서는 도리어 몽상과 맥상과의 관계를 직접적으로 예를 들어 분석하지 않았다. 그래서 우리는 《주목왕》편의 이 두 문장이 원래 《맥요정미론》의 잃어버린 문장이 아닐까 하는 의문을 가진다. 물론 이 문제는 단번에 단정하기 어려운 문제이다. 그러나 발명권이 누구에게 속하든지에 관계없이, 이러한 견해는 식견이 높고 임상적으로도 근거가 있는 것이다.

몽상이 맥상과 관계가 있는 까닭은 맥상이 기타 장상의 징후들과 마찬가지로, 잠자는 사람에 대해서도 약한 자극을 줄 수 있기 때문이라고 생각한다. 이시진은 부침浮沈이라는 맥상에 대해 묘사하면서, 부맥浮脈은 『마치 미풍이 새 등의 털을 날리며 조용하게 속삭이는 것과 같고』 침맥沈脈은 『돌을 물에 던지는 것과 같아서 마음이 그 밑바닥에 이른다』라고 지적했었다. 《빈호맥학瀕湖脈學》 이와 같이 말한다면, 〈부맥〉과 〈침맥〉은 확실히 날아다니거나 깊숙이 빠지는 것과 같은 형상과 모습을 가지고 있다. 이와 같은 여러 가지의 맥상들은, 대낮에는 항상 각종의 강한 자극에 의해 억압을 받고 있기 때문에 환자 스스로는 아무런 감각도 느끼지 못한다. 그러나 저녁이 되어 수면을 할 때에는 각종의 강한 자극들이 소실되어 병맥病脈에 관계되는 특수한 형상과 모습 들이 곧 약한 자극으로써 지속적으로 사람의 뇌를 자극하게 되며, 이것으로 인해서 일정한 몽상이 나타나게 된다. 그러나 고대 중국 의학에서는 비록 몽상과 맥상과의 관계에 주의를 하긴 했었지만, 아마도 장상에 비해 맥상을 파악하기가 어려웠기 때문에 이 측면에 관계된 논술들이 많지 않을 터이다. 왕숙화王叔和는 《맥결脈訣》에서 『느슨한 맥이 앞에서 막아 목덜미의 근육을 잡아당기고, 기가 닫혀 배에 맺혀 펼 수가 없게 되면 척부尺部가 증상을 만나듯 차갑게 응결되고, 밤에는 항상 귀신이 사람을 따라다니는 꿈을 꾸게 된다 緩脈關前搐項筋, 當關氣結腹難伸, 尺上若逢症結冷, 夜間常夢鬼隨人』고 하였다. 혹자는 《맥결》이 왕숙화의 저작이 아니라고 하기도 하나, 이것은 우리에게 중요한 것이 아니다. 우리가 흥미를 가지고 있는 것은, 느슨한 맥으로 인해서 『항상 귀신이 사람을 따라다니는 꿈을 꾸게 된다』와 같은 예일 것이다. 임상적인 효험이 도대체 어떻게 나타나고 있는지에 대해서 기타의 다른 의학가들도 모두 언급을 하지 않았으므로, 우리들 역시 판단하기가 어렵다.

현대 과학에서는, 사람이 수면과정에서 만약 외계나 체내의 어떤 약한 자극을 만나게 되면, 이는 신경을 지나 대뇌피질의 일정 부위로 전달되게 되며, 이 부위는 곧 일정한 흥분상태를 드러내게 되고, 이것으로 인해 곧 일정한 몽상이 생겨나게 된다는 사실을 증명하였다. 그리고 몽상의 내용은 받았던 그러한 자극, 자극을 당한 감각기관, 영향을 받은 오장육부와 인체의 부위, 그리고 대뇌피질의 흥분된 지역과 확실히 관련이 있다고 한다. 이러한 관점으로 볼 때, 고대 중국의 의학에서는 사람의 몽상과 사람의 장상 그리고 맥상을 서로 연계시켰는데, 이는 일정한 과학적 이치를 갖고 있는 것이다.

[4] 〈감몽感夢〉과 〈시몽時夢〉 그리고 〈병몽病夢〉

《내경》에서의 『음사가 꿈을 일으킨다 淫邪發夢』 혹은 『정사가 꿈을 일으킨다 正邪發夢』는 학설은, 고대 중국의 의학에 있어서의 꿈의 원인에 대한 견해를 대표한다. 의학가들이 꿈을 논하는 목적은 주로 임상진료와 치료를 위한 것이었으므로, 몽상과 맥상과의 관계에 대한 분석이 비교적 세밀했다. 고대 중국의 철학가들도 생리나 병리학적 측면에서의 꿈의 원인을 분석하였는데, 물론 그들의 견해 또한 의학의 영향을 받지 않을 수 없었다. 다만 철학자들의 사유방식은 언제나 어떠한 현상에 대해 개괄하려 하는 것에 혼신의 노력을 다하였다.

동한시대 때의 왕충王充(대략 27—97년)은, 사람의 정신의식이라는 것은 바로 정기가 오장에서 활동하는 것으로 인식했다. 이러한 정기론精氣論에 근거하여, 그는 꿈의 생리병리학적 원인을 『정기가 피곤하여 다한다 氣倦精盡』는 것으로 귀결시켰다. 『정기가 피곤하여 다한다』는 것이 어떻게 해서 사람으로 하여금 꿈을 꾸게 하는가? 그는 『정기가 피곤하여 다함』으로 인해 『잠을 자게 되면 눈에서 빛을 반사하고, 빛을 반사하면 사람과 사물의 형상이 보이게 된다』고 하였는데,《논형·정귀편訂鬼篇》이것이 곧 꿈이라는 것이다. 그는 또 『사람이 병들게 되면 정기 또한 피곤하여 다해진다. 눈은 비록 잠을 자지는 않으나, 빛은 이미 잠을 이루는 동안에도 혼란스럽게 된다. 그래서 사람과 사물의 형상이 보이게 된다』고 했다.《논형·정귀편》그래서 그는 꿈 속에서 보이는 것과 환자에게서 보이는 것은 서로 같다고 인식했다. 『잠을 자게 되면 눈에서 빛을 반사한다』라는 이러한 현상은 확실히 존재하는 것으로 응당 인정해야 할 부분이다. 그러나 어떤 사람은 수면시에 두 눈을 꼭 감기도 하는데, 그렇다고 해서 설마 꿈 속에서 사람과 사물의 형상이 보이지 않는 것은 아니겠지? 확실히 왕충이 이야기했던 이러한 상황은 단지 개별적인 병리현상에 속할 뿐이다. 이러한 개괄은 매우 편협되어 실제로《내경》의 분석에 비해 뛰어나지 못하다.

동한시대의 또 다른 철학가였던 왕부王符(대략 80―167년)는 꿈을 분류한 적이 있다. 그가 분류했던〈열 가지 꿈〉중에서 세 가지 꿈은 주로 생리병리학적 원인에 의한 것인데, 이것이 바로〈감몽感夢〉·〈시몽時夢〉·〈병몽病夢〉이라는 것이다.

소위〈감몽〉이라는 것에 대해 그는 다음과 같이 말하였다.

> 구름이 끼어 비가 오는 꿈은 사람들을 가위 눌리고 미혹스럽게 만들며, 햇볕이 나고 비가 오지 않아 날이 가문 꿈은 사람들을 어지럽게 분산되도록 하고, 큰 추위가 닥친 꿈은 사람들을 원망스럽고 슬프게 하며, 큰 바람이 부는 꿈은 사람들을 날아다니게 한다. 이러한 것을 감몽感夢이라 이른다.《잠부론·몽열》

〈감몽〉이라는 것은 바로 『기氣를 느끼는 꿈이다.』 구름이 끼어 비가 오는 것이나 햇볕이 나고 비가 오지 않아 날이 가물거나 큰 추위가 닥치거나, 혹은 큰 바람이 부는 것과 같은 것들은 고대 중국의 의학과 철학에 있어 모두〈기氣〉의 범주에 속하는 것들이다. 이러한 기가 사람의 수면중에 인체를 자극하게 되면 사람은 반드시 느끼는 바가 있게 되고, 느낌이 있게 되면 곧 가위눌리고 미혹스럽거나 어지럽게 분산되도록 하고, 원망스럽고 슬프게 하며, 날아다니게 하는 등등의 몽경夢境이나 몽상이 생겨나게 된다. 그래서 왕부는 『바람과 비, 추위와 더위 같은 것을 느낌(感)이라고 부른다』고 해석하였다. 또 앞에서 인용했던《영추·음사발몽》편에서 말한〈음사陰邪〉나〈정사正邪〉도 실제로는 외부의 기를 말하는 것이다. 이러한 외부의 기가 사람에게 침입하게 되면, 사람에게는 반드시 느끼는 바가 있게 된다. 그러나《내경》에서는 이러한 외부의 기에서 느껴 생겨나는 꿈에 대해 전문적으로 개괄하지는 못하였다.

왕부가 개괄한〈감몽〉이라는 것은, 이미 의학의 영향이 있었을 뿐만 아니라 또한 생활의 경험도 있었기 때문에 후세에 이르러 〈감몽〉에 관한 꿈의 예들이 매우 많이 기록되어 있다. 오대五代 때의 담초譚峭는 《화서化書·도화道化》에서 『광풍이 휘날리니 꿈에서 혼백魂魄이 날아다닌다』고 했다. 송나라 때의 원문袁文은 《옹유한평饔牖閑評》에서 일찍이 다음과 같이 기록하였다. 어느 날 밤 그는 홀연히 꿈속에서 자신의 상반신이 물에 빠져있고, 하반신은 또 흙 속에 매몰되어 있음을 보았다. 깨어난 후 자세히 생각하니, 원래 간밤의 날씨가 매우 추웠는데, 그는 이불을 상반신에서 하반신으로 차 버린 것이었다. 상반신은 몸이 추웠고 그래서 물에 빠지는 꿈을 꾸었으며, 하반신은 전체 이불이 위에서 누르고 있었기 때문에 흙 속에 매몰되어 있는 꿈을 꾸었던 것이다. 오랜 세월 동안 유행했던 『날씨가 흐려지려고 한즉 꿈에서 물을 보게 되고, 맑아지려고 한즉 꿈에서 불을 보게 된다』라고 한 학설도 외부의 기로 인하여 느끼는 바가 생기게 된다는 것을 말한 바이다.

소위 〈시몽〉이란 것에 대해 왕부는 다음과 같이 말하였다.

> 봄에는 발생하는 것을 꿈꾸며, 여름에는 높고 맑음을 꿈꾸고, 가을과 겨울에는 성숙하여 거두어들임을 꿈꾼다. 이것을 시몽時夢이라 이른다.《잠부론·몽열》

〈시時〉라는 것은 사시四時를 가리킨다. 봄은 온갖 나무들이 생성하는 계절이고, 여름은 날씨가 맑고 하늘이 높은 계절이며, 가을과 겨울은 오곡이 성숙하여 거두어들이는 계절이다. 그래서 『발생하는 것』『높고 맑음』『성숙하여 거두어들이는 것』과 같은 몽상들은 시상時象의 반영이다. 그래서 왕부는 또 『봄과 여름에는 성장하는 꿈을 꾸고, 가을과 겨울에는 죽고 다치는 꿈을 꾸는』 것은 『시時에 따르는 것』이라고 했다. 그러나 소위 『오행五行의 왕상王相을 시時라고 한다』고 한 것은, 또한 오행설의 모형에 귀속된다. 앞에서 인용했던 《소문·방성쇠론方盛衰論》에서 일찍이 오장의 성함과 쇠함이 『그 때를 얻을 때』의 꿈은 각각 어떠어떠한지를 분석하였는데, 이것 또한 『오행의 왕상』의 의미이다. 이러한 관점의 합리적인 곳은, 바로 시상時象이 몽상에 미치는 영향과 몽상과 시상과의 관계에 주의를 했다는 데에 있다. 그러나 만약 봄에는 반드시 나무(木)에 관계된 것을 꿈꾸고, 여름에는 불(火)에 관계된 것을, 가을에는 쇠(金)에 관계된 것을, 겨울에는 물(水)에 관계된 것을 꿈꾸게 된다고 한다면, 복잡한 꿈의 원인이나 몽상을 분명히 너무 간단하게 간주해 버린 것이 되고 만다. 그러나 왕부는 『오행의 왕상』을 구체적으로 전개하지는 못하였다.

시상이 몽상에 대해 영향을 미친다는 것은 긍정할 수 있다. 그러나 같은 계절이라 하더라도 그 시간은 매우 길며, 외계의 자연과 사람의 일들이 끊임없이 변화하는 상황하에서 어느 누구도 항상 한 종류의 꿈을 꿀 수만은 없다. 단순한 〈시몽〉이라는 것은 매우 드물고 드물어서 〈시몽〉에 대한 꿈의 예 또한 매우 찾아보기가 어렵다.

소위 〈병몽病夢〉이란 것에 대해 왕부는 다음과 같이 말하였다.

> 양陽의 병病은 차가운 꿈을 꾸고, 음의 병은 뜨거운 꿈을 꾸게 되며, 속의 병은 어지러운 꿈을 꾸고, 바깥의 병은 생겨나는 꿈을 꾸게 되며, 온갖 병의 꿈은 혹은 흩어지기도 하고 혹은 모이는 꿈을 꾸기도 한다. 이러한 것을 병몽病夢이라 이른다.《잠부론·몽열》

〈병몽〉이라는 명칭도 왕부가 만들어낸 것이다. 그러나 《내경》에서 장臟의 기氣의 성하고 쇠함이나 허하고 실한 것으로써 꿈을 논했던 것도 실제로는 모두 〈병몽病夢〉에 해당된다. 왕부는 『그 아픈 바를 보고 그 꿈꾼 바를 관찰하는데, 그것을 병病이라 한다』고 했다.《잠부론·몽열》 이것은 그의 이러한 개괄이 의학에서 직접적으로 나왔다는 것을 표명해 주고 있다. 그러나 그의 구체적인 논술은 도리어 《내경》에 훨씬 미치지 못하고 있다. 고대 중국 의학의 변증에 의하면, 양이 성하고 양이 쇠하고 양이 실하고 양이 허한 것은 모두 양의 병에 속하고, 음이 성하고 음이 쇠하고 음이 실하고 음이 허한 것은 모두 음의 병에 속한다. 그래서 양의 병은 차가운 꿈을 꿀 수도 있고, 또 뜨거운 꿈을 꿀 수도 있으며, 음의 병도 뜨거운 꿈을 꿀 수도 있고, 차가운 꿈을 꿀 수도 있다. 그래서 일괄적으로 개괄하여 논할 수는 없다. 물론 왕부가 긍정했던 병이 꿈으로 이를 수 있으며, 서로 다른 병은 서로 다른 꿈을 꾸게 한다는 그러한 관점은 원칙적으로는 정확한 것이었다.

〈병몽〉에 관해서는 중국의 역대 의학 저술에서 모두 분석이 있었다. 앞에서 〈몽상과 장상〉을 논급한 두 절 중에서 많은 재료들을 볼 수 있다. 여기에서 다시 더 보충하고자 하는 것은, 불교에서는 꿈을 논함에 비록 선악과 인과응보를 선양하였지만, 이와 동시에 〈병몽〉에 대해서도 적지 않은 분석을 하였다는 점이다. 이러한 내용은 불경에 있는 것이라고 해서 종교미신적인 것으로 귀납시킬 수는 없으며, 마찬가지로 일종의 과학적 탐색으로 간주해야만 할 것이다.

서진 때에 구마라습鳩摩羅什이 번역한《대지도론大智度論》에서 다음과 같이 말하였다.

만약 몸 속이 조화스럽지 못하여 이에 뜨거운 기운이 많다면 꿈에서 불(火)이 보이고, 누런 것이 보이며, 붉은 것이 보이게 되며, 만약 차가운 기운이 많으면 꿈에서 물(水)이 보이고, 흰 것이 보이게 되며, 만약 바람기(風氣)가 많으면 날아오르는 것이 보이고, 검은 것이 보이게 된다.(《해료제법석론解了諸法釋論》제12)

당나라 때의 현장玄奘이 번역한《비파사론毘婆沙論》에서는 다음과 같이 말하였다.

갖가지 병몽病夢으로 인하여, 만약 사대四大(즉 사람의 몸 —역주)가 조화스럽지 못하면 곧 치우쳐 증가하는 바가 있게 되고, 꿈 속에서도 그러한 종류가 보이게 된다.(《비파사론》제47)

당나라 때의 도세道世가 편찬한《법원주림法苑珠林》에서는 다음과 같이 말하였다.

만약 위로 올라가고 아래로 가라앉는 것이 보이고, 물과 불이 서로 침입하는 것이 보인다면, 이는 병몽病夢이 된다.

어찌하여 사대四大가 꿈과 조화를 이루지 못한다고 하는가? 답하기를 수면시 혹 산이 붕괴되는 꿈을 꾸고, 혹은 허공을 날아다니는 꿈을, 혹은 호랑이나 이리 · 사자가 쫓아오는 꿈을 꾸기도 하는데, 이것이 바로 사대四大가 꿈과 조화를 이루지 못한다는 것이다.(《면몽편眠夢篇 · 삼성부三性部》에서 인용한《선견율善見律》에 보인다.)

수나라 때의 지의智顗의 저작 중에서도 이와 유사한 논술이 보인다.

불교에서는 세계와 사람의 몸은 주로 물(水) · 바람(風) · 땅(地) · 불(火)의 네 가지(四大) 원소로 구성되어 있다고 여긴다. 이 네 가지가 조화를 이루면 즉 신체는 건강하다. 그러나 이 네 가지 중에 만약『치우쳐 증가함』이 있다면, 곧 위의 네 가지가 조화를 이루지 못하게 되고, 네 가지가 조화스럽지 못하면 병이 생기게 된다. 《대지도론》에서 『뜨거운 기운이 많다』고 한 것은 실제로 화기火氣가 많거나 혹은 화기가 『치우쳐 증가하는 것』을 가리키며, 그래서 꿈에서 불을 보게 된다는 것이다. 화기의 색깔은 붉은색이거나 누런색이거나 혹은 붉고 누런색의 중간색이기 때문·에, 그래서 어떤 때는 꿈에 붉은색이 보이기도 하고, 어떤 때는 누런색이 보이기도 한다는 것이다. 위로 올라가고 아래로 가라앉음, 물과 불, 산이 붕괴함, 날아다니는 것과 같은 꿈은 구체적으로 어떤 것이 『치우쳐 증가하여』 일어난 것인지를 알 수는 없지만, 결국 어떤 『치우쳐 증가한 것』이 있어서 발생된 것이다. 이러한 설명은 반드시 그렇게 정확한 것은 아니지만, 그러나 일정한 생활경험을 기초로 하고 있다는 것은 긍정해야 하며, 절대로 어떤 한 개인의 상상 혹은 조작에 의한 것은 아니다.

[5] 꿈의 상태에서의 외부적 느낌과 내부적 느낌

《내경》의 『음사가 꿈을 일으킨다 淫邪發夢』는 학설이거나, 또는 왕부가 개괄했던 〈감몽感夢〉과 〈시몽時夢〉 그리고 〈병몽病夢〉이든간에 이들은 모두 꿈이란 사람이 수면과정에서의 〈느낌〉(感)에 의해 생기는 것이라는 사실을 긍정하고 있다. 〈음사陰邪〉 혹은 〈정사正邪〉가 『외부로부터 안으로 침입한다』는 것은 진실로 〈느낌〉이며, 장상臟象의 성하고 쇠함, 허하고 실함과 같은 것 또한 〈느낌〉에 속한다. 사람에게 있어서의 바람이나 비, 추위나 더위, 그리고 시절이나 절기 같은 것도 정말로 〈느낌〉이며, 속병이나 바깥병, 혹은 음의 병이나 양의 병 같은 것 또한 〈느낌〉이다. 단지 외부적 느낌이나 내부적 느낌이 서로 달라서 각자 느끼는 내용이 같지 않고, 그래서 느낌에 의해 생겨나는 몽상 또한 자연히 같지 않게 되는 것이다. 다만 《내경》에서도 비록 이러한 뜻은 있었지만, 아직 여전히 철학적인 측면으로부터 이러한 〈느낌〉이라는 개념을 분석하지는 못하였다. 그리고 왕부가 말한 〈감몽感夢〉에서의 〈감感〉이라는 것은 그 외포적인 의미와 내연적 의미가 모두 지나치게 편협됨을 면할 수 없었다.

동진東晉 때의 장잠張湛은 《열자》에다 주석을 달았는데 이에서는 《내경》과 위에서 서술한 왕부의 사상을 계승하였고, 철학적인 측면으로부터 창조적으로 〈느낌의 변화〉(感變)라는 개념을 제시하였는데, 이는 꿈에는 『일으키는(야기하는) 바 所起者』가 있으며 꿈의 『그렇게 되는 까닭 所由然』을 긍정하였고, 아울러 꿈 속에서의 외부적 느낌과 내부적 느낌의 관계를 드러내었는데, 이는 하나의 중요한 공헌이었다.

《열자·주목왕周穆王》편에서는 다음과 같이 말하였다.

느낌의 변화(感變)가 야기하는 바를 알지 못하면, 일이 도래하여도 그것이 그렇게 되는 까닭을 의심하게 되며, 느낌의 변화가 야기하는 바를 알면, 일이 도래하여 그것이 그렇게 되는 까닭을 알게 되어 근심되는 바가 없게 된다.

작자의 견해에 따르면, 깨어있는 상태이든 아니면 꿈의 상태이든 상관없이 사람들의 이러한 정신활동은 모두가 일종의 〈느낌의 변화〉로, 즉 〈느낌〉으로부터 〈변화〉하게 되는 것이며, 〈변하는 것〉으로부터 생겨나는 것이다. 그래서 언제나 찾을 수 있는 원인이 있게 된다. 『야기하는 바』가 곧 원인이다. 일정한 원인으로부터 일정한 결과가 생겨나는 것은 바로 『그렇게 되는 까닭』에 속한다. 작자의 관점에서 볼 때, 사람들이 정신적인 이 두 가지 형태와 그 전화과정에 대해서 항상 의혹을 가지고 해결하지 못하는 까닭은, 바로 그것들이 발생하게 된 원인을 이해하지 못했기 때문이다. 일단 그것과 관련된 원인을 이해할 수만 있다면, 어떠한 악몽이든 괴이한 꿈을 꾸든 관계없이 그 어느것도 두려운 것이 없게 된다고 했다.

꿈의 원인에 대해 구체적으로 논술하면서, 작자는 다음과 같이 말하였다.

한 육체의 가득참과 허함·사라짐과 생김은 모두 천지와 통해 있으며, 만물과 상응하게 된다. 그래서 음기가 왕성하면 큰물을 건너며 두려운 꿈을 꾸게 되고, 양기가 왕성하면 큰 화재를 겪어 태우는 꿈을 꾸게 되며, 음과 양이 모두 왕성하면 서로 죽이는 꿈을 꾸게 되며, 배가 매우 부르면 나누어 주는 꿈을 꾸게 되고, 배가 매우 고픈즉 취하는 꿈을 꾸게 된다. 이러한 까닭으로 떠다니고 허한 것으로써 병이 되는 사람은 위로 오르는 꿈을 꾸고, 가라앉고 실한 것으로써 병이 되는 사람은 빠지는 꿈을 꾸게 된다. 띠를 깔고 자게 되면 뱀을 꿈에서 보게 되고, 나는 새가 머리카락을 입에 물고 있으면 날아다니는 꿈을 꾸게 되고, 날씨가 흐려지려고 하면 꿈에서 물을 보게 되고, 맑아지려고 하면 꿈에서 불을 보게 되고,(원래는『날씨가 흐려지려고 하면 꿈에서 불을 보게 된다』로 되어 있으나, 이는 윗문장에서의『한 육체의 가득참과 허함·사라짐과 생김은 모두 천지天地와 통해 있으며, 만물과 상응하게 된다』고 한 요지와 부합되지가 않는다. 《설원說苑》·《관윤자關尹子》·《조화권여造化權輿》 등의 책에서는 모두『날씨가 흐려지려고 하면 꿈에서 물을 보게 되고, 날씨가 맑아지려고 하면 꿈에서 불을 보게 된다』고 했다. 원문에서는 빠진 것이 분명하다고 생각되므로, 여기서는 보충했다.) 병이 나면 (의사를 꿈에서 보게 되고, 배가 고픈즉) 음식을 꿈에서 보게 되며,(원문에서는『병이 나려고 하면 먹는 꿈을 꾼다 將疾夢食』라고 되어 있으나, 이는 중국의 전통 의학의 이론에 위배되어 문맥이 통하지 않는다. 황정견黃庭堅의 시에서도『굶주린 사람은 항상 먹는 꿈을 꾸게 되고, 병이 난 사람은 항상 의사를 꿈에서 본다』라고 하였다. 아마도 빠진 글이 있을 것이라고 생각된다. 그래서 여기서는 보충했다.) 술 마시는 (꿈을 꾼) 사람은 걱정이 있게 되며, 노래 부르고 춤추는 (꿈을 꾼) 사람은 울게 된다.(청나라 사람인 도홍경陶鴻慶의 학설에 따라, 두 문장 앞에다 각각『꿈을 꾸다 夢』라는 글을 보충했다.)

한 육체가『천지와 통해 있으며 만물과 상응한다』는 것으로 볼 때, 꿈의 상태라는 것은 〈외부적 느낌〉에서 온다. 그러나『한 육체의 가득참과 허함, 그리고 사라짐과 생김』이라는 것으로부터 볼 때, 꿈은 〈내부적 느낌〉으로부터 온다. 음기가 왕성함과 양기가 왕성함, 배가 매우 부름과 배가 매우 고픔, 그리고 떠다니고 허한 것과 가라앉고 실한 것 등등은 모두가 내부적인 느낌에 속하나, 띠를 깔고, 입에 머리카락을 물고 있고, 날씨가 흐려지려고 한다, 맑아지려고 한다는 것과 같은 등등은 또한 모두 외부로부터의 느낌에 속한다. 《주목왕》편에서 제공하고 있는 이러한 몽상과 그 원인에 관한 것은, 그것 이전의 《내경》과 《장자》 그리고 《설원說苑》과 《박물지博物志》 등에서도 기본적으로 모두 실마리를 찾을 수 있는 것으로, 반드시 작자의 새로운 발견이나 발명인 것은 아니다. 그러나 작자는 이러한 현상에 근거하여 고대 중국에 있어서의 꿈의 생리병리학적 원인에 대한 인식을 상징하고 있는 〈느낌의 변화〉라는 이러한 개념을 제시하므로써, 이미 새로운 수준에 이르렀다. (그러나『병이 나면 의사를 꿈에서 보게 된다』는 것과『술 마시는 꿈을 꾼 사람은 걱정이 있게 된다』는 것과 같은 몇몇 꿈의 예는, 단순히 생리병리학적인 측면의 〈느낌의 변화〉가 아니라, 꿈을 꾸는 사람의 정신심리적인 측면에까지 관련되고 있는데, 이에 대해서는 뒷부분에서 다시 고찰하게 될 것이다.)

〈느낌의 변화〉라는 이러한 개념의 뛰어남은, 그것이 꿈의 생리병리학적 원인을 집중적으로 개괄했다는 데 있을 뿐만 아니라, 그것이 꿈의 상태를 사람과 자연의 커다란 체계 속에다 두고서 고찰하였다는 점이다. 이러한 점은 후세에 매우 커다란 영향을 미쳤다. 대략 수당시기에 만들어진《관윤자關尹子》의《이주편二柱篇》에는 다음과 같이 씌어있다.

심장은 대추나무와 상응하고, 간肝은 느릅나무와 상응하니, 나는 천지와 통한다. 날씨가 흐려지려고 하면 꿈에서 물을 보게 되고, 맑아지려고 하면 꿈에서 불을 보게 되니, 천지는 나와 통한다.

『나는 천지와 통한다』는 것과 『천지는 나와 통한다』라는 것은 사람과 천지·자연 사이에 일종의 교감관계가 존재하고, 꿈이란 바로 이러한 교감관계로부터 생겨나는 것이라는 바를 설명해 준다. 이러한 관점은 오늘날 우리들이 볼 때, 그 시대에서 피할 수 없었던 직관성과 소박성을 지니고 있기는 하지만, 그러나 원칙적으로는 틀림없이 긍정해야만 하는 것이다. 왜냐하면 어떠한 사람도 모두 사람과 자연이란 이러한 커다란 체계 속에서 생활하고 잠을 자는 것으로, 꿈 또한 인체와 외계와의 교감과 관계가 없을 수 없기 때문이다. 물론 우리들이 이 책의 상편에서 이미 이야기했던 것과 같이, 어떤 사람들은 이러한 교감관계를 이용해서 해몽미신의 근거를 제공해 주려고 시도하기도 했다. 여기에서의 관건적인 문제는, 사람과 천지·자연 간에 일종의 교감관계가 존재하는가의 여부에 있는 것이 아니라 사람에 대한 외부세계의 변화의 자극, 그리고 꿈 속에서 그것에 대한 사람의 반응과 반영에 있어서 어떠한 신령, 또는 귀신이나 혼령이 그 중간에서 주재하고 있는지의 여부에 있다.

〈느낌의 변화〉라는 이 개념에서 주의해야 할 것은, 외부적 느낌과 내부적 느낌을 분리할 수가 없다는 점이다. 단순한 외부적 느낌은 꿈을 꾸게 할 수가 없으며, 단순한 내부적 느낌 또한 아무 근거없이 아무렇게나 나타날 수는 없으며, 외부적 느낌은 언제나 내부적 느낌으로 전화되게 되고, 내부적 느낌은 또한 결국 외부적 느낌으로부터 오게 되는 것이다. 북송시대 때의 장재張載는 일찍이 다음과 같이 말하였다.

배가 고프면 취하는 꿈을 꾸게 되고, 배가 부르면 나누어 주는 꿈을 꾸게 된다고 의사들은 말한다. 무릇 자면서 꿈에서 느끼는 바는, 전적으로 오장五臟에 있는 기氣의 변화라고 할 수 있으며, 아마도 이곳에서 취하였을 따름이다.《정몽회고·동물편動物篇》

『배가 고프면 취하는 꿈을 꾸고, 배가 부르면 나누어 주는 꿈을 꾼다』는 이 학설은 《내경》에서 최초로 나타나고 있다. 이는 실제로 사람들이 생활 속에서 발견해 내고 총체적 결론을 지을 수 있는 결국 끊임없이 증명되는 하나의 경험이다. 이러한 경험에 근거하여, 장재는 자면서 꿈을 꾸며 느낀 바는 주로 『오장에 있는 기의 변화』에서 나온다는 것을 긍정하였다.《정몽집석正夢集釋》에서 『오장의 변화라는 것은, 폐肺가 허하면 금金에 관계된 것을 꿈에서 보게 되고, 심장이 성하면 꿈에서 불을 보게 되는 것과 같은 것들이다. 이 또한 음과 양이 서로 느끼는 한 모습이다』라고 하였다.《정몽집석》에서 『만약 신장이 허하면 날아다니는 꿈을 꾸게 되고(?), 실하게 되면 가라앉는 꿈을 꾸며, 심장의 화기火氣가 성한즉 태우는 꿈을 꾸게 되는 것과 같은 것들은 모두 오장의 변화이다』라고 하였다.《정몽회고正夢會稿》에서 『만약 간의 기가 성하면 노하는 꿈을 꾸게 되고, 폐의 기가 성하면 두렵고 우는 꿈을 꾸게 되는 것과 같은 것들은 모두 오장의 변화이다』라고 하였다. 이것은 바로 장재는 자면서 꿈에서 느끼는 바는 주로 내부적 느낌이라고 인식했으며,《내경》에서 말한『음사淫邪가 꿈을 일으킨다』는 것은 주로 외부적 느낌이라는 것을 설명해 주고 있다. 그러나 음사淫邪가『밖으로부터 안으로 침입하여』『오장에 넘쳐 흐르고』『육부에 넘쳐 흐르게 되면』외부적 느낌은 또다시 내부적 느낌으로 변하게 된다. 그리고 배가 고프고 배가 부른 것과 같은 것들의 내부적 느낌은, 또한 먼저 음식물의 많고 적음과 있고 없음의 외부적 느낌을 그 조건으로 삼게 된다. 이러한 점으로 볼 때『전적으로 오장에 있는 기의 변화라고 할 수 있다 專語氣于五臟之變』라는 것에서의〈전적으로〉(專)라는 말은 어느 정도 편면적이고 절대화해 버린 느낌이 없지 않다. 그러나 장재는 이것에 앞서 일찍이『꿈이란 형체가 닫혀 기氣가 안에서 전일專一되는 것이다』라고 말한 적이 있다. 그가 이야기한〈기〉는 주로〈정신의 기〉(神氣)이며, 외계의 음이나 양, 춥고 더운 것과 같은 기가 아니다. 만약 사실대로 말한다면, 자면서 꿈에서 느낀 바에 있어서 외부적 느낌은 일종의 조건이며, 내부적 느낌 또한 일종의 조건이다. 그러나 외부적 느낌은 반드시 내부적 느낌을 통해야만 비로소 꿈의 활동을 유발시킬 수 있다. 그리고 꿈을 생성하게 되는 기초와 근거는〈잠복하여 칩거하는 정신의 기〉(잠재의식)이다.

잠시 고개를 되돌려, 다시《관윤자》에서의『나는 천지와 통한다』와『천지는 나와 통한다』는 것을 보자.『천지는 나와 통한다』는 것은 외부적 느낌이 내부적 느낌으로 향한 전화를 설명하고 있고,『나는 천지와 통한다』는 것은 외부적 느낌에 대한 내부적 느낌의 한 반영이다. 현대의 과학적인 관점에서 볼 때, 꿈의 생리병리학적 원인을 고찰하려고 해도, 반드시 내부적 느낌과 외부적 느낌을 서로 결합시켜야만 한다. 단지 외부적 느낌과 내부적 느낌의 변증적 통일 속에서만이, 비로소 꿈의 생리병리학적 메커니즘을 파악할 수가 있다.

---

〔6〕왕청임王淸任의『뇌의 기가 막힌다 腦氣阻滯』는 학설

《내경》에서부터 시작하여, 고대 중국 의학에서 꿈을 논할 때에는 줄곧 몽상과 장상臟象과의 관계를 강조해왔으나, 꿈과 대뇌와의 관계에 대해서는 긴 세월 동안 어느 한 사람도 관심을 가지지 않았다.《내경》에서는『심장은 신명神明을 주관하며』『폐는 넋을 숨기고, 간은 혼을 숨기며, 비장은 의意를 숨기고, 신장은 지志를 숨긴다』라고 하여 정신활동에 대한 오장의 영향을 지나치게 강조하였으며, 뿐만 아니라 몽상에 대한 장상의 영향도 지나치게 강조하였다. 뇌 혹은〈뇌수腦髓〉에 있어서는 방광이나 담낭·여자의 태반 등과 함께『기이하고 항구적인 장부 奇恒之腑』로 나열하고 있지만, 그 기능에 대해서는 한 글자도 찾아볼 수가 없다.《소문·오장별론五臟別論》에서 일찍이『방사方士들은 때로는 뇌수를 장臟으로 여긴다』고 하긴 했지만, 작자는 이를 부정했다. 이러한 상황하에서 당연히 꿈을 대뇌와 연계시킬 수는 없었다.

명나라 중기 이후 중국의 의학은 장기간에 걸친 임상실험의 기초 위에서 뇌의 지위와 기능에 더더욱 주의하게 되었다. 저명한 의학가였던 이시진李時珍은 그의《본초강목本草綱目》에서『뇌는 으뜸되는 정신의 창고이다』라고 하였고(제34권〈신이辛夷〉항목) 또『진흙 덩어리의 집으로, 신령이 모이는 곳이다』라고 했다.(제52권〈인부人部〉) 명나라와 청나라의 교체시기의 박학한 사상가였던 방이지方以智

는 그의 《물리소식物理小識》에서, 사람의 삶이란 『뇌수에 기초하여 저장되고 받아들여진다』는 것과 『사람의 지혜와 사고는 뇌의 맑고 흐림에 달려있다』는 것을 제시하였다.(제3권 〈인신류人身類〉) 청나라 때의 건가乾嘉 연간의 의학가였던 왕청임王淸任(1768―1831년)은 《의림개착醫林改錯》이란 책을 저술하면서 『심장은 신명神明을 주관한다』는 전통적인 관념을 단호하게 부정하였고, 『영감과 기억력은 심장에 있는 것이 아니라 뇌에 있는 것이다』라는 바를 더욱 분명하게 제시하였다.《의림개착·뇌수설》 여기에서 출발하여, 왕청임은 최초로 꿈을 뇌수와 연계시키기 시작하였다.

왕청임은, 꿈이란 풍한風寒이나 사열邪熱 등의 영향으로 『기氣와 혈血이 뇌의 기를 막아 일어나게 된 것』으로 인식했다.《의림개착·뇌수설》 그가 제시한 외부적 조건으로부터 볼 때, 이것 또한 『음사淫邪가 꿈을 일으킨다』는 학설의 연속이다. 그러나 『뇌의 기가 막혀 일어난다』는 학설은 도리어 완전히 하나의 새로운 이론이다. 『뇌의 기가 막히는 것』은 도대체 어떠한 상황인가에 대해서 왕청임은 구체적으로 논술하지 않았다. 그의 〈뇌수설腦髓說〉로부터 추측해 보건대, 〈뇌수〉와 오관五官의 통로가 막히게 되는 것을 가리키는 터일 것이다. 《의림개착·뇌수설》에서 다음과 같이 말하였다.

두 귀는 뇌와 통해 있으며, 듣는 소리는 뇌로 들어가게 된다. 뇌의 기가 허하면 뇌가 축소되고, 뇌의 기와 귓구멍의 기가 이어지지 않게 되어, 따라서 헛되이 귀가 먹게 된다. 귓구멍이 뇌로 통하는 길 속에 만약 막힘이 있게 되면, 귀는 실제로 먹게 된다.

여기에서 비록 단지 두 귀만을 말하였지만, 두 눈과 콧구멍에 있어서도 이치는 마찬가지이다. 그러나 『뇌의 기가 막히는 것』이 어떻게 꿈을 생겨나게 하는가? 이를 위해서는 곧 뇌의 기능을 더욱더 분석해야만 할 것이다.

왕청임의 관점에 따르면 『영감과 기억력은 뇌에 있다』고 했는데, 이것은 바로 뇌의 기능이 하나는 〈영감〉을 생기게 할 수 있고, 다른 하나는 〈기억력〉을 가지고 있다는 것을 말한다. 앞에서 방이지가 사람의 삶이란 『뇌수에 기초하여 저장되고 받아들여진다』고 했는데, 〈기억력〉 또한 〈저장되는 것〉이며, 현대에서 말하는 정보입력과 같은 것이다. 〈영감〉이라는 것 또한 『받아들여지는 것』에 가까운 것으

로, 즉 외계의 자극을 받음과 동시에 일정한 반영을 일으키는 것이다. 물론 〈영감〉
이라는 것은 정보를 받을 뿐만 아니라, 정보를 가공하고 정보를 출력할 수도 있다.
만약 『뇌의 기가 막힌다면』 제일 먼저 〈영감〉의 기능이 훼손당하게 되는 것은 매
우 분명하다. 그래서 사람의 뇌에 병이 있을 때에는 항상 정신이 맑지 못하고 흐리
멍덩하여 자신 스스로가 자신을 제어할 수가 없게 된다. 그러나 〈영감〉의 기능이
비록 훼손되었다 할지라도, 과거의 〈기억력〉으로부터 기억되고 저장되어 있던 인
상은 여전히 존재하게 된다. 그래서 사람은 수면중에 〈뇌의 기〉를 따라서 자신의
활동이 곧 각종의 몽상 속에 나타나게 된다고 했다. 왕청임은 또 꿈이란 대부분이
『뇌가 사열邪熱에 의해 어지럽혀져서 일어나게 된다』고 했다. 〈어지럽혀진다〉는
의미는, 한편으로는 〈뇌의 기〉가 오관五官과 정상적인 연계를 맺을 수가 없다는
것을 말하는 것이고, 다른 한편으로는 〈뇌의 기〉 자신도 활동이 비정상적이라는 것
을 말한다. 그래서 몽상은 항상 어지럽고 조리가 없게 되는 것이다.

〈뇌의 기〉라는 이러한 개념은, 아직도 〈정신의 기〉가 고유하게 갖고 있는 그러
한 농후한 직관적인 색채를 남겨두고 있기는 하지만, 이미 대뇌의 신경전달 기능에
대한 중요한 추측이 포함되어 있다. 방이지는 일찍이 〈뇌근腦筋〉은 『움직이고 느
끼는 기氣』를 전달해 준다고 하였다. 그가 말하는 『움직이고 느끼는 기』는 실제로
는 바로 〈뇌의 기〉이다. 그는 『뇌의 표피는 내외층으로 분리되며, 내층은 부드럽고
외층은 딱딱하여 몸의 기운을 보존할 뿐만 아니라 모든 근력을 움직이게 한다』고
했다. 뇌의 피층이 보존하는 〈몸의 기〉라는 것은 자연히 〈뇌의 기〉에 속한다. 그리
고 뇌의 기를 『움직이고 느끼는 기』라고 부르는 까닭은, 뇌가 이 〈기〉에 의지하여
사지를 움직이게 하고 오관으로 하여금 느낄 수 있도록 하기 때문이다. 왕청임은
〈뇌의 기〉가 〈귓구멍의 기〉와 혹은 통하기도 하고 혹은 막히기도 한다고 했는데,
이것이 바로 『움직이고 느끼는 기』가 아니겠는가? 〈뇌의 기〉의 전달에 있어서, 방
이지는 〈뇌근腦筋〉과 〈근맥筋脈〉을 제시하였으나, 왕청임은 이에 대해 자세히 논
하지 않았다.

꿈의 생리병리학적 원인에 대한 왕청임의 분석은, 소박하게 말하자면 너무나 간
략하다. 우리들이 직접적으로 접촉한 재료는 단지 위에서 인용한 두 문장밖에 없
다. 그리고 그가 근거로써 인용한 〈뇌수설腦髓說〉 자체도 정말로 직관적인 상상을
벗어나지 못했다. 꿈을 완전히 어떤 특수한 병리학적 현상으로 귀납한 것은 매우

커다란 편협성을 갖고 있다. 실제로 병이 있는 사람도 꿈을 꿀 수 있고, 건강한 사람도 마찬가지로 꿈을 꿀 수가 있다. 다만 건강한 사람의 꿈은 항상 깨어난 후 곧바로 잊어버리게 되지만, 병리학적인 문제에 의해 꾸게 된 악몽이나 괴상한 꿈은 종종 인상이 매우 깊게 남는다. 왕청임은 이러한 점에 대해서는 그 당시에 아직 이를 분명하게 밝히기가 어려웠다. 설사 이와 같다 할지라도 중국 고대역사에 있어서, 꿈을 사람의 뇌의 활동의 결과물이라고 여긴 것은 왕청임이 제일 처음이었다. 그는 중국을 몇천 년 동안 통치해왔던 『심장이 잠들면 꿈을 꾸게 된다 心臥則夢』는 전통적인 관념을 타파하였으며, 이러한 점에 있어서는 이전의 어떠한 철학자와 과학자들도 미치지 못한 부분이다. 바로 이러한 까닭으로, 우리들은 특별히 왕청임에 대해 중요한 지위를 주어야만 할 것이다.

2 | 꿈의 정신심리적 원인과 메커니즘

꿈이란 사람의 수면상태하에서 나타나는 현상의 하나로, 언제나 모종의 외부적 느낌 혹은 내부적 느낌과 관계하기 때문에 물질적 혹은 생리병리적 원인이 없을 수 없다. 바로 꿈이라는 것을 『정신이 칩거하는 神蟄』혹은 『정신이 감추어져 있는 神藏』상태하에서 나타나는 활동의 하나이며, 또 자각적 정신상태로부터 전화되어 나온 것으로 본다면, 이에는 또한 반드시 정신적이거나 심리상태와 관련된 원인이 있다. 사람의 심리상태에 대한 깊은 관찰과 체험에 기초하여, 고대 중국의 철학가와 예술가 들은 꿈의 원인이라는 이러한 중요한 측면에 더욱 주의를 기울였다.

[1] 《주례》에서의 〈여섯 가지 꿈〉의 원인

인류는 먼 옛날의 몽혼夢魂관념에서는, 몽혼의 활동을 육체와 분리시켜 신령과 연계시키므로써, 결과적으로는 해몽미신의 길을 걸었었다. 그러나 이러한 몽매한 관념 속에서도, 동시에 하나의 진리의 씨(종자)가 함께 묻혀져 있었으니, 그것은 바로 꿈을 일종의 정신활동으로 보았다는 것이다. 그리하여 우리는 고대 중국 역사

상에서 매우 흥미있는 현상을 볼 수 있는데, 꿈의 정신심리적 원인에 가장 먼저 주
의했던 사람은 어떤 방면의 과학자가 아니라, 주나라 왕 주위에 있던 해몽관들이었
다는 점이다.

《주례·춘관》에서는 다음과 같이 말하였다.

해몽관은……일월성신日月星辰에 근거하여 여섯 가지 꿈의 길흉을 점쳤다. 첫째는
정몽正夢이며, 둘째는 악몽噩夢이고, 셋째는 사몽思夢이며, 넷째는 오몽寤夢이고, 다섯
째는 희몽喜夢이며, 여섯째는 구몽懼夢이다.

해몽관은 〈여섯 가지 꿈〉에는 길함과 흉함이 있고, 아울러 〈일월성신〉으로써 그
길흉을 점칠 수 있다고 여겼다. 이것은 해몽관이 〈여섯 가지 꿈〉의 원인을 최종적
으로는 신령의 머리 위에다 두었기 때문에, 그들은 매년 연말이 되면 언제나 규정
된 질서와 의식에 따라 주나라 왕을 위하여 길몽을 기원하고 악몽을 쫓길 기도하였
다는 것을 설명해 주고 있다. 그러나 〈여섯 가지 꿈〉의 구분에 근거가 되는 것은
먼저 꿈의 내용과 그 심리적 특징이다. 《열자》에서 〈여섯 가지 꿈〉에 대해 논하면
서『꿈에는 여섯 가지 징후가 있다』고 했다. 징후라는 것은 바로 〈여섯 가지의 꿈〉
자체를 말한 것으로 신령과는 아무런 관계도 없다. 〈여섯 가지 꿈〉의 구분은 이와
동시에 〈여섯 가지 꿈〉의 각각의 원인과도 관련되어 있다. 동한시대의 정현鄭玄은
〈여섯 가지의 꿈〉에 대해 주석을 달면서, 단지 후자에만 주의하였고 전자는 잊어버
렸다. 그러나 그의 주석이 설사 잘못되고 편협적이라 할지라도 여전히 합리적인 내
용을 적지 않게 갖고 있다. 특히 그가 꿈의 원인에 근거해서 〈여섯 가지의 꿈〉에
대해 주석을 하여, 객관적으로 볼 때 사람들로 하여금 꿈의 정신심리적 원인에 대
한 탐색을 하도록 만들었다.

〈정몽正夢〉에 관해서 정현은『느끼어 움직이는 바가 없고, 편안하게 스스로 꿈
을 꾸는 것』이라고 주석을 달았으며, 장잠張湛은『편안하게 머무르며 스스로 꿈을
꾸는 것』이라고 주석을 하였다. 우리들 생각으로는 〈정몽〉이란 먼저 꿈의 내용과
그 심리적 특징에 대한 일종의 규정이라고 생각한다. 〈정正〉이란 것은 〈평平〉이나
〈상常〉을 말하고, 치우침이 없는 것을 말한다. 〈정몽〉이란 바로 〈평몽平夢〉이나
〈상몽常夢〉을 말하며, 그 꿈은 편안하고 일상적이며 놀라거나 생각함이 없으며, 두

렵거나 기쁜 것이 없고, 꿈을 꾼 후에는 일반적으로 느끼지 못한다. 그 발생원인은 확실히 정현이나 장잠이 주석한 바와 같이, 그것은 사람의 심경이 평화스럽고 사리 사욕이 없는 자연스런 상태하에서 생기는 꿈이다. 경험과 과학은 모두 우리에게 어떠한 사람도 잠을 자기만 하면 곧 꿈을 꿀 수 있다는 것을 알려주고 있다. 설령 심령이 담백하고 생각이나 욕심이 없다 하더라도 꿈을 꾼다. 다만 꿈을 꾸기 전에 마음의 상태가 평화스럽고, 꿈을 깬 후 곧 잊어버리게 되기 때문에 조금의 인상도 남아있지 않을 뿐이다. 〈정몽〉의 특징으로 볼 때, 이것에 대해 이미 감지한 바가 있었던 것 같다.

〈악몽〉에 관해 정현은 두자춘杜子春의 말을 인용하여 〈악噩〉이란 〈악愕〉으로 씌어져야 하며, 『깜짝 놀라며 꿈을 꾸는 것』이라 여겼고, 장잠도 이 학설을 따랐다. 청나라 때의 이광파李光坡는 『꿈을 꾼 바가 가히 깜짝 놀랄 만하다』고 했다. 《주례술주周禮述注・점몽占夢》 전자는 곧 꿈의 원인에 근거해 말한 것이고, 후자는 꿈의 징후에 근거해 말을 한 것으로 이 두 학설은 모두 일리가 있긴 하지만, 모두 적절하지가 않을 뿐만 아니라 〈구몽懼夢〉과의 한계도 분명하지가 않다. 우리들 생각으로는 〈악몽〉이란 사람들이 보통 말하는 악몽惡夢을 말하며, 그것은 깜짝 놀라는 내용을 포함하고 있으며 대체로 무서운 꿈을 꾸고 놀라는 것(夢魘)을 가리키는 것으로 생각된다. 〈魘〉은 《설문》에서 『꿈을 꾸며 놀라는 것』이라고 하였고, 《자원字苑》에서는 『수면중의 상서롭지 못한 것』이라고 하였으며, 《광운》에서는 『악몽惡夢』이라고 했다. 왜냐하면 꿈 속에서 두려운 일을 만나면 종종 신음소리를 내며 놀라 소리를 지르게 되기 때문이다. 이러한 꿈은 사람에 대한 자극이 매우 강렬하여, 매우 일찍부터 사람들의 주의를 불러일으켰다. 그 원인을 살펴보게 되면, 외계의 생리적 자극이 있기 때문이며, 예를 들어 수면시에 팔다리가 가슴에 눌렸거나, 혹은 이불에 입과 코가 막히게 되면, 마치 귀신에 의해 꽉 죄어져 숨을 내쉴 수 없게 된 것과 같이 느껴진다. 혹은 또 손과 발이 저려 활동할 수 없을 경우에는, 마치 다른 사람에게 붙잡혀 벗어날 수 없는 것처럼 느껴지게 된다. 그러나 꿈을 꾸기 전에 반드시 모종의 커다란 정신적 자극을 받은 적이 있어, 일종의 심리적 상처가 남아있었을 것이다. 한유韓愈는 《유상서사游湘西寺》라는 시에서 『파도에 망설이며 무서워 경계하였더니 무섭고 놀라는 꿈을 꾸게 되었네 猶疑在波濤, 怵惕成夢魘』라고 읊었다. 『무섭고 놀라는 꿈』이란 확실히 무서워 경계하는 심리상태와 관계가 있다.

〈사몽思夢〉에 관해서 정현은『깨어있을 때 생각한 바를 꾸게 되는 꿈』이라고 주석을 하였는데, 장잠도 이러한 학설을 따랐다. 우리들 생각으로는 〈사몽〉이란 비단 생각한 바가 꿈으로 이루어지는 것을 가리킬 뿐만 아니라, 또한 꿈 속에서도 생각이 있음을 가리킨다고 생각한다. 두보의 시에『가장 한스럽게도 파산巴山에서의, 원숭이의 맑은 소리가 꿈 속의 생각을 어지럽히네 最恨巴山里, 淸猿惱夢思』라고 하였다. 〈몽사夢思〉라는 것은 꿈 속의 생각을 말한다. 또한 선진시대와 진한시대 때의 〈사思〉라는 글자의 함의는 〈생각한다〉는 것에 국한되지 않고 이보다 더욱 광범위했었다. 《이아·석고하》에서『유悠·상傷·우憂는 생각하다(思)라는 뜻이다』고 했으며,『회懷·유惟·려慮·념念·녁惄 등은 생각하다(思)라는 뜻이다』라고 하였다. 《소疏》에서 생각하여 도모하는 것(慮謀)이나 원하여 하고자 하는 바(願欲), 항상 생각하는 것(念常) 등은 모두 〈사思〉의 범주에 속하며, 〈상想〉 또한 〈사思〉에 속한다고 했다. 《삼국지·조식전曹植傳》에서『속에서 우러나오는 정성의 지극한 소원은 몽상夢想에서 떠나지 않는다』라고 하였다. 좌사左思의 《영사詠史》시에서『몽상夢想에서 좋은 꾀로 달려간다』라고 하였다. 〈몽상〉이라는 것은 꿈속에서의 생각이며, 또한 꿈 속에서의 사유이다. 그 원인은 분명히 꿈을 꾸기 전의생각과 관계가 있다.

〈희몽喜夢〉과 〈구몽懼夢〉에 관해서 정현과 장잠은 모두『기뻐서 꾸는 꿈』과『두려워서 꾸는 꿈』이라고 하였다. 우리들 생각으로는 여전히 다음과 같이 보충되어야만 될 것으로 생각한다. 몽경夢境은 사람의 마음을 기쁘게 하기도 하고, 사람의 마음을 두렵게 하기도 한다. 그 원인은 확실히 꿈을 꾸기 전의 마음의 상태의 기쁨함이나 두려움에 의해 나타나게 되는 것이다.

〈오몽寤夢〉이라는 것은 비교적 복잡하다. 정현은『깨어있을 때 말한 것을 꿈으로 꾸게 된다』고 하였다. 당나라 때의 가공언賈公彦은 《주례소周禮疏》에서『대저깨어있을 때 보고 그 일을 말한 바가 있어, 정신과 마음이 서로 통하게 되면 능히꿈을 이룰 수 있으며, 위에서 말한 사몽思夢과 같이 본 바가 없이 헛된 상상에 의한꿈과는 서로 다르다』고 하였다. 우리들이 보기에는 이 두 학설 모두 옳지 않다고생각된다. 《설문》에서『오寤는 잠에서 깨어나 기지개를 켜는 것이다』라고 하였다. 〈오寤〉가 가리키는 것은 사람이 수면으로부터 전환하여 깨어나는 상태로, 〈오몽寤

夢)이란 바로 지금 사람들이 이야기하는 낮꿈 혹은 〈백일몽〉으로, 꿈을 꿀 때 스스로는 깨어있다고 여기나 실제로는 꿈 속에 있는 것이다. 《일주서逸周書》에는 《정오해程寤解》·《오경해寤儆解》·《화오해和寤解》·《무오해武寤解》 등이 있는데 모두 오몽寤夢에 대해 서술하고 있으며, 그 중 《오경해》가 가장 전형적이다. 전하는 바에 의하면, 하루는 문왕文王(당시에는 〈서백西伯〉이었다)이 매우 허둥지둥하며 주공周公인 단旦을 불러다 『아아! 계획이 누설되었구나! 오늘 짐이 깨어있음에 상商이 나를 놀라게 하는구나. (주왕紂王이 쳐들어와 놀라게 됨을 말한다) ……』라고 하였다. 문왕은 일찍부터 주왕을 정벌할 마음이 있었는데, 그 계획이 새어 나갈까 하는 두려움이 생겼다. 공교롭게도 백주대낮에 주왕이 병사를 이끌고 그를 토벌하러 오는 것을 친히 목도하였으며, 그래서 그는 주공 단에게 우리의 계획이 누설되었는지의 여부를 물었다. 실제로 이러한 일은 근본적으로 존재하지 않았으며, 시간이 지난 이후 비로소 꿈이란 것을 알게 되었다. 《좌전》 희공僖公 10년조에서는 다음과 같이 기록하고 있다. 태자였던 신생申生은 이미 죽었는데, 어느 날 고돌孤突이 도리어 그와 서로 만나 대화를 나누게 되었다. 대화가 끝난 후 『신생의 모습 또한 없어져 버렸는데』 고돌은 비로소 이것이 꿈이었음을 발견하였다고 한다. 왕소우王昭禹는 《주례상해周禮詳解》에서 『오몽寤夢이란 깨어있을 때 꾸는 꿈이다』라고 하였다. 이광파李光坡는 《주례술주周禮述注》에서 또한 『오몽寤夢이란 깨어있을 때 본 것이 실제로 꿈을 꾸는 것과 같은 것을 말한다』고 하였다. 그들과 왕안석王安石 등은 모두 상술한 고돌이 꿈에서 태자였던 신생을 본 것을 예증으로 삼았다. 문왕이 꾸었던 오몽에 근거해 볼 때, 그 원인은 원래의 마음에 걱정하는 바가 있는 것에 기인한다. 고돌이 꾸었던 오몽에 근거해 볼 때, 그 원인은 또한 항상 생각하고 바라는 것에 있다. 물론 구체적인 원인은 또한 더 발전된 연구를 해야겠지만, 그러나 생리적인 외부적 느낌이나 혹은 내부적 느낌으로 설명할 수 없음이 분명하며, 단지 정신심리적인 측면에서 그 원인을 찾을 수밖에 없다.

가공언은 만약 〈정몽〉이라는 것이 『느끼는 바가 없이 꾸는 꿈』이라고 한다면, 기타의 다섯 가지 꿈은 『모두 느끼는 바가 있어 꾸는 꿈』이라는 것을 지적하였다. 《주례·춘관·점몽·소疏》송나라 때의 학자였던 진덕수眞德秀 또한 기타의 다섯 가지 꿈은 『비록 원인은 서로 다르지만, 대개 모두 느끼는 것에 의한 것인데, 느낀다는 것은 어떤 것을 말하는가? 마음에 움직임이 있는 것을 말한다』고 하였다.(《진서

산문집眞西山文集・유성백자설劉誠伯字說》제33권) 이는 물론 바람이나 비, 추위나 더위 같은 것의『외부로부터의 침입』이 아니고, 또한 오장이 허하고 실한 징후가 아니며, 정신적이나 심리적으로 느끼어 움직이는 바가 있고, 혹은 느끼어 받아들이고, 혹은 놀라고 혹은 생각하며, 혹은 기뻐하고 혹은 두려워하는 바가 있으므로 해서, 수면중에 그것을 따라서 꿈 속으로 들어간 것일 터이다. 두위杜頠는《몽부夢賦》에서 꿈이란『기뻐하고 분노하는 깊은 정과 통한다』고 하였는데(《문원영화文苑英華》제95권) 확실히 이와 같다.

총괄하자면, 〈여섯 가지의 꿈〉은『느끼어 움직이는 바가 있어서 꾸게 되는 꿈』이든, 아니면『느끼어 움직이는 바가 없이 꾸는 꿈』이든간에 모두 일정한 심리상태를 표지로 하고 있으며, 모두 일정한 심리상태와 서로 관련되어 있다. 그래서 실제로는 이미 꿈의 심리적 원인에 대해 주의하였다. 그러나 이는 물론 주나라 왕의 해몽관이 이미 자각적으로 꿈의 정신심리적 원인을 탐색하였다는 것을 말하는 것이 아니라, 그들이 해몽의 과정중에서 이미 이러한 문제의 중요한 측면과 접촉했다는 것을 말하는 것이다. 누구라도 다 알고 있듯이, 해몽이라는 것은 응험이 있도록 해야만 하고, 응험이 충분히 있도록 하기 위해서는 곧 각종 꿈의 심리적 특징과 심리적 원인에 주의하지 않을 수 없었다. 이것은 바로 점성가들이 점의 응험을 얻기 위하여 진지하게 천체의 운행의 시간과 방위에 관해 관찰하고 계산하지 않을 수 없었던 것과 같은 이치이다.

[2]『정념이 항상 마음 속에 결집되어 있다 精念存想』는 것이 곧 꿈이다

꿈에는 정신심리적 원인이 있다는 이러한 점은 결코 신비스러운 것이 아니다. 전국시기에 신도愼到는 일찍이『낮에 아무 일이 없으면 밤에 꿈을 꾸지 않는다』라고 하였다.(《운급칠첨雲笈七籤・양성연명론養性延命論》에서 인용한 《신자愼子》의 일문佚文에 보인다.) 어느 누구라도 이와 유사한 체험이 있다고 할 수 있을 것이다.『낮에 아무 일이 없다는 것』은 즉 낮의 어떤 활동으로 생겨난 인상이 없고, 낮의 어떤 활동에 대한 느낌이 없다는 것을 말한다. 상응하는 심리활동이 없으면, 마찬가지로 이와 상응하는 몽경夢境이나 몽상夢象이 있을 수 없다는 것이다. 역으로『낮에 일이 있다』는 것은 바로 어떤 일에 대해 낮에 보고 듣고 느낀 바가 있어서, 밤에 그것들이 곧 꿈 속으로 들어갈 수 있게 된다는 것이다. 이것은 바로 낮의 심리활동이 밤에 몽상활동으로 전화된다는 것을 말한다. 그러나 체험은 결국 체험이며, 인류의 이성적 요구는 반드시 이러한 체험의 원칙과 메커니즘을 이론적으로 설명해야만 하도록 한다.

동한시대 때의 철학가였던 왕충은 한편으로 꿈에 생리병리적 원인이 있음을 긍정하였는데, 예를 들면 육체상의『기가 피곤하고 정기가 다하게 되는 것 氣倦精盡』과 감각상에서의『눈은 빛을 발한다 目反光』는 것과 같은 것들이며, 이와 동시에 꿈의 정신심리적 원인을 설명하려고 하였다. 그는 꿈을 꾸는 중요한 원인이 바로 정신의 사념思念에 의한 것이라 인식했다.《논형·정귀편訂鬼篇》에서 다음과 같이 말하였다.

무릇『정념이 항상 마음 속에 결집되어 있으면 精念存想』때로는 눈에서 흘러 나오기도 하고, 입에서 흘러 나오기도 하며, 귀에서 흘러 나오기도 한다. 눈에서 흘러 나오면 눈으로 그 형상을 볼 수 있고, 귀에서 흘러 나오면 귀로 그 소리를 들을 수 있으며, 입에서 흘러 나오면 입으로 그 일을 말할 수 있게 된다. 낮에 터무니없는 것을 보면 저녁에 잠을 자면 꿈에서 들리고, 비어있는 텅빈 방에서 혼자 잠을 자게 되어 만약 두려워 하는 바가 있게 된즉 꿈에 요괴가 그 몸을 짓누르며 우는 것이 보이게 된다.

〈정념精念〉이란 바로 정신상에 있어서의 어떤 생각을 말한다.《설문》에서『념念이란 항상 생각하는 것이다』라고 하였다.〈상想〉에는 두 가지의 함의가 있는데 하나는 상상하다는 것이고, 다른 하나는 바란다는 것이다.〈존상存想〉이란 바로 어떠한 것을 신경질적으로 항상 생각하고 있는 것을 말한다.〈정념精念〉에는 반드시 〈존상存想〉이 있게 마련이다.『정념이 항상 마음 속에 결집되어 있다』는 것을 밖으로 드러낼 필요가 있을 경우에는 오관과 언어에 의해 표현되어지며, 낮에『참으로 기괴하였다』고 한다면 저녁에 꿈 속에서 낮에 항상 생각하고 있던 그러한 것을 볼 수 있게 될 것이다. 이러한『정념이 항상 마음 속에 결집되어 있다』는 것의 소치로 인한 꿈은《주례》에서의 〈여섯 가지 꿈〉 중의 〈사몽〉에 가깝다. 그러나 열거한 꿈의 예에 근거해 볼 때 〈여섯 가지 꿈〉 중의 〈구몽〉과도 가깝다. 예를 들자면 한 사람이 텅비어 있는 방에 머무르면서 낮에 마음 속으로 두려워했었다면, 밤에 꿈 속에서 요괴가 그의 몸을 짓누르면서 우는 것이 보이게 될 것이라고 한 예와 같은 것들이다.

왕부王符는 꿈을 논하면서 감몽感夢·시몽時夢·정몽正夢 이외에도 정몽精夢·상몽想夢·성몽性夢이라는 것들을 제시하였는데, 뒤의 세 가지 꿈은 분명히 외부적인 인소에 의해 유발된 것이 아니라 대체로 심리적 인소에 의해 발생된 것이다. 〈정몽〉에 관해 왕부는 다음과 같이 말하였다.

공자는 어지러운 세상에 태어나서 날이면 날마다 주공周公의 덕을 생각하였는데, 밤이면 그것을 꿈으로 꾸었는 바 이러한 것을 정몽精夢이라 한다.《잠부론·몽열》

〈정몽〉의 〈정精〉에 대해 왕부 스스로 자기 자신의 해석이 있은즉『골똘히 생각하여 정신을 모으는 것을 〈정〉이라 한다』고 했다.《잠부론·몽열》『골똘히 생각하여 정신을 모이게 한다』는 것은『정념이 항상 마음 속에 결집되어 있다』는 것과 뜻이 가깝다. 그러나 열거하고 있는 꿈의 예에 근거해 볼 때, 공자는『예禮를 제정했던』주공을 숭배하여, 온종일『예를 다시 일으키고』이로써 천하를 바로잡고자 하는 생각을 하였는데, 그래서 주공을 항상 꿈에서 보았다고 하는 전설이 있게 되었다. 이러한 정신적인 것에 있어서의『한데로 모이게 하는 것』은 결코 병적인 모습이 아니다.《주례》에서의 〈여섯 가지 꿈〉과 비교해 보면, 그것을 왕충이 논한 것에 비교해 〈사몽思夢〉에 더욱 가깝다고 해야만 할 것이다.

〈상몽〉에 관해 왕부는 다음과 같이 말하였다.

사람이 생각하는 바가 있은즉 그것이 꿈에서 이르게 되고, 근심이 있은즉 그 일을 꿈에서 보게 된다. 이것을 상몽想夢이라고 한다.《잠부론·몽열》

〈상몽〉의 〈상想〉에 대해서도 왕부는『낮에 생각한 바가 있으면 밤에 그 일을 꿈꾸게 되는데, 그것을 〈상〉이라고 한다』고 해석하였다.《잠부론·몽열》이것은 앞서 신도愼到가 이야기했던『낮에 아무 일이 없은즉 밤에 꿈을 꾸지 않는다』라는 말과 마치 딱 맞아떨어지듯이 하나는 긍정문이고 하나는 부정문이다. 물론『일이 있으면』반드시 생각하는 것이 있을 터이며,『일이 없어도』또한 생각을 할 수는 있을 것이니 〈상몽〉은 전형적인 〈사몽思夢〉이라고 할 수 있을 것이다. 그러나 『근심이 있으면, 곧 그 일을 꿈에서 보게 된다』라는 것은 또한 〈구몽懼夢〉과 관련되어 있는 것으로 말할 수 있다.

〈성동性夢〉에 관해 왕부는 다음과 같이 말하였다.

> 사람의 심정은 좋고 나쁨이 서로 같지 않아 혹은 이로써 길하기도 하고, 혹은 이로써 흉하기도 하는데 이것을 성몽性夢이라고 한다.《잠부론·몽열》

〈성몽〉의 〈성性〉에 대해 왕부는 『심정의 좋고 나쁨은 일에 있어서 응험이 있게 되는데 이를 〈성〉이라고 한다』고 했다.《잠부론·몽열》 이러한 꿈은 이전 사람들이 언급하지 않았던 것으로, 비록 꿈을 꾸는 사람의 심리적 상황을 언급하긴 했으나, 중요한 것은 꿈의 원인을 말한 것이 아니라 꿈에 대한 꿈을 꾸는 사람의 태도를 이야기한 것이다.

동진東晉시대 때에 나타난《열자》속에서도 『낮에 생각한 일이 밤에 꿈으로 나타난 것은 정신과 형체가 (외계와 서로) 만난 것이다. 고로 정신이 응집되면 상몽想夢도 스스로 사라지게 된다』고 말하였다. 이것은 『낮에 생각하는 것』이 〈상몽〉의 원인이라는 것이다. 낮에 생각하지 않아 정신이 응집되게 되면 〈상몽〉도 없게 된다. 그러나 장잠은 『이 〈상想〉이란 깨어있을 때에 생각한 일이 있다는 것을 말하는 것이지, 세간에서 늘 말하는 것처럼 낮에 이러한 일이 있으면 좋겠다는 것을 생각하고서 이에 뒤이어 그러한 꿈을 꾸게 된다는 것을 말하는 것은 아니다』라고 하였다. 『낮에 이러한 일이 있으면 좋겠다는 것을 생각하고, 이에 뒤이어 그러한 꿈을 꾸게 된다』는 이러한 것은 바로《주례》에서의 〈사몽〉이나 왕부가 말한 〈상몽〉에 해당된다. 그리고 『깨어있을 때에 생각한 일이 있어 뒤따라 그것을 꿈꾼다』라는 것은 왕부가 말한 〈정몽精夢〉에 가까우며, 또한《주례》에서의 희몽喜夢과 구몽懼夢의 부분적인 내용까지도 포괄할 수 있다. 그러나 여기에 반드시 주의를 해야 할 것은, 왕부가 말한 『골똘히 생각하여 정신을 모이게 함』이란 것의 의미는 정신집중이라는 뜻이지만,《열자》에서 말한 『정신이 모이는 것』은 정신이 움직이지 않고 정신이 안정되어 있는 것을 말하는 것이어서, 이 둘의 의미가 여전히 완전하게 같지는 않다.

《대지도론大智度論·해료제법석론解了諸法釋論》에서 다음과 같이 말하였다.

　　……또다시 일을 듣고 보고 여러 차례 생각하고, 생각에 남겨두기 때문에 꿈에서 보
이게 된다.

『여러 차례 생각하고 생각에 남겨두기 때문』이라는 것은 바로 항상 사고하고 생
각하며 염두에 둔 까닭을 말한다. 《법원주림》에는 두 곳에서 더욱 직접적으로 〈상
몽想夢〉의 이름을 언급하였다. 《면몽편眠夢篇·술의부述意部》에서 다음과 같이
말하였다.

　　만약 낮에 청황青黄에 연유한다면 몽상 또한 같게 되는데, 이러한 것이 상몽想夢이다.

《삼성부三性部》에서는 《선견율善見律》을 인용하여, 〈상몽〉이라는 것은 항상 생
각하는 것으로 바로 꿈 속에서 나타나는 것을 가리킨다고 했다. 만약 항상 선한 일
만 생각한다면 선몽이 나타나게 되고, 항상 악한 일만 생각한다면 악몽이 나타나게
될 것이다.

수나라와 당나라 때에 도교에서 추앙했던 《관윤자關尹子》에서도 〈꿈〉이란 〈사
思〉와 〈상想〉과 관계있다고 여겼다. 《이주편二柱篇》에서 다음과 같이 말하였다.

　　꿈은 각기 서로 다르며, 매 밤마다의 꿈도 각기 서로 다르다. (꿈 속에는) 하늘이 있
고 땅이 있으며 사람이 있고 사물도 있는데, 이는 모두 생각하므로써 이루어지는 것들
이다.

《오감편五鑒篇》에서는 또 다음과 같이 말하였다.

　　사람이 평상시에 홀연히 (꿈 속에서) 일상치 않은 사물을 보게 되는 것은, 모두 정신
에 결집된 바가 있어 그것으로 하여금 그렇게 되도록 만든 것이다. 사람이 아픈 날에 홀
연히 (꿈 속에서) 일상치 않은 사물이 보이는 것은, 모두가 마음에 싫어하는 바가 있어
서 그렇게 되도록 만든 것이다.

『정신에 결집된 바가 있다』는 것은 바로 『정념이 항상 마음 속에 결집되어 있다』는 것이며, 『마음에 싫어하는 바가 있은즉』 보상을 요구하게 되며 마침내는 상상이 생겨나게 되는데, 이것이 바로 왕부가 이야기했던 〈정몽精夢〉과 〈상몽想夢〉이다.

사몽思夢과 상몽想夢 그리고 정몽精夢은 모두 정신심리적 원인에 의한 것이라는 바에 대해서는 의문이 없으나, 우리들이 주의해야 할 것은 사思와 상想 그리고 정精과 념念은 모두 이중성을 갖고 있다는 점이다. 그래서 몽상 또한 이중성이 있게 되는데, 진덕수眞德秀는 다음과 같이 지적했다. 마음의 움직임에는 참된 것과 거짓된 것이 있으니 꿈 또한 그것을 따른다.(《진서산문집·유성백자설》 제33권) 사람이 낮에 생각하고 사유하며 염두에 두는 바는 이전에 듣고 본 일일 수도 있고, 이전에 듣지도 보지도 못한 일일 수도 있어서 몽상은 진실로 듣고 본 것의 일을 재현할 수도 있고, 듣지도 보지도 못했던 일을 환상적으로 드러낼 수도 있기 때문에 일괄적으로 개괄하여 논할 수는 없다.

〔3〕『감정이 변화하여 왕복하는 情化往復』 것이 바로 꿈이다

《장자·대종사大宗師》에서 『꿈에 새가 되어 하늘을 날고, 꿈에 물고기가 되어 깊은 연못 속에 가라앉는다』라고 하였다. 이러한 것과 같은 종류의 몽례에는 두 가지 문제가 있다. 하나는 사람은 사람인데 어찌하여 꿈 속에서는 도리어 새가 되고 물고기가 되는가 하는 것이고, 둘째는 꿈을 꾸는 사람이 어떻게 꿈에서 잠시 새가 되었다가 또 물고기가 될 수 있는가 하는 것이다. 장자는 이러한 종류의 몽례를 든 것은, 원래는 『깨어있는 상태와 꿈의 상태는 서로 같다』고 하므로써 깨어있는 상태와 꿈 사이에는 어떠한 경계도 없다고 인식한 것으로, 그는 물론 상술한 문제에 답을 할 수가 없었다. 그러나 이러한 종류의 몽례가 확실히 존재한다면, 반드시 누군가는 이를 연구하고 탐색해야만 할 것이다. 과연 5백 년 이후 동진東晉시대의 장잠張湛의 《열자주列子注》에서 『이것은 〈감정이 변화하여 왕복하는 것 情化往復〉이다』라고 하였다.《열자주·주목왕편》

사람은 본래 새로 변할 수도 없고 물고기로도 변할 수 없는 것이지만, 꿈 속에서 사람은 확실히 새로 변할 수도 있고 물고기로 변할 수도 있다. 왜 그러한가?『감정이 변화하기』때문이라고 대답한다. 사람의 몸이 변화한다는 것은 물리적 생리적 법칙의 지배를 받으므로 해서 새가 될 수도 없고, 물고기가 될 수도 없다. 그러나 감정이 변화하는 바는 할 수 없는 것이 없다. 장자는 일찍이『꿈에 나비로 변하였는데, 정말로 나비와 훨훨 날아다니니 스스로 느끼기에 매우 즐겁게 날아다닌다』라고 하였지만, 결국 그가 곧 장자 자신임을 알지 못하지 않았던가.《장자·제물론》장자가 정말로 이러한 꿈을 꾸었는지에 대해서는 현재 누구도 판단하기 어렵다. 그러나 한 가지 긍정할 수 있는 것은, 장자는 태어나서 죽을 때까지 나비로 변하지 않았다는 점이다. 만약 그가 정말로 나비의 꿈을 꾼 적이 있다면, 그것 또한 단지 그의 정신심리 속에서 원인을 찾을 수 있을 뿐이다. 장자의 인생철학은 일종의『기다림이 없는 無待』자유를 추구하였는데,《소요유逍遙游》가 곧 그의 이상적인 모습이었다. 장잠의 이론에 따르면, 장자가 꿈에서 나비가 되었다는 것은 아마 그는 나비가 자신보다 더『유유하게 자적하다』는 것을 느꼈고, 나비의 자유를 부러워하였으며, 나비와 같이 그렇게 이리저리 날아다니는 상상을 하였기 때문이었을 것이다. 그래서『정말로 나비와 같이 훨훨 날아다닌다』라고 했을 뿐만 아니라,『스스로 느끼기에 매우 즐겁게 날아다닌다』라고 하였다. 곽상郭象은 이러한 꿈에 대한 장자의 심정을『스스로 즐거움을 얻어 기쁘게 행한다』는 것으로 묘사하였고, 성현영成玄英 또한『즐거운 뜻이 감정에 부합하니 매우 기쁘다』라고 하였다. 이러한 몽상은 바로 감정이 변화한 바에 의한 것이 아니겠는가?

　꿈에서 새가 되어 유유히 날아다니고, 꿈에서 물고기가 되어 물 속에서 유유히 노니는 것은 이와 같은 이치로 모두 감정이 변화하는 것에 연유한다. 성현영은『새가 되고 물고기가 되는 것은 성정性情이 소요逍遙함에 의지하기 때문이다』라고 하였다. 무릇 이러한 꿈을 꾸는 사람은 평상시 새와 물고기에 대해 일종의 갈망하는 감정이 틀림없이 있었을 것이며, 꿈에서 그것을 보게 되니 심정은 자연히 매우 유쾌해지는 것이다. 그래서 이런 종류의 꿈은 일반적으로 모두 기쁜 꿈이다. 그러나 어떻게 해서 잠시 새가 되었다가, 또 물고기가 되는 꿈을 꾸게 되는 것일까? 이에 대해 감정의 변화에는 가는 것이 있고 오는 것이 있다라고 대답할 수 있다. 아마도 잠시 새는 하늘에서 매우 유유자적하게 날아다니는 것을 느낄 것이고, 또 잠시 동안은 물 속에서 매우 자유스럽게 노니는 물고기를 느끼게 될 수 있을 것이므로, 대낮의 감정이 이처럼 오고가며 변화하는 것이 있으면 꿈 속에서도 홀연히 새가 되었다가 물고기가 되기도 하며, 몽상 또한 이처럼 오고가고 변화하는 것이 있게 된다. 경험으로 보건대 몽상은 언제나 불연속적인 것이며, 갑자기 이것이었다가 갑자기 저것으로 변화하는 것은 매우 보편적인 현상이며, 그 원인은 대낮에 있었던 감정의 오고감과 변화 등에 관련이 있다.

후세의 전설에 의하면 『강암江淹은 꿈에서 오색의 붓을 보았고, 왕순王珣은 어떤 사람이 서까래만한 붓을 주는 꿈을 꾸었으며, 기소유紀少瑜는 한 번은 육수陸倕가 그에게 푸른 실을 묶어 만든 붓을 주는 꿈을 꾸었고, 당나라 때의 이교李嶠는 어떤 사람이 그에게 쌍붓을 보내주는 꿈을 꾸었으며, 이백李白은 붓에서 꽃이 피어나는 꿈을 꾸었다』고 한다.(《계륵鷄肋》에 보이며, 《고금도서집성》 제152권에서 재인용) 우리들 생각으로는, 이러한 꿈들은 물론 왕충의 〈존상存想〉이나 왕부의 〈정몽精夢〉 등으로 해석할 수 있으리라 생각된다. 그러나 장잠의 『감정이 변화한 것 情化』으로 해석하면 가장 좋으리라 생각된다. 왜냐하면 이러한 사람들은 당시의 사회적 기풍의 영향을 받았기 때문에, 그들은 자기 자신이 문단의 커다란 문필이 되어 문장이 금빛 비단과 같고, 정채情彩가 꽃과 같아지기를 계속해서 희망해왔던 것이다. 평상시에 이미 이에 대한 강렬한 감정이 있었기에 꿈 속에서는 감정에 따라 변화하는 것으로 자연히 명문과 오색의 붓, 그리고 붓끝에서 꽃이 피어나는 것과 같은 것들의 몽상이 나타날 수 있다.

『감정이 변화하여 왕복하는 情化往復』것은 보기에는 단지 네 글자에 불과하지만, 그 숨겨진 뜻은 상당히 풍부하다. 그것은 우리들에게 사람의 감정활동은 한 방향적인 것이 아니라 다방면적인 것임을 알려주고 있다. 이렇게 다방면적인 것인 이상 반드시 서로 얽히고 복잡할 것임은 당연하다. 그래서 몽상이라는 것은 반드시 『감정이 변화한 것』의 한 방향적인 연속인 것은 아니며, 곡절 속에서부터 심지어는 〈반대의 꿈〉(反夢)이라고 불리는 것까지 나타날 수도 있다.

《장자·제물론》에서는 또 『꿈에 술을 마시며 즐거워하는 것이 보이면, 새벽에 일어나 도리어 재수없는 일을 만나 울기 시작하고, 꿈에 상심하여 우는 것이 보이면 새벽에 일어나 도리어 사냥하는 즐거운 일이 생긴다』라고 하였다. 장자가 원래 이야기하려고 했던 것은 밤의 몽상과 다음날의 사람의 일은 비단 일치하지 않을 뿐 아니라, 심지어는 그 반대일 수도 있다는 것이었다. 《열자·주목왕》편에서는 더욱 분명하게 『꿈에 술 마시는 것이 보이면 걱정이 있게 되고, 꿈에 노래하고 춤추는 것이 보이면 울게 된다』라고 하여, 대낮에 있었던 상황과 야간의 몽상은 비단 일치하지 않을 뿐만 아니라 심지어는 서로 반대가 될 수 있음을 강조하고 있다. 이러한 서로 반대되는 상황을 장잠은 『극도의 상반됨을 만드는 것 造極相反』이라 이름하였다. 《주목왕》편에서는 또 더욱 구체적인 몽례 한 쌍을 제시하고 있다. 전하는 바에 의하면, 윤씨尹氏라는 대단한 부자가 하나 있었는데, 그에게는 늙은 하인이 한 명 있었다 한다. 그 하인은 종일 고생토록 일을 하여 피로를 견디내지 못할 정도로 피곤하였다. 그러나 일단 잠자리에 누우면 곧 『저녁마다 꿈에 나라의 임금이 되어 백성들의 위에서 군림하고, 한 나라의 일들을 총괄하며, 궁궐에서 노닐고 주연을 베풀며, 하고자 하는 바를 마음대로 할 수 있어 그 즐거움이 비할 데 없는』 꿈을 꾸는 것이었다. 그러나 윤씨 본인은 당연히 돈도 있고 권세도 있었으며 세도를 부렸는데도, 잠자리에 눕기만 하면 또한 『저녁마다 하인이 되는 꿈을 꾸었으며, 그는 쫓아다니며 일을 하는 데 하지 않은 일이 없었고, 잘못하여 몽둥이로 맞아 아프지 않은 곳이 없었다』고 한다. 이러한 꿈은 왜 이러한가? 원래 늙은 하인의 심리 속에는 한편으로는 힘든 일에 대한 원한으로 항상 언젠가는 그것을 탈피해야겠다는 생각이 있었으며, 다른 한편으로는 행복에 대한 추구로 언젠가는 그도 부귀하여 나라의 임금에 이르기를 희망하고 있었다. 이러한 두 가지 감정이 동시에 공존하여 서로 상보적인 관계를 이루어 만들어진 것이다. 대개 낮에 언제나 힘든 일로 괴로워하게 되면 저녁에는 행복을 동경하게 되는데, 그래서 꿈에서 보이게 되는 것은 주로 뒤의 인소가 주로 작용을 한 것이다. 윤씨의 심리도 두 가지 인소가 동시에 병존하는데 하나는 부귀에 대한 희열이며, 다른 하나는 지위에 대한 걱정이다. 만약 언젠가 부귀의 지위를 잃어버린다면, 그도 저 피로하고 신음하는 늙은 하인과 같게 되지 않겠는가? 아마도 윤씨는 낮에는 매우 득의양양했지만 밤에는 항상 근심하였을 것이며, 그래서 꿈에서 그러한 것이 나타나는 것은 틀림없이 뒤의 인소가 주로 작용을 일으킨 것일 터이다. 윤씨와 늙은 하인의 심리 속에 존재하고 있는 두 가지의 인소는 모두 정신적인 인소이고, 모두 감정이 변화한 것임을 인정해야만 할 것이다. 다만 이러한 감정의 변화와 저러한 감정의 변화가 있을 따름이다. 현실생활 중에서 대낮에는 이러한 감정의 변화가 아마 주요한 지위를 차지하게 될 것이지만, 수면중에서는 잠시 현실생활을 벗어나게 되므로 원래 부차적인 지위에 있던 저러한 감정의 변화, 즉 그 반대가 주요한 지위로 상승하게 될 것이다.

심리적 상태와 몽상이 서로 반대되는 이러한 상황에 대해, 프로이트도 일찍이 해석을 한 적이 있다. 그러나 그는 『꿈은 욕망의 만족이다』라는 한 측면만을 고수하였기 때문에, 말하면 할수록 더욱 허무맹랑하게 되어 사람들에게 믿음과 설득력을 주기 어려웠으며, 도리어 장잠이 『감정이 변화하여 왕복하는 것』이라는 개념으로 명확하고 쉽게 이해했던 것만 못하였다. 실제로 걱정거리는 비록 바람이라는 측면과는 서로 반대이긴 하지만, 그러나 이 또한 감정이 변화한 바이다. 그리고 사정이란 모두 이와 같은 것이어서 당신이 무엇에 대해 점점 두려워하거나 무엇을 근심한다면, 그것은 왕왕 꿈 속에 나타나게 될 것이며, 이러한 꿈은 일반적으로 〈구몽懼夢〉, 심지어는 〈악몽〉에 속하게 된다.

술을 마신 사람은 반드시 걱정을 하는 꿈을 꾸게 되고, 노래 부르고 춤을 추는 사람은 반드시 우는 꿈을 꾸게 된다는 것은 반드시 모두 그렇지는 않다. 이러한 상황은 단지 한 유형일 뿐 결코 보편적인 것은 아니다. 두목杜牧의 《별회시別懷詩》에서 『외로운 인생은 이별에 익숙하고, 야밤의 꿈은 동서東西로 괴롭히네』라고 하였다. 그리고 희열로 인하여 얻은 즐거운 꿈은 더더욱 그 예가 흔하다.

---

[4]『마음이 빠짐 心溺』『감정이 넘침 情溢』이 곧 꿈이다

장잠은 몽상을 〈감정이 변화〉(情化)하여 일어난 것이라고 여겼다. 그러나 어떠한 〈감정의 변화〉라고 해서 모두 몽상으로 나타나는 것은 아니다. 〈감정의 변화〉가 변하여 몽상이 되는데, 이러한 감정은 반드시 강렬하고 지속적이어야만 한다. 이태백李泰伯은 〈마음의 빠짐〉이 바로 꿈이라고 했으며, 진사원陳士元은 〈감정의 넘침〉이 바로 꿈이라고 말을 하므로써 모두 〈감정의 변화〉에는 반드시 일정한 깊이와 강도가 있어야 함을 강조하였다.

이태백(1009—1059년)은 《잠서潛書》에서 다음과 같이 말하였다.

꿈을 꾸는 사람이 자고 있을 때, 그 옆에 있는 사람은 이상한 것이 보이지 않고 이목구비와 수족은 모두 그대로의 형태이다. 영혼이 노닒에 혹은 날개가 돋아 신선이 되기도 하고, 혹은 관리가 되어 조회에 나아가기도 하며, 혹은 궁실과 수레 그리고 미녀들과

의 가무 등으로 즐겁기도 한다. 그 사이에 홀연히 부귀영화로 달리고 즐거움이 끝이 없
게 된다. 그러나 꿈에서 깨어나게 되면, 그 몸을 어루만짐에 조금의 소득도 없게 되고,
그래서 비로소 그 망령됨을 알아 웃고 만다. 이는 다른 이유가 아니라 단지 마음이 빠졌
기 때문일 뿐이다.(《이구집李覯集》제20권, 중화서국 교점본校點本 1987년, 214쪽)

이태백의 분석에 의하면, 사람은 수면중에는 오관과 사지는 어떠한 활동도 하지
않으며, 그래서 꿈을 꾼다는 것은 『단지 마음이 빠졌기 때문일 뿐이다』고 했다.
〈단지〉라는 이 말은 생리적인 측면의 원인을 완전히 부정하였고, 아울러 꿈을 단순
히 정신이 노니는 것으로 귀결시키는 바람에 여전히 편협성을 드러내고 있다. 그러
나 그가 든 꿈의 예로부터 볼 때, 꿈이란 것의 주요한 원인은 심리적 원인에 의해
일어나는 것임은 확실하다. 〈빠진다〉(溺)는 것은 침잠을 말한다. 한 사람이 만약
온종일 몸과 마음을 수련하는 것에 마음을 빠뜨리고 있었다면, 꿈 속에서는 곧 날
개가 돋아 신선이 되는 모습이 나타날 수도 있을 것이다. 만약 한 사람이 온종일 관
리가 되는 것에 마음을 빠뜨리고 있었다면 높은 관리가 되어 조회에 나아가는 모습
이 나타날 수도 있을 것이다. 한 사람이 만약 온종일 부귀영화에 마음을 빠뜨리고
있었다면, 꿈 속에서 곧 궁실과 수레 그리고 미녀가 노래 부르고 춤을 추는 모습이
나타날 수도 있을 것이다. 마음이 〈빠지는〉 바에는 명확한 방향이 있는 것이니, 이
러한 방향을 따라서 〈감정이 변화〉하게 되면 곧 몽상으로 변화될 수 있다.
진사원은《몽점일지》에서 다음과 같이 말하였다.

어떤 것을 감정이 넘쳐 흐른다고 하는가? 기쁨이 지나치면 꽃이 피는 꿈을 꾸고, 노
함이 지나치면 꽃이 지는 꿈을 꾸며, 두려움이 지나치면 숨는 꿈을 꾸고, 걱정함이 지나
치면 성을 내는 꿈을 꾸며, 슬픔이 지나치면 도와주는 꿈을 꾸고, 화를 냄이 지나치면
욕하는 꿈을 꾸며, 놀람이 지나치면 광포한 꿈을 꾸게 된다. 이와 같은 것들은 감정이
넘치는 꿈으로, 그 내용 또한 추측할 수가 있다.

〈넘친다〉는 것은 가득함을 넘어 밖으로 흘러내리는 것을 말한다. 확대하면 〈지
나침〉이 된다. 그래서 기쁨이 지나치고, 노함이 지나치고, 두려움이 지나치고, 걱
정함이 지나치고, 슬픔이 지나치고, 화를 냄이 지나치고, 놀람이 지나치다고 했다.

〈감정의 변화〉가 이러한 정도에까지 도달한 것은 분명히 〈마음의 빠짐〉에 비해 한 걸음 더 나아간 모습이다. 이러한 원인에 의해 나타나게 되는 몽상 또한 〈마음의 빠짐〉에 의해 나타나는 것보다 더욱 한 걸음 더 나아갔다. 일반적으로 말하면 마음이 기쁘면 기쁜 꿈을 꾸게 되고, 마음이 두려우면 두려운 꿈을 꾼다고 한다. 그러나 기쁨이 지나치면 꿈에 온갖 꽃이 어지러이 피어있는 것이 보일 터이고, 두려움이 지나치면 꿈에서 도처로 숨고 은닉하는 것이 보이게 된다. 욕하는 꿈을 꾸며 광포한 꿈을 꾼다는 것도 감정상으로 자제할 수 없어 밖으로 노출시켜 발설하게 된다는 것을 의미하고 있다.

몽상이 형성되는 과정 속에서의 감정의 작용에 관해, 고대 중국의 많은 학자들은 모두 깨닫고 체험하여 논술한 바가 있다. 《관윤자·사부편四符篇》에서 일찍이 꿈 속에의 몸은 『감정을 따라 나타나게 되며』 꿈 속에의 사물 또한 『감정에 따라 보이게 된다』는 것을 지적했다.

어떤 사람이 남송시대 때의 학자였던 진덕수眞德秀에게 역사서에는 한나라 문제文帝가 꿈 속에서 황두랑黃頭郞을 보았고, 당나라 태종은 꿈 속에서 위징魏徵을 보았다라고 기록되어 있는데 어떻게 보게 되었느냐고 물었다. 그는 다음과 같이 대답하였다. 등통鄧通은 운이 좋아서, 그가 입고 있던 의복이 한나라 문제가 꿈 속에서 본 황두랑과 매우 유사한 바람에 문제의 총애를 받았다. 당나라 태종이 위징을 꿈에서 본 것은 『오로지 위징의 정절情切함을 생각한고로 꿈 속에서 그가 형상화되게 되었다.』이후에 참언을 듣고서는, 원래 위징을 위해 세웠던 비석을 없애 버렸고, 『마음에 현명함이 있지 않음』으로 인하여 더이상 위징을 꿈꾸지 않게 되었다고 했다.《진서산문집·십일경문대十一經問對》 진덕수는 또 일반인들은 『가슴 속의 영혼이 만나 주체가 되지 못하니, 움직이려 하나 감정이 이를 이기어 복잡하고 어지럽기가 그지없다. 그래서 힘든 것을 싫어하고 편안함을 갈망하게 된즉 걸어다니지만 말과 수레를 꿈에서 보게 되며, 굶주림을 싫어하고 실컷 먹을 것을 생각하게 된즉 곽초藿草로 연명을 한다 해도 좋은 음식을 꿈에서 보게 된다』고 했다.《진서산문집·유성백자설劉誠伯字說》

명나라 때의 저명한 극작가였던 탕현조湯顯祖는 《임천사몽臨川四夢》을 편집하여 인구에 회자되었다. 그는 친구에게 보내는 편지 중에서, 그의 이러한 극작품의 주요한 사상은 『꿈이란 정情에서 생겨나고』 『정情으로 인하여 꿈이 생겨나며, 꿈으로 인해서 작품을 이루었다』고 말하였다.《옥명당척독지삼玉茗堂尺牘之三・복사생몽작復師生夢作》・《옥명당척독지사・복감의록復甘義籙》《목단정牡丹亭》은 바로 총명하고 아름다운 여인인 두여랑杜麗娘이 꿈 속에서 애인인 유몽매柳夢梅와 결합하게 되었는데, 이로부터 바로 꿈 속의 애인을 뒤쫓게 되었으며, 이후 생사를 아끼지 않는 투쟁을 거쳐 결국 자신이 바라는 바를 실현하게 되었다는 내용을 묘사한 것이다.

사실에 근거해 논하자면, 프로이트가 말한 〈욕망의 만족〉은 주로 위에서 서술한 〈마음이 빠지는〉 꿈과 〈감정이 넘치는〉 꿈에 해당된다. 그러나 이러한 욕망은 자아의식 속에서 반드시 억압을 받는 것은 아니며, 그러한 예는 책을 읽는 선비들이 관리가 되려고 하는 것, 혹은 당나라 태종이 위징을 생각했던 것과 같은 것들이다. 감정의 발전이 일단 〈감정이 넘치는〉 정도에 이르게 되면, 이것 또한 반드시 감정의 만족인 것은 아니다. 예를 들면, 『걱정함이 지나치면 노하는 꿈을 꾸는 것』이나 『놀라움이 지나치면 광포한 꿈을 꾸게 되는 것』과 같은 것을 욕망의 만족에 의한 것이라고 할 수 있겠는가?

---

[5] 『걱정함과 즐거움이 마음 속에 남겨지게 되는 것 憂樂存心』이 곧 꿈이다

장잠이 제시했던 『감정이 변화하여 왕복한다 情化往復』는 것은, 한편으로는 〈감정의 변화〉가 몽상으로 전변될 수 있다고 여기고 있으면서 동시에 또 하나의 중요한 사상적 실마리를 내포하고 있는데, 이것은 바로 사람의 심리적 모순으로부터 몽상 변환의 복잡성을 설명하려고 했다는 점이다. 그러나 유감스럽게도 후세에 《열자》에 대한 주석은 오히려 적지 않으나, 이런 중요한 사상적 실마리는 응당 있어야 할 주의와 발양을 얻지 못하였다.

청나라 강희康熙 연간의 웅백룡熊伯龍의 《무하집無何集》에는 《몽변夢辨》 4편이 있는데, 주로 《논형》에서 제공한 재료에 근거하여 해몽미신을 비판하고 있으나, 이론적인 면에 있어서는 별 공헌이 없었다. 그러나 그도 꿈의 정신심리적 원인에 대해 연구하고 토론하였는데, 그 중 『걱정함과 즐거움이 마음 속에 남겨진다』는 표현으로써 사람들에게 새로운 계시를 주었다. 그는 다음과 같이 말하였다.

《정귀편訂鬼篇》에서 말하기를 『무릇 천지간에는 귀신이 존재하고 있으며, 이는 모두 사람이 사념思念을 정신에다 남겨두어 생겨난 소치이다.』 (꿈에 있어서는 더더욱) 『사념을 정신에다 남겨두게 되어 생겨난 소치』인 것에 속한다. 낮에 생각한 바는 저녁에 그것을 꿈꾸게 되고, ……당나라 현종이 기단祈壇을 애호하였으므로 현원玄元 황제를 꿈으로 꾸었고, 송宋나라의 자업子業은 음란한 놀이에 탐닉하였으므로 여자들이 서로 욕하는 꿈을 꾸었으며, 사조謝朓는 꿈 속에서 시구를 얻었고, 이백은 붓에서 꽃이 피어나는 꿈을 꾸었는데, 이들은 모두 걱정함과 즐거움이 마음 속에 남겨지게 된 소치에 의한 것들이다.

『당나라 현종이 기단을 애호한 것』은 당나라 현종이 도교에 몰두하여 평상시 마음 속으로 애호하는 바가 있었으므로, 따라서 꿈 속에서 도교에서 숭배하는 현원 황제를 보게 되었다는 것을 말한 것이다. 송나라의 자업이라는 사람은 남조南朝시대 때의 송나라의 유자업劉子業을 말한다. 그의 음란한 생활은 극에 달해서, 언제나 궁녀들로 하여금 벌거벗은 몸으로 쫓아다니게 하고, 명령을 따르지 않으면 그 자리에서 참수형에 처했다. 그가 이러한 생활에 탐닉해 있었던 이상 궁녀들이 마음 속으로 그를 원망하고 있다는 것을 알았을 것이다. 그래서 꿈에 한 궁녀가 나타나 그의 면전에서 그에게 파렴치하다고 욕해대는 모습을 보게 된 것이다. 『사조가 꿈 속에서 시구를 얻은 것』과 『이백이 붓에서 꽃이 피어나는 꿈을 꾸었다』는 전설에 관해서는, 주로 사조가 생각에 전념한 것과 이백이 문채를 추구했던 심리적 동향과 관련이 있다. 이러한 몽례로부터 볼 때, 웅백룡이 『걱정함과 즐거움이 마음 속에 남겨지게 된 소치』라고 말한 것은, 어떤 꿈은 『즐거움이 마음 속에 남겨지게 된 소치』이고 어떤 꿈은 『걱정함이 마음 속에 남겨지게 된 소치』라는 말이다. 전자는 마땅히 희몽喜夢에 속할 것이고, 후자는 마땅히 구몽懼夢에 속할 것이다. 그렇다면 사람의 정신상태에는 걱정함과 즐거움이 한마음 속에 동시에 존재하게 되는 상황은 존재하는가? 『걱정함과 즐거움이 마음에 남겨진다』라는 표현은, 사람들에게 이러한 측면으로부터 사고를 하도록 계시해 줄 수 있다. 그러나 웅백룡은 이러한 측면을 생각하지 못했기 때문에, 우리들이 제시한 문제에 답을 할 수 없었던 것은 당연하다.

웅백룡 이후, 이종륜李鍾倫은 《주례찬훈周禮纂訓》을 편찬하면서 일찍이 이러한 문제와 접촉하게 되었는데, 그는 〈희몽〉과 〈구몽〉에 대해 논증하면서 다음과 같이 말하였다.

　희몽과 구몽이라는 것은 대개 즐거움이 있으면 곧 두려움이 있게 되는데, 두렵다는 것의 두려움을 말하는 것이 아니다. 즐거움이 이쪽에 있으면 두려움은 저쪽에 있다는 것을 말한다. 예를 들면 굶주리면 먹는 꿈을 꾸게 되고, 추우면 옷을 입는 꿈을 꾸는 것은 〈즐거움〉이며, 굶주려서도 배고픈 꿈을 꾸고, 추운데도 얼어 버리는 꿈을 꾸는 것과 같은 것이 〈두려움〉이다.

　이종륜이 든 이러한 몽례는 확실히 존재할 수 있는 것들이다. 물론 몽상은 아마도 더욱 복잡할 것이다. 예컨대 굶주리면 배고픈 꿈을 꾸고서 또한 먹는 꿈을 꾸기도 하며, 추우면 얼어 버리는 꿈을 꾸고서 또한 옷을 입는 꿈을 꾸는 것과 같은 것들이다. 이와 같다고 한다면, 사람에게 원래부터 있던 심리적 모순과 몽상의 복잡한 변화라는 이 두 가지 사이의 관련은 더욱 명확해진다. 다만 이종륜은 비록 이러한 문제를 만나기는 했었지만, 기본적으로 사물의 표면적인 현상만으로 사물을 논하여 이론적인 분석과 개괄이 결핍되었을 뿐이다.

　고대 중국에 있어서 인간의 심리적 모순에 대한 중시는 충분하지가 않았었고, 꿈의 심리적 분석에 대해서도 일반적으로는 비교적 간단하여 복잡한 몽례의 분석에 대한 재료는 거의 없다.

3 | 꿈의 두 가지 원인의 관계와 연관

　꿈을 꾸는 것에는 생리병리적 원인이 있으며, 또한 정신심리적 원인도 있다는 것을 고대 중국의 학자들은 일찍부터 인식하고 있었다. 그러나 장구한 시간 동안에 이 두 가지의 꿈의 원인은 단지 각기 개별적으로 평행선상에서 탐색되어 왔다. 서진시대의 악광樂廣이 〈상想〉과 〈인因〉이라는 두 가지의 범주를 제시함에 이르러서야, 비로소 이론적인 측면에서 이들 두 가지의 관계와 연관을 설명하기 시작하였다. 명나라 때의 왕정상王廷相이 분석했던 『백식의 느낌 魄識之感』과 『사념의 느낌 思念之感』을 비롯해 그가 제시했던 〈인연因衍〉과 같은 개념은, 고대 중국에 있어서의 꿈의 원인에 대한 인식의 최고 수준으로 상징된다.

---

〔1〕〈상想〉과 〈인因〉의 함의

동한시대의 왕충과 왕부의 꿈에 관한 학설에서도, 두 가지의 꿈의 원인에 대해 일정 정도 분석을 하긴 했지만, 그러나 분석의 결과는 도리어 그것들을 간단하게 배열하는 것에 그치는 바람에, 사람들은 마치 그들 사이에는 어떠한 연관도 없으며, 아울러 두 가지의 관계를 설명할 필요가 없는 것처럼 인식하게 되었다. 사실상 이들 두 가지의 꿈의 원인은 결코 평행적이거나 분리될 수 있는 것은 아니며, 이러한 상황은 《열자》에서 든 몽례들 중에서 더욱더 분명하게 드러난다.『날이 어두워지려고 하면 물을 꿈에서 보게 되고, 맑아지려고 하면 불을 꿈에서 보게 된다』는 것과『음기가 왕성해지면 물을 꿈에서 보게 되고, 양기가 왕성해지면 불을 꿈에서 보게 된다』라는 이러한 꿈들은 〈단순하게〉 생리병리적 원인에 근거해서 꿈의 원인을 해석한 것으로 볼 수 있다. 그리고『띠를 깔고 잠을 자면 뱀을 꿈에서 보게 되고, 나는 새가 머리카락을 물면 날아다니는 꿈을 꾸게 된다』는 것과 같은 것은, 단순히『띠를 깔고』『머리카락을 물고』하는 생리적 자극에 근거해서 해석을 할 수가 없다. 왜냐하면 〈띠〉는 결코 뱀과 같은 것이 아니며, 머리카락이 움직이는 것도 날아다니는 것을 의미하지는 않기 때문이다. 사실은『배가 매우 부르면 나누어 주는 꿈을 꾸게 되고, 배가 매우 고프면 취하는 꿈을 꾼다』는 것에서『나누어 주는 꿈을 꾸고』『취하는 꿈을 꾼다』는 것도 이미 심리적 원인과 관련되어 있다. 그래서 《열자》에서는 꿈을 논함에 있어서 《내경》에서의 성과를 흡수하였을 뿐만 아니라, 또한 《주례》에서의 〈여섯 가지의 꿈〉을 끌어들였다. 그러나 《열자》라는 그 책은 《내경》에서의 꿈에 대한 학설과 《주례》에서의 〈여섯 가지의 꿈〉을 전부 그대로 받아인 것이라고 말할 수 있다. 고대 중국에 있어서 제일 처음으로 이러한 두 가지의 꿈의 원인에 대한 관계를 이론적으로 설명한 사람은 서진시대의 악광樂廣이다.

《세설신어世說新語·문학文學》편에 기록된 것에 근거하면, 위개衛玠와 악광은 일찍이 꿈의 원인을 가지고서 토론을 한 차례 벌인 적이 있었다고 한다.

위개가 어린아이였을 때, 악령樂令(즉 악광)에게 꿈에 대해 물었다. 악령은『그것은 상想이다』라고 말하였다. 위개는『형체와 정신이 접하지 않고서 꿈을 꾸는데 어찌 그것이 〈상〉입니까?』라고 물었다. 악령은『인因이다. 일찍이 수레를 타고서 쥐구멍으로 들어간 적이 없고, 염교를 찧고 쇠로 만든 절굿공이를 씹어먹는 꿈을 꾼 적이 없으니, 이는 모두 〈상이 없고 無想〉〈인이 없는 無因〉 까닭에 연유한 것이다』라고 하였다.

악광(?—304년)은 진晉나라 때의 저명한 현학가玄學家였으며, 원성령元城令과 중서시랑·하남윤河南尹 등의 관직을 역임하였고, 관직은 상서령에 이르렀으며, 당시 사람들은 그를 〈악령樂令〉이라고 불렀다. 《진서》의 본전에서는, 그 사람은 청담淸談에 밝아『매번 간략한 말로써 이치를 분석하므로써 다른 사람들의 마음을 압도하였다』고 했다. 위개는 이후에 악광의 사위가 되었으며, 당시의 현학가로서 변론을 잘하였고, 현리玄理에 밝았다. 위에서 서술한 기록으로 볼 때, 그는 어렸을 때 장래의 장인될 사람과 〈꿈〉이라는 이러한 〈현학적인〉 문제를 토론하였다. 위개가 말한『형체와 정신이 접하지 않고서 꿈을 꾼다』라는 것은 바로 정신이 형체와 접하지 않고, 정신이 홀로 행하여 꿈이 생겨난다는 것으로 그 원류는 《장자》에서의『정신이 교유함』 그리고 《열자》에서의『정신이 노닒』과 관련이 있으며, 그 뜻은 바로 이후 남조의 제량齊梁시대 때의 정신불멸론자들이 말했던『형체는 정지하고 정신은 질주한다』는 의미이다. 이러한 관점의 급소는 꿈을 순수한 정신활동으로 이해하여 육체와는 아무런 관계도 없는 것으로 여긴 데 있다. 악광의 회답은 먼저 〈상想〉이란 글자였다. 언뜻 보면 〈상〉이라는 것도 정신적 범위를 벗어날 수 없고, 순전히 정신적 범위에서 맴도는 것으로 보이기도 한다. 실제로 〈상〉이라는 것에는 언제나 〈무엇을 생각하느냐〉 하는 문제와 〈무엇으로써 생각을 하느냐〉 하는 문제가 존재하고 있어서, 반드시 정신이 의지하는 물질적 인소와 관련되게 되어 있다. 악광이 더 나아가 제시한 〈인因〉이란 것은 육체적 생리적 측면의 원인과 더욱 직접적으로 관련되어 있다.

악광이 제시한 〈상〉과 〈인〉이라는 이 두 범주는 후세의 꿈에 관한 학설에 매우 지대한 영향을 끼쳤다. 그래서 우리들은 이 두 가지 범주의 함의에 대해 반드시 집중적인 분석을 해야만 할 것이다.

《설문》에서는 〈상想〉을『하고자 하는 생각이다 冀思也』라고 하였다. 현대어로 말하면 사람들이 무엇을 하길 바라며, 무엇을 하려고 하는 일종의 생각을 말한다. 이것이 〈상〉의 옛뜻이다. 한위시대와 위진시대 이래로 〈상〉의 외연적 의미는 끊임없이 확대되었고, 〈상〉의 내용도 끊임없이 풍부해졌다. 먼저 〈상〉은 〈사思〉, 즉 사상과 사색을 포함하게 되었다. 앞에서 왕부의 《잠부론》을 인용하면서 『낮에 생각한 바가 있으면, 밤에 그 일을 꿈에서 보게 된다. 이러한 것을 상想이라고 한다』고 했다. 그 다음으로 〈상〉이란 것은 〈상상〉을 포함하고 있다. 《사기·공자세가》에서 『내가 공자의 책을 읽으니, 그 사람을 보고 싶구나』라고 하였다. 《논형·정귀편》에서는 『정념이 늘 마음 속에 결집되어 있다 精念存想』『두려움이 늘 마음 속에 결집되어 있다 畏懼存想』고 했다. 그 다음으로 〈상〉에는 희망이나 회상의 뜻이 있는데, 《후한서》에는 그러한 예증이 매우 많이 보인다. 특별히 주의할 가치가 있는 것은, 《열자》에서 〈상몽想夢〉에 대해 논한 것에 장잠이 주석을 달아 『이러한 〈상〉이란 깨어있는 상태일 때 마음에 걱정이 있는 일을 말하는 것으로, 세간에서 일상적인 말로 하는 것처럼 낮에 이러한 일을 생각한 것이 있었는데, 이후 이를 꿈으로 꾸게 된다고 하는 것을 말하는 바는 아니다』라고 했다. 그래서 〈상〉이란 또 『마음에서 걱정하는 情慮』일을 포함하게 되는데, 이는 실제로 이미 일체의 정신심리적 인소를 광범하게 가리키고 있다. 불교철학에서는 〈상〉을 『사물의 상相이 마음 속에 떠있는 것』과 『일체의 심상心相과 상응하여 일어나는 것』을 가리키는 것으로 인식한다.(정복보丁福保와 《불학대사전》〈상〉자의 해석) 악광이 제시한 〈상〉이라는 이러한 범주도 아마 불교철학의 이러한 측면의 배경이 있을 것이다.

〈인因〉을 《설문》에서는 『쫓는다 就也』는 뜻이라고 하였다. 〈취就〉라는 것은 바로 의지하고 의탁하는 것을 말하는데, 이것이 바로 〈인〉의 본뜻이다. 후세에는 항상 〈인과因果〉라는 말로 함께 사용되므로써 〈인〉은 원인을 가리키게 되었다. 그러나 악광이 말한 〈인〉은 절대로 원인을 말하는 〈인〉이 아니다. 왜냐하면 토론하고 있는 문제가 바로 꿈의 원인에 관한 것이므로, 원인의 〈인〉으로써 대답을 했다면 이것은 완전히 같은 말의 반복이 되기 때문이다. 우리들 생각으로는, 악광이 말한 〈인〉은 먼저 『의지한다 因依』는 말의 〈인〉인 동시에 『받다 因受』『인습因習』『인연因緣』 등의 함의를 갖고 있으며, 구체적으로 가리키는 것은 바로 정신이 육체를 빌어서 외계사물에 대해 받는 느낌이며, 그리고 느낌을 통하여 남겨진 인상을 말하는 것이라고 생각한다. 《전국책·진책秦策》에서 『계획을 받길 원한다 願于因計』

라고 하였는데, 〈인因〉은 〈수受〉(받다)와 같다. 〈인습因習〉이란 바로 장기간에 걸쳐 어떤 사물과 접촉하여 형성된 오래된 습관이며 오래된 인상을 말한다. 〈인연因緣〉 또한 불교철학적인 개념으로, 각종 사물이 존재하고 변화하는 조건을 나타낸다. 그래서 악광이 말한 〈인〉도 실제적으로는 모든 육체적 생리적 인소를 종합적으로 가리키는 것이다.

악광이 제시한 세 가지의 예증 중의 하나는 어느 누구도 수레를 타고 쥐구멍으로 들어가는 꿈을 꾸어본 적이 없다는 것이며, 두번째는 어느 누구도 염교를 찧어서 먹는 꿈을 꾸어본 적이 없다는 것이며, 세번째는 어느 누구도 쇠로 만든 절굿공이를 씹어먹는 꿈을 꾸어본 적이 없다는 것이다. 사람이 수레를 타고 쥐구멍으로 들어가는 꿈을 꾸지 않는 까닭은, 누구도 이전에 이러한 생각과 이러한 욕망 그리고 이러한 상상을 한 적이 없었기 때문이다. 첫번째 예증에서 말하는 〈상〉이라는 것은, 바로『생각을 한 적이 없기 때문이다』라는 것이 분명하다. 염교는 일종의 백합과에 속하는 다년생 식물로서, 그 줄기의 껍질은 일종의 채소에 속하는 것으로 일반적으로는 〈해백薤白〉이라고 부른다. 사람들이 염교를 찧어서 쓸데없이 먹는 꿈을 꾸지 않는 까닭은, 사람들이 모두 그것의 줄기껍질을 소금에 절여서 먹기 때문이며, 어느 누구도 그것을 바로 마늘쪽과 같이 그렇게 찧어먹는 것으로 생각해 보지 않았기 때문이다. 사람들이 쇠로 만든 절굿공이를 입에다 넣고서 씹는 꿈을 꾸지 않는 까닭은, 누구도 그러한 물건을 먹을 수 없다는 것을 알고 있기 때문이며, 어느 누구도 그것을 입 속에다 넣고서 씹어본 적이 없기 때문이다. 이러한 일들은 접촉해 보지 못했었기 때문에 이러한 느낌이 없게 되며, 이러한 느낌이 없기 때문에 이러한 인상이 남을 수 없게 되며, 이러한 인상이 남아있지 않기 때문에 바로 이러한 꿈의 조건이 없게 되는 것이다. 물론 두번째와 세번째 예증에서 말하는 〈인〉이라는 것도, 바로『연유함이 없는 까닭이다』를 말하는 것이 분명하다.

악광이 꿈에 대해 논하면서 하나는 〈상〉이라 했고, 그 다음은 〈인〉이라고 했으며 〈상〉은 〈인〉에서 나온다고 했다. 이와 같이 실제적으로는 자기도 모르는 사이에 꿈의 정신심리적 원인을 육체의 생리적 원인과 연계시켰다. 악광의 회답이 비록 단지 두 글자에 불과하지만, 도리어 창조적인 위대한 공헌이 있다. 그러나 악광의 『간단한 말로 이치를 분석한다』라는 말은 너무 지나치게 간략했다고 할 수 있다. 그가 창조한 이 두 가지 범주는 전개될 수 없었기에, 그래서 이후에 진정으로 그 속의 깊은 뜻을 이해할 수 있었던 자는 단지 몇몇 소수의 뛰어난 사람들뿐이었다.

남조시대 때 양梁나라의 문학가이며 철학가였던 유준劉峻(462—521년)은 일찍이 《세설신어》에 대해 주석을 한 적이 있는데, 인용이 매우 풍부하였고 상세하게 예증하여 사람들의 찬양을 받아왔다. 그러나 그는 악광의 〈상〉과 〈인〉이라는 두 글자의 해석에 대해서는 단순하게 《주례》의 〈여섯 가지 꿈〉에다 억지로 갖다붙이므로써, 도리어 매우 천박함을 드러내었다. 그는 다음과 같이 말하였다.

〈상〉이라고 하는 것은 아마도 〈사몽思夢〉일 것이며, 〈인〉이라고 하는 것은 아마도 〈정몽正夢〉을 말하는 것일 터이다.

그렇다면 사람들은, 〈사몽〉이 정말로 〈상〉이라고 한다면 〈악몽噩夢〉이나 〈희몽喜夢〉·〈구몽懼夢〉 등은 바로 〈상〉이 아니란 말인가고 물을 수 있을 것이며, 또 〈오몽寤夢〉이라는 것은 〈상〉과 관계가 없단 말인가고 묻게 될 것이다. 사실 악광의 〈상〉이란 것은 〈사몽思夢〉에서의 〈사〉에 비해 더욱 광범위하여, 실제로는 『마음에서 걱정하는 것』을 포함한 각종의 심리활동을 말한다. 《몽서夢書》에서 『바둑을 두는 꿈을 꾸는 것은 싸움을 하고 싶어하는 생각에서 온다』고 하였다. 이러한 『하고 싶어한다』는 것 또한 〈상〉의 범주에 속한다. 《여씨춘추》에서는 수레 몰기를 배우려던 사람이 『3년이 지나도록 배우지 못하여』 마음 속으로 매우 고통스러워했는데, 마침내 『야밤의 꿈에서 스승으로부터 수레를 잘 모는 법을 전수받는 꿈을 꾸었다』고 했다. 이러한 〈걱정〉 또한 〈상〉의 범주에 속한다. 바로 항상 생각하였기 때문에 마음 속에 바라는 것이 있게 되고, 생각 속에 그리워하는 것이 있기 때문에 걱정을 하기도 하고 기뻐하기도 하며 놀라기도 하고 두려워하기도 하게 되며, 그리하여 밤에는 이에 상응하는 꿈의 세계로 들어가게 되고 이에 상응하는 몽상이 나타나게 되는 것이다. 또한 유준은 〈인〉을 〈정몽〉에다 비교하여 추론하였는데, 이것 역시 합당하지 않다. 물론 〈정몽〉에서 말하는 소위 『느끼어 움직이는 바가 없다』고 하는 것은 엄격히 말해서 존재하지 않는다. 그러나 기타의 다섯 가지의 꿈은 비단 마음에 느끼는 바가 있을 뿐만 아니라, 몸 또한 많건적건 어떤 생리적 느낌과 관계를 갖고 있는데, 그렇다면 어떻게 〈정몽〉을 〈인〉에 속한다고 단순하게 말할 수 있는가?

〔2〕〈인因〉으로부터 〈상想〉으로까지의 전화轉化

앞서 논술한 바와 같이, 악광이 꿈에 대해 논하면서 하나는 〈상〉이고 또 하나는 〈인〉이라 하였으며, 아울러 〈상〉으로부터 〈인〉을 따져 나갔다. 그러나 그는 〈상〉과 〈인〉에 대해 정면으로 논술하거나 설명하지는 못하였다. 하지만 악광이 이러한 실마리를 끌어내었다는 것만으로도 이미 위대한 공헌이 있었다. 그가 하지 못했던 일은 후세에 자연히 보충을 하는 사람이 있기 마련이다.

북송 때의 저명한 학자였던 소식(1036—1101년)은 문학에도 뛰어났을 뿐만 아니라 철리에도 밝았다. 그는 일찍이 《몽재명夢齋銘》이란 글을 쓴 적이 있는데, 악광이 제시했던 〈상〉과 〈인〉에 대한 자신의 견해를 나타내었다. 그는 다음과 같이 말했다.

세상 사람들의 마음은 일찍이 홀로 선 적이 없었다. 속세의 생生과 멸滅은 오로지 한 생각으로 머무를 수는 없다. 꿈과 깨어있는 상태와의 관계는 때때로 서로 주고받고, 수 차례에 걸쳐 서로 전해진 연후에는 그 근본을 잃게 된다. 그런즉 형체와 정신이 이어지지 않는다고 여기게 되지만, 어찌 〈인〉이 아니겠는가? 양을 치면서 깜빡 잠을 잔 사람이 있는데 양으로 인하여 말을 생각하게 되고, 그 말로 인하여 수레를 생각하게 되며, 수레로 인하여 수레의 덮개를 생각하게 되었고, 마침내는 수레 주위에서는 나팔을 불고 북을 치며 자기 자신은 왕공王公이 되는 꿈을 꾸었다. 대저 양을 친다는 것은 왕공과 거리가 먼 것이지만, 〈상〉이란 것이 〈인〉에 의해 이루어진 것이니 어찌 괴이하다 하겠는가!(《고금도서집성》제150권에서 재인용)

소식은 『세상 사람들의 마음은 일찍이 홀로 선 적이 없었다』고 했는데, 이 말은 매우 옳은 말이다. 마음이 일찍이 『홀로 선』적이 없었다라는 것은 바로 『홀로 행하고』『홀로 노닐 수』 없다는 것이다. 그는 또한 세상의 색과 소리와 기氣·맛 등과 같은 각종 현상은, 모두가 계속 끊임없이 생성하고 사멸되며 변화하고 있다는 것을 지적하였다. 사람의 깨어있는 상태와 꿈의 상태는 사실 모두 이러한 현상과 그것의 변화로부터 오는 것이다. 그리고 깨어있는 상태와 꿈의 상태 사이에는 또한 상호전화의 관계가 있는데, 깨어있는 상태에서 본 것이 전화되어 몽상이 되고, 몽상은 또한 깨어있을 때의 행동 즉 연상이나 상상·환상 등등과 같은 것에 영향을 주게 된다. 이와 같이 왔다갔다 하게 되면, 꿈이란 도대체 어디에서 오는지에 대해 사람들은 분명하게 알지 못하게 된다. 분명하게 알지 못하면, 곧 『형체와 정신이 이어지지 않으며』정신이 홀로 행동하는 것으로 여기게 된다. 소식의 입장에서 보자면, 꿈의 내원은 결국 말하자면 〈인〉이라는 것 아니겠는가라는 것이었다.

그가 든 예는 매우 재미있다. 양치기가 풀밭에 누워 옆에 있는 양을 보면서, 마음 속으로 머리와 꼬리가 있고 네 다리가 있는데 만약 조금 더 크고 조금만 더 자란다면, 그것은 말과 마찬가지로 타고 달릴 수가 있지 않을까라고 생각했다. 말은 수레를 끌 수 있기 때문에, 말이란 것으로부터 또 각종의 수레를 생각하게 되었다. 어느 정도 고급스런 수레는 화려한 덮개로 치장하게 되는데, 이러한 수레는 바로 왕공이나 대부들이 타고 다니는 교통수단이다. 그 결과 잠이 든 이후, 화려한 덮개로 치장한 수레가 보이고, 사람들이 주위를 에워싸고서 나팔을 불고 북을 치며 그 자신은 왕공이 되어 안쪽에 앉아있으니 한가롭고 아름다우며 얼마나 위풍이 있는가! 다 알고 있듯이 양치기와 왕공은 거리가 매우 멀다. 그러나 소식은 이러한 예에 근거하여 『〈상〉이란 것은 〈인〉에 의해 이루어진다는 것』과, 양치기가 왕공이 되는 꿈은 결코 이상한 것이 아님을 지적하였다.

엄격히 말해서, 소식이 말한 〈인〉이란 결코 『의지한다 因依』는 말의 〈인〉이 아니라 〈인연〉이란 것의 〈연緣〉(연유하다)에 해당된다. 『양으로 인하여 말을 생각하는 것』은 바로 양에 연유하여 말을 생각한다는 것으로, 양을 봄으로써 말을 생각하게 되는 것이다. 『말로 인하여 수레를 생각하는 것』도 말에 연유하여 수레를 생각한 것으로, 말을 생각하게 됨으로써 말로부터 한 걸음 더 나아가 수레를 생각하게 된 것이다. 소식이 말하는 〈상〉이란 다만 상상 혹은 연상에 해당되는 것으로, 악광이 이해한 것에 비해 조금 편협적이다. 그러나 소식이 얻어낸 『상은 인에 의해 되는 것』이라는 이러한 결론은 매우 일리가 있다. 양치기가 왕공이 되는 꿈에서 비록 겉보기에는 조금도 관계가 없어 보이지만, 자세히 관찰하면 자연히 그 내원이 있다. 먼저 이러한 꿈은 객관적인 사물(양)에 연유하여 생겨나는 것으로, 생리적인 측면에서의 느끼고 받아들임을 벗어날 수 없다. 동시에 『양으로 인하여 말을 생각하는 것』으로부터 꿈에서 『휘장 아래서 나팔을 불고 북을 치는 것』이 보이기까지에는 심리적 원인인 연상과 상상이라는 것이 있다. 이 두 가지 사이에서 〈상〉은 〈인〉에서 나오기 때문에, 그래서 『〈상〉은 〈인〉에 의해 이루어진다』라고 말했다. 이와 같이 악광이 끌어낸 〈상〉과 〈인〉의 관계는 소식에 이르러서는 매우 명백하게 설명되어지게 되었다. 그러나 소식은 서정적인 면에 치중을 한 것같이 보이며 이론적인 면에 있어서의 노력은 아직 부족한 것같이 보인다.

북송 때의 또 다른 문학가인 장뢰張耒(1054—1114년)는 악광의 꿈에 대한 학설을 완전히 계승하였는데, 그는 소식에 비해 더욱 자각적으로 이론적인 측면으로부터 〈상〉과 〈인〉의 연관과 전화관계를 설명하려고 하였다. 그는 다음과 같이 말하였다.

　　무릇 〈인〉이란 것은 〈상〉의 변함이다. 그것은 처음에는 모두 나의 마음에서 조짐이 있었으나, 시간이 흘러 그 근본을 잃어버리게 되고 매우 심하게 멀어져 버리기 때문에, 그래서 〈인〉이라고 말하지만, 그러나 그것의 처음은 모두 〈상〉이다. 세상 사람들은 그 까닭을 밝힐 수 없어서 〈인〉으로부터 〈상〉이 얻어지는 것이 아니라고 여긴다. 가령 성인처럼 〈상〉이 없게 할 수가 있을까? 그렇게 되면 꿈이 없을 것이다! 꿈이 있으면서 어찌 〈상〉이 아닌 것이 있겠는가?(《장우사문집張右史文集》제51권)

〈인〉이란 〈상〉의 변함이라고 하였는데, 이는 옳지 않다. 마땅히 뒤집어서 〈상〉이 〈인〉의 변함이라고 해야 할 것이다. 사람이 꿈을 꾸는 과정중의 모든 정신심리적 인소는, 최초에는 모두 육체가 외물과 접촉하므로써 의식중에 남겨진 유관한 인상이나 정보에서 나온다. 장뢰는 『그것은 처음에는 모두 나의 마음에서 조짐이 있었다』라고 말했는데, 〈조짐〉이라는 것은 흔적을 말한다. 그것이 처음에 나의 마음이 어떻게 〈조짐〉이라는 것을 가질 수 있는가? 그리고 이러한 〈조짐〉이 어떻게 나의 마음 속에 나타날 수 있는가? 단지 외물에 대한 육체의 느낌으로만 설명할 수 있을 뿐이다. 〈인〉으로 인하여 남겨진 인상이나 정보는 처음에는 명확하고 분명하지만, 그러나 시간의 추이에 따라 자연히 『시간이 흘러 근본을 잃어버리게 되어』 모호하게 된다. 다만 사람이 잠을 자는 동안에 그들은 자신도 느끼지 못하는 사이에 잠재의식에서 떠올라 나타나게 되는데, 이것이 바로 꿈이다. 그래서 〈상〉에 속하는 심리적 인소는 처음에는 모두 〈인〉이라는 생리적 인소를 벗어날 수가 없다.

만약 〈상〉은 〈상〉이고 〈인〉은 〈인〉이며, 이것이 아니면 저것이라고 고집한다면 그것은 실제 사실에 부합되는 것이 아니다.

위에서 인용한 장뢰의 논의는 그의 《양극일도서서楊克一圖書序》라는 곳에 나온다. 양극일楊克一은 장뢰의 생질로, 평소 광기가 있을 정도로 책을 좋아하여 항상 마음 속으로 그것을 생각하고, 손으로 그것을 그리며, 그것을 보고, 그것을 잊지 못하였다. 어느 날 꿈을 꾸었는데 어떤 이가 그에게 서른한 권의 책을 주었는 바, 위에는 그가 평소에 좋아하던 작가들의 이름이 번갈아 나타나는 것이었다. 이 꿈은 확실히 〈상〉에서 생겨난 것이므로 장뢰는 기괴하지 않다고 생각했다. 『활쏘기를 좋아하는 자는 꿈에서 좋은 활을 보게 되고, 음악을 애호하는 자는 기이한 소리를 꿈에서 듣게 된다. 왜 그러한가? 뜻이 바로 여기에 있기 때문이다』라고 한 이러한 말은 매우 일리가 있다. 그러나 그의 잘못이라고 생각되는 것은, 〈인〉이라는 것을 최초의 인상(즉 兆)으로 이해하면서, 이러한 인상 또한 근원하는 곳이 있다는 것을 알지 못한 점이다. 이렇게 하므로써 그는 이들 두 가지의 관계를 진실로 규명할 수가 없었다. 그러나 장뢰는 실제상으로는 이미 〈인〉으로부터 〈상〉에 이르는 〈전화〉를 간파해내었다. 그리고 그는 자각적으로 어느것이 어느것으로 전화하게 되는 문제를 제시하므로써, 사람들에게 더 나은 사고를 계발시키고 촉진시키고자 하였는데, 이는 이론적인 측면에서 중요한 의미가 있는 것이다. 그는 〈성인〉은 생각도 하지 않으며 꿈도 꾸지 않는다는 것에 대한 부정이라는 문제를 비롯해 『어찌 꿈이 있으면서 〈상〉이 아닌 것이 있겠는가』라는 논란의 문제에 대해서 매우 식견이 있었다. 꿈이란 결국 잠재의식의 심리활동이며 〈상〉이라는 것과 연관되어 있다. 이러한 점은 아주 틀림없으며 반박할 수 없는 사실이다.

시인이었던 육유陸游(1125—1210년)도 이러한 문제에 대해서 흥미가 있었던 것 같은데, 그의 문집 속에는 꿈을 기록한 시가 많을 뿐 아니라 어떤 시에서는 직접적으로 『마음이 편안하니 꿈이 없고, 〈상〉과 〈인〉을 일소하는구나!』라고 읊고 있다. (《검남시고劍南詩稿·오수午睡》 제11권) 이것은 실제로는 《주례》의 〈정몽〉에서 말하는 『편안하여 스스로 꿈을 꾼다』는 말과 같다. 『마음이 편안하여 꿈이 없다』라는 것은 단지 사람의 바람일 뿐 실제로는 근본적으로 불가능하다. 〈상〉과 〈인〉이라는 것은 꿈을 일으키는 두 가지의 원인인데, 결코 없애 버리려고 생각한다고 해서 〈일소〉되는 것은 결코 아니다. 일소해 버리려고 하는 것 또한 일종의 〈상〉인 것이다.

명나라 때의 당순지唐順之의 《형천비편荆川稗編》에는 《꿈이란 〈상〉에서 생겨난
다는 것을 논함 論夢生於想》이라는 제목을 붙인 한 편의 문장이 있는데, 여기에서
도 마찬가지로 〈인〉으로부터 〈상〉으로 이르는 전화관계에 대해 논하였다. 시간상
으로는 비록 소식과 장뢰의 뒤임에도 불구하고 모호한 관념이 매우 많고, 깊이 또
한 소식이나 장뢰의 두 사람에 미치지 못하였다. 그러나 여전히 조금의 어떤 새로
운 의미도 있었다. 그는 위개와 악광의 저명한 논변을 인용한 후 다음과 같이 말하
였다.

여呂씨는 『형체와 정신이 서로 접하여 꿈을 꾸는 것은 〈상想〉에 귀착되고, 형체와 정
신이 서로 접하지 않고서 꿈을 꾸는 것은 〈인因〉에 귀착된다』고 하였다. 〈인〉에 관한
것을 말하면서 『양으로 인하여 말을 생각하고, 말로 인하여 수레를 생각하고, 수레로
인하여 수레의 덮개를 생각하게 되었고, 그래서 양치기가 수레의 휘장 아래서 나팔을
불고 북을 치는 꿈을 꾸게 된 것이다』고 했다. 이것은 비록 오늘의 〈생각〉은 아니지만,
실제로는 다음날(미래)의 생각에 〈연유〉한 것이다. 그래서 〈인〉과 〈상〉은 한 가지 이
야기이다. 진실로 이와 같다면 〈상〉이 없으면 〈인〉이 없고, 〈인〉이 없으면 꿈이 없으니
천하의 모든 꿈이 〈상〉에서 나타나는 것은 아닐 뿐이다.(《고금도서집성》 제150권에서
재인용)

『형체와 정신이 서로 접하여 꿈을 꾸는 것』과 『형체와 정신이 서로 접하지 않고
꿈을 꾸는 것』의 이러한 분류는 아무런 근거도 없다. 꿈이란 모두 사람의 꿈인 것
인데, 정신이 어떻게 사람의 육체를 떠날 수가 있는가? 그리고 〈정신〉이 어떻게
〈형체〉를 떠날 수 있는가? 그래서 꿈이란 모두 『형체와 정신이 서로 접하여』 꿈을
꾸는 것이며, 문제는 단지 꿈이란 『정신이 칩거하고 神蟄』 『정신이 숨어 버린 神
藏』 상태하에서 형체와 정신이 서로 접하는 것에 있을 뿐이다. 그렇지 않으면 의식
이 깨어있는 상태에서의 『형체와 정신이 서로 접하는 것』과 혼동하게 된다. 만약
정말로 〈상〉과 〈인〉이란 이 두 글자로써 문장을 만드려고 한다면, 『정신이 외물과
접하지 않은 채 꿈을 꾸는 것은 〈상〉에 귀착되고, 정신이 외물과 접하고서 꿈을 꾸
는 것은 〈인〉에 귀착된다』고 말해야 할 것이다. 전자는 사려와 상상 그리고 환상
등과 같은 것에 의해 꿈을 꾸게 되는 것이고, 후자는 비나 바람·추위나 더위와 같

은 자극에 의해 꿈을 꾸게 되는 것을 말한다.

『〈인〉에 대한 설명』은 완전히 소식의 견해를 원용하긴 했으나 소식이 제시했던 『〈상〉이란 〈인〉에 의해 이루어진다』는 것에 대해 깊이 생각하지는 않았다. 당순지는 양치기가 왕공이 되는 꿈은 반드시 〈오늘의 생각〉에서 나온 것만은 아니며, 양치기 자신도 자신이 오늘 왕공이 될 수 없다는 것을 대체로 알고는 있지만, 그러나 그는 항상 언젠가는 이러한 날이 있기를 희망하고 있다고 생각했기 때문에, 그래서 그는 『실제로는 다음날의 생각에 연유한 것이다』고 했다. 이 말에는 매우 일리가 있다. 그러나 다만 이러한 것으로부터 결론을 얻어 『〈인〉과 〈상〉은 한 가지 이야기이다』고 하였는데, 이것은 도리어 합당하지 못하다. 『다음날의 생각에 연유한 것이다』에서의 〈생각〉은 확실히 악광이 이야기했던 〈상〉의 범주에 속하지만, 『다음날의 생각에서 연유한 것이다』에서의 〈연유〉는 도리어 악광이 이야기했던 〈인〉의 범주에 속하는 것이 아니라 〈인연〉의 〈緣〉에 해당될 뿐이다. 〈상〉과 〈인〉은 일치하는 것이기는 하지만, 『전적으로 동일한 것』이라고 한다면 이는 성립하기 어려운 것임을 인정해야만 한다.

『〈상〉이 없으면 〈인〉이 없고, 〈인〉이 없으면 꿈이 없다』라는 말은 꺼꾸로 〈인〉이 없으면 〈상〉이 없고, 〈상〉이 없으면 『꿈이 없다』는 것으로 바꾸어야만 할 것이다. 왜냐하면 〈상〉이란 것은 외물과의 교접으로 정말 잠시 떠날 수는 있지만, 그러나 활동의 인상재료에 근거한 〈상〉이라는 것은 그 처음에는 〈인〉이 외물과 접촉하므로 인해 생겨나지 아니한 것이 없기 때문이다. 『천하의 모든 꿈은 〈상〉에서 나타나지 않는다』라는 것은, 장뢰가 이야기했던 『어찌 꿈이 있으면서 〈상〉이 아닌 것이 있겠는가』라고 한 말과 마찬가지로 사실에 완전히 부합한다. 왜냐하면 단순한 외계의 자극(인)이 심리활동(상)으로 전화되지 못한다면, 몽상을 형성할 수 없기 때문이다. 이러한 것으로 말하자면, 장뢰와 당순지의 이러한 관점은 매우 식견이 있는 것이다. 그러나 꿈의 형성과정은 반드시 〈인〉―〈상〉―〈꿈〉의 과정, 즉 〈인〉으로부터 전화하여 〈상〉이 되고, 그런 연후에 다시 〈상〉으로부터 전화하여 꿈이 되는 것이라고 할 수 있다.

〈인〉으로부터 〈상〉으로까지의 전화과정에 관하여 소식과 장뢰, 그리고 당순지는 서로 다른 정도에서 논술을 하였지만, 그러나 총괄하여 말하자면 여전히 그렇게 매우 명확하고 정확하며 심도가 있지는 않다.

[3] 『내적인 것에 연유하는 것 因乎内者』과 『외적인 것에 연유하는 것 因乎外者』

〈상〉은 물론이고 〈인〉 또한 모두 꿈을 일으키는 원인에 속한다. 어떠한 몽상의 발생도 실제로는 〈상〉과 〈인〉이 모두 작용을 일으킨다. 만약 단순히 그 어떤 한쪽만을 고집한다면, 수많은 꿈들은 해석되기가 힘들어진다. 앞서 인용한 바와 같이 《열자》에서는 『띠를 깔고 잠을 자면 뱀을 꿈에서 보게 되고, 나는 새가 머리카락을 물면 날아다니는 꿈을 꾸게 된다』고 하였는데, 이 말이 또 장화張華의 《박물지博物志》에도 보이는 것으로 보아 아마도 당시에 유행하던 일종의 견해였던 것 같다. 이러한 몽례 중에서 『띠를 깔고』『머리카락을 무는』것은 분명히 〈인〉에 속하고, 『뱀을 꿈에서 보게 되고』『날아다니는 꿈을 꾸는 것』은 결코 단순히 이러한 육체의 자극에서 나왔다고 할 수 없다. 장잠張湛은 《주注》에서 『사물이 유사하므로 해서 느낌에 이른다』고 하였으며, 노중현盧重玄은 《(주)해解》에서 『상象이 유사하면 혼적이 보이게 된다』고 하였다. 뱀의 형상이 띠와 유사하고, 하늘을 날아다니는 데는 반드시 머리카락이 움직이는 것이 따라다니게 되는데, 형상이 비슷하고 닮음으로 인하여 연상되기 때문에, 그래서 잠재의식 중에서 비로소 뱀과 날아다니는 몽상이 나타나게 된다. 여기에서 띠로부터 뱀의 몸에 이르고, 머리카락이 움직이는 것으로부터 하늘을 날아다니는 것에 이르는 과정과 전화는 정신심리적 인소가 작용을 일으킨다. 다만 『띠를 깔고』『머리카락이 움직이는 것』은 외부에서 오는 것이며, 심리적 연상은 내부로부터 오는 것으로 이에는 내부와 외부의 구분이 있을 뿐이다.

원명시기의 섭자기葉子奇는 〈상〉과 〈인〉의 관계에 대해 논술하였는데, 앞선 선배들에 비해 커다란 발전과 진전이 있었다. 그는 다음과 같이 말하였다.

꿈에는 두 가지의 커다란 단서가 있다. 하나는 〈상〉이고, 다른 하나는 〈인〉이다. 〈상〉이란 눈으로 보는 것이고, 〈인〉이란 유사하므로 느끼는 것이다.

속담에서 이르기를 남방에 사는 사람은 낙타를 꿈에서 보지 못하고, 북방에 사는 사람은 코끼리를 꿈에서 보지 못한다고 했다. 이것은 보지 못한 것이기 때문이다. 대개 눈으로 본 것이면, 마음에 생각하는 바가 되어서 꿈에 형상되어 나타나게 된다.

『말로 인하여 수레를 생각하고, 수레로 인하여 덮개를 생각하는 것』은 유사하므로 인하여 느끼는 것이다.(《초목자草木子》제2권 하)

『상이란 눈으로 보는 것이다』라는 것은, 〈상〉이라는 것이 바로『눈에 보이는 것』이라는 바가 아니라, 〈상〉이란 반드시『눈으로 보는 것』에 의지해서 의식 속에 남겨진 각종의 인상을 말하는 것이다. 이것은 생리적 인소에 대한 심리적 인소의 의존이고, 〈인〉에 대한 〈상〉의 의존이며, 외부적 원인에 대한 내부적 원인의 의존이다. 남방 사람이 낙타를 꿈에서 보지 못하는 까닭과 북방 사람이 코끼리를 꿈에서 보지 못하는 까닭은, 바로 옛날의 교통이 극도로 불편한 상황하에서 남방 사람은 일반적으로 낙타를 본 적이 없었고, 북방 사람은 일반적으로 코끼리를 본 적이 없었던 까닭이다. 이러한 것을 본 적이 없다면, 의식 중에도 이러한 것에 대한 인상이 없게 되며, 그래서 〈생각〉(想)하려 해도 생각할 수가 없다. 평상시에 이러한 것에 대한 인상을 얻었을 때만이 비로소 능히 〈상〉에 대해 재료를 제공할 수 있으며, 원래의 인상은 비로소 몽상으로 전화할 수 있게 된다. 꿈이란 단지『눈으로 보는 것』에 의해 남겨진 인상으로부터만 나오는 것은 아니며,『귀로 듣고』『코로 냄새를 맡는 것』에서 획득한 재료와도 유관할 수 있으며, 다만 주로『눈으로 보는 것』에 의해서 생겨날 뿐이다. 어떤 사람이 이에 대해 통계를 낸 적이 있는데, 사람의 감각인상의 70%는 눈으로부터 오고, 14%는 귀에서 생겨나며, 9%는 기타의 감각기관에서 생겨난다고 했다.(《리더스 다이제스트》1986년 5월호, 35쪽) 이러한 통계가 그렇게 정확한지의 여부는 알 수 없지만, 그러나 감각인상의 대부분이 눈으로부터 생겨난다는 점에는 의혹이 없다. 현대 심리학에서도 꿈 속에서의 몽상은 눈에 보이는 것이 많은 것으로 여기고 있다. 부폰Buffon과 프로이트Freud도 모두 이러한 견해를 제시했었다.(《정신분석입문》63쪽) 이러한 것으로 볼 때, 섭자기의『〈상〉이란 눈에 보이는 것』이라는 말은 일리가 있다.

『〈인〉이란 유사하므로 느끼는 것이다』라는 바는, 서로 유사한 자극이나 느낌이 추리적 상상 혹은 유추적 연상을 일으킬 수 있으며, 이러한 류의 상상이나 연상에 의해서도 서로 유사한 몽경이나 몽상을 발생시킬 수 있다는 것을 말한다. 소식이 이야기했던『양으로 인하여 말을 생각하는 것』은 양과 말이 같은 종류로 상상을 할 수 있기 때문이다. 『말로 인하여 수레를 생각하고, 또한 수레로 인하여 덮개를 생각하는 것』은, 또한 말과 수레 그리고 수레와 덮개 같은 것들을 연이어 상상했기 때문이다. 이것은 생리적 인소가 내심적 인소로 향하는 전화이고, 〈인〉이 〈상〉으로 향하는 전화이며, 외부적 원인이 내부적 원인으로 향하는 전화이다. 앞에서 인용했던『띠를 깔고 잠을 자면 뱀을 꿈에서 보게 되고, 나는 새가 머리카락을 물면 날아다니는 꿈을 꾸는 것』또한 이러한 류의 몽례에 속한다. 이러한 몽례는 고대 중국의 시나 문장들 중에 수두룩하다고 할 수 있다. 어떤 이가 꿈에서 관가의 북소리를 들었는데, 깨어나 보니 원래는 동생이 문고리를 두드리며 놀고 있던 것이었음을 발견하였다고 한다.(《유양잡조》제8권) 진여의陳與義의 시에서는『어쩔 수 없이 장안長安에서 작은 수레 하나는 구하였으나, 꿈나라 깊은 곳에서 격렬한 천둥과 같이 뛰어다니는구나』라고 하였으며,《술을 대한 지 3일 만에 다시 시를 읊음 對酒後三日再賦》황정견黃庭堅의 시에서는『말이 마른 삼태기를 깨물며 떠들썩할 때 반쯤 잠이 들었더니, 꿈에서 비바람을 이루어 물결이 강을 뒤엎었네』라고 하였으며, 또『남풍이 낮잠 속으로 들어오매 일어나 보니 솔바람이더구나』라고 하였다.《산곡집山谷集》과《산곡외집》또 육유陸游의 시에서는『야밤에 난간에 기대어 비바람 부는 소리 들으며 잠이 들었더니, 무장을 한 말과 빙하가 꿈 속으로 들어왔다네』라고 하였다.《11월 4일 비바람이 크게 일다 十一月四日風雨大作》수면상태에서 두 눈은 외물을 볼 수 없기 때문에 종종 소리의 유사함에 의해 몽상이 일어나게 된다.

　『〈인〉이란 유사하므로 느끼는 것이다』라는 것에 의해 얻어지는 꿈은 매우 많다. 명나라 때의 진사원은 이러한 종류의 꿈을『신체가 막히는 體滯』꿈이라고 개괄하였다.《몽점일지》에서 다음과 같이 말하였다.

　　무엇을『신체가 막히는 것 體滯』이라고 하는가? 입에 무엇을 머금고 있으면 꿈에서 억지로 큰 소리로 외치려고 해도 입이 열리지 않는 꿈을 꾸게 되며, 다리가 줄에 묶여있으면 억지로 앞으로 나아가려 해도 나아가지 못하는 꿈을 꾸게 되며, 머리가 베개에서 떨어지면 높은 곳에 오르려 하나 떨어지는 꿈을 꾸게 되며, 포승을 베고 잠을 자면 뱀이나 살무사를 꿈에서 보게 되며, 화려한 옷을 깔고 잠을 자면 호랑이를 꿈에서 보게 되며, 머리카락이 나뭇가지에 걸리면 거꾸로 매달리는 꿈을 꾸게 된다. 이러한『신체가 막히는』꿈은 그 연유를 유추할 수가 있다.《몽점일지 · 감변편感變篇》

잠을 잘 때 입 속에 어떠한 것을 머금고 있으면, 꿈 속에서 억지로 고함을 치려고 해도 언제나 소리를 낼 수가 없다. 잠을 잘 때 다리가 어떤 것에 의해 감겨져 있으면, 꿈 속에서 억지로 앞으로 나아가려 해도 다리는 언제나 제자리에 붙어 버려 걸을 수가 없게 된다. 몸부림을 칠 때 머리는 베개로부터 떨어져 나와 깨지 않으면 꿈 속에서는 자신이 높은 곳으로부터 떨어지는 꿈을 꾸게 된다. 죄를 지으면 포승으로 묶이게 되는데, 묶인 채로 잠을 자게 되면 꿈 속에서 뱀이 몸을 칭칭 감는 것이 보이게 된다. 야외에서 휴식을 할 때, 길게 많은 머리카락이 나뭇가지에 걸리면, 자신이 거꾸로 매달려 있는 꿈을 꾸게 된다. 이러한 것들도 모두 서로 유사한 자극으로 인해 몽상으로 전화된 것들이다. 주의할 만한 가치가 있는 것은, 위에서 인용한 시문들 중의 몽례들은 대부분이 청각상의 유화類化인데 비해, 이러한『신체가 막히는』꿈은 기본적으로 촉각(혹은 피부감각)상의 유화이다. 단지 화려한 옷을 깔고 자므로 인해서 호랑이를 꿈꾸게 되는 것은 시각에 속하는데, 아마도 잠자기 전에 얼룩덜룩한 의복을 보고서 어떠한 인상이 남겨졌거나, 혹은 비몽사몽간에 얼룩덜룩한 의복을 보고서 형성된 일종의 환상에 의한 것일 터이다. 그것이 꿈으로 나타나게 되면 바로 온몸이 무늬이거나 혹은 얼룩무늬로 된 호랑이가 된다. 이러한 몽례는 모두가 많은 사람들의 직접적인 체험에서 나온 것들인데, 이것들을 현대의 외국의 많은 재료와 비교하면 강한 설득력을 갖고 있다.

혹자는 섭자기가 제시했던『〈상〉이란 눈으로 보는 것』과『〈인〉이란 유사하므로 느끼는 것』이라는 견해는 매우 식견이 있기는 하지만, 그러나 〈상〉과 〈인〉의 관계를 직접적으로 설명하지 못하였다고 할 수도 있을 것이다. 그러나 우리들 생각으로는, 섭자기의 이러한 두 가지 명제는 악광이 제시한 〈상〉과 〈인〉의 함의를 정확히 파악했을 뿐만 아니라, 〈상〉(심리적 인소)과 〈인〉(생리적 인소) 사이의 연관과 전화 관계를 깊이있게 설명하였다고 생각한다. 전자는 심리적 인소(상)를 중점적으로 강조하였으나, 그러나 끝까지 생리활동(눈으로 보는 것)을 떠나지 않았으며, 후자는 생리적 인소(인)를 중점적으로 강조하였으나, 그러나『유사하므로 느끼는 것』또한 심리활동(상)과 연관되어 있다. 이러한 의미로 볼 때, 섭자기의 이러한 관점은 스스로 독특한 곳이 있을 뿐 아니라, 또한 앞사람들이 이루지 못했던 수준을 갖고 있다.

섭자기 이후로는 청나라 때의 운경惲敬(1757—1817년)이라는 사람이《석몽釋夢》

이란 글을 쓴 적이 있는데, 유준劉峻과 마찬가지로 또다시 《주례》의 〈여섯 가지 꿈〉으로써 〈상〉과 〈인〉을 억지로 해석하여, 여전히 해몽미신적인 요소가 어느 정도 있어 취할 바가 없다. 그러나 그가 제시한 『내적인 것에 연유하는 것 因乎內者』과 『외적인 것에 연유하는 것 因乎外者』이라는 두 개념은, 꿈을 일으키는 원인 속에 존재하는 신심身心과 내외內外의 관계라는 중대한 문제를 돌출시켰는데, 이는 이전 사람들이 언급하지 못한 것이다. 그는 다음과 같이 말하였다.

> 악광이 말한 〈인〉이란 것을 후인들은 『양으로 인해서 말을 생각하고, 말로 인하여 수레를 생각하는』 것으로써 〈인〉을 해석하였는데, 이것 또한 〈상〉일 뿐이니 어찌 〈인〉의 뜻을 다하였다 할 수 있겠는가! 그런즉 〈인〉의 뜻은 무엇인가? 그 바름으로 인하여 바르게 되고, 그 놀람으로 인하여 놀라게 되며, 그 깨달음으로 인하여 깨닫게 되고, 그 기쁨과 근심으로 인하여 기쁘고 근심스럽게 되는 것을 말한다고 할 수 있다. 《장자》에서 『꿈이란 양기의 정화이다. 마음에 기쁨과 노함이 있으면, 정기는 그것을 따른다』고 하였다.(이 말은 《태평어람》 제397권의 인용문에 보이나, 현존하는 《장자》에는 이 말이 없다.) 그것은 『내적인 것에 연유하는 것 因乎內者』인가? 《열자》에서 『……한 몸의 가득참과 허함, 그리고 없어짐과 생김은 모두 천지와 통하며 물류와 대응한다』고 했다. 그것은 〈인〉이라는 것이 외적인 것을 겸했다는 것인가? 옛날 성인들은 음양의 이치에 밝았던고로 드러나는 것으로써 예악을 다스리고, 그윽한 것으로써 귀신을 다스렸다. 그 나머지인 거북점이나 시초점·해몽 등은 근본을 캐어 끝을 돌이키는고로 깨어있는 상태는 꿈이 생겨나게 되는 바이며, 꿈은 깨어있는 상태의 길흉이 보이게 되는 바이므로, 그 이치는 치우치지 않고 바르며 바뀔 수가 없는 것이다.(《대운산방문고大雲山房文稿》 초집 제1권)

운경은 『양으로 인하여 말을 생각』하는 것은 〈상〉이지 〈인〉이 아니라고 했는데, 이는 옳은 부분도 있고 옳지 않은 부분도 있다. 『말을 생각하고』 『수레를 생각하는 것』이 〈상〉에 속한다는 것은 의심의 여지가 없다. 그러나 『양으로 인하여 말을 생각하는 것』에서 〈양〉은 직접 『눈으로 본 것』으로서 양에 대한 두 눈의 감각에 의한 것이므로, 이는 단지 〈인〉에 속할 뿐 〈상〉으로 귀납시킬 수는 없다. 엄격히 말해서 『말을 생각하고』 『수레를 생각하는 것』이 이전에 말이 있고 수레가 있고 한 것을 『눈으로 보았다는 것』을 전제로 하고 있다면, 이 〈상〉 또한 〈인〉을 벗어나지 못한다. 〈인〉에 대한 그의 해석에 있어서 『그 바름으로 인하여 바르게 되는 것』 등 등에 근거한 것은 순전히 같은 말의 반복일 뿐이다. 바꾸어 말하면, 원인은 바로 〈인〉이라는 것이다. 이것은 실제적으로 〈인〉에 대해 명확한 규정을 내리지 않았다. 만약 〈인〉은 〈인〉이라고 한다면, 그러면 〈상〉이 꿈을 일으키는 원인이 되는 것도 〈인〉이 되고 만다! 그렇다면 어떻게 〈상〉과 〈인〉을 구분하겠는가?

운경은 또한 〈사몽思夢〉을 제외한 기타의 다섯 가지 꿈은, 모두 『마음에 기쁨과 노한 바가 있으며, 정기는 그것을 따른다』는 것으로 여겨 이는 마땅히 『내적인 것에 연유하는 것 因乎內者』에 속해야 한다고 여기고 있다. 그러나 사람들은 다음과 같은 질문을 던질 수 있을 것이다. 〈사몽〉이라는 것은 사념에서 나오는 것인데, 설마 이것도 『내적인 것에 연유하는 것』이 아닌 것은 아니겠지? 만약 『내적인 것에 연유하는 것』이 모두 〈인〉에 속한다고 한다면, 그렇다면 어떻게 해서 오로지 〈사몽〉만은 〈상〉이 되고 〈인〉에다 함께 나열할 수 없게 되는가? 그는 또 육체란 〈물류에 대응〉하며 〈인〉에 속하며, 또 『〈인〉이라는 것이 외적인 것을 겸했다』는 것으로 인식했다. 이렇게 해서 〈인〉이라는 것이 도대체 『내적인 것에 연유하는 것』인지, 아니면 『외적인 것에 연유하는 것』인지에 대해 그 자신조차도 명확히 말하지 못하였다. 그러나 이러한 혼란 속에서 도리어 『내적인 것에 연유하는 것』의 〈상〉이라는 것과 『외적인 것에 연유하는 것』의 〈인〉 사이에는 확실히 뛰어넘을 수 없는 한계라는 것은 없다는 것을 발견할 수가 있다. 『〈상〉이라는 것은 눈으로 보는 것』이라는 것에서의 〈상〉은 『내적인 것에 연유하는 것』이라고 할 수 있지만, 그러나 『눈으로 보는 것』은 또한 『외적인 것에 연유하는 것』이며, 『〈인〉이라는 것은 유사하므로 느끼는 것』이라는 것에서의 『느낀다는 것』은 당연히 『외적인 것에 연유하는 것』이지만, 그러나 〈유사함〉으로 인하여 느끼는 것은 또한 『내적인 것에 연유하는 것』이다. 이와 동시에 똑같이 『내적인 것에 연유하는 것』에 속하는 것이라도, 또 생리적인 것과 심리적인 것의 구분이 있다는 것을 살펴야만 한다. 만약 피부가 아프고 가려우며, 장과 위가 배고프고 배부르며, 그리고 오장육부가 허하고 실하다면 이들은 바로 〈인〉에 속한다. 만약 심신이 기쁘고 노하며, 걱정을 하며 놀라 두려워하는 것 등등에 연계된다면, 이들은 또 〈상〉에 속한다. 사람이 꿈을 꾸는 과정중에서, 심신과 내외의 이러한 각종 인소들은 실제로 항상 함께 교차하게 된다.

『깨어있는 상태는 꿈이 생겨나게 되는 바』라는 것에 대해서는 일정한 일리가 있으나, 매우 정확한 것은 아니다. 그리고『꿈은 깨어있는 상태의 길흉이 보이게 되는 바』라는 것은 단지 미신이라 할 수 있을 뿐『그 이치가 치우치지 않고 바르다』고 할 수는 없다.

〔4〕『백식의 느낌 魄識之感』과『사념의 느낌 思念之感』

〈상〉과 〈인〉이라는 두 가지 큰 범주를 사용하여 꿈을 일으키는 두 가지 원인간의 관계를 연구 토론하게 되면, 그 장점은 문자가 간단 명료하면서도 개괄성이 풍부하다는 데에 있다. 그러나 장점이 있으면 반드시 단점이 있게 마련이다. 문자가 지나치게 간단 명료하면, 내포된 의미가 그렇게 명확하지 못하게 된다. 만약 이해를 달리하게 된다면 혼란이 생기기 쉬울 것이다. 그래서 고대 중국의 학자들은 이러한 두 가지 범주에 대해 그렇게 별로 큰 흥미가 없었으며, 그들은 더욱 명확한 몇몇 개념들을 사용하여 꿈을 일으키는 두 가지 원인간의 관계를 직접적으로 토론하기를 좋아하였다.

원나라 때의 학자였던 내득옹耐得翁의《취일록就日錄》에는《꿈을 논함 論夢》이라는 글이 있는데, 역대의 꿈에 대한 학설에 대해 적잖은 평론을 가하였다. 그는《조화권여造化權輿》에서의『정신이 만나 꿈이 된다』는 학설은《열자》에서 왔으며, 이러한 견해는 주로 〈느낌의 변화〉(感變)를 말한 것으로, 단지 꿈을 발생시키는 생리적 원인에만 주의하였기 때문에 어느 정도 편협적인 요소가 있다고 여겼다. 그리고《잠서潛書》에서의『마음이 빠지면 꿈이 된다』고 한 학설은 비록 자신이 창조한 것이지만, 단지 꿈을 발생시키는 심리적 원인에만 주의하였기 때문에 여전히 어느 정도 편협적인 요소가 있다고 했다. 그의 주장은 바로 이러한 두 가지 학설이 겸용되어야만 한다는 것이었다.

……전자의 모든 학설들은 각기 각자의 견지하는 바가 있으며,《주관周官》에서는 이를 모두 다 갖추어 실었다.《열자》에서의『정신이 만난다』는 것과 이태백李泰伯의『넋이 노닐고 마음이 빠진다』는 것은 과연 그러한가? 그렇다, 그리고 (아울러) 두 가지 학설이 있다. 밤에 꿈에서 금은보화를 얻었는데 깨어보니 얻은 바가 없었고, 꿈에 여인과

교접하는 꿈을 꾸었는데 깨어보니 사정을 해버렸더라는 것과 같은 이러한 것들은『마음이 빠진』것이 아니겠는가! 여름날에 노숙을 하였는데, 마침 밤에 이슬이 내렸으나 이불을 덮지 않아 눈이 내리는 꿈을 꾸게 되었고, 겨울날 밤에 이불을 둘둘 감고 잠을 잤더니, 불이 활활 타는 꿈을 꾸게 되었다는 것과 같은 이러한 것들은『정신이 만난』것이 아니겠는가!

내득옹이 든 이러한 두 가지 몽례는 반박할 여지없이 강한 설득력을 지니고 있다. 그러나 이러한 두 가지 꿈을 일으키는 원인에 대해 그는 단지 두 가지 전부를 받아들이는 것에 한정하고 있을 뿐, 결코 진정으로 이들 두 가지 사이의 관계를 고찰하지는 않았다.

우리들이 앞에서 말한 적이 있듯이, 고대의 중국 의학에서는 꿈을 논함에 줄곧 생리병리적 측면의 원인에 착안하였으며, 정신심리적 측면의 원인에 대해서는 오랜 기간 동안 충분한 중시를 기울이지 못했었다. 그러나 고대 중국 의학도 발전하였다. 명나라 때의 의학가였던 장경악張景岳은 꿈에 대해 논하면서, 《내경》의 꿈에 대한 학설을 계통적으로 주해한 이외에도 《주례》와 《관윤자》 등에서의 꿈에 대한 학설을 인용하였다. 그는 단지 장상臟象과 오행五行에 의해서만 꿈을 해석하게 되면, 어떤 몽례는 매우 해석하기가 어렵다는 것을 이미 분명하게 알았다. 그래서 그는 《내경》에서의 꿈에 대한 학설을 긍정하는 동시에, 또한『꿈이란 마음에서 만들어진다』라는 명제를 제시하였다.

《유경類經·몽매夢寐》에서 다음과 같이 말하고 있다.

……『오행五行에 힘쓰면 이와 같지 않은 것이 없다』는 것은 모두 꿈에 이르는 원인을 말한 것이다. 그 변환의 많음은, 즉 송宋나라 소공昭公이 꿈에서 새가 되고, 장주莊周가 꿈에서 나비가 되고, 광무제光武帝가 꿈에서 붉은 용을 타고 하늘로 올라가고, 도황陶侃이 꿈에서 여덟 개의 날개가 생겨 하늘의 문으로 들어섰다는 것과 같은 것들이 있는데, 이들은 또 모두 어떠한 원인에 의한 것인가? 무릇 오행의 변화는 본래 무궁한 것이며, 꿈이란 마음에서 만들어지는 것이니 그 원칙은 하나이다. 대개 마음이란 군주의 벼슬이 되며, 정신의 집이 된다. 정신은 마음에서 움직인즉 오장五臟의 정신은 모두 그것에 응한다. 고로 마음을 주재하는 것은 바로 정신이며, 정신을 주재하는 것은 바로

마음이다.

『오행에 힘쓴다』는 말은 《관윤자·이주편二柱篇》에 나오는 말로, 하나는 육체에
대한 외계 인소의 자극을 가리키는 것으로 바람이나 비·더위와 추위를 비롯해 사
시四時와 절기節氣 등을 포괄하며, 이러한 외계적 인소는 모두 오행의 변화에 의한
결과물이라는 것을 말한다. 다른 하나는, 체내의 오장육부의 성하고 쇠함과 허하고
실함에 대한 내부적 느낌을 말하는 것으로 간은 오행에서의 목과, 폐는 금과, 심장
은 화와, 신장은 수와, 비장은 토와 각각 대응관계에 있기 때문에, 이러한 내감적
인소 역시 오행의 변화에 의한 결과물이라는 것이다. 이러한 외계적 인소와 내감적
인소가 『꿈을 일으키는 원인』이 되는 것은, 분명히 《내경》에서 논한 바 있는 생리
병리적 원인인 것이다. 그러나 《관윤자》에서는 또 『오행이 다 구속할 수는 없으
며』 『꿈 속에서 어떤 일을 듣거나 혹은 어떤 일을 생각하면, 꿈 또한 그것을 따른
다』는 것을 제시하였으며, 송나라 소공이 꿈에서 새가 되고, 장주가 꿈에서 나비가
된 것과 같은 이러한 몽례들은 바로 생리병리적 원인으로는 해석할 수가 없다고 했
다. 그러면 이러한 꿈들은 어떠한 원인에 의해 생겨나는가? 이에 대해 장경악은 끝
까지 따지고 들어도 결국은 〈오행의 변화〉를 벗어나지 못하며, 직접적인 원인은
바로 『꿈은 마음에서 만들어지는』 것이라고 여겼다. 〈마음〉이 어떻게 해서 꿈을
일으킬 수 있는가? 그는 『마음이란 군주의 벼슬이 된다』는 것으로부터 출발하여,
마음과 정신은 하나로 움직이며 기타의 오장의 정신들은 모두 그것에 따라서 응한
다고 여겼다. 『꿈은 마음에서 만들어진다』는 것에 관해, 송나라 때의 강휼江遹은
《열자》에 대해 주석을 하면서 이와 유사한 관점을 제시했었다. 강휼의 견해는, 꿈
이란 『마음에서 스스로 만들어지는 것일 뿐이다』는 것이었으나(《충허지덕진경해冲
虛至德眞經解·주목왕周穆王》편을 참조) 깊이있게 전개되지 못했다. 장경악의 『꿈은
마음에서 만들어진다』는 것은 꿈을 발생시키는 정신심리적 원인에 대해 꽤 선명하
게 긍정을 하긴 했지만, 그러나 사려와 근심·기쁨·경악·놀람·두려움 등과 같
은 정신적 인소에 대해서는 여전히 자세하게 논하지 못하였다. 그래서 그는 비록
정신심리적 인소에 대해서는 상당히 중시하였지만, 전체적으로 말하자면 아직도
여전히 상당히 조잡하다고 하겠다.

중국의 수천 년 동안의 역사를 종적으로 관찰해 볼 때, 꿈을 일으키는 두 가지

원인을 가장 전면적이며 가장 깊이가 있고 가장 세밀하게 분석했던 사람은, 바로 명나라 때의 철학가였던 왕정상王廷相(1474—1544년)을 꼽아야 할 것이다. 그의 지식은 매우 넓고 깊었으며, 철학가적인 사유방식을 견지하였기 때문에 그의 꿈에 대한 학설은 고도의 종합적 성질을 갖고 있을 뿐 아니라 새로운 개괄적인 사상적 특징을 갖고 있다.

왕정상은 그의 《아술雅述》의 하편에서 꿈을 크게 두 가지 종류로 나누었다. 첫 번째 종류는 『백식魄識에 느낌이 있는 것』이고, 두번째 종류는 『사념思念에 느낌이 있는 것』이다. 우리들은 그가 꿈을 일으키는 이 두 가지의 원인에 대해 어떻게 분석하였는지를 보기로 하자.

> 무엇을 『백식魄識의 느낌』이라고 하는가? 오장과 모든 뼈는 모두 지각을 가지고 있으며, 그래서 기氣가 맑고 통하면 하늘에서 노니는 꿈을 꾸게 되고, 살이 쪄서 처지고 탁하면 몸이 날아오르려고 하나 다시 떨어지는 꿈을 꾸게 된다. 마음이 활달하고 깨끗하면 광막한 들판을 노니는 꿈을 꾸게 되고, 마음이 산란하고 괴로우면 어두운 구멍에서 두려워 몸둘 바를 몰라하는 꿈을 꾸게 된다. 뱀이 나를 어지럽혀 미혹하게 하는 꿈을 꾸는 것은 띠를 둘러맨 까닭이며, 우뢰가 귀를 진동시키는 꿈을 꾸는 것은 북소리가 사람에게 들린 까닭이다. 배가 고프면 취하는 꿈을 꾸고, 배가 부르면 나누어 주는 꿈을 꾸게 되며, 더우면 불을 꿈에서 보게 되고, 추우면 물을 꿈에서 보게 된다. 이러한 것들을 추론해 보면, 오장五臟의 백식魄識의 느낌이 드러나게 된다.

〈백식魄識〉이라는 것은 실제로는 현대 생리학에서의 육체지각을 말하며, 이는 외부지각을 포괄할 뿐 아니라 내부지각도 포괄한다. 작자는 〈기〉의 맑고 흐림, 떠오름과 가라앉음, 통함과 막힘, 활달함과 산란함과 배가 부른 것과 배가 고픔, 날씨의 춥고 더움 등으로 꿈을 일으키는 원인을 분석하였는데, 총체적으로 볼 때 이는 여전히 《내경》 사상의 계속이며, 또한 《몽열》편과 《주목왕》편을 비롯한 후세 의학과 장재張載의 몇몇 사상들을 종합한 것이다. 『기가 맑고 통하는』 꿈, 『몸이 살쪄 처지는』 꿈과 『마음이 활달하고 깨끗한』 꿈, 그리고 『마음이 산란하고 괴로운』 꿈 등에 대해 논술했는데, 그의 이전에는 이와 같이 집중적으로 이를 분석한 사람을 보지 못했다. 그리고 『백식의 느낌』이라는 새로운 개괄은 《내경》에서의 『음사가

꿈을 일으킨다 淫邪發夢』는 것이나, 《몽열》편에서의 〈감몽感夢〉·〈시몽時夢〉·
〈병몽病夢〉, 그리고 《주목왕》편에서의 〈느낌의 변화〉(感變)라는 개념에 비해 모두
한 단계 높은 것이며, 악광 이후의 소위 〈인〉이라는 것에 비해서도 훨씬 명확한 개
념이다.

꿈을 일으키는 원인에 대한 왕정상의 분석은 『백식의 느낌』에 중점을 둔 것이
아니라 『사념思念의 느낌』에 중점을 두었다. 그는 다음과 같이 말하였다.

> 무엇을 『사념의 느낌』이라고 하는가? 도道가 지인至人에 이르지 않으면, 생각하고
> 걱정하는 것을 절대로 끊을 수가 없다. 그래서 머리와 꼬리는 한 가지 일이 되어 잠자기
> 전에는 곧 〈사념〉이 되고, 잠든 후에는 곧 〈꿈〉이 된다. 이것은 〈꿈〉이 곧 〈사념〉이고,
> 〈사념〉이 곧 〈꿈〉인 것이다. 무릇 이전에 겪었던 것과 낮에 행했던 것이 꿈으로 들어오
> 게 되면 바로 『습관에 연유한 느낌 緣習之感』이 되며, 무릇 일찍이 보지 못했던 것과 듣
> 지 못했던 것이 꿈으로 들어오게 되면 바로 『만연함으로 인한 느낌 因衍之感』이 된다.
> 이러한 것들을 추론하면, 사람의 마음에 『사념의 느낌』이 드러나게 된다.

소위 『사념의 느낌』이라고 하는 것은, 겉보기에는 감정적 인소에 대한 평가가
부족한 듯하다. 그러나 실제로 사람의 희로애락은 〈사념〉을 꿰뚫지 않은 것이 없
으며, 〈사념〉이 기초가 되지 않을 수 없다. 〈사념〉의 원뜻으로 볼 때, 바람과 욕망·
근심과 즐거움 등이 모두 그 속에 내포되어 있다. 왕정상이 볼 때, 사람의 정신심리
적 활동은 이렇게든 아니면 저렇게든 언제나 각종 사념의 간섭을 받는다고 보았다.
이러한 전제로부터 출발하여, 그는 사람의 〈사념〉과 꿈의 상태를 동일한 물건의
머리와 꼬리로 간주하였다. 이러한 것이 바로 사람의 정신심리이다. 현대의 과학적
용어로 말하자면, 깨어있을 때의 자각의식과 꿈의 상태의 잠재의식으로, 사람의 심
리활동의 통일된 머리와 꼬리이다. 사람이 아직 잠들기 전의 의식 중에는 각종의
사념들이 활동하고 있는데, 이것은 자각적 의식이다. 그러나 사람이 잠이 들게 되
면 이러한 사념은 곧 몽경이나 몽상으로 전화하게 되는데, 즉 자각의식이 잠재의식
으로 전화하게 되는 것이다. 사념의 자각의식과 꿈의 상태의 잠재의식은 모두 사람
의 심리활동에 속하기 때문에, 따라서 꿈의 상태와 사념이라는 것은 실제로는 전적
으로 동일한 것이다. 왕정상이 『꿈 속에서의 일은 바로 세상의 일이다』는 것을 강

조한 것은 이상한 것이 아니다. 엄격히 말해서『꿈은 바로 사념이며, 사념은 바로 꿈이다』라는 표현법은 문자표현이 매우 적절하지는 못하지만, 그러나 왕정상이 실제로 이들 둘간의 구별을 결코 부인한 것은 아니었다. 그는 몽경과 몽상 속에는, 어떤 것은 사람들이 생활하는 속에서『일찍이 보지 못했던 것과 듣지 못했던 것』이라고 여겼는데, 이것이 이 점을 유력하게 설명해 주고 있다. 그리고『사념의 느낌』이란 새로운 개괄은 분명히 《주례》에서의 〈사몽思夢〉에 비해 훨씬 더 광활하며, 《논형》에서의 〈존상存想〉과 〈몽열〉편에서의 〈정몽精夢〉과 〈상몽想夢〉에 비해 훨씬 더 깊이가 있으며, 악광 이래로 이야기해온『꿈이란 〈상상想〉이다』는 것에 비해서도 더욱 선명하고 구체적이다.

왕정상은 비단『사념의 느낌』을 꿈을 일으키는 두 가지 원인 중의 하나로 간주하였을 뿐만 아니라, 더 나아가 그것을 다른 두 가지 상황으로 나누었다. 하나는『습관에 연유한 느낌』으로, 바로『이전에 겪었던 것과 낮에 행했던 행위』에서 얻은 사물의 인상으로, 수면시에 잠재의식의 활동중에서 다시 출현하게 되는 것을 말한다. 장재가 일찍이『꿈이란…… 마음에 습관이 된 옛것에 연유한다』고 한 적이 있다. 왕안석王安石은 시에서『걸주桀紂의 옳고 그름이 꿈에 들어오는 것과 같아, 나의 습관을 완전히 잊어버리지 않았음을 알겠구나』라고 하였는데, 왕정상은 아마도 여기에서 계발을 받은 듯하다. 장재와 왕안석 이전에 속하는 것으로, 불경에서는 또 꿈을 논급하면서『이름 모르는 것에 훈습된 것 無名熏習』이나『이전에 알던 것이 떠돌아다니는 것 舊識巡游』이라고 하기도 했으며(내득옹의 《취일록·꿈을 논함 論夢》과 《유양잡조》제8권을 참조) 혹은 또『기억이 있는 有記』꿈이나《법원주림·면몽편·술의부述意部》『일찍이 경험한 적이 있는 曾更』꿈이 있다는 것을 종종 언급하고 있는데(《비파사론》제47) 이것들은 모두 꿈을 꾸기 이전에 일찍이 자주 보고 듣고 지각한 일들이 있다는 것을 말하고 있다. 《대지도론大智度論》에서는『……또한 일들을 보고 들었던 바를 반복하고, 많이 사유하고 생각한고로 꿈에서 보이게 된다』고 하였다.(《해료제법석론》제12) 이러한 것과 같은 재료들은 왕정상 또한 접촉이 있었으리라 추측된다. 그러나『습관에 연유한 느낌 緣習之感』은 왕정상의 새로운 개괄이었다.

두번째는『만연함으로 인한 느낌 因衍之感』이라는 것이다. 만약『습관에 연유한 느낌』의 내용에 대해서 왕정상보다 앞선 사람들이 얼마간 논술을 한 것이 있다고 한다면,『만연함으로 인한 느낌』은 완전히 왕정상의 창조에 속한다. 그것을『습관에 연유한 느낌』에 비교한다면,『만연함으로 인한 느낌』은 이론적인 측면에 있어서 더욱 중요한 의의를 가지고 있다. 그러므로 우리들은 이를 다음절에서 독립적으로 분석하고자 한다.

꿈을 일으키는 두 가지 원인에 대한 왕정상의 개괄적 분석에 대해, 누구라도 그의 깊이있는 헤아림을 인정하지 않을 수 없고 누구라도 그의 공헌을 긍정하지 않을 수 없다. 그러나 어떤 사람은 왕정상도 꿈을 일으키는 두 가지의 원인을 단지 병렬하였을 뿐 두 가지의 관계에 대해서는 설명하지 못했다고 할 수도 있을 것이다. 실제에 근거해서 논술하자면, 왕정상은『백식의 느낌』과『사념의 느낌』의 관계를 정확하게 직접적으로 논술하지는 못하였다. 그러나 그가 개괄한『습관에 연유한 느낌』은 실제로 이미 꿈을 일으키는 두 가지 원인을 연계시킨 것이다. 왜냐하면『습관에 연유한다』는 것은 결국〈연유〉하는 바가 있어야만 하며,〈습관〉된 바가 있어야 하기 때문에〈연유〉하고〈습관〉된 바는 모두가『이전에 겪었던 것과 낮에 행했던』과정중에서 발생하기 때문이다. 이와 같이『습관에 연유한 느낌』은 반드시『백식의 느낌』을 전제로 하여야만 하며, 아울러『백식의 느낌』으로부터 전화하여 오게 된다. 사람의 심리(두뇌) 속에 저장된 각종 인상들이 꿈에 보이는 것은, 설마 바로 이러한 일종의 전화의 과정을 거쳐 꿈으로 들어가는 것이 아닌 것은 아니겠지?『만연함으로 인한 느낌 因衍之感』이라는 것이〈인因〉으로 인하여〈연衍〉이 되는 것인 이상, 자연히『습관에 연유한 느낌 緣習之感』을 벗어날 수가 없다. 이 점에 대해서는 다음절에서 상세히 논하겠다.

왕정상 이후, 청나라 때의 강희康熙 연간에《사고전서四庫全書》를 주편했던 기윤紀昀(1724—1805년) 또한 자기 나름대로의 꿈에 대한 학설을 가지고 있다. 그는 어떤 꿈은『의식에서 만들어진 꿈』이며, 어떤 꿈은『기기氣機에서 느낌을 받아 만들어진 꿈』이라고 여겼는데, 그 이름은 비록 왕정상과 서로 다르지만, 그 요지는 대체로 동일하다. 그는 다음과 같이 말하였다.

……이치로써 그것을 추론하자면, 생각함에 전념하는 바가 있어 정신을 모으면 상象이 생기게 되는데 이것이『의식에서 만들어진 꿈』이며, 공자가 주공을 꿈에서 본 것과 같은 것이다. 화와 복이 장차 이르려 함에 그 징조가 먼저 맹아하여, 시초와 거북에 보

여지므로 몸이 서로 같이 움직이는데, 이것이 『기기氣機에서 느낌을 받아 만들어진 꿈』이며, 공자가 두 기둥 사이에서 제사를 드리는 꿈을 꾼 것과 같은 것이다.(《열미초당필기閱微草堂筆記》하편 제21권)

『의식에서 만들어진 꿈』이라는 것은 『사념의 느낌』에 의해 꿈을 꾼 것에 상당한다. 그러나 『생각함에 전념하는 바가 있어 정신을 모으면 상象이 생긴다』고 한 것은 매우 옳은 말이며, 왕정상이 들었던 『머리와 꼬리』라는 비유에 비해 더욱 생동적이고 구체적이다. 『기기에서 느낌을 받아 만들어진 꿈』이라는 것은 『백식의 느낌』에 의해 꿈을 꾼 것에 해당된다. 그러나 시초와 거북 그리고 화와 복을 함께 연계시키므로써 미신 속으로 빠지고 말았으며, 따라서 『공자가 두 기둥 사이에서 제사를 드리는 꿈을 꾸었다』는 예도 그렇게 적합하지가 않다. 기윤은 또 『의상意想이 갈라져 나오는』 꿈과 『기기氣機가 옆에서 부르는』 꿈을 제시하였는데, 이는 왕정상의 『만연함으로 인한 느낌』과 관련이 있으므로 뒤에서 함께 분석하게 될 것이다.

[5]『만연함으로 인한다 因衍』는 개념의 과학적 가치

사람들의 몽상 중의 어떤 것들은 『이전에 겪었던 것과 낮에 행했던 것』에서 얻어진 인상에 속하는 것들도 있다. 이러한 인상이 꿈 속에 나타나게 되면, 누구도 기괴하다고 느끼지 않는다. 그러나 어떤 것들은 『일찍이 본 적이 없고, 들은 적이 없는』 사물에 속하는 것도 있는데, 이러한 형상이 꿈 속에 나타나게 되면 사람들은 항상 이상한 것으로 느끼게 된다. 서한시대의 왕연수王延壽는 《몽부夢賦》라는 글에서 다음과 같이 말하였다. 그가 꿈 속에서 『귀신들이 변하는 것을 모두 보았는데, 괴이한 것은 바로 뱀의 머리에 네 개의 뿔을 한 것, 물고기의 머리에 새의 몸을 한 것, 세 개의 다리에 눈이 여섯인 것, 용의 형상이었으나 사람과 비슷한 것들이었다』고 하여(《전상고금삼대진한삼국육조문全上古今三代秦漢三國六朝文》중화서국 영인본, 791쪽 상) 정말로 가지각색의 기묘한 것이 다 있었다고 했다. 객관세계에서 이러한 형상들은 근본적으로 존재할 수 없으며, 당연히 그 누구도 일찍이 본 적이 없는 것이지만, 그러나 사람의 꿈 속에서는 이러한 기괴하고 허황스런 형상이 출현할 수 있다. 이것은 도대체 어떤 원인 때문인가? 도대체 어떻게 나타나는 것일까? 이러한 문제는 오랫동안 철학과 과학에 있어서의 극히 큰 난제 중의 하나였다. 어떤 학자는 사람의 병태로써 해석을 하기도 했었는데, 왕충은 이것을 『정기가 다하고 기운이 피곤하여』 『눈에 거꾸로 반사된 것』이라고 하였으며,《논형 · 정귀편》 범진范縝은 이것을 『정신이 내부에서 어두워져』 『괴이한 사물이 헛되이 보이는 것』이라고 하였다.《답조사인答曹舍人》 이러한 해석에는 보편성이 없기 때문에 사람들을 설복시키기가 어렵다. 또 어떤 학자들은 사람의 심리상태 혹은 심리추구에 근거해서 해석을 하기도 했는데, 예를 들면 악광의 『꿈이란 〈상〉이다』라고 한 것이나 소동파의 『〈상〉이 〈인〉한 바』 그리고 장잠의 『정情이 변한 것』과 이구李觏의 『마음이 빠진 것』이라고 한 것들이다. 이러한 해석은 사실에 부합되며 사리에 접근하긴 했지만, 여전히 아직 비교적 두리뭉실하다. 왕정상의 중요한 공헌은, 바로 그가 앞선 학자들의 기초 위에서 『만연함으로 인한다 因衍』는 새로운 개념을 제시하므로써, 이러한 가지각색의 괴이한 꿈이 나타나는 메커니즘에 대해서 제일 처음으로 비교적 과학적인 설명을 했다는 데 있다.

왕정상이 볼 때 『이전에 겪었던 것과 낮에 행했던 행위』로 인하여, 사람의 의식 속에는 매우 많은 인상재료가 누적되게 되는데, 이것이 바로 〈구습舊習〉이라고 하는 것이다. 사람이 잠을 잘 때에는 잠재의식 또한 자각의식이 없는 상태에서 이러한 재료들을 운용하여 연상이나 상상, 그리고 구상 등을 하게 되는데, 이것이 바로 소위 『만연함으로 인한다 因衍』고 하는 것이다. 여기에서의 〈인연因衍〉의 〈인因〉이라는 것은 『의지한다 因依』는 것의 〈인因〉이며, 악광이 말한 『〈인〉하는 것이다』라는 것과 같은 뜻이다. 말하자면 잠재의식의 〈인연〉이라는 활동은 반드시 의지하는 곳이 있어야만 하며, 그것이 근거하는 재료는 모두 『이전에 겪었던 것과 낮에 행했던 행위』에서 생겨나고, 모두 〈구습舊習〉에서 생겨난다. 〈인연因衍〉의 〈연衍〉이라는 것은 잠재의식의 심리활동을 가리킨다. 〈연衍〉이라는 글자는 물 〈수水〉자를 따르고 〈행行〉자를 따르는데, 그것의 본뜻은 물이 사방에서 온통 넘쳐 흐르는 것으로, 넘쳐 흐른다는 것은 일정한 경로도 없고 일정한 방향도 없는 것이니, 이것은 바로 잠재의식에 〈뜻〉(志)이 없고 〈주재〉(主)하는 것이 없으며 자아의 제어를 받지 않는 활동의 특징을 말한다. 이로써 〈인연〉이라는 활동은 곧 원래부터 있던 이러한 인상재료를 저러한 인상재료들과 아무런 구속 없이 한데로 모아질 수 있도록 하고 전화할 수 있도록 한다. 예컨대 뱀의 머리에다 네 개의 뿔을 한데 모을 수 있고, 물고기의 머리에다 새의 몸을 한데 모을 수 있으며, 사람의 몸에다 용의 발톱을 한데 모을 수가 있는 것이다. 또 예를 들자면, 사람이 용으로 변화할 수도 있고, 물고기로 변할 수도 있으며, 나비로 변할 수도 있는 것과 같은 것들이다. 이와 같이 사람의 꿈 속에서는 항상 이러한 괴이한 형상들이 떠오를 수 있으며, 이러한 형상은 또 황당한 줄거리와 허황된 꿈의 세계를 구성하게 된다.

왕정상이 〈인연〉이라는 것에 대해 논하면서 자신이 들었던 몽례를 보기로 하자.

......괴이하게 변하는 것을 이야기하면 귀신의 형상이 나타나는 꿈을 꾸게 되고, 망루를 보면 하늘나라 궁궐에 이르는 꿈을 이루게 되며, 꿈에서 두꺼비를 섬멸하는 꿈을 꾸는 것은 가지를 짓밟았던 잘못 때문이며, 꿈에 여자를 만나는 것은 백골을 묻어준 은혜 때문이다. 변화가 반복되어 홀연히 물고기가 되었다가 홀연히 사람이 되기도 하며, 잠을 자는 상태와 깨어있는 상태의 이 두 가지를 잊어버리게 되고, 꿈 속에서 꿈을 이야기하게 된다.

대낮에『괴이하게 변하는 것을 이야기했다』면 분명히 귀로 들은 것이 있을 것이며, 꿈 속에서『귀신의 형상』이 나타난다는 것은 바로 들은 것에서 얻은 인상으로부터 파생되어 나온 것이다. 대낮에『망루를 보았다』고 하면 분명히 눈으로 본 것이 있을 터이며, 꿈 속에서『하늘나라 궁궐』이 나타난다는 것은 바로 보면서 얻은 인상으로부터 파생되어 나온 것이다. 며칠 전 길가에서 가지를 짓밟았다면 분명히 어떤 인상이 남겨졌을 것이며, 꿈 속에서 두꺼비를 섬멸하는 활동이 나타난다는 것은 가지를 짓밟았던 인상으로부터 파생되어 나온 것이다. 며칠 전 죽은 사람의 뼈를 묻어주었다면 이것 또한 분명히 어떤 인상이 남겨졌을 것이며, 꿈 속에서 한 여인이 은혜에 감사하는 것이 나타나는 것은 또한 뼈를 묻어준 인상에서 파생된 등등과 같은 것들이다. 이러한 인상들과 몽상(괴이함과 귀신·망루와 하늘 궁궐·가지와 두꺼비·백골과 여자) 사이에는 본래부터 어떤 유사함이나 비슷함 혹은 그밖의 다른 것과 연관성이 있으며, 따라서 잠재의식의 활동은 곧 〈인因〉함으로부터 그것을 〈만연〉(衍)시킬 수가 있다. 〈인연因衍〉의 발생이라는 문제에 대해서, 왕정상은 여전히 대낮의 〈사념思念〉활동과 관계가 있다고 여겼다. 대낮에『괴이하게 변하는 것에 대해 이야기를 하게』될 때『귀신의 형상』의 두려움을 생각할 수가 있게 된다.

대낮에『망루를 보게 될』때『하늘나라 궁궐』의 아름다움을 흠모할 수가 있게 된다. 이전에 가지를 짓밟았을 때, 아마도 한 마리의 두꺼비로 오인했을 수 있을 것이다. 이전에 백골을 묻어주었을 때, 아마도 이것이 여자의 뼈가 아닌가 하고 추측했을 수 있다. 이와 같이 이러한 〈인연因衍〉이라는 새로운 개념에 근거하게 되면, 사람들이 꿈 속에서 종종『변화가 반복되어 홀연히 물고기가 되었다가 홀연히 사람이 되기도 하며, 잠을 자는 상태와 깨어있는 상태의 이 두 가지를 잊어버리게 되고, 꿈 속에서 꿈을 이야기하게 되는』것과 같은 현상이 이미 더이상 이해할 수 없는 것이 아니게 된다. 어떤 황제는 낮잠 속을 노니는 꿈을 꾸기도 했고, 조趙나라의 간자簡子는 하늘의 중앙을 노니는 꿈을 꾸었고, 장주는 나비가 되는 꿈을 꾸었으며, 오吳황후는 창자가 멀리 나아가 하늘의 문을 감싸는 꿈을 꾸기도 했는데, 얼마나 기이하고 괴이한 것인가에 관계없이 이 모두는 귀신이 사주하고 영혼이 홀로 행한 것이 아니며, 〈인因〉함으로 〈만연〉(衍)된 것으로 〈만연함〉에 〈인因〉한 바가 있는 것이다. 〈만연함〉이라는 것은 확실히『일찍이 들은 적이 없고, 일찍이 본 적이 없는 것』이지만, 그러나 〈만연함〉이 〈인因〉한 바는 또한『이전에 겪었던 것과 낮에 행했던 것』으로, 즉『일찍이 본 적이 있고 일찍이 들은 적이 있는 것』이다. 그래서 끝까지 따지자면 결국은 사람의 육체를 벗어나지 못하고, 사람의 지각인상을 떠날 수 없으며, 현실세계를 떠날 수 없다. 미신주의자들은 비록 각종의 괴이한 꿈을 이용하여 크게 논지를 펼 수는 있었다 할지라도, 그들의 황당무계한 논리는 결국 발을 붙이고 설 수가 없었다. 왕정상의 이러한 분석은 꿈을 일으키는 원인에 대한 과학과 철학적 인식을 하나의 새로운 수준으로 끌어올렸으며, 지금에 이르기까지도 여전히 과학적 가치를 지니고 있다.

명청 교체시기에 살았던 방이지方以智의 꿈에 대한 학설도 적지 않은 고견을 가지고 있다. 그가 왕정상의 꿈에 대한 학설에 주의를 기울였는지의 여부는 알 수가 없지만, 그의 꿈에 대한 학설 속에도 〈인연因衍〉이라는 뜻이 들어있으며, 구체적인 논술 속에서도 매우 독특한 몇몇 견해를 제시하고 있어서 왕정상의 〈인연〉이라는 개념에 대해 보충이 될 수 있을 것으로 생각된다.

그는《동서균東西均·진심盡心》편에서 다음과 같이 말하고 있다.

깨어있을 때에는, 그 본 것에 연유하고 영향을 받아서 그윽한 것을 알게 되며, 잠을 잘 때에는 그 익숙되어 있는 것은 만연하게 되고, 혼魂은 익숙하지 않았던 바를 전하게 된다. 음이 그르치게 되면 싸우기를 좋아하게 되고, 땀이 흐르면 쉽게 놀라게 되며, 일상적인 것을 싫어하며 새로운 것을 좋아하게 되며, 계속해서 답습하게 되면 또한 게으르게 된다. 편한 바에 친하면, 이르는 바가 이루어지게 된다. 던지지 않으면 들어가지 않고, 그것을 던진즉 바로 붙게 되며, 불러일으키지 않으면 나오지 않고, 일단 나오면 곧 상리를 벗어나게 된다. 곧이곧대로 그것을 말하면 믿지 않고, 상세히 그것을 쫓으면 도리어 피로해진다······.

寤, 緣其所見而薰以爲奧 ; 寐, 衍其所狎而魂傳其所不習. 陰賊樂鬪, 汗漫善驚, 厭常而喜新, 循之又懈. 昵于所便, 所至成所. 不投不入, 投之卽粘 ; 不激不出, 一出卽橫. 直告之, 則不信 ; 詳屬之, 則反疲······.

방이지는 다음과 같이 지적하였다. 사람이 깨어있을 때에는, 의식은 감각이 듣는 것에 의지하여 부단히 영향을 받으므로 해서 사물의 그윽함을 발견할 수 있다. 사람이 수면상태일 때에는 정신과 혼은 평소에 습관이 되고 가까우며 친근했던 인상 재료에 의지하여 〈만연화〉(衍化)되게 되고, 이로써 몽상에서는 사람들에게 평상시에 일찍이 겪어보지 못했던 것이 드러나게 된다. 〈압압狎〉이라는 단어는 고대 한어에서의 본뜻은 〈습습習〉이었으나, 인신되어 비슷하고 서로 사이가 좋으며 업신여기지만 구속하지 않는다는 뜻들이 있다. 여기에서 나타내는 것은 평상시에 획득된 각종 인상들과 심리상태를 포괄하고 있는데, 이것은 바로 왕정상이 말했던 〈사념思念〉이라는 개념과 같다. 그래서 『익숙한 바를 만연시킨다 衍其所狎』는 것이란 〈연衍〉에 〈인因〉한 바가 있다는 것과 〈인因〉으로부터 〈연衍〉이 된다는 것을 의미하고 있다. 〈만연화〉된 결과물은 바로 꿈을 꾸는 사람이 평상시에 『익숙하지 않았던 바』인데, 이것은 바로 『경험한 적이 없고, 행한 적이 없으며, 일찍이 들은 적이 없고, 일찍이 본 적이 없는 것』을 말한다. 방이지는 또한 예를 들어 〈만연화〉하는 것의 상황을 설명하였는데, 만약 음사陰邪가 손상을 당하면 일반적으로 꿈 속에서는 싸우기를 좋아하게 되며, 만약 온몸에 땀이 흐르면 꿈 속에서는 일반적으로 쉽게 놀라게 된다는 것과 같은 것들이다. 꿈 속의 심리상태라는 것은 일반적으로 새로운 것을 좋아하고 옛것을 싫어한다. 무릇 음정陰情이라는 것은 좋아하고 추구하는 것으로, 〈만연화〉라는 것의 결과는 일반적으로 바람의 실현이 된다.(『이르는 바가 이루어지게 된다.』)

방이지의 논술은 비단 〈인연〉이라는 과정중의 감정적 인소와 심리상태를 돌출시
켰을 뿐만 아니라, 더 나아가 〈만연화〉라는 과정 자체의 메커니즘을 드러내어 보
려고 기도하였다. 방이지의 분석에 따르면, 〈만연화〉라는 것은 먼저 잠자기 전에
미리 일정한 재료가 〈투입〉되어야 한다는 것을 전제조건으로 한다. 일정한 재료가
투입되지 않으면 〈만연화〉가 이루어질 수 없는데, 이것이 바로 소위 『던지지 않으
면 들어가지 않는다 不投不入』는 것이다. 그러나 만약 일정한 인상재료가 투입되
었다고 한다면, 잠을 잘 때에 반드시 원래 저장되었던 인상재료와 서로 『붙게 될
것』이다. 붙게 된 결과로, 꿈 속에서는 『일찍이 들은 적이 없고 일찍이 본 적이 없
는』 형상이 자연스레 나타나게 될 것이다. 그 다음으로는 〈만연화〉된 활동 또한 어
떤 격발적인 인소를 전제조건으로 하는데, 바로 소위 말하는 『불러일으키지 않으
면 나오지 않는다』라고 한 것이다. 이러한 격발적인 인소는 바로 잠자기 전의 일정
한 심리상태를 말한다. 만약 일정한 심리상태에 격발시키는 바가 없다고 한다면,
꿈 속에서 그렇게 괴이하고 기이한 형상은 절대로 나타날 수 없다. 〈만연화〉가 일
단 새로운 몽상을 나타내기만 하면, 이러한 몽상은 항상 사람들의 예측을 벗어나게
되는데 이것이 소위 『일단 나타나면 상리에 벗어나게 된다』고 한 것이다. 이와 같
은 몽상이나 몽경을 만약 바른 말로 곧이곧대로 다른 사람에게 말한다면 사람들은
크게 비웃으며 믿지 않을 것이다. 만약 이러한 꿈을 일으키는 구체적인 원인을 상
세하게 탐구한다면, 그것은 아마 사람을 피곤하게 하는 형편없는 일일 것이다.

앞에서도 들었던 《사고전서》를 주편한 청나라 때의 학자인 기윤은 『의식意識에
서 만들어지는 꿈』과 『기기氣機에서 만들어지는 꿈』 이외에도, 또한 『의상이 나누
어져 나오는 意想歧出』 꿈과 『기기가 옆에서 부르는 氣機旁召』 꿈이 있다고 여겼
다. 우리들 생각으로는 뒤에서 말한 두 가지 꿈은 〈인연因衍〉이라는 것과 어느 정
도 일정한 연관이 있다고 생각한다. 그는 다음과 같이 말했다.

······혹 심사가 어지럽고 정신이 흐려져 마음에 정해진 주체가 없으면 마침내 각종 환
형이 나타나게 되는데, 병자가 귀신을 보고 마술사가 꽃을 생겨나게 하는 것과 같은 것
들은 의상意想이 갈라져 나오는 것이며, 혹은 길흉이 드러나지 않으면서 귀신이 먼저
알아 상象으로 드러내며 말로써 은밀하게 깃들게 하는데, 이러한 것들은 기기氣機가 옆

에서 부르는 것이다.(《열미초당필기》하 제21권)

『병자가 귀신을 보고 마술사가 꽃을 생겨나게 하는 것』으로써 몽환을 해석한다면 매우 편협적일 뿐만 아니라, 앞의 사람들이 이미 다 말한 것으로 다시 말할 가치도 없다. 어떤 꿈은 『귀신이 먼저 알아 象象으로 드러낸다』고 했는데, 이것은 순전히 해몽미신에 관련된 것으로 더더욱 취할 바가 못 된다. 그러나 『의상이 갈라져 나오는 것』과 『기기가 옆에서 부르는 것』이라는 이 두 가지의 설명법은, 도리어 새로운 뜻이 있는 것이라고 생각한다. 『의상이 갈라져 나오는 것』이란 〈의상〉이 정상적인 사고방향이나 논리를 따라서 운동하는 것이 아니라, 일정한 자의성을 나타내는 것을 말한다. 이것은 비록 맑게 깨어있는 상태의 상상중에서도 존재하지만, 수면시의 몽상중에서는 더욱 일상적으로 나타나며 더욱 전형적이 된다. 꿈 속에서의 〈만연화〉는 어떤 논리적 추리가 아니다. 〈만연화〉의 과정과 결과는 모두 『의상이 갈라져 나오는 것』의 현상으로 나타날 수 있다. 『기기가 옆에서 부른다』는 것의 본뜻은, 육체의 생리적 활동이 정상적인 노선을 벗어나 그 〈옆〉에서 어떤 사물의 유인을 받는 것을 말한다. 이러한 설명법이 사람들에게 주는 계시는, 바로 〈만연화〉라는 것은 비단 잠들기 전의 심리상태와 관련이 있을 뿐만 아니라 잠들기 전의 생리상태와도 관련이 있다는 데 있다. 왕정상은 이러한 점을 주의하지 못하고서, 그는 〈인연因衍〉이라는 것을 단지 『사념의 느낌』과 연계시켰을 뿐이었다. 사실은 그가 말했던 『백식의 느낌』이라는 것 중에서 『띠와 관련된 것』으로 인하여 『뱀 속을 헤매는 어지러운』 꿈을 꾸게 되고, 『북소리』로 인하여 『우뢰가 귀를 진동시키는』 꿈을 꾸게 되는데, 이것 또한 〈인因〉으로 인하여 〈연衍〉하게 되는 것이 아닌가? 방이지가 『음이 그르치면 싸우기를 좋아하게 되고, 땀이 흐르면 쉽게 놀라게 된다』고 한 것에서는, 이러한 문제에 대해 비록 접촉한 바가 있었지만 충분하게 중시하지 못했다. 물론 기윤 자신도 직접적으로 이러한 점을 언급하지는 않았다. 그러나 그가 준 계시는 여전히 의의를 가지고 있다.

현대의 심리학자인 프로이트는 기괴한 꿈에 대해 해석하면서, 일찍이 잠재의식의 〈농축〉·〈전이轉移〉·〈화장〉·〈윤식〉 등등과 같은 〈작업〉을 제시하였다. 그의 분석은 어느 정도 일리가 있긴 하지만, 그러나 어떤 측면에 있어서는 너무 이해하기 어려웠기 때문에 지금의 많은 사람들은 여전히 반신반의하고 있다. 왕정상은 프로이트에 비해 4세기나 빠르며, 그가 창조한 〈인연因衍〉이라는 개념은 소박하고 구체적이며 명쾌하고 매끄럽다. 유감스럽게도 많은 중국의 내외전문가들은 아직까지 중국인에게 일찍이 이와 같은 학설이 있었다는 것을 알지 못하고 있다. 프로이트가 만약 생전에 이를 알았었더라면, 그는 반드시 놀라며 경탄해마지 않았을 것이다.

제 **3** 장

꿈에 관한 몇 가지 구체적인 문제

고대 중국에서의 꿈에 대한 탐색은 크게 꿈의 본질과 꿈의 원인 및 메커니즘이라는 두 측면으로 모아지며, 이와 동시에 많은 구체적인 문제들을 언급하고 있다. 그 중 어떤 것들은 비교적 깊이있게 토론되었고, 어떤 것들은 단지 어떠한 현상에만 주의하는 바람에 이론적인 개괄이 결핍되기도 했다. 그것들은 모두 고대 중국의 문화적 특징을 반영하고 있으며, 이들은 지금에 이르기까지도 여전히 귀감으로 삼고 참고할 만한 가치가 있기 때문에 아래에서 하나하나 소개함과 동시에 적당한 평론을 가하고자 한다.

1 │ 꿈의 분류

《관윤자關尹子·이주편二柱篇》에서는 일찍이 천하에 존재하는 사람들은 수억수조가 훨씬 넘는데(고금을 비롯해 전세계를 통틀어 말한 것일 터이다)『이렇게 많은 사람들의 꿈이 각각 다르고, 매 밤마다의 꿈도 각각 다르다』는 점을 지적하였다. 만약 천하의 사람들이 가지고 있는 꿈을 모두 합친다면 아마『진塵으로도 계산해낼 수가 없을 것이다.』〈진〉이란 고대 중국에서 소수를 나타내는 명칭의 하나로, 1진은 1분의 1억분의 1에 해당한다고 한다. 꿈에 대한《관윤자》의 계산은 대체로 공간이라는 가로좌표에 근거하였으며, 만약 시간이라는 세로좌표도 고려해 넣어 옛날부터 지금에 이르기까지의 사람들이 갖고 있는 모든 꿈을 합산한다면, 그의 계산이 지나치다고 말할 수는 없다. 그러나 미신주의적인 해몽가나 이성을 존중하는 과학자 또는 철학가이든간에 누구도 〈진〉으로 계산된 꿈의 상태에 대해 하나하나씩 나누어 논할 수는 없을 것이다. 인류의 마음 속에 존재하고 있는 공통적 요구는 언제나 대량적이고 흩어져 있는 대상들에 대해 귀납하고 분류를 하고자 하는 것이다.

고대 중국에 있어 꿈에 대한 분류는, 위로는 역사 이전의 시대로까지 거슬러 올라간다. 당시의 선민들은 꿈을 자신에 대한 이해관계에 근거하여, 각양각색의 꿈을 자발적으로 길한 것과 흉한 것의 두 가지로 나누었다. 그러나 각 민족간의 길흉의 표준이 그다지 서로 같지 않았고, 같은 민족에 있어서의 길흉의 표준도 반드시 확정적인 것은 아니었다. 문명시대로 진입한 이후에는 해몽가들이 꿈을 분류하기도 했고, 철학가의 꿈에 대한 분류가 있었으며, 또 외래 종교인 불교의 꿈에 대한 분류가 있었다. 여기에서 주의할 만한 가치가 있는 것은, 꿈에 대한 종교나 신학적인 분류가 반드시 미신이라 할 수는 없으며, 꿈에 대한 철학가의 분류 또한 반드시 미신적인 요소를 지니고 있지 않다고 할 수 없다는 점이다. 꿈에 대한 고대 중국의 분류에는 중요한 사상적 특징이 하나 있는데, 그것은 바로 미신과 과학이 언제나 서로 뒤엉켜 있다는 점이다. 그래서 어떤 내용들은 일찍이 우리들이 해몽미신을 고찰할 때 언급하였고, 어떤 내용들은 꿈의 연원을 탐색하여 거슬러 올라갈 때 언급하였으므로, 지금은 본래의 분류에 따라 총체적으로 분석하고 고찰하여야만 할 것이다.

[1]《주례》의 〈여섯 가지 꿈〉에 대한 분류

은나라 사람들이 꿈에 대해서 구체적인 분류를 하였는지에 대해서는, 현재의 자료로서는 아직 그 단서를 찾을 수가 없다. 《주례》에 근거하면, 주나라 사람들은 꿈을 여섯 가지의 종류로 나누었다. 《주례》가 대략 전국시대에 이루어진 책이므로, 〈여섯 가지의 꿈〉을 선진시대 사람들의 꿈에 대한 분류로 보아도 무방할 것이다. 《주례·춘관》에서는 다음과 같이 말하고 있다.

> 해몽(관)은 ……여섯 가지 꿈의 길흉을 점친다. 첫번째는 정몽正夢이며, 두번째는 악몽噩夢이고, 세번째는 사몽思夢이며, 네번째는 오몽寤夢이고, 다섯번째는 희몽喜夢이며, 여섯번째는 구몽懼夢이다.

〈여섯 가지 꿈〉의 분류는 해몽관의 분류이며, 전체적으로는 해몽미신의 사상체계에 속한다. 그러나 〈여섯 가지 꿈〉의 분류 자체는, 주로 꿈의 내용과 그 심리적 특징을 표준으로 삼고 있기 때문에 그것을 절대로 미신에다 귀착시킬 수는 없다. 앞에서 논술한 바와 같이, 이른바 〈정몽〉이라는 것은 바로 일상적이며 놀라움이나 생각함이 없고 걱정이나 기쁨이 없으며, 심경에 사리사욕이 없는 자연적인 꿈이다. 〈악몽〉이라는 것은, 바로 악몽惡夢이나 가위눌리는 꿈을 말한다. 왜냐하면 꿈 속에서 매우 무서운 일을 만나 꿈을 꾸는 이가 종종 신음을 하거나 놀라 외치기 때문이다. 〈사몽〉이라는 것은, 꿈 속에서 사고하고 고려를 하는 활동이 있는 것을 가리킨다. 〈오몽〉이라는 것은, 깨어있을 때의 꿈을 가리키는 것으로 낮꿈 혹은 백일몽을 말한다. 백일몽을 꾸는 자신은 스스로 깨어있다고 여기지만, 사후에 비로소 이것이 꿈이었음을 안다. 그 특징은 수면과 관계를 발생시키지는 않지만, 도리어 꿈의 상태와는 공통적인 심리적 특징이 있다는 점이다. 〈희몽〉이나 〈구몽〉이라는 것은 모두 꿈 속에서 즐거움이 있고 두려움이 있는 것을 가리킨다. 이러한 구분은 여전히 〈여섯 가지 꿈〉 각각의 길흉에 대해서는 언급하지 않고 있다. 이러한 범위내에서는 신령이나 귀신과는 관계가 없다고 해야만 할 것이다.

《주례》에서는 〈여섯 가지 꿈〉의 원문에서는 단지 그 명칭만 있을 뿐, 이에 대해 해석을 하지 않는 바람에 후세의 주석과 해설에는 의견이 매우 분분하게 되었다. 예를 들면 〈정몽〉의 〈정正〉자에 대해 어떤 이는『바름과 사악함 正邪』의 〈정〉자로 해석하였다. 주희는『생각함에는 선한 것과 악한 것이 있으며』따라서 꿈에도 또한 『바른 것과 사악한 것이 있다』고 했다.《주자대전집 · 답진안경答陳安卿》진덕수眞德秀는『생각에는 바름과 사악함이 있기 때문에, 고로 꿈에도 또한 바름과 사악함이 있다』고 했다.《진서산문집眞西山文集 · 문몽주공問夢周公》이렇게 말하면 〈정몽〉을 제외한 나머지 다섯 가지 꿈은 모두 〈사악한 꿈〉에 속하지 않겠는가? 또 그렇다면 사악한 꿈이 너무 많게 되지 않겠는가? 생각함에 선과 악이 있고 바름과 사악함이 있다고 했을진대, 그렇다면 〈사몽〉에도 반드시 바름과 사악함의 구분이 있어야만 하지 않겠는가? 진덕수는 이에 대해『사몽 중의 바른 것』에 해당하는 것으로는 은나라 고종이 부열傅說을 얻는 꿈을 꾼 것이나, 공자가 주공을 꿈에서 본 것과 같은 예들이 있고,『사몽 중의 사악한 것』에 해당하는 것으로는 조趙나라의 무영왕武靈王이 오吳나라의 미녀를 꿈에서 본 것이나, 한나라 무제가 나무인형을 꿈에서 본 것과 같은 예들이 있다고 했다. 그렇다면 〈사몽〉은 〈정몽〉과는 또한 어떤 관계에 있는가? 기타의 나머지 꿈들도 응당『바름과 사악함』의 구분이 있어야만 하지 않을까! 매우 명백한 일이지만, 주희와 진덕수의 관점은 순전히 일종의 도덕적 입장에 의한 설교이다. 〈정몽〉을 이와 같이 해석한다면 해석하면 할수록 더욱 혼미해질 뿐이다.

또 〈오몽〉의 〈오寤〉자에 대해서 정현은『깨었을 때 그것을 말한다』라고 해석하였고, 가공언은『깨었을 때 본 바가 있어 그 일을 말한다』라고 해석하였다. 〈오〉라는 것은 분명히 깨어있을 때의 의식활동을 말한다. 그러나 만약 〈오몽〉을 깨어있을 때의 한 말과 본 것에 관계가 있으므로 해서 이름이 지어졌다고 한다면, 그렇다면 〈악몽〉이나 〈사몽〉·〈희몽〉·〈구몽〉 등은 설마 깨어있을 때의 한 말이나 본 것과 관계가 있는 것은 아니겠지? 만약 재앙에 대해 애기를 나누면 〈악몽〉을 꾸게 되고, 부모에 대해 애기를 나누면 〈사몽〉이 있게 되며, 애정에 대해 애기를 나누면 〈희몽〉이 있게 되고, 괴이함에 대해 애기를 나누면 〈구몽〉이 있게 될 것이며, 그렇다고 한다면 〈오몽〉과 기타의 네 가지 꿈과의 경계는 실제상으로도 명확하게 구분을 할 수가 없게 된다.

그래서 우리들 생각으로는 《주례》에 있는 여섯 가지의 꿈은, 바로 꿈의 내용과 심리적 특징에 근거하여 명칭을 부여한 것이지 다른 의미가 있는 것은 아니며, 억지스런 결론은 도리어 사람들을 어지럽게 할 뿐이라고 생각한다.

어떤 이는 해몽관이 왜 꿈을 이러한 여섯 가지 종류로 나누었는가라고 물을 수 있을 것이다. 이는 아마도 해몽관이 장기간 동안 해몽을 했던 〈경험〉의 총체적 결론일 가능성이 매우 높을 것으로 생각된다. 해몽관이 비록 『일월성신으로써 여섯 가지 꿈의 길흉을 점치고』 해몽활동이라는 것이 비록 전통적이거나 혹은 일정한 규칙성이 있는 규정된 방식은 있으나, 그들이 실제적으로 추구하는 주안점은 바로 이른바 〈점의 응험〉에 있는데, 이것이 바로 해몽관이 뛰어난가 뛰어나지 않은가를 판가름하는 가장 중요한 표지이다. 만약 해몽관이 규정된 법칙만을 고수한다면 〈점의 응험〉이 있을 가능성은 매우 적을 것이다. 이와 같이 해몽활동 자체는 해몽관으로 하여금 꿈과 꿈을 꾸는 사람의 심리상태에 반드시 주의하도록 만들었다. 우리들이 볼 때, 고대의 해몽관이나 후대의 해몽가들은 모두 그들이 자각하든 하지 않든간에 상관없이, 해몽을 하는 과정에서 실제적으로는 이미 〈심리분석〉을 진행하고 있었던 것이다. 〈심리분석〉이라는 것은 현대에 이르러 비로소 나타난 것은 아니며, 그것의 역사는 매우 오래된다. 단지 고대의 해몽관과 해몽가 들은 다른 사람에게 이러한 비밀이 폭로되는 것을 원하지 않았으며, 그래서 후세에서 많은 세부사항을 그다지 명확하게 알 수 없게 되었을 뿐이다.

---

[2] 《몽열夢列》의 〈열 가지 꿈〉에 대한 구분

동한시대에 왕부王符는《잠부론》을 저술했는데, 그 중의《몽열》편에서 꿈을 열 가지로 나누었다. 왕부의 구분은 분명히 근거가 있었다. 따라서〈열 가지의 꿈〉을 양한시기의 사람들의 꿈에 대한 분류로 볼 수 있다.

《몽열》편에서는 첫머리에 요지를 밝히며 다음과 같이 말하였다.

　무릇 꿈에는 직直이 있고, 상象이 있으며, 정精이 있고, 상想이 있으며, 인人이 있고, 감感이 있으며, 시時가 있고, 반反이 있으며, 병病이 있고, 성性이 있다.(이하에서 인용하는《몽열》은 이 책의 부록 1을 참조 바람)

〈직〉이란〈직몽直夢〉을 말하며, 직접적으로 응험이 나타나는 꿈을 말한다.〈상〉이란〈상몽象夢〉을 말하며, 징조를 드러내는 꿈이다.〈정〉은〈정몽精夢〉을 말하며, 뜻이 정교한 꿈이다.〈상〉은〈상몽想夢〉을 말하며, 생각한 것을 기억하는 꿈이다.〈인〉은〈인몽人夢〉을 말하며, 사람의 재능과 지위의 꿈이다.〈감〉은〈감몽感夢〉을 말하며, 감정 기세의 꿈이다.〈시〉는〈시몽時夢〉을 말하며, 때에 응하는 꿈이다.〈반〉은〈반몽反夢〉을 말하며, 극과 극의 반대되는 꿈이다.〈병〉은〈병몽病夢〉을 말하며, 병의 기운이 있는 꿈이다.〈성〉은〈성몽性夢〉을 말하며, 성정性情의 꿈이다.〈직몽〉이라는 명칭은《회남자·지형훈地形訓》에서 가장 먼저 보이며, 이후에는 또《논형·기요편紀妖篇》에 보인다는 것은 앞에서 이미 설명하였다. 다만〈상몽〉이나〈정몽〉·〈반몽〉등에 관한 몽례들은 이미 선진시대에도 그 기록이 나타나고 있지만, 그러나 그 명칭에 있어 우리들은《몽열》에서 비로소 처음으로 볼 수 있을 뿐이다.〈감몽〉이나〈시몽〉·〈병몽〉등은 아마도 의학이론에서 귀납하여 만들어낸 것일 터이다. 그래서〈열 가지의 꿈〉의 구분은 당시의 전체 사회에 있어서의 꿈에 대한 견해를 개괄하였다고 할 수 있다.〈열 가지 꿈〉의 특징에 관하여《몽열》에서 다음과 같이 말하고 있다.

　……먼저 꿈을 꾼 바가 있고, 이후에 이와 착오가 없는 것을 직몽直夢이라 하고, 견주어 서로 닮은 것을 상몽象夢이라 하고, 깊이 사색하여 정신을 집중하는 것을 정몽精夢이라 하고, 낮에 생각한 바가 있어 밤에 그 일을 꿈꾸며 갑자기 길하다가 갑자기 흉하기도 하여 선한 것인지 악한 것인지를 믿을 수 없는 것을 상몽想夢이라 하고, 귀함과 천함·

현명함과 우둔함·남녀노소에 관계된 것을 인몽人夢이라 하고, 바람이나 비·차가움·더움에 관계된 것을 감몽感夢이라 하고, 오행五行과 왕상王相에 관계된 것을 시몽時夢이라 하고, 음이 극에 달하면 곧 길하게 되고, 양이 극에 달하면 곧 흉하게 되는데 이를 반몽反夢이라 하고, 병이 난 바를 보고 그 꿈에서 본 바를 살피는 것을 병몽病夢이라 하고, 심성의 좋고 나쁨으로 해서 일에 응험이 있는 것을 성몽性夢이라 한다. 대저 이 열 가지는 해몽을 하는 것의 대체적인 요지이다.

왕부는 해몽가가 아니며,『해몽을 하는 대체적인 요지이다』라고 한 것은 실제로『꿈을 분석하는 대체적인 요지』로서 꿈을 대략 열 가지 종류로 나눌 수 있다고 여겼다. 그러나 왕부가 꿈을 분류한 것에는 분명 해몽미신적인 요소가 있다. 그 중 〈직몽〉이나 〈상몽〉·〈반몽〉이라는 것에서『행한 일을 살피어 응험이 헛되지 않는 것』이라고 한 것과 같은 것들은 가장 전형적인 것들이다. 이는 해몽술에 대해 고찰할 때 이미 분석을 한 적이 있다. 그러나 〈감몽〉과 〈시몽〉 및 〈병몽〉 등에서는, 꿈에는 생리병리적인 원인과 특징이 있음을 설명하고 있으며, 〈정몽〉과 〈상몽〉 및 〈성몽〉에서는, 꿈에는 정신심리학적인 원인과 특징이 있음을 설명하고 있어 과학적인 내용과 의의를 가지고 있다. 〈인몽〉에서는 꿈이 꿈을 꾼 사람의 지위나 지능·성별·연령 등과 관계가 있다고 설명했는데 이 역시 일정한 일리가 있다.

[3] 불경에서의 〈네 가지 꿈〉과 〈다섯 가지 꿈〉에 대한 구분

불경이 중국에 전입된 후 종파와 전수의 차이로 인하여 〈네 가지 꿈〉의 분류가 있기도 했고, 〈다섯 가지 꿈〉의 분류가 있기도 했다. 〈네 가지 꿈〉과 〈다섯 가지 꿈〉의 분류는 세부 조항에서 또한 차이를 보이고 있다.

《법원주림·면몽편眠夢篇·삼성부三性部》에서 《선견율善見律》을 인용하여 다음과 같이 말하였다.

꿈에는 네 가지 종류가 있다. 첫째는 사대불화몽四大不和夢이고, 둘째는 선견몽先見夢이며, 셋째는 천인몽天人夢이며, 넷째는 상몽想夢이다.

〈사대불화몽〉은 체내에 지地·수水·화火·풍風의 〈사대四大〉가 초화를 이루지 못해 심신心神이 흩어지므로써 일어나는 것이라고 한다. 그 몽상은 일반적으로 꿈에 산이 붕괴되거나, 혹은 자신이 허공으로 날아오르는 것을 보게 되고, 또는 꿈속에서 호랑이나 사자·도적 등이 뒤에서 쫓아오는 것을 보게 된다. 〈선견몽〉은 대낮에 먼저 본 것을 밤에 꿈으로 꾸는 것을 가리킨다. 대낮에 먼저 본 것이 검은색이거나 흰색, 혹은 남자이거나 여자였다면 밤에 꿈을 꾸는 것 또한 검은색이거나 흰색, 혹은 남자이거나 여자이게 된다. 〈천인몽〉이라는 것은 하늘과 사람이 서로 감응하여 꾸는 꿈을 가리킨다. 선한 사람이 착한 일에 힘쓰면 하늘이 선한 꿈을 꾸게 하므로써 선을 행하고자 하는 착한 마음을 신장시키며, 악한 사람이 나쁜 일을 하면 하늘이 악한 꿈을 꾸도록 하므로써 그로 하여금 두려움을 느끼도록 하여 착한 마음을 가지도록 유도한다. 〈상몽〉은 항상 생각하던 것이 꿈 속에 드러나는 것을 가리킨다. 선한 일을 생각하는 사람은 선한 꿈을 꾸게 되고, 악한 일을 생각하는 사람은 악한 꿈을 꾸게 된다. 이상의 네 가지 꿈에서 명확히 신비주의적인 미신에 속하는 〈선견몽〉을 제외하고, 나머지 세 가지 꿈은 중국의 전통적 견해와 대동소이하다.

《법원주림·면몽편·술의부述意部》에는 〈네 가지 꿈〉에 대한 또 다른 한 가지 분류가 있다.

……향기로운 냄새는 좋고 나쁨에서 연유하며, 꿈은 삼성三性과 통한다. 만약 이전부터 선과 악이 있었다면, 곧 꿈에서도 길흉이 나타나게 된다면 이것은 〈유기몽有記夢〉이 된다. 만약 습관에 선과 악이 없고 일상적인 일만을 널리 바라본다면, 이것은 〈무기몽無記夢〉이 된다. 만약 낮에 청색과 황색에 연유했는데 꿈에서 생각했던 것 또한 이와 서로 같다면, 이것은 〈상몽想夢〉이 된다. 만약 올라가고 내려가는 것이 보이고 물과 불이 서로 엄습한다면, 이것은 〈병몽病夢〉이 된다.

〈유기몽〉이라는 것의 취지는 인과응보이다. 〈무기몽〉이라는 것은 《주례》에서의 〈정몽〉에 가깝다. 〈상몽〉과 〈병몽〉은 모두 중국에서 본래부터 그러한 명칭이 있었다. 《대지도론大智度論·해료제법석론解了諸法釋論》에서는 『꿈에는 다섯 가지가 있다』고 여겼다.

이를테면 몸이 조화스럽지 못할 경우, 만약 열기가 많다면 꿈에서 불이 많이 보이게 될 것이며, 황색이나 적색이.많이 보일 것이다. 만약 냉기가 많다면 꿈에서 물이 보이고, 흰색이 보일 것이다. 풍기가 많다면 꿈에서 날아다니는 것이 많이 보일 것이고, 검은 색이 보일 것이다. 그밖에도 또 듣고 본 바를 반복하여 많이 사유하고 생각한 까닭으로 해서 꿈에서 보이게 되며, 천여몽天與夢은 미래의 일을 알게 하고자 하는 것이다.

『몸이 조화스럽지 못한』이 세 가지 꿈은 〈사대불화몽〉에 가깝다. 많이 사고하여 꿈을 꾸는 것은 또한 〈사몽〉과 〈상몽〉에 상당한다. 〈천여몽〉은 신령이 꿈에서 통하는 것이다. 다섯 가지 꿈 중에서 단지 〈천여몽〉만이 종교신학적인 특색을 드러내었다.

《비파사론毘婆沙論》제47에는 〈다섯 가지의 꿈〉에 대한 또 다른 분류가 보인다.

……말하자면 다섯 가지 인연(원인)은 꿈을 꾼 바에 나타난다. 첫째는 〈유타인몽由他引夢〉이라는 것으로, 모든 신령이나 신선·귀신·주술·약초·부모들이 생각하는 바와 모든 성현들이 이끄는 바에 의해서 꿈을 꾸게 되는 것을 말한다. 둘째는 〈유증경몽由曾更夢〉이라는 것으로, 먼저 보고 듣고 느끼고 알고 한 이 일이나, 혹은 거듭하므로써 습관이 되어 버린 각종의 일들이 지금 바로 꿈에 보이게 되는 것을 말한다. 셋째는 〈유당유몽由當有夢〉이라는 것으로, 장차 길하거나 불길한 일이 있을 것 같아 그것을 따라 꿈에서 먼저 그 형상을 보이게 하는 것을 말한다. 넷째는 〈유분별몽由分別夢〉이라는 것으로, 만약 희구하는 것이나 의혹된 생각을 계속적으로 생각하게 될 경우 이러한 것들을 바로 꿈에서 보게 되는 것을 말한다. 다섯째는 〈유제병몽由諸病夢〉이라는 것으로, 만약 체내의 지地·수水·화火·풍風과 같은 사대四大가 조화를 이루지 못할 때 곧 증가하는 바가 있게 되어 꿈 속에 이러한 종류들이 보이게 되는 것을 말한다.

〈유타인몽〉은 위에서 인용한 〈천인몽〉이나 〈천여몽〉과 같은 종류에 속하며, 꿈이란 것을 꿈을 꾸는 사람의 몸 밖에서 일종의 신비한 역량이 통해서 일어나게 되는 것으로 인식했다. 〈유당유몽〉과 〈유타인몽〉은 서로 연관을 갖고 있는데, 왜냐하면 길흉이 먼저 징조를 드러낸다는 것은, 단지 일종의 신비한 역량을 통해서만 비로소『그것을 따라 꿈 속』에 나타날 수가 있기 때문이다. 이러한 관점은 바로 모든 해몽미신의 공통된 사상적 기초이다. 〈유증경몽〉은 왕정상王廷相이 이야기했던 『습관에 연유한 느낌 緣習之感』에 상당하며, 즉『이전에 겪었던 것, 낮에 행했던 것』에서 얻어진 각종의 인상들이 꿈 속에서 다시 나타나게 되기 때문에 〈증경曾更〉이라 일컫는다. 〈경更〉이란 것은 경과한다는 것이고, 경험한다는 뜻이다.(《시경·대아》의 전箋, 《사기·대완열전大宛列傳》의 색은索隱, 《한서·소망지전蕭望之傳》의 주注, 《광아廣雅·석힐釋詁》제3 등을 참조) 〈유분별몽〉 또한 〈상몽〉이나 〈사몽〉에 속한다. 〈유제병몽〉은 당연히 전형적인 〈병몽〉 혹은 〈사대불화몽〉이다. 첫째와 셋째의 두 종류를 제외하고, 나머지 세 가지는 꿈의 생리기초와 정신적 원인 및 병리적 원인에까지 분별하여 언급하므로써 그 자체로 과학적 의의가 있으며, 단지 불경에서 보았다고 해서 그것을 부정할 수 있는 것은 아니다.

---

[4] 《몽점일지夢占逸旨》의 〈아홉 가지 꿈〉에 대한 분류

　　명나라 초기에 진사원陳士元은 《몽점일지》를 편찬하여, 역대의 여러 학자들의 꿈에 대한 학설을 종합하였다. 꿈이 발생하는 서로 다른 원인과 꿈과 그 조짐과의 서로 다른 관계에 근거하여, 꿈을 다음과 같은 아홉 가지로 귀납할 수 있다고 여겼다.

　　감응은 아홉 가지 이유로 변하는데, 그 연유되는 까닭을 누가 알겠는가? 첫째는 기가 성함(氣盛)이고, 둘째는 기가 허함(氣虛)이며, 셋째는 사악함이 깃듦(邪寓)이고, 넷째는 신체가 막힘(體滯)이며, 다섯째는 정이 넘침(情溢)이고, 여섯째는 직접 화합함(直協)이며, 일곱째는 유사한 형상(比象)이고, 여덟째는 극한 반대를 이룸(反極)이며, 아홉째는 악귀나 요괴(厲妖)에 의한 것이다.

　　『기가 성한』 꿈은 바로 《영추靈樞·음사발몽淫邪發夢》편·《소문素問·맥요정미론脈要精微論》·《열자·주목왕周穆王》편에서 논했던 것과 같이, 음이 성하거나 양이 성하거나 오장이 각각 성하거나 혹은 매우 배가 고픈 것과 배가 부른 것, 긴 벌레나 짧은 벌레의 꿈 등과 같은 모두 열다섯 가지의 몽상이 있다.
　　『기가 허한』 꿈은 《소문·방성쇠론方盛衰論》에서 논했던 것과 같이, 오장이 각

각 허하여 다섯 가지 꿈을 이루게 되고, 각각 『그 때를 얻으므로』 해서 다섯 가지 꿈을 이루는 것으로 모두 열 가지의 몽상이 있다.

『사악함이 깃든』 꿈은 《영추 · 음사발몽》편에서 논한 바와 같이 사악한 기운이 오장 · 육부 · 음부 · 목 · 다리 · 팔 · 태의胎衣 등에 기거하게 되는 꿈으로, 모두 열 다섯 가지의 몽상이 있다.

『신체가 막히는』 꿈은 《열자》의 『띠를 깔고 잠을 자면 뱀을 꿈에서 보게 되고, 날아가는 새가 머리카락을 물면 날아다니는 꿈을 꾸게 된다』라는 것으로부터 추측할 수 있는 것으로, 『입에 머금고 있는 것이 있으면 억지로 말을 하려고 해도 말이 나오지 않는 꿈을 꾸게 되며, 다리가 줄에 묶여있으면 억지로 나아가려 하나 넘어지는 꿈을 꾸게 되며, 머리가 베개에서 떨어지면 높이 오르다가 떨어지는 꿈을 꾸게 되며, 포승을 깔고 누우면 살무사를 꿈에서 보게 되며, 화려한 옷을 두르고 누우면 표범을 꿈에서 보게 되며, 머리카락이 나뭇가지에 걸리면 거꾸로 매달리는 꿈을 꾸게 된다』 등과 같은 것들이다. 『신체가 막힌다는 것』은 육체의 지각이 어떤 것에 정체되어 머무르는 것을 가리킨다. 엄격히 말해서, 이러한 꿈은 육체의 지각에 정체되는 바가 있을 뿐만 아니라 심리적인 부분에 있어서도 〈많은 변화〉가 있다.

『정이 넘치는』 꿈은 진사원이 새로이 만들어낸 학설로서, 기쁨이나 근심이 지나쳐 꿈으로 나타나는 것을 가리킨다. 이를테면 『기쁨이 지나치면 열리는 꿈을 꾸게 되고, 노함이 지나치면 닫히는 꿈을 꾸게 되며, 두려움이 지나치면 숨는 꿈을 꾸게 되고, 근심이 지나치면 화를 내는 꿈을 꾸게 되고, 슬픔이 지나치면 돕는 꿈을 꾸게 되고, 분함이 지나치면 욕을 하는 꿈을 꾸게 되고, 놀람이 지나치면 미치광이가 되는 꿈을 꾸게 된다』는 바와 같은 것들이다. 이러한 꿈은 순전히 심리적 원인에 의해 나타나는 것들이다.

『직접 조화하는』 꿈은 직접 꿈을 꾸게 되거나 또는 직접적으로 응험이 있는 꿈을 말한다. 이를테면 『꿈에서 임금을 보면 임금을 보게 되고, 갑이라는 것을 꿈에서 보면 갑을 보게 되고, 사슴을 꿈에서 보면 사슴을 보게 되고, 곡식을 꿈에서 보면 곡식을 보게 되고, 자객을 꿈에서 보면 자객을 만나게 되고, 수레를 잘 모는 기술을 전수받는 꿈을 꾸면 그 기술을 전수받게 된다』는 바와 같은 것들이다.

『유사한 형상 比象』의 꿈이라는 것도 진사원이 새롭게 제시한 개념으로, 그 뜻은 『물상의 유사함에 연유하여』 꿈을 꾸는 것을 말한다. 〈비比〉라는 것은 유사하

다는 뜻이며,『일의 종류가 서로 유사한 것을 〈비〉라고 한다.』《석명·석언어釋言語》
이를테면『관직에 오르려고 하면 관棺을 꿈에서 보게 되고, 돈을 얻으려 하면 더러
운 것을 꿈에서 보게 되고, 귀하게 되려고 한즉 높은 곳을 오르는 꿈을 꾸게 되고,
비가 내리려고 하면 물고기를 꿈에서 보게 되고, 먹을 것이 생기려고 한즉 개를 부
르는 꿈을 꾸게 되고, 상을 당하게 되려고 한즉 흰옷을 꿈에서 보게 되고, 은총을
받으려 하게 된즉 비단옷을 입는 꿈을 꾸게 되고, 일을 꾀하였으나 이루어지지 않
으려고 한즉 가시나무나 진흙길을 꿈에서 보게 된다』는 바와 같은 것들이다. 그 중
에서 〈관棺〉과 〈관官〉(관직) 그리고 〈어魚〉(물고기)와 〈우雨〉(비)는 소리가 비슷
하며, 〈더러운 것〉과 〈돈〉은 모두 더러운 물건에 속한다고 한다. 높은 곳으로 오르
는 것과 귀하게 된다는 것은 모두 위로 향하여 높이 올라간다는 것이 같고, 가시나
무나 진흙길과 일을 꾀하였으나 이루지 못한다는 것은 모두 사정이 곤란하다는 점
에서 같다. 몽상이라는 것은 사람 일의 상징이다. 나머지의 먹을 것과 개를 부른다
는 것이나, 상을 당하는 것과 흰옷, 은총을 입는 것과 비단옷을 입는 것들은 모두
생활 속에서 자주 서로 연관이 되는 것들이다. 해몽가들은 종종『물상의 유사함에
연유하여』억지 설명한다. 그러나 꿈의『만연함으로 인한 因衍』변화라는 것에는
확실히『물상의 유사함에 연유하는』현상이 존재하고 있기 때문에, 그것을 전부 일
괄적으로 미신이라고 배척할 수는 없다. 해몽가들의 억지 설명은 어떤 때에는 상당
한 응험이 있기도 하는데, 이는 바로 자신도 느끼지 못하는 사이에『만연함으로 인
한』변화의 이러한 특징을 이용한 것이다.

　『극한 반대』의 꿈이란, 반대로 나타나는 꿈 혹은 극과 극의 반대인 꿈을 말하는
것으로,《장자》와《열자》및《몽열》에서도 일찍이 그 실례 및 명칭이 있었다. 진사
원이 든 몽례도 있다.『혼인을 하는 연회가 있은즉 우는 꿈을 꾸게 되고, 울 일이나
말다툼·소송 등이 있은즉 노래 부르고 춤을 추는 꿈을 꾸게 되며, 추워지려고 한즉
날씨가 따뜻한 꿈을 꾸게 되고, 배가 고프면 배가 부른 꿈을 꾸게 되며, 병이 난즉
의원을 꿈에서 보게 되고, 부모님의 상을 걱정한즉 붉은 옷과 진홍색의 긴 옷을 꿈
에서 보게 되고, 경사가 있은즉 대마로 만든 흉한 의복을 꿈에서 보게 된다』는 바
와 같은 것들이다. 〈극한 반대〉의 꿈은 대부분이 걱정이나 금기, 그리고 곤경에서
벗어나고자 하는 심리적인 바람과 관련이 있다. 그래서 해몽가들의 〈반대해석〉은
어떤 경우에는 확실히 응험이 있기도 하게 된다. 그러나『혼인을 하는 연회가 있

다』고 해서 반드시『우는 꿈을 꾸게 되는 것』은 아니다. 만약 걱정함과 금기로 삼는 것이 없다면 일반적으로 자주『노래 부르고 춤을 추는 꿈을 꾸게』될 것이다.

『악귀나 요괴』의 꿈이라는 것은, 악귀나 요괴가 재앙을 내려 꿈을 이루게 하는 것을 말한다. 이는 전형적인 미신적 설교에 속한다. 전하는 바에 의하면

> 비명횡사한 귀신은 남에게 의지하여 재앙을 내리며, 원한이 누적된 사람에게 귀신은 장차 보복을 하게 된다. 그것이 꿈 속에서 보이는 것은 자신의 생각이 의심스럽고 정신이 혼란하기 때문이며, 그러한 연후에 마귀는 그 틈에 편승하여 요물들을 제멋대로 부린다. 그래서 재앙이 드러나게 되고 복을 기원하기가 어렵게 된다. 바로 진晉나라 제후가 진백秦伯에게 포박당하는 꿈을 꾸었던 것과 같은 것이고(《좌전》희공 15년조), 또 연燕나라 왕이 방주房州로 귀양가면서 꿈을 꾸었던 것과 같은 예(《자치통감》에 의하면 연나라 왕이었던 충忠이 방주로 귀양가면서 많은 요괴의 꿈을 꾸었다 한다)는 또 다른 예이다.

라고 했다.『마귀나 요괴』가 재앙을 내리는 것에 대해서는 평론할 필요도 없다. 그러나『생각이 의심스럽고, 정신이 혼란하다는 것』은 도리어 어느 정도 일리가 있다.『생각이 의심스럽다』는 것은, 현대인들이 항상 말하는 것과 같이 귀신이 있는지를 의심하는 심리적 상태를 말한다.『정신이 혼란하다』는 것은 신경생리적인 질병과 관련이 있다. 이러한 생리적 심리적 원인이 있기 때문에, 귀신이나 요괴를 꿈에서 보는 것은 결코 어떤 이상한 것이 아니다. 은나라 갑골복사 중에도 귀신의 꿈에 대해 적지 않게 기록하였다. 《주례》중의 〈악몽〉이나 〈구몽〉의 상당한 부분은 아마도 귀신이나 요괴의 꿈에 속할 것이다. 그러나 몽상에서 귀신과 요괴가 나타난다고 해서, 귀신과 요괴의 존재를 증명할 수는 결코 없는 것이다.

진사원은 해몽의 이론가였지만, 그러나 그가 구분한 〈아홉 가지의 꿈〉 속에는 절대 대부분은 일정한 경험적 근거와 과학적 내용을 포함하고 있다. 단지 적은 몇몇 부분에서는 미신적 내용에 속하거나 혹은 해몽가들에게 이용당한 것이 있기도 하다.

이상에서 든 〈여섯 가지 꿈〉·〈열 가지 꿈〉·〈네 가지 꿈〉·〈다섯 가지 꿈〉, 그리고 〈아홉 가지 꿈〉의 구분은 내용적인 면에 있어서 과학적인 면과 미신적인 면

이 서로 뒤엉키어 있으며, 논리적인 면에 있어서도 구분의 기준이 일반적으로 그렇게 명확하지 못하다. 과학과 미신이 서로 뒤엉키어 있으므로 해서 당연히 옳은 것도 있고 옳지 않은 것도 있으며, 맞는 것도 있고 맞지 않는 것도 있기 때문에, 우리들은 반드시 분석적 태도를 갖추어야 한다. 기준이 명확하지 못하기 때문에, 하위의 세부항목 사이에도 엄격한 경계가 없고 단지 고인의 견해를 대체적으로 반영하였을 뿐이다. 이러한 상황은 그 대부분이 고대의 사회와 역사적 조건 그리고 당시 사람들의 인식수준에 의해서 조성된 것으로, 지금에 있어 그 한계를 질책하고 가혹하게 요구할 수는 없는 부분이다. 설령 현대 세계의 꿈에 대한 학설에 있어서라 할지라도, 꿈에 대한 어떠한 과학적 분류도 아직 보지 못하였다.

2 | 꿈에서의 시공時空에 대한 지각

꿈의 발생이든 아니면 꿈을 꾸는 과정이든간에 상관없이, 꿈을 꾸는 사람은 몸이 자기 마음대로 되지 않는다. 그러나 꿈은 언제나 꿈을 꾸는 사람의 꿈이며, 꿈을 꾸는 사람은 자신의 꿈에 대해서 언제나 몸소 체험한 직접적인 느낌을 가지고 있다. 이러한 느낌은 꿈을 꾼 사람이 깨어있을 때의 생활에 대한 느낌과 마찬가지로, 반드시 없어서는 안 될 시공성을 가지고 있다. 요컨대 꿈을 꾸는 사람은 꿈 속에서 그가 언제 어느곳에서 어떤 일을 했다는 것을 명확하게 알 수가 있다. 이러한 느낌은 매 사람마다 모두 가지고 있는 체험이기 때문에, 어떠한 증명을 필요로 하지 않을 것처럼 보인다. 그러나 문제는 꿈을 꾼 사람이 이러한 체험이 있는가 없는가의 여부에 있는 것이 아니라, 이러한 체험이 어떠한 특징을 지니고 있는가 하는 데 있다. 매우 분명한 것은, 꿈 속의 시공적 체험과 깨어있을 때의 시공적 감각은 같지 않다는 점이다. 이러한 다른 점 중에서 중요한 것은 꿈 속에서의 시공적 체험이 현실적인 시공의 제한을 받지 않는다는 것이다. 예를 들면 꿈을 꾸는 사람이 꿈 속에서 몸을 가벼이 하여 하늘을 날아다닐 수 있을 뿐만 아니라 방해없이 땅 속으로 들어갈 수도 있다. 옛날 사람과 서로 교유할 수 있을 뿐만 아니라 다른 지방의 사람과 함께 자리를 할 수도 있다. 이는 현실적 시공에서는 근본적으로 불가능한 것이다. 그래서 현실적 시공에 대비하여 볼 때, 꿈에서의 시공은 특수한 초월성을 가지고 있다.

역사적 조건의 제한으로 말미암아, 꿈에서의 시공에 대한 고대 중국의 이론적 인식은 비교적 얕았다. 그러나 많은 사람들은 꿈에서의 시공에 대한 자신의 체험에 근거하여, 이미 이러한 초월성의 몇몇 중요한 측면을 접하였고 적지 않은 사상적 자료를 축적시켜 놓았다. 그 중 어떤 학자는 이론적으로 개괄을 하려고 시도를 하기도 했다. 이는 우리 현대인들이 몰라서는 안 되며 중시하지 않을 수 없는 부분이다.

고대 중국의 학자들은 먼저 꿈에서의 시공의 농축성에 주의하였다. 동진시대의 곽상郭象이 《장자》에 주석을 달면서 『세상에는 잠을 빌어서 꿈에서 1백 년을 지나는 자가 있다』고 하였다.《장자주·제물론》 꿈 속에서 일시에 1백 년을 지난다는 것은 실제로는 시간상에 있어서의 농축이다. 수나라 때의 이름난 승려였던 혜사慧思(515—517년)도 일찍이 꿈의 이러한 특징에 주의하였는데, 그가 비신도와 나눈 일단의 대화는 매우 재미가 있다.

내(혜사)가 오늘 그대에게 묻겠다, 그대는 일찍이 꿈을 꾼 적이 있는가?

비신도가 말하기를, 저는 일찍이 꿈을 꾼 적이 있습니다.

사문沙門(즉 혜사)이 말하기를, 그대는 꿈 속에서 10년이 지나가고, 다섯 살 시절이 지나감을 보았는가?

비신도가 말하기를, 저는 실제로 꿈 속에서 오랜 세월이 지나가고, 혹은 만 1개월의 시절이 경과함을 보았습니다. 낮과 밤 또한 있어 깨어있을 때와 다르지 않았습니다.

사문이 말하기를, 그대가 만약 깨어있다면 잠을 잔 것이 얼마나 지났는지를 스스로 알겠는가?

비신도가 말하기를, 제가 이미 깨었을 때 다른 사람에게 물어보았더니, 내가 밥먹을 시간 정도밖에 잠을 자지 않았다고 했습니다.

사문이 말하기를, 기이하구나! 잠시 사이에 몇 해의 일들을 보다니!(《대승지관법문大乘止觀法門》 제2권)

혜사는 마지막에는 이것에 근거하여 현실적 시공의 객관성을 부정하였는데, 이것은 완전히 미신주의적인 황당무계한 논리이다. 그러나 꿈 속에서의 시공에 대한 체험이나 시공관념에는 확실히 이러한 농축성이 있다.

꿈에서의 시공적 농축성에 근거하여, 역대 문학가들은 일찍이 적지 않은 애기들을 집필하였다. 가장 널리 전해지는 것은 바로 『허무한 꿈 黃粱美夢』이라는 것이다. 남조시대 때에 유의경劉義慶이 편찬한 《유명록幽明錄》에 근거하면, 양림楊林이라 불리는 서생이 있었는데, 꿈 속에서 그는 옥침玉枕의 사이를 비집고 들어가 붉게 칠한 누각과 아름다운 집들을 보았으며, 또한 태위太尉였던 조씨趙氏의 딸을 처로 맞이했으며, 연이어 열 명의 자식을 낳고서 수십 년의 세월이 지났다. 『돌연히 꿈에서 깨어나니 여전히 베개 옆에 있었다』고 전해진다. 이후에 당나라 때의 전기소설傳奇小說인 《침중기枕中記》에서는 이를 더욱더 늘리고 확대포장했다. 노생盧生은 한단邯鄲의 한 주막에서 도사인 여씨呂氏 할아버지를 만나는데, 노생이 스스로 빈궁함을 한탄하매 여씨 할아버지가 그에게 베개를 주면서 베고 자면 곧 생각대로 될 수 있을 것이라고 했다. 이때 주막에서는 조밥을 짓고 있는 중이었다. 노생이 꿈의 세계로 들어간 후 일생 동안 부귀영화를 마음껏 누렸다. 그러나 깨어나 보니 주막에서 짓고 있던 조밥조차도 아직 완전히 익지 않았다. 조밥이 다 익지 않았는데도 한평생이 이미 다하였던 것이다. 이 얘기는 매우 형상적이고 생동적이다. 주의할 만한 가치가 있는 것은, 이 이야기가 꿈 속에서의 시간적인 농축성을 설명해 주고 있을 뿐만 아니라, 꿈 속에서의 공간적인 농축성—베개의 틈 속으로 온 세상을 보는—에 대해서도 설명을 하고 있다는 점이다.

당나라 때의 전기에서 나온 남가일몽南柯一夢이라는 고사에서는, 순우분淳于棼이라는 서생이 꿈 속에서 괴안국槐安國이라는 개미나라의 부마가 되어 높은 관직에 올랐으나, 이후에 공주가 죽게 되자 총애는 쇠미해지고 중상모략을 받게 되어 끝내는 돌려보내지게 되어 꿈을 깨게 되었다는 내용을 기록하고 있다.(전기소설인 《남가태수전南柯太守傳》이나 탕현조湯顯祖의 《남가기南柯記》를 참조) 남가일몽도 한 번 꾼 꿈 속에서 일생이 지나는 것을 경험했으며, 개미굴을 통해서 천하를 보았다는 것을 기록한 것이다.

시나 문장에 있어서 이러한 것들과 관계되는 것들은 더더욱 예를 들 수 없을 정도로 많다. 포조鮑照의 《몽귀향夢歸鄕》에서는 『꿈 속에서는 먼 길이 가깝더니, 깨어보니 큰 강은 멀기만 하네』라고 읊었다. 『먼 길이 가깝더라』는 것은 꿈 속에서의 공간이 단축되었음을 설명해 주고 있다. 잠삼岑參의 《춘몽春夢》이라는 시에서 『베개 베고 잠시 든 봄꿈 속에서, 강남江南(상강湘江의 물가)의 수천 리 길을 다 걸어다녔네』라고 하였다. 이 시는 꿈 속에서의 시간과 공간이 모두 단축되었음을 설명해 주고 있다. 백거이白居易의 오언시인《진망으로부터 오송역으로 달려가다가 말위에서 잠시 잠이 들다 自秦望赴五松驛, 馬上偶睡》라는 시에서는 더욱 철학적이다. 『형체와 정신이 나누어지는 곳에서는, 느리고 빠름이 서로 괴리되는구나. 말위에서의 조그만 시간이, 꿈 속에서는 일들이 끝없이 펼쳐지는구나.』『형체와 정신이 나누어지는 곳』이라는 이 말은 옳지 않다. 백거이는 사실 깨어있을 때의 시간에 대한 지각과 꿈 속에서의 시간에 대한 지각이 속도가 서로 같지 않다는 것을 말하려 한 것이다. 깨어있을 때에는 상대적으로 느리게 느껴지지만, 꿈 속에서는 상대적으로 빠르게 느껴진다. 『말 위에서의 조그만 시간』은 실제로 지나간 객관적인 시간이고, 『꿈 속에서 일들이 끝없이 펼쳐지는구나』라고 한 것은 바로 꿈 속에서의 시간에 대한 지각에 속한다. 송나라 때의 매요신梅堯臣의 시에서는 『오경五更에 1천 리를 가는 꿈을 꾼다』라고 하였고, 황정견黃庭堅의 시에서는 『오경五更에 2백 리를 가는 꿈을 꾼다』라고 하였는데, 이는 주로 시간의 단축을 묘사한 것들이다.

꿈에서의 시간에 대한 농축성에 대해 진정으로 이론적인 분석을 시도한 것은 바로《관윤자關尹子》이다. 작자는《오감편五鑒篇》에서 다음과 같이 말하였다.

밤에 꾸는 꿈은 어떨 때에는 밤보다 길며, 마음에서는 시간이 없다.

한단邯鄲의 꿈에서는 종신토록 부귀영화를 누리면서 세월이 얼마나 흘렀는지 알지 못하였는데, 깨어보니 짓고 있던 조밥조차도 아직 익지 않았으니 극히 짧은 시간일 뿐이다. 마음에 어찌 정해진 시간이 있겠는가?

꿈 속에서의 『마음에는 시간이 없다』라는 말은 적절하지 못하다. 왜냐하면 이는 객관적으로 존재하는 꿈에서의 시간이 지나가는 과정을 부정하였을 뿐만 아니라, 꿈 속에서 사람의 시간에 대한 체험과 지각을 부정하였기 때문이다. 꿈 속에서의 『마음에는 정해진 시간이 없다』라는 말은 일리가 있다. 왜냐하면 『밤에 꾸는 꿈은 어떨 때에는 밤보다 길고』 때로는 수백 년이 지나가는 것을 경험하기도 하여, 농축의 폭에도 확정적인 기준이 없기 때문이다.

고대의 중국 학자들은 또한 꿈 속에서의 시간과 공간의 무간격성에 주의하였다. 현실생활 속에서 누구라도 분명하게 느낄 수 있듯이, 공간적인 면에 있어서는 산과 강이라는 사이가 있을 뿐 아니라, 여기와 저기 이곳과 저곳 사이에는 언제나 일정한 간격이 있으며, 시간적인 면에 있어서는 고대와 지금과의 사이에 간격이 있을 뿐만 아니라 이 때와 저 때, 이 시각과 저 시각의 사이에도 일정한 간격이 있다. 그러나 꿈 속에서는 공간 혹은 시간을 막론하고 모두 간격이 없으며, 혹은 간격이 없을 수 있다고 말한다. 두위杜頠의《몽부夢賦》에서 다음과 같이 말하고 있다.

……비록 만리만큼이나 요원하지만, 갑자기 옛날과 함께 노닐게 된다. 설령 황천과 같이 어두울지라도 평생의 모습을 볼 수 있다. 신출귀몰하여 모두 혼돈의 상태처럼 어슴푸레하지만, 눈을 크게 뜨고서 부모님의 거처를 듣는다면 서리 가득한 세모에도 항상 달려갈 수가 있고, 자식이 부모를 섬기는 도리를 생각하면 홀연히 혼이 되어 하늘로 날아가며, 수레 장막을 걷고 올라가 간격을 없게 하고, 산과 강의 지름길을 업신여긴다. 항상 아무 꺼리낌 없이 왕래하며, 길을 이용하지도 않게 된다.(《문원영화文苑英華》제 95권)

사람이 외지에 있으면서 비록 고향을 만리만큼이나 멀리 두고 있지만, 꿈 속에서는 항상 고향의 산천이 나타나게 되어 공간적으로 지역이라는 간격이 조금도 없다. 사람이 늙어서 어린 시절과는 수십 년이라는 세월의 차이가 있지만, 꿈 속에서는 항상 어린 시절에 놀던 장면이 나타나 시간적인 면에서도 세월의 간격이 조금도 없게 된다. 늙은 사람은 이미 죽어 버리고 시간의 격차는 가면 갈수록 더욱더 길어만 지지만, 그러나 꿈 속에서는 여전히 소년과 노인이 함께 하는 정경이 항상 나타나서, 노인이 이미 세상에 있지 않다는 것을 느끼지 못하게 된다. 작자는 이러한 시간과 공간에 대한 지각의 무간격성이 그야말로 〈신출귀몰〉한 것 같아 조금의 힘도 들이지 않고서 하늘로 오르고 땅으로 들어갈 수 있음에 감탄했다. 어떤 때는 정원과 내실의 휘장을 통과하였고, 어떤 때는 산과 강을 뛰어넘었다. 시간상으로 앞으로 나아갈 수도 있었고, 뒤로 물러날 수도 있었으며, 공간상으로는 완전히『길을 이용하지 않을 수』도 있게 되었다. 두위의 이러한 형상성의 묘사는 꿈에서의 시간과 공간에 대한 지각의 이러한 특징을 실제와 같이 생동적으로 재현하였다는 것을 인정해야만 할 것이다.

기타의 시나 문장에서도 유사한 묘사가 보인다.《고시십구수古詩十九首》에는 꿈을 기록하여『잠시잠깐의 시간도 필요없이, 또 여러 겹으로 둘러싸인 깊숙한 궁전에 머물러 있지도 않네』라고 했다.『잠시잠깐의 시간도 필요없다』는 것은 시간상으로 간격이 없음을 말하는 것이고,『여러 겹으로 둘러싸인 깊은 궁전』의 제한으로 인하여 머물러 있지도 않는다는 것은 공간상으로 간격이 없음을 말한다.《기이록紀異錄》에서는 규방에 있는 아내가 남편을 그리워하는 감정을 시에 기탁하여,『꿈속에서의 혼은 위험을 두려워 않고, 큰강 서쪽으로 날아 건너가네』라고 하였다. 큰강도 날아 건너갈 수 있으니, 당연히 공간상으로 간격이 없다. 소옹邵雍의《주몽畫夢》이라는 시에서는『꿈 속에서는 고향에 있었건만, 고향 떠난 지 이십 년이라』고 하였다. 고향을 떠난 지 이십 년이 지났건만, 꿈 속에서는 여전히 고향에 있고, 산과 강은 옛날 그대로임을 느끼고 있다. 이 또한 시간과 공간에 대한 지각에 모두 간격이 없음을 설명해 주고 있다.

시간과 공간에 대한 지각에는 간격이 없다는 것과 서로 연관해 보면, 고대의 중국 학자들은 꿈 속에서의 시간과 공간에 대한 지각의 도약성을 몸소 관찰하였다. 그 구체적인 표현은 몽상의 활동이 갑자기 여기에서 갑자기 저기로, 갑자기 옛날에서 갑자기 지금으로 옮겨오곤 해서 어떤 때는 도약이 매우 심하다고 한 것에서 나타난다.《고악부古樂府·음마장성굴행飮馬長城窟行》에서는『먼 길을 생각할 수가 없었는데, 간밤의 꿈에서 그것을 보았네. 꿈 속에서는 내 곁에 있더니, 갑자기 깨고 나니 타향에 있었네. 타향의 각기 다른 마을, 엎치락뒤치락하여도 보이질 않네』라고 하였다.《관윤자·오감편》에서도, 사람이 꿈 속에서는 어떤 때에는 하늘로 오르기도 하고, 어떤 때는 땅으로 들어가기도 하며, 동서남북으로 송宋·초楚·진晉·양梁으로 가기도 한다는 것을 지적해내었다. 이러한 것으로부터 사람이 꿈 속에서는『마음에 정해진 방향이 없으며』즉 마음은 확정된 공간적 위치가 없으며 시시각각 움직일 수가 있다고 여겼다. 왜 시시각각 움직일 수가 있고 어떻게 해서 시시각각 움직이게 되는가 하는 것은 매우 복잡한 문제인데, 이 문제에 대해서 옛사람들은 명확하게 알지 못했었다.

우리들 생각으로는, 사람의 꿈 속에서의 시간과 공간에 대한 지각의 농축성과 무간격성, 그리고 도약성은 결국 사람의 정신활동이라는 본래적인 특징에 기원한다고 생각된다. 서진시대 때의 육기陸機(261—303년)는《문부文賦》에서, 그리고 제량齊梁시대의 유협劉勰(?—약 520년)은《문심조룡》에서 예술가의 사유활동에 대해 묘사하면서 『정신은 온 세상을 질주하고, 마음은 대단히 높고 깊은 곳을 노닌다』『사고는 1천 년을 이어주고』『시야는 1만 리를 통한다』고 했다. 그들은 모두 시공을 초월한 사유활동의 시공적 특징을 들추어내었다. 《문부》에서는 또 『잠시 사이에 옛날과 지금을 보고, 일순간에 사해를 어루만진다』라고 하였다. 이것은 옛부터 지금까지의 시간을 한순간으로 농축하였다. 『천지를 가슴 안에 싸고, 만물이 붓 끝에서 꺾인다』라고 하였는데, 이것은 천지만물의 공간을 한 점으로 농축하였다. 불경인 《대승본생심지관경大乘本生心地觀經·관심품觀心品》에서는 『마음은 큰 바람과 같아, 한 찰나간에 인연이 있었던 곳을 지난다(과거에 거쳤던 모든 곳을 노닌다)』고 하였다. 《능가경楞伽經·일체불어심품一切佛語心品》에서는 『비유컨대 뜻과 같이 간다면 신속하여 방해받음이 없으며, ……석벽이라도 막힘이 없고, 이곳에서 다른 곳으로 한없이 이어진다』고 하였는데, 이는 무간격성을 묘사한 것이다. 방이지方以智는 《동서균東西均·진심盡心》에서 또한 『사람의 마음은 깊고 강렬하여, ……일순간에 하늘 끝을 오르고, 땅의 끝에 미치며, 위아래로 1천 년에 이르며, 돌고 도는 것이 그치지 않는다』라고 하였는데, 이는 무간격성과 도약성을 함께 논한 것이다. 꿈 속에서의 심리활동은 인류의 정신활동을 이루고 있는 한 성분이며, 정신활동의 일반적인 시공적 특징을 당연히 가지고 있어야 한다. 그러나 여기에서 주의해야 할 것은, 사람이 깨어있을 때에는 의식이 현실세계에 대해 주체적으로 끊임없이 교통하기 때문에, 사람의 사유활동이 비록 시공을 초월한 시공적 특징을 가지고 있다고 할지라도, 도리어 언제나 현실적 시공을 자신의 참고계통으로 여겨야만 한다. 꿈 속에서의 잠재의식은 기본적으로 외계와 왕래하지 않기 때문에, 꿈 속의 시간과 공간에 대한 지각은 다만 잠재의식 스스로의 시간과 공간에 대한 지각일 뿐이다. 단지 사람이 잠에서 깨어난 이후에야 비로소 위에서 논술한 농축성과 무간격성, 그리고 도약성을 의식할 수 있다.

---

3 │ 꿈의 물음과 질병의 진단

고대 중국의 의학에서 꿈의 문제를 매우 중시했던 것은, 대체로 꿈을 질병에 관계있는 증상의 일종으로 보았기 때문이다. 그래서 이러한 증상과 기타의 각종 증상에 근거하여 질병에 대한 진단을 내린다. 중국 의학의 이론에 의하면, 몽상夢象과 장상臟象은 내재적 연관을 가지고 있다는 것이다. 몽상은 장상을 구성하고 있는 한 성분일 뿐만 아니라, 장상의 어떤 표현이기도 하다. 그러므로 몽상은 자연히 병리적인 상황을 나타내 주는 표지의 하나가 된다. 내과 질병의 진단에 있어서 이러한 것의 의의는 더욱 중요하다.

실제로 고대 유럽에 있어서도 이러한 것에 주의를 기울인 사람이 있었다. 아리스토텔레스는 일찍이『어찌되었든간에 학식이 있는 의사가 말하였으니, 우리들은 반드시 꿈에 대해 깊은 주의를 기울여야만 한다』고 했다.(《근대심리학역사입문》상무인서관 1980년판, 371쪽) 히포크라테스와 아리스토텔레스 자신들은 이미 어떠한 꿈과 어떠한 병과의 연관성을 들추어내었다.(프로이트의 《꿈의 해석》지문출판사 중역본, 26·322쪽. 아리스토텔레스는 사람이 꿈 속에서 신체의 어떤 부위가 따뜻하게 느껴질 때에는 불더미 속으로 들어가는 꿈을 꾸게 된다는 예를 들었고, 히포크라테스는 꿈에서 분수대나 분수를 보게 되는 것은 방광에 질병이 있다는 것을 뜻한다는 예를 들었다.)《내경》에서 생리병리적인 측면으로부터 꿈의 원인과 꿈을 발생시키는 메커니즘을 분석한 이후, 수천 년 동안 역대의 의학자들은 오장육부의 증후를 논하면서 몽상이나 꿈의 상태(夢狀)를 중요한 인소의 하나로 간주하지 않은 사람이 없었다. 설령 지금 널리 쓰이고 있는 중국 의학의 교재에 있어서도 예외는 아니다. 이것은 중국의 전통의학이 서양의 전통의학과는 서로 다른 특유한 사고방향이며, 또한 중국의 전통의학이 인류에 미친 중요한 공헌 중의 하나이다.

당나라 때의 저명한 의학가였던 손사막孫思邈이 지은 《비급천금요방備急千金要方》이라는 책 속에는 《논진후論診候》편이라는 것이 있다. 여기에서 그는 《영추靈樞》의『음사가 꿈을 일으킨다 淫邪發夢』는 학설을 요약 인용한 후, 깊이있고 의미심장하게 다음과 같은 의견을 제시했다.

증세를 잘 진단하는 자는 또한 이것의 뜻을 깊이 생각할 수 있으니, 이에 더할 나위없이 좋고 아름답게 된다.

중국 의학에 있어서, 증후라고 하는 것은 서로 연관되어 있는 수많은 증상군을 가리킨다. 이러한 증상군은 질병의 원인과 병리적인 변화를 반영하고 있기 때문에, 이에 근거해 겉의 증상이냐 속의 증상이냐 하는 것과 같은 질병의 부위를 이해할 수 있고, 허증虛症이나 실증實症과 같은 바른 기운과 병마의 성함과 쇠함을 이해할 수도 있으며, 한기와 고열 등과 같은 질병의 성질도 이해할 수가 있다. 그래서 증후 는 질병을 진단하는 중요한 근거가 된다. 물론 증상군 중에서 몽상이나 꿈의 상태 와 같은 것들은 단지 증상의 한 측면에 불과하기 때문에, 고립적으로 단순히 몽상 과 꿈의 상태에만 근거하여 진단해서는 안 된다. 그러나 몽상과 꿈의 상태는 또한 증상의 중요한 측면이기 때문에, 몽상과 꿈의 상태를 떠나서 진단을 할 수도 없다. 손사막이 볼 때, 보통의 의사들은 이러한 것에 대해 주의를 충분히 기울이지 않을 것이지만, 뛰어난 의사들은 반드시『이것의 뜻을 깊이 생각』해야 한다고 했다. 문 진問診하는 과정중에서 의사는 환자의 기타 증상에 대해 질문을 한 후에도, 또한 환자의 몽상과 꿈의 상태를 세심하게 물을 수도 있다. 그렇게 진단을 하여야만 비 로소『더할 나위 없이 좋고 아름답게 되는』경지에 이를 수 있다고 했다.

사실 손사막만이 꿈을 물어서 증후를 진단할 것을 강조한 것은 아니다. 그의 이 전에는 중국 불교 천태종의 저명한 대사였던 지의智顗(523—597년)는 이러한 점에 매우 주의하였다. 지의의 종교적인 학설은 우리들과 아무런 관련성이 없다. 다만 우리들이 지적하고자 하는 것은, 지의는 학식이 깊고 넓었으며 의학적인 면에 있어 서도 매우 깊은 조예가 있었다는 것이다. 그는 의사가 병을 치료하기 전에 반드시 먼저『병이 일어나게 된 상태를 밝혀야 한다』고 여겼다. 발병의 원인은 비록 많으 나, 다음과 같은 두 가지 측면을 벗어나지 않는다고 했다. 하나는『사대四大가 병 의 상태를 증가시키고 감소시킨다』는 것이고, 다른 하나는『오장에서 병의 상태를 발생시킨다』는 것이다. 전자는 인도 의학의 견해이고, 후자는 중국 전통의학의 견 해이다. 〈병의 상태〉라고 운운한 것은 또한 〈증후〉를 말하는 것이다. 그는 〈병의 상태〉를 분명하게 알기 위해서는 반드시 〈꿈을 관찰〉해야만 한다고 여겼다. 그는 다음과 같이 말하였다.

　　……사대四大가 병을 발생시킴에 각각 그 상태가 있으니, 앉아있을 때와 꿈 속에서 그것을 관찰하게 된다.
　　……오장에서 병이 일어나는 경우가 많은데 각각 그 모습이 있으니, 앉아있을 때와

꿈 속일 때 그것을 관찰하면 가히 알 수가 있다.

《수습지관좌선법요修習止觀坐禪法要 · 치병治病 · 제9》상권)

지의는 고승으로 주로 승려들의 병을 치료해 주었다. 그는 비단 의사들에게 꿈을 관찰하라고 했을 뿐만 아니라, 병이 난 승려에게도 자신의 꿈을 스스로 관찰하라고 했다. 꿈을 관찰한 이후에야 비로소 정확한 진단을 내릴 수 있고, 이렇게 하므로써 병에 대한 치료를 할 수가 있다. 무슨 병에는 무슨 꿈이 있고, 그리고 무슨 꿈으로부터 무슨 병을 알 수 있는 것에 관한 문제에 대해서는 앞의 절에서 꿈에 대한 불교의 분류를 고찰하면서 이미 논술하였으므로, 여기에서는 다시 부연 설명하지 않겠다.

앞에서 언급한 적이 있듯이, 《내경》에서의 몽상과 맥상脈象에 관한 논술은 주로 임상경험을 근거로 하였기 때문에 어느 정도 과학성을 확보하고 있다. 그러나 경험이라는 것 또한 종종 편협성을 가지고 있고, 게다가 오행설 자체도 견강부회한 결점이 있으며, 《내경》 중의 수많은 구체적인 견해들이 구절구절마다 반드시 모두 정확하다고는 볼 수 없기 때문에 절대로 〈성경〉으로 대접할 수는 없다. 사실상 후세의학가들은, 한편으로는 《내경》이 개척한 길에 근거하여 꿈을 물어 증후를 진단함과 동시에 꿈을 물어 증후를 진단하는 실천과정 속에서 또 끊임없이 《내경》의 몇 견해에 대하여 계속적으로 수정하고 보충을 했다. 아래에서는 역사적 순서에 따라 중요한 수정자와 보충자 들을 간택하여, 독자들이 참고로 할 수 있도록 제공하고자 한다.

《천금요방千金要方》에서는 《편작扁鵲》편을 인용하여 다음과 같이 말했다.

간 : 『간에 병이 있으면 눈에 정기가 빠진다. 허하면 한기가 나게 되고, 한기가 있으면 음의 기운이 왕성해지며, 음의 기운이 왕성해지면 산이나 나무 등을 꿈에서 보게 된다. 실하면 열이 나게 되고, 열이 나면 양기가 왕성해지며, 양기가 왕성해지면 화를 내는 꿈을 꾸게 된다.』

비장 : 『비장에 병이 있으면……, 바로 허하게 되면 잘 삼키는 습관이 있게 되고, 그 이로움이 실한가에 주의를 하게 된다. 만약 양이 왕성하면 음식과 같은 것들을 꿈에서 보게 된다.』

폐 : 『폐에 병이 있으면……, 실하여 뜨거우면 거꾸로 숨이 차며, 가슴은 숨쉬는 것에

意지하게 된다. 양이 왕성하면 두려운 꿈 등을 꾸게 되고, 허하여 추우면 기침을 하게 되고, 아래로는 기를 적게 하는 것이 이로우며, 음이 왕성하면 물을 건너가는 꿈 등을 꾸게 된다.』

당나라 때의 손사막의《천금요방》에서는 다음과 같이 말하고 있다.

　간 :『간이 상하면 꿈을 자주 꾸게 된다.』
　담낭 : 담낭이 허하면『잠을 자도 편하지 않으며, 소변의 색깔이 적황색이고, 수시로 악몽을 꾸며, 죽은 사람과 함께 음식을 먹는 꿈을 꾸게 된다…….』
　심장 :『심장의 기가 허한 사람은 다른 사람이 두려우며, 눈을 감고 잠을 자려 하면, 멀리 가는 꿈을 꾸게 된다…….』
　비장 :『여러 가지 맛있는 것을 먹되 과식해서는 안 되고, 지나치게 화를 내면 다른 사람의 정신을 나가게 하여, 밤에 날아다니는 꿈을 꾸게 된다.』

당나라 때의 은성식殷成式은《유양잡조酉陽雜俎》에서 촉蜀 지방의 의사였던 잠은昝殷의 말을 인용하여 다음과 같이 말하고 있다.

　장臟에 음기가 많으면 자주 꿈을 꾸고, 양기가 왕성하면 꿈을 적게 꾸며, 꿈 또한 다시 기억할 수 없다.

금나라 때의 장원소張元素는《의학계원醫學啓源》에서 다음과 같이 말하고 있다.

　간 :『허하면 꽃이 피고 풀들이 무성한 꿈을 꾸게 되고, 실하면 산림이 무성함을 꿈꾸게 된다.』
　심장 :『실하면 웃음이 그치지 않고, 불이 나는 꿈을 꾸게 된다.』
　비장 :『실하면 담벼락을 쌓고 지붕을 이는 꿈을 꾸게 된다.』
　폐 :『실하면 무기나 두려운 꿈을 꾸게 된다.』
　신장 :『실하면 깊은 못에 임하여 물 속으로 빠지는 꿈을 꾸게 된다.』

명나라 때의 주숙朱橚은《보제방普濟方》에서 다음과 같이 말하고 있다.

심장 : 심장이 허하여 차가우면『산언덕이나 잔잔한 못을 꿈에서 보게 된다.』
심장의 기가 고르지 못하면『크게 놀라는 일들이 있어서 상서롭지 못하거나, 높은 곳에 올라 위험을 건너는 꿈을 꾸게 된다…….』
『놀라서 마음의 안정을 잃기 때문에……, 잠을 자도 편하지 않으며, 위험을 건너는 꿈을 꾸게 된다.』
신장 :『신장이 실하여 뜨거우면 물 속으로 숨는 꿈을 꾸게 된다.』

명나라 때의 이정李梴은《의학입문醫學入門》에서 다음과 같이 말하고 있다.

심장 :『심장이 허하면 정신이 혼미해지고, 날아다니는 꿈을 꾸어 잘 잊어버리고, 놀라 가슴이 두근거려 즐겁지 않다…….』
폐 :『폐가 뜨거우면 미녀들이 서로 기대거나 창과 칼을 들고 서로 겨루는 꿈을 꾸게 되고, 허하면 논을 건너는 꿈을 꾸게 된다.』

이상에서 여러 학자들이 말한 것은 서로 차이가 있기는 하나, 생각하는 방향은 모두 같은 궤도에서부터 나온 것이다. 그것은 바로 먼저 장상으로부터 몽상으로 이르며, 또다시 거꾸로 되돌아오는데 이것에 근거하여 몽상으로부터 증후로 이르게 된다. 이러한 것을 따라 앞으로 나아가 다시 증후에 근거하여 치료를 하게 된다. 이것이 소위『변증적인 방법으로 치료를 실시한다』는 것이다. 중국의 의학에서는 치료를 하는 과정에서 유관한 몽상에 반영된 증상에 근거하여, 증상에 대한 약물과 처방을 택하여 사용할 것을 요구한다. 또한 약물과 처방의 기능 그리고 주치 범위를 논할 때, 어떤 몽상과 유관한 것은 반드시 메모를 해두어야만 한다. 그래서 고대 중국의 의학에서는 어떤 몽상의 증상을 치료하는 몇몇 전문적이고도 주요한 약물이나 처방이 있다.

《본초강목》의 기록에 근거하면 다음과 같다.

안식향安息香 : 부인이 밤에 귀신과 교접하는 꿈을 꾸는 것을 주로 치료한다. 향과 우황을 합하여 환약으로 만들어, 단혈丹穴에다 감아서 태우면 영원히 단절시킬 수 있다.

산뽕나무(白皮) : 과로하여 심신이 지치고 허약한 것을 보충해 주며, 허리와 신장이 차가운 것과 함께 꿈에서 타인과 교접하여 정액을 배설하는 것을 치료해 준다.

녹각鹿角 : 물을 부어 갈아 즙을 만들어 복용하며, 유정遺精(몸이 허약하여 잘 때 성행위 없이 무의식중에 정액이 흘러 나오는 현상—역주)과 요혈尿血(오줌에 피가 섞이어 나오는 현상—역주) 현상과 함께 밤에 귀신과 교접하는 꿈을 꾸는 것을 치료해 준다. 또한 꿈에서 부인이 귀신과 교접하는 꿈을 치료해 준다.(《본초강목》제34·36·51권 참조)

기타의 파극천巴戟天·원지遠志·익지인益智仁·석창포石菖蒲·인삼·녹용·훈초熏草·황벽黃檗 등과 같은 것도 꿈의 어떤 증상들을 치료할 수 있다.
《천금요방千金要方》과 《보제방普濟方》의 기록에 근거하면 다음과 같다.

방풍산防風散 : 간이 실하고 뜨거운 것과 함께 노하고 괜히 놀라는 꿈을 꾸는 것을 치료해 준다.

석영전石英煎 : 남녀의 갖가지 질병을 치료해 주며……, 수면이 불안하며, 악몽을 꾸고 놀라는 것을 치료해 준다.(《천금요방·간장방, 신장방》참조)

반하사심탕半夏瀉心湯 : 심장이 허하고 차가운 것을 치료해 주며, 마음 속이 창만하여 우울하거나 산언덕이나 잔잔한 못을 꿈에서 보게 되는 것을 치료해 준다.

인삼탕人蔘湯 : 잘 잊어버리거나 소변이 적황색인 현상, 죽은 사람의 꿈을 많이 꾸거나 혹은 물 속에 있는 꿈, 놀라고 두려워하는 꿈들을 치료해 준다.

대진심산大鎭心散 : 심장이 허하고 놀라 가슴이 두근거림과 함께 자면서 두려운 꿈을 꾸는 것을 치료해 준다.

대황탕大黃湯 : 신장이 실하고 뜨거운 것을 치료해 주며…… 물 속에 숨어있는 꿈을 꾸는 것을 치료해 준다.

참몽단斬夢丹 : 꿈에서 유정遺精하는 것을 치료해 준다.(《보제방·심장문, 신장문》참조)

이와 유사한 처방은 이밖에도 매우 많다.

수나라 때의 저명한 의학가였던 소원방巢元方은 《소씨제병원후총론巢氏諸病源候總論》에서 『……꿈을 발생시키는 원인을 찾고 이로써 방법을 세운다면, 치료에 있어서 피하는 바가 없게 될 것이다』라는 것을 지적하였다. 『꿈을 발생시키는 것을 찾는 것』은, 꿈의 원인이 차가운지 아니면 뜨거운 것인지, 허한 것인지 아니면 실한 것인지, 성한 것인지 아니면 쇠한 것인지를 찾은 연후에 증상을 변별하여 약을 사용한다는 것을 말한다. 약이 미치게 되면 유관한 몽상과 꿈의 징후는 곧 없어져 버린다. 이러한 치료의 실천을 통해서 몽상과 맥상의 관계는 더욱더 증명되게 되었다.

4 │ 원몽圓夢과 심리적 만족

〈원몽〉이라는 것과 해몽은 형식적인 측면에 있어서는 서로 같아서, 모두 몽상을 분석하므로써 길흉을 추론하고 판단한다. 그러나 본질적으로는 도리어 이 두 가지는 원칙적인 측면에 있어서의 차이가 있다. 해몽에서는 먼저 꿈을 신령이나 귀신의 계시라고 여기기 때문에 해몽은 일종의 미신이며 해몽을 하는 사람은 미신주의자이다. 그러나 원몽은 이와 같지 않다. 원몽을 하는 사람은 반드시 미신으로 해몽을 하는 것은 아니며, 어떤 경우에는 실제적으로 해몽이라는 것을 부정하기도 한다. 원몽이라는 것은 주로 몽상을 융통성 있게 해석하는 것인데, 그 목적은 꿈을 꾸는 사람의 심리적 부담을 해소시켜 주거나, 혹은 꿈을 꾼 사람의 심리적 욕망에 영합하기 위한 것이다. 그래서 원몽은 비록 해몽이라는 형식을 지니고 있기는 하지만, 그 실질적인 부분은 심리분석에 있으며 미신을 선양하는 것이 아니다. 명나라 말기의 《정자통正字通》에서는 원몽과 해몽을 같은 것으로 보아 버렸으며, 이후의 《강희자전》이나 《사원辭源》 및 《사해辭海》에서도 모두 그 해석을 따랐는데, 이는 단지 형식적인 측면에서만 문제를 바라본 것에 불과하다.

고대 중국에서는 어느 정도 뛰어난 인물들이라면, 그들은 모두 사상의 깊은 곳에서 해몽 같은 것을 근본적으로 믿지 않았었다. 그러나 그들은 해몽이라는 형식을 빌어서 꿈을 꾼 사람의 중대한 심리적 문제를 해결하는 데 뛰어났다. 《좌전》 희공

僖公 28년조에 기록된 것을 보면, 진晉나라와 초楚나라 사이에 성복城濮의 전투가 있기 전에, 진나라 군주가 꿈 속에서 그와 초나라 왕이 서로 치고받고 싸우는데, 초나라 왕이 그의 몸 위에 엎드려서 그의 뇌수를 빨아먹고 있는 것을 보았다. 그는 이 꿈이 상서롭지 못하다고 여기고서는, 심리적으로 매우 두려워하였다. 이러한 심리에 맞추어 자범子犯은 진나라 군주와는 서로 다른 또 다른 해석을 하였다. 그는 우리가 얼굴을 위로 향하고 있으니 하늘을 얻을 수 있다는 것이요, 초나라 왕이 아래를 향해 엎드려 있으니 이는 죄를 받는다는 표지이며, 또 뇌수는 유약한 것에 속하는 것이니 유약함은 강함을 능히 이길 수 있는 것이라는 점을 지적하였다. 자범의 이러한 해석은, 이전에는 선례가 없는 것이었다. 형식적인 면에 있어서는 해몽에 속하지만 실제적인 면에 있어서는 원몽에 속한다. 그가 매우 융통성 있게 해석을 하였기에, 진나라 군주는 우울한 마음을 기쁜 마음으로 바꾸었고, 반드시 이길 수 있다는 믿음을 더할 수 있었다. 또《월절서越絶書》에서의 기록을 보면, 오吳나라 왕이었던 부차夫差가 월越나라를 치다가 패하였는데, 광풍이 휘몰아치고 밤낮을 그치지 않았으며, 다치고 죽은 병마가 매우 많게 되었다. 부차가 백주에 꿈을 꾸었는데, 연못의 물이 솟아나 밖으로 넘치고 쌍방이 혜성을 가지려고 서로 다투며, 월나라의 군사가 오나라의 군사를 소탕하려고 하는 것을 눈으로 빤히 보는 꿈이었다. 꿈을 깬 후 몹시 놀라 허둥지둥거리며 월나라의 군사가 오나라를 침입할까 두려워하였다. 이에 오자서伍子胥가 두려워할 필요가 없으며, 이 꿈은 월나라 군사가 패배하게 될 조짐이라고 했다. 그의 해석은 다음과 같았다. 우물은 사람에게 먹고 마시는 것을 제공하는 것이다. 우물물이 밖으로 넘친다는 것은 음식이 남아도는 것을 설명하는 것이니, 그것 또한 좋은 것이 아니겠는가! 월나라는 남방에 있어서 오행에 있어서 화火에 속하고, 오나라는 북방에 있어 수水에 속한다. 수는 화를 이기는 것이니, 또한 무슨 의혹이 있겠는가! 주나라 무왕이 은나라 주왕紂王을 정벌할 당시에, 혜성이 나타나므로써 주나라가 번창하였습니다. 옛사람들은『혜성과 다투어 그것을 뒤엎는 자가 승리한다』고 했습니다. 이는 오나라에 대해서는 길조입니다라고 했다. 오자서는 자범과 마찬가지로 흉한 꿈을 길한 꿈으로 바꾸어 설명하였고 뿐만 아니라 매우 융통성 있게 해석하였는데, 이렇게 단번에 오나라 왕의 심리상태를 바꾸어 버렸다.

상술한 두 가지의 예로 말한다면, 원몽과 해몽의 한계는 아직 그렇게 명확하지가 못한데, 안자晏子가 제나라 경공景公의 꿈을 해석해 준 것을 보게 되면, 원몽과 해몽의 한계가 매우 분명하게 된다. 《안자춘추》의 기록에 의하면(내편·잡하·제6) 제나라 경공이 뱃멀미를 앓아 자리에 누은 지 10여 일이 지났는데, 밤에 『두 태양과 다투었으나 이기지 못하는 꿈을 꾸었다.』 그 다음날 그는 안자에게 그가 죽게 되는 것이 아닌가라고 물었다. 안자는 해몽가를 청해 들였다. 해몽가가 해몽서를 펼치려고 하자, 안자가 해몽서를 펼치지 말라고 하면서 그대는 경공에게 단지 『공께서 지니고 있는 병은 음에 해당되고, 태양은 양에 해당됩니다. 하나의 음은 두 개의 양을 이길 수 없는 것이니, 공의 병은 장차 낫게 될 것입니다』라고 말하라고 하였다. 제나라 경공은 해몽가의 해석을 듣고서는 마음이 매우 즐거워서, 3일 만에 완전히 낫게 되었다. 조금 있다 경공이 해몽가에게 상을 내리려 하자, 해몽가는 안자가 그에게 그렇게 말하도록 한 것이라고 했다. 그래서 경공은 안자에게도 상을 내리게 되었다. 안자는 『신臣의 말을 해몽가가 말했기 때문에 그래서 유익하였습니다. 만약 신이 그것을 말하였다면, 믿지 않으셨을 것입니다』라고 했다 한다. 이러한 고사에서 안자는 해몽서를 근본적으로 믿지도 않았고, 해몽이라는 것도 믿지 않았음을 볼 수 있다. 그가 그렇게 꿈을 해석한 것은 순전히 경공이 죽음을 두려워하는 공포심리에다 맞춘 것이다. 그 자신이 직접 말하지 않고서 해몽가로 하여금 말하게 한 것은, 또 경공이 해몽을 미신하고 있다는 심리를 이용한 것이다. 안자가 만약 원만하지 않게 해석하였더라면, 경공도 믿지 않았을 것이다. 그래서 안자가 여기에서 행했던 것은 바로 원몽에 해당되지 해몽인 것은 아니다. 그것의 실질은 일종의 심리치료로서 꿈을 꾼 사람으로 하여금 심리적 만족을 얻게 해주는 것이다.

동한시대 말기의 응소應劭는 《풍속통의風俗通義·괴신怪神》편에다 위에서 인용한 《안자춘추》 고사 전체를 인용하였다. 응소는 이를 평가하여 『세간에는 악몽이 많이 있는데, 사람들이 꺼리는 것을 바꾸어 버리면 효과가 있게 된다 世間多有惡夢, 變難必效』고 했다.(원문에서는 『응난필효應難必效』라고 했는데, 〈난難〉이란 《석명·석언어釋言語》에서 『꺼리는 것이다. 사람들이 기피하고 꺼리는 바를 말한다』라고 하였고, 가규賈逵가 단 《국어》의 주석에서는 『두려워 꺼린다』고 했다.) 응소의 뜻은 무릇 악몽이란 꿈을 꾸는 사람이 반드시 기피하고 꺼리며 두려워하는 심리를 생기게 하기 마련이지만, 단지 이러한 꿈에 대해 일종의 다른 해석을 해낸다면, 꿈을 꾼 사람의 기피하고 두려워하는 심리를 바꿀 수 있을 터라는 것이다. 그렇다면 어떻게 다른 해석을 해낼 것인가? 응소가 지적한 것은 분명히 안자가 했던 것과 같은 원몽을 말한다.

원몽이 꿈을 꾼 사람으로 하여금 일종의 심리적 만족을 가지도록 해주는 까닭은, 그것이 꿈을 꾼 사람의 걱정하고 두려워하며 깜짝 놀라는 심리상태를 변화시킬 수 있다는 것 이외에도, 또 그것이 꿈을 꾼 사람의 어떤 심리적 욕망에도 영합할 수 있다는 데 있다. 당나라 고조인 이연李淵은 일찍이 수나라를 찬탈할 마음이 있었는데, 지만智滿이라는 선사가 그의 이러한 욕망을 알았다. 이연이 꿈 속에서 그가 침상 아래로 떨어져 구더기들에게 먹히는 꿈을 꾸었을 때, 지만 선사는 이 꿈을 이연이 즐거울 수 있도록 억지 해석을 해주었다. 이후에 이연은 정말로 황제가 되었고, 이연은 그를 위해 일부러 장안에다 〈원몽당圓夢堂〉이라는 절을 지어주었다.

이덕유李德裕의 기록에 의하면, 안녹산의 난 때 황번작黃幡綽이 그의 예하부대에 소속되어 있었다.『대역大逆과 더불어 해몽을 함에 모두 그 정에 따르게 되는 법』인즉, 안녹산이 그에게 꿈 속에서 옷소매가 길어 계단 아래에까지 이르는 것을 보았다고 말하자, 황번작은『틀림없이 옷을 드리운 채 천하를 다스리게 될 것입니다』라고 하였다. 안녹산이 그에게 꿈 속에서 궁전의 창문틀이 꺼꾸로 서있는 것을 보았다고 말하자, 황번작이『옛것을 혁신하고 새것을 따르게 될 것입니다』라고 하였다. 이후에 안녹산이 실패하게 되자, 그는 또 앞의 꿈에 대해서『손을 내밀어도 얻지 못한다』는 것이며, 뒤의 꿈은『풀로 바를 수가 없다』는 것을 의미한다고 했다.《차류씨견문록次柳氏見聞錄》당시의 상황 아래서 그가 만약 안녹산이 반역을 일으키려는 뜻에 영합하지 않았더라면, 아마 생명조차도 부지할 수 없었을 것이다.

역사상에서 저명했던 그러한 해몽가들은 비록 이름은 해몽이라 하였지만, 실제로는 해몽서에 거의 얽매이지 않았다. 그들은 왕왕 꿈을 꾼 사람의 심리상태를 먼저 분석하고, 그런 연후에 이에 근거하여 〈원몽〉을 하였으므로, 결과적으로 꿈을 꾼 사람은 일종의 사이비적인 심리적 만족을 얻었지만, 그들의 해몽을 도리어 매우 응험이 있는 것으로 여겼다. 물론 원몽이라는 것이 아직 해몽과 진정으로 결별하지는 않았지만, 결코 과학적 심리분석의 범주에 속하는 것은 아니다.

| 5 | 몽상과 직업·성격과의 관계 |

사람들의 직업이 서로 같지 않기 때문에 일상적으로 접촉하는 사물도 서로 같지가 않다. 사람의 성격이 서로 같지 않기 때문에 평상시에 주의를 기울이는 사물도 서로 같지가 않다. 직업과 성격이 같지 않기 때문에 그들이 갖고 있는 심리적 추구와 번뇌 또한 서로 같지 않다. 이러한 인소들은 사람들이 쌓아 저장해온 각종의 인상자료들을 장기간 동안 제약해왔을 뿐만 아니라, 사람들의 정신심리 상태에도 영향을 미치므로 해서 사람들의 몽상도 반드시 이에 상응하는 차이를 드러내게 되었다.

고대 중국에서 직업과 성격이 몽상을 제한한다는 점에 최초로 주의를 기울인 것은 도교에서 추앙하는 《관윤자關尹子》라는 책이다. 《관윤자·육비편六匕篇》에서는 사람이 생활하는 가운데 『나의 생각은 저 사람의 생각과 다르고』 『나의 고통은 저 사람의 고통과 다르며』 『나의 꿈은 저 사람의 꿈과 다르다』는 점을 지적하였다. 그 중 직업과 성격이 꿈에 미치는 영향은 더욱 현저하다.

> 인仁을 좋아하는 사람은 소나무·측백나무·복숭아·오얏 등을 꿈에서 보게 되고, 의義를 좋아하는 사람은 무기나 체도·철제품을 꿈에서 보게 되며, 예禮를 좋아하는 사람은 보簠와 궤簋(제기의 일종─역주)나 변籩과 두豆(식기의 일종─역주) 같은 것을 꿈에서 보게 되며, 지智를 좋아하는 사람은 강·호수·냇가·못 등을 꿈에서 보게 되고, 신信을 좋아하는 사람은 산악과 넓은 평야를 꿈에서 보게 된다.

인·의·예·지·신은 도덕적 품성의 어떤 표지들이다. 그러나 좋아하는 바가 다르므로 해서 성격상의 차이를 드러내게 된다. 이러한 품성과 성격은 직업과도 일정한 연관이 있다. 예를 들면 도덕 교화에 종사하는 사람은 인仁하기를 굉장히 좋아할 것이고, 기예의 전수에 종사하는 사람은 지혜를 굉장히 좋아할 것이다. 인을 좋아하고, 의를 좋아하며, 예를 좋아하고, 지를 좋아하며, 신을 좋아하므로 인하여 꿈으로 꾸게 되는 위에 열거된 다섯 종류의 몽상은 평상시에 축적된 인상자료들과 참으로 관련이 깊은데, 중요한 것은 이들이 갖고 있는 문화심리상에 있어서의 상징적 의미이다. 〈인〉을 좋아하는 사람은 천하를 자신의 임무로 여기기 때문에 공평하고 정직하게 일을 처리한다. 옛사람의 심리 중에 소나무·측백나무·복숭아·오얏 등은 이러한 정신의 상징이다. 소나무와 측백나무는 모든 나무의 우두머리이기 때문에, 사람들은 〈인〉한 사람을 국가의 기둥에다 비유하였다. 민속에서 복숭아나무는 사악함을 피하고 귀신을 쫓아주는 기능을 가지고 있다. 이李(오얏)라는 것은 오얏나무를 지칭할 뿐 아니라, 감옥을 지키는 고대의 관직이름이다. 그래서 복숭아와 오얏은 〈인〉하지 않는 것에 대해 반대한다는 뜻을 가지고 있다. 심리적으로 갈망하는 바가 있으면 수면중에 그것이 반드시 꿈으로 드러나게 된다. 〈의〉를 좋아하는 사람은 용감히 행하며, 길에서 옳지 않은 일을 보면 칼을 빼어들고서 도와준다. 무기나 청동 철제품은 바로 옳지 못한 일을 타파하는 무기이다. 무기나 청동 철제품이 평시에도 항상 몸을 떠나지 않기 때문에, 야간에 쉴 때 꿈 속에 항상 나타나는 것은 당연하다. 〈예〉를 좋아하는 사람은 예의와 질서를 추구하길 좋아한다. 〈보〉와 〈궤〉(제기), 〈변〉과 〈두〉(식기)는 고대에 항상 사용하던 예기禮器들이다. 네모난 것을 〈보〉라 하고, 둥근 것을 〈궤〉라 하며, 그 속에 서직이나 곡물을 담는다. 〈변〉은 나무로 만든 것을 쓰고 〈두〉는 청동으로 만든 것을 쓰며, 각기 마른 식품과 습한 식품을 담는다. 〈보〉와 〈궤〉나 〈변〉과 〈두〉는 모두 제사와 연회에 없어서는 안 되는 것들이었다. 예를 좋아하는 사람은 항상 이러한 예기들을 늘어놓기 때문에, 이러한 예기들이 항상 꿈 속에 나타나게 된다. 〈지〉를 좋아하는 사람은 많이 듣고 많이 보는데, 강이나 호수·냇가·못 등은 바로 지식이 호수처럼 넓고 생각이 넘쳐 흐르는 것을 상징한다. 〈신〉이란 성실함이며 진실함을 말한다. 〈신〉하기를 좋아하는 사람은 언행이 일치하고 의혹을 가지지 않고 일에 임하기 때문에, 마치 산악과 넓은 평야에 의지하는 것과 같아 견실하고 움직이지 않는다. 이러한 상징적 의의는 민족문화의 심리적인 침전물이다. 꿈을 꾼 사람은 비록 반드시 의식하는 것은 아니지만, 그러나 민족문화의 전통 속에서 이미 어떠한 자연적 대상에게 인격적이고 사회적인 의미를 역사적으로 부여해 버렸다. 이는 바로 중국인들이 소나무·매화·대나무·국화를 〈사군자〉라고 지칭하는 것과 같다.

《관윤자·오감편》에서는 또 다음과 같이 지적하였다.

　뛰어난 땅꾼은 마음으로도 뱀을 두려워하지 않기 때문에, 그가 비록 꿈에서 뱀을 본다 할지라도 두려워하지 않는다.

땅꾼이라는 것은 일종의 직업이다. 뛰어난 땅꾼이라는 것은 뱀을 잡는 전문가를 말한다. 일반인들은 뱀을 보면 마땅히 당황하여 어찌할 바를 모르기 때문에, 꿈 속에서도 뱀을 보게 되면 놀라 고함을 지르게 된다. 그러나 뛰어난 땅꾼은 항상 뱀을 잡고, 뱀의 습성을 이해하며, 뱀의 독이 사람을 해치는 방식을 알고 있을 뿐만 아니라, 게다가 뱀을 굴복시키는 방법을 알고 있기 때문에 뱀을 보아도 두려워하지 않을 뿐더러, 도처를 누비며 뱀을 찾고 뱀을 잡는다. 뱀을 잡는다는 이러한 특수한 직업은 뛰어난 땅꾼으로 하여금 뱀에 대한 특수한 인상을 가지도록 만들며, 뱀에 대해 특수한 심리를 형성하도록 하여, 설령 뱀이 꿈 속에 나타난다 할지라도 그들은 뱀을 두려워하지 않게 된다.『뛰어난 땅꾼은 뱀을 꿈에서 보아도 뱀을 두려워하지 않는다』라는 이 말은 솔직히 하나의 놀랄 만한 문장이다. 그것은 직업이 몽상의 차이를 제약할 수 있을 뿐 아니라, 몽경夢境의 심리에도 영향을 미칠 수 있다는 것을 생동적으로 설명해 주고 있다.

북송 때의 문학가였던 장뢰張耒는 몽상과 직업 사이에 지향志向이라는 것이 중요한 일환을 이루고 있다는 점에 특히 주의를 기울였다. 그는 다음과 같이 말하고 있다.

활쏘기를 좋아하는 사람은 좋은 활을 꿈에서 보게 되고, 음악을 좋아하는 사람은 특이한 소리를 꿈에서 듣게 된다. 어찌하여 이렇게 되는가? 뜻이 진실로 이곳에 있기 때문이다.(《장우사문집張右史文集・양극일도서서楊克一圖書序》제51권)

〈지향〉이라는 것은 일종의 섬리적인 인소이다. 지향의 차이는 왕왕 직업의 차이로부터 온다. 활쏘기를 좋아하는 사람은 활쏘는 것을 직업으로 삼고, 활쏘는 기예를 추구한다. 〈좋은 활〉이라는 것은 활쏘는 기예가 다른 사람보다 뛰어날 수 있는 중요한 조건으로, 활쏘기를 좋아하는 사람들이 반드시 추구하는 것 중에 포함되게 되기 때문에 활쏘기를 좋아하는 사람은 항상 좋은 활을 얻는 꿈을 꾸게 된다. 마찬가지 이치로 음악을 좋아하는 사람은 음악하는 것을 직업으로 삼으며 음악의 소리를 추구하기 때문에, 기묘한 소리나 선율 등은 반드시 그들이 추구하는 것 중에 포함되며, 그래서 꿈 속에서 항상 기묘한 악곡을 듣게 된다. 심지어 어떤 악곡들은 꿈속에서의 〈기이한 소리〉에 근거하여 창작된 것도 있다. 반대로 활쏘기를 좋아하는 사람은 〈기이한 소리〉에 대해 흥미를 느끼지 못할 것이며, 음악을 좋아하는 사람은 〈좋은 활〉에 대해 별 흥미를 느끼지 못할 것이다. 그래서 활쏘기를 좋아하는 사람은 일반적으로 〈기이한 소리〉를 꿈에서 듣지 못하고, 음악을 좋아하는 사람은 일반적으로 〈좋은 활〉을 꿈에서 보지 못한다. 이는 직업의 차이에 의해서 발생되는 것이다.

청나라 초기의 웅백룡熊伯龍이 제시했던 몽례도 매우 재미가 있는데, 몽상과 직업의 관계에 대해 매우 강력하게 설명해 주고 있다. 그는 다음과 같이 말하고 있다.

남자는 아이를 낳는 꿈을 꾸지 않고, 부인은 활과 말에 관한 꿈을 꾸지 않으며, 오나라 사람은 초나라의 일을 꿈꾸지 않고, 어린아이는 장수를 축원하는 꿈을 꾸지 않으며, 선비는 짚신을 걸치고 갓우산을 메는 꿈을 꾸지 않고, 농부는 경학을 연구하는 역사서를 읽는 꿈을 꾸지 않으며, 상인은 나무를 하고 물고기를 잡는 꿈을 꾸지 않는다.《무하집無何集 · 몽변夢辨》

위에서 들었던《관윤자》와 장뢰가 열거한 몽례는 모두 긍정적인 방식이었으나, 웅백룡이 열거한 몽례는 부정적인 방식에 의한 서술이다. 그 중 몇 가지 몽례는 비록 순전히 직업에 의해 조성된 차이는 아니지만, 그러나 종사하는 일에 의해 조성된 차이이다. 남자는 임신을 하고 몸을 풀 수가 없으며, 여지껏 이러한 체험과 느낌이 없었고, 또한 이러한 것에 대한 요구가 없었기 때문에 이러한 꿈을 꿀 수가 없다. 이러한 일은 여인들의 활동에 속하는 것으로, 여인들의 경우에는 이러한 꿈이 적지 않다는 것은 긍정할 수 있다. 한족漢族의 여인들은 주로 집에서 집안일을 담당하고 활과 말은 남자의 일에 속하기 때문에, 한족의 여인들은 일반적으로 활과 말에 대한 꿈을 꾸지 않는다. 물론 다른 소수민족의 부녀자들은 남자와 마찬가지로 말을 타고 활을 쏘는 데도 뛰어나, 남자와 마찬가지로 활과 말에 관한 꿈을 꿀 수도 있다. 오나라 사람과 초나라 사람은 지역적으로도 서로 다르며, 일에도 차이가 있기 때문에 몽상에도 또한 차이가 있게 된다. 어린아이들이 관심을 가지는 것은 먹고 마시고 노는 것으로, 단지 장수를 추구하는 노인들만이 장수를 축원하는 활동에 관한 꿈을 꾸게 된다. 그 다음에서 들고 있는 선비와 농부 · 상인은 세 가지의 전형적인 직업이다. 남방 지방의 농부들은 항상 멜대를 메고, 갓우산과 짚신을 걸친다. 선비는 이와 같이 분장을 할 수도 없고 이와 같이 걸어다닐 수도 없기 때문에 갓우산과 짚신을 걸치는 꿈을 꿀 수가 없다. 선비의 활동은 주로 경학을 연구하고 역사서를 읽는 것으로 농민들은 이러한 일에 관여할 수도 없었고, 경학과 역사에 관한 문제들을 생각할 수도 없었다. 그래서 경학을 연구하고 역사서를 읽는 꿈을 꿀 수가 없다. 장사하는 사람이 관심을 가지는 것은 매매와 교역이며, 생활하는 속에서 일반적으로는 스스로 나무를 하고 물고기를 잡으러 갈 수 없다. 그래서 꿈 속에서도 일반적으로 스스로 나무를 하고 물고기를 잡으러 가지 않는다. 이러한 차이를 일으키는 원인은 마찬가지로, 하나는 직업에서 축적된 인상이 서로 같지 않는 것이고, 다른 하나는 직업에서 추구하는 심리적 상태가 서로 같지 않는 두 가지 측면에 지나지 않는다.

몽상과 직업과의 관계에 대한 문제에 있어서 《관윤자》와 장뢰와 웅백룡을 막론하고 모두 몇몇 몽례만을 제시하였고, 그들 사이의 관련성에 주의를 기울였을 뿐 이론적인 측면에 있어서의 진일보된 분석과 설명은 모두 부족했다.

6 | 꿈과 성性과의 관계

성적 충동과 이성간의 사랑은 인류의 생리적 본능일 뿐만 아니라 인류사회의 감정의 강렬한 표현이다. 그러나 이성간의 관계는 단지 인류사회의 관계 중의 일부분일 뿐만 아니라, 애정생활도 단지 사회생활의 일부분에 불과할 뿐이다. 중국은 역사적으로 비교적 일찍부터 문명시대에 진입하였고, 게다가 예교문화禮敎文化의 장기적인 영향이 더해지므로써 민족적인 심리 속에는 줄곧 성에 대해서 이를 감추고 구속하는 태도를 취해왔다. 설령 상고시대의 신화라 할지라도, 그리스의 여러 신들처럼 성생활에 있어 그렇게 방종한 모습을 볼 수가 없다. 아마도 이러한 문화적 전통의 영향으로 인하여, 역대 중국의 꿈에 대한 학설 중에서는 웅백룡이 말한 적이 있는 『남자는 아이를 낳는 꿈을 꾸지 못하고, 여자는 활과 말에 관한 꿈을 꾸지 못한다』라는 것을 제외하면, 누구도 공개적으로 이성에 대한 몽상의 차이를 토론한 것을 보지 못했고, 더욱이 꿈 속에서의 애정이나 성생활을 그 누구도 제시한 적이 없었다.

　　그러나 성적인 충동과 이성간의 사랑은 결국 인류생활의 일부분으로 돌릴 수밖에 없다. 그것은 직접적으로 인류 자신의 생산 및 재생산과 뗄 수 없는 밀접한 관계를 갖고 있기 때문에, 인류의 정신생활과 심리상태에 계속적으로 영향을 미쳐왔다. 이렇다면 그것은 곧 사람의 몽상과 몽경夢境 속에 반영되지 않을 수 없다. 비록 어떠한 사상가들도 꺼리며 숨긴 채 직접적으로 말하지는 못했다 하더라도, 이러한 측면은 끝내는 우회적으로 표현될 수 있다. 고대의 시가와 민속 그리고 몇몇 해몽서의 일문佚文들 중에서, 우리는 중국인들의 몽상 중에는 이성과 성생활에 관한 상징물이 존재하고 있음을 발견할 수 있었다. 《시경》에서『곰과 말곰은 남자의 상징이고, 살무사와 뱀은 여자의 상징이다』라고 하였다.《소아·사간斯干》곰과 말곰, 그리고 살무사와 뱀의 분별은 바로 남녀의 상징이다. 봉황과 원앙은 생활 속에서 이성간의 사랑의 상징일 뿐만 아니라, 꿈 속에서도 마찬가지로 이성간의 사랑을 나타내는 상징에 속한다. 《몽서》에서『꿈에 원앙이 보이면 기쁘고 크게 길하게 된다』고 하였다.(《돈황유서》S620) 해오라기는 일반적으로 암컷과 수컷이 함께 깃들지 않는데, 이 때문에 부인이 꿈 속에서 해오라기를 보면『홀로 살게 되고』남편이 꿈에서 이를 보는 것은『처를 잃게 될까 두려워해서이다』고 한다. 도마뱀을 〈수궁守宮〉이라고도 부르는데, 〈수궁〉이라는 것은 과부라는 뜻이다. 그래서 《몽서》에서는『수궁이 과부가 되어 담벼락에 붙어있다. 꿈에서 수궁을 보는 것은 부인을 잃을까 걱정해서이다』고 했다. 이러한 자연 대상을 제외하고, 부녀자의 몸에 있는 장식물이나 부녀자들이 항상 사용하는 도구들도 꿈 속에서 여성의 상징으로 변하기도 한다. 〈향물香物〉이라는 것은 여자들이 몸에 차고 다니는 물건이며, 『꿈에서 향물을 얻으면 부인을 맞이하게 된다』고 했으며, 〈아蛾〉라는 것은 여인들이 두 어깨에 걸치는 장식인데『꿈에서 아를 보게 되는 것은 혼사를 근심해서이다』라고 했으며, 도기로 만든 시루나 철로 만든 남비는 여자들이 밥을 하는 도구이기 때문에『꿈에서 시루를 보는 것은 처를 취하고자 해서이며, 시루에 띠를 두르는 꿈을 꾸면 중매쟁이가 오게 되며』『꿈에서 새로운 남비를 얻으면 틀림없이 좋은 부인을 취하게 된다』고 했다.

　　《몽서》중에는 성교를 암시하는 몇몇 몽상들도 보인다.

　　　　꿈에서 새로 만든 작은 대바구니를 보면 부녀자가 기뻐한다.

바퀴와 굴대는 부부로 비유되는데, 꿈에서 바퀴와 굴대를 얻는 것은 부부의 일이 있
게 된다.

꿈에서 양羊에 올라타면, 좋은 부인을 얻는다.

『작은 대바구니』는 물고기를 잡는 도구이며, 물고기는 남자의 생식기를 암시하고, 작은 대바구니는 여자의 생식기를 암시한다. 바퀴와 굴대가 서로 합한다는 것은 더더욱 명확한 비유가 된다. 『양에 올라탄다』는 것은 여자의 온순함과 복종함을 더욱 돌출시켰다.

그러나 중국인의 몽상 중에는 프로이트가 말한 것과 같이 그렇게 많은 성의 상징물은 없으며, 동일한 몽상이라 할지라도 그 상징이나 비유의 의미에 있어서도 프로이트가 말한 것과는 항상 큰 차이를 보이고 있다. 예를 들면, 날아다니는 꿈을 프로이트는 성적으로 흥분되거나 혹은 남성의 생식기가 발기하는 상징이라고 말한다. 그러나 중국인의 견해는 이와는 상당한 거리가 있다.

《영추》: 『상체가 성하면 날아다니는 꿈을 꾸고, 하체가 성하면 떨어지는 꿈을 꾸게 된다.』

《몽열》: 『큰 바람이 이는 꿈은 사람으로 하여금 날아다니게 한다.』

《열자》: 『날아다니는 새가 머리카락을 물면 날아다니는 꿈을 꾸게 된다.』

《화서化書》: 『광풍이 몰아치면 혼백이 꿈에서 날아다닌다.』

《증도자贈道者》: 『몸이 가볍고 건장하더니, 금년에는 날아다니는 꿈을 자주 꾸었다고 스스로 말한다.』

또 산을 오르고, 높은 곳을 오르며, 계단을 오르거나, 사닥다리를 오르는 것과 같은 꿈에 대해 프로이트는 성교의 상징으로 인식했다. 그러나 중국 사람들은 일반적으로 이들을 관직이 올라갈 상징이거나 존귀함을 드러내게 될 표지로, 성교와는 어떠한 관계도 없는 것으로 여겼다. 《논형·기요편紀妖篇》에서는 양한시대에 유행하던 견해를 기술하였는데, 『누대와 산등성이는 관직의 상징이다. 사람이 누각에 오르고 산등성이에 오르는 꿈을 꾸면 갑자기 관직을 얻게 된다』고 했다.

이밖에도 꿈에서 뱀을 보는 것을 프로이트는 남성을 상징한다고 했으나, 중국인

들은 줄곧 여성을 상징한다고 여겼다. 꿈에서 이빨이 흔들리고 이빨을 뽑는 것을 프로이트는 수음手淫을 암시하는 것으로 여겼으나, 중국인들은 줄곧 친척이 사망하게 될 상징으로 여겼다. 이상과 같은 차이는 어느 정도 동서양의 민족적 심리의 차이와 관계가 있는 것일 터이다. 어떤 것은 프로이트가 남용하여 견강부회하지 않았나 하는 것에 대해서도 연구해 볼 만한 가치가 있다.

만약 철학가들이 몽상과 이성간의 관계를 말할 때에는 아마도 이리저리 슬슬 피할 것이다. 그러나 의학가들은 생리병리학적인 각도로부터 관찰하고 연구를 하기 때문에, 도리어 매우 직설적이어서 감추는 바가 없다. 이러한 측면에 있어서, 고대의 중국 의학가들은 〈몽교夢交〉나 〈몽정夢精〉이라는 것들에 대해 주로 토론하였다. 〈몽교〉라는 것은 꿈 속에서 타인과 성교합을 하는 것을 말한다. 어떤 때는 이성에 해당되는 사람이 생김새가 모호하거나 생김새가 흉악하기도 하는데, 이런 경우를 〈귀교鬼交〉라고 부른다. 〈귀교〉의 꿈은 남성에게 나타나기도 하지만, 대부분은 여성에게 나타난다. 수나라 때의 의학가였던 소원방巢元方의 묘사에 의하면 『그 형상을 다른 사람에게 보이려 하지 않는 것』으로, 꿈 속에서 『거역하여 홀로 웃으며 말하고, 혹은 슬피 울며 넘쳐 흘러나오는 것』과 같다. 소원방은 이것을 병의 증상으로 여겼다. 이는 주로 장기臟器가 허약하여 〈귀신의 기운〉이 방해하는 까닭에 의해 일어나는 현상이다. 그는 다음과 같이 지적하고 있다.

사람은 오행의 빼어난 기운을 받아 태어나며, 오장의 신비한 기운을 받아 자란다. 만약 음과 양이 조화를 이루면 오장육부가 강성해지며, 감기나 도깨비들이라 할지라도 그것을 손상시키지 못한다. 만약 몸을 보양하매 조절을 잘못하여 혈기가 허약하게 된즉, 감기가 그 허약함에 편승하게 되고, 귀신이 그 바름에 간섭하게 된다. 그래서 부인이 귀신과 교합하는 꿈을 꾸는 것은, 오장의 기운이 허하고 정신이 허약한 까닭에 귀신의 기운이 그곳에 병을 얻게 하기 때문이다……. 이때 맥박은 느려 숨어들다가도 혹은 새가 쪼는 것과 같이 되기도 하는데, 이는 모두 사악한 사물에 의한 병이다. 또한 맥박이 연이어 끊이지 않아, 그 수를 헤아릴 수 없으면서 안색이 변하지 않게 되기도 하는데 이 또한 병이다.(《소씨제병원후총론》제40권)

명나라 때 주숙朱櫹의 분석도 대강 이와 비슷하다.

무릇 귀신과 교합하는 꿈을 꾸는 것은, 대개 신장의 기운이 허하여 사악한 기운이 이에 편승하는 데서 오며, 오장으로 들어간즉 기쁜 꿈을 꾸게 된다. 신장이 이미 허하니 정액을 제어할 수 없게 되며, 꿈에서 감동하여 정액을 배설하는 꿈을 꾸게 된다……. (《보제방普濟方》 제33권)

《본초강목》에서 『귀신과 교합하는』 꿈을 치료해 주는 약물로 파극천巴戟天·안식향安息香·녹용鹿茸·녹각鹿角 등을 들었다. 《보제방》에서 든 처방제 중 중요한 것으로는 〈북정환北庭丸〉이 있다.

〈몽정〉이라는 것은 꿈 속에서 성교합을 하여 사정해 버리는 것을 말한다. 이러한 몽상과 꿈의 상태는 중국 의학의 내과에서는 줄곧 남자에게서 자주 나타나는 병중의 하나로 간주하고 있다. 그 원인에 대해서 소원방은 『허로虛勞(심신이 허약함)에 의한 몽정』과 『상한傷寒(전염병의 열병)에 의한 몽정』의 두 가지로 나누었다.

허로에 의한 몽정의 증후 : 신장이 허약하면 사악한 기운이 편승하게 되는데, 사악함이 음(생식기)에 머무르면 교합하는 꿈을 꾸게 된다. 신장은 정액을 저장해 두는 곳인데, 지금 신장이 허하여 정액을 제어할 수 없으므로 꿈에서 감동하여 사정을 해버리게 된다.

상한에 의한 몽정의 증후 : 사악한 열기가 신장에 편승하면 음기가 허하게 되고, 음기가 허하면 교합하는 꿈을 꾸게 된다. 신장은 정액을 감추는 곳으로, 지금 신장이 허하여 정액을 제어할 수 없으므로 꿈에서 사정을 하게 된다.(《소씨제병원후총론》 제4·8권)

주숙은 생리적 병리적 원인 이외에도 한 걸음 더 나아가 감정이나 심리에 관계된 심리적 측면의 원인을 강조하였다. 그는 다음과 같이 말하고 있다.

젊은 사람은 감정이 마음 속에서 움직이며, 원하는 것을 얻지 못하기 때문에 밖으로 음란함을 생각한다…….

사악함이 생식기에 붙으면, 정신이 이를 지키지 못한다. 고로 마음에 느끼는 바가 있어 꿈을 꾼 후 배설하게 된다. 또한 정기가 소멸되고, 이성이 뒤얽혀 나타나 풍질의 병인이 허함에 편승하여 그 바름에 이른다. 자주 〈요매〉와 교접하는 것은 심한 상태이다. (《보제방》제33권)

『사악함이 생식기에 머무르게 되면 안으로 교합하는 꿈을 꾼다』는 것은 《내경》에서 이미 말했던 것이다. 그러나 《내경》에서는 『감정이 마음 속에서 움직이며, 원하는 것을 얻지 못하는』 이러한 정신적 요소에 대해서는 충분히 주의하지 못했다. 『감정이 마음 속에서 움직이며, 원하는 것을 얻지 못한다』는 것은 맑게 깨었을 때의 정신적 요소에 속한다. 『사악함이 생식기에 머무르게 된다』는 것으로부터 『마음에 느끼는 바가 있다』는 것까지는 수면중의 생리병리적 원인이 심리적 원인으로 전환되는 것에 속한다. 단지 『사악함이 생식기에 머무르게 되어』 『마음에 느끼는 바가 있게』 될 때만이 비로소 몽정의 현상이 발생할 수 있다. 주숙은 이밖에도 귀신과 교합하는 꿈에도 『이성이 서로 뒤얽히는』 정신적 원인이 있다고 여겼다.

장경악張景岳의 분석은 주숙에 비해 더욱 세밀하고 일리가 있다. 그는 다음과 같이 지적하고 있다.

무릇 그리워하는 바가 있어 교합하는 꿈을 꾸게 되는 것은 그 정기가 정신에 의해 움직이게 되는 것으로, 그 원인은 심장에 있다. 하고자 하는 일이 있으나 이루지 못하고서 교합하는 꿈을 꾸는 것은, 그 정기가 위치를 잃어버렸기 때문으로, 그 원인은 신장에 있다…….

몽정을 하는 것에는 감정이 있는 것도 있고 심기의 흥분이 있는 것도 있으며, 허한 것이 있는가 하면 넘치는 것도 있으며, 감정이 움직이므로 인하여 꿈을 꾸는 것도 있고, 정기가 움직이므로 인하여 꿈을 꾸는 것도 있다. 감정이 움직이는 것은 마땅히 그 마음을 깨끗이해야 하고, 정기가 움직이는 것은 마땅히 그 신장을 견고히 해야 한다.(《경악전서·유정遺精》제20권)

『정기가 정신에 의해 움직이게 된다』는 것은 감정에 『그리워하는 바가 있음』으로 인한 것으로; 『감정이 움직이므로 인하여 교합하는 꿈을 꾸는 것』에 속하는 것이며, 이는 대체로 정신심리적 원인(마음)에 의한 것으로, 그 치료방법은 마땅히 마음을 깨끗이하고 욕심을 적게 해야만 한다. 『정기가 그 위치를 잃어버린다』는 것은 정기가 왕성하여 『하고자 하는 일이 있으나 이루지 못하기』 때문으로, 『정기가 움직이므로 인하여 교합하는 꿈을 꾸는 것』에 속하며, 이는 대체로 생리병리적 원인(신장)에 의한 것으로 그 치료는 마땅히 양기를 견고하게 해야만 한다.

총괄하자면, 고대 중국의 꿈에 대한 학설에서 성性이란 수많은 구체적인 꿈의 원인 중의 하나이며, 성에 관한 것을 수많은 구체적인 몽상들 중의 하나로 인식하고 있다. 현대 서양의 어떤 학자는 성을 꿈의 근본적 원인으로, 성에 관한 것을 꿈의 근본되는 내용으로 인식하고 있는데, 이는 중국의 전통적 꿈에 대한 학설과는 매우 다르다.

7 〈진인眞人〉이나 〈성인聖人〉은 꿈을 꾸지 않는가?

고대 중국에서는 오랜 기간 동안 유행해온 관점이 하나 있는데, 그것은 바로 『〈진인〉은 꿈을 꾸지 않는다』 혹은 『성인은 꿈을 꾸지 않는다』라는 것이다. 이러한 관점에 대해 어떤 이는 찬동을 하기도 하고 어떤 이는 부정을 하기도 했다. 최종적으로 어느 누구도 결론을 내릴 수는 없지만, 그 대체적 경향은 이에 대해 부정적인 태도를 취하는 것이 가면 갈수록 많다는 것이다.

이런 관점은 먼저 《장자・대종사大宗師》에 보인다.

옛날의 〈진인〉은 잠자리에 들어도 꿈을 꾸지 않았으며, 깨어있음에도 근심이 없었으며, 먹을 때에도 맛을 모르며 호흡은 깊고깊다.

〈옛날의 진인〉이라는 것에 대해 《대종사》에서는 구체적인 묘사가 매우 많다. 제일 중요한 특징 중의 하나는 바로 〈참된 지식〉(眞知)이라는 것이다. 『진인이 있고 난 연후에 참된 지식이 있다』고 했다. 그렇다면 무엇이 〈참된 지식〉인가? 〈참된 지식〉이란 『지식이 능히 도道의 경지에 이를 수 있는 것』을 말한다. 『지식이 능히 도에 이른다는 것』은 시비是非를 가지런히 하고, 물아物我를 가지런히 하므로써 『꿈과 깨어있음을 가지런히 한다』는 것이다. 진인의 감정은 바로 『처연하기가 마치 가을과 같고, 완연하기가 마치 봄과 같아서 기쁨과 슬픔이 사시四時에 통한다』고 했다. 진인과 외물이 서로 왕래함은 바로『삶을 받아서 기뻐하고, 죽으면 이를 돌려준다』고 하는데, 어떤 물건이라도 그는 즐겁게 받고, 어떤 물건에 대해서도 반응을 일으키지 않아서 음식물의 단맛과 쓴맛도 그는 맡지도 않고 묻지도 않으며, 알려고도 하지 않는다. 결론적으로 작자의 입장에서 볼 때, 진인이란『깨어있음에도 근심이 없고』따라서『잠자리에 들어도 꿈을 꾸지 않는다.』이 점은 곽상郭象의 《주注》와 성현영成玄英의 《소疏》에서도 그 요점을 잡았다고 할 수 있다.

곽상의 《주》:『〈잠자리에 들어도 꿈을 꾸지 않는 것〉은 생각이 없는 것이다.』

성현영의 《소》:『꿈이라는 것은 생각의 망상에서 나온다. 그러나 진인은 감정이 없고, 생각을 끊기 때문에 비록 잠자리에 들어도 고요하고 꿈을 꾸지 않으며, 깨어남에 이르러서도 항시 여유가 있어 걱정이 없다.』

여기에는 두 가지의 문제가 있다. 하나는 소위 〈진인〉이라는 사람은『깨어있음에도 근심이 없는』정신상태에 능히 도달할 수 있는 것인가라는 점이다. 말하자면 〈진인〉은 진정으로『생각이 없고』『감정이 없으며, 생각을 끊는』것을 해낼 수 있는가 하는 것이다. 그 다음 문제는 설사『깨어있음에 걱정이 없는』상태에 도달했다 할지라도 꿈을 꾸지 않을 수 있고, 꿈이 없을 수 있는가 하는 점이다. 《장자·천하》편에서『관윤關尹과 노담老聃은 옛날의 넓고 큰 진인이다!』라고 하였다. 관윤은 《관윤자》상하편을 저술하였고, 노자는 《노자》5천여 자를 저술하였다. 그 요지는 모두 세상 사람들이 〈도〉를 알지 못하고, 〈덕〉을 알지 못하며, 『배움을 끊고 지혜를 버리지』못하는 것을 걱정한 것에 있는데, 이를 보건대『깨어있음에 걱정이 없는』상태에는 아직 이르지 못한 것 같다. 진정으로『깨어있음에 걱정이 없는』상태에 도달했다고 한다면 아마도 악몽이 없고, 생각하는 꿈(사몽)이 없고, 백일몽(오몽)이 없으며, 기쁜 꿈(희몽)이 없고, 두려운 꿈(구몽)이 없는 상태라고 말할 수밖에 없을 것이다. 그렇다면 《주례》에서의 그러한 악몽이 아니고, 생각이 없으며, 기쁘지도 않고, 슬프지도 않는 〈바른 꿈〉(정몽)은 피할 수가 없게 된다. 장자가 스스로도『참됨을 수양하여 도를 얻는다』라고 말하였지만, 그러나 그는 관윤과 노자에 비해 더 많이 이야기하였고, 더 많이 생각하였다. 장자 자신에게도 그 유명한 나비 꿈이 있었지 않은가?

《장자·각의刻意》편에서는 또『성인은 꿈을 꾸지 않는다』라는 것을 제시했다.

성인의 삶은 천행天行이고, 그 죽음은 물화物化이다. 고요한 가운데 음과 더불어 덕과 같이하며, 움직이는 가운데 양과 더불어 움직임을 같이하며, ……잠자리에 들어도 꿈을 꾸지 않고, 깨어있음에는 걱정함이 없다. 그 정신은 순수하며, 그 혼은 고달프지가 않다. 세상 일체의 명리를 떠나 무아의 경지를 이루니 곧 하늘의 덕에 합치된다.

《장자》라는 책에서는 〈성인〉과 〈진인〉이라는 개념에는 여전히 어떤 구별이 있다. 그러나『깨어있음에 걱정이 없다』는 정신상태는 서로 같다. 〈천행〉과 〈물화〉라고 운운한 것은 성인의 삶과 죽음이 완전히 자연의 변화에 순응함을 말하는 것이며,『덕과 같이한다』는 것과『움직임을 같이한다』고 운운한 것은 성인의 거동이 완전히 음양의 자라나고 없어짐에 순응한다는 것을 말하는 것이다. 성인은『사려하지 않고, 미리 꾸미지 않으며』욕심이 없으며, 인위적인 바가 없기 때문에, 그의 정신은 순수하여 피로함을 알지 못하게 된다. 이러한 그의 무위무욕無爲無欲의 정신상태는 바로 천지자연의 본성이다. 그러나《각의》편의 작자가 어떻게 해석을 하든지에 상관없이, 우리들이 위에서 제시했던 두 가지 문제는 마찬가지로 여전히 존재한다. 장자가 말한 〈성인〉이 구체적으로 어떠한 사람을 가리키는지 알 수 없다. 만약 요임금이나 순임금·우임금·탕임금·문왕·무왕·주공周公 그리고 공자라고 한다면, 이러한 사람들 중에 어느 누구도 일찍이『깨어있음에 걱정함이 없는』상태에 도달할 수 없었고, 어느 누구도『잠자리에 들어 꿈을 꾸지 않는』상태를 이룰 수 없었다.

《회남자》와 《열자》는 모두 《장자》의 견해를 잇고 있다. 《회남자·숙진훈俶眞訓》에서는『무릇 성인이 마음을 쓰매 마음에 기대고 정신에 의지하여, 서로 부축하여 처음과 끝을 얻는다. 그러한 까닭에 성인은 잠을 자도 꿈을 꾸지 않고 깨어있어도 걱정함이 없다』고 하였다. 《열자·주목왕周穆王》편에서는『옛날의 진인은 깨어있는 상태에서는 스스로를 잊어버리고, 잠을 자면서도 꿈을 꾸지 않는다』라고 하였다. 《회남자》에서는『깨어있는 상태에서 걱정함이 없음』에 대한 해석에서, 여전히 성인의 정신활동이 자연에 순응함을 강조하고 있으며, 어떤 새로운 뜻은 없다. 《열자》에서는 『깨어있는 상태에서 걱정함이 없음』을 『깨어있는 상태에서 스스로를 잊어버린다』는 것으로 고쳐 오히려 창조된 바가 있었다. 『스스로를 잊어버리는』 자는 밖으로는 만물을 잊고, 안으로는 자신을 잊는다. 한 사람이 자신의 존재조차도 잊어버린다면, 그것 또한 깨달음이라 말할 수 있지 않을까? 그렇다면 또한 자신이 수면상태에 있고 자신이 꿈을 꾼다는 것을 알 수 있지 않을까? 이러한 것에 근거해서 소위 『잠을 자면서 꿈을 꾸지 않는다』는 것에 대해 논증을 해본다면, 논리적으로도 자체 모순을 이루며, 실제적으로도 순전히 상상에 속하게 되어 버린다.

설령 『진인은 꿈을 꾸지 않고』 『성인은 꿈을 꾸지 않는다』는 것이 이치에 결코 맞지 않는다고 할지라도, 그러나 어떤 이는 〈진인〉이나 〈성인〉에 대한 경외의 마음으로 인해서, 혹은 이를 믿고서 참되다고 여기며 혹은 우회하여 이들에 대해 변명을 하기도 한다. 북송 때의 소옹邵雍은 《우몽음憂夢吟》에서 『진인은 꿈을 꾸지 않고, 성인은 꿈을 꾸지 않는다』라고 하였다. 원나라 때의 내득옹耐得翁은 『무릇 지인이 허망한 꿈을 꾸지 않는 것은 상념이 없는 연유에서이다』라고 하였다.《취일록就日錄·꿈을 논함 論夢》》 문학가였던 소철蘇轍은 『지인은 허망한 꿈을 꾸지 않는』 것으로 인식했는데, 이들의 견해는 분명히 사실에 부합하지 않으며, 역사적으로도 은나라의 고종이나 주나라의 무왕·공자 그리고 부처에 이르기까지 모두 꿈을 꾸었다는 것을 기록하고 있다. 그래서 변명하여, 지인은 『꿈의 상태는 깨어있는 상태와 다르지 않고 깨어있는 상태는 꿈의 상태와 다르지 않으며, 꿈은 곧 깨어있음이고 깨어있음은 곧 꿈이므로, 이것이 바로 지인이 〈꿈을 꾸지 않는다〉는 것으로 여기는 까닭이 아니겠는가!』(《몽재명夢齋銘》 서문, 《고금도서집성》 제150권에서 재인용) 라고 말하기도 한다.

우리들이 파악하고 있는 자료에 근거하면, 북송 때의 문학가였던 장뢰는 먼저 『성인은 꿈을 꾸지 않는다』는 것에 대해 회의를 나타내었다. 그는 『지인 같은 사람에게 생각이 없다고 한다면, 즉 꿈이 없을 것이다!』고 말하였다.(《장우사문집》 제51권) 만약 〈지인〉이 정말로 『생각이 없는 상태』에 이를 수 있다면, 아마 『꿈을 꾸지 않는다』는 것이 가능할 것이다. 그러나 〈지인〉이 정말로 『생각이 없음』에 이를 수 있는가 하는 것에 대해서는, 그는 아마 문제가 될 것이라고 여겼다. 또 다른 문학가였던 진덕수眞德秀는 『성인은 꿈을 꾸지 않는다』는 것에 대해 명확하게 부정을 했었다. 그는 다음과 같이 말하고 있다.

비록 옛성현이라 할지라도 꿈을 꾸지 않을 수 없다. 다만 사욕이 다 사라지고 하늘의 이치에 밝게 융화되면, 조짐이 형성되는 것 또한 실제가 아니라 할 수 없다. 은나라의 고종이 부열을 얻었던 것과 주나라 무왕이 상나라를 이겼던 것은 모두 사실이다.(《진서 산문집·유성백자설》제33권)

진덕수의 부정은 매우 명확했다. 그러나 꿈의 작용에 대해 도덕관념을 지나치게 강조했다는 질책을 면할 수 없다. 성인이 진정으로『사욕을 다 사라지게 하는가』하는 것에 대해서는 논하지 않겠다. 성인이 꿈을 꾸는 몽조는 모두〈실제〉가 된다고 말했는데, 아마도 성립되기가 매우 어려울 것이다. 《일주서》에는 주나라 문왕이 대낮에 은나라의 주왕紂王이 와서 토벌하는 꿈을 꾼 것이 기록되어 있는데, 이 몽조는 바로〈실제〉가 아닌 예이다. 세상에〈직몽直夢〉이라는 것을 제외하고, 기타의 어떠한 형식 어떠한 내용의 꿈도 적건많건간에 모두 일정한 허구성을 갖고 있다.

명나라 말 때의 진사원은 해몽이라는 것을 독실하게 믿어 해몽에 대한 이론적 논증을 이루었다. 그러나 우리들은 다른 사람의 말이라고 해서 그의 말을 버릴 수는 없다.『성인은 꿈을 꾸지 않는다』에 대한 진사원의 반론은 매우 단호하고, 매우 설득력이 있다. 그는 다음과 같이 말하고 있다.

성인이 꿈을 꾸지 않는다는 것은 대개 허황된 이야기이다. 사람이면서 꿈을 꾸지 않는다는 것은, 형상은 고목과 같고 마음은 불이 꺼져 버린 재같이 생기가 없는 무리이다. 잠을 자지 않고 깨어있지도 않으며, 불생불멸한다는 것은 불교에서 수립한 바이다. 성인 중에 공자보다 더한 사람은 없다. 공자가 기력이 있을 때에는 꿈에서 주공을 보았고, 죽을 때에는 두 기둥 사이에서 제사를 드리는 꿈을 꾸었다. 어찌 괴이하다 할 수 있겠는가! 어린아이가 태어나면 열흘이 지나야만 잠자리에 들 수 있고, 그에게 젖을 먹여도 받지 않으며, 그를 안아도 놀라지 않는다. 때로는 흡족하여 웃기도 하고 혹은 화를 내며 성을 내기도 하고, 잠자리에 들어 놀라 울기도 하는데, 이것을 보고서 꿈에서 웃고 꿈에서 우는 것이라고 한다. 천천히 그를 두드려 보면 실제로는 아직 깨어있지 않은 상태이다. 무릇 어린아이는 감정이 없는데 어찌 기뻐하고 어찌 성을 내겠는가! 꿈에서 이루어지는 바가 있는 것은, 기력은 그것을 충만시키고, 정신이 그것을 부리기 때문이다. 성인의 마음도 어린아이와 다르지 않다. 신비한 마음에 기탁하여, 음을 품고 양을 토하니, 꿈이 없는 것이 아니라 망령된 꿈으로 지혜를 어지럽히지 않을 뿐이다!《몽점일지·성인편》

『형상은 고목과 같고 마음은 불이 꺼져 버린 재와 같다』는 것은《장자·대종사大宗師》에 나온다. 진사원은 만약 어떤 한 사람이 꿈을 꾸지 않는다고 한다면, 그는 바로『형상은 고목과 같고 마음은 불이 꺼져 버린 재와 같이 생기가 없는 무리』라고 여기고 있다. 그러나 사람은 언제나 정신을 가지고 있고 의식을 가지고 있기 마련인데,『형상은 고목과 같고 마음은 불이 꺼져 버린 재같이 생기가 없는 무리』를 어찌 사람이라 할 수 있겠는가! 불교에서는 다만 부처만이『잠을 자지도 않고 깨어있지도 않으며 불생불멸하여 꿈으로 인해 어지럽혀지지 않는다』고 여긴다. 우리들이『성인은 꿈을 꾸지 않는다』는 것을 주장한다면, 그것은 불교를 대신하여 선전을 해주고 있으며, 또 성인의 입장을 떠나 버리는 것이 아니겠는가? 진사원은 또한『성인은 꿈을 꾸지 않는다』는 것도 사실적 검증을 얻어내지 못한다는 것을 지적했다. 공자 또한 일찍이 주공을 꿈에서 보고 두 기둥 사이에서 제사를 드리는 꿈을 꾸지 않았던가? 그의 입장에서 보면, 만약 성인의 마음에 잡념이 없다고 한다면, 그것은 응당 어린아이와 마찬가지일 것이다. 그러나 어린아이도 꿈에서 웃고 꿈에서 우는 현상이 있는데, 성인에게 어떻게 꿈이 없을 수 있겠는가? 그의 결론은, 성인은 꿈을 꾸지 않는 것이 아니라 다만『허황된 꿈을 꾸지 않을 뿐』이라는 것이다. 진사원의 비교와 반문이 매우 교묘하고 설득력이 있지만, 그러나 어린아이가 꿈에서 웃고 꿈에서 우는 것에 대한 해석은 정확하지 못하다는 것을 인정해야만 한다. 이 문제에 대해서 우리들은 장차 이 책의《외편》에서 분석을 하게 될 것이다.

장뢰와 진덕수 그리고 진사원 이전에, 당나라 때의 사람이었던 공영달孔穎達은 공자의 두 기둥 사이에서 제사를 드리는 꿈에 대해 해석을 하면서 다음과 같이 말하고 있다.

《장자》에서의『성인은 꿈을 꾸지 않는다』는 것을 살펴보면, 장자의 뜻은 욕심이 없고 사념이 없으며, 고요하며 조용히 있으면서 일을 도모하지 않고 사려함이 없다는 데 있으며, 그래서『성인은 꿈을 꾸지 않는다』라고 했다. 그러나 성인은 비록 사람들과 달리 신명스럽긴 하지만, 사람들과 마찬가지로 오정五情을 갖고 있다. 오정이 이미 같을 진대 어찌 꿈을 꾸지 않을 수 있겠는가! 그래서 《예기·문왕세자文王世子》에는 아홉 살의 꿈이 있고, 《상서》에는 주나라 무왕의『꿈이 도왔다』는 말이 있다.

〈성인〉의 도덕적 경지와 지식수준은 보통 사람을 훨씬 뛰어넘는다. 그러나 〈성인〉의 이러한 〈신명스러움〉이 지극히 맑고 순수하며 지극히 밝고 진실한 것인지 하는 문제에 있어서는, 아마 반드시 꼭 그렇다고 할 수는 없을 것이다. 〈성인〉은 보통 사람과 마찬가지로 오정을 모두 가지고 있다. 아니 육정六情을 갖고 있다는 것으로 보충해야 할 것이다. 〈성인〉은 또한 사람인 이상 생각과 감정 그리고 욕망이 없을 수 없으며, 그래서 꿈을 꾸지 않는다는 것은 불가능한 것이다. 현대의 과학적 인식에 비추어 보면, 사람과 사람 사이에는 다만 꿈의 개성적 차이가 있을 뿐이지 꿈을 꾸고 꾸지 않는 차이는 존재하지 않는다. 소위 〈식물인간〉은 먹고 마실 수는 있으나 정신적 의식이 없으므로, 이런 사람은 아마도 꿈을 꾸지 않을 것이다. 그러나 만약 〈성인〉을 〈식물인간〉에 비교한다면, 아마 〈성인〉을 너무 존경하지 않는 것이 되고 말 것이다.

8 │ 맹인은 꿈을 꾸는가?

당나라 때의 단성식段成式은 《유양잡조酉陽雜俎》에서『소경(瞽)은 꿈을 꾸지 않으며, 꿈을 아는 것은 익혀서 알기 때문이다』라고 하였다. 소경이란 맹인을 가리킨다. 〈고瞽〉(맹인)의 본뜻은 원래 눈의 조직이 없음을 가리키는 것으로, 소위『눈이 없는 것을 〈고〉라고 한다』(《일체경음의一切經音義》의 제23에서 인용한 《삼창三蒼》, 《상서·요전堯典》의 대전大傳, 《국어·주어周語》의 위소韋昭의 주석, 《한서·가의전賈誼傳》의 주석 등에 보인다)는 것이 그것이다. 눈의 조직이 없으므로 인하여 안광에는 다만 눈꺼풀만 있으며, 그 형태는 마치 북과 같다. 《석명·석질병釋疾病》에서는 『소경이란 북이다. 눈을 감은 듯이 눈이 서로 합쳐져 북의 가죽과 같다』라고 하였다. 이후에 그 뜻이 전이되어 안구에 눈동자가 없는 것을 가리키게 되었으니『눈동자가 없는 것을 소경이라 한다』는 것과 같은 경우이다.(《설문해자》,《시경·유고有瞽》서문의 해석에 보인다.) 더 나아가 시각을 상실한 맹인이면 모두〈고〉라 불렀다. 단성식이『소경은 꿈을 꾸지 않는다』라고 말한 것은, 앞사람의 말을 인용한 것인지 아니면 그 자신이 창조한 말인지는 알 수 없고, 그 근거 또한 한 자도 찾아볼 수가 없다. 우리들이 추측컨대, 아마도 맹인은 평상시에 시각인상에 의해서 논지를 세우지 않는다는 것에 근거하여, 흔히 볼 수 없는 시각인상으로부터『꿈을 꾸지 않는다』는 것을 끌어내었을 것으로 생각된다. 이후 사람들은 이를 당연한 것으로 생각하여, 일찍이 의문을 나타내는 사람이 없었다. 그러나 현대과학의 인식에 비추어 볼 때, 이러한 학설은 비록 몽상의 어떠한 특징에 관계는 하고 있지만, 근본적으로 사실에 합치되지 않고 성립될 수 없는 것이다.

앞에서 인용했던 섭자기葉子奇의『생각한다는 것은 눈에 보이는 것으로써 한다』는 말은, 상상 또는 연상은 주로 시각인상을 기초로 한다는 것을 말한다. 그러나 사실상〈생각한다〉(想)는 것은 비단〈눈에 보이는 것〉과 관계가 있을 뿐만 아니라, 또한〈귀로 듣고〉〈코로 냄새를 맡고〉〈몸으로 접촉하는〉것과 같은 기타의 감각인상과도 관계가 있다. 꿈에 대해서 말하자면, 비록 꿈의 내용과 재료가 주로 시각형상이기는 하지만, 그러나 이와 동시에 청각·후각·촉각·피부감각 등과 같은 기타의 감각인상과도 관계가 있다. 꿈을 꾸는 사람은 꿈 속에서 비단 각종의 형상을 볼 수 있을 뿐만 아니라, 각종의 소리를 들을 수도 있고 각종의 냄새를 맡을 수도 있으며, 어떤 물건의 뜨거움·차가움·가벼움·무거움 등도 느낄 수가 있다. 이개선李開先은《유의喩意》라는 시에서『꿈 속에서 객이 아름다운 술을 베풀어, 하인을 불러 술을 품고 가 데워와 맛보려 하였네. 갑자기 닭울음 소리에 놀라 꿈을 깨었더니, 코 속에서는 여전히 향긋한 술내음이 풍기네』라고 하였다.(《중록한거집中麓閑居集》제1권) 풍몽룡馮夢龍은《광소부廣笑府》에서『술을 즐기는 자가 꿈 속에서 아름다운 술을 얻어, 데워 그것을 마시려 하였다. 갑자기 꿈에서 깨어나 크게 후회하면서〈차가울 때 먹지 못한 것이 후회스럽구나!〉라고 했다』라고 기록하였다.(제5권) 이 두 가지 몽례에서는 시각·청각·후각·피부감각의 재료가 모두 나타나 있다고 할 수 있다. 맹인은 평상시에 시각인상을 축적시키지 못하므로, 그 꿈은 정상인과 같이 그렇게 풍부하고 다채롭지는 못할 것이지만, 그러나 절대로 꿈이 없다라고 하는 것은 옳지 않다.

미국 에모리Emory대학의 심리학 교수인 데이비드 폭스Dawid Fox와 그의 두 공동연구자의 연구보고에 따르면(《지식은 바로 힘이다》1986년 제7기, 41쪽) 그들은 일찍이 여섯·명의 맹인 지원자에 대하여 실험을 한 적이 있다고 한다. 먼저 뇌전파 감시기구로 맹인의 수면상태를 추적한 결과, 맹인도 〈꿈 속의 뇌전파〉가 나타날 수 있다는 것을 발견하였다. 〈꿈 속의 뇌전파〉가 끝나기를 기다렸다가 곧바로 실험 대상자들을 불러 깨워 몽상과 몽경에 대해 구체적으로 물었으며, 그 결과 맹인은 모두 꿈을 꾸었으며 맹인은 꿈을 꾸지 않는다는 것이 아님이 증명되었다. 다만 맹인의 몽상은 건강한 사람의 몽상과 그 내용에 있어서 차이를 보일 뿐이었다.

이전에 시각경험이 전혀 없는 선천적 맹인의 몽경 중에서는 확실히 시각형상이 없다. 그러나 도리어 청각과 미각을 비롯한 기타 감각의 〈형상〉은 존재하며, 뿐만 아니라 매우 사실인 느낌도 받는다. 예를 들면 한 선천성 맹인은 그가 꿈 속에서 그들 가족이 모두 주방에 있으며, 누이가 헤어드라이어로 머리를 말리고 있는 소리를 들으며, 어머니께서 세탁기를 돌리는 것을 보았는데, 헤어드라이어의 뜨거움과 차가움 그리고 세탁기의 물 소리 등이 모두 매우 분명하였다고 했다. 그는 또 쇠고기의 냄새를 맡고서, 점심은 불고기 요리일 것이라는 바를 알았다. 그는 스스로 손을 사용하여 물건들을 더듬거리며 정리했었다고 한다.

후천성 맹인의 경우에는 일찍이 일단의 시각경험을 거쳤기 때문에, 그들은 몽경에서 왕왕 이미 잃어버렸던 시각형상을 환기시키며 어떤 때에는 새로운 시각형상을 창조할 수도 있고, 동시에 기타의 감각인상을 수반하기도 한다. 실험을 받았던 한 대상자의 말에 근거하면, 그녀는 꿈 속에서 그녀가 친구의 집 화원에서 땅바닥에 자리를 깔고 식사를 하는 꿈을 꾸었다. 주위의 풍경과 인물을 비롯해 소리와 냄새가 모두 매우 사실적이었다. 그 중 몇 사람은 그녀가 과거에 본 적이 없는 〈낯선 사람〉이었다고 한다.

《음부경陰符經》에서는 『소경은 듣는 데 뛰어나며, 귀머거리는 보는 데 뛰어나다』고 하였다. 선천적인 귀머거리의 몽경에서는 소리가 나타나지 않는다는 것에 대해서는 긍정을 하지만 시각형상은 매우 풍부하다. 선천적인 맹인의 몽경에서는 비록 시각형상은 없지만, 소리는 특별히 풍부할 수 있다. 한 보고서에 의하면, 일본의 한 맹인이 사진집을 출판하였다고 한다. 맹인이 어떻게 사진을 찍었겠는가? 그는 『비록 눈으로 볼 수는 없지만, 나는 들리는 소리와 피부가 느끼는 사람의 냄새에 의지해서 판단한다. 나의 두뇌 속에 인물형상의 한순간이 출현하면, 나는 곧바로 서터를 누른다』고 했다.(《마이니찌 신문》 1988년 1월 8일자) 맹인들의 몽경이라는 것은 바로 그들에게 평상시에 축적되었던 인상재료의 재현과 창조이다.

『소경은 꿈을 꾸지 않는다』는 것은 옳지 않다. 그러나 『꿈을 꾼다는 것은 익힘에 의한 것이다』라는 것은 이치에 맞다. 맹인의 꿈은 그들이 익히 듣고, 익히 맡으며, 익히 접촉하는 인상재료를 절대로 벗어날 수가 없다. 몽경에서의 창조라는 것도 과거에 익히 들었고, 익히 맡았으며, 익히 접촉했던 인상재료의 가공에 불과할 뿐이다.

9 ｜ 꿈에는 징조라는 예견성이 있는가?

해몽미신에서는 줄곧 꿈이란 길흉화복의 징조라고 여겨왔다. 그러나 해몽을 맹목적으로 믿는 이유는 대체로 꿈의 이러한 징조설에 있는 것이 아니라, 이러한 징조를 신령 또는 귀신의 계시라고 간주하는 데 있다. 고대 중국의 어떤 학자들은 해몽이 미신이 아니라고 하였다. 그러나 그들은 여전히 꿈(적어도 몇몇 꿈)에는 징조라는 예견성이 있다고 여겼다.

명나라 때의 당순지唐順之는 꿈에 대해 논하면서, 꿈은 혹 〈상想〉에서 나오거나 혹은 꿈이 〈인因〉에서 나온다는 것을 분명하게 인정하였지만, 그러나 그는 어떤 몇몇 꿈에 대해서는 그렇지 않다고 여겼다. 예를 들어 『숙손목叔孫穆은 우牛가 태어나기 전에 수우竪牛의 모습을 꿈에서 보았고, 조曹나라의 어떤 사람은 강强이 태어나기 전에 공강公强이라는 이름을 꿈에서 보았다』고 한다.《형천비편荊川稗篇·꿈은 상에서 생겨난다는 것을 논함 論夢生於想》 이 두 가지 몽례는 모두 《좌전》에 보이는데 하나는 소공昭公 4년조에 보이고, 하나는 애공哀公 7년조에 보인다. 앞의 예의 줄거리는 대체로 다음과 같다. 노魯나라의 숙손목자叔孫穆子가 제齊나라에 있을 때, 일찍이 꿈에서 『하늘이 자기 자신을 눌렀는데 이를 이길 수가 없었다.』 잠시 있다가 머리카락이 검고, 어깨가 앞으로 굽어있으며, 눈은 움푹 들어갔으며, 입은 돼지입 같은 사람이 보였다. 그는 『우牛야, 와서 나를 도와라!』고 고함을 쳤다. 결과 하늘을 받쳐주어 이를 이길 수가 있었다. 다음날 그는 수행하던 인원 중에서 그러한 사람을 찾아보았으나 모습을 닮은 사람이 없었다. 그래서 즉시 이름과 모습을 기억해 두었다. 이후에 그는 노나라로 돌아와 경대부가 되었는데, 원래 그가 노나라에 있을 때 경종庚宗과 사통한 한 여인이 그들의 사생아를 데리고 그에게로 왔다. 그는 그를 보자마자 꿈 속에서 그를 도와주었던 그 사람의 모습이 바로 생각나는 바람에, 이름도 묻지 않은 채 곧바로『우우牛야!』라고 고함을 질러 버렸는데, 그 아이는 그의 이름을 부르는 것을 듣고서 곧 대답을 하였다고 한다. 두번째 예의 줄거리는 대체로 다음과 같다. 일찍이 조曹나라의 어떤 사람이 꿈 속에서 몇 명의 군자들이 조나라를 멸망시키려고 의논하는 것을 보았는데, 조나라의 숙진봉叔振鐸이 공손강公孫强에게 잠시 기다려 달라고 부탁을 하였더니 승낙을 하는 것이었다. 다음날 꿈을 꾼 사람은 도처로 공손강을 찾아다녔으나 조나라에서는 이러한 자를 찾을 수가 없었다. 그래서 그의 아들에게 유언을 남겨『내가 죽은 후, 너가 만약 공손강이 집정을 한다는 말이 들리면 반드시 조나라를 떠나거라』고 하였다. 이후에 조백양曹伯陽이 즉위를 하게 되었는데, 조나라의 변방에 공손강이라는 이름을 가진 자가 있었는 바 활쏘기에 매우 뛰어나 조백양의 신임을 얻었고, 사성司城이라는 관직을 얻어 집정을 하게 되었다. 꿈을 꾸었던 자의 아들은 이때에 곧바로 조나라를 떠났다. 오래지 않아 조나라는 곧 송宋나라에게 멸망되고 말았다고 한다. 이 두 가지 몽례에서는, 〈수우〉와 〈공손강〉이 태어나기 전에 그들의 이름과 모습을 이미 꿈 속에서 보았다. 이것은 비단 〈징조〉일 뿐만 아니라, 〈먼저 본〉 것이라고 할 수 있다! 그러나 당순지가 예로 든 이 두 가지 몽례는 겉보기에는 매우 적절한 것 같으나, 자세히 살펴보면 믿을 만한 게 못 된다. 먼저 《좌전》의 작자는 숙손목자가 자기 스스로 그 꿈을 서술했다는 것과, 조나라 사람이 그의 부친의 꿈을 회상하며 기록한 것의 중간에 과장되고 허구적인 부분이 있을 수 있다는 것을 배제했는가 하는 문제이다. 그 다음으로는 《좌전》에서 꿈에 대해 기록할 때에는 반드시 그 응험을 기술한 것으로 보아, 작자 본인도 해몽미신의 강한 영향을 받았었다. 그래서 《진서晋書·예술열전藝術列傳》의 서문에서『좌구명左丘明이 좌중에서 제일 먼저 시를 지으니, 괴이한 꿈을 서술하여 문장을 드리웠다』라고 하였다. 《좌전》이라는 책이 역사학에서의 매우 높은 가치를 갖고 있기는 하지만, 서술해 놓은 이러한 꿈의 선례들은 실제로 긍정할 수가 없는 것들이다.

북송 때의 심괄沈括은 저명한 과학자였다. 그 본인은 꿈이 미리 미래를 예견해

줄 수 있다는 것을 크게 믿지는 않았으나(《몽계필담夢溪筆談·신기神奇》편의 〈사람에 게 예견이라는 것이 있는가 人有前知〉조를 참조), 그의 〈몽계夢溪〉의 꿈은 도리어 사 람들에게 꿈이 미리 미래를 예견해 줄 수 있다는 것을 논증하는 근거로 인용되곤 했다. 심괄 자신의 서술에 의하면, 그가 대략 서른 살이 되었을 때, 어떤 한 지방에 이르러 『작은 산에 오르니 꽃과 나무들이 비단으로 덮은 듯하고 산의 아래로는 물 이 흐르고 있었는데, 너무나 맑아 그 밑바닥까지 들여다볼 수 있었으며, 교목이 그 위를 덮어 가리고 있는』 꿈을 꾸었다. 꿈 속에서 너무나 즐거웠기에, 그는 이러한 곳에서 살 수 있기를 바랐다. 이러한 이후에 이 꿈을 자주 꾸게 되었으며, 이곳으로 가는 꿈을 1년에 서너 번은 꾸었는데, 옛땅에 다시 놀러가는 것과 같이 매우 익숙 한 기분이었다. 10년 후, 그는 선성宣城이라는 땅으로 유배되어 머무르면서, 한 도 인으로부터 경구京口라는 곳에 매우 좋은 땅이 있다는 말을 듣고서 30관貫의 돈을 출자하여 이곳을 매입하기 시작하였으나, 그곳이 농원이 있는 곳이라는 것은 알지 못했다. 만년에 유배가 해제된 후, 도인이 그를 대신하여 구매했던 그 농원을 직접 한 번 보았는데, 놀랍게도 이곳이 바로 그가 일찍이 꿈에서 여러 차례 노닐었던 바 로 그 장소가 아니었던가! 그래서 그는 이곳을 다시 수리하고, 그 이름을 〈몽계夢 溪〉라고 명명하였다.《장흥집長興集·자지自志》〈몽계〉의 꿈은 이후에 실제로 보게 된 〈몽계〉와 확실히 매우 유사했다. 그러나 이러한 꿈 또한 꿈이 앞서 예견을 해줄 수 있고 미리 알려줄 수 있다는 것을 증명할 수는 없다. 왜냐하면 심괄이 이전에 여 러 차례의 꿈에서 이러한 곳이 바로 경구京口의 어느 한 곳에 있다는 것을 알지는 못했었기 때문이다. 앞서 꿈을 꾸고 뒤에 실제로 보게 되는 이러한 유사함 혹은 일 치는, 다만 경구라는 지방에 있는 이러한 농원이라는 것은 바로 그가 오랜 기간 동 안 꿈에도 그리던 그러한 장소일 뿐이거나, 혹은 꿈 속에서도 그리던 바람이 실제 적으로 만족을 얻게 된 것이라고밖에 할 수 없다.

명나라 때의 곽자장郭子章은 일찍이 꿈에는 징조라는 예견성이 있음을 이론적으 로 논증하려고 했었다. 그는 다음과 같이 말했다.

천하의 사물에는 길흉이 있고 화복이 있으며 상서로움과 재앙이 있고 아름다운 일과 허물스런 일이 있으니, 망망하여 황홀스럽기만 하다. 그것을 말하면 그림자를 붙어 없 애는 것과 같고, 그것을 생각하면 먼지를 파서 새기려 함과 같다. 무릇 사람에게는 꿈이

라는 것이 있어 그것을 알게 하며, 왕왕 다른 사람에게 미리 알려주며, 길흉·화복·상
서로움과 재앙·아름다운 일과 허물스런 일들을 응당 드러나게 하며, 눈으로 그 일을
보는 것과 같이 조금도 어그러짐이 없이 알린다. 무릇 사람은 음양과 더불어 기를 통하
며, 몸은 건곤乾坤과 더불어 형상을 드러내며, 길흉이 반복되고, 잠재적 형상이 서로 관
통하게 된다. 그래서 심장은 대추나무에 대응되고, 간은 느릅나무에 대응되며, 나 자신
은 천지와 통한다고 했다. 날씨가 장차 흐려지려고 하면 물을 꿈에서 보게 되고, 맑아지
려고 하면 불을 꿈에서 보게 된다. 그래서 꿈 속에는 천지가 존재하니, 어찌 서로 다를
수 있겠는가라고 했다.(《마천기몽馬遷紀夢·고금도서집성》제150권에서 재인용)

곽자장의 분석에 따르면, 외계 사물은 미래에 사람에 대해서 길흉과 화복을 드러
내게 되지만, 이러한 길흉과 화복은 일반적으로 파악하기가 매우 힘들다고 했다.
그러나 어떤 사람은 꿈에 근거하여 미리 예견할 수 있고 미리 알 수도 있기 때문에,
이후에 나타나게 되는 응험과 이전의 꿈이 완전히 일치하게 된다고 했다. 이는 어
떤 이유 때문인가? 이에 대해 곽자장은 사람과 천지음양은 통일적인 것이기 때문
에 꿈과 길흉 사이에는『잠재적 형상이 서로 관통하고 있기』때문이라고 여겼다.
여기에서 곽자장은 하느님에 대해 말하지도 않았고, 귀신을 말하지도 않았으며, 사
람과 외계의 환경과의 감응이라는 것으로부터 문제를 파악했는데, 이는 틀림없이
어떤 의미에서든 일리가 있다는 것을 인정해야 할 것이다. 지진이나 폭우 등과 같
은 모든 대자연의 변이들은 그것이 막 아직 일어나려고 하는 상태에 있을 때에도
인체에 일정한 자극을 미칠 수 있으며, 이러한 자극은 어떤 사람의 수면중에서 꿈
이라는 형체로 나타나게 되며, 이를 꿈에서 본 후 오래되지 않아 변이들이 발생하
기도 한다. 이러한 조짐이나 예견은 조금도 신비한 것이 아니다. 우리들은 앞으로
과학자들이 대자연의 변이를 예측할 때, 마땅히 그 당시 그곳 사람들의 몽상과 몽
경의 중대한 변화를 조사하고 통계를 내어 참고하므로써 〈꿈의 응험〉에 대한 응용
을 할 수 있기를 건의한다. 그러나 주의해야 할 것은 동일한 자연변이에 있어서 어
떤 이의 반응은 영민할 수도 있으나, 어떤 이는 반응이 느릴 수도 있으며, 어떤 것
은 꿈에 나타날 수 있지만 어떤 것은 꿈에 나타나지 않을 수도 있다는 점이다. 꿈과
자연변이의 사이에 존재하는『잠재적 형상이 서로 관통한다는 것』에 대해 절대로
기계적으로 이해해서는 안 된다. 특별히 주의해야만 할 것은, 이러한 징조와 예견

이 마치 지진이 올 때 많은 생물들이 모두 이상반응을 일으키는 것과 같다고 한다면, 그것은 결코 꿈의 인식기능이 아니다. 사회생활의 변화라는 것이 인간의 정신심리에 어떤 반응을 일으킬 수 있고 더 나아가 꿈으로 나타날 수도 있으며, 어떤 때는 심지어 미래에 대해서 어떤 예견을 나타낼 수 있는데 이러한 것들이 꿈의 인식기능과 관련된 것들이다. 옛사람들의 인식 수준으로는 여전히 이러한 정도에 이를 수 없었고, 또한 꿈의 인식기능을 제시할 수도 없었다.

고대 중국의 무신론자들은 꿈에 징조적 성질이 있다는 것을 대체로 부정하였다. 그들은 대부분 소위 〈꿈의 징조〉(夢兆)라는 것의 응험을 우연의 일치로 귀납시켰다.

동한시대의 왕충王充은 사람에게는 〈직몽直夢〉이라는 것이 있으며, 꿈에는 직접적으로 응험이 나타나는 것이 있다고 여겼지만, 그러나 꿈이 〈길흉의 징조〉가 된다는 것에 대해서는 완강히 반대하였다. 그는 다음과 같이 말하고 있다.

사람에게는 〈직몽〉이라는 것이 있는데, 직몽이라는 것은 모두 형상인 바 그 형상이 직접적이라는 것일 뿐이다. 어떻게 그것을 증명할 수 있는가? 직몽이라는 것은 꿈에서 갑이라는 사람을 보고 또 꿈에서 그대를 보았는데, 다음날 과연 갑과 그대를 보게 된다면 이는 직접적으로 나타난 것이 된다. 그러나 만약 갑이라는 사람과 그대에게 물어본다면, 갑과 그대는 보지 않았다고 할 것이다. 갑과 그대가 보지 못한 것은, 꿈 속에서 본 갑이라는 사람과 그대라는 것이 그 형상이 그것과 유사하기 때문이다.《논형·기요편紀妖篇》

왕충이 볼 때, 소위 〈직몽〉의 응험 혹은 직접적으로 응험이 나타나는 꿈은 단지 〈형상〉의 유사함일 뿐이라고 했다. 바꾸어 말하면, 몽상에서 나타난 갑과 그대라는 것은 유사할 뿐 실제로는 그러한 일이 없다. 왜냐하면 장씨는 꿈에서 갑을 보았다 말하지만, 바로 그때 갑도 꿈에서 장씨를 결코 볼 수는 없는 것은 물론 실제로도 장씨를 볼 수가 없다. 『길흉의 조짐이 된다』는 것에 대해서, 왕충은 『적절하게 서로 만난다』는 것에 속하는 것으로 여겼다. 그는 다음과 같이 말하고 있다.

조짐이 수차 보이면 자연히 길흉이 있게 되고, 길흉은 적절하게 서로 만나게 된다. 무릇 선한 것과 악한 것을 꿈에서 보게 되면, 하늘이 응답을 하는 것이 아니라 선악과 적

절하게 만나게 되는 것이다. 무릇 해몽이라는 것도 거북점과 꼭 마찬가지이다.《논형·복서편卜筮篇》

앞의 〈길흉〉은 조수兆數에 나타난 길흉을 말한다. 점을 치는 자는 『거북의 등에다 홈을 파고 시초 묶음을 세어』거북껍질의 갈라진 무늬가 향하는 것과 시초의 숫자를 배열하게 되는데, 그렇게 하면 자연히 〈길흉〉의 구분이 나타나게 된다. 뒤의 〈길흉〉은 사람의 일에 있어서의 길흉으로, 사람에 있어서의 이해와 화복을 가리키는 말이다. 왕충은 『이 세상에 살아있는 모든 사람은 일을 하지 않을 수 없으며, 일을 한 후에는 길함과 흉함을 보지 않을 수 없다』라고 한 적이 있다.《논형·변수편辨祟篇》그러나 〈조수〉에 나타나는 길흉과 인사에 있어서의 길흉은 근본적으로 서로 다른 별개의 일이다. 이 두 가지가 어떤 경우에는 일치하기도 하지만, 이것은 우연히 일치한 것일 뿐 하느님이나 신령의 의지의 표현도 아니며, 더욱이 어떠한 필연적인 관련이 있는 것도 아니다. 마찬가지 이치로, 해몽을 하는 사람은 몽상을 『길한 것과 흉한 것』으로 나눌 수는 있다. 그러나 소위 몽상에서의 〈길흉〉과 인사에서의 길흉 또한 별개의 문제이다. 이 두 가지는 『적절하게 서로 만날 수』도 있긴 하지만, 그들 사이에 어떠한 필연적인 관계가 존재하는 것은 아니다.

위진시대 때의 부현傅玄은 꿈의 응험에 대해 논증을 하였는데, 그가 생각했던 길은 왕충과 완전히 같았다. 《부자傅子》라는 책이 일찍이 없어져 버렸기 때문에, 그가 《논형》을 읽은 적이 있는지 혹은 그것의 영향을 받았는지의 여부에 대해선 지금으로서는 고찰할 수가 없다. 그러나 《태평어람》 제397권에서 《부자》의 몇몇 문장을 수록하고 있다.

해와 달로 기어 올라가는 꿈을 꾸었는데, 깨어보니 천정에도 이르지 않았다. 구천으로 들어가는 꿈을 꾸었는데, 깨어보니 땅 아래에도 이르지 않았다. 은나라 고종이 (부)열을 얻었다는 것은 우연히 적중된 것일 뿐이다.

사람이 꿈 속에서 비록 자신이 『해와 달로 기어 올라가고』『구천으로 들어가게』되는 것처럼 여긴다 할지라도, 이는 필경 일종의 허상일 뿐이다. 왜냐하면 사람이 깨어나게 되면 곧바로 사실은 자신의 몸이 『천정에도 이르지 못했고』몸이 『땅 아래에도 이르지 못했다』는 것을 느끼게 되기 때문이다. 은나라 고종이 꿈 속에서 부열을 보고서 부열을 찾았던 것과 같은 몇몇 응험이 있었던 꿈에 대해서, 이는 단지 『우연히 적중된 것』일 뿐이라고 했다. 부현 이후로는 왕충의 이러한 견해에 대해 주의를 기울인 사람은 매우 적었다. 청나라 초기에 이르러 웅백룡熊伯龍이 쓴《무하집無何集》의《몽변夢辨》이라는 부분에서 왕충의 관점을 더욱더 발휘시켰다. 웅백룡은 왕충이 꿈을 논한 네 단락의 문장을 발췌한 후 다음과 같이 말하고 있다.

꿈에는 응험이 있는 것이 있는가 하면, 응험이 없는 것도 있다. 응험이 있는 것은 우연히 꿈과 합치된 것이다. 어리석은 이는 이를 알지 못하므로 응험으로 여기게 된다. 그러나 실제적으로는 우연히 합치된 것이므로 어떤 징조의 예견은 아니다.

웅백룡은 꿈이란 절대로 길흉의 조짐이 아니라고 여겼다. 소위 꿈의 〈응험〉이라는 것은『우연히 꿈과 합치되는 것』일 뿐이다. 혹자는『곰과 뱀은 남녀의 상징이다』라고 했던《시경》의 말도 설마 믿지 못하는 것은 아니겠지라고 말할 수도 있을 것이다. 웅백룡은《시경》의 견해를 직접적으로는 부정하지 않았지만, 그러나 그는 임산부의 생리상태로써『남자아이가 생기면 양기가 성하게 되고, 양기가 성하게 되면 장腸이 뜨거워지게 되는고로 강건한 물건을 꿈에서 보게 된다. 여자아이가 생기면 음기가 성하게 되고, 음기가 성하게 되면 장이 차가워지는고로 유약한 물건을 꿈에서 보게 된다. 이는 몸이 차가우면 물을 꿈에서 보게 되고, 몸이 뜨거우면 불을 꿈에서 보게 되는 것과 같다』는 것을 설명하였다. 그는 특별히『부인으로서 아기를 임신한 사람의 꿈이 모두 꼭 같은 것은 아니며, 또 이러한 꿈을 꾸었다고 해서 반드시 남녀를 얻게 되는 효과가 있는 것은 아니다. 세간에는 곰을 꿈에서 보고서도 여자아이를 낳고, 뱀을 꿈에서 보고서도 남자아이를 낳은 경우도 있다. 시인은 그가 경험한 것을 말했으며, 경험하지 못한 것은 말하지 않았을 뿐이다.』

『시인은 그가 경험한 것을 말했으며, 경험하지 못한 것은 말하지 않았을 뿐이다』라는 이 말은 아주 적절한 말이다. 다만『해몽을 하는 사람은 그가 경험한 것을 말하고, 그가 경험하지 못한 것은 말하지 않을 뿐이다』로 바꾼다면 더더욱 타당하게 될 것이다. 고금에 걸친 사람들의 꿈은 실제로 헤아릴 수 없을 정도로 많다. 그러나 소위『응험이 있는 것』은 정말로 가련할 정도로 적다. 해몽을 하는 사람은 단지 우연히 합치되는 소수의 수량만을 붙잡을 수 있을 뿐, 그 나머지는 대개 모두 내버려 둔 채 들은 체 만 체하게 되는데, 이것은 고의로 사람을 속이는 것이다.

《몽변》의 마지막 부분에서는 웅씨의 후손인 웅작인熊作仁이 집록한 청나라 심동위沈桐威의 말을 덧붙여 놓았다. 사상은 비록 웅백룡과 완전히 일치하지만 매우 재미있는 부분이 있어서 여기에 인용해 보아도 될 것 같다.

강변의 꿈은 《송사》에 기록되어 있고, 침상에서 떨어지는 꿈은 《당서》에 기재되어 있다. 논에 벼가 없는 꿈으로 채蔡나라의 한 사도司徒는 흉한 꿈이 길하게 되었으며, 좌중에 거울을 비추는 꿈으로 최영공崔令公의 꿈은 길한 것이 흉한 것으로 되었다. 다른 예로는 조한曹翰이 게를 꿈에서 보고, 장첨張瞻이 절구를 꿈에서 보았으며, 이적李迪이 수염을 꿈에서 보고, 곽준郭俊이 나막신을 꿈에서 본 것과 같은 것들이다. 고금의 꿈이 그 얼마나 되는지 알 수 없는데, 단지 이 몇 가지의 꿈만이 전하여지니, 그 나머지는 모두 응험이 없었던 것임을 가히 알 수 있다.

왕충과 부현, 그리고 웅백룡의 견해는 서로 일맥상통하고 있다. 그들의 기본관점은 대체로 『우연히 적중하는』 것과 『우연히 합치된다』는 것이었다. 『우연히 적중하는』 것과 『우연히 합치되는』 것인 이상 필연적인 관계는 당연히 존재하지 않는 것이며, 필연적인 관계가 없는데 어떻게 징조 또는 예견이 있다고 할 수 있겠는가? 이러한 분석은 논리가 분명하고, 관점이 정확하다는 것을 당연히 인정해야만 한다. 그러나 그 깊이는 아직 충분하지 못하다. 무신론자들은 『우연히 적중함』과 『우연히 합치됨』이 어떻게 있을 수 있는가에 대해 설명하지 못하였기에, 미신주의자들은 여기에서 곧 물러나기도 하고 나아갈 수도 있었으며, 도리어 〈적중함〉이 있고 〈합치됨〉이 있는 것이 어떻게 해서 징조와 예견이 아닌가라고 되묻기도 했다. 우리들은 앞에서 불교에서의 〈네 가지의 꿈〉과 〈다섯 가지의 꿈〉에 대한 학설을 제시하였는데, 일체의 모든 꿈이 징조와 예견이라는 바를 말하는 것이 아니라, 다만 몇몇의 꿈만이 비로소 징조와 예견이 된다는 바를 말하려는 것이었다. 이러한 점에 있어서, 단지 명나라 때의 왕정상王廷相만이 꿈과 인간생활과의 관계를 비교적 정확하게 설명하였으므로, 이론적인 면에 있어서 어떤 돌파를 이룰 수 있었다.

왕정상은 《아술雅述》의 하편에서 다음과 같이 말하고 있다.

무릇 꿈 속에서의 일은 바로 세상의 일이다. 형상에 연유하여 비유하게 되는데, 어찌 우연히 합치되는 것이 없겠는가! 그것들을 모은즉 흩어져 의지할 곳이 없는 것들이 되며, 나에게 조짐을 나타내 주지 않는 것들이 많을 것이다.

『꿈 속에서의 일은 바로 세상의 일이다』라고 한 이러한 견해는 너무 간략화되어 버렸다. 그러나 그것은 하나의 중요한 사상을 포괄하고 있는데, 그것은 바로 몽경과 몽상이 얼마나 괴이하든 관계없이 결국에는 꿈을 꾸는 자의 현실생활에 대한 모종의 반영(정확히 말하면 잠재의식의 반영)이라는 것이다. 사람들은 현실생활 속에서 각종의 인상들을 획득할 뿐만 아니라, 꿈 속에서는 또 이러한 인상재료를 이용해서 아무런 자각의식도 없이 『형상에 연유하여 비유하게 된다.』 그렇다면 이러한 과정이 있은 후의 생활 속에서 이러한 『우연히 합치되는』 것이 어찌 간혹 나타나지 않을 수 있겠는가? 그러나 원래의 인상재료는 필경 잠재의식의 분해과정을 거쳐서 다시 새롭게 이어 맞추어진다. 그래서 꿈은 주로 허구적이며, 『흩어져 의지할 곳이 없는』 것들이다. 그것들의 절대다수는 생활 속에서 응험을 찾기 힘든 것들이다.

어떤 사람이 한번은 프로이트에게 꿈이라는 것이 미래를 예시해 줄 수 있는가에 대해 물었다. 프로이트는 『이 문제는 당연히 성립될 수 없으며, 오히려 꿈이 우리들에게 과거의 경험을 제공해 준다고 하는 것보다 못하다. 왜냐하면 여러 각도에서 볼 때, 꿈이란 언제나 지나간 것으로부터 기원하는 것이기 때문이다』라고 대답하였다.(《꿈의 해석》 519쪽) 확실히 프로이트의 정신심리 분석은 주로 꿈을 꾸는 사람의 몽상과 몽경으로부터 출발하여, 꿈을 꾸는 사람의 과거의 생활경험을 거꾸로 추적해 나가며, 이에 근거하여 심리적인 치료를 한다. 그러나 프로이트는 또 『오랫동안 전해져 내려온 관념에서는 꿈이 미래를 예견해 줄 수 있는 것으로 여기는데, 전혀 진실된 부분이 없다고는 할 수 없다. 꿈은 욕망의 실현이기 때문에 당연히 우리들이 기대하는 장래를 예시해 주고 있다』라고 말하기도 했다.(《꿈의 해석》 519쪽) 프로이트가 뒷부분에서 이야기한 말은 이미 우리들의 의제를 바꾸어 버렸다. 우리들이 토론하고 있는 것은, 꿈 속에서 〈기대하는 미래〉가 있는가 없는가 하는 것이 아니라, 꿈이 현실에 대한 미래를 예시해 주고 있느냐 없느냐 하는 문제이기 때문이다.

융의 견해는 프로이트와 그다지 같지 않다. 그는 꿈이란 과거를 지향하기도 하며, 미래를 지향하기도 한다고 여겼다. 꿈의『앞으로 향해서 전망하는 이러한 기능은 잠재의식 속에 존재하고 있는 미래의 성취에 대한 예측과 기대이며, 모종의 리허설이고 모종의 설계도이며, 혹은 사전에 바쁘게 세워놓은 계획이기도 하다. 그것의 상징적 내용은 어떤 경우에는 모종의 충돌적인 해결로 묘사해낼 수도 있다』고 했다.(《융의 심리학 입문》삼련서점 1897년, 175쪽)

우리들이 볼 때 객관적 사물의 발전은 과거로부터 현재에 이르기까지, 또 현재로부터 미래에 이르기까지 언제나 조짐이 먼저 나타나기 마련이다. 만약 사람들의 의식이 사물의 변화추세를 정확하게만 파악한다면 선견지명이 있을 수 있다. 꿈은 잠재의식의 활동으로 제2의 성性에 속하는 것으로서, 그것은 본질적인 면에 있어서도 현실생활의 어떤 반영이다. 만약 잠재의식의 활동이 어떤 정황하에서 자각의식이 없이 사물의 변화추세를 파악했다고 한다면, 우리들은 이러한 꿈에 대해서는 어느 정도 징조의 예견성을 가지고 있는 것이라고 여길 것이다. 그러나 사람이 깨어 있는 상태일 때, 자각적인 의식활동은 어떠한 정황하에서도 언제나 사물의 변화추세를 능히 파악해낼 수 있는 것은 아니다. 그리고 꿈 속에서의 잠재의식의 활동은 특유의 모호성과 허구성을 갖고 있기 때문에, 자각의식도 없이 사물의 변화추세를 파악해낼 가능성은 매우 희박하다. 왕부는 일찍이 다음과 같이 지적하였다.

꿈이란 원래 살피기 곤란한 칭호이며, 어리석게도 남의 명칭을 도용하였다. 그래서 전적으로 꿈을 믿고서 일을 판단할 수는 없다. 사람들은 마주 대한 채 일을 계획하고 일어나 그것을 행하여도 여전히 따르지 않는 것이 있는데, 하물며 흐리멍덩하고 잡스런 꿈에 있어서 어찌 반드시 꼭 그러할 수 있겠는가?

《설문》에서『꿈이란 분명하지 않는 것이다』고 하였다. 『살피기 곤란한 칭호이며, 어리석게도 남의 명칭을 도용하였다』라고 한 것은 바로 이러한 뜻이다. 왕부가 볼 때, 꿈의 내용이란 원래가 모호하여 명확하지 못하다. 사람들이 각종의 일들을 처리하는 과정에서, 본래 다 합의가 되었던 계획도 또한 고치고 바꾸어지기도 하는데, 하물며 모호하고 잡스런 꿈에 어찌 반드시 응험이 있을 수 있겠는가? 왕부는 매우 이치있게 이야기하였다. 만약 꿈 속에서의 잠재의식의 활동에도 어떤 인식기능이 있다고 한다면, 이러한 기능은 절대로 자각의식과 함께 거론할 수는 없을 것이며, 더더욱 자각의식을 초월할 수는 없다.(아들러는『꿈을 꾸는 사람의 미래를 예견할 수 있는 능력은 깨어있는 상태에 있으면서 그 감각기능을 완전히 지배할 수 있는 사람에 비해 훨씬 떨어진다. 우리들은 꿈이란 일상적인 사유에 비해 덜 이지적이고 미래에 대해서도 덜 예측해 줄 수 있을 뿐만 아니라, 도리어 더욱 혼란스러워 사람으로 하여금 이해하기 어렵게 만든다. 꿈 속에서 제시된 어떠한 문제의 해결방법도 깨어있는 상태에서 전체적인 환경을 고려하여 획득한 방법에 비해 떨어진다』는 사실을 쉽게 발견할 수 있다』고 했다.《자비와 초월》84-85쪽)『전적으로 꿈을 믿고서 일을 판단한다』는 것은, 귀신과 관계가 있느냐의 여부에 관계없이 실질적으로는 잠재의식에 대한 일종의 미신이고 숭배이다. 그래서 이것은 분명 매우 낙후되고 우매한 관념이다.

혹자는 다음과 같은 문제를 제시한 적이 있다. 모든 꿈에는 원인이 있을진대 그러한 원인이 설마 그 결과를 예시해 주지 못한단 말인가? 이것에는 두 가지의 문제가 함께 혼재되어 있다. 일반적으로 말해서『원인은 반드시 그 결과를 예시해 준다』라는 이러한 판단은 정확하다. 그러나 반드시 알아야 할 것은, 꿈이라는 그것 자체가 바로 어떤 원인이 인간의 정신생활 속에서 발생된 일종의 결과라는 사실이다. 꿈을 발생시키는 이러한 원인은 이와 동시에 또 현실생활 속에서 일종의 결과를 발생시킬 수 있다. 이러한 두 가지의 결과는 비록 모두 하나의 원인에서 나타나기는 하지만, 그러나 피차간에 필연적인 관계가 존재하는 것은 결코 아니기 때문에 이들 둘 사이에는 일치할 수도 있고, 일치하지 않을 수도 있다. 특히 꿈이란 일종의 결과이며, 앞서 논술한 바와 같이 제2의 성性에 속하는 것이다. 꿈의 모호성과 허구성으로 인하여, 이들 둘 사이에 일치하는 경우가 완전히 없다고는 할 수 없지만, 그러나 그러한 가능성은 실제로 매우 적다. 반대로 다시 현실생활 속에서의 결과로부터 볼 때, 몽상이 먼저 나타나고 결과가 뒤에 있을 수 있으며, 둘 사이가 완전히 일치할 수도 있다. 그러나 선후관계라는 것 또한 인과관계와 동일한 것은 아니다. 원시적인 몽조夢兆관념과 이후의 해몽미신에서는 꿈과 사물의 미래 사이에 일종의 인과관계가 존재하고, 심지어는 필연적인 인과관계가 있는 것으로 잘못 인식하는 바람에, 사람들의 인식을 사악한 나쁜 길로 이끌고 말았다.

현대 세계의
꿈의 학설에 대한 진전

현대 세계의 꿈에 대한 학설에는 대체로 두 가지 조류가 있다. 하나는 꿈에 대한 정신적 분석이고, 다른 하나는 꿈에 대한 실험적 관찰이다. 이 두 측면 모두 중요한 성취들이 있었으나, 매우 심할 정도로 서로가 격리된 상태에 처해 있다. 그밖에 꿈 속에서의 사유활동의 창조라는 문제는 철학가·과학자·예술가 그리고 심리학자들의 보편적인 흥미를 유발시켰는데, 이것 또한 주의할 만한 가치가 있는 동향 중의 하나이다. 우리들 생각으로는 세계의 꿈에 대한 학설이 앞으로의 발전에 있어서는, 반드시 고대 중국에서의 꿈에 대한 학설에서 제공하고 있는 자료와 경험, 그리고 교훈들에 대해 반드시 충분한 주의를 해야만 할 것이라고 생각한다. 왜냐하면 이러한 측면에 있어서 현대의 중국을 비롯한 국내외 학자들이 모두 이러한 것에 대해 매우 적게 알고는 있지만, 그 속에는 가치있는 것들이 분명히 적지 않게 존재하고 있기 때문이다. 병행되고 있는 양대 조류에 대해서는 반드시 그것들이 융합될 수 있도록 촉진하고 힘을 쏟아야만 할 것이다. 이와 동시에 세속적이고 편견적인 영향을 배제하고, 엄숙한 태도로 꿈이라는 것을 인류의 정신생활 속에서의 한 작용으로 바라보아야만 할 것이다.

제1장

꿈에 관한 정신적 분석

꿈에 관한 정신적 분석은 19세기말에 정식으로 탄생했다. 처음에는 비록 적지 않은 회의와 비난을 받기도 했었지만, 이러한 조류의 발전과 영향은 가면 갈수록 커졌다. 이 부분에 있어서의 창시자이며 가장 중요한 대표는 바로 프로이트Freud, Sigmund(1856—1939년)이다.

프로이트는 원래 정신병 의사였는데, 임상실험 과정에서 그는 정신병 환자의 심리 깊숙한 곳에는 일종의 동기와 욕망이 존재하며, 이것이 바로 병의 원인이 존재하는 곳임을 발견하였다. 그러나 이러한 동기와 욕망이 환자가 의식이 있을 때에는 명확하게 말할 수 없거나 혹은 알지 못하다가, 최면상태에서는 오히려 이를 엿볼 수 있음도 발견하게 되었다. 더 나아가 그는 또한 환자의 꿈이 바로 심리 깊숙한 곳의 그러한 동기와 욕망의 표현이며, 그렇기 때문에 꿈의 분석은 최면에 비해서 더욱 효과적으로 병인病因의 소재를 파악할 수 있다는 사실을 발견하였다. 이로부터 그는 한편으로는 환자의 꿈을 분석하는 데 노력하면서, 이와 동시에 자신의 꿈을 분석하는 데에도 또한 주의를 기울였다. 1900년에 그는 자신이 분석하여 얻은 깨달은 바를 가지고서, 《꿈의 해석》이라는 책을 편찬하여 세상에 내놓았다. 이 책은 지금까지도 여전히 꿈에 관한 정신분석에 있어서 가장 영향력이 있으며, 가장 대표성을 가지고 있는 저작이다.

프로이트는 옛사람들은 꿈을 매우 중요시하였으므로, 해몽은 미래를 예지해 줄 수 있다는 것을 지적해내었다. 그러나 근대과학에서는 오히려 몽상은 황당무계하여 이치에 맞지 않기 때문에 조금도 고려할 가치가 없다고 인식하였다. 무릇 꿈을 논하는 자들은 〈과학에 맞지 않는다〉고 배척하지 않으면, 바로 신비주의를 낳는다는 혐의를 둘러씌운다.(《프로이트 자서전》 상해인민출판사 1987년, 59쪽과 《정신분석입문》 상무인서관 1984년, 57 - 59쪽을 참조) 프로이트의 입장에서 볼 때, 이러한 극히 비정상적인 현상은 바로 〈고대에서 꿈을 너무 중요시한 것에 대한 반동〉이라고 할 수 있다고 했다.(《정신분석입문》 59쪽) 그의 관점에 따르면 〈꿈은 결코 의미가 없는 것이 아니라〉 일종의 〈완전히 정상적인 것〉이며, 〈가치가 있는 심리활동〉이라고 했다.(《꿈의 해석》 55쪽과 《정신분석입문신강》 안휘 문예출판사, 1987년 4쪽을 참조) 때문에 그는 세속적인 편견에 상관하지 않고, 엄숙한 과학적 태도로써 꿈을 과학연구의 대상으로 귀납시켰는데, 그의 이러한 제창으로 말미암아 이것은 곧 시대를 가르는 역사적 의미를 지니게 되었다.

프로이트 이전에도 현대 학자들 중에서 개별적으로 꿈의 문제를 언급한 사람이 있었다. 그러나 프로이트가 비평했던 것처럼, 그들의 〈유일한 목적은 생리학적인 논증을 천명〉하는 데 있었으며, 꿈이 〈일종의 심리적인 과정〉임을 부인하면서 꿈을 일종의 〈쓸모없는 병태적인 물리적 과정〉이라고 인식했었다.(《정신분석입문》 59-60쪽) 설령 철학과 심리학의 영역이라 할지라도, 그들은 단지『꿈의 생활과 깨어 있을 때의 사상과의 서로 다른 차이점을 열거함으로써, 꿈의 가치를 낮게 평가하는 것에 만족하였고』꿈 속 깊숙이 숨겨져 있는 내용을 이해하지 못했으며, 또한 캐낼 수도 없었다.(《정신분석입문》 60쪽) 프로이트 자신은『소위 〈해석〉이라는 것은 바로 그 숨겨져 있는 의미를 드러내 보이는 것』이라고 표명하고 있다.(《정신분석입문》 60쪽) 프로이트의 꿈에 관한 정신분석의 중요한 공헌은 바로 그가 꿈을 일종의 정신적인 과정으로 간주하면서 〈겉으로 드러난 모습〉(顯象)과 숨은 뜻의 경계를 구분하였으며, 이와 동시에 꿈의 숨은 뜻과 잠재의식의 활동을 하나로 연결했다는 점에 있다. 그의 견해에 의하면, 정신분석의 주요 임무는 바로 꿈의 겉으로 드러난 모습을 그것의 숨은 뜻으로 〈환원〉시켜야 하며, 더 나아가서는 숨은 뜻으로부터 꿈을 꾸는 사람의 잠재의식 속에 담겨진 동기와 욕망을 발견해내어야 한다는 것이다. 프로이트의 꿈에 관한 전체적인 학설은 모두 이러한 것을 중심으로 하고 있다.

꿈의 〈겉으로 드러난 모습〉이라는 것은 소위 말하는 〈밖으로 드러나는 꿈〉을 말하며, 이것은 바로 꿈을 꾸는 사람 모두가 직접적으로 감각할 수 있는 그러한 마치 〈산만하고〉〈터무니없으며〉〈불합리하고〉〈의미없는〉 것과 같은 시각적인 의상意象을 말한다. 프로이트는 꿈 속의 이러한 시각적인 의상이 단지 얼마간의 〈화장에 의해 꾸며진 대체물〉이지, 결코 꿈의 진정한 숨은 뜻은 아니며, 꿈의 진정한 숨은 뜻은 바로 이러한 의상이나 혹은 대체물의 배후에 〈숨겨진 잠재의식의 생각〉이라고 인식하였으며, 그리하여 이를 〈숨겨진 뜻〉 혹은 〈안으로 숨겨진 꿈〉이라고 명명하였다.(《정신분석입문》 83, 85쪽) 이 두 가지 사이의 관계는 마치 수수께끼와 수수께끼 답의 관계와 같다.(《꿈의 해석》 204쪽) 프로이트의 분석에 근거해 보면, 사람들은 단지 아동시기에 꾸는 극소수의 꿈에서만 비로소 〈겉으로 드러난 모습〉에서 직접적으로 숨은 뜻을 노출시키게 된다고 한다.(《정신분석입문》 85쪽) 그러나 대부분의 꿈에서는 〈겉으로 드러난 모습〉과 숨은 뜻 사이에는 상당한 거리가 있으며, 일반적으로는 겉으로 드러난 모습으로부터 직접적으로 숨은 뜻을 볼 수가 없기 때문에, 그래서 해석과 분석이 필요한 것이다. 정신병 환자의 꿈도 이와 같으며, 건강한 사람의 꿈도 이와 같다. 이렇게 하여 이론적인 면에 있어서 일련의 문제가 제기되었다. 사람의 꿈은 바로 꿈인데, 어떻게 해서 〈겉으로 드러난 모습〉과 〈숨은 뜻〉의 구분이 있게 되는가? 이미 이러한 구분이 있다면, 숨은 뜻이 어찌하여 겉으로 드러난 모습으로 하여금 자신의 〈화장물〉 혹은 〈대체물〉로 이루어지게 하는가? 이와 반대로 〈겉으로 드러난 모습〉이라는 것은 또 어떻게 〈화장물〉 혹은 〈대체물〉로써 숨은 뜻을 표현하게 되는가? 이러한 문제에 답하기 위해 프로이트는 의식과 전의식 그리고 잠재의식의 정신구조이론을 창조하였으며, 〈꿈의 활동〉·〈꿈의 검사〉·〈꿈의 변형〉·〈꿈의 단계〉·〈꿈의 동인動因〉·〈꿈의 기능〉 등과 같은 일련의 개념들을 제시하였으며, 이로부터 인류의 유사 이래 가장 방대한 꿈에 대한 학설의 체계를 구성하였다.

프로이트의 이론에 따르면, 꿈의 이중성 혹은 이중적 의미는 인류정신의 층차적 구조에서 근원한다고 한다. 그는 다음과 같이 지적하였다.

모든 사람의 심령 속에는 두 종류의 정신적 역량(추세와 계통)을 가지고 있는데, 그 중 한 세력은 꿈에서 나타내고자 하는 바람을 구성하며, 다른 한 세력은 검사관으로써 이러한 꿈의 바람에 대해서 작용을 일으키며, 또한 꿈의 표현이 왜곡되이 나타나도록 강요한다. ……무릇 우리들이 충분히 의식할 수 있으려면, 반드시 두번째의 정신적 역량의 인가를 얻어야만 하며, 처음의 정신적 역량의 재료가 만약 두번째의 관문을 통과할 수 없다면 의식을 할 수가 없게 된다. 다만 두번째 관문을 통과하여 각종의 변형이 가해지고, 그것으로 하여금 만족스럽도록 만든 이후라야만이 비로소 의식의 영역으로 진입할 수 있다.(《꿈의 해석》75쪽)

프로이트가 말한 첫번째 종류의 정신적 역량은 바로 잠재의식의 동기와 욕망으로, 이것은 의식의 영역의 뒤쪽이나 아래에 위치하며 자신 스스로는 의식할 수가 없다. 두번째 종류의 정신적 역량은 사회상의 풍속 습관과 법률 도덕적 관념을 가리키는 것으로, 즉 그가 후기에 제시한 이른바 〈초아超我〉이다. 잠재의식의 욕망은 〈초아〉의 억제를 받기 때문에, 그것은 자기 본래의 모습을 나타낼 수가 없다.

〈초아〉의 검사를 통과하기 위해, 그것은 가장을 하지 않을 수 없기 때문에 자기의 대체물을 찾게 된다. 잠재의식의 욕망으로부터 그것이 가장을 한 모습으로 출현하기까지가 바로 〈꿈의 변형〉이다. 어떻게 변형하는가 하는 것은 어떻게 〈초아〉의 과정을 거치는가에 의해 결정된다. 가장과 변형의 과정은 〈꿈의 활동〉에 속한다. 〈꿈의 활동〉은 상당히 복잡하여, 이른바 〈농축濃縮〉이라고 불리는 작용을 가지고 있다. 이것은 숨은 뜻의 개별적 원소를 사용하여 전체를 대표하거나, 혹은 몇 가지 숨은 뜻의 원소를 합해서 하나로 만든다. 예를 들면 수염으로써 아버지를 대신하며, 유방으로써 어머니 및 알렉산더 대왕이 꿈에서 본 반인반수半人半獸의 신을 대신하는 것과 같은 등이다. 또한 소위 〈전이轉移〉라는 작용도 있다. 이것은 비유를 암시하는 것(암유暗喻)·음이 같거나 비슷한 것(해음諧音)·같은 것을 모방하는 것(방동仿同)·유사한 것(근사近似) 등의 형식을 사용하여 이곳에서 저곳에 이르는 것을 통해 숨은 뜻을 표시한다. 예를 들어 한 여자가 항상 개를 데리고 다닌다고 한다면, 개의 형상으로써 이 여자를 대표한다. 애인의 비단치마와 향기나는 풀의 색깔이 서로 같다면, 향기나는 풀의 형상으로써 애인에 대한 사랑을 표시한다. 또 〈유어有魚〉(물고기가 있다)는 〈유여有餘〉(여유가 있다)와 서로 발음이 같으므로 해서 〈물고기가 있는〉 형상을 통해서 〈여유가 있다는〉 뜻을 표시하게 되는 것과 같은 것들이다. 또한 소위 〈윤식潤飾〉이나 〈교정校正〉과 같은 작용도 있다. 특히 〈상징〉이라는 작용에 대해서는 프로이트가 상당히 많은 예증을 들었다. 예를 들어 국왕과 왕후로써 부모를 상징하며, 조그마한 동물 혹은 해충으로써 형제자매를 상징하며, 떨어지는 물이나 솟아나는 물로써 모자관계를 상징하며, 차에 오르는 것으로써 여행을 상징하며, 그리고 다음과 같은 각양각색의 두 가지 성에 관한 상징 등이 있다. 지팡이·우산·대나무·장대·칼·비수匕首·창·수도꼭지·샘물·주전자·쇠망치·물고기·파충류 등등은 모두 남성의 상징이며, 동굴·병·상자·찬장·호주머니·화로·방·창문·탁자·달팽이·과일·수목·대나무숲과 같은 등등은 모두 여성의 상징이라고 한다.(《정신분석입문》의 제10장 꿈의 상징적 작용을 참조) 이것은 바로 〈꿈의 활동〉이라는 것이 상당히 복잡하기 때문에 꿈의 겉으로 드러난 모습은 확실히 허황되고 괴이하며, 또한 사람이 깨어있을 상태에서의 상상을 자주 초월하기도 하며, 꿈을 꾸는 자신조차도 불가사의하게 느껴지게 되는 것이다.

프로이트의 정신구조이론 중에서 의식과 잠재의식 사이에 끼여있는 것으로 전의식이라는 단계가 있다. 전의식 단계에서의 관념은 비록 의식 영역의 뒤쪽 혹은 아래에 있지만, 그러나 기억을 통해 수시로 의식의 영역으로 들어갈 수 있다. 그러나 잠재의식은 검사의 메커니즘 때문에 오히려 계속 배척되고 억제를 받아 의식의 영역으로 들어가지 못한다. 설령 가장을 거쳤다 하더라도 단지 꿈 속에서 자기를 표현할 수 있을 뿐이다. 그러나 잠재의식은 결코 이로 인해서 소실되지 않으며, 이것은 상당히 큰 에너지를 가지고 있어서 완강하게 자기를 표현한다. 〈꿈의 활동〉이나 〈꿈의 변형〉·〈꿈의 가장〉 등은 그 목적이 모두 힘써 자기의 욕망을 만족시키려 하는 데 있다.(《프로이트 자서전》 61쪽) 그렇기 때문에 프로이트는 꿈의 기본적인 원인은 결코 외계나 체내의 생리적 자극이 아니라, 〈잠재의식 속에 있는 욕망의 충동〉이라고 인식했다.(《프로이트 자서전》 61쪽) 꿈의 실질은 바로 〈욕망의 만족〉이다. 더 확실히 말하자면, 꿈은 (억압받고 있는) 욕망의 (위장을 통한) 만족이라 할 수 있다.(《꿈의 해석》 90쪽,《프로이트 자서전》 61쪽) 프로이트는 서양에서 유행하는 속담인『거위는 꿈에서 무엇을 보았나? 그 대답은 바로 〈옥수수〉라는』말를 인용하면서, 그는 다음과 같이 말했다.『꿈이란 욕망의 만족에 대한 완전한 체계를 갖춘 이론이므로, 거의 모두가 이 두 마디 속에 요약된다.』(《꿈의 해석》 64쪽)

잠재의식의 욕망이나 동기, 그리고 에너지는 어디에서부터 오는 것인가에 관해서 프로이트는 인류는 모두가 일종의 소위 〈원초적인 욕망〉을 가지고 있다고 말하면서, 그것을 〈리비도Libido〉라고 불렀다. 잠재의식은 바로 〈리비도〉가 기탁하는 곳인데(《정신분석입문》 369쪽) 〈리비도〉의 내용은 주로 쾌감을 추구하는 성적인 원시적 충동이다. 그렇기 때문에 그는『꿈이란 나쁜 생각이나 혹은 과도한 성욕에서부터 기원하며』(《정신분석입문》 155쪽)『꿈은 모두가 인간의 동물적인 일면을 나타낸다』고 인식했다.(《꿈의 해석》 109쪽) 그는 꿈의 모든 숨은 뜻을 거의 모두 성이라는 부분과 연결시켰다.

〈욕망의 만족〉으로부터 출발하여, 프로이트는 또 꿈은 반드시 수면을 방해한다는 전통적인 관념에 반대하여, 꿈의 기능은 바로 자극의 방해를 제거하므로써 수면을 보호하는 것에 있다고 인식했다. 도대체 어떻게 방해를 제거하고 어떻게 수면을 보호한다는 말인가? 그의 견해에 따르면, 바로 자극을 전화시켜 꿈의 〈겉으로 드러난 모습〉 속으로 끌어들여 놓고, 더 나아가 일종의 〈환각적인 만족〉을 사용하므로써 방해를 제거한다고 했으며, 그렇기 때문에 그는 꿈을 수면의 〈파수꾼〉 혹은 〈후

견인〉이라 불렀다.(《정신분석입문》101쪽, 170쪽)

프로이트의 꿈에 대한 정신분석은 그의 임상실험을 기초로 하고, 그의 1백여 개의 꿈에 대한 구체적인 해석을 근거로 삼았는데, 역사적으로 볼 때 꿈에 대해서 이와 같이 커다란 노력을 시도한 사람은 지금까지 없었다. 그렇기 때문에 그의 꿈에 대한 학설이 나타난 후 사회적으로 상당히 큰 센세이션을 불러일으켰으며, 정신분석이라는 한 갈래의 사조를 형성하게 되었다. 이러한 사조를 집중적으로 반영한 《국제정신분석(의학)》이라는 잡지는 1913년에 창간된 이후로 매권마다 항상 〈꿈을 논함〉이라는 칼럼과 꿈의 해석이라는 문제에 관한 논문들을 대량으로 싣고 있다. 프로이트는 꿈의 이론이 정신분석 가운데서 〈가장 독특한 것〉이며, 꿈의 이론은 그의 〈최후의 지주〉라고 강조하였다.(《정신분석입문신강》1쪽) 그러나 꿈에 대한 정신분석적인 이론은 비록 창립적이라는 성질을 가지고 있기는 하지만, 이와 동시에 또한 적지 않은 어려운 문제들을 지니고 있다. 특히 프로이트의 꿈의 원인이라는 문제에 있어서의 범성론泛性論은 많은 사람들의 반대에 부딪혔을 뿐만 아니라, 국제 정신분석협회 자체에서도 분열을 초래하여 일찍이 그를 추종했던 아들러 Adler, Alfred(1870—1937년)와 융Jung, Carl Gustav(1875—1961년) 같은 이도 그의 꿈에 대한 학설에 대해서 많은 〈수정〉을 하였다.

아들러는 프로이트에게서부터 잠재의식이라는 개념을 받아들였지만, 그러나 의식을 잠재의식이라는 개념과 분명히 갈라놓고 대립시킨 것에 대해 반대를 하였으며, 꿈의 배경을 완전히 〈성적인 것에 귀속시킨 것〉에 대해서도 반대하였다.(《자비自卑와 초월》작가출판사 1986년, 85-86쪽)〈꿈은 욕망의 만족〉이라는 이러한 명제에 대해서도 아들러는 또한 보편적인 의의를 가지고 있지 않다고 인식했다. 그는 만약 어떤 꿈이 복잡하게 뒤섞여 구별할 수 없는 것이라면, 곧 꿈을 꾸는 사람으로 하여금 그의 꿈을 잊어버리도록 하게 되는데, 그렇다면 그가 자신의 꿈을 이해하지도 못하는데 어떻게 이러한 꿈에 무슨 〈만족〉할 만한 것이 있다고 말할 수 있는가라고 했으며, 또『모든 사람마다 항상 꿈을 꿀 수 있지만, 그러나 그의 꿈을 진정으로 이해하는 사람은 거의 없다. 그렇다면 꿈을 꾸는 사람이 꿈으로부터 무슨 쾌락을 얻을 수 있단 말인가?』라고 했다.(《자비와 초월》86-88쪽)

아들러는 그의 정신분석을 〈개체個體 심리학〉이라고 이름하였다. 그의 꿈에 대한 학설은 두 가지의 현저한 특색을 가지고 있는데, 하나는 꿈과 생활과의 연계성을 강조하였고, 또 하나는 꿈의 개체성을 강조하였다는 점이다. 꿈과 생활의 연계에 관하여 그는 다음과 같이 말했다.

> 내가 보기에 꿈이라는 것은 결코 깨어있을 때의 생활과 서로 대립적인 것이 아니라, 그것은 필연적으로 생활에 있어서의 다른 동작이나 표현 들과 부합되어 일치를 이룬다. 만약 우리들이 대낮에 전심전력으로 모종의 우월감을 목표로 하여 추구하였다면, 우리들은 저녁에도 역시 똑같은 문제에 관심을 가지고 있을 수 있을 것이다. 매개의 사람마다 꿈을 꾸고 있을 때는, 마치 꿈 속에서 어떤 작업이 그가 와서 완성해 주기를 기다리고 있는 것과 같기도 하며, 또한 마치 그가 꿈 속에서 반드시 우월감의 추구에 노력해야만 하는 것과 같기도 한다. 꿈은 분명히 생활양식의 부산물이며, 그것 또한 반드시 생활양식의 건설과 강화에 도움이 된다.(《자비와 초월》 87 - 88쪽)

아들러의 견해에 의하면, 사람들이 꿈을 꾸는 까닭은 현실이 끊임없이 우리들을 압박하며, 끊임없이 우리들에게 각종의 문제를 제시해 주기 때문이라는 것이다. 『꿈의 활동은 바로 우리들이 당면하고 있는 난제에 대처하도록 해주며, 이와 동시에 이에 대해 해결할 수 있는 방법을 제공해 준다.』그러나 꿈은 사람들에게 과학적이고도 구체적인 해결방법을 제공해 줄 수는 없다. 모두 잘 알고 있듯이 사람들이 꿈에서 깨어난 이후에 꿈 속의 것들이 남겨지는 것은 아주 적으며, 심지어는 조금도 남겨지지 않는 경우도 있으며, 남겨진 것은 대부분 일종의 감각에 불과하다. 이런 감각의 가치는 바로 그것이 능히 『우리로 하여금 어떤 종류의 심경을 불러일으키게 한다』는 것이다. 그리고 이러한 심경은 생활의 양식을 지속시켜 주고, 문제 해결의 태도를 확고하게 해준다.(《자비와 초월》 90쪽)

꿈의 개체성에 관해서는, 대부분의 꿈은 개인의 생활양식의 부산물이라고 할 수 있으며, 그 개인이 처한 특수한 환경에 대한 해석으로부터 나온 것이므로 꿈의 해석 또한 모두가 개인적인 것에 속한다고 할 수 있다. 설령 부호, 혹은 은유라 하더라도 일반적인 공식으로는 해석할 수가 없다.(《자비와 초월》 95쪽)

융은 프로이트처럼 꿈이라는 것을 잠재의식의 정신적 활동의 표현으로 인식했다. 그러나 그는 결코 모든 꿈이 모두 동등한 의의와 가치를 지니고 있는 것은 결코 아니라고 강조했다. 많은 꿈들은 단지 낮에 마음 속에 맴돌던 사소한 일에 관련된 것일 뿐이며, 결코 꿈을 꾸는 사람의 심령 깊숙한 곳을 밝힐 수는 없다고 했다. 다만 사람들의 심령을 강렬하게 뒤흔드는 체험을 만나게 되어야만, 이러한 꿈은 비로소 꿈을 꾸는 사람의 본래의 인격을 분명하게 드러낼 수 있다고 했다. 꿈의 근원에 관해서, 그 역시 반드시 성적 충동 혹은 유아시기까지 거슬러 올라가야 한다는 점에 대해서는 반대하였다.

만약 프로이트와 아들러의 잠재의식이 주로 개체적인 잠재의식이라고 한다면, 융은 특별히 〈집체적인 잠재의식〉이라는 개념을 제시하였다. 그는 몽상 중의 〈상징적〉 작용을 주로 집체적 잠재의식의 표현이라고 인식하였다. 그렇기 때문에 이러한 상징은 단지 〈확대〉를 거친 이후에야만 비로소 진정으로 그것들의 숨은 뜻과 원형을 이해할 수가 있게 된다고 했다. 그의 견해로는 〈상징〉이 단순하게 억압받는 욕망의 위장적 표현이 아니며, 오히려 더욱 중요한 것은 인격의 원형을 조화와 평형을 찾는 일종의 시험이라고 보았다는 점이다. 이로부터 그는 꿈의 기능을 주로 일종의 〈보상〉이라고 인식하였다.

꿈의 일반적인 기능은 심리상의 평형을 회복하고자 노력하는 데 있으며, 그것은 꿈 속에서 제조한 내용을 통해서 모든 정신의 평형과 세력균형을 다시 건립한다.(《사람과 그 상징》, 홀C. Hall의 《융의 심리학 입문》 삼련서국 1987년, 175−176쪽에서 재인용)

융의 꿈에 대한 정신분석에는 또 다른 하나의 특징이 있는데, 그것은 바로 꿈에 대해 개별적인 분석을 진행한 것을 제외하고도 꿈의 체계적인 분석을 매우 중시하였다는 점이다. 그는 꿈의 개별적인 분석의 의의는 크지 않지만, 꿈을 꾸는 사람이 일정한 시기내에서 갖고 있는 꿈의 체계는 하나의 연관적인 인격화면을 제공해 줄 수 있으며, 어느 정도 반복 출현한 주제를 명시해 줄 수 있으며, 이러한 것으로부터 꿈을 꾸는 사람의 심령의 주요한 경향을 밖으로 드러낼 수 있다고 인식하였다.(《융의 심리학 입문》 176쪽) 이 점은 융의 하나의 독창적인 견해라고 말할 수 있다.

이외에도 엘리스H. Ellis · 스테켈W. Stekel · 호르나이K. Horney · 홀C. Hall · 페러데이A. Faraday · 프롬E. Fromm 등도 꿈에 대해서 각자의 독자적인 견해를 가지고 있었다. 그러나 크게 살펴보면 모두가 정신분석의 조류에 속하며, 그들의 개별적인 차이는 다만 대동소이할 뿐이다.

또한 주의할 만한 하나의 동향이 있는데, 그것은 바로 정신분석학자들이 날이 갈수록 사회학적인 방식을 많이 채용하고 있다는 것으로, 설문조사를 수단으로 하여 대량의 통계조사로부터 사람들에게 보편적으로 항상 출현하는 소위 〈미몽〉과 꿈의 성별·색채·직업·지역 등등의 차이 및 서로 다른 민족간의 차이에 대해 상호비교하여 연구한다는 점이다. 벵거트Wengert와 크렘머Clemmer의 통계에 근거해 보면 미국인은 이른바 여덟 가지의 미몽을 가지고 있는데, 예를 들면 자기가 진심으로 사랑하는 사람을 꿈에서 보며, 어떤 사람이 자신을 때리거나 자신을 쫓아오는 꿈을 꾸며, 자신이 높은 곳에서 떨어지는 꿈을 꾸며, 자기가 날아다니는 꿈을 꾸는 것과 같은 것들이다. 홀의 연구에 근거해 보면, 남성은 여성에 비해 남성을 더 많이 꿈꾸며, 여성은 남성과 여성이 각각 반을 차지하는 꿈을 꾼다고 한다. 대략 3분의 1 정도의 사람의 꿈은 천연색이고, 그 나머지 사람의 꿈은 흑백이다. 콥슨의 연구에 근거해 보면, 여자의 꿈은 함축적이며 대부분 정서적이고 언어적인 것을 주로 하지만, 남자의 꿈은 비교적 노골적이며 대부분 침범·진취·공격·성性·성취 등을 주된 대상으로 한다고 한다. 전하는 바에 의하면, 여자가 악몽을 꾸는 회수가 남자에 비해 많다고 한다.

제 2 장

꿈에 관한 실험적 관찰

　　정신적 분석의 흥기와 동시에 몇몇의 학자들은 또 다른 노선을 따라 꿈에 대한 실험적 관찰의 연구를 진행하였다. 그들의 중심사상은 주로 꿈의 발생이라는 것이 어떤 외계의 자극으로부터 오기 때문에, 자극은 꿈의 내용에 영향을 미칠 수 있다고 여기는 것이었다. 프로이트가 그의 관점을 논증할 때, 일찍이 이 측면에 있어서의 많은 재료를 제시하였다.

　　모리Maury라는 학자는 일찍이 자신의 꿈에 대해서 실험을 한 적이 있다. 그는 꿈의 상태에 들어가기 전에 코로 오드콜로뉴 향수의 냄새를 맡았는데, 그 결과 그는 꿈 속에서 카이로에 도착하여 화장품을 파는 요한 마리아 파리나의 향수 가게 안에 있는 것이 보였고, 이어서 몇몇 황당한 모험활동을 하는 꿈을 꾸게 되었다. 또 어떤 사람이 가볍게 그의 목을 꼬집어 주자, 그 결과 그는 꿈 속에서 어떤 이가 그에게 목에다 약을 발라주는 것이 보였고, 아울러 어린 시절 그에게 치료를 해주었던 의사가 보였다. 그리고 또 어떤 사람이 그의 이마에다 물을 한 방울 떨어뜨렸는데, 그 결과 그는 꿈 속에서 이태리에서 흠뻑 땀에 젖어 오르비에토산 백포도주를 마시고 있는 꿈을 꾸었다고 한다.(《정신분석입문》 64 - 65쪽) 이러한 실험은 자극이라는 것이 유사하고 서로 관련있는 꿈의 세계를 야기시킬 수 있다는 점을 증명해 주고 있다.

　　힐데브란트Hildebrandt라는 사람은 일찍이 자명종 소리에 의해 야기되는 그의 세 가지 꿈에 대해 상세히 기록하였다. 첫째는 봄날 새벽에 그가 교회에 가서 기도를 드리는데, 탑 위에 있는 시계추가 보이고 기도를 알리는 종소리가 들리는 꿈이었고, 두번째는 쾌청한 겨울에 그가 썰매를 타고 있는데, 썰매에 있는 작은 종에서 익히 알고 있던 소리가 들려오는 꿈이었다. 세번째는 주방에서 그는 여자 하인이 손에다 포개올린 많은 쟁반을 들고 있는 것을 보고 있는데, 들어오면서 이 쟁반들이 떨어져 조각이 나면서 소리가 나는 꿈이었다. 이 세 가지의 꿈은, 마지막에 모두가 시끄러운 종소리로 인해 잠을 깨게 된 경우이다.(《정신분석입문》 65 - 66쪽) 이러한 기록은 꿈 속에서 들은 소리가 외계에서 일어난 시계 종소리의 자극과 관련이 있다는 것을 증명해 주고 있다.

　　노르웨이 학자인 볼트M. Vold도 많은 실험적 연구를 하였는데, 그의 방법은 주로 수면시 팔다리의 위치를 변환시키는 것이었으며, 그런 연후에 나타나게 되는 꿈의 변화를 기록하여 그 결과를 두 권의 책으로 엮었는데 1910년과 1912년에 각각 독일어로 번역되었다.(《정신분석입문》 60쪽)

위에서 서술한 이러한 관찰과 실험에 대해, 프로이트는 이를 경시하는 태도를 견지했으며 매우 낮게 평가하였다. 그는 그러한 외계의 자극이라는 것은 『단지 꿈의 단편적인 부분만을 해석할 뿐, 전체적인 꿈의 반응을 해석할 수는 없다』고 여겼다. (《정신분석입문》 67쪽) 매우 분명한 것은 바로 같은 시끄러운 자명종의 자극인데도 불구하고 세 가지의 꿈의 세계는 도리어 그렇게 서로 다르다는 것이다라고 했다. 프로이트는 또한 볼트 자신의 결론을 원용하여, 꿈의 내용에 대한 실험의 해석이 실제로 너무나 적으며, 실험적 연구는 꿈의 탐색에 있어서 커다란 도움이 되지 않는다고 여겼다.(《꿈의 해석》 125쪽의 주 39) 그러나 프로이트는 쉬뢰터Schrötter와 질베르Silberer의 실험에 대해서는 매우 높게 평가하였다. 1912년 의사였던 쉬뢰터는 일찍이 최면에 걸린 환자가 성적인 활동을 하는 꿈을 꾸었는데, 그 결과 『꿈 속에 나타나는 성적 재료는 도리어 우리들이 익히 알고 있는 상징물로 대치되어 나타난다』는 것을 암시했다.(《정신분석입문신강》 20쪽) 1909년에서 1912년 사이에 질베르는 자신의 꿈에 대해서 실험관찰을 하였다. 그는 자기 전에 한 편의 문장을 고치려 생각하였는데, 그 결과는 나무를 깎고 있는 중인 꿈을 꾸게 되었다. 또 그는 자기 전에 억지로 칸트와 쇼펜하우어의 시간관을 비교해 보려 했는데, 너무나 졸린 나머지 단지 칸트의 관점만이 생각나고 쇼펜하우어의 관점은 잊어버렸다. 그 결과 꿈 속에서 그는 비서에게 어떤 일에 대해 묻게 되었는데, 이 비서는 화를 내면서 거절하였다고 했다.(《꿈의 해석》 418쪽, 《정신분석입문신강》 21쪽) 이러한 자료들에 근거해서 꿈 속에서의 추상적 사상이 모두 구체적 시각 의상意象으로 바뀌게 된다는 것이 증명되었고, 그리하여 프로이트는 이에 근거하여 그가 말한 소위 〈꿈의 작용〉이라는 것과 〈겉으로 드러난 모습〉과 숨겨진 뜻과의 구별을 논증하였다.

아마도 정신분석이라는 운동의 충격으로 인하여 금세기의 바로 20·30·40년대에는, 꿈의 영역에 있어서 실험심리학은 거의 진전이 없었다. 다만 50년대부터 시작하여 수면중 뇌파에 대한 분석과 안구의 쾌속운동의 발견으로 인하여, 꿈의 실험적 연구 또한 급속도로 고조를 이루게 되었다. 전하는 바에 의하면, 한 미국 학생이 우연히 한창 낮잠을 자고 있는 그의 친구의 안구가 끊임없이 좌우운동을 하고 있는 것을 발견하였다고 한다. 그는 친구가 잠을 자고 있지 않는 것으로 여겼는데, 잠을 깬 후 그 친구는 그에게 꿈을 꾸고 있었다고 했다.(이 상황은 미국의 심리학자인 월스 J. W. Walls가 1987년 직접 저자에게 알려준 것이다.) 이러한 우연적인 발견은 즉각 과학자들의 주의를 불러일으켰다. 미국의 심리학자인 드먼트W. Dememt는 1952년에 수면에 대해 연구를 하면서, 사람의 수면은 하나의 단일한 과정이 아니라 뇌파의 도형에 따라 느린 파장수면(SWS-Slow Wave Sleep)과 빠른 파장의 수면 혹은 역설수면(PS-Paradoxcal Sleep)단계로 나누어질 수 있음을 실증하였다.(I. 아시모프의《인체와 사유》과학출판사 1979년, 149쪽) 느린 파장의 수면의 특징은 눈을 감으면 동공이 축소되고, 심장의 박동수와 호흡 심압心壓, 그리고 모든 신진대사가 가라앉으며 뇌파는 고폭으로 느린 파장을 드러낸다. 빠른 파장의 수면의 특징은 안구의 쾌속운동(REM-Rapid Eye Movement)으로 심장 박동수와 혈압이 높이 올라가며, 호흡이 빨라져 불규칙해지고, 뇌파는 〈동시 발생적으로 빠른 파장을 이루는〉 특징을 드러내게 되는데, 일반적으로 잠을 깨우기가 힘들며 깨어난 후에도 거의 대부분 꿈을 꾸고 있었다고 말한다. 이 두 가지 단계를 비롯해 서로 관련있는 두 가지 시상時相은 전체의 수면과정 속에서 끊임없이 교체된다. 시작할 때는 먼저 느린 파장의 수면에 진입하여 약 80-120분 정도 지속되고, 이후에는 곧 빠른 파장의 수면단계로 들어간 후 약 5-30분 정도 지속된다. 이와 같이 교체되는 것이 하룻밤에 대략 4-5차례 정도 이루어진다. 맨 마지막의 빠른 파장의 수면시간은 약 45-68분 정도에 이른다. 시험을 받는 사람을 느린 파장의 수면기간에 처해 있을 때 깨우게 되면, 꿈의 기억률이 단지 5% 내외에 불과하며, 꿈에서 본 몽상들은 모두 희미하고 몽롱하게 되며, 빠른 파장의 수면기간에 처해 있을 때 깨우게 되면 꿈의 기억률이 대략 80% 내외이며, 가장 높을 때는 94%에까지 이를 수 있으며, 꿈의 세계에서 본 몽상들은 일반적으로 진실에 가깝도록 생생하다.(유세습劉世熠의《꿈의 메커니즘에 관한 탐색》(《심리학보》1982-1), 원방부阮芳賦의《작몽신설作夢新說》(《중국청년》1980-11) 그래서 드먼트는, 꿈이란 주로 빠른 파장의 수면 및 안구의 쾌속운동과 관련이 있으며, 한 사람이 하룻밤의 수면 속에서 꿈을 꾸는 시간은 대략 4분의 1을 차지한다고 여겼다.

　빠른 파장의 수면 그리고 안구의 쾌속운동에 관한 연구의 진행과정 속에서, 몇몇의 생리학자들은 꿈의 탐색에 대해 전대미문의 활약상을 보였다. 어떤 학자는 꿈의 생리적 특징이 대뇌의 발육과 관련이 있다고 여겼다. 신생아의 빠른 파장의 수면시간은 수면시간 전체의 50%를 차지하며, 성인의 경우에는 떨어져 25%에 이른다고 했다. 노벨상을 수상한 크릭F. Crick은, 신생아가 출생하기 전후로 해서 대뇌는 바로 하나의 새로운 연계를 건립하고 발전시키기 시작하며, 이러한 연계는 끊임없는 조정을 필요로 하는 것이 분명하며, 그렇기 때문에 이 기간 동안은 빠른 파장의 수면시간이 매우 길고, 많은 꿈을 꾸게 된다고 여겼다. 그러나 어떤 학자는 신생아의 경우에는 꿈을 꿀 재료가 거의 없기 때문에, 이 시기에 나타나는 안구의 쾌속운동을 그들이 꿈을 꾸는 것이라고 간주하기에는 매우 어렵다고 말하는 사람도 있다.

또 어떤 사람은 꿈이란 수면중 대뇌의 정보처리활동, 특히 견고한 기억과 관련이 있다고 여기기도 한다. 미국의 학자인 크릭F. Crick과 영국 학자인 밋치손G. Michison은 이러한 관점을 논증하기 위하여, 심지어는 컴퓨터의 인공지능에 관한 메커니즘을 끌어들여 유추하기도 했다. 그들은 인간의 뇌의 기억과정이라는 것은 실제로 신경회로의 부호에 의해 형성되는 것이라고 보았다. 대뇌에 만약 어떤 종류의 정보가 접수되면, 정보 펄스Pulse가 즉시 신경회로를 통과하여 쉬고 있는 유관한 세포의 활동을 환기시키게 된다. 그러나 신경회로에 접수된 정보가 만약 〈적재량을 초과하게〉 되면, 사람의 사유에서는 곧 혼란을 초래하게 된다. 그들은 쌍나선 모양의 유전자에 근거하여, 대뇌신경에 전입되는 정보가 혼합되어서 기억량이 너무 많아지게 될 것이라는 것을 실증한다. 컴퓨터의 인공지능체계 중에서 〈적재량이 초과되게〉 되면 〈기이한 도형〉 혹은 〈환각적인 도형〉이 나타날 수 있다. 그들은 이러한 것으로부터 꿈을 꾸는 것이 실제상으로는 대뇌가 유사한 〈거짓활동〉을 배제하는 것이며, 몇몇의 기이하고 불규칙한 신호들을 걸러내어 제거하는 것이라는 바를 추론해내었다. 그래서 꿈을 꾸는 기간에는 안구운동이 가속되고, 뇌파의 파장이 비교적 크게 된다. 바꾸어 말하면, 꿈을 꾼다는 것은 몇몇의 기이한 도형을 나타낼 수 있을 뿐만 아니라, 몇몇의 기괴한 생각과 소용이 없는 기억을 제거할 수도 있으며, 이렇게 하므로써 대뇌에 정보를 축적하고 기억을 견고히 하는 기능을 증강해 줄 수 있다고 한다.(《꿈의 메커니즘》 New Scientist 편집부 1983년, 제99권)

또한 어떤 사람은 꿈의 기능이란 피로를 없애주고, 체력을 회복시켜 주는 것 등에 있다고 여기기도 한다. 위에서 든 학설들은 모두 일부분의 꿈의 예를 해석할 수는 있지만, 일종의 이론으로 성립되는 데 있어서는 상당히 많은 부분이 아직 가설에 속하고 있다. 설령 빠른 파장의 수면과 안구의 쾌속운동으로 이야기한다고 할지라도 이론적으로는 곤란한 점이 있다. 왜냐하면 느린 파장의 수면기간에도 여전히 몇몇의 시험 대상자들은 그들이 꿈을 꾸고 있었다고 말하고 있으며, 그렇다면 꿈을 꾸는 것에는 분명히 다른 원인이 있기 때문이다. 또한 꿈을 꿀 때 왜 안구가 신속히 움직이는가에 대해서도 여전히 설명을 할 수가 없다. 총체적으로 말하자면, 두뇌과학이 현재 〈유년〉의 시기에 처해 있으므로 꿈의 실험적 관찰에 관해서는 여전히 더욱 깊은 연구가 기대되고 있다.

프로이트와 같은 사람들은 꿈에 관한 정신적 분석에 있어서 꿈의 내용과 의미에 대해서만 계속적으로 밝혀내었으며, 꿈의 생리적 기초와 생리적 메커니즘에 대해서는 거의 일고의 가치도 없는 것으로 생각하였다. 이러한 것은 심각한 편면성만을 보여주고 있다. 그러나 실험심리학과 신경심리학자들은 꿈의 생리적 기초와 생리적 메커니즘만을 중요시한 채 꿈의 내용과 심경에 대한 문제에 대해서는 도리어 전혀 문제로 삼지 않았는데, 이것 역시 심각한 편면성을 보여주고 있다. 미국의 몇몇 학자들의 보고에 의하면, 그들은 이미 뇌파 그림의 파형에 근거하여 실험 대상자가 지금 어떤 색깔에 주의를 하고 있는지에 대해 충분히 설명할 수 있다고 한다. 어떤 이는 심지어 이미 부분적인 뇌파를 단어로 번역해낼 수 있다고도 한다. 만약 이러한 보고가 확실히 틀림없다고 한다면, 과학이 어느 날엔가는 결국 꿈을 꾸는 사람의 몽상을 밝혀낼 수 있는 날이 있고야 말 것이다. 우리들은 과학의 이러한 날이 빨리 이를 수 있기를 매우 기대하고 있다. 그러나 설령 이러한 날이 도래한다 할지라도, 꿈의 정신분석은 여전히 취소될 수는 없다. 바로 프로이트가 항상 그렇게 강조했던 것과 같이, 꿈의 〈겉으로 드러난 모습〉이라는 것은 그것의 숨은 뜻과 같지 않다. 우리들의 결론은 과학자들의 각각의 연구가 각기 치중하는 것이 있다 할지라도, 현대 세계의 꿈에 대한 학설의 발전은 반드시 이러한 두 가지의 사조 두 가지의 경향 두 가지의 방법의 융합이라는 것으로 힘써 나아가게 될 것이다라는 바이다.

제3장

꿈 속에서의 창조적 사유활동에 관하여

꿈 속에서의 창조적 사유활동은 현대 세계의 꿈에 대한 학설에 있어서의 중요한 과제 중의 하나인데, 고대 중국에 있어서는 이 측면에 대한 전문적인 연구는 아직 발견되지 않고 있다. 그러나 고대 중국의 예술가들은 일찍이 이러한 현상에 주의를 하였으며, 이에 대한 재료를 누적시켜 왔다. 이는 바로 송나라 때의 허언주許彦周가 《시화詩話》에서 『꿈 속에서 시를 지었는데, 왕왕 그것이 있었다』라고 한 것과 같다. 전하는 바에 의하면, 사마상여司馬相如가 한나라의 무제武帝에게 부賦를 지어 바치려 하였는데 어떤 것을 바쳐야 좋을지를 몰랐다. 밤에 꿈 속에서 누런 구레나룻을 한 노인이 그에게 일러주기를 『《대인부大人賦》가 좋을 것이다』라고 했다. 그 결과 사마상여는 《대인부》를 헌상하였으며 한나라 무제의 상과 하사품을 받게 되었다 한다. 전하는 바에 의하면, 사령운謝靈運은 꿈 속에서 홀연히 《못가에 봄풀이 피어나고, 정원의 버들가지 움직이며 새 소리가 울리네》라는 싯구를 얻게 되어 〈신의 도움이라 여겼다〉고 한다. 당송시대의 저명한 시인들이었던 이하李賀・허혼許渾・심아지沈亞之・소식蘇軾・적준도狄遵度・허언주許彦周 등도 모두 꿈 속에서 시를 짓고 시를 고치며 문장을 짓고 시구를 비평했다는 기록이 있다. 특히 소식의 《동파지림東坡志林》이라는 책 속에는 본인을 비롯해서 다른 사람들이 꿈 속에서 시를 짓고 문장을 지었다는 것을 기록하고 있는데, 자료항목이 아홉 가지나 된다.(구체적 내용은 이 책의 부록 4를 참조)

당나라의 현종玄宗은 음악을 상당히 좋아하였는데, 저명한 《신선자운회神仙紫雲廻》과 《능파곡凌波曲》및 《예상우의霓裳羽衣》와 같은 것들은 모두 그가 꿈 속에서 얻은 〈하늘의 음악〉으로, 하늘의 계시를 받은 이후에 작곡한 것이다. 전하는 바에 의하면, 개원開元 6년에 그는 꿈 속에서 도사와 『월궁에서 노닐며 선녀와 함께 광릉廣陵의 큰 계수나무 아래에서 가무를 즐겼으며, 또한 상당히 맑고 즐거운 음악을 들었다. 꿈에서 깨어난 후에 음률을 만들었으며, 예상우의霓裳羽衣라는 새로운 곡을 만들었다』고 한다.(이 책의 부록 4를 참조)

그렇다면 사람은 꿈 속에서 어떤 이유로 시를 짓고 곡을 지을 수 있는 것일까? 이에 대해서는 청나라 때의 사람인 이종륜李鍾倫이 그의 《주례찬훈周禮纂訓》에서 언급한 것만을 볼 수 있을 뿐인데 『꿈 속에서의 독창적인 생각은 오로지 정신이 한 곳으로 몰두되어 이른 것으로, 생각이 쌓여서 꿈을 이루게 된다』고 했다.(《주례찬훈·춘관春官·점몽占夢》편에 보인다)〈정신이 한 곳으로 몰두된다〉(精專)는 것은 정신이 어떠한 문제에 대해서 전심으로 집중하는 것을 가리키며,〈생각이 쌓인다〉(積思)라는 것은 사람이 어떤 문제에 대해서 반복적으로 생각하는 것을 가리킨다. 이러한 견해는 물론 탁월한 식견을 갖고 있는 것이라 할 수 있지만, 너무나 간략한 바람에 이것으로써 그에 대한 결말을 이해할 수 있다고 할 수는 없다.

　근대 유럽의 많은 과학자와 예술가 들은 꿈 속에서의 창조활동에 대해서도 절실한 체험을 가지고 있다. 그 중에서 가장 저명한 것으로는 독일의 화학자인 케큘러 F. A. Kekule(1829—1896년)와 프랑스의 음악가인 타티니I. Tartini(1692—1770년)의 두 가지 꿈의 예이다. 케큘러 자신의 기록에 근거해 보면, 그는 일찍이 벤젠의 분자구조를 명확하게 밝히지 못하므로 인해서 마음이 초조해져 있었다. 그러나 한 번 꿈 속에서 오히려『하나의 원자가 나의 눈앞에 위치하고 있었는데, 마치 뱀처럼 끊임없이 원을 그리며 돌고 있다』가 갑자기『하나의 뱀이 자기의 꼬리를 물며 빙빙 돌고 있었다』는 것을 분명하게 보게 되었다. 그는 이 꿈으로부터 힌트를 얻어 곧 벤젠의〈고리상태〉의 구조를 깨닫게 되었다 한다.(《꿈의 해석》19쪽,《꿈 속에서의 발견》향망向望 편역 중국청년신문 1980년 6월 12일자) 타티니 자신의 말에 근거해 보면, 그가 꿈 속에서『영혼을 마귀에게 팔아 버리자 바로 하나의 작은 바이얼린을 거머쥐게 되었고, 최고 수준의 기교로써 한 곡의 지극히 미묘한 소나타를 연주하였다』고 한다. 꿈에서 깨어난 후 당장 자신의 기억 부분을 글로 썼는데, 이것이 바로 그처럼 사람을 미혹하게 한 마귀의 노래였다고 한다.(《꿈의 해석》513쪽의 주석 3. 일설에는 마귀가 바이얼린으로 연주를 했다고도 한다.) 이밖에도 멘델레프의 원소주기표도 전하는 바에 의하면, 사전에 역시 꿈 속에서 원자가 원자량에 따라 배열되어 주기를 이루고 있는 환상을 보았다고 한다.(카이드노프의《과학발견의 현미적 해부》,《꿈 속에서의 창조적 심리》, 중산中山대학 연구생 학간學刊, 1981 – 3에서 재인용) 그러나 이들 과학자와 예술가들 모두 역시 이러한 체험이 상당히 괴이하다고 느끼면서도, 마찬가지로 또한 그 속에 담긴 궁극적인 부분을 이해하지는 못하였다.

　현대 세계에서의 이와 유사한 꿈의 실례는 끊임없이 증가하고 있다. 에디슨의 수많은 발명은 모두가 꿈 속에서 먼저 모형을 가지고 있었다고 전해진다. 반팅F. G. Banting(1891—1941년)은 인슐린을 발견하였고, 레비L. Levy는 신경으로부터 근육으로 자극을 전달하는 메커니즘을 발견하였는데, 이 역시 모두가 꿈 속에서 먼저 실험적인 모형을 얻었던 경우이다. 굳이어K. Goodyear는 꿈 속에서 한 낯선 사람이 그에게 건의하기를 생고무 속에 얼마간의 유황을 넣으면 된다고 말했다. 그리하여 아무리 생각해도 풀리지 않던 생고무의 유화문제를 해결할 수 있게 되었다. 저명한 생물화학자인 뢰이O. Loewi(1873—1961년)는 한 번은 꿈 속에서 상당히 귀중한 생각을 얻게 되었다. 만약 두 마리의 청개구리를 사용하여 함께 실험을 한다면, 곧 신경전도에 관한 화학물질의 문제를 해결할 수 있을 것이다. 새벽 3시에 놀라 깨어난 후 그는 곧장 실험실로 들어가 꿈에서 말한 그대로 따라 해보았는데, 과연 신경전도의 화학물질을 찾게 되었으며, 아울러 이로 인해 노벨상을 획득하였다. 영국의 케임브리지 대학의 하친손Harchinson 교수의 대량의 설문조사에 근거해 보면, 공헌도가 있는 학자의 70%가 그들의 창작성이 있는 활동 중에는 꿈이 중요한 계시를 발휘했던 것으로 대답을 했다고 한다.(《꿈 속에서의 발견》,《꿈 속에서의 창조적 심리》를 참조)

꿈 속에서의 창작적인 활동은 하나의 논박할 수 없는 사실이라고 생각된다. 그러나 현대 과학이 직면하고 있는 문제는, 이러한 사실을 인정하는 것이 중요하다는 것에 있는 것은 아니며, 이러한 사실은 이미 아득한 고대 사람들이 발견했던 것이므로, 관건적인 부분은 바로 어떻게 이러한 사실을 정확히 해석하며, 어떻게 이러한 현상을 정확하게 다루는가 하는 것에 있다.

꿈 속에서의 창작활동에 관한 것으로는 현재로서는 다음과 같은 세 가지의 해석이 있다.

하나는 석방設釋放說이라는 것으로, 이것은 주로 정신분석학자들의 관점이다. 프로이트는 일찍이 다음과 같이 지적했다.

우리들은 반드시 다음과 같은 가능성을 고려해야 한다—밤의 꿈 속에서 우리들은 의식하지도 못한 채 우리들의 생각과 기억재료들을 크게 개조하는 것은 아닌가? 만약 정말 그와 같다면, 속어에서 말하는『중대한 결정을 내리기 이전에 먼저 한숨 푹 자고 나서 다시 말하자』는 것과 같은 것인데, 실로 상당한 일리가 있다.(《꿈의 해석》108쪽)

그는 또 저명한 시인이었던 실러의『만약 이지理智가 큰 문으로 들어간 생각에 대해서 거듭 엄격한 검사를 한다면, 곧 심령의 창작이라는 일면을 억눌러서 죽여 버리게 된다』는 말을 원용했다. 이렇게 말한다면, 꿈 속에서의 창작활동은 주로 〈이지〉가 검사관이 있는 초소를 제거해 버리므로써, 생각은 심령 속에서 자유롭고 무제한적으로 들어갈 수 있는 것에 의해 이루어진다. 설령 이때의 심령활동은 생각이나 의상意象이 혼잡하고 어수선한 느낌이 있을 수도 있겠지만, 그러나 이러한 혼잡하고 어수선한 가운데서 오히려 〈영감의 원천〉이 있게 된다.(《꿈의 해석》37 – 38쪽)

두번째는 정보설로서, 이것은 주로 자연과학자들의 관점이다. 전하는 바에 의하면, 인간이 깨어있는 상태일 때에는 외부의 대량적인 정보의 갖가지 교란으로 인해서 정신상태가 고도로 긴장하게 되며, 어떤 경우에는 어떤 정보들의 연결이나 가공·창조 등을 방해하기도 한다. 그러나 수면상태에서는 외부의 각종 정보가 잠시 억제되므로 정신의 긴장상태는 느슨하게 되고, 어떤 정보들은 오히려 쉽게 교류가 이루어져 새로운 창조를 이루기도 한다. 특히 그러한 지식의 면적이 넓고 자신의 과제에 대해서 장기적으로 사고를 했던 사람은, 내부정보의 활약이라는 것은 정보와 관련된 새로운 조합과 개조에 더욱 도움을 주게 된다.(《꿈 속에서의 창조적 심리》를 참조) 꿈의 세계 속에서 과학자들의 생각은 마치 고삐 풀린 야생마가 광활한 지식의 영역 속을 질주하므로써 깨어있는 상태에서 넘을 수 없었던 장애를 감싸고 돌며, 의식에 의해 가로막혔던 어떤 정보의 통로를 관통시키며, 이렇게 하므로써 곧 새로운 발견 혹은 새로운 발명이 있을 수 있게 된다.

세번째는 상상설로서 이는 주로 문학가나 예술가 들의 관점이다. 수많은 우수한 예술작품들은 모두 몽상이나 환상의 계시와 관계가 있으며, 심지어는 몽상이나 환상을 제재로 삼기도 한다. 랑그S. K. Langer의 해석에 따르면, 이는 꿈이라는 것 자체가 바로 상상력의 어떤 원시상태이기 때문이라고 한다. 꿈과 예술의 〈동류항同類項〉은 바로 그들과 상상이 공동관계에 있다는 데에 있다. 그리고 상상이라는 것 자체 역시 새로운 형상을 창조하고 구상하는 일종의 능력이다. 그러나 꿈의 상상이 창조해내는 의상意象은 대부분이 우연적이고 분산적이며 단편적인 것, 즉 〈계통성의 중단〉과 의미구조의 이완이다. 그렇기 때문에 꿈 속에서의 상상이라는 것 자체는 예술적 창조와 결코 동일한 것은 아니며, 이들은 단지 예술가의 창조활동에 소재를 제공하고 계시를 제공하며 영감을 제공해 줄 뿐이다. 진정한 예술적 창조는 반드시 예술가의 자각적 지능활동을 통해서만이 비로소 완성될 수 있다. 이러한 점에 있어서 초현실주의자들은 꿈과 예술적 창조를 동등하게 간주하였는데,

이는 받아들일 수 없는 것이다.(《창조성과 잠재의식》6《예술가의 꿈》연변교육출판사 1987년, 89 - 98쪽을 참조)

이상에서 든 세 가지 학설은 비록 각자의 견해는 다르지만, 결코 서로 배타적이며 서로를 포용할 수 없는 것이 아니라 오히려 서로 통하며 서로 보완할 수 있는 것들이다. 우리들의 견해로는, 인간이 깨어있는 상태에서 어떤 정보의 통로가 막히게 되는 것은 바로 깨어있는 상태에서의 의식이 어떤 하나의 주의를 기울이는 중심을 고집하기 때문이다. 그렇기 때문에 기타의 생각활동 혹은 의상활동에 대해서 초소를 배치한 것처럼 확실하게 제한을 하게 된다. 그리고 꿈 속에서의 정보와 관련된 연결이나 가공 및 창조는 당연히 상상이나 연상, 특히 자유로운 상상이나 연상과는 분리될 수가 없다. 우리들 생각으로는, 인류가 꿈을 꾸는 과정에서의 심리활동은 만약 그것의 감정적인 인소를 제쳐두고 문제삼지 않는다면, 이 역시 인류의 통일적인 사유활동 중의 한 특수한 체계로 보아야만 한다고 생각한다. 이러한 잠재의식의 사유체계는 자각의식의 사유체계와 마찬가지로 모두 일정한 정보처리와 재료를 가공하는 능력을 갖추고 있다. 그러나 이러한 특수한 체계는 한편으로는 자아의 지배를 받지 않기 때문에 의상이나 생각이 자유롭게 활동할 수 있으며, 그리하여 더욱 큰 확률성과 융통성을 가지게 된다. 다른 한편으로는 의상이라는 것을 통해서 생각을 표시하며, 의상의 끼워맞춤을 통해서 사유의 과정을 완성하며, 그렇게 하므로써 추상적 개념의 논리적 틀의 속박을 받지 않고서 형식판단의 벽을 뛰어넘을 수 있게 된다. 바로 이러한 이유로 인해서 비록 자각의식의 사유체계가 잠재의식의 사유체계라는 단계보다는 훨씬 뛰어나지만, 그러나 잠재의식의 사유체계의 특수한 기능은 도리어 대치될 수가 없는 것이다. 인류는 대체로 자각의식의 사유체계에 의거하여 창조활동에 종사하기 때문에, 우리들은 꿈 속에서의 창조활동에 대해서 너무 지나치게 추정할 수는 없다. 모두 다 알고 있듯이 꿈 속에서의 창작활동이라는 과제는 결국 따지고 보면 깨어있는 의식으로부터 나오는 것이며, 꿈 속에서 창조되어 나오는 어떠한 모형이라도 결국은 깨어있는 의식을 통해서야만이 비로소 완성될 수 있다. 그러나 잠재의식의 사유체계의 특징 때문에 꿈 속에서의 창작활동은 과거와 현재·미래에 관계없이 여전히 그것들의 작용을 계속적으로 발휘하게 되는데, 이것이 인류의 자각적 창조활동의 매우 중요한 보충이며, 이러한 점은 절대로 경시할 수가 없다.

마지막으로, 우리들은 또한 사람들이 언제나 말하는 한 마디를 다시 한 번 중복하려고 한다.『만약 당신이 어떠한 해결할 수 없는 난제가 있다면, 만약 당신이 하나의 위대한 창조에 종사하려고 한다면, 먼저 한숨 푹 자고 나서 다시 말합시다!』 꿈은 당신의 사상해방에 도움이 되며, 꿈은 당신에게 광활한 생각의 길을 열어주며, 꿈은 당신에게 중요한 계시를 제공해 줄 수 있다. 그러나 만약 누가 완전히 꿈에 의지해서 연구하고 창작한다고 한다면, 꿈은 그에게 계시와 보상을 줄 수는 없을 것이다.

제4장

중국인의 꿈에 대한 새로운 학설

고대 중국에서는 꿈에 대해 광범위한 탐색을 하므로써 수많은 중요한 공헌들을 이루었다. 그러나 현세계에서의 꿈에 대한 학설의 진행 속에서 중국은 지금까지 여전히 공백의 부분으로 남아있으니 실로 유감스러운 일이다. 이 책을 끝맺으려는 시점에서, 중국인의 한 사람으로서 고대 중국의 꿈에 대한 학설의 정화와 현세계의 꿈에 대한 학설의 성취를 힘닿는 데까지 결합하고, 이와 동시에 일종의 새로운 관점을 제시하려 하니 많은 주의와 토론이 이루어지길 바란다.

1 인간의 잠재의식은 어디에서 오는가?

프로이트는 자각의식의 배후에는 또 의식이 의식하지 못하는 잠재의식의 왕국이 있다고 여겼으며, 꿈이란 바로 수면상태에서의 잠재의식의 활동이라고 인식했다. 이것이 현대 세계의 꿈에 대한 학설에 있어서 그의 가장 중요한 공헌이다. 그러나 도대체 무엇이 잠재의식이며, 잠재의식은 도대체 어디로부터 오는가 하는 이러한 문제에 있어서는 그의 관점에 찬동을 할 수가 없다. 프로이트의 이해에 따르면, 이른바 잠재의식이라는 것은 인간의 〈본아本我〉와 서로 관련있는 것으로, 인간의 내심에서 억압받고 있는 그러한 욕망과 충동을 가리키며, 이러한 욕망과 충동은 인간의 본성 특히 성적 본능에서부터 나온다고 했다. 이와 같이 그에게 있어서의 잠재의식이란 일종의 선천적이며 태어나면서부터 가지고 있는 순전히 생물적인 현상으로 되어 버렸다. 그러나 우리들이 볼 때, 잠재의식이라는 것은 인간의 정신생활의 한 특수한 체계로서 단지 숨겨지고 감추어진 하나의 정신영역에 불과한 것으로, 바로 고대 중국에서 말하는 〈정신이 감추어져 있다〉(神藏)는 것과 〈정신이 칩거한다〉(神蟄)는 것과 같은 뜻이다.(본서의 하편 제1장 제3절을 참조) 그것의 내원은 주로 인류의 정신생활의 분화와 축적에 있으며, 이는 자각의식의 발전과 축적을 포괄한다. 때문에 잠재의식은 인간의 모든 정신생활과 마찬가지로 후천적이며 사회적인 산물이다. 인간의 선천적인 본능은 단지 이런 특수한 정신계통에 일종의 생물적 혹은 생리적인 전제를 제공하기 위한 것일 뿐이다.

인류계통의 발전사적인 측면에서 본다면, 인류가 동물계에서 벗어남에 따라 인간에게는 도구의 제작이라는 기초 위에서 이미 자각적인 의식이 나타나게 되었다. 그러나 오랜 기간 동안 계속되었던 석기시대에는 인류의 도구제작 수준이 상당히 낮았기 때문에, 인간의 자각의식의 수준 또한 지극히 낮았다. 때문에 그 당시 사람들의 정신생활은 많은 부분에 있어서 꿈 속에서의 심리과정과 마찬가지로 자아의 지배를 받지 않았고 명확한 목적성도 없었으며, 질서없이 산란하고 또한 모호하며 분명치 않은 상태에 있었다. 그리하여 원시인들의 그 시대에는 매우 기이한 현상들이 나타나기도 했는데, 그들은 깨어있을 때의 지각과 수면중 꿈에서 본 것을 분명하게 분간하지 못하였다. 그들의 심리에서는, 꿈에서 본 것은 깨어있는 상태와 마찬가지로 똑같이 실재하는 것이었다. 그들은 자신들의 꿈을 믿었는데, 이는 자신의 일상적인 지각을 믿는 것보다 결코 못지 않았다고 할 수 있다. 때문에 그들의 생활 속에서, 꿈을 꾼 사람은 반드시 그가 꿈 속에서 행한 것에 대한 책임을 져야만 했다. 옛날의 흉노족들은 꿈 속에서 다른 사람의 일에 응낙을 하면 낮에 이를 절대로 번복할 수가 없었다.《신서新書·흉노匈奴》원시 캄챠타Kamchata인들은 밤에 꿈 속에서 다른 사람의 토지를 차지하게 되면, 낮에 곧바로 가서 이를 받아내었다고 한다.(《꿈의 해석》서문, 지문출판사 1973년판, 19쪽) 원시 치로키인Cherokees들은 꿈 속에서 뱀에게 물리게 되면 낮에 곧바로 뱀에게 실제로 물린 것과 같은 치료를 받아야만 했었다.(《원시사유》상무인서관 1981년, 50쪽, 52쪽) 그러나 원시인의 실천 수준은 끊임없이 제고되었으며, 그리하여 그들의 자각의식 역시 끊임없이 발전되었다. 자각의식의 지반이 끊임없이 확대됨에 따라 의식의 영역 밖에 있는 기타의 다른 정신활동은 점점 은닉되고 숨겨지며 축적되게 되었다. 자각의식이 완전히 인간의 대낮생활을 지배한 후, 인류의 정신은 곧 서로 구별이 되면서도 서로 연계되는 다음과 같은 두 계통으로 분화되게 되었다. 대낮에 행동할 때에는 주로 자각의식계통에 의한 활동이고, 저녁 수면시에는 주로 잠재의식계통에 의한 활동이다.

만약 이러한 역사과정을 그림으로 표시한다면, 완전히 한 폭의 혼일천원도混一

[그림 A]

[그림 B]

天元圖가 한 폭의 흑백태극도黑白太極圖로 변화하는 것과 같다. 인류의 최초 단계의 정신생활은 바로 〈혼일천원도〉와 같아서, 자각의식은 그림에서와 같이 하나의 밝은 점에 불과하다.(그림 A) 밝은 점을 제외한다면, 전체의 도면은 하나의 혼돈세계로서 분화가 없는 상태이다. 그러나 자각의식의 밝은 점이 끊임없이 확대되어 점차 하나의 새로운 왕국을 이루게 된다. 원래 혼돈의 상태로 분화가 되지 않았던 부분이 도리어 뒤로 몰리면서 역시 하나의 왕국을 이루게 되는데, 단지 이는 어두운 왕국이다. 이렇게 되면 〈혼일천원도〉는 자체의 분화로 인해서 흑백의 두 왕국이 출현하게 되며, 〈혼일천원도〉는 이로 인해 〈흑백태극도〉로 변화되었다.(그림 B) 밝은 구역은 바로 자각의식의 지반이며, 어두운 부분은 잠재의식의 지반에 속한다.

인류의 개체적 발육이라는 측면에서 살펴보면, 취학연령 이전의 아동 역시 주체와 객체가 분명하지 않고 꿈의 상태와 깨어있음의 상태가 분명하지 않은 단계를 가지고 있다. 그래서 다음과 같은 일이 종종 생겨난다. 한 아이가 본래는 단지 꿈 속에서 원숭이와 놀았는데, 그는 정말로 놀아본 적이 있다고 말을 할 수도 있으며, 또한 그가 어떻게 놀았다고 말을 할 수도 있다. 대체로 취학연령 시기에 진입한 이후에야 아동의 정신생활의 양대 계통은 비로소 분명한 분화가 이루어지게 된다. 이때가 되어서야 그들은 비로소 무엇이 진실한 감각이며, 무엇이 꿈 속에서의 환각인가를 분명하게 가릴 수 있게 된다. 이러한 아동정신의 분화과정은 마찬가지로 〈혼일천원도〉와 〈흑백태극도〉를 사용해서 나타낼 수 있을 것이다.

사람들의 자각의식계통이 형성된 이후에도, 프로이트가 말했던 것처럼 결코 순식간에 곧 지나가 버리지는 않는다. 무릇 의식에서 일찍이 획득했던 정보와 밖으로 내보냈던 정보들은, 모두 숨겨지고 저장되어 잠재의식으로 전화되고 축적된다. 그렇기 때문에 한 사람의 자각의식의 내용은 나날이 풍부해지며, 그의 잠재의식도 당연히 풍부해지게 된다. 프로이트는 잠재의식이라는 것은 인간의 원시적 욕망으로부터 오며 인간의 본능으로부터 오는데, 의식하고 있는 자아는 이러한 욕망과 충동을 절대로 알지 못한다고 거듭 강조하였다. 그러나 그가 분석했던 매개의 몽례에서의 바깥으로 드러난 부분과 숨겨진 뜻들은 일찍이 이렇게든 저렇게든 의식의 지배를 받지 않은 예는 하나도 없었다.《꿈의 해석》에서의 첫번째 몽례를 가져와서 살펴보면, 꿈 속에서의 큰 홀은 그 원형이 그의 집이 산에 있는 별장이었고, 꿈 속에서의 연회는 그 원형이 그의 아내의 생일잔치였다. 일머는 원래 연회에 초청된 손님이었다. 꿈 속에서 그가 일머에게 했던 말은『깨어있을 때 나는 이러한 말을 했었을 가능성도 있으며, 또 실제적으로 내가 이미 말한 적이 있다는 것도 꼭 그렇지는 않을 가능성도 있다』는 것이었다.(《꿈의 해석》 43쪽) 이러한 꿈의 숨겨진 뜻에 대해 프로이트는 그의 어떤 동기를 표현한 것이라고 했으며, 이러한 동기는『모두 전날밤 오토도가 나에게 알려준 말과 내가 기록해 두려고 했던 전체 임상진료카드로부터 야기되었다. 전체 꿈의 결과는 바로 일머가 현재에까지도 여전히 고생하는 원인은 결코 나의 잘못이 아니라 응당 오토도의 탓으로 돌려야 한다는 것으로 나타나고 있다』고 했다.(《꿈의 해석》 51쪽) 프로이트가 그의 《정신분석입문》에서 분석한 그러한 꿈의 예에 대해서 우리들도 일일이 검사와 비교를 한 적이 있다. 프로이트는 그가 한 청년을 〈자유연상〉의 방법으로 치료를 할 때, 갑자기 그 청년은《트로이의 헬렌 *Helen of Troy*》중 파리의 노래 곡조를 좋아하는데, 자신도 왜 그런지 모르겠다고 말했다 한다. 그가 분석한 결과에 의하면, 이 청년은 두 소녀를 동시에 사랑하고 있었는데 한 명은 이다Ida 라는 소녀였고, 다른 한 명은 헬렌Helen이라는 소녀였다.(《정신분석입문》 상무인서관 1984년, 79쪽) 매우 분명한 것은, 이 청년은 먼저 이 두 소녀에 대해서 사랑한다는 의식을 가졌으며, 그러한 연후에 잠재의식 속에서 비로소 두 사람의 이름을 하나의 곡조 이름으로 결합(즉 〈압축〉이라 부르는 것)할 수 있었다. 한 여인이 그는 어릴 때 항상 꿈 속에서 〈하느님이 끝이 뾰족한 종이모자를 쓰고 있는 것〉을 보았는데, 본인은 그 해답을 얻지 못했다고 했다. 이후에 프로이트의 도움으로, 이 환자는 어릴 때 항상 이처럼 끝이 뾰족한 모자를 쓰고 밥을 먹었는데, 모자라는 것이 차단하고 덮어씌우는 효용을 가지고 있음이 발견되었다. 이 환자는 또『나는 하느님은 모든 것을 알고 모든 것을 볼 수 있다고 들었다』고 했다. 이러한 꿈의 뜻은 단지 그들(부모와 함께 식사하는 형제자매를 지칭)이 비록 나를 속이려 하지만, 나 역시 하느님처럼『모든 것을 알고 모든 것을 볼 수 있다』는 것을 의미할 뿐이다.(《정신분석입문》 86쪽) 이 환자는 그의 모자에 대해서 일찍이 의식한 바가 있었으며, 하느님의『모든 것을 알고 모든 것을 볼 수 있다』는 것에 대해서도 의식한 바가 있었으며, 그런 의식이 있은 연후에야 비로소 잠재의식 속에서 이와 같은 꿈을 꿀 수가 있었다는 것은 매우 분명하다. 프로이트가 여러 차례 든 적이 있는 한 소녀가 연극을 보기 위해 표를 사는 몽례는, 그 숨겨진 뜻은 바로『그렇게 서둘러 결혼한 나는 왜 그렇게 어리석었을까요』라는 것이다.(《정신분석

입문》90-91쪽) 이 예도 마찬가지로 먼저 의식 중에서 이러한 생각이 있는 이후에
잠재의식 속에서 비로소 그러한 꿈이 나타나게 된다. 이러한 몽례들은 모두 잠재의
식은 정신생활의 축적으로부터 오며 자각의식의 축적으로부터 오는데, 이 두 가지
사이에는 결코 큰 간격이 존재하는 것이 아니며, 단지 몽상의 상징적인 특징 때문
에 잠재의식과 의식 사이의 관계가 모호하게 될 뿐이라는 사실을 증명해 주고 있다.

잠재의식을 정신생활의 축적으로 간주하며, 자각의식의 축적으로 간주하는 그
이론상의 의의는 바로, 이렇게 하면 곧 꿈과 꿈을 꾸는 사람의 현실생활의 연계를
여실히 드러내 보일 수 있다는 데 있다. 인간의 정신생활은 인간의 현실생활의 한
부분일 뿐만 아니라, 또한 현실생활(주로 물질생활)의 반영이기 때문에 인간의 자
각의식은 인간의 현실생활을 지도하거나 지배하고 있다. 그렇기 때문에 그것들이
축적되어 받아들여진 잠재의식의 내용은 결코 현실생활을 초월할 수 없다. 왕정상
王廷相은 일찍이『꿈 속에서의 일은 곧 세상의 일이다』라고 하였고(《아술雅述》하
편), 웅백룡熊伯龍은 일찍이『선비는 짚신을 이고 미투리를 짊어지는 꿈을 꾸지 않
고, 농민은 경학을 연구하고 역사서를 탐독하는 꿈을 꾸지 않으며, 상인은 땔나무
를 하고 물고기를 잡는 꿈을 꾸지 않는다』고 하였다.《무하집無何集·몽변夢辨》아들
러는 일찍이『꿈이란 깨어있을 때의 생활과 서로 대립되는 것이 결코 아니며, 그것
은 필연적으로 생활의 기타 동작이나 표현과 하나로 합치된다』고 하였다.(《자비自
卑와 초월》작가출판사 1986년, 87쪽) 그들은 비록 그 속에 담겨진 원인을 이해하지는
못했지만, 그러나 모두들 이와 같은 사실만은 정확히 드러내 보였다. 우리들이 볼
때 한 사람이 어떤 것들은 꿈을 꾸게 되고 어떤 것들은 꿈을 꾸지 않게 되는 것은
모두 그 자신의 현실생활과 직접적인 관계가 있다고 본다. 물론 여기에서 말하는
〈생활〉은 눈앞의 생활일 수도 있고, 과거의 지나간 생활일 수도 있으며, 또한 창
조되었으면 하거나 바라는 미래의 일일 수도 있다. 그렇기 때문에 만약 한 사람의
꿈에 대해서 계통적인 분석을 할 수 있다면, 그 속에서부터 그의 경력·직업·운명·
경사스러운 일·걱정·추구함 등에 관한 것들을 발견해낼 수 있으며, 그가 과거와
현재에 어떻게 생활하였으며, 그리고 장래의 생활에 대해 어떻게 상상하고 있는가
하는 것을 발견할 수 있다.

우리들은 본능이 잠재의식과 몽경 및 몽상에 대해 영향을 미친다는 것을 결코 부
인하지 않는다. 젊은이의 꿈 속에는 성에 대한 강렬한 욕망과 성적 충동이 항상 표

출된다. 그러나 자세히 분석해 보면, 이러한 욕망과 충동이 꿈 속에 나타나는 것은 모두가 하나의 연결고리, 혹은 인소가 되어 꿈을 꾸는 사람의 생활 회로망으로 받아들여지게 된다는 것을 알 수 있다. 예를 들면 꿈 속에서의 성적 활동에 관한 환경은 반드시 꿈을 꾸는 사람의 생활환경, 혹은 바라고 있는 생활의 환경과 관계가 있다. 또 예를 들어 꿈 속에서의 성적 활동의 대상은 바로 열렬하게 사랑하는 연인일 수도 있고 일찍이 접촉했던 이성일 수도 있으며, 혹은 영화나 텔리비젼·소설·시가 등의 매개물을 통하여 추구하는 대상일 수도 있다. 설령 젊은이의 꿈 속에서라고 할지라도, 생활을 벗어난 적나라한 성적 욕망과 충동은 불가능한 것이다. 왜냐하면 꿈을 꾸는 사람은 결국 사회 속에서 생활하고 사회에 속해 있는 사람이기 때문이며, 또한 생활 속의 성생활은 이미 일찍이 사회화되었기 때문이다.

혹자는 단순한 외계의 자극 역시 꿈의 활동을 촉발시킬 수 있는 것인데, 꿈이라는 것이 생활과 무슨 관계가 있겠는가라고 묻기도 한다. 이 문제에 관해서 우선 우리들은, 이미 앞에서 언급했던 힐데브란트의 자명종 소리에 의해 일어난 세 가지의 몽경에 관한 기록을 살펴보는 것이 가장 좋을 것이다. 인간은 수면중에는 눈이 감기고 귀도 닫히게 되어, 외계의 정보에 대하여 기본적으로는 닫혀 버린 상태에 처하게 된다. 이와 동시에 잠재의식의 활동은 자아의 지배를 받지 않고 주의를 기울일 중심이 없기 때문에, 그런 까닭으로 해서 그것은 일반적으로 외계의 자극을 정확히 반영할 수가 없게 된다. 그러나 어떻게 반영하며 어떻게 파악하든지에 관계없이 그것은 언제나 하나의 연결고리 혹은 인소로 작용하여, 꿈을 꾸는 사람의 생활의 회로망 속으로 받아들여지게 된다. 힐데브란트의 첫번째 몽경은 자명종 소리를 교회당 새벽기도의 종 소리로 오인한 경우이다. 꿈 속에서 그가 산보한 들판, 그가 본 농민·묘비·교회당 등등은 실제로 모두가 그의 생활의 반영이다. 어떤 한 사람이 만약 여태껏 기독교에 대해 알지 못했다거나 아직까지 예배를 드리는 교회당을 보지 못했다면, 설령 그에게 꼭 같은 자극을 준다 할지라도 그에게는 결코 이와 같은 몽경이 나타나지 못한다. 힐데브란트의 두번째 꿈은 자명종 소리를 썰매 위의 방울 소리로 오인한 경우이다. 꿈 속에서 그가 탔던 썰매와 그가 다리를 감싸는 데 사용한 털담요 및 그가 들었던 방울 소리의 그런 익히 잘 알고 있던 소리 등도 역시 그의 생활의 반영이다. 어떤 한 사람이 만약 줄곧 남방에서 생활하여 여태껏 썰매와 방울 소리를 알지 못한다면, 설령 그에게 마찬가지의 자극을 준다 할지라도 그에게는 역시 똑같은 몽경이 나타나지 못한다. 사실이 이와 같이 분명하므로, 힐데브란트의 세번째 꿈에 대해서는 더이상 분석할 필요가 없을 것 같다.

우리들은 또 한 가지 독자의 주의를 환기시키고자 한다. 프로이트는 잠재의식과 자각의식 사이에 하나의 경계가 존재한다고 여겼는데, 이는 매우 정확하여 나무랄 데가 없다. 그러나 그는 이 경계를 하나의 큰 격차 혹은 하나의 큰 성城으로 간주하여 그것을 그야말로 넘을 수 없는 것이라고 여길 때에는, 그것은 곧 틀린 것이 되고 만다. 실제적인 정황은 다음과 같다. 잠재의식과 자각의식 사이에는 진실로 하나의 경계가 존재한다. 그러나 그것들은 이와 동시에 상호침투할 수도 있으며, 서로 전화할 수도 있다. 프로이트는 〈과실過失〉의 문제에 대해 연구하기를 좋아하지 않았는데, 사람이 대낮에 맑게 깨어있을 때의 〈과실〉은 바로 프로이트 자신이 말한 것처럼, 바로 일종의 잠재의식의 무의식적이고 자각하지 못하는 폭로라고 할 수 있다. 순자荀子는 일찍이 심지心智의 활동이란 『남몰래 스스로 행하는 것』이라 말한 적이 있다. 우리들이 일반적으로 말하는 『생각이 닻을 내린다』 『정신이 나가다』라는 것 역시 잠재의식의 자각의식 속으로의 〈침투〉를 말하는 것이다. 바꾸어 말하면, 꿈을 꾸는 것은 주로 잠재의식의 활동이긴 하지만 자각의식이 완전히 상실된 것은 아니다. 고대 중국에서 말하는 〈정신이 감추어져 있다〉(神藏)나, 〈정신이 칩거한다〉(神蟄)고 하는 것들은 다만 〈감추어져 있거나〉(藏) 혹은 〈칩거하는〉(蟄) 것일 뿐이지 결코 이로부터 아무것도 없게 되는 것은 아니며, 단지 형태만을 변화시켰을 뿐이다. 정말로 자아라는 것은 꿈의 과정을 제어하고 지배할 수 없다. 그러나 인간은 꿈 속에서 자기는 자기 자신이지 다른 사람이 아님을 의식할 수가 있다. 설령 꿈 속에서 나비가 되거나 날아다니는 새가 된다 할지라도, 여전히 자신이 나비로 변하였고 날아다니는 새로 변했음을 안다. 장자는, 사람은 가끔 『꿈 속에서 꿈을 꾸고』 『꿈 속에서 꿈점을 치기도 한다.』 그러나 꿈을 꾸는 사람은 자기 자신이 꿈을 꾼다는 것을 알고, 자신이 꿈을 점치는 것을 안다고 하였는데, 이것이 일종의 자아의식의 표현이 아니겠는가! 송나라 때의 주희는 『수면 중에는 자아의식이 없다. 그러나 그 중에는 실제로 아직 소멸하지는 않았지만, 추측할 수 없는 것이 존재한다. 그것을 부른즉 응하고, 그것을 놀라게 한즉 깨어나니, 이로써 자아의식이 없다고 할 수 없으며 신묘하지 않다고 할 수 없다』라고 하였다. 《주자대전집朱子大全集·답진안경答陳安卿》 우리들은 주희의 이 말이 매우 옳다고 생각하지만, 프로

이트의 영혼에 어떠한 비평을 가하게 될는지는 모르겠다. 사람은 꿈 속에서 자각의
식이 아직 소멸되지 않았기 때문에, 사람은 잠에서 깨어난 후 비로소 자신이 꿈을
꾸었다는 것을 알 수가 있고, 자신이 꾼 꿈을 다소 기억할 수도 있다. 이것은 바로
방이지方以智가 이야기한 적이 있는 『그 정신은 어리석지 않아 돌아와서 그 형체
를 알려준다』《약지포장藥地炮莊·대종사大宗師》라고 한 것과 같다.

　　　　　　　　　　잠재의식과 의식 사이의 네 속에 내가 있고 내 속에
네가 있는 이러한 관계는, 우리로 하여금 또다시 고대
중국의 태극도를 생각나게 한다. 보라, 검은 물고기 모
양의 머리와 꼬리는 흰 물고기의 영역을 펼쳐 나갈 뿐
만 아니라, 흰 물고기가 있는 그곳에는 또 하나의 검은 점이 있다. 바꾸어 말하면,
흰 물고기의 머리와 꼬리는 검은 물고기의 영역을 펼쳐 나갈 뿐만 아니라, 검은 물
고기가 있는 그곳에는 또 하나의 흰 점이 있다. 이렇게 보건대, 태극도는 인간정신
의 두 가지 계통의 완전한 한 모형으로 간주할 수 있다.

　프로이트는 또한 『잠재의식은 〈그 당시에 숨겨진 것〉일 뿐만 아니라, 그야말로
영원히 숨겨진 것이라 말할 수 있다』고 하였다.(《정신분석입문》111쪽) 그러나 사람
들은 끊임없이 꿈이란 것이 만약 〈영원히 숨겨진 것〉이라고 한다면, 당신은 어떻
게 꿈을 해석하며 누가 당신에게 꿈의 해석을 구하겠는가라고 물어보려고 할 것이
다. 꿈이라는 것은 해석되어질 수 있는 것일 뿐만 아니라, 설령 잠재의식의 생각이
라 할지라도 의식에 의해 의식이 될 수 있는 것이다. 이것이 바로 잠재의식이 의식
으로 향하는 전화가 아니겠는가! 고대 중국에서 〈정신의 칩거함〉과 〈정신의 깨어
남〉 그리고 〈정신의 숨겨짐〉과 〈정신의 드러남〉 사이에는 어떤 명확한 경계가 있
었을 뿐만 아니라, 또한 필연적인 전화를 포함하고 있다. 이것은 소박한 변증법으
로, 어떤 부분은 오히려 정교한 형이상학에 비해서도 뛰어나다는 것을 나타내 주고
있다. 전화에는 마땅히 조건이 있어야 하는 것이며, 꿈을 해석한다는 것 또한 그렇
게 쉽지 않다. 이러한 점에 있어 옛사람들 또한 너무 소홀했었다.

　결론적으로, 우리들은 꿈의 실질을 다음과 같이 개괄할 수 있다고 생각한다. 꿈
이란 인간의 잠재의식의 계통으로 자신의 생활에 대한 반영이다. 단지 여기에서 주
의해야 할 것은, 우리들이 말한 〈반영〉은 바로 하나의 철학적인 개념이지, 사람들
이 일반적으로 이해하는 것과 같이 거울에 비추는 것은 아니다. 꿈이란 꿈을 꾸는

사람의 생활에 대한 반영인 동시에 꿈을 꾸는 사람의 자기 생활에 대한 평가와 자기 생활에 대한 태도 및 자신의 생활 속의 걱정과 기대 등등을 포함하고 있다. 이것의 구체적인 내용은 아래에서 분석하게 될 것이다.

2 | 꿈의 기본요소와 원시사유의 특징

프로이트는 『꿈 속에서의 대부분의 경험은 시각현상이다. 비록 감정과 생각 및 다른 감각이 뒤섞여 있긴 하지만 항상 시각현상이 주요성분이 된다』고 했다.(《정신분석입문》 62-63쪽) 이것은 정말로 틀림없는 사실이다. 만약 믿지 못하겠다면, 누구든지 자기 자신의 꿈으로 이를 검증할 수 있다. 실제로 고대 중국에서는 이미 일찍이 이러한 점을 발견하였다. 《몽서夢書》에서는 『꿈이란 형상이다』라고 하였고, 《논형論衡・사위편死僞篇》에서는 또 『꿈이란 형상이다』라고 하였다. 《순자荀子・해폐解蔽》편에 대한 양경楊倞의 주석에서는 더욱 명확히 말하였으니, 『꿈이란 형상을 추측하는 것이다 想像』라고 했다. 『형상을 추측한다』는 것은 객관적으로 실재하는 물상이 아니며, 주관적 관념 속의 의상意象이다. 어떠한 꿈의 활동 및 그 변화의 과정이라 할지라도 그것들은 모두 의상의 구성인 것이다. 그 중 대부분은 시각적 의상이며, 그 다음은 청각적 의상이고 또한 미각과 촉각적인 의상도 있다. 꿈 속에는 개념적이거나 사변적인 것들은 지극히 드물다. 프로이트가 인용한 쉬뢰터의 실험은 매우 흥미가 있는데, 문장을 고치는 것이 꿈 속에서 나무를 깎는 것으로 변했으며, 철학에 관한 문제를 사고하는 것이 꿈 속에서는 비서에게 무엇을 물어보는 말로 변하였다. 그렇기 때문에 의상을 기본적 요소라고 여기며, 이는 꿈과 잠재의식의 기본적 특징이라고 할 수 있다. 그러나 자각적인 의식활동은 그렇지 않다. 특히 과학적 사유와 이론적 사유는 분명히 개념을 그 기본적인 요소로 삼는다. 이것이 바로 자각적인 예술적 사유이며, 아울러 말과 뜻・외양과 정신・운율・리듬・색조・선 등등과 같은 개념과 떨어질 수 없는 것이다.

꿈은 의상을 기본요소로 삼기 때문에 자각의식과 확연하게 다르다. 그러나 인류의 원시사유와는 도리어 극히 유사하다. 왜냐하면 원시사유도 의상을 기본요소로 삼고 있지 추상적인 개념도 아니며, 또한 추상적인 개념을 가지고 있지도 않기 때문이다.

의상이 개념과 다른 점은 대체로 그것이 형식상에 있어서 일종의 〈형상〉이라는 점에 있다. 그것이 어떠한 생각과 사상 및 욕망을 표시하려면 반드시 그것을 〈형상〉으로 변화시켜야만 한다. 원시사유에서는 단지 극소수의 경우에서만 생각을 〈상징〉으로 표시하여, 밖으로 드러난 〈형상〉과 속의 〈뜻〉이 대략 일치한다. 절대다수의 경우는 연상과 상상을 통과하여, 상징·비유·유추·암시 등의 방식을 빌어서 나타낸다. 그래서 밖으로 드러난 〈형상〉과 속의 〈뜻〉 사이에는 정도는 다르지만 일정한 거리가 있다. 예를 들면 어떤 원시민족은 〈단단하다〉는 것을 나타낼 경우 〈돌〉을 말하고, 〈길다〉는 것을 나타낼 경우 〈넓적다리〉를 말하며, 〈검은색〉을 나타낼 경우 〈까마귀〉를 말하고, 〈흰색〉을 나타낼 경우 〈눈송이〉를 말한다. 〈화급함〉을 증명할 경우 숯과 깃털을 내보이며, 선전포고를 할 경우에는 도끼를 들어올리고, 쥐를 걸어두면 영민함을 표시하며, 짐승 가죽으로 장식하면 용감함을 의미한다.(졸고《원시사유의 유추적 의상을 논함》,《운남사회과학》, 1986년 제6기를 참조) 각양각색의 몽경 중에서 아마도 〈직몽直夢〉(해몽의 의미를 접어두고)만이 겉으로 드러나는 모습과 숨은 뜻이 일치할 것이다. 그리고 대다수의 경우도 상징·비유·유추·암시 등의 방식을 빌어서 표시한다. 그렇기 때문에 겉으로 드러난 모습과 숨은 뜻의 사이에도 정도는 다르지만 일정한 거리가 있다. 예를 들어 〈모자〉가 나타내는 것은 덮고 숨기는 것이며, 〈수로〉가 나타내는 것은 〈강 하나를 사이에 두는 것〉이며, 어떤 여자를 도랑에서 끌어낸다는 것이 나타내는 것은 〈그녀를 선택하였음〉이며, 〈표를 너무 일찍 샀다〉는 것이 나타내는 것은 〈결혼을 너무 성급하게 했다〉는 것이며, 함께 연극을 본다는 것이 나타내는 것은 두 사람이 결혼을 했다는 것이며, 나쁜 좌석이 나타내는 것은 꿈을 꾸는 사람의 남편이라는 등등과 같은 것이다.(《정신분석입문》86-91쪽) 프로이트가 〈꿈의 작업〉을 논증할 때 예로 들었던 그러한 예들을 가지고서, 원시적 의상에서 생각을 나타내는 방식과 한번 비교해 본다면, 이 두 가지는 완전히 동일한 궤에서 나왔다고 할 수 있을 것이다.

꿈의 활동과 원시사유는 기본요소가 서로 같을 뿐만 아니라 요소의 활동방식 역시 서로 같다. 구체적으로 말하자면, 의상활동은 논리적 규칙의 지배를 받지 않는다. 원시사유에서 동일한 의상은 이러한 뜻으로 나타낼 수도 있고, 저러한 뜻으로도 나타낼 수 있다. 예를 들어 〈돌〉이란 의상은 돌이라는 것을 나타낼 수도 있고 단단하다는 것을 나타낼 수 있으며, 〈불꽃〉이라는 의상은 태운다는 것을 나타낼 수도 있고 타는 듯한 붉음을 나타낼 수도 있으며, 〈안개구름〉이라는 의상은 안개 구름을 나타낼 수도 있고 영혼을 나타낼 수도 있다.(졸고《원시사유의 유추적 의상을 논함》을 참조. 수많은 원시민족들의 언어에서는 〈돌〉과 〈단단하다〉, 〈불〉과 〈붉다〉, 〈구름〉과 〈영혼〉 등은 모두 한 단어로 되어 있다.) 여기에서는 동일률의 구속을 발견할 수가 없다. 마찬가지로 꿈의 활동에서도 동일한 몽상이라 할지라도 어떤 경우에는 장씨를 가리킬 수도 있으며, 어떤 경우에는 왕씨를 가리킬 수도 있고, 어떤 경우에는 사람을 가리킬 수도 있으며, 어떤 경우에는 물고기를 가리킬 수도 있다. 사람들은 꿈 속에서의 이러한 것에 대해 결코 혼란을 느끼지 않는다. 하나의 의상으로부터 다른 하나의 의상으로 넘어가거나 혹은 변화하는 것에 있어서는, 무슨 『왜냐하면……, 그래서 ……하다』와 같은 식의 추리적 단계가 없으며, 마치 그림엽서와 같이 하나하나가 서로 이어 맞추어지는 것이다. 단지 한데 이어져 있는 그림엽서일 뿐이며, 어떤 경우에는 앞뒤가 비교적 연관되어 있기도 하지만, 어떤 경우에는 끊어졌다 이어졌다 하기도 할 뿐이다. 몽상의 과정을 원시신화 속의 화면이 변해가는 과정과 한번 비교해 본다면, 역시 이 두 가지는 완전히 동일한 궤에서 나왔다고 할 수 있을 것이다.

몽상활동과 원시사유가 서로 일치한다는 것은 우리들의 발견이 아니며, 프로이트가 일찍이 그의 저작 중에서 직접 설명하였다. 그가《꿈의 해석》에서, 숨겨진 뜻을 겉으로 드러나는 모습으로 변화시키는 〈꿈의 작업〉에서 채용한 것은 〈원시적인 표달방식 혹은 표현방법〉이었다.(《꿈의 해석》456－457쪽) 그는 여러 곳에서 이러한 방식, 혹은 방법은 실제적으로는 일종의 〈퇴화〉로서 〈꿈을 꾸는 사람의 어린 시절〉까지 퇴화하여 사상을 나타내는 방식 또는 방법이라는 것을 강조했다. 그는 또한 『이러한 어린 시절의 배후에서 우리는 종족 진화의 어린 시절—한 인류진화의 이상적인 경관—을 살필 수 있으며, 그리고 개체의 발전은 단지 종족 생명의 간략한 중복일 뿐이다』라고 하였다.(《꿈의 해석》456－457쪽) 이러한 견해는 매우 깊고 예리한 것이라고 생각된다. 그러나 프로이트는 이러한 견해를 관철해 나아가지 못하였다. 그는 꿈의 원인을 사람의 본능과 원초적 욕망에다 귀납시켰으며, 아울러 잠재의식이 받는 억압과 점검을 이러한 방식과 방법의 근거로 여겼는데, 실제로는 그 학설을 원만하게 꾸며대기가 어려웠다.

프로이트의 관점에 따르면, 잠재의식이 받는 억압과 점검은 대체로 그것이 언제나 〈자아〉가 지배하는 의식의 영역으로 들어오고자 하며, 〈초아超我〉가 확정하는 규범을 위배하고자 하는 것이며, 그래서 그것은 대체로 〈자아〉와 〈초아〉로부터 나온다는 것이다. 그러나 꿈 속에서의 잠재의식의 활동목표는 결코 의식의 영역에 들어오고자 하는 것이 아니다. 꿈 속에서는 〈자아〉와 〈초아〉도 잠재의식의 활동을 지배하고 제약할 수가 없다. 만약 잠재의식이 억압과 점검을 받았다고 한다면, 이것은 다만 〈자아〉의 지배와 〈초아〉의 규범이 맑게 깨어있는 정신활동 속에 존재해야만 하지, 절대로 꿈 속에 있어서는 안 된다. 그래서 잠재의식이 억압과 점검을 받는다는 것에 근거하여 몽상활동의 원시방식을 설명한다면, 이는 성립될 수가 없는 것이다.

우리들이 볼 때, 꿈의 기본요소 및 그 활동방식이 원시사유와 사람을 놀라게 할 정도로 서로 일치하는 까닭은, 그 근원이 바로 인간의 잠재의식이라는 것이 원래부터가 바로 인류의 원시시대의 정신활동과 사유방식의 축적으로부터 나왔다는 것에 있다. 현재에 이르기까지 인류의 역사는 대략 3백여만 년이며, 문명시대의 역사는 많아도 1만 년을 넘지 못한다. 그래서 인류의 원시시대의 정신활동과 사유방식의 축적은 상당히 오래되고 깊이 뿌리 박혀져 있는 것이다. 융이 강조했던 〈집단적 잠재의식〉이라는 것은 정확히 말해서 바로 인류의 원시문화의 역사적 축적이다. 만약 우리들이 어떤 몽상의 상징적인 의의를 거슬러 올라가려 한다면, 반드시 인류의 원시시대로 되돌아가야만 한다. 그리고 아동의 정신심리적인 발전은 확실히 일정 정도에 있어서 인류가 원시시대에 겪었던 과정을 재현해 주었다. 아동의 사유활동적인 요소도 단지 의상일 뿐, 개념일 수는 없다. 부모와 사회의 아동에 대한 교육에 있어서도, 처음에는 단지 의상이라는 것만을 빌어서 놀게 하고, 옛날 얘기를 들려주고, 동화를 들려주고, 만화영화를 보게 할 뿐이다. 아동시기의 이러한 정신적인 축적 또한 매우 깊고 완고한 것이다. 이와 같이 인류의 계통적인 발전이건 아니면 인류 개체의 성장이라는 것으로부터 살펴보든 상관없이, 꿈의 기본요소 및 그 활동방식은 모두 유구한 사회역사의 근원을 가지고 있다.

3 │ 꿈의 재료내원과 대뇌의 의상意象뱅크

꿈은 의상을 기본요소로 삼으며, 각양각색의 의상이 바로 꿈의 재료가 된다. 어떠한 꿈의 과정, 어떠한 꿈의 정경, 어떠한 꿈의 심리적 상태라고 할지라도 이들은 모두 의상재료에 의해서 구성되어지는 것이다. 만약 각종의 의상재료는 어디에서부터 오는가라고 묻는다면, 그 답은 바로 다음과 같다. 사람의 뇌에는 의상뱅크가 있다. 의상뱅크 속에 어떠한 재료가 있느냐에 따라서 몽경에서 비로소 어떤 의상을 가질 수가 있게 된다. 중국의 옛날 속담 중에『남쪽 사람은 낙타를 꿈에서 보지 않고, 북쪽 사람은 뱀을 꿈에서 보지 않는다』라고 한 것은, 바로 의상뱅크의 재료가 같지 않으므로 해서 몽경 중의 의상이 서로 같지 않다는 것을 설명해 주고 있다. 물론 어떤 몽상들은 꿈을 꾸는 사람이 여지껏 보지 못한 것이고 듣지 못한 것이기도 하다. 그러나 만약 자세히 분석하게 된다면, 이러한 몽상을 구성하는 각종의 성분들은 틀림없이 이전에 본 적이 있고, 들은 적이 있는 것들임을 곧 발견할 수 있을 것이다. 예를 들면 사람의 머리에 몸은 물고기의 형상을 한 것, 창자가 대궐문을 감고 도는 것, 구름으로 날아오르고 하늘을 날아다니는 것 등등과 같은 것들은 비록 누구라도 일찍이 본 적이 없고 들은 적도 없는 것이지만, 그러나 사람의 머리·물고기의 몸·창자·대궐문·구름·나는 새 등등과 같은 성분들은 모두 일찍이 본 적이 있고 들은 적이 있는 것들이다. 한 사람의 몽상이 얼마나 기괴하고 변화무쌍한지에 관계없이 그것들은 모두 의상뱅크의 의상재료를 벗어나지 못한다. 장재張載는 꿈을『습성에 기인하는 것 緣舊於習心』으로 여겼고, 왕정상王廷相과 방이지方以智는 꿈을『습관에 연유함 因習』혹은『습관에 물이 듦 薰習』으로 인하여 〈만연화〉(衍化)를 일으키는 것으로 여겼는데, 이들은 모두 의상뱅크라는 문제와 접촉하고 있다.

꿈의 재료가 의상뱅크에서 기원한다면, 의상뱅크는 또 어디로부터 오는 것일까? 전체적인 인류의 계통으로부터 살펴보면, 인류의 의상뱅크는 인류의 정신생활의 역사적인 축적에서 기원한다. 인류의 개체적인 측면으로부터 살펴본다면, 개인의 의상뱅크는 바로 개인의 정신생활의 축적에서 기원한다. 개체의 축적과정은 개체의 기억의 심리적 메커니즘과 관계가 있다. 일반적으로 말해서 사람의 기억은 세 가지로 나눌 수 있다. 하나는 〈순간적인 기억〉이다. 자극에 대한 주체의 반응이 순간적으로 발생하여 만약 주체의 주의를 불러일으키지 못하고, 만약 의식의 영역 속으로 들어가지 못한다면 이것으로부터 얻었던 정보는 순식간에 지나가 버린다. 이러한 기억의 시간과정은 단지 몇 초에 불과해서 의상뱅크에는 근본적으로 들어갈 수가 없다. 두번째는 〈짧은 시간의 기억〉이다. 외부의 자극에 대해 주체가 주의를 하게 되며, 외계의 정보가 의식의 영역 속으로 진입하게 되고, 이로 인해 일종의 인상이 남게 된다. 그러나 제때에 가공하고 다시 진술하지 못할 경우에는, 매우 빠른 시간내에 다른 정보에 의해 대치되고 만다. 이러한 기억의 시간과정은 대략 몇 분에서 몇 시간에 걸쳐서이며, 일반적으로는 의상뱅크에 들어갈 수가 없다. 세번째는 〈장시간의 기억〉이다. 짧은 시간의 기억이 제때에 가공되고 다시 진술하는 과정을 지나면, 곧바로 장시간의 기억으로 넘어가게 된다. 장시간의 기억의 시간과정은 반나절, 몇 개월, 몇 년에서 평생까지 연속될 수 있다. 단지 장시간의 기억에서 획득된 의상재료만이 의상뱅크에 들어갈 수 있다. 일단 의상뱅크에 들어가 이후에 일정한 조건을 만나게 되면 곧 다시 드러나게 되고 선택되어지며, 운용되고 가공되어질 수 있게 된다.

의상뱅크의 형성과 존재는 역사적 반복의 축적과정이다. 그 발단은 태아시기까지 거슬러 올라갈 수 있으며, 그 종결은 생명의 최후의 일각까지에 이른다. 현대과학의 연구에 의거하면, 태아는 2개월 이후에 〈촉각—뇌〉의 정보경로를 세우기 시작한다고 한다. 5개월 이후에는 소리를 들을 수 있으며, 소리와 리듬에 대해 일정한 반응을 가지게 된다. 7개월 이후에는 어른이 태아와 〈대화〉를 할 수가 있다. 늘상 태아와 〈대화〉하는 아버지는, 아이가 태어나자마자 처음 만났지만 오래 사귄 친구처럼 친해질 수 있다. 그렇기 때문에 태아는 출생하기 전 점차 성숙하는 과정 속에서 이미 자신의 의상뱅크를 세우기 시작하였고, 아울러 약간의 청각과 촉각류의 의상재료를 축적하였다고 말할 수 있다. 출생은 매개인에 있어서 모두 중대한 한 차례의 체험인데, 이러한 체험은 대체로 양수를 벗어나는 것과 왕왕 울면서 태어나는 두 가지의 활동이다. 필자는 농촌의 할머니들이 물을 흘러보내는 꿈과 땅에 떨어지는 꿈은『바로 아이가 자라고 있는 것이다!』라고 얘기해 주는 것을 여러 차례 들은 적이 있다. 이러한 것의 진실 여부에 대해서는 연구를 해볼 수가 있다. 그러나 물을 흘러보내는 꿈, 특히 땅에 떨어지는 꿈은 매개인마다 경험을 한 부분일 뿐만 아니라 모두 일상적으로 나타나는 바라는 것은 긍정할 수 있을 것이다. 미국의 어떤 학자는 이러한 것에 근거하여 땅에 떨어지는 꿈을 사람들이 항상 볼 수 있는 여덟 가지 꿈 중의 하나로 간주하였는데, 이것은 바로 매개인마다 출생시에 경험했던 공통적인 체험과 획득한 공통적인 의상재료와 관계가 있는 것일 터이다. 출생 이후 인간의 사회생활 속에서 언어매체와 문자매체 및 영상매체가 있으므로 인하여, 의상뱅크의 재료는 수량적인 면에 있어서 날이 갈수록 증가하였으며, 성질적인 측면에 있어서도 또한 나날이 달라지게 되었다. 이렇게 비축되고 풍부해진 과정으로부터 볼 때, 어떤 때에라도 꿈을 꾸는 사람의 생활은 모두 꿈을 꾸는 사람의 의상재료의 첫번째 원천이자 중요한 원천이 된다. 그러나 꿈 속에서 새롭게 생겨난 의상은 거꾸로 의상뱅크로 들어가 저장될 수도 있다. 예를 들어 꿈을 꾸는 사람이 일찍이 꿈에서 한 낯선 사람을 보았는데, 이후의 꿈 속에서 이 낯선 사람이 또 출현하였다고 하자. 그러나 이 낯선 사람은 아마도 어떤 잘 아는 사람의 꿈 속에서의 대리인이거나, 혹은 몇몇의 잘 아는 사람의 합한 모습이거나, 혹은 아직 만나지 못한 상상 속의 어떤 사람일 것이며, 이런 낯선 사람의 형상을 구성하는 모든 성분은 결국 생활이라는 것에 근원한다.

혹자는 의상뱅크라는 것은 잠재의식의 꿈을 꾸는 재료뱅크일 뿐만 아니라, 또한 자각의식의 사유활동의 재료뱅크이기도 하다고 한다. 물론 자각의식과 잠재의식은 모두 이러한 의상뱅크를 이용할 수 있지만, 그러나 그들 두 가지에 대한 의상뱅크의 작용은 도리어 같지는 않다. 자각의식이라는 것은 인류의 정신활동의 고급계통에 속하는 것으로, 그것의 활동은 의상뱅크에 의존할 뿐만 아니라 개념뱅크에도 의지한다. 잠재의식이라는 것은 인류의 정신활동의 저급계통에 속하는 것으로, 그것의 활동은 단지 의상뱅크에만 의지할 뿐 개념뱅크에 의지하지는 않는다. 의상뱅크의 측면에 있어서는, 자각의식은 그 활동의 목적성으로 인하여 단지 활동목표와 상관있는 재료만을 선택한다. 예를 들자면, 그것은 단지 일급뱅크와 이급뱅크 속에서의 상용되는 재료만을 이용할 뿐이다. 삼급뱅크와 사급뱅크 등은 활동목표에 대한 간섭을 방지하기 위한 것으로, 자아는 그것들을 닫아 버리고 열기를 허락하지 않는다. 더욱이 개체의 사적인 비밀이라고 한다면 자아는 대낮에 이를 더욱 엄격하게 관리한다. 그러나 잠재의식으로 말하자면, 어떤 의상뱅크이건간에 사람이 수면하는 과정중에는 모두 활짝 열어놓고 있으며, 사적인 비밀뱅크라 할지라도 예외가 되지 못한다. 그래서 사람의 꿈 속에서는 대낮에 근본적으로 생각지도 않았던 어떤 의상들이 자주 나타나기도 한다. 대낮에 자아가 마땅히 배척해야 하고 마땅히 버려야 하며 마땅히 부정해야만 하는 것으로 여겼던 어떤 사욕과 사념 들이, 어떤 때에는 꿈 속에서 모두 튀어나와 제어할 수가 없게 된다. 여기에서 우리는 사람의 의상뱅크에 일종의 열고 닫는 메커니즘이 확실히 존재하고 있다는 것을 인정하지 않을 수 없게 된다. 대낮에는 의식 속의 자아로부터 어떤 것은 열고 어떤 것은 닫을 것인가 하는 것을 결정한다. 밤에는 비록 잠재의식이 어떠한 창고의 문을 열 수 있다고 할 수는 있지만, 실제로는 축적된 재료를 모두 들추어낼 수는 없으며, 언제나 어떤 문은 열리고 어떤 문은 여전히 닫힌 채로 남아있다. 그래서 꿈 속에서는 언제나 어떤 의상이 출현하면 다른 의상은 출현하지 않게 된다. 야간에 의상뱅크가 어떻게 열리고 닫히는가 하는 것에 관해서는 우리들이 꿈의 유발원인과 근본원인을 논술할 때 더욱 상세하게 분석하도록 하겠다.

여기에서 우리들은 의상뱅크의 저장원칙에 특히 주의해야 한다. 왜냐하면 그것은 몽상활동과 직접적인 관계가 있기 때문이다. 개념뱅크에 관해서 말하자면, 각종 개념재료의 저장은 반드시 논리적 관계를 원칙으로 하게 되는데, 그렇지 않으면 어지러워 갈피를 잡기가 힘들게 된다. 그러나 의상뱅크는 이와 같지 않다. 왜냐하면 의상들 사이에는 본래부터 명확한 논리적 관계가 없고 단지 유사한 원칙과 관련원칙에 근거하여 저장할 수밖에 없기 때문, 그래서 단지 유사한 원칙과 관련원칙에 근거하여 찾을 수밖에 없기 때문이다. 이와 같이 꿈 속에서의 의상활동에는 곧 〈유추〉·〈만연함〉(因衍)·〈전이轉移〉 등등과 같은 특징이 나타날 수 있다. 예를 들면 『띠를 깔고서 잠을 자는 사람은 꿈에서 뱀을 보게 된다』라는 것은 형상이 유사한 것에 근거한 것이며, 『무늬가 있는 옷을 입고 누워 자면 범이나 표범을 꿈에서 보게 된다』는 것은 색깔이 유사한 것에 의한 것이며, 〈인燐〉으로 인해서 〈연蓮〉을 꿈에서 보게 되고, 〈관官〉을 생각하므로써 〈관棺〉을 꿈에서 보게 되는 것은 발음이 유사한 것에 의한 것이며, 『입에 머금고 있는 것이 있으면 애써 말을 하려고 해도 입이 열리지 않는 꿈을 꾸게 되고, 다리에 줄을 매고 있으면 애써 가려고 해도 앉은뱅이로 앉아있는 꿈을 꾸게 되는 것』은 촉각의 유사함에 의한 것이다. 의상의 유사함으로 인해서 접촉하는 종류에 대한 상상 혹은 유추적 상상이 일어나게 되며, 그리하여 이 형상으로부터 파생되어 저 형상이 나타나게 되는 것이다. 기타의 『더우면 불을 꿈에서 보게 되고, 추우면 물을 꿈에서 보게 된다』는 것과 같은 것들도 또한 모두 이러한 종류에 속한다. 또한『상을 당하면 하얀 옷을 꿈에서 보게 되고, 은총을 입으면 비단옷을 꿈에서 보게 된다』는 것들이다.『당나라 현종이 기단祈壇을 좋아하여 현원玄元 황제를 꿈에서 보게 되었고, 송나라(남조南朝 때의 송나라— 역주)의 유자업劉子業은 음란한 놀이를 좋아하여 궁녀들이 서로 욕을 하는 꿈을 꾸었다』는 것이나,『꿈에서 여자를 만나는 것은 백골을 묻어준 은혜 때문이다』라고 하는 것들은 모두 인간사와 관련있는 것들이다. 그래서 이 형상으로 인하여 저 형상으로 전이되게 된다.『양으로 인하여 말을 생각하고, 말로 인하여 수레를 생각하며, 수레로 인하여 수레의 덮개를 생각하고, 마침내 수레의 덮개 주위로 북을 치고 피리를 불며, 자신이 왕공王公이 되는 꿈을 꾼다』라는 것과 같은 이러한 〈전이〉는 그야말로 하나의 연결체인을 이루고 있다. 그러나 이러한 체인은 대부분이 깨어있을 때의 생각이 전이된 것이다. 다만 마지막 부분의『마침내 수레의 덮개 주위로 북을 치고 피리를 불며, 자신이 왕공이 되는 꿈을 꾼다』라는 것만이 비로소 인간사와 연관이 있어서 몽상의 전이를 낳게 한 부분이다. 프로이트는 이것은 잠재의식이 검사관의 검사를 도피하려 함으로 인하여 진행되는 〈화장〉이나 〈위장〉으로 여겼다. 너무나 허황된 해석이다. 만약 그렇다면 잠재의식과 의식은 마찬가지로 모두 자각적으로 이루어진 것이 아니란 말인가? 우리들 생각으로는 의상뱅크의 특징으로 해석해 본다면 비교적 이치에 맞다고 생각한다.

4 │ 꿈을 꾸는 과정의 안구운동과 내시적 메커니즘

'50년대에 미국의 학자들은, 사람이 빠른 파동의 수면기간 중에는 안구가 쾌속운동을 하고 있으며, 이 기간에 시험 대상자를 깨우게 되면 그들은 일반적으로 모두 꿈을 꾸고 있었다고 한다는 사실을 발견했다. 여기에는 하나의 문제, 즉 수면중 안구의 쾌속운동과 꿈을 꾸는 것과는 어떠한 관계가 있는가라는 문제가 있다. 어떻게 해서 꿈을 꿀 때 안구가 쾌속으로 운동하게 되는가? 지금까지도 이것에 대해 해석을 내린 생물학자와 심리학자 들을 아직 보지 못하였다. 우리들은 이러한 현상이 꿈 속에서의 안구의 내시적 메커니즘에 의해 결정되는 것이라고 생각한다.

〈내시〉라는 것은 고대 중국의 한 개념으로, 《장자》와 《사기》 및 《후한서》 등의 고대 전적들에서 자주 보인다. 도덕적인 의미에 있어서의 〈내시〉는 〈안으로의 성찰〉(內省)에 상당한다. 양생적인 의미에서의 〈내시〉는 〈마음을 가다듬는〉(收心) 일이다. 역대로 기공을 단련하는 사람들은 항상 〈내시반청內視反聽〉이라는 것을 말하는데, 〈내시〉는 안으로 향하여 보는 것을 가리키고, 〈반청〉은 안으로 향하여 듣는 것을 말한다. 이러한 개념에 대해 과거 사람들은 매우 신비스러운 것으로 여겼다. 실제로 사람들의 눈과 귀는 본래 이러한 기능이 있다. 우리들이 한 사람을 만나면, 먼저 눈으로 〈외시外視〉를 하고서 하나의 의상을 얻는다. 그렇다면 이 사람을 우리들이 본 적이 있는가 없는가? 여기에는 기억을 필요로 한다. 기억은 무엇을 하는가? 이는 바로 의상뱅크로부터 과거에 저장된 의상재료를 찾아 들어가는 것이다. 만약 이 사람과 꼭 같은 의상을 찾게 된다면, 이 사람을 과거에 본 적이 있음을 인정할 수 있다. 그러나 어떻게 과거의 의상재료를 찾아가는 것일까? 그것이 바로 〈내시〉이다. 외시外視에는 대뇌로 들어가는 신경펄스가 있고, 내시에도 대뇌로 들어오는 신경펄스가 있다. 다만 외시는 겉으로 드러난 물체와 떨어질 수 없지만, 내시는 눈을 감고 할 수도 있고 혹은 눈 깜짝할 사이에 바로 완성을 할 수도 있다. 명나라 말 때의 의학자였던 왕앙汪昻(1615—1694년)은 일찍이 다음과 같이 지적하였다. 『무릇 사람이 외물을 보게 되면, 뇌 속에 반드시 형체와 그림자를 남기게 된다. (왕)앙이 지금의 사람들을 생각하고 지나간 일들을 기억할 때에는, 반드시 눈을 감고 눈동자를 위로 올리며 그것을 찾는다.』 『뇌 속에 형체와 그림자를 남기는 것』은 바로 의상뱅크에 저장되는 것이며, 『눈을 감고 눈동자를 위로 올리며 그것을 찾는다』는 것은 바로 내시를 말한다. 눈의 〈눈동자를 위로 올릴 때〉 안구는 반드시 움직이게 되며, 안구의 움직임에 따라 시신경을 통과하여야만 비로소 의상뱅크와 연계될 수가 있다. 한 대상을 본 적이 있는가 없는가를 확정하려면, 외시와 내시의 두 과정이 동시에 이루어져야만 한다. 외시에서 획득한 의상과 내시에서 검색한 의상을 비교한 연후에야만, 대뇌가 비로소 판단을 내릴 수 있다. 〈반청反聽〉이라는 것은 바로 〈안으로 듣는다〉(內聽)는 것으로 이치는 마찬가지다.

꿈 속에서 사람 눈의 외시작용은 이미 정지해 버린다. 이때 발생하는 안구운동은 반드시 내시작용에 속한다는 것은 틀림없다. 왜냐하면 안구의 운동은 시신경에 전자필스가 있음을 의미하기 때문이다. 만약 어떤 사람이 꿈을 꾸는 사람의 대뇌피질을 관찰할 수 있다면, 대뇌피질의 시각구역에서 수많은 흥분점들을 볼 수 있으리라고 추측할 수 있다. 이러한 신경펄스와 흥분점은 실제로는 바로 잠재의식이 의식뱅크로부터 의상을 검색하고 있거나, 혹은 과거의 의상재료에 대해 가공을 하고 있는 것이다. 이러한 과정중에서 각양각색의 의상이 곧 뇌리에 떠오를 수 있게 되는데, 이것이 바로 꿈이다.

혹자는 꿈 속에서 사람은 어찌하여 다만 안구운동만 하고, 기타의 다른 감각기관의 활동은 없는가라고 물을 수도 있을 것이다. 이에 대한 답은, 기타의 다른 감각기관의 활동 역시 존재하지만 그러나 쉽게 관찰할 수 없으며, 안구의 운동이 현저하게 드러나는 것은 몽상이라는 것이 대체로 시각적 의상이기 때문이다. 현대의 정신생리학에서 제공하고 있는 자료에 근거하면, 대뇌가 정보를 접수하는 데 있어서 두 눈과 두 와우각에 의해 접수되는 수량이 가장 많고, 또한 가장 강렬하다고 한다. 사람의 전신은 139가지의 근육과 206개의 뼈 및 125개의 관절로 이루어져 있으며, 비록 촉각과 피부감각도 정보를 받아들이긴 하지만 시각과 청각에 의한 정보에 비해 훨씬 적다. 사람의 전신은 대뇌로 펄스를 전달하는 4백만 개의 신경섬유질이 있으며, 그 중의 2백만 개를 안구가 가지고 있어 약 절반을 차지한다. 그 다음은 두 귀로 모두 합쳐서 6만여 개를 가지고 있다. 사람이 잠을 잘 때 반드시 눈을 감고 귀를 막는 것(보지도 듣지도 않는 태도를 취함)을 조건으로 하여야 함은 이상할 것이 없다.(목풍木風의 《대뇌·수면·꿈》,《전지戰地》1980－1을 참조) 몽상은 주로 시각의상이므로 이러한 의상재료는 반드시 내시를 통해서 검색이 되어야만 하기 때문에, 안구의 활동이 가장 현저하게 드러나게 된다. 그러나 사람들은 꿈 속에서 모습을 볼 수 있을 뿐만 아니라 소리를 들을 수도 있으며, 냄새를 맡을 수도 있고 아울러 차갑고 뜨겁고 아프고 가려운 느낌도 있는데, 이것은 바로 기타의 내적 감각활동을 동시에 가지고 있다는 것을 유력하게 설명해 주고 있다. 그러나 다만 귀와 코의 활동은 보이지 않을 뿐이다.

혹자는 꿈을 꿀 때의 안구운동을 내시라는 것으로 해석을 할 수는 있으나, 안구의 운동이 어찌하여 그렇게 빠른가라고 물을 수도 있을 것이다. 이에 대한 답은, 이것은 꿈의 시공적 특징으로 결정되는 것이라고 할 수 있다. 앞에서 논술한 바와 같이 꿈에서의 시공은 현실에서의 시공과 같지 않지만, 실제적으로는 역시 일종의 시공에 대한 지각이다. 꿈 속에서의 시공에 대한 지각은 세 가지의 현저한 특징이 있다. 첫째는 농축성이며, 둘째는 무간격성이며, 셋째는 도약성이다. 농축이라는 것은 매우 긴 시간에 걸친 의상과정을 매우 짧은 시간으로 압축하여 완성하는 것을 의미하는데, 이것은 바로 의상의 고도의 밀집성을 요구한다. 무간격과 도약이라는 것은 장거리 및 장시간의 간격이 있는 의상을 연계시키는 것을 의미하는데, 이것도 빠른 검색과 빠른 이어 맞춤을 요구한다. 그래서 꿈 속에서 사람의 안구운동은 깨어있을 때에 비해서 훨씬 빠르게 된다.

한 마디 더 덧붙이자면, 꿈을 꿀 때의 안구의 움직임에 관해서 중국인들은 매우 일찍부터 발견은 하였지만 이에 대해 중시와 연구를 하지 않았을 뿐이다. 우리들은 하편의 서두에서 이미 분석을 한 적이 있지만, 은나라 때의 갑골문 중의 〈몽夢〉자는 두 부분으로 구성되어 있으며, 한쪽 부분은 침상의 형상이고, 한쪽 부분은 손으로 커다란 눈을 가리키고 있는 모습이다. 눈의 안구가 매우 커다랗고, 눈 위로 거의 다 돌출된 세 개의 구부러진 속눈썹이 있다. 속눈썹은 같은 방향으로 구부러져 있는데, 이는 속눈썹이 번뜩이고 있음을 의미한다. 누구나 다 알고 있듯이 속눈썹은 스스로 움직일 수가 없다. 속눈썹의 움직임은 눈꺼풀에 따라 움직이며, 눈꺼풀의 움직임은 안구를 따라서 움직이는 것이다. 이러한 글자의 형태로부터 당시의 중국인들이 〈몽〉이란 글자를 만들 때, 사람들이 꿈을 꿀 때의 안구와 눈꺼풀 및 속눈썹의 운동을 이미 벌써 발견하였다는 것을 추측할 수 있다. 이후 주문籒文에서의 〈몽〉자는 〈瘳〉으로 적고 있는데, 우리들의 고찰에 근거하면 이 글자는『瞢의 생략된 모습을 따르고 從瞢省』아울러『瞢 또한 소리를 나타낸다. 瞢亦聲』〈瞢〉의 아랫부분은 〈旬〉으로 〈旬〉의 뜻은 〈눈이 움직인다〉는 것으로 안구의 운동을 나타낸다. 이와 같은 것으로 볼 때, 고대 중국에서는 일찍이 이러한 현상에 주의하였음을 인정할 수 있다. 그러나 꿈을 꿀 때 안구가 움직이는가에 대해서는, 옛사람들은 명확하게 해석하지 못했다.(원시인들이 눈을 영혼의 창문이라고 인식했던 것은 아마도 이러한 발견과 관련이 있을 것이다.)

| 5 | 꿈의 심리상태와 모순적 경향 |

　　프로이트는 〈꿈이란 욕망의 만족〉이라고 하였다. 이것은 꿈의 심리상태에 대한 그의 개괄이다. 그는 이것이 그 자신의 중요한 발견이라고 여겼다. 프로이트가 행한 분석으로부터 볼 때, 그가 예로 든 많은 몽례들은 확실히 〈욕망의 만족〉에 속한다. 고대 중국의 장재張載는 일찍이 『마음을 좋음이 꿈만 같지 못하다』라고 한 적이 있다.《정몽正夢·삼십편三十篇》 앞서 인용한 바 있는 진덕수眞德秀의 『애쓰는 것을 싫어하고 편안함을 갈망한즉 조금만 걸어도 수레를 꿈꾸게 되며, 굶주림을 싫어하고 배부름을 생각한즉 콩잎을 먹어도 훌륭한 음식을 꿈꾸게 된다』《진서산문집眞西山文集·유성백자설劉誠伯字說》라고 한 말은 바로 〈욕망의 만족〉을 나타내는 것이다. 그러나 이는 단지 허황된 만족일 뿐이다. 그러나 〈마음을 졸이는 꿈〉이나 〈고통을 받는 꿈〉 〈징벌을 받는 꿈〉 〈상처를 입는 꿈〉 그리고 악몽이나 괴물을 보는 꿈 등에 대해서는 해석하기가 매우 어렵다. 그래서 이러한 관점이 나오자마자 많은 사람들의 비평을 받게 되었다. 그러나 프로이트는 다시 자신을 변명하였다. 그는 자신이 말한 〈욕망〉이라는 것은 〈자아의 욕망〉이 아니라, 바로 〈잠재의식의 욕망〉이라고 하였다. 이러한 욕망은 원래 자아가 반대하는 것이고 억압하는 것이며 싫어하는 것이기 때문에, 자아가 싫어한다고 해서 바로 이를 〈만족〉이 없다고 여길 수는 없다고 했다.(《정신분석입문》 169쪽) 그는 또 『하나의 욕망에 만족이 없다는 것은, 바로 다른 한 욕망에의 만족을 상징한다』고 하였다.(《꿈의 해석》 82쪽) 그러나 매우 슬픈 것은, 이것은 바로 프로이트 자신이 자기 자신을 변명하기 위한 것으로, 도리어 자신이 원래 견지했던 전제를 벗어나고 말았다는 점이다. 해석하기 어려운 몇몇 몽례가 있을 때에는, 그는 뜻밖에도 꿈의 욕망이라는 것을 〈초아〉의 욕망으로 설명해 버렸다. 그는 《꿈의 해석》에서 『이러한 처벌을 받는 꿈은 초아의 욕망을 만족시킨다』고 했다.(395쪽의 주1을 참조) 이후 그는 《정신분석입문신강》에서 거듭 이러한 견해를 밝혔다.(안휘문예출판사 1987년, 27쪽) 사람들은 도대체 억압받는 잠재의식(본아)의 욕망의 만족인가, 아니면 잠재의식을 억압하는 초아의 욕망의 만족인가를 묻지 않을 수 없었다. 분명한 것은, 프로이트는 이와 같이 변명을 하는 과정에서 스스로 식언하여 스스로의 체면을 깎고 말았다는 점이다.

　　우리들 생각으로는, 어떤 꿈은 욕망의 만족이지만 어떤 꿈은 우환의 직면인 것으로 생각된다. 꿈의 심리상태에서 표현되고 있는 것은, 일종의 단순한 경향이 아니라 서로 모순된 두 가지 경향이다. 소위 욕망이란 것은 아직 실현되지 않은 채 추구하고 있는 것이다. 실현하려고 한즉 곤란함이 없을 수 없으며, 추구하려고 한즉 순풍에 돛을 단 듯 순조롭게만 갈 수는 없다. 그래서 욕망과 걱정은 항상 한 쌍의 쌍동이에 해당된다. 더욱이 추구하는 과정에 있다고 하더라도 실패할 수 있다는 가능성을 염려하지 않을 수 없으며, 설령 이미 실현된 것이라 할지라도 여전히 다시 잃어버리지나 않을까 걱정하게 된다. 프로이트는 항상 잠재의식은 억압을 받고 검사를 받는다라고 강조하였는데, 그렇다고 한다면 그것은 꿈 속에서 왜 단지 욕망의 추구만을 나타내고 걱정함에 대한 것은 나타나지 않는가? 꿈의 욕망 중에는 항상 가슴을 태움·우환·징벌·상처·두려움 등등을 수반하게 되는데, 이는 기이하지도 않고 이해하기 어려운 것도 아니다. 프로이트의 착오는 그가 꿈의 욕망을 완전히 본아本我의 원초적인 욕망으로만 귀납하여, 이러한 원초적인 욕망이 추구하는 것이 바로 쾌락이라고만 여겼을 뿐 일체의 다른 모든 것은 고려하지 않았다는 데 있다. 사실은 꿈의 욕망과 잠재의식의 욕망은, 바로 본래부터가 축적되어 오고 잠복되어 있던 인간의 정신적 욕망이다. 사람의 정신생활 중에 본래부터 이러한 모순이 있기에, 꿈의 심리상태는 곧 모순된 경향을 드러낼 수밖에 없는 것이다.

프로이트는 〈욕망의 만족〉을 논증하는 과정 중에서, 적지 않은 몽례에 대해 견강부회적인 분석을 하였기 때문에 사람들을 설득시키기가 어려웠다. 예를 들면, 한 아이가 꿈 속에서 다른 아이가 그의 앵두를 다 먹어 버리는 것을 보았다. 프로이트는 이 꿈에서의 욕망이라는 것은, 앵두를 남겨서 자기가 먹여주도록 혹은 자기가 많이 먹도록 하고자 하는 것이라고 여겼다.(《정신분석입문》 93쪽) 그렇다면 어떻게 해서 이 꿈이 꿈을 꾸는 사람의 욕망에의 만족이라고 할 수 있는가? 프로이트는 서구의 〈거위는 꿈에서 무엇을 보는가〉라는 민간속담을 인용할 때, 거위는 다만 꿈에서 옥수수만 볼 수 있을 뿐 꿈에서 자신이 도살당하는 것을 볼 수 없다는 것을 강조하였다.(《정신분석입문》 97쪽) 프로이트는 분명히 사람들이 꿈 속에서 자기 스스로가 피해를 입고 피살당하는 꿈을 꾸는 예증이 매우 많다는 것을 소홀히 하였다. (《돈황유서敦煌遺書》에 현존하는 많은 몽서들의 잔권들에서는 모두 〈칼이나 창에 의해 살상당하는〉 것에 대한 내용을 독립된 장으로 설정하고 있다.) 설마 이러한 것들도 자살의 욕망에의 만족이라고 할 수 있겠는가? 매우 분명한 것은, 꿈의 심리상태를 단지 단순한 한 가지 경향으로만 여긴다는 것은 근본적으로 사실에 부합되지 않는다는 것이다.

꿈의 심리상태에 대해서, 고대 중국에서는 줄곧 기쁨과 근심을 함께 논하였는데, 우리들 생각으로는 이러한 것들이 오히려 비교적 전면적이라고 생각된다. 저명한 《주례》에서의 여섯 가지 꿈 중에서 우리는 두 가지 경향을 동시에 볼 수가 있다. 그 중 〈정몽正夢〉은 생각하고 사려하는 것이 없고, 기쁨과 근심이 없으며, 심신에 세상 물욕이 없고, 모순이 서로 융합하는 것으로 〈평담한 꿈〉(平夢)이라고 부를 수 있다. 이러한 〈정몽〉이나 〈평몽〉을 꿈의 심리상태를 구분하는 하나의 원점으로 여길 수 있을 것이다. 이러한 원점으로부터 하나의 좌표를 끌어내어 꿈의 욕망을 표시한다. 만약 욕망이 실현되는 바가 있다면, 이것은 바로 〈희몽喜夢〉(즐거운 꿈)이며, 만약 욕망이 원만하게 실현되거나 혹은 의외의 만족이 있다면 〈정상이 아닌 꿈〉(狂夢)이라고 부를 수 있다. 이러한 원점으로부터 다시 또 다른 하나의 좌표를 끌어내어 꿈의 걱정을 표시한다. 만약 걱정한 바가 과연 나타나게 되었다면 즉 〈구몽懼夢〉(두려운 꿈)이며, 더 나아가 만약 재난이 눈앞에 닥치면 즉 악몽噩夢(혹은 惡夢)이다. 《주례》에서의 사몽思夢이라는 것은, 기쁨도 있고 근심도 있는 것이다. 《주례》에서의 오몽寤夢은 일종의 백일몽에 속하며, 그 속에도 각양각색의 심리상태가 있다. 우리들이 《주례》에서의 〈여섯 가지 꿈〉에 대해 이렇게 해석한다면, 꿈의 심리상태를 다섯 가지 종류로 귀납할 수 있다. 첫째는 평담한 꿈(平夢)이고, 둘째는 기쁜 꿈(喜夢)이며, 셋째는 정상이 아닌 꿈(狂夢)이며, 넷째는 두려운 꿈(懼夢)이고, 다섯째는 악몽噩夢이다. 프로이트는 일찍이 〈자신과는 이해관계가 없는 꿈〉이라는 것을 제시하였는데, 이러한 꿈은 어떤 경향을 명확하게 표현하지 않기 때문에 〈평담한 꿈〉에다 귀납시킬 수 있다. 가슴을 졸이는 꿈과 고통을 당하는 꿈 및 징벌을 받는 꿈은 〈두려운 꿈〉에다 귀납시킬 수 있다. 상처를 입는 꿈은 대부분 악몽에 속하며, 꿈 속에서 항상 극렬한 정신적 소란이 나타난다. 물론 현실생활 속에서 각종의 꿈의 심리상태는 매우 복잡하여 기쁨이 먼저 있고 이후에 걱정이 있는 것도 있고, 걱정이 먼저 있고 이후에 기쁨이 있는 것도 있으며, 기쁨과 걱정이 동시에 있는 것과 같은 등등이 있기도 하지만, 그러나 대체로 이 다섯 가지의 종류를 벗어나지는 않는 것 같다.

프로이트는 꿈의 근원을 〈본아〉의 욕망에다 귀결시켰기 때문에, 그는 꿈의 심리상태에서 표현되는 것은 모두 인성人性 속의 추악한 것 더러운 것으로 여겼다. 그는 『꿈이란 모두 야만적인 일면을 표시한다』고 하였으며(《꿈의 해석》 109쪽) 또 『꿈은 나쁜 생각 혹은 과도한 성욕에서 기원한다』고 하였다.(《정신분석입문》 155쪽) 우리들은 꿈의 심리상태에 확실히 이러한 일면이 존재하고 있다는 것은 인정한다. 낮에 사람들이 배제하고 부정했던 사악한 욕망과 나쁜 생각이 어떤 때에는 꿈 속에서 적나라하게 폭로되어지기도 한다. 그러나 이것은 다만 한쪽 면에 불과할 뿐이며, 사실은 또 다른 일면이 있다. 그것은 바로 꿈 속에서도 선의적이고 아름다운 것도 있다는 것이다. 꿈이란 잠재의식의 활동으로서 자아의 지배를 받지 않기 때문에, 각종의 욕망과 감정 및 생각을 실제로는 전부 함께 받아들인다. 그래서 꿈이란 한 개인의 내심세계의 전면적인 폭로이며, 그렇기 때문에 악한 것도 있고 선한 것도 있으며, 추한 것도 있고 아름다운 것도 있는 것이다. 이것도 꿈의 심리상태에 있어 일종의 모순성이다. 불교에서는 일찍이 착한 꿈(善夢)과 착하지 않은 꿈(不善夢)으로 나누었는데, 착한 꿈은 착한 형상을 드러내고 착하지 않은 꿈은 나쁜 형상을 드러낸다. 착한 꿈과 착한 형상은 전생에서의 착한 공덕의 소치이며, 착하지 않은 꿈과 나쁜 형상은 꿈을 꾸는 사람에게 개과천선하도록 경고하는 것이다. 만약 종교적인 의미를 제쳐둔다면, 착한 꿈과 착하지 않은 꿈의 구분에는 확실히 사실적 근거가 있다. 만약 꿈이 완전히 추악한 것과 더러운 것이라고만 한다면, 그것은 곧 소위 자아의 〈양심〉과 초아의 〈규범〉이란 것이 어떻게 해서 하늘로부터 내려왔는지를 알지 못한다. 플라톤이 잘 말하였듯이 『악인은 스스로 법을 범하지만 꿈 속에서는 곧 착한 사람이 된다』고 했다.(《정신분석입문》 109쪽에서 재인용. 필자의 이 말에 대한 해석은 프로이트의 해석과는 다르다.) 바로 잠재의식 속에도 선량한 것이 있기 때문에, 그래서 비로소 감화와 가르침을 줄 수 있으며 그리하여 개과천선하도록 할 수 있다.

---

6 | 꿈을 유발하는 메커니즘과 근본원인

꿈의 원인에 대한 고대 중국의 분석은, 생리병리적 원인이든 정신심리적 원인이든 관계없이 기본적으로는 모두 꿈을 유발하는 인소에 속한다. 비록 잠재의식의 문제를 다루었지만, 그러나 여전히 잠재의식을 꿈의 근본적 원인이 되는 것으로 구별해내지는 못하였다. 우리들 생각으로는 꿈의 원인에는 세 가지 단계가 있다고 생각한다. 첫째는 생리병리적 자극이고, 둘째는 감정심리적 자극이며, 셋째는 잠재의식의 컴플렉스이다. 꿈의 의의는 마땅히 잠재의식의 컴플렉스에서 찾아야 한다.

단순한 생리병리적 자극도 곧 꿈의 활동을 유발할 수 있다. 예를 들면, 방광에 오줌이 가득하면 꿈에서는 곧 도처에서 화장실을 찾게 된다. 입과 혀가 말라 목이 마르면, 꿈에서는 곧 도처로 물 마실 곳을 찾게 된다. 이슬이 몸에 떨어지면, 눈이 내리는 꿈을 꿀 수 있다. 문고리를 두드리는 소리를 들으면, 꿈에서는 관가에서 북 치는 소리를 듣게 된다. 소나무숲에 바람이 스치는 소리를 들으면, 꿈에서는 함성을 지르며 돌진하는 것이 보이게 되는 것과 같은 등등이다. 고대 중국에서는 이러한 꿈에 대한 기록과 분석이 매우 많다. 그러나 같은 생리병리적 자극이라 하더라도 각자의 꿈의 내용과 줄거리는 서로 크게 다르다. 동일한 개인에 있어서도 시간이 서로 다르면 꿈의 내용과 줄거리 또한 크게 다르다. 힐데브란트가 기록한 자명종 소리에 의해 일어나는 세 가지의 서로 다른 꿈은 매우 전형적인 것에 속한다. 제일 처음의 꿈에서는 교회에 가서 기도하는 꿈이었고, 두번째에서는 썰매를 타고서 외출하는 꿈을 꾸었고, 세번째에서는 부엌에 들어가 하인을 보는 꿈을 꾸었다. 이러한 차이를 단순히 자명종 소리로는 근본적으로 설명할 수가 없다. 반드시 세 차례의 꿈을 꿀 때의 심리적 활동에 주의해야만 한다. 생리병리적 자극은 꿈을 일으키는 모든 메커니즘 중에 있어 비록 근본적인 원인이 아니지만, 단순히 생리병리적 측면으로부터 꿈의 원인을 찾아내어 이에 근거하여 질병을 진단하는 전통의학의 의의를 배척하거나 부정할 수는 없다. 왜냐하면 전통의학에서 주로 치료하는 것은 육체 및 그 조직기관의 질병이기 때문이다. 그러나 현대의학에서는 육체적인 측면의 질병을 치료해야 할 뿐만 아니라 정신적인 측면의 질병도 치료해야 하기에, 단순히 생리병리적 측면으로부터만 꿈의 원인을 찾는다면 이는 곧 충분하지 않게 될 것이다.

단순한 정신심리적 자극도 꿈의 활동을 유발시킬 수 있다. 예를 들면 작업중에 비판을 받았으나 마음 속으로 불복하였다면, 저녁의 꿈 속에서 어떤 사람에게 질문을 하고 심지어는 비판을 가했던 사람과 말다툼을 하는 것이 보이게 된다. 연애를 할 때 친구와의 약속을 어겼다면, 저녁에 꿈 속에서 친구와 헤어지게 되고 심지어는 다른 사람과 걸어가게 되는 것을 볼 수 있을 것이다. 갑자기 먼 곳으로 여행을 한다는 소식을 들었다면, 저녁에 꿈 속에서 등산을 하거나 물가에서 노는 것들을 볼 수 있을 것이다. 일반적으로 말하면, 정신심리적 자극은 꿈의 부분적인 내용을 해석할 수 있으며, 꿈을 꾸는 사람 자신도 이 사이의 인과관계를 의식할 수 있다. 그러나 단순한 정신심리적 자극은 꿈의 모든 내용, 특히 꿈에서 표현되는 모든 심리상태와 심리적 경향을 결코 모두 해석할 수는 없다. 비판을 받으면 꿈에서 다른 사람에게 질문하는 것이 보일 수도 있고, 또 다른 사람이 그에게 사과하는 것이 보일 수도 있다. 친구와 약속을 어기면 꿈에서 두 사람이 헤어질 수도 있고, 그리고 꿈에서 절친하게 서로 만나는 것을 볼 수도 있다. 여행하는 소식을 들으면, 꿈에서 먼저 산과 물을 볼 수도 있고, 꿈 속에서 교통이 막히고 체증되는 것을 볼 수도 있을 것이다. 성인들에 대해서 말한다면, 이와 유사한 체험은 매우 많을 것이다. 또한 다음과 같은 정황이 있기도 한다. 대낮에 모종의 정신적 자극을 받으면, 그것과 유관한 일들이 저녁에 꿈으로 들어가지 않고, 도리어 그것과 관계가 별로 없는 사소하고 보잘것없는 일들이 끊임없이 이어지기도 한다. 한 번은 대낮에 내가 우연히 오랫동안 보지 못했던 학우를 만났는데, 두 사람은 매우 오랜 시간 동안 이야기를 나누었다. 그러나 우리들이 서로 만난 것과 이야기한 일들은 꿈 속으로 들어가지 못하고, 꿈 속에서 나는 도리어 주위가 모두 고기를 파는 곳으로, 붉게 말려 구운 고기는 특이할 정도로 기름졌으며 고기를 파는 주인이 고기를 사도록 나를 끌어당기는 바람에, 나는 매우 두려워 어디로 숨어야 할지를 몰라하는 꿈을 꾸었다. 이러한 현상은 정신적 자극의 배후에 또 다른 매우 깊은 원인이 있다는 것을 설명해 주고 있다.

단지 잠재의식의 활동만이, 비로소 꿈의 근본원인이 되는 것이다. 비록 꿈을 꾸는 사람은 알지 못하고 의식할 수 없지만, 실제로 그것은 도리어 꿈의 모든 내용을 결정하게 된다. 문고리 소리로 인해 관가의 북치는 소리를 꿈에서 듣는 사람은 관아에서 오랫동안 근무를 했던 사람임에 틀림없다. 관가에서 북치는 소리가 일찍부터 그의 잠재의식 속에 축적되었기 때문에, 그는 꿈 속에서 아무런 자각없이 관가에서 북치는 소리로 여기게 된다. 파도 소리처럼 커졌다 줄어졌다 하는 소나무숲의 소리로부터 함성을 지르며 돌진하는 꿈을 꾸었다고 한다면 이는 틀림없이 싸움터에서 오랫동안 지냈던 장군이나 병사로, 함성을 지르며 돌진하는 소리가 일찍부터 그의 잠재의식 속에 축적되었기 때문에, 그는 꿈 속에서 아무런 자각없이 함성을 지르며 돌진하는 소리로 여기게 되는 것이다. 이슬로부터 눈이 내리는 꿈을 꾸는 사람은 필경 북방인일 것이다. 남방인(북방에 가본 적이 없는)의 의상뱅크 속에는 눈이 내리는 의상이 없다. 그는 이슬로 인하여 비가 내리거나 혹은 어떤 다른 모습을 꿈꿀 수는 있지만, 절대로 눈 내리는 꿈을 꿀 수는 없다. 우리들은 힐데브란트라는 그 사람이 어떤 사람인지를 전혀 알지 못한다. 그러나 자명종 소리로 야기되는 그의 몽경夢境으로 볼 때, 그는 경건한 종교도이고 장기간 북방에서 생활하였으며, 집안이 비교적 부유하였다는 것을 긍정할 수 있다. 이러한 것은 모두 그의 몽경에 나타난 재료에서 제공된 것이고, 재료 자체는 또한 그의 의상뱅크로부터 제공된 것이다. 그래서 우리들이 판단한 그러한 결론은 모두 그의 잠재의식에 있는 고유한 내용인 것이다. 주의해야 할 것은, 우리들이 여기에서 미신으로 꿈을 점치는 것이 아니라 과학으로 꿈을 해석하는 것이라는 점이다.

사람들의 잠재의식은 자아의 지배를 받지 않기 때문에 의식이 갖고 있는 그러한 고유한 자각성이라는 것이 없다. 우리들의 꿈 속에서 표현되어 나타나는 잠재의식의 활동이 항상 산란하고 맥락이 분명하지 않은 까닭은 바로 이러한 이유 때문이다. 그러나 잠재의식이라는 것도 상대적이고 독립적인 하나의 정신체계이다. 조직이 산란한 가운데서도 상대적인 활동의 중심이 있다. 그것은 해결하려고 하지만 해결되지 않는 일종의 심리적인 응어리와 같아 암암리에 사람의 영혼을 뒤엉키게 하고 있다. 이러한 심리적 응어리를 고대 중국에서는 〈정결精結〉이라 불렀고(《관윤자關尹子·오감五鑑》편에서는 『평일에 갑작스레 이상한 꿈을 꾸는 것은 정신에 응결된 부분이 있어 그렇게 하도록 한 것이다』라고 했다) 현대 심리학자들은 〈정결情結〉(Complexes)이라 부르거나 혹은 〈의결意結〉이라 부르기도 한다. 바로 이러한 〈정결〉이나 혹은 〈의결〉이 꿈의 심리상태와 심리적 경향을 결정하는 것이다. 무릇 이와 유관한 일들은 거칠거나 세밀하거나 크거나 작거나에 관계없이 모두 꿈으로 들어갈 수 있다. 그러나 이와 무관한 것은, 설령 자아의식이 매우 중요하다고 느낄지라도 꿈으로 들어갈 수 없을 뿐만 아니라 수면을 방해할 수도 있다. 나와 오래된 학우를 만나서 우리들이 이야기했던 내용이 꿈 속으로 들어가지 않는 까닭은 그 원인이 바로 여기에 있다. 내가 꿈 속에서 고기를 파는 장면과 내가 도피하려고 하는 것이 보이는 것은, 어떤 한 시기에 살찐 고기에 대해 형성되었던 공포증으로 인하여 잠재의식 속에 완고한 〈정결〉 혹은 〈의결〉이 형성되었기 때문이며, 그날 식사 때 나는 곧 집에서 산 고기가 너무 살찐 것을 역겨워하게 된다.

현실생활 속에서 우리들은 항상 다음과 같은 것을 볼 수 있다. 과학자들은 언제나 어떤 문제에 대해서 사고하고, 예술가들은 언제나 어떤 작품을 다듬는다. 시간이 오래 지나면, 이러한 생각과 사고는 축적되어 잠재의식의 영역 속으로 잠입된다. 설령 그들이 다른 일로 직업을 바꾼다 할지라도 그러한 문제 혹은 그러한 작품은 여전히 그들의 심령에 엉켜져 있게 되는데, 이것이 바로 〈정결〉 혹은 〈의결〉이다. 자신의 〈정결〉 혹은 〈의결〉을 주체의 의식이 꼭 지각하는 것은 결코 아니다. 그래서 그것의 작용은 어떤 경우에는 그야말로 귀신이 조화를 부린 것같이 항상 음과 양의 착오가 나타나는 바람에, 주체 자신도 갈피를 잡을 수가 없다. 그러나 꿈속에서는 그것들이 가장 활발하게 활동하며, 실제적으로 활동의 〈중심〉을 이룬다. 이러한 응어리가 해결되어야만 사람의 정신은 비로소 진정한 해탈을 얻을 수 있게 된다. 맨델레프는 꿈 속에서 원자가 하나하나 정렬되어 있는 것을 보았고, 케큘러는 꿈 속에서 뱀이 자신의 꼬리를 물고서 뱅글뱅글 도는 것을 보았는데, 실제로 잠재의식의 〈의결〉이 해방된 것이다. 당나라 명황明皇이 꿈 속에서 하늘의 음악인 자운회紫雲廻를 들었던 것, 타티니가 꿈 속에서 마귀의 지휘로 바이얼린을 켠 것과 같은 것도 실제로는 잠재의식의 〈정결〉의 해방이다. 〈정결〉이나 〈의결〉이 해방되어 버리면, 그들의 정서도 자기도 모르는 사이에 변화하게 된다.

물론 잠재의식의 〈정결〉 혹은 〈의결〉 사이에 모순은 존재한다. 앞서 우리들이 꿈의 상태를 논증할 때의 좌표와 마찬가지로, 〈정결〉이나 〈의결〉이 플러스 방향으로 발전하면 꿈을 꾸는 사람의 몽경夢境에 대한 감각은 더욱더 좋아지며, 마이너스 방향으로 변화하면 꿈을 꾸는 사람의 몽경에 대한 감각은 더욱더 불리한 일을 만나게 된다. 같은 정신적 자극이라 할지라도 어떤 때는 즐거운 꿈이고 어떤 때는 두려운 꿈이 되는 것은, 바로 〈정결〉이나 〈의결〉이 변화하는 방향과 관련이 있는 것이다.

고대 중국에서 말하는 소위 〈느낌의 변화〉(感變)라는 것은 대체로 꿈의 유발 원인이며, 특히 꿈을 유발시키는 심리적 자극이다. 기타의 〈인因〉이나 〈혼식의 느낌〉(魄識之感) 및 〈기기가 옆에서 부르는 것〉(氣機旁召)과 같은 것들도 또한 이러한 층차에 속한다. 〈사념思念〉이나 〈상想〉 같은 것은 어떤 경우에는 정신심리적 자극을 가리키기도 하지만, 어떤 경우에는 또 〈정결〉이나 〈의결〉을 가리켜, 그 층차의 경계가 명확하지 않다. 정현鄭玄과 장잠張湛이 말했던 소위 『기쁨으로 인해서 꿈을 꾼다』 『두려움으로 인해서 꿈을 꾼다』 『놀라서 꿈을 꾼다』라는 것들은 모두 정신적 자극이다. 그러나 왕충이 말했던 『정념이 항상 마음 속에 결집되어 있다 精念存想』는 것이나, 이태백李泰伯과 진사원陳士元이 말했던 『마음이 빠짐 心溺』이나 『감정이 넘침 情溺』 및 웅백룡熊伯龍이 말했던 『근심과 기쁨이 마음 속에 존재함 憂樂存心』과 같은 것은 〈정결〉이나 〈의결〉과 관계있는 것들이다. 몽례를 찾는다면 『윤수尹需가 말을 부리는 기술을 배우려 하였으나 3년이 지나도록 배우지 못하였다. 내심 고통스러워하며 항시 자면서 그것을 생각하였는데, 한밤중 꿈 속에서 스승으로부터 말을 잘 다루는 기술을 전수받았다』는 것이나, 당나라 현종이 현원玄元 황제를 꿈에서 본 것, 이백이 붓에서 꽃이 피는 것을 꿈꾼 것, 그리고 양치기의 천자가 되는 꿈 등등과 같은 것들은 모두 우연한 정신적 자극에서 야기된 것이 아니라, 오랫동안에 걸친 〈정결〉이나 〈의결〉이 해결하려고 하였으나 해결하지 못한 것에 의해 야기된 것이다. 이러한 몽경은 바로 잠재의식이 욕망을 〈해결하고자 하는〉 욕망의 어떤 표현인 것이다.

어떤 이는 항상 다음과 같은 정황을 말하곤 한다. 육친이 장차 죽으려 할 때에는 종종 멀리 떨어져 있는 자녀의 꿈에 먼저 나타나게 된다. 외지에 있는 자녀가 꿈에서 그것을 본 후 오래지 않아 육친이 사망하였다는 소식을 접하게 되곤 하는데, 그래서 사람들은 이를 아주 기묘하다고 여긴다. 우리들이 볼 때, 이러한 꿈의 응험 또한 잠재의식에 있는 〈정결〉이나 〈의결〉의 표현이다. 외지의 자녀들은 비록 육친의 곁에 있는 것은 아니지만, 언제나 어느 정도의 소식을 서로 접하게 된다. 그래서 어떤 일정한 시기에는 언제나 사망하게 될 것을 염려하게 된다. 비록 그들이 평소대로 자신의 일을 하고 있지만, 잠재의식 속에는 도리어 하나의 〈정결〉이나 〈의결〉이 형성되어 있다. 자신의 〈정결〉과 〈의결〉에 대해 주체는 자각적인 의식이 없기 때문에 육친이 꿈에 보이는 것을 기괴하다고 느낀다. 그러나 실제로는 이러한 꿈의 줄거리는 대부분 어린 시절의 기억 혹은 즐거웠던 생활이며, 당시의 육친의 영혼이 서로 통해서 이끌어낸 것은 결코 아니다.

끝으로 주의해야 할 것은, 꿈을 일으키는 원인의 세 가지 단계는 정말로 깊거나 얕다는 구분은 있지만, 꿈을 일으키는 어떠한 과정에 있어서라도 하나라도 빠져서는 안 되는 것들이다. 어떤 정신적 자극을 막론하고, 그 전이나 혹은 당시에 언제나 어떤 감각기관 혹은 육체의 생리적 자극과 항상 서로 연계되어 있다. 사람의 〈정결〉이나 〈의결〉도 일정한 자극의 유발하에 있어서만, 비로소 잠복된 상태로부터 활동하기 시작한다. 방이지方以智는『던지지 않으면 들어가지 않고』『분격하지 않으면 나오지 않는다』라고 하였는데(이 책의 하편 제2장 제3절 5항을 참조) 그 깊은 뜻은 바로 여기에 있다. 〈정결〉이나 〈의결〉이 일단 활동하기 시작하면, 각종의 생리적 자극과 정신적 자극은 곧 잠재의식의 체계 속으로 들어가게 되며, 서로 관련된 의상도 일정한 몽경에 들어가게 된다.

7 | 꿈의 생리심리적 기능

꿈이란 사람의 잠재의식의 활동이기 때문에, 사람에 대해서 저절로 그 가치를 가지고 있다. 꿈이 사람에 대해서 있어도 되고 없어도 되며, 별로 중시할 것이 못 되고, 그리고 꿈의 연구가 의미가 없다고 여기는 이전의 관념은, 자신에 대한 우매함과 무지의 표현인 것이다. 이 도대체 어떠한 기능을 갖고 있는가 하는 것은 반드시 진지하게 연구되어야 할 문제이다.

꿈의 생리적 기능에 관해서 프로이트는 주로 자극을 해소하고 수면을 보호하는 것으로 여겼기 때문에, 그는 꿈을 수면의 〈간수〉 또는 〈감호인〉이라고 불렀다.(《정신분석입문》 97쪽, 《정신분석입문신강》 13쪽, 62쪽) 아들러는『평온하고 안정된 수면에 대한 간섭의 하나』가 바로 꿈이라고 여겼다.(《자비와 초월》 88쪽) 우리들이 볼 때, 꿈이 수면을 보호할 수 있는가 할 수 없는가 하는 것의 여부에 대해서는 일률적으로 논할 수 없다. 〈정몽〉이나 〈희몽〉은 수면을 보호할 수 있고, 〈구몽〉이나 〈악몽〉은 수면을 방해한다. 악몽은 나쁜 꿈이나 귀신 꿈과 같은 것들을 포함하는데, 반드시 사람들을 수면으로부터 놀라 깨우게 한다. 우리들 견해로는, 거시적으로 볼 때 꿈의 생리적 기능은 대체로 정신적 계통의 이완에 의해서 인체의 생리적 리듬법칙을 조절하는 것이고, 미시적으로 볼 때 꿈의 생리적 기능은 대체로 몽상의 특징을 통해서 인체의 오장육부의 상황을 드러내는 것이다.

중국인들은『활시위를 죄었다 늦췄다 하는 것처럼 긴장과 이완의 반복 一張一

弛』이라는 말을 하기를 좋아한다. 〈장張〉의 본뜻은 활시위를 팽팽하게 당기는 것이고, 〈이弛〉의 본뜻은 활시위를 느슨하게 하는 것이다. 활시위를 한 번은 팽팽하게 하고 한 번은 느슨하게 하며 이를 반복적으로 교체한다는 것으로써, 사물에 보편적으로 존재하는 리듬법칙을 형상적으로 나타낼 수 있다. 인체의 생리체계는 낮에는 긴장한 채로 일을 하고 저녁에는 수면상태에 들어가는데, 이것도 〈긴장과 이완의 반복〉으로서 인체의 생리활동의 리듬법칙을 반영하고 있다. 사람은 수면중에는 먼저 각종 감각기관의 기능이 크게 하강하고, 그 다음으로는 근육(특히 횡문근)의 반사운동과 긴장도가 크게 감소하며, 나아가서는 혈압이 10% 떨어지고 심장 박동수와 호흡이 20% 정도 감소한다. 총체적으로 말해서, 모든 신진대사의 활동이 약화되고 떨어져 전신이 에너지를 회복하고 다시 모으는 상태에 처하게 된다. 만약 이러한 느슨함이 없다면, 틀림없이 생명을 쇠락함으로 이끌고 말 것이다. 생리의 리듬법칙과 서로 적응을 해서, 사람의 정신의 두 가지 계통도 〈긴장과 이완의 반복〉을 이룬다. 대낮이 되면 의식은 자아로부터 지배를 받으므로써 명확한 목적이 있으며, 집중적인 주의가 있고 강렬한 감정이 있다. 그러나 밤이 되면 잠재의식의 활동이 자아의 지배를 받지 않으므로써 지능이나 감정 및 의지도 모두 느슨한 상태에 처하게 된다. 꿈이란 바로 사람의 정신이 느슨한 상태에 처한 상태하에서의 잠재의식이라는 체계의 활동이다. 이러한 활동은 정신적 리듬법칙의 박자를 이루어, 마치 생리적 리듬법칙에서의 수면을 이루는 박자와 꼭같이 함께 조화를 이루게 되며, 그래서 그것은 사람의 생리적 리듬법칙을 조절하는 데 도움이 된다. 이러한 의의(프로이트가 말한 의의가 아니라)에서 볼 때, 꿈은 확실히 수면을 보호해 주는 작용이 있으며 사람도 바로 꿈을 꿀 때 가장 깊이 잠들게 되는 것이다.

　그러나 수면이라는 것은 단지 사람의 생리적 리듬법칙 속에서의 박자일 뿐, 사람이 언제나 수면을 할 수만은 없다. 속어에서 〈오래 수면하면 생각이 일어난다〉라고 했다. 사람의 감각기관과 근육의 기능은 수면의 과정 속에서 무한대로 약화될 수는 없다. 사람의 혈압이나 심장 박동수·호흡 등도 수면중에 무한대로 하강할 수는 없다. 그렇게 된다면 사람의 생명이 위험하게 될 것이기 때문이다. 그래서 수면은 생리적 리듬법칙의 느슨한 일환이 되며, 그 느슨한 정도도 일정한 제한이 있게 된다. 꿈이란 바로 냉장고의 작동 메커니즘과 같아서, 사람의 생리를 느슨하게 하여 일정한 수준으로 유지시킬 수 있도록 할 수 있다. 이러한 기능은 대체로 빠른 파동의 수면상태에서 꾸는 꿈의 단계에서 나타난다. 그것을 꿈을 꾸지 않는(혹은 꿈을 적게 꾸는) 느린 파동의 수면단계와 비교하면, 혈압과 심장 박동수는 높게 올라가며 호흡 회수도 빨라지고, 또한 안구의 쾌속운동을 표지로 하는 내감각의 강화도 일어난다. 사람들은 이밖에도 다음과 같은 현상을 주시할 수 있다. 수면과정중에서 첫번째의 빠른 파동의 단계는 대략 5−10분 정도이고, 이후 교체중에 있게 되는 시간은 점차 늘어난다. 가장 마지막의 단계는 놀랍게도 45−60분에 이른다. 이와 같이 꿈은 더욱이 혈압이나 심장 박동수・호흡 등의 〈미세한 조정〉에 대해서 수면으로부터 깨어날 때까지의 리듬법칙의 변환에 도움을 주게 된다.

중국 의학에서는 몽상과 장상臟象과의 관계를 일관되이 중시해왔다.《내경》에서부터 시작하여, 역대 의학가들은 오장육부의 증후를 논할 때에는 반드시 몽상을 논급하였고, 오장육부의 질병을 진단할 때에는 반드시 몽상을 물었다. 현대의 과학적인 관점으로 본다면, 이 중간에 존재하는 의의는 바로 다음과 같은 것에 있다. 한 사람의 몽상이라는 것은 바로 그의 오장육부의 어떠한 반응이다. 오장육부가 성하고 쇠하고 허하고 실한 어떤 변화를 어떤 경우에는 낮에 감각의식으로 명확하게 느낄 수가 없기도 한다. 그러나 기능은 이미 정상적인 상태가 아니기 때문에 수면중에 반드시 일종의 내자극을 일으키며, 이와 관련된 약한 자극은 잠재의식의 계통으로 흡수되어 곧 일정한 몽상이 나타나게 된다. 몽상과 맥상의 관계도 이와 같다. 맥상이 만약 정상적인 상태가 아니라면 일종의 내자극이 나타날 수 있고, 또한 일정한 몽상이 나타날 수 있다. 아리스토텔레스는 일찍이 꿈은 수면중의 경미한 지각을 강렬한 감각기관의 자극으로 이끌 수 있으며, 그것은 의사로 하여금 처음에 관찰하기 어려운 병의 징조를 발견할 수 있도록 해줄 수 있다는 것을 지적하였다.(《꿈의 해석》16쪽에서 재인용) 이러한 관점은 중국 의학의 전통사상과 매우 일치한다. 유감스러운 점은 근대에 들어 서양 의학의 충격으로 인하여 이러한 사상은 가면 갈수록 사람들의 주의를 끌지 못하였다. 우리들 생각으로는, 현대 과학은 현대적인 방법으로써 중국 의학의 이러한 측면에서의 경험들을 진지하게 총체적으로 정리를 해야만 할 것으로 생각한다. 소련의 현대 심리학자인 푸지레이Pudiley는『꿈이란 마치 고도로 영민한 의표儀表와 같아, 사람들이 알지 못하는 인체 내부의 생활중의 수많은 세밀한 운동에 대해 항상 반응을 갖고 있다』고 여겼다.(타스 통신의 1985년 12월 5일 전문에서) 우리들은 그의 이론적 근거와 실험적 근거를 알지는 못하지만,

중국 의학의 관점으로 볼 때 이 말은 매우 이치가 있는 것이다.

꿈의 심리적 기능에 관해서 프로이트는 단지 〈꿈은 욕망의 만족〉이라는 점만을 강조하였다. 현상적으로 볼 때, 그는 다만 일의 절반만을 붙잡았을 뿐이며, 본질적으로 볼 때 그가 서있는 거리는 더더욱 멀다. 우리들이 볼 때, 잠재의식이란 인류의 정신생활의 한 서브시스템Subsystem으로, 그것과 자각의식의 이러한 서브시스템 사이에는 〈상보적인〉 관계가 있다. 꿈의 심리적 기능은 바로, 이러한 〈상보적인〉 관계를 통해서 그것이 사람의 전체적인 정신생활과 정신체계를 충분히 조절해 줄 수 있다는 데 있다. 우리들은 앞에서 인류정신의 두 가지 체계를 하나가 나누어져 둘이 되는 한 폭의 태극도로써 비교한 적이 있는데, 이들 흑과 백의 두 마리 물고기와 같은 형태의 존재와 운동은 모두 상호의존적이고 상호보완적이다. 사람의 전체적인 정신체계의 평형과 행복, 그리고 활기를 넘치게 하는 관건은 먼저 이 두 가지의 서브시스템 사이의 협조에 있다. 꿈은 두 가지 체계 중의 한쪽 대표이기 때문에, 그것의 작용은 있어도 되고 없어도 되며 별로 중시할 것이 못 되는 것은 당연히 아니다.

거시적 측면에 있어서, 정신계통에 대한 꿈의 조절은 주로 정신계통 자체의 〈긴장과 이완의 반복〉이라는 리듬법칙을 유지하고 보호하는 것이다. 사람의 의식활동은 항상 의지가 집중되고, 목표가 명확하며, 감정이 넘쳐 흐르도록 요구하여 매우 긴장되어 있다. 이것은 사람들이 자각적으로 세계를 의식하고 세계를 개조하는 정신적 전제이다. 그러나 사람의 의식활동은 항상 긴장해 있을 수는 없다. 그렇지 않으면 자아가 지탱할 수 없을 뿐만 아니라, 모든 정신계통도 붕괴로 향하여 나아가고 말 것이다. 과도하게 뇌를 사용하고 과도하게 기뻐하고 슬퍼하는 것의 결과는 생리적 기능에 영향을 줄 뿐만 아니라, 수많은 정신적 병태를 나타낼 수 있다. 그래서 사람의 정신생활은 규칙적인 긴장이 있어야 할 뿐만 아니라, 또한 규칙적인 느슨함도 있어야만 한다. 사람이 수면을 하고 있을 때 사람의 정신활동은 정지하고 있는 것이 아니라 잠재의식의 계통을 통하여 느슨한 상태를 취하며, 이지와 의념 및 감정에 있어서는 마치 하고자 하는 대로 다 맡겨 버리고 유유자적할 수 있는 것처럼 보인다. 그래서 일반적으로 말해서 꿈이란 사람에게 정신을 회복하는 것을 도와줄 수 있는 역량이 있다고 말할 수 있다.

미시적 측면에 있어서, 정신생활에 대한 꿈의 조절은 주로 정신계통에 존재하고 있는 각종의 심리적 인소의 평형을 촉진하는 것이다. 자아의 욕망이 만약 의식의 활동 중에서 장애와 곤란함에 부딪히게 된다면, 사람의 심경에서는 곧 곤혹과 걱정과 괴로움이 나타날 것이다. 이러한 상황하에서의 잠재의식의 활동은 항상 꿈 속에서 자아의 욕망으로 하여금 실현되도록 만들고, 이로써 사람들에게 일종의 만족감을 얻도록 해준다. 시인인 괴테Goethe, Johann Wolfgang von(1749—1832년)는 일찍이 『인성人性이란 가장 아름다운 능력을 가지고 있어서, 실망할 때는 언제라도 지지를 얻을 수 있다. 나의 일생 동안 꽤 수 차례나 비통해하며 눈물을 머금은 채 침대에 오른 후, 몽경은 각종의 사람들을 끌어들이는 방식으로써 나 자신을 위로해 줄 수 있었고, 나를 비통함으로부터 초탈할 수 있도록 하여 다음날 새벽녘에는 가뿐하고 유쾌한 모습으로 바뀌게 해주었다』라고 하였다.(《꿈의 해석》 19쪽에서 재인용) 철학가인 니체 또한 『꿈이란 대낮에 잃은 쾌락과 미감의 보상이다』라고 하였다.(《꿈의 해석》 20쪽에서 재인용) 아들러도 『환경이 뜻대로 되지 않음으로 인하여 야기되는 개인의 자책감은 몽경에서 보상을 찾을 수 있다』는 것을 지적하였다.(《꿈의 해석》 21쪽에서 재인용) 프로이트의 〈욕망의 만족〉이란 바로 이러한 상황을 말하는 것인데, 다만 그는 잠재의식의 욕망을 자아의 욕망으로부터 완전히 분리시켰을 뿐이다. 물론 꿈 속에서의 욕망의 만족과 문제의 해결은 종종 허구적이며, 현실생활도 여전히 이와 같을 것이다. 그러나 아름다운 꿈은 사람의 정서를 바꿀 수 있고, 분발의 힘을 증가시켜 줄 수 있을 것이다.

그러나 고통의 꿈과 재난의 꿈, 심지어 죽는 꿈과 같은 것들을 어떻게 〈조절〉이라 말할 수 있는가? 이러한 종류의 꿈에 대해서는 당연히 두 가지의 정황으로 구분을 해야만 할 것이다. 하나는 자아가 모종의 목표를 추구하고는 있지만, 장애와 곤란함에 대해 너무 많이 생각하는 경우이다. 항상 이러한 상황에 있으면, 당신은 무엇을 두려워하면 할수록 공교롭게도 꿈 속에서 꼭 그것을 보게 된다. 당신이 어떤 재난를 당할까 염려하면 할수록 꿈 속에서는 곧 재난이 눈앞에 닥치게 된다. 이러한 두려운 꿈과 악몽은 잠재의식이 아직까지 심리적 평형을 촉진하여 이루지 못했다는 것을 나타낸다. 그러나 일단의 시간이 지나기만 하면, 두려운 꿈과 악몽은 대부분 평상적인 꿈과 즐거운 꿈으로 전화하게 된다. 만약 오랫동안 전화되지 않는다면, 꿈을 꾸는 사람에게 정신병이 나타나게 될 것이다. 다른 한 가지는, 자아가 분별을 잃어버리고 도취하는 바람에 모든 것을 잊어버려, 그 결과 몽경은 대낮과 꼭 반대가 되는 경우이다. 예컨대 돈을 많이 벌게 된 후에는 파산하는 꿈을 꿀 수 있고, 높은 관직에 오른 사람은 자리에서 물러나는 꿈을 꿀 수 있다. 이것은 분명히 조절에 속한다. 다만 〈플러스적인 조절〉이 아니라 〈마이너스적인 조절〉일 뿐이다. 여기에서 현실생활은 비록 두려운 꿈과 악몽에 의해 전이되지는 않지만, 이러한 〈찬물을 끼얹는 꿈〉은 꿈을 꾼 사람의 두뇌를 조금 맑게 깨워주며, 사정이 반대로 향하고 역전되는 또 다른 어떤 가능성에 주의하도록 만들어 줄 수는 있다. 해몽가들이 종종 소위 〈극한 반대〉의 꿈을 내세우기도 하며, 《몽서》에서도 꿈에는 〈경계를 해주는〉 작용이 있다고 하였는데, 만약 그 중에서의 미신적인 내용만 배제한다면 이러한 현상과 이러한 작용은 존재하는 것으로 생각된다.

독자들은 꿈이란 것에는 정신생활을 조절하는 기능이 있으며, 이러한 기능의 실현은 하나의 과정이며, 〈즉시 효과가 나타나는 것〉으로 이해해서는 안 된다는 것에 주의해 달라는 것을 바라고 싶다. 게다가 꿈에는 이러한 심리적 기능이 있지만, 이러한 기능이 만능은 아니다. 그렇지 않으면 이 세상에는 정신병이라는 것이 근본적으로 존재할 수 없다. 특히 잊지 말아야 하는 것은 자각의식 또한 하나의 정신계통이고, 게다가 더욱 중요한 계통이며, 그래서 자각의식을 떠나 고립적으로 꿈의 심리적 기능을 볼 수는 없다는 점이다.

이 책에 대해 총체적으로 결론을 지으면서, 우리들은 중국 고대의 철학가였던 왕충王充의 『꿈을 꾼 사람의 뜻은 의심스럽다』는 말을 인용하고자 한다. 《논형論衡·논사편論死篇》 왕충의 이 말은 2천여 년 전에 말한 것이다. 2천 년 동안에 걸친 꿈에 대한 연구, 특히 현대의 꿈에 대한 학설의 발전은 이미 중요한 성과를 이루었다. 그러나 꿈이란 것에는 아직도 여전히 발견해내고 폭로해내어야 할 매우 많은 비밀이 존재하고 있다. 우리들은 철학가들과 과학자들이 서로 손을 맞잡고 계속해서 더욱 깊은 연구를 할 수 있기를 바란다. 세계에 대한 탐색과 서로 비교해 보면 인간 자신에 대한 되돌아봄이 더욱 의미가 있을 것이다.

꿈의 철학 **부 록**

부록 1 《잠부론潛夫論·몽열夢列》

　　동한시대 왕부王符가 지은 《잠부론》의 현재 통용되고 있는 판본은 왕계배汪繼培의 전석과 주석, 팽탁彭鐸의 교정을 거치긴 했지만 편장의 순서가 잘못되고 빠진 곳이 여전히 적지 않다. 지금 발견한 명나라 만력 연간에 간행된 《귀운별집歸雲別集》에서는 《몽열》편의 전문을 인용하고 있는데, 현행 통용본과 비교해 본즉 많은 차이를 보이고 있다. 그래서 책의 전체 뜻에 근거하고 《귀운별집》에서 인용했던 문장을 참고로 삼아 다시 교감작업을 진행했다. 통용본에서 다시 증보한 부분은 꺾쇠묶음으로 표시했고, 틀린 글자나 이체자·속체자 등에 주석을 가할 때에는 둥근 괄호를 사용했으며, 글자나 단어를 고치는 것과 같은 중요한 부분에 대해서는 그 아래에다 점을 찍어 표시했다. 이에 대한 교석의 결과는 앞으로 다른 독립된 글로써 발표될 것이기에 이만 줄인다.

　　무릇 꿈에는 직몽直夢이 있고 상몽象夢이 있으며, 정몽精夢이 있고 상몽想夢이 있으며, 인몽人夢이 있고 감몽感夢이 있으며, 시몽時夢이 있고 반몽反夢이 있으며, 병몽病夢이 있고 성몽性夢이 있다.

　　옛날 무왕시대에 읍강邑姜(무왕의 아내이며 성왕의 어머니—역주)이 막 태숙太叔을 임신했을 때, 꿈에서 상제가 그에게 이르기를 『너에게 우虞라는 아들을 낳게 하고, 그에게 당唐의 땅을 주겠노라!』고 했다. 아들이 태어남에 손바닥에 〈우虞〉라는 무늬가 있었으므로 이를 이름으로 지었다. 성왕이 당唐나라를 멸망시키고 드디어 그에게 이 땅을 봉지封地로 주었다고 한다. 이러한 것을 〈직몽直夢〉이라고 한다. 《시경》에서 이르기를 『곰과 말곰은 아들을 낳을 상이요, 독사와 뱀은 딸을 낳을 상이라네』라고 하였으며, 『많은 물고기들은 풍년을 말해 주고, 갖가지 깃발들은 후손이 창성하게 될 상이로다』라고 하였는데, 이러한 것들을 〈상몽象夢〉이라고 한다. 공자는 날이면 날마다 주공周公의 덕을 생각한 나머지, 밤에 그를 꿈에서 보게 되었다고 한다. 이러한 것을 〈정몽精夢〉이라고 한다. 사람에게 생각하는 것이 있은즉 꿈에서 그것이 나타나게 되고, 걱정을 하게 된즉 꿈에서 그 일을 보게 된다. 이러한 것을 〈상몽想夢〉이라고 한다. 같은 일이라 할지라도 귀한 사람이 꿈을 꾼 경우에는 좋은 것이 되고 천한 사람이 꾸게 되면 재앙이 되며, 군자가 꿈을 꾼즉 영광이 되고 소인이 꾼즉 치욕이 된다. 이러한 것을 〈인몽人夢〉이라고 한다. 날씨가 흐리고 비가 오는 꿈은 사람의 마음을 짓누르고 미혹되게 하며, 맑고 날이 가문 꿈은 사람으로 하여금 어지럽고 마음을 분산스럽게 하며, 큰 추위의 꿈은 사람으로 하여금 비애에 빠지게 하며, 큰 바람이 부는 꿈은 사람으로 하여금 마음이 떠다니게 한다. 이러한 것을 〈감몽感夢〉이라고 한다. 봄에는 소생하고 태어나는 꿈을 꾸게 되며, 여름에는 높고 밝은 꿈을 꾸게 되며, 가을과 겨울에는 결실을 맺고 저장하는 꿈을 꾸게 된다. 이러한 것을 〈시몽時夢〉이라고 한다. 진나라의 문공이 성복城濮의 전투에서 꿈을 꾸었는데, 초나라 군주가 자신을 땅에다 뉘어 놓고서 그의 뇌수를 빨아 마시는 꿈이었다. 이는 원래는 매우 나쁜 꿈이었음에도 불구하고 이후의 전쟁에서는 크게 승리를 거두게 되었는데, 이러한 것을 〈반몽反夢〉이라고 한다. 음에 속하는 병이 있으면 추운 꿈을 꾸게 되고, 양에 속하는 병이 있으면 뜨거운 꿈을 꾸게 된다. 안으로 병이 있으면 어지러운 꿈을 꾸게 되고, 밖으로 병이 있으면 흩어지는 꿈을 꾸게 된다. 백 가지 온갖 병으로 인한 꿈은 혹은 산란스럽기도 하다가 혹은 한 곳으로 모이기도 한다. 이러한 것을 〈병몽病夢〉이라고 한다. 사람의 심성이란 그 좋고 나쁨이 서로 다른데, 혹은 이것 때문에 길하게 되기도 하고 혹은 이것 때문에 흉하게 되기도 한다. 각자가 스스로를 살펴서 점을 치면 항상 따르는 바가 있게 된다. 이러한 것을 〈정몽情夢〉이라고 한다.

그런 까닭에 [먼저 꿈을 꾼 바가 있고] 이후에 [이것과 서로 틀림이 없는 것을 〈직몽直夢〉이라 하고, 견주어 서로 닮은 것을 〈상몽象夢〉이라 하고] 깊이 사색하여 정신을 집중하는 것을 〈정몽精夢〉이라 하고, 낮에 생각한 바가 있어 밤에 그 일을 꿈으로 꾸게 되며, 갑자기 길하다가 갑자기 흉하기도 하여 선한 것인지 악한 것인지 믿기지 않는 것을 〈상몽想夢〉이라 하고, 귀함과 천함·현명함과 우둔함·남성인가 여성인가·늙은 사람인가 젊은 사람인가에 관계된 것을 〈인몽人夢〉이라 하고, 바람이나 비·차가움·더움 같은 것들과 관계된 것을 〈감몽感夢〉이라 하고, 오행五行과 왕상王相에 관계된 것을 〈시몽時夢〉이라 하고, 음이 극에 달하면 곧 길하게 되고, 양이 극에 달하면 곧 흉하게 되는데 이러한 것을 〈반몽反夢〉이라 하고, 병이 난 바를 보고 그 꿈에서 본 바를 살피는 것을 〈병몽病夢〉이라 하고, 심정心情의 좋고 나쁨으로 해서 일에 응험이 있는 것을 〈성몽性夢〉이라 한다. 대저 이

열 가지는 해몽에 있어서의 대체적인 요지이다.

그리고 길흉을 결정하는 사람이 그 대체적인 모습을 자주 상실하는 것은 무슨 까닭 때문인가? 어찌 깨어있을 때에는 양이던 것이 꿈에서는 음이 되는 것처럼 음양의 임무가 서로 반대되는 까닭 때문이겠는가? 이것은 또한 그가 영험하지 못하기 때문이라고 할 수밖에 없다. 만약 꿈에서 기쁜 일을 보고서 자기의 마음도 크게 기쁘고 즐겁다면 이는 마음에서 나온 것으로 정말로 길한 것이며, 흉한 일을 꿈에서 보고서 자신의 마음도 매우 걱정되고 두렵게 된즉 이는 마음에서 나온 것으로 정말로 나쁜 것이 된다. 소위 [봄과 여름에는 소생하고 자라나는 꿈을 꾸게 되고] 가을과 겨울에는 죽고 다치는 꿈을 꾼다고 하는 것은, 길하다는 것은 때를 따른다는 것을 말한 것이다. 비록 이렇게 이야기는 하지만, 재물이라는 것은 큰 해가 될 뿐이니, 정말로 꿈을 꾸지 않는 것만 못하다.

꿈을 관찰하는 대체는 다음과 같다. 깨끗하고 신선하면 좋은 것이고, 모습이 건장하고 굳건하며, 대나무나 나무 들이 무성하고 아름다우며, 궁전이나 기계가 새로 만들어져 방정하며, 길이 확 트이거나 밝게 빛나고 온화하며, 점점 위로 올라가거나 흥성하는 상들은 모두 길하며 기쁜 것으로, 하고자 하거나 하고 있는 일이 이루어지게 된다. 더럽고 썩은 것이나, 썩고 말라 문드러지거나, 비스듬히 넘어지거나, 의형(코를 베는 형벌—역주)이나 월형(발꿈치를 베는 형벌—역주)을 받아 평안하지 않거나 막히고 어두우며, 해체되어 아래로 떨어지거나 쇠락하는 상들은 모두 [흉악한 것으로] 계획하거나 하는 일이 이루어지지 않게 된다. 요상하고 괴이하거나, 가증스러운 일들은 모두 걱정거리가 생기게 된다는 것을 상징한다. 난태卵胎를 그리거나, 사실이 아닌 것을 새기거나, 속이 빈 토기 등등은 모두 남을 속이게 되는 것을 상징한다. 광대가 노래하고 춤을 추는 것과 어린아이들이 유희를 즐기는 것들은 모두 즐거움을 상징한다. 이러한 것들이 그 대체적인 모습이다.

꿈에는 간혹 매우 분명하였지만 응험이 없거나 혹은 매우 미미하였는데도 응험이 있는 경우가 있는데 이는 무슨 이유 때문인가? 그 대답은, 꿈이라는 것은 본래가 혜찰慧察을 할 수 없는 것을 이르는 말이며 모호하여 분명하지 않은 것이기 때문이다. 그러므로 완전히 믿고서 일을 판단할 수가 없는 것이다. 사람이 [서로] 마주 대하고 일을 계획하고서 일어나 실행하여도 또한 따르지 않는 것이 있는데, 하물며 몽롱스런 잡된 꿈이 어찌 반드시 일치할 수 있겠는가? 다만 때로는 정성이 감동을 일으킨 것이나 신령이 알려주는 바에 대해서는 점을 칠 수가 있기도 하다.

이러한 까닭에 군자가 꾼 기이한 꿈은 망령스런 것이 아니면 반드시 사고가 있게 된다. 소인이 꾼 기이한 꿈은 영광스런 것이 아니면 반드시 진실된 상서로움이 있게 된다. 그래서 무왕은 성인을 얻는 꿈을 꾸고서 부열傅說을 얻었고, 진시황 2세는 흰 호랑이가 마차를 끄는 말을 물어뜯는 꿈을 꾸고서 그의 나라를 잃고 말았다.

무릇 기이한 꿈이라는 것은 대부분 그 원인이 있으며 그런 것을 말하지 않은 것이 적다. 오늘 잠자리에서의 꿈은 수 차례의 변화가 있었으며 온갖 물체가 연이어 나타나는 바람에 그 중심된 것을 확실하게 잡을 수가 없었다. 그런 까닭에 점을 쳐도 맞지 않았다. 이것은 점의 잘못이 아니라 꿈을 꾼 사람의 과실이다. 혹 그 꿈을 상세히 살핀다 하더라도 점을 치는 사람이 연관지어 넓게 살필 수 없으므로 그 꿈은 응험을 얻지 못한다. 이것은 해몽서가 나빠서 그런 것이 아니라 말이 잘못되었기 때문이다. 그렇기 때문에 해몽이 어렵다는 것은 해몽서를 읽기가 어렵다는 것이다.

대저 해몽을 할 때에는 반드시 그 변고와 그 징후를 살펴야만 하며, 안으로는 정과 뜻을 살피고 밖으로는 왕상을 살펴야만 하며, 그렇게 된즉 길흉의 징표와 선악의 효과를 대체로 볼 수가 있게 된다. 또한 보통의 사람이라도 상서로움을 보고서 덕을 닦는다면 복은 반드시 이루어질 것이며, 상서로움을 보고서 방자스럽고 방종한다면 복이 화로 변하게 될 것이며, 요사함을 보고서도 교만하고 업신여긴다면 화는 반드시 일으나게 될 것이며, 요사함을 보고서 이를 경계하고 두려워한다면 화도 복으로 변하게 될 것이다. 그런 까닭에 태사太姒가 길몽을 꾸었는데도 문왕은 감히 길함을 빌지 못하고 여러 신들에게 제사를 드린 연후에서야 비로소 명당에서 점을 치르었으며 길몽을 빌었다. 몸을 닦고 반성하며 경계하고 두려워하며, 기쁜 것을 듣는 것을 마치 걱정스런 것처럼 했던 까닭에 능히 길함을 이루어 천하를 가질 수가 있었다. 괵공虢公은 욕수蓐收(가을의 신—역주)가 그에게 논과 밭을 주는 꿈을 꾸고서 자기 스스로 길함이 있을 것이라고 여겼으며, 사관이었던 효는 백성들로 하여금 길몽을 축하드리도록 했다. 두려운 것을 듣고서도 기뻐하였으니 그런 까닭에 흉함이 일어나 그 나라를 잃어버리고 말았다.

《역경》에서는 『[내외]에서 두려움을 알도록 하며, 또 우환과 사고에 밝게 해준다』(《계사전》 하편—역주)고 했다. 대저 기이한 물상은 마음을 움직이는 경우가 있는데, 사람의 길흉과 상相의 기색에 있어서는 좋고 나쁨을 막론하고 항상 두려워하는 마음을 갖고서 몸을 닦고 반성하며 덕으로써 그것을 맞아들인다면 곧 길한 모습을 만나게 될 것이며 천복을 받아 영원할 것이다.

부록 2	당송시대 때의 유서類書에 보이는 한당 해몽서의 일문佚文 모음

청나라 때의 홍이훤洪頤烜과 왕조원王照圓이 각각 모은 두 종류의 집일본輯佚本을 참조하여 다시 구두점을 달고 분류를 하였다. 교정하고 보충을 한 부분에 대해서는 꺾쇠묶음으로 표시하였고, 주를 단 부분에 대해서는 둥근 괄호로써 표시하였다. 모두 합해서 총 9종류 69조목이다.

---

〔1〕 몽론夢論

(1) 꿈이란 형상이며, 정기의 움직임이다. 혼과 넋이 육신을 떠나 정신이 왕래하는 것이다. 음양이 감응되어 길흉의 응험이 나타난다. 꿈은 그 사람에게 과실을 예견할 수 있도록 말해 준다. 만약 현명한 이라고 한다면, 그것을 알고서 스스로 고칠 것이다. 꿈이란 알린다는 것인데, 그 형상을 알린다는 것을 말한다. 눈으로 볼 수도 없으며, 귀로 들을 수도 없으며, 코로 냄새를 맡을 수도 없으며, 입으로 말을 할 수도 없다. 영혼이 나와서 노닐고 육신은 홀로 존재하며, 마음에 생각하는 바가 있는 바람에 육신을 잊어버리게 된다. 천신의 경계함을 받아 다시 사람에게 알린다. 경계함을 받음에 정밀하지 못하면 신의 말씀을 잊어버리게 된다. 명확하게 되면 잠을 깨고 꿈에서 들은 말씀이 이르게 된다. 옛날부터 해몽관이 있었으며 계속해서 전해지고 있다.(《태평어람太平御覽》제397권)

---

〔2〕 천지에 관한 것

(2) 달이라는 것은 태음太陰의 으뜸이다. 꿈에서 달을 보면 다음날 아침에 공경

대부를 만나게 된다. 또 임금은 후비가 떠나는 것을 보게 된다. [꿈에서] 차오르는 달을 보게 되면 공경대부의 부인이 축하하게 된다.(《북당서초北堂書鈔》 제150권)

(3) 꿈에서 번갯불을 보는 것은 천자天子를 두려워해서이다.(《북당서초》 제152권)

(4) 땅이라는 것은 음에 속하는 것으로 그 아래쪽은 컴컴하다. 꿈에서 땅을 보면 몸이 평안하게 된다.(《북당서초》 제157권)

---

[3] 인간사에 관한 것

(5) 꿈에서 다가올 해를 보면, [그 사람은] 장수하게 된다.(《북당서초》 제155권)

(6) 성城이란 것은 인군人君의 상징이며, 한 나라의 존귀한 바이다. 꿈에서 성을 보면 인군을 만나게 된다. 새로운 성을 쌓는 꿈을 꾸면 공명이 있게 된다.(《태평어람》 제192권)

(7) 정자라는 것은 공덕이 쌓여진 것을 뜻하는 것으로, 백성들에 의해 만들어진 것이다. 정자를 짓는 꿈을 꾸면 공적을 이루게 된다. 정자가 무너지는 꿈을 꾸면 은택이 손상을 입게 된다.(《태평어람》 제194권)

(8) 휘파람을 부는 꿈을 꾸는 것은 요구하고자 하는 바가 있기 때문이다.(《예문유취藝文類聚》 제19권)

(9) 꿈에서 난쟁이를 보면 일이 이루어지지 않게 되며, 거사가 중지된 이후에도 이름이 나지 않게 되며, 백성들의 비웃음거리가 되고 사람들의 경멸거리가 되게 된다.(《초학기初學記》 제19권)

---

[4] 기물에 관한 것

(10) 꿈에서 기왓장을 보는 것은 갑옷을 상징하는 것이므로 임금에게 재난이나 근심이 있게 된다.(《태평어람》 제188권)

(11) 발(簾)이나 병풍을 꿈에서 보게 되면 자기 한 몸을 은거하게 된다.(《태평어람》 제700권)

(12) 꿈에서 장막을 보게 되는 것은 비밀스런 일을 걱정해서이다.(《태평어람》 제700권)

(13) 침대가 부서지는 꿈을 꾸는 것은 아내를 걱정해서이다.(《태평어람》제706권)

(14) 장척丈尺(길이가 1장丈(10尺)이 되는 자—역주)이라는 것은 사람이 길고 짧은 것을 잴 때 쓰는 것이다. 꿈에서 장척을 보는 것은 바른 사람을 얻고자 하기 때문이다.(《태평어람》제830권)

(15) 저울이라는 것은 사람이 공평함을 잴 때 쓰는 것이다. 저울을 얻는 꿈을 꾸는 것은 공평하고 단정하고자 하기 때문이다. 저울로써 무게를 달고 재물과 돈을 고르게 한다. 무거운 것이면 가치가 귀하고 가벼운 것이면 천한 것이다. 저울이 부러지는 꿈을 꾸면 사람을 공평하게 대할 수 없게 된다.(《태평어람》제830권)

(16) 칼이라는 것은 날카로움을 써 물건을 재단하는 것이다. 칼을 얻는 꿈을 꾸면 이익이 있게 된다.(《북당서초》제123권)

(17) 모矛와 극戟은 서로 상치되는 것을 상징하는 것으로, 조만간 일어나게 된다. 모와 극을 얻는 꿈을 꾸는 것은 일이 서로 엉키는 것을 걱정해서이다.(《태평어람》제353권)

(18) 양鑲(옛날의 무기로 칼이나 검과 비슷함—역주)과 방패를 얻는 꿈을 꾸는 것은 서로 등질 것을 걱정해서이다.(《태평어람》제357권)

(19) 도끼는 병사를 선발하고 재질이 있는 사람을 뽑는 것을 상징한다. 도끼를 얻는 꿈을 꾸면 병사가 선발되어 오게 된다.(《태평어람》제674, 764권)

(20) [활]은 친구를 상징한다. 꿈에서 [활]을 갖고서 거문고를 타는 꿈을 꾸면 반드시 친구를 얻게 된다.(《북당서초》제124권, 《태평어람》제350권)

(21) 꿈에서 가로놓인 주살을 보는 것은 천거를 당하고 싶어서이다.(《태평어람》제832권)

(22) 굴레나 고삐 같은 물건은 동물을 제약하는 것을 도와주는 것이다. 꿈에서 굴레나 고삐를 보게 되면 백성이나 병사를 제약하게 된다. 꿈에서 굴레를 보게 되면, 사람들이 말을 하는 것을 제약하게 될 것이며, 꿈에서 고삐를 보게 되면 사람들은 왕래를 할 수 있게 된다. 만약 꿈에서 굴레를 단단히 매고 고삐를 곧바로 세우는 꿈을 꾸면 사람들에 대한 통제가 더욱 강화되게 된다. 만약 굴레나 고삐를 부러뜨리거나 내버리고 사용하지 않는 꿈을 꾸게 되면, 일은 논의의 여지를 남겨놓기가 어렵게 될 것이다.(《태평어람》제359권)

(23) 채찍은 부리는 사람을 빨리하게 하는 것을 상징한다. 채찍을 얻는 꿈을 꾸

는 것은 부리고자 하는 바가 있어서이다. 채찍을 갖고서 말을 때리는 꿈을 꾸는 것은 친구를 부리고자 하기 때문이다. 채찍질을 하여 말이 빨리 달리는 꿈을 꾸는 것은 복종하는 것을 좋아하기 때문이다.(《초학기》제2권, 《태평어람》제359권)

(24) 수레바퀴와 굴대는 부부를 상징한다. 꿈에서 수레바퀴나 굴대를 얻는 꿈을 꾸는 것은 부부의 일에 관계된 것이다.(《북당서초》제141권)

(25) 상인이 수레의 끌채가 부러지는 꿈을 꾸는 것은 옷을 잃어버릴 것을 걱정해서이다. 어째서 그렇게 말할 수 있는가? 〈원轅〉(끌채)자에서 〈의衣〉(옷)자가 떨어져 나가는 상이기 때문에 옷을 잃어버리게 된다는 것을 알 수 있다.(《태평어람》제775권)

(26) 바둑을 두는 꿈을 꾸는 것은 싸움을 하고자 하기 때문이다.(《태평어람》제753권)

(27) 피리는 약속을 맺는 것을 상징한다. 피리를 얻는 꿈을 꾸면 현명한 친구를 얻게 된다.(《북당서초》제110권)

(28) 시루를 얻는 꿈을 꾸는 것은 아내를 얻고자 해서이다. 꿈에서 시루를 거는 걸이대를 보면 매파가 오게 된다.(《태평어람》제757권)

(29) 꿈에서 새로 만든 통발을 얻으면 아내와 딸이 기뻐하게 된다.(《태평어람》제775권)

(30) 새 남비를 얻는 꿈을 꾸면 좋은 아내를 취하게 된다.(《태평어람》제757권)

(31) 꿈에서 잔과 책상을 보면 손님이 오게 된다. 손님이 많으면 큰 책상이고, 손님이 적으면 작은 책상을 보게 된다.(《북당서초》제133권, 《태평어람》제710권)

---

〔5〕옷과 음식에 관한 것

(32) 꿈에서 부뚜막을 보는 것은 아내를 구하거나 딸을 시집보낼 것을 걱정해서이다. 어째서 그렇다고 하는가? 우물이나 부뚜막이라는 것은 부녀자들이 쓰는 것을 상징하기 때문이다.(《예문유취》제80권)

(33) 부뚜막이라는 것은 음식물을 주관하는 곳으로 꿈에서 부뚜막을 보면 먹을 것을 얻게 된다.(《태평어람》제186권)

(34) 웃셔츠는 남편을 상징한다. 꿈에서 웃셔츠를 보면 현명한 남편을 얻게 된

다.(《태평어람》제186권)

(35) 무늬있는 비단은 일을 걱정하거나 문장력이 있는 것을 상징한다. 꿈에서 무늬있는 [비단을] 얻는 꿈을 꾸면 천자를 걱정해서이다.(《태평어람》제815권)

(36) 신발이나 버선은 자식을 상징하는 것으로 몸의 끝부분에 신는 것이다. 만약 신발이나 버선을 얻는 꿈을 꾸면 반드시 자식이 있게 된다. 신발이면 사내아이이고 버선이면 계집아이이다.(《태평어람》제697권)

(37) 거친 나막신은 사람을 부린다는 것으로 노비 같은 것을 상징한다. 거친 나막신을 얻는 꿈을 꾸면 동복童僕을 얻게 된다.(《태평어람》제698권)

(38) 술이라는 것은 가는 사람을 환송하고 오는 사람을 환영하는 것을 상징한다. 꿈에서 술을 보게 되면 서로 영접하고 기다리는 것이 있게 된다.(《북당서초》제148권)

(39) 오곡이라는 것은 재산과 음식물을 상징한다. 꿈에서 오곡을 보면, 재산을 얻게 되고 길하게 된다. 오곡이 집 안으로 들어오는 꿈을 꾸면 그 집은 당연히 부자가 되게 된다.(《태평어람》제837권)

(40) 벼라는 것은 재산의 쓰임이 나오는 바이다. 꿈에서 벼를 보면 재물이 생겨나게 된다.(《예문유취》제89권, 《태평어람》제839권)

---

[6] 장식물에 관한 것

(41) 비녀는 자기 자신을 상징한다. 비녀라는 것은 자신의 존귀함을 나타낸다. 좋은 비녀를 얻는 꿈은 자신과 자식에게 기뻐하는 일이 있게 된다.(《북당서초》제127권, 《태평어람》제688권)

(42) 진주 귀걸이는 사람의 자식들이 귀하게 여기는 바이다. 진주 귀걸이를 얻는 꿈을 꾸면 자식을 얻게 된다.(《태평어람》제718권)

(43) 아녀자가 분으로 얼굴을 [꾸미는 꿈을] 꾸면 임신을 하게 된다.(《태평어람》제719권)

(44) 꿈에서 빗을 [본다는] 것은 걱정이 해소된다는 것을 상징한다. 그 머리칼이 윤기가 흘러 반지르르하면 마음이 기쁘게 된다. 이(蝨)를 모두 잡아 없애는 꿈이면 온갖 병들이 모두 다 낫게 된다.(《태평어람》제714, 961권)

(45) 혁대를 얻는 꿈을 꾸는 것은 속박을 받는 것을 걱정해서이다. 혁대라는 것

은 몸에 붙어있는 것이기 때문에 자신을 속박한다는 것을 상징한다. 혁대를 풀어 들고 있는 꿈은 일을 벗어나 자신이 결단을 내리는 것을 뜻한다.(《태평어람》제354권)

(46) 인장이나 띠쇠는 사람의 아들들이 행복한 바를 상징한다. 꿈에서 인장이나 띠쇠를 보면 아들을 낳게 되고, 인장이나 띠쇠를 삼키는 꿈을 꾸면 부인이 임신을 하게 되며, 띠쇠가 배의 밖으로 나오는 꿈을 꾸면 아들이 떨어져 상처를 입게 된다. (《초학기》제26권, 《태평어람》제683권)

(47) 향수를 얻는 꿈을 꾸면 아내와 딸이 돌아온다.(《태평어람》제981권)

(48) 나방은 부녀자들의 어깨를 감싸는 물건을 상징한다. 꿈에서 나방을 보게 되는 것은 혼인을 걱정해서이다.(《태평어람》제951권)

---

[7] 초목에 관한 것

(49) 소나무는 인군을 상징한다. 꿈에서 소나무를 본다는 것은 인군을 보게 될 징조이다.(《예문유취》제88권, 《태평어람》제953권)

(50) 느릅나무는 인군을 상징하며 덕과 어짊을 상징한다. 느릅나무 잎을 따는 꿈을 꾸면 은총을 받아 상을 받게 되며, 느릅나무 위에 올라가 있는 꿈을 꾸면 귀한 관직을 얻게 되며, 그 잎이 무성하게 자라나는 꿈을 꾸면 복록福祿이 있게 된다. (《예문유취》제88권, 《태평어람》제956권)

(51) 복숭아라는 것은 임금을 지키는 것으로 상서롭지 못한 것을 피하게 해주는 것을 상징한다. 꿈에서 복숭아를 보면 임금을 지키는 관리가 된다.(《태평어람》제 967권)

(52) 오얏은 감옥을 관리하는 관리官吏를 상징한다. 오얏을 보는 꿈을 꾸는 것은 옥을 관리하는 관리를 걱정해서이다.(《태평어람》제968권)

(53) 버드나무는 사신을 상징한다. 꿈에서 버드나무를 보게 되면 반드시 멀리 유람을 가게 된다.(《태평어람》제957권)

(54) 대나무라는 것은 처사處士가 전원생활을 하는 것을 상징한다. 꿈에서 대나무를 보는 것은 처사가 되는 것을 바라는 마음 때문이다.(《태평어람》제962권)

(55) 메추라기는 싸움을 상징한다. 꿈에서 메추라기를 보는 것은 싸우는 것을 걱정해서이다.(《태평어람》제496, 924권)

(56) 앵무새는 죽은 사람이 집에 거주하는 것을 상징한다. 꿈에서 앵무새를 보는 것은 죽은 사람을 걱정해서이다. 앵무새가 집 위에 있다는 것은 호걸이나 현인을 걱정하기 때문이다.(《백공육첩白孔六帖》제94권, 《초학기》제30권, 《태평어람》제924권)

(57) 꿈에서 해오라기를 보는 것은 부부가 함께 살지 못할 것을 걱정하기 때문이다. 부인이 [꿈에서] 해오라기를 보면 홀로 살게 되며, 남편이 보게 되면 아마도 아내를 잃게 될 것이며, 암수가 서로 함께 있는 [꿈을 꾸면] 음란한 짓을 하며 놀게 된다.(《태평어람》제925권)

(58) 매는 공격성이 있으며 표독하고 잔학한 마음을 상징한다. 꿈에서 매를 보는 것은 도적을 두려워해서이다.(《태평어람》제926권)

(59) 닭은 무관武官을 상징하는데, 볏이 있기 때문이다. 꿈에서 닭을 보는 것은 무관을 걱정해서이며, 닭이 무리를 지어 문 안으로 들어오는 꿈을 꾸는 것은 무관에게 체포될 것을 두려워해서이며, 닭떼들이 집 안에서 싸우는 꿈을 꾸는 것은 병사들을 겁내고 두려워하기 때문이다.(《태평어람》제918권)

(60) 백로는 [구설수에 오를 것을] 걱정함을 상징하는데, 그 우는 소리가 매우 듣기 싫기 때문이다. 꿈에서 백로를 보는 것은 구설수에 오를 것을 걱정해서이다.(《태평어람》제923권)

(61) 수궁守宮(도마뱀붙이)은 과부를 상징하는데, 담벼락에 붙어있기 때문이다. 꿈에서 수궁을 보는 것은 과부가 될 것을 걱정해서이다.(《태평어람》제946권)

(62) 쇠똥구리는 재물을 잃게 되는 것을 상징한다. 꿈에서 쇠똥구리를 보는 것은 재산이나 양식을 걱정해서이다.(《태평어람》제946권)

(63) 사마귀는 죽은 사람을 상징하는데, 풀 속에 숨어있기 때문이다. 꿈에서 사마귀를 보는 것은 죽은 사람을 걱정해서이다.(《태평어람》제946권)

(64) 꿈에서 거미를 보면 바로 그날에 기쁜 일이 있게 된다.(《태평어람》제948권)

(65) 거미는 배가 크다는 것을 상징하는데, 거미의 모습이 그러하기 때문이다. 꿈에서 거미를 보는 것은 임신한 아내를 걱정해서이다.(《태평어람》제948권)

(66) 이(蝨)는 걱정거리를 상징하는데, 사람의 몸을 물기 때문이다. 꿈에서 이를 보면 걱정거리가 있게 된다.(《태평어람》제951권)

(67) 왕개미는 도둑을 상징하는데, 먹을 것을 물고서 가기 때문이다. 꿈에서 왕개미를 보게 되면 도둑이 많아지게 된다.(《태평어람》제947권)

[9] 기타에 관한 것

(68) 증서는 믿음이 있다는 것을 상징한다. 증서를 얻는 꿈을 꾸면 믿음있는 병사를 얻게 된다.(《태평어람》제598권)

(69) 서찰은 다른 사람이 천거를 한다는 것을 상징한다. 꿈에서 서찰을 보는 것은 천거를 당하고 싶어서이다.(《태평어람》제606권)

부록 3 | 《신집주공해몽서新集周公解夢書》1권

《돈황유서 P3908》에서 뽑고, 또《S5900》과 기타의 해몽서 수초본手抄本을 참고로 하여 교정하였다. 교정하면서 글자를 증보한 곳에는 꺾쇠묶음으로 표시하였고, 틀린 글자나 순서가 잘못된 문장 혹은 달리 해석된다고 생각되는 것에는 둥근 괄호를 사용하여 표시했으며, 속체자나 이체자 들은 모두 현재 통용되고 있는 표준 글자체로 바꾸었다. 해독되지 않은 개별 글자에 대해서는 그 아래에다 검은 점만 표시하고 고치지 않은 채 그대로 옮겨놓았다.

대저 사람이 세상에 태어나면 사대四大로써 형체를 세우고 오상五常을 받으므로써 품성을 기르고, 삼혼三魂이 뒤에서 따르며 육백六魄이 앞에서 서게 된다. 꿈이라는 것은 정신이 노니는 것으로, 마치 사람의 몸이 따라다니는 것과 같다. 만약 여러 해를 지나도 꿈을 꾸지 못한 경우라면 또 어떤 원인이 있는 것이라고 할 수 있다. 매일 밤 수많은 꿈을 꾸는 것이라면 열 번을 꾸어도 하나도 정해지는 것이 없을 터이다. 어떤 일을 생각하는 것 없이도 꿈을 꾸는 경우가 있는데, 이러한 것을 〈꿈〉

이라고 이름할 수 있다. 만약 사유하고 생각하여, 혹 잠이 들어 좋은 꿈을 꾸었다고 한다면, 이는 마땅히 악몽으로 처리해야 할 것이다. 무릇 꿈에서 좋은 것을 보면 마음이 기쁘고, 나쁜 것을 보면 걱정거리가 있게 되는 것인데, 지혜로운 사람은 악몽을 길한 것으로 해석하고 우둔한 사람은 좋은 꿈을 흉한 것으로 해석하게 되는 것과 같은 것들은 어떤 이유에서인가? 이런 이유를 밝히기 위해 《주공해몽서》 20여 장을 1권으로 찬록하여 조목조목 다 나열하므로써, 의혹된 마음이 우려와 걱정을 낳는 것을 방지하고자 한다. 많은 현인 군자들이 감별하고 현량들이 본 것이기에, 살펴본즉 만의 하나라도 틀림이 없으리라.

---

〔1〕천문에 관한 장

하늘로 오르는 꿈을 꾸면 귀한 자식을 낳게 되고,

하늘이 맑은 꿈을 꾸면 모든 일이 크게 길하게 되며,

하늘을 바라보는 꿈을 꾸면 꿈을 꾼 사람은 장수하게 되며,

꿈에서 하느님이나 부처를 보면 크게 길하게 되고,

꿈에서 하늘을 보면 꿈을 꾼 사람은 재물을 얻게 되며,

하늘이 무너지는 꿈을 꾸면 큰 흉년이 지게 되며,

해와 달을 꿈에서 보면 꿈을 꾼 사람은 경축 특별사면을 받게 되며,

해와 달이 자신의 몸을 비추는 꿈을 꾸면 크게 귀하게 되며,

해와 달에게 절을 하는 꿈을 꾸면 크게 길하게 되며,

별을 보는 꿈을 꾸면 꿈을 꾼 사람은 관청의 일을 하게 되며,

꿈에서 별똥별을 보게 되면 집안이 평안하지 않게 되며,

눈이 내리는 꿈을 꾸면 관직을 얻게 되며,

꿈에서 서리나 이슬을 보게 되는 것은 죽음을 걱정해서이며,

꿈에서 뇌우를 보면 술과 고기를 얻게 되며,

해와 달이 지는 꿈을 꾸면 크게 흉하게 된다.

---

〔2〕지리에 관한 장

꿈에서 땅을 보면 꿈을 꾼 사람은 옮겨가게 되며,

땅이 꺼지는 꿈을 꾸면 집안이 평안하지 않게 되며,

땅에서 빛이 나는 꿈을 꾸면 꿈을 꾼 사람은 크게 부자가 되며,

땅 위에 눕는 꿈을 꾸면 재력이 강성해지며,

땅을 비로 쓰는 꿈을 꾸면 관청의 일이 있게 되며,

흙을 옮겨와 집 안에다 갖다 붓는 꿈을 꾸면 크게 길하게 되며,

몸에 흙이 묻어있는 꿈을 꾸면 크게 길하게 되며,

흙을 일구는 꿈을 꾸면 관직이 올라가게 되며,

몸이 [땅] 속으로 빠지는 꿈을 꾸면 크게 길하게 되며,

땅 속에 은銀이 묻혀있는 꿈을 꾸면 꿈을 [꾼 사람은] 구설수에 오르게 되며,

젖은 흙이 옷을 더럽히는 꿈을 꾸면 크게 흉하게 되며,

꿈에서 담벼락을 보면 꿈을 꾼 사람은 관청의 일이 있게 된다.

---

[3] 산림 초목에 관한 장

산을 머리 위에 이고 있는 꿈을 꾸면 재물을 얻게 되며,

산림 속으로 걸어가는 꿈을 꾸면 크게 길하게 되며,

꿈에서 수목을 보면 크게 길하게 되며,

수목이 소생하는 꿈을 꾸면 크게 길하게 되며,

나무가 죽는 꿈을 꾸면 큰 죽음이 있게 되며,

나무가 꺾이는 꿈을 꾸면 형제를 잃게 되며,

나무에 오르는 꿈을 꾸면 기쁜 일이 있게 되며,

대나무를 자르는 꿈을 꾸면 대나무를 자른 사람은 구설수에 오르게 되며,

꿈에서 초목이 무성한 것을 보면 집안이 흥성하게 되며,

장작이 집 안에 있는 꿈을 꾸면 크게 길하게 되며,

꽃이 피는 꿈을 꾸면 신분이 매우 귀하게 되며,

꽃이 지는 꿈을 꾸면 아내가 흉한 것을 만나게 되며,

잡과雜菓를 꿈에서 보면 임신을 하게 되고,

죽순을 꿈에서 보게 되는 것은 일이 일어날까 걱정해서이며,

나무가 갑자기 말라죽는 꿈을 꾸면 어머니가 병이 나거나 흉하게 된다.

[4] 물·불·도적에 관한 장

[몸이] 물 속에 있는 꿈을 꾸면 크게 길하게 되며,

돼지가 [물에] 빠진 꿈을 꾸면 크게 흉하게 되며,

[불이] 나무에 옮겨붙는 꿈을 꾸면 큰 화가 미치거나 흉하게 되며,

물을 마시는 꿈을 꾸면 재물이나 비단을 얻게 되며,

꿈에서 흐르는 물을 보면 꿈을 꾼 사람은 소송에 걸리게 되며,

꿈에서 물을 보면 크게 길하게 되며,

꿈에서 큰물을 보면 꿈을 꾼 사람은 혼인을 하게 되며,

횃불을 들고서 걸어가는 꿈을 꾸면 만사가 형통하게 되며,

꿈에서 불이 붙는 것을 보면 꿈을 꾼 사람은 크게 길하게 되며,

꿈에서 강물이나 바닷물을 보면 크게 창성하게 되며,

우물을 파는 꿈을 꾸면 멀리서 오는 편지를 받게 되며,

우물이 끓어오르는 꿈을 꾸면 모두 크게 부유하게 되며,

꿈에서 우물을 보면 급한 편지를 받게 되며,

우물 속에 누워있는 꿈을 꾸면 크게 흉하게 되며,

도적을 따라가는 꿈을 꾸면 모두 크게 길하게 되며,

남이 자기의 발뒤꿈치를 때리는 꿈을 꾸면 크게 흉하게 되며,

나쁜 사람이 끌고 가는 꿈을 꾸면 끌려가는 사람은 병에 걸리게 되며,

미친 도적이 집 안으로 들어오는 꿈을 꾸면 그 집은 망하게 된다.

[5] 관록官祿과 형제에 관한 장

꿈에서 성인을 보면 성인을 본 사람은 크게 길하게 되며,

제왕이 붕어하는 꿈을 꾸면 꿈을 꾼 사람은 크게 흉하게 되며,

나이든 사람을 배알하고 존경하는 꿈을 꾸면 크게 길하게 되고,

큰 관직을 대하는 꿈을 꾸면 기쁜 일이 있게 되고,

꿈에서 관청을 보면 귀한 자식을 낳게 되고,

귀한 사람과 내왕하는 꿈을 꾸면 길하게 되고,

귀한 사람이 밥을 하사하는 꿈을 꾸면 밥을 하사받은 이는 병에 걸리게 되며,

관청의 주방 속으로 걸어가는 꿈을 꾸면 길하게 되고,

경축 특별사면을 받는 꿈을 꾸면 사면을 받은 사람의 집안은 평안하게 되며,

군왕이 지팡이를 떨어뜨리는 꿈을 꾸면 부유하게 되며,

촌모자를 쓰고 있는 꿈을 꾸면 크게 귀하게 되고,

꿈에서 패인佩印을 보게 되면 관직이 오르게 되고,

홀(圭)을 가지고 있는 꿈을 꾸면 홀을 가지고 있던 이가 관직을 옮겨가게 되며,

아버지와 아들이 서로 만나는 꿈을 꾸면 크게 길하게 되며,

형제가 뿔뿔이 흩어지는 꿈을 꾸면 꿈을 꾼 사람은 구설수에 오르게 되며,

형제가 서로 치고받고 싸우는 꿈을 꾸면 꿈을 꾼 사람은 화합을 이루게 되며,

몸이 비대해지거나 야위어지는 꿈을 꾸면 크게 흉하게 되며,

읍을 하고서 절을 한 채 일어나지 못하는 꿈을 꾸면 크게 길하게 된다.

---

[6] 사람의 몸 · 빗 · 거울에 관한 장

꿈에서 빗을 보면 온갖 일들이 산만하게 되며,

꿈에서 머리가 희어지는 것을 보면 머리가 희어진 사람이 장수하게 되며,

꿈에서 소반처럼 생긴 머리를 보면 온갖 일들이 길하게 되며,

꿈에서 거울이 밝은 것을 보면 길하고 어두운 것을 보면 흉하게 되며,

꿈에서 거울이 깨어지는 것을 보면 꿈을 꾼 사람은 헤어져 흩어지게 되며,

몸에서 벌레가 나오는 꿈을 꾸면 크게 길하게 되고,

머리를 조아리는 꿈을 꾸는 것은 관청의 일을 걱정해서이며,

목욕을 하는 꿈을 꾸면 온갖 일들이 길하게 되며,

오랏줄로 묶이는 꿈을 꾸면 오랏줄에 묶인 사람이 장수하게 되며,

오줌이나 똥으로 옷이 더럽혀지는 꿈을 꾸면 크게 길하게 되고,

먼길을 떠나면서 거울을 보는 꿈을 꾸면 크게 길하게 되며,

이빨이 생겨나는 꿈을 꾸면 크게 길하게 되며,

이빨이 빠지는 꿈을 꾸면 큰 상을 당하게 되며,

꿈에서 말을 보면 꿈을 꾼 사람은 크게 흉하게 되며,

거울을 보는 꿈을 꾸면 길 가던 사람이 들르게 되고,

몸이 아픈 꿈을 꾸게 되는 것은 일을 걱정해서이며,

목에 칼을 쓰고 있거나 풀막(소택의 풀을 지키는 사람의 집—역주)을 보게 되면 그 사람은 관직을 얻게 되며,

감옥에 갇히게 되거나 곤장을 맞는 꿈을 꾸면 모두 길하게 된다.

[7] 음식물에 관한 장

용의 고기를 먹는 꿈을 꾸면 귀한 자식을 낳게 되며,

말고기를 먹는 꿈을 꾸게 되면 아내가 임신을 하게 되며,

소고기를 먹는 꿈을 꾸면 사람의 몸이 건강해지며,

당나귀 고기를 먹는 꿈을 꾸는 것은 멀리 가는 것을 걱정해서이며,

개[고기]를 먹는 꿈을 꾸면 죽는 액운이 생기게 되며,

죽은 날짐승의 고기를 먹는 꿈을 꾸면 헤어져 흩어지게 되며,

들짐승의 고기를 먹는 꿈을 꾸면 집이 파산하게 되며,

꿈에서 갖가지 맛을 보면 크게 길하게 되며,

새의 고기를 먹는 꿈을 꾸면 자식이 임신을 하게 되며,

과실을 먹는 꿈을 꾸면 먼나라의 사람들이 길하게 되며,

술 마시는 꿈을 꾸면 기쁜 일이 있게 된다.

[8] 불도佛道·음악에 관한 장

부처에게 예불을 드리는 꿈을 꾸면 귀한 사람의 힘을 얻게 되며,

절 안에 들어가서 거니는 꿈을 꾸면 거닌 사람에게는 기쁜 일이 있게 되며,

보살을 꿈에서 보면 본 사람은 장수하게 되며,

금강(역사)을 꿈에서 보면 그것을 본 사람은 다른 사람의 힘을 얻게 되며,

꿈에서 스님을 보면 온갖 일들이 이루어지지 않게 되며,

제사 음식을 먹는 꿈을 꾸면 음식을 먹은 사람은 크게 길하게 되며,

향을 드리는 꿈을 꾸면 향을 드린 사람에게는 혼인에 관계된 일이 있게 되며,

꿈에서 귀신의 묘당을 보면 신선에게 먹을 것을 구하게 되며,

도관道觀에 거주하는 꿈을 꾸면 변화가 일어나게 되며,

음악을 연주하는 꿈을 꾸면 울게 되며,

뱃가죽을 가볍게 두드리는 꿈을 꾸게 되면 멀리서 편지가 도착하게 되며,

춤을 추는 꿈을 꾸게 되면 춤을 춘 사람은 놀라고 두려워하게 되며,

노래를 부르는 꿈을 꾸면 구설수에 오르게 되며,

꿈에서 거문고와 큰거문고를 보면 그것을 본 사람은 크게 길하게 되며,

꿈에서 피리를 보면 모두 크게 길하게 된다.

---

〔9〕 별장이나 가택에 관한 장

집을 새로 짓는 꿈을 꾸면 크게 부유하게 되며,

집이 부서지는 꿈을 꾸면 부서진 집은 크게 흉하게 되며,

집이 무너지는 꿈을 꾸면 집의 주인이 병에 걸리게 되며,

높은 집에 올라가는 꿈을 꾸면 크게 귀하게 되며,

집의 기둥이 부러지는 꿈을 꾸면 집이 파산하게 되며,

지붕을 이는 꿈을 꾸면 이는 사람은 장수하게 되며,

집이 빈 것을 보면 빈 집의 주인은 크게 흉하게 되며,

남의 문을 두드리는 꿈을 꾸면 크게 길하게 되며,

다른 사람이 문으로 들어오는 꿈을 꾸면 주인에게는 관청에 관계된 일이 있게 되며,

집이 움직이는 꿈을 꾸면 가장이 흉하게 되며,

집 정원의 울타리가 부서지는 꿈을 꾸면 손자가 병이 나게 되고,

벼가 높은 곳에서 다시 자라나는 꿈을 꾸면 꿈을 꾼 사람은 재혼을 하게 되며,

높은 곳으로부터 물이 흐르는 꿈을 꾸면 크게 길하게 되며,

변소 속에 빠지는 꿈을 꾸면 빠진 사람은 중병을 앓게 되며,

꿈에서 책을 보게 되면 친척에 혼인이 있게 되며,

집이 불에 타는 꿈을 꾸면 부모가 병에 걸리게 되며,
물이 집 안으로 흘러 들어오는 꿈을 꾸면 큰 횡재를 하게 되며,
밝은 빛이 집 안으로 들어오는 꿈을 꾸면 크게 귀하게 된다.

[10] 의복에 관한 장

새옷을 입는 꿈을 꾸면 질병에 걸리게 되며,
의상을 풀어헤치는 꿈을 꾸면 구설수에 오르게 되며,
푸른 옷을 입는 꿈을 꾸면 관직을 얻게 되고,
누런 옷을 입는 꿈을 꾸면 크게 길하게 되며,
녹색 옷을 입는 꿈을 꾸면 아내가 임신을 하게 되고,
흰 옷을 입는 꿈을 꾸면 옷을 입은 사람이 크게 길하게 되며,
붉은 옷을 입는 꿈을 꾸면 관청의 일이 있게 되고,
여자 옷을 입는 꿈을 꾸면 크게 흉하게 되고,
의복을 입는 꿈을 꾸면 크게 길하게 되고,
옷에 모래가 있는 꿈을 꾸는 것은 아내의 병을 걱정해서이며,
안경을 끼는 꿈을 꾸면 안경을 낀 사람의 관직이 올라가게 되며,
꿈에서 두건을 새로 만드는 것을 보면 죽는 흉사가 생기게 되며,
꿈에서 찢어진 두건을 보면 흉하고 새두건을 보면 길하며,
꿈에서 찢어진 버선을 보면 길하고 새버선을 보면 흉하게 되며,
꿈에서 신발을 보면 온갖 일들이 화합하게 되고,
꿈에서 가슴가리개를 보면 관부의 일이 있게 되며,
꿈에서 돈을 꿰는 줄을 보면 본 사람은 구설수에 오르게 되며,
꿈에서 이불이나 두건 등을 보면 기쁜 일이 있게 된다.

[11] 육축六畜과 금수에 관한 장

꿈에서 육축이 선인에게 말하는 것을 보면 먹을 것을 구하게 되며,
꿈에서 소나 말을 보면 크게 길하게 되며,

소가 사람을 끄는 꿈을 꾸면 일을 구함에 길하게 되며,

소나 말을 죽이는 꿈을 꾸면 집이 파산하게 되며,

소가 집을 뛰쳐나오는 꿈을 꾸면 옳지 않은 일을 범하게 되며,

말을 타는 꿈을 꾸면 멀리서 편지가 오게 되며,

꿈에서 양을 보면 양을 본 사람은 좋은 아내를 얻게 되며,

꿈에서 노새나 당나귀를 보면 구설수에 오르게 되며,

꿈에서 돼지를 보는 것은 관부의 일을 걱정해서이며,

꿈에서 사자를 보면 사자를 본 사람은 크게 귀하게 되며,

꿈에서 큰 벌레를 보면 관직이나 봉록이 더해지게 되며,

꿈에서 바퀴벌레를 보면 본 사람은 관직을 얻게 되며,

개가 사람을 무는 꿈을 꾸면 귀한 손님이 오게 되며,

꿈에서 닭이나 거위를 보면 그것을 본 사람에게는 큰 경사가 있게 된다.

[12] 용과 뱀[새·벌레]에 관한 장

용을 보거나 싸우는 꿈을 꾸면 그 사람은 구설수에 오르게 되며,

꿈에서 용이 날아다니는 것을 보면 몸이 모두 귀하게 되며,

꿈에서 흑룡을 보면 집안이 크게 부유하게 되며,

뱀이 길을 막고 있는 꿈을 꾸면 크게 길하게 되며,

꿈에서 뱀이나 호랑이를 보면 그것을 본 사람은 부귀하게 되며,

뱀이 침대 아래로 들어오는 꿈을 꾸면 중병에 걸리게 되며,

[뱀이] 집 위로 올라가는 꿈을 꾸면 크게 흉하게 되며,

뱀이 침대 위로 올라오는 꿈을 꾸면 그 사람은 죽게 되며,

뱀이 서로 뒤엉켜 있는 꿈을 꾸게 되면 구설수가 줄어들게 되고,

뱀이 사람을 무는 꿈을 꾸면 어머니의 상을 당하게 되며,

뱀이 쟁반 모양으로 틀고 앉아있는 꿈을 꾸면 집안이 평안하지 않게 되며,

뱀을 때려 죽이는 꿈을 꾸면 크게 길하게 되며,

꿈에서 여러 색깔이 섞인 새를 보면 멀리서 편지가 도착하게 되며,

새가 집 안으로 날아드는 꿈을 꾸면 흉하여 죽게 되며,

꿈에서 규룡을 보면 크게 길하게 되며,

꿈에서 거미나 갈거미를 보면 구설수에 오르게 되며,

꿈에서 거북을 보면 구설수에 오르게 되며,

꿈에서 자라를 보면 본 사람은 온갖 일이 길하게 되며,

꿈에서 물고기를 보면 모두 상서롭지 못하다.

〔13〕칼·검·활·노쇠에 관한 장

칼에 상처를 입는 꿈을 꾸면 재물을 잃게 되며,

날이 시퍼런 칼에 찔리는 꿈을 꾸면 재물을 얻게 되며,

꿈에서 칼을 가는 것을 보면 큰 이득이 있게 되며,

칼을 가지고서 길을 가는 꿈을 꾸면 구설수에 올라 어지럽게 되며,

다른 사람에게 칼을 주는 꿈을 꾸면 이득을 잃게 되며,

칼로써 서로 베는 꿈을 꾸게 되면 서로 혼인이 있게 되며,

칼에 피살되는 꿈을 꾸면 장수하게 되며,

칼이나 검을 갖고서 길을 가는 꿈을 꾸면 신분이 귀하게 되며,

활이나 현이 끊어지는 꿈을 꾸면 일이 이루어지지 않게 되며,

몸이 화살에 맞는 꿈을 꾸면 다른 사람의 힘을 얻게 되며,

검을 몸에 끼고 있는 꿈을 꾸면 크게 부유하게 되며,

꿈에서 군대의 진영을 보면 멀리 행차를 나가게 된다.

〔14〕부부와 화장에 관한 장

아내가 기뻐하는 꿈을 꾸면 다른 사람의 재물을 얻게 되며,

아내가 자신을 때리는 꿈을 꾸면 아내의 힘을 얻게 되며,

아내를 때리는 꿈을 꾸면 때린 사람은 재물을 잃게 되며,

아내를 파견 보내는 꿈을 꾸면 외부의 재물을 얻게 되며,

부부가 서로 절을 하는 꿈을 꾸면 지아비가 떠나게 되고,

부부가 서로 손을 맞잡는 꿈을 꾸면 크게 흉하게 되며,

아내가 화장을 진하게 하는 꿈을 꾸면 반드시 헤어지게 되고,

아내를 얻는 꿈을 꾸면 그 사람의 생식기가 발기하게 되고,

아내가 임신한 꿈을 꾸면 크게 흉하게 되며,

아내가 병이 든 꿈을 꾸면 재물을 잃게 되며,

꿈에서 아내를 보면 큰 재물을 얻게 되며,

아내가 칼을 차고 있는 꿈을 꾸면 빨리 아이를 낳게 되며,

문이 열려있는 꿈을 꾸면 아내에게 외도가 있게 되고,

여자와 교접하는 꿈을 꾸면 지아비가 상처를 입게 되며,

꿈에서 꽃비녀나 화장하는 분을 보면 구설수에 오르게 된다.

[15] 누각·가구·돈·비단 등에 관한 장

꿈에서 궁궐이나 시장·누각·점포 등을 보면 크게 길하게 되며,

꿈에서 누각의 그림자를 보면 그 사람은 관직이나 봉록을 얻게 되며,

누각에 오르는 꿈을 꾸면 관직을 얻게 되며,

집을 짓고 세우는 꿈을 꾸면 창성하게 되며,

지붕 위로 올라가는 꿈을 꾸는 것은 불이나 등불을 걱정해서이며,

꿈에서 금이나 은을 보면 소송에 관계된 일이 있게 되며,

돈꾸러미를 차고 있는 꿈을 꾸면 그 사람은 구설수에 오르게 되며,

돈을 다른 사람에게 주는 꿈을 꾸면 그 사람은 크게 길하고 이득이 있게 되며,

꿈에서 돈이 깨어진 것을 보면 구설수에 올라 어지럽게 되며,

재물을 줍는 꿈을 꾸면 재물을 잃게 되며,

가구를 둘러싸고 있는 꿈을 꾸면 집안이 평안하지 않게 되며,

꿈에서 돗자리를 보는 것은 병든 몸을 걱정해서이며,

꿈에서 비단에 무늬가 새겨진 것을 보는 것은 관청의 일을 걱정해서이며,

꿈에서 저울이나 말(斗)이나 되(升)·자(尺) 등을 보면 재물을 얻게 되며,

꿈에서 흰 비단이나 생초(생사로 얇게 짠 사붙이의 하나—역주)를 보면 그 사람은 크게 길하게 되며,

꿈에서 실이나 솜을 보면 그 사람은 장수하게 되며,

꿈에서 종이나 붓을 보면 소송에 관계된 일이 있게 되며,
꿈에서 큰 책을 보면 기쁜 경사가 있게 된다.

[16] 배 · 수레 · 다리 · 시장 · 곡식 · 물건 등에 관한 장

배 안으로 떨어지는 꿈을 꾸면 크게 길하게 되고,
꿈에서 배가 떠있는 것을 보는 것은 몸이 죽을까 걱정해서이며,
꿈에서 배가 가득차는 것을 보면 큰 질병에 걸리게 되며,
배 안에서 걸어다니는 꿈을 꾸면 큰 이득이 있게 되며,
돛이 천천히 바람 부는 대로 움직이는 꿈을 꾸면 작은 길조가 있게 되며,
수레를 타고서 길을 가는 꿈을 꾸면 그 사람은 관직을 얻게 되며,
수레에 바퀴와 바퀴살이 없는 꿈을 꾸면 일이 실패하게 되며,
다리 위에 올라가는 꿈을 꾸면 그 사람은 장수하게 되며,
교량이 부러지는 꿈을 꾸면 크게 흉하게 되며,
다리 위에서 크게 고함을 지르는 꿈을 꾸면 크게 흉하게 되며,
험난한 길을 따라서 가는 꿈을 꾸면 길하게 되고,
길에서 대소변을 보는 꿈을 꾸면 크게 재물을 얻게 되고,
시장에서 곡식을 얻는 꿈을 꾸면 크게 길하게 되며,
꿈에서 쌀이나 면을 보게 되는 것은 신체의 병을 걱정해서이며,
꿈에서 조나 곡식을 보면 그 사람은 장수하게 되며,
꿈에서 삼이나 콩 · 보리 등을 보면 술과 먹을 것을 얻게 되며,
산이나 밭두둑에 오르는 꿈을 꾸면 그 사람은 고귀하게 되며,
높은 곳으로부터 땅으로 떨어지는 꿈을 꾸면 크게 흉하게 된다.

[17] 생사와 질병에 관한 장

꿈에서 병든 사람이 걸어다니는 것을 보면 걱정이 있게 되고 흉하게 되며,
꿈에서 병든 사람을 보면 길하고 이득이 있게 되며,
꿈에서 노래 부르는 것을 보면 큰 걱정이 있게 되며,

꿈에서 병든 사람이 목욕을 하는 것을 보게 되면 흉하게 되며,

꿈에서 병든 사람이 식사하는 것을 보면 흉하게 되며,

꿈에서 병든 사람이 배를 내리는 것을 보면 크게 길하게 되며,

병든 사람이 부모를 잃는 꿈을 꾸면 집안이 평안하게 되며,

죽은 사람이 도리어 살아나는 꿈을 꾸면 그 사람은 귀하게 되며,

꿈에서 죽음과 걱정거리가 나타나는 것은 자손들을 걱정해서이며,

죽은 사람과 함께 식사하는 꿈을 꾸면 길하게 되고,

꿈에서 조문을 하거나 효도를 다하는 사람을 보면 크게 길하고 이득이 있게 되며,

우는 꿈을 꾸면 크게 길하고 이득이 있게 되며,

꿈에서 이웃집에 질병이 있는 것을 보면 길하고 경사가 있게 된다.

---

[18] 무덤·관·흉구에 관한 장

무덤을 만드는 꿈을 꾸면 크게 길하게 되며,

무덤 위에 나무가 자라나는 꿈을 꾸면 크게 길하게 되며,

묘의 숲이 무성한 꿈을 꾸면 집안이 흥성하게 되며,

무덤 위를 걸어가는 꿈을 꾸면 큰 기쁨이 있게 되며,

관을 높이 들고서 집 안으로 들어오는 꿈을 꾸면 재물이 들어오게 되며,

관이 집 안으로 들어오는 꿈을 꾸면 재물을 잃게 되며,

관이 열려있는 꿈을 꾸면 큰 재물을 얻게 되며,

관이 닫혀있는 꿈을 꾸면 흉하고 나쁘게 되며,

관에서 물이 흐르는 꿈을 꾸면 길하게 되며,

관 속에 들어있는 사람이 말을 하는 꿈을 꾸면 재물을 얻게 된다.

---

[19] 12지일의 득몽에 관한 장

자일에 꿈을 꾸면 그 사람은 과실에서 벗어나게 되며, 동쪽 이웃집은 구설수에 오르게 된다.

축일에 꿈을 꾸면 그 사람은 재물이 집 안으로 들어와 기뻐하게 된다.

인일에 꿈을 꾸면 술을 얻게 되고, 멀리 행차를 나가게 되며, 구설수에 오르게
된다.

묘일에 꿈을 꾸면 그 사람에게는 바깥 손님이 이르게 되고, 관청의 일을 기피하
게 된다.

진일에 꿈을 꾸면 주육에 관계된 일이 있게 되고 외부의 재물을 얻게 된다.

사일에 꿈을 꾸면 동쪽 이웃집에서 소아병이 있게 된다.

오일에 꿈을 꾸면 멀리 행차를 나가 물건이 생기게 되며, 길하게 된다.

미일에 꿈을 꾸면 그 사람에게는 술과 음식이 있게 되며, 기쁘고 즐거운 일이 있
게 되며, 길하게 된다.

신일에 꿈을 꾸면 관청의 일이 있게 되고, 구설수에 오르게 된다.

유일에 꿈을 꾸면 그 사람은 술과 음식에 관계된 일이 생기게 된다.

술일에 꿈을 꾸면 먼 손님이 이르게 되며 재물을 얻게 된다.

해일에 꿈을 꾸면 관리에게 질병에 관계된 일이 있게 된다.

〔20〕 12시의 득몽에 관한 장

자시에 꿈을 꾸면 크게 길하고 창성하게 된다.

축시에 꿈을 꾸면 재산이 생겨나게 된다.

인시에 꿈을 꾼 자에게는 술과 음식이 가게 된다.

묘시에 꿈을 꾸면 비가 내리게 된다.

진시에 꿈을 꾸면 구설수에 오르게 된다.

사시에 꿈을 꾸면 그 사람은 울게 된다.

오시에 꿈을 꾸면 그 사람은 재물을 잃게 된다.

미시에 꿈을 꾸면 입병(口病)이 줄어든다.

신시에 꿈을 꾸면 그 사람에게는 소송에 관계된 일이 있게 된다.

유시에 꿈을 꾸면 손님이 오게 된다.

술시에 꿈을 꾸면 멀리서 편지가 오게 된다.

해시에 꿈을 꾸면 그 사람에게는 관청의 일이 있게 된다.

[21] 건제만일建除滿日의 득몽에 관한 장

건일建日에 꿈을 꾸면 그 사람은 크게 길하고 이득이 있게 된다.

제일除日에 꿈을 꾸면 걱정과 질병이 일어나게 된다.

만일滿日에 꿈을 꾸면 술과 고기를 만나게 된다.

평일平日에 꿈을 꾸면 구설수에 관한 일이 일어나게 된다.

정일定日에 꿈을 꾸면 그 사람에게는 다른 곳으로 옮겨가는 일이 일어나게 된다.

집일執日에 꿈을 꾸면 그 사람은 재물을 잃게 된다.

파일破日에 꿈을 꾸면 큰 길사가 있게 된다.

위일危日에 꿈을 꾸면 그 사람에게는 관청에 관계된 일이 있게 된다.

성일成日에 꿈을 꾸면 그 사람에게는 길사가 있게 된다.

수일收日에 꿈을 꾸면 크게 흉하고 나쁜 일이 있게 된다.

개일開日에 꿈을 꾸면 그 사람은 귀한 자식을 낳게 된다.

폐일閉日에 꿈을 꾸면 그 사람은 놀라고 두려운 일이 있게 된다.

[22] 악몽, 해서는 아니 될 금기 등에 관한 장

묘당의 벽돌을 침대의 받침대로 사용하는 것이 첫번째요,

침대를 지붕의 대들보와 마주 보게 하는 것이 두번째요,

신목神木으로 침대를 만드는 것이 세번째요,

왼쪽으로 새끼를 꼬면서 쐐기풀을 어깨 위에다 묶는 것이 네번째요,

얼굴을 북쪽으로 향하도록 침대를 배치하는 것이 다섯번째요,

침대 아래에 송장의 뼈가 있는 것이 여섯번째요,

다른 사람 때문에 사악함을 따라다니는 것을 좋아하는 것이 일곱번째요,

집에 흰 닭과 개를 기르는 것이 여덟번째요,

귀신을 모신 묘당 근처에 거주하는 것이 아홉번째요,

육축이 죽었는데 그것을 먹는 것이 열번째요,

우물 안으로 머리를 넣고서 물 속에 비친 얼굴을 마주 보는 것이 열한번째요,

복숭아나무가 우물에 가까이 있는 것이 열두번째요,

노비의 시체 아래에 책을 놓아두는 것이 열세번째요,

낡은 가구를 수 년 동안이나 태우지 않는 것이 열네번째요,

방아나 맷돌을 신불 위에다 놓아두는 것이 열다섯번째요,

밥을 먹으면서 주문을 외거나 축원을 하지 않는 것이 열여섯번째요,

거북이나 뱀을 무고하게 죽이는 것이 열일곱번째요,

칼을 머리 위에다 두는 것이 열여덟번째요,

우물을 향해서 우물 난간 위에 앉아있는 것이 열아홉번째요,

흉한 사람의 옷을 입는 것이 스무번째이다.

차가운 곳에다 자리를 깔고서 앉아있는 것은 상서롭지 못하다.

부인이 악몽을 꾸었을 때에는 삼 일 동안 말하지 않는 것이 금과옥조이다.

---

[23] 악몽을 떨쳐 버리는 것에 관한 장

사람이 밤에 악몽을 꾸었을 경우에는, 아침에 일어나 다른 사람에게 말을 해서는 안 되며, 그 마음을 경건하게 하고서 묵으로 아래에 있는 부적을 써서 침대의 다리 아래에 놓아두며, 다른 사람이 알도록 해서는 안 된다. 그리고 다음과 같은 주문을 왼다.『붉디붉은 햇빛이여! 해는 동방에서 떠오르고, 이 부적은 악몽을 끊어줄 것이며, 상서롭지 못한 것들을 없애줄 것이로다. 이를 세 번 읽으면 온갖 귀신들이 법령을 받은 듯 재빨리 숨어 없어질 것이로다. 악몽! 너의 성은 운이요 이름은 행귀이며, 나쁜 생각! 너의 이름은 가요 이름은 자직이며, 또 다른 성은 자요 자는 세호이니, 나는 너의 이름도 알고 너의 자도 알고 있도다. 나에게서 천 리 바깥으로 법령을 받은 듯 어서 빨리 멀어지거라! 칙. 赤, 陽. 日出東方, 此符斷夢, 辟除不祥. 讀之三遍, 百鬼潛藏, 急急如律令. 夫惡夢姓云名行鬼, 惡想姓賈名自直. 又姓子[而]字世瓠, 吾知汝名識汝字. 遠吾千里, 急急如律令, 敕.』

부록 4 │ 꿈 속에서의 창조적 사유활동에 관한 자료

[1] 사마상여司馬相如가 꿈에서《대인부大人賦》를 짓다

사마상여가 (한나라의 무제武帝에게) 부부賦를 지어 바치려 하였는데, 어떤 것을 지어 바쳐야 좋을지를 몰랐다. 밤에 꿈 속에서 누런 구레나룻을 한 노인이 그에게 일러주기를 『《대인부》가 좋을 것이오』라고 하는 것이었다. 그 결과 사마상여는《대인부》를 헌상하였으며, (한나라 무제는) 비단 네 필을 하사품으로 내렸다.《조반입담釣礬立談》

[2] 사령운謝靈運이 꿈 속에서 좋은 시귀를 얻다

사령운은 회계會稽 사람으로 사현謝玄의 손자이다. 일찍이 동생인 사혜련과 음풍농월을 즐기었으나, 한 번은 동생이 없어지자 아무리 생각을 해보아도 시귀를 얻을 수가 없었다. 밤에 꿈에서 동생인 혜련을 보고서 홀연히 『못가에 봄풀이 피어나고, 정원은 아름다운 새 소리로 변하네(〈명금鳴禽〉이라는 것은 잘 우는 새나 가금을 말하는 것이지만, 여기서는 〈아름다운 새 소리〉로 의역했다—역주) 池塘生春草, 園林變鳴禽』라는 시귀를 얻게 되었으며, 이를 신의 도움이라 여겼다.《고금시화古今詩話》

[3] 정술조鄭述祖가 꿈에서《용음십농龍吟十弄》을 얻다

정술조는 자가 공문恭文이며 하남성 개봉 사람이다. 북을 잘 치고 거문고를 잘 탔는데, 스스로《용음십농》이라는 시를 짓고서는 『한 번은 꿈에서 다른 사람이 거문고를 타는 것을 보았는데, 깨어나 이를 받아 적었다』고 했다. 그 당시 사람들은 이를 매우 뛰어난 것이라고 여겼으니 어찌 꿈 속에서 전수받은 것이 아니었겠는가!
《북제서北齊書·정술조전鄭述祖傳》

[4] 당나라 명황(즉 현종)이 꿈에서《자운회곡紫雲廻曲》을 얻다

명황이 한 번은 월궁에서 노니는 꿈을 꾸었는데, 여러 선녀들이 구천九天 위의 맑은 음악을 연주해 올린즉 그 소리가 너무도 청아하고 맑아서 인간세상에서는 들을 수가 없는 것이었다. 잠에서 깨어나 옥피리로써 이를 불어보고서《자운회곡》이라고 이름하였다.《개원전신기開元傳信記》

현종이 한 번은 꿈을 꾸었는데, 선녀 10여 명이 아름다운 구름을 타고 내려와 각기 악기를 갖고서 음악을 연주한즉 그 곡조가 청아하고 뛰어나 정말로 신선이 사는 곳의 음악이었다. 그 중 한 선녀가『이 곡은《신선자운회神仙紫雲廻》라는 것입니다. 지금 폐하께 드리오니 정시正始의 음악으로 삼으십시오』라고 하면서 연주를 해올리고서는 곡을 헌상했다. 꿈을 깬 후에도 여음이 여전히 귓가에 들리는 듯하였하여, 날이 밝자 옥피리로써 그 곡을 연주하도록 했더니 그 선율을 모두 그대로 얻을 수 있었다고 한다.《태진외전太眞外傳》

[5] 당나라 현종이 꿈에서《능파곡凌波曲》을 짓다

현종이 동도東都(즉 낙양)에 있을 때 한 번은 대낮에 꿈을 꾸었는데, 용모가 절세미인인 한 여인이 머리를 교차되게 땋아서 가운데로 틀어올렸으며, 소매가 커다란 넓은 옷을 입고서 침대 앞에 꿇어앉아 절을 올리는 것이었다. 그러자 현종이『그대는 누구인고?』라고 물었다. 그 여인이 대답하여『소첩은 폐하의 능파못(凌波池) 가운데 사는 용녀로서 관작은 위공호가衞公護駕에 올라있으며, 소첩에게도 궁실이 있사옵니다. 지금 폐하께서 아주 미묘한 하늘나라의 음악을 한 곡 지어 하사하시어 저희들 물 속 종족들로 하여금 영광으로 삼도록 해주십시오』라고 하는 것이었다. 현종은 꿈 속에서 북과 호금을 함께 사용하고 신곡과 구곡을 조합하여 곡을 짓고서는 이를《능파곡》이라 이름하였다. 악곡을 얻자 용녀는 재배를 올리고서 물러갔다. 꿈을 깨고서 그 곡을 기록하고서, 궁중의 악사 1백여 명으로 하여금 비파를 사용하여 그 곡을 연습하게 하고서, 문신과 무신을 비롯한 관료들이 모인 가운데 능파못에서 이 곡을 연주하게 하였더니 못 가운데에서 파도가 용솟음쳐 올랐다.《태진외전》

〔6〕 당나라 현종이 꿈에서《예상우무곡霓裳羽舞曲》을 짓다

개원 6년(718) 현종이 한 번은 꿈을 꾸었는데, 도사들과 함께 월궁에서 노니는 꿈이었다. 선녀들이 광릉廣陵 궁전의 커다란 계수나무 아래에서 가무를 즐기고 있는 것이 보였으며, 또한 상당히 맑고 즐거운 음악을 들었다. 꿈에서 깨어난 후에 음률을 편곡하여《예상우무곡》이라는 곡을 만들었다.《용성록龍城錄》

〔7〕 형봉지邢鳳之가 꿈에서《양춘곡陽春曲》을 듣다

형봉지가 한 번은 꿈을 꾸었는 바, 한 여인이 발로 땅을 구르며 장단을 맞추면서《양춘곡》이라는 노래를 부르는 꿈이었는데, 그 노래의 가사는 다음과 같았다.『따뜻한 봄날이 인간세상에 이르니, 이월의 봄비는 먼지를 부드럽게 녹이네. 봄날의 답청놀이가 다 끝나니 가을바람이 일고, 백발노인은 슬퍼하며 근심하네. 陽春人間, 二月雨和塵. 陽春踏盡秋風起, 愁盡人間白髮人』《이문록異聞錄》

〔8〕 허혼許渾이 꿈에서 시귀를 고치다

시인 허혼(자는 비경飛璟)이 한 번은 산을 오르는 꿈을 꾸었는데, 거기에 구름을 뚫고서 하늘로 치솟은 궁궐이 있었다. 사람들이『이곳은 곤륜崑崙 궁전입니다』라고 했다. 그곳을 들어가 보니 몇몇 사람이 모여앉아 막 술을 마시는 것이 보였는데, 그들에게 불려가서 함께 마시며 저녁이 되어서야 자리를 마쳤다. 그 중 어떤 사람이 다음과 같은 시를 지었다.『아침에 옥처럼 훌륭한 궁전에 들었더니 이슬 기운이 청아한데, 좌중에는 단지 허비경許飛璟만이 남아있구나. 속세의 마음 아직 끊지 못해 인간세상의 인연이 남아있거늘, 십 리 아래 산에는 텅빈 달만 밝구나. 曉入瑤臺露氣淸, 坐中惟有許飛璟, 塵心未斷俗緣在, 十里下山空月明』다른 날 다시 그곳에 가는 꿈을 꾸었는데, 허비경이 시를 지어준 그 사람에게『그대는 어찌하여 나의 이름을 인간세상에다 드러내셨소?』라고 했다. 그러자 좌중에 있던 사람이 즉시『하늘의 바람이 불어오니 발걸음도 빈소리로구나 天風吹下步虛聲』로 바꾸었다. 그래

서 모두들『멋지군요!』라고 했다.(종영鐘嶸의《시품詩品》)

부
록

[9] 왕王씨라는 사람이 서시西施의 만가를 짓다

요합姚合이 심아지沈亞之에게『나의 친구인 왕씨라는 사람은 원화 연간 초에 오나라로 놀러가는 꿈을 꾸었는 바, 거기서 오나라의 왕을 모시고 있은즉 군중에서 수레가 출발하고 호드기(갈대잎을 말아 만든 피리의 일종—역주)가 울려 퍼지며, 퉁소를 불고 북을 치는 소리를 들을 수 있었는데, 이는 미인인 서시의 장례를 치르는 것이라고 했다. 왕이 비통해하고 애도해하면서 문상객들을 초치하여《만가》를 짓도록 했는데, 왕씨가 왕의 교시를 받들어〈서쪽으로는 멀리 오나라 궁궐 보이고, 구름은 봉鳳자 모습 글자로 그리네. 끝없는 강물처럼 옥으로 장식한 만장들 드리우고, 장지 택하여 금비녀 묻고 있네. 길에는 홍심초紅心草 가득하고, 벽옥으로 만든 묘원의 삼층 계단, 봄바람이 불어와도 머물 곳이 없고, 처량하고 한스러움을 이길 수 없네! 西望吳王闕, 云書鳳字牌, 連江起珠帳, 擇地葬金釵, 滿路紅心草, 三層碧玉階, 春風無處所, 悽恨不勝懷〉라고 지었다. 이를 보고서 왕이 매우 기뻐하였다. 꿈을 깨고서도 이 일을 능히 기억할 수 있었다」고 했다.《광이기廣異記》

[10] 심아지沈亞之가 꿈에서 농옥弄玉의 만가를 짓다

심아지는 꿈에서 진공秦公의 어린 딸인 농옥의 남편이 되었다. 공주가 죽자《만가》를 짓도록 하였은즉, 그 교시를 받들어 다음과 같이 지었다.『붉은 꽃가지 하나 울면서 장지로 보내네. 삶과 죽음이란 서로 다른 것. 금비녀 향기로운 풀 속으로 떨어지고, 향기 가득한 비단옷에 봄바람 가득하네. 옛날 퉁소 소리 듣던 곳, 높다란 누각만 휘영청한 달빛 속에 서있고, 배꽃 떨어지는 한식날 밤 검디푸른 깊은 궁궐 속에 갇히고 말았네. 泣葬一枝紅, 生同死不同, 金釵墜芳草, 香綉滿春風, 舊日聞簫處, 高樓明月中, 梨花寒食夜, 深閉翠微宮』《백공육첩白孔六帖》

[11] 심아지沈亞之가 꿈에서 진秦나라 여인의 묘지명을 짓다

527

원화 연간 초에 심아지가 빈邠 지방으로 가기 위해서 장안성을 떠나서 탁천橐泉의 한 주막에서 머물게 되었는데, 밤의 꿈에서 진나라 목공穆公이『과인에게는 사랑하는 딸아이가 하나 있는데 그대에게 시집을 보내고자 하오』라고 했다. 일 년이 지난 후 공주가 갑자기 죽게 되자 목공은 슬퍼 어찌할 줄 모르면서 심아지로 하여금 공주의 묘지명을 짓도록 했다. 홀로 곰곰이 그 묘지명을 생각해 본즉 다음과 같았다.『무덤가의 백양나무에 바람이 울고 있네. 돌 상석과 사초풀(방동사니과에 속하는 다년초의 일종─역주)이여. 뒤섞이어 아름다운 꽃들은 땅에 가득하고, 봄풍경에 연기는 더해 가고, 환하던 얼굴 근심으로 뒤덮였고 분칠한 얼굴 야위고 말았네. 아름다운 비단옷 주인되지도 못하고, 깊디깊게 옥을 묻네. 그 한이 어떠하리오. 白楊風哭兮, 石凳髣莎, 雜英滿地兮, 春色烟加. 朱愁粉廋兮, 不主綺羅. 深深埋玉兮, 其恨如何』《이몽록異夢錄》

〔12〕이하李賀가 꿈에서《승천시升天詩》를 짓다

이하는 꿈 속에서《승천시》를 지었는데 다음과 같았다.『눈에 익은 토끼와 겨울의 추운 달은 하늘에서 울부짖고, 구름 속에 잠긴 누각 반쯤 열린 채 비스듬히 창백하네. 옥으로 만든 바퀴는 닳아 삐걱거리고 이슬은 둥근 달빛에 빛을 발하고, 마차의 방울들은 서로 부딪치고 계수나무 향기 길가에 가득하네. 老兔寒蟾泣天色, 雲樓半開壁斜白. 玉輪軋露濕團光, 鸞佩相逢桂香陌』《백공육첩》

〔13〕소관蕭貫이 꿈에서《효한가曉寒歌》를 짓다

소관은 호가 관지貫之로 임강臨江의 신유新喩 사람이다. 한 번은 병에 걸렸을 때 꿈을 꾸었는데, 녹색 옷을 입은 환관이 그를 황제가 있는 궁실로 불러갔으며, 그 속에서《효한가》를 지었는데 시어가 맑고 아름다워서 사람들은 이를 당나라 때의 시인인 이하李賀에다 비유했다.《송사宋史·소관전蕭貫傳》

소관이 어렸을 때 어떤 궁전으로 가는 꿈을 꾸었는데 선녀와 같은 수많은 여인들이 있었다. 한 여인이 그에게 종이를 건네주면서『이는 연파지衍波紙(물결무늬 모양을 인쇄해 넣은 종이─역주)입니다. 번거로우시겠지만《효한가》를 한 곡 지어주십시오』라고 하는 것이었다. 붓을 받아들자마자 그는 곧 다음과 같이 써내려갔다. 『요산嶢山의 12관關처럼 험한데 성루들은 푸르름 속에 감추어져 있네. 용마루 위의 사자 모양을 한 동물들은 술을 마시려는 듯 아가리를 벌리고 있고 고추향은 향내음을 뒤덮고 있네. 두레박은 목마른 까마귀처럼 한번한번씩 물을 토해내고, 활차滑車는 끊임없이 움직여 선녀들의 옥안을 일부러 뒤엎고 있네. 시간을 재던 향은 이미 다 타버리고 연꽃좌대 위의 촛불도 죽어 버리고, 샘물가의 다섯 용이 뿜어내는 물안개는 청량하기 그지없네. (선녀들은) 몸에는 붉은 명주 걸친 채 물고기 모양 옥패 달았고, 왼쪽 귀에는 아무런 장식 없네. 두 발로 발돋움을 하고서 멀리 동쪽 하늘가를 바라보고 있네. 막 반쯤 솟아오른 태양은 마치 붉은 부평초같이 맑디푸른 수면 위에 얼굴을 내미는데, 머리 돌려 궁궐 담장의 기와등골 바라보니 붉은 노을빛 꺼꾸로 비치고 있네. 말채찍질 소리 하늘로부터 들려오더니, 아침 문안드리는 문무관들 궁전 문 앞에 가득하네. 十二嶢關隱宮綠, 獸猊呀酒椒壓馥. 渴鳥涓涓不相續, 轆轤欲轉霏紅玉. 百刻香殘殂蓮燭, 五龍吐水漫寒漿. 紅綃佩魚無左璜, 兩兩懸足瞻扶桑. 紅萍半規出波面, 回首甌稜九霞絢, 鳴鞘遠從天上來, 大劍高冠滿前殿』그러자 선녀들이『당신의 시에는 기묘한 시어들이 많습니다. 훗날 틀림없이 귀하게 되실 것입니다』라고 했다. 송나라 진종眞宗 상부祥符 연간에 과연 채제蔡齊 등과 함께 진사에 합격했다.《고금시화古今詩話》

---

[14] 적준도狄遵度가 꿈에서《가성편佳城篇》을 짓다

적준도는 자가 원규元規로 고문을 좋아했으며 특히 두보의 시를 좋아하여 두보의 시집을 편찬하기도 했다. 하룻저녁에는 꿈에서 두보가 세상에 공개하지 않았던 시를 낭송하는 꿈을 꾸게 되었다. 꿈을 깨어 기억을 해보았으나 10여 글자밖에 기억을 할 수가 없어 나머지는 적준도 자신이 덧보태어 완성을 하였는데, 이것이 바로《가성편》이라는 시이다.(《송사・적비전狄棐傳》에 수록)

---

[15] 허언주許彦周가 꿈에서 시를 짓다

꿈 속에서 시를 짓는 예들은 종종 있어왔다. (송나라 휘종徽宗) 선화 연간 기해년

(1119) 나는 홍주洪州에서 숙성宿城의 북쪽에 있는 정화숙鄭和叔의 집에서 머물게 되었는데, 큰길을 가는 도중 발이 차가운 모래 속에 빠진 꿈을 꾸었다. 길 옆으로는 모두 밭과 구릉이었으며 한 부인이 검은 옷과 흰 치마를 입고서 밭 가운데를 걸어가는 것이었다. 그 부인이『이곳은 모래가 없으니 걷기가 쉬울 것이오』라고 하여, 내가 그녀 말대로 하려고 했으나 그곳으로 올라갈 수가 없었다. 그러자 부인이 나의 손을 잡아 올려주었다. 달은 밝아 대낮과 같았고 멀리 넓게 바라보아도 들판은 온통 보리싹들뿐이었다. 부인이 시를 한 수 부탁하면서 나를 풀 위에 앉도록 했는데 나지막한 돌받침대가 하나 있었으며, 그 위에는 붓과 종이가 있었다. 나는 4구로 된 다음과 같은 시를 읊었다.『한아閑雅한 꽃과 어지러이 흩어지는 풀은 봄마다 볼 수 있고, 가을 제사 되면 지저귀던 제비는 해마다 돌아가네. 푸른 하늘 이슬 아래 보리싹들은 젖어있고, 옛길에 달은 차가운데 인적이 드물구나. 閑花亂草春春有, 秋鳴社燕年年歸. 靑天露下麥苗濕, 古道月寒人迹稀』시를 다 쓰고 나서 붓을 돌받침대 위에다 쳤더니 그 소리에 내가 도리어 놀랐다. 잠을 깬 후에도 이를 분명하게 기억할 수 있었다. 그해에 큰 병이 있었으나 이후 다른 변고는 없었다.《허언주시화許彦周詩話》

---

[16] 소식蘇軾이 꿈에서 회문시回文詩(거꾸로 읽어도 뜻이 통하는 시 —역주)를 짓다

큰눈 내리던 것이 막 개이기 시작할 때, 어떤 사람이 눈을 녹여 차를 달여 미인으로 하여금 노래를 부르면서 나에게 권하게 하는 꿈을 꾸었다. 꿈 속에서 회문시 한 수를 지었는데, 꿈을 깨고도 그 한 구절을 기억할 수가 있었다.『차꽃을 어지러이 날리어 푸른 적삼에 뿌리네. 亂点茶花唾碧衫』이는 한나라 때의 미인이었던 조비연趙飛燕이 꽃을 토해 뿜었다는 고사를 이용한 것이다.(《동파시집東坡詩集》자서)

---

[17] 소식이 꿈에서 삼료參廖의 시를 보다

지난밤에 스승인 삼료께서 두루마리에 적힌 시를 한 수 보여주셨는데, 꿈을 깨어서 그《음차시飮茶詩》의 두 구절을 기억해 보니『한식과 청명도 모두 지났는데, 돌샘과 홰나무의 불은 일시에 새롭구나 寒食淸明都過了, 石泉槐火一時新』하는 것이었다. 꿈에서『불이라는 것은 본디 새로운 것이지만 샘은 어찌해서 새롭습니까?』라고 물었더니,『민간에서는 청명절에 우물을 새로이 판다네』라고 하였다. 마땅히 계속 이어서 시를 이루어야 하기에 이 일을 기록하노라.《동파지림東坡志林·몽매夢寐》

---

[18] 소식이 꿈에서《군대사裙帶詞》를 짓다

소식이 촉蜀 지방으로부터 과거에 응시하기 위해 서울로 가는 길에 (임동臨潼에 있는) 화청궁華淸宮을 지났다. 꿈을 꾸었는데 명황(즉 당나라 현종)께서《태진비군대사太眞妃裙帶詞》를 지으라고 하는 꿈이었다. 꿈을 깨고 나서 이를 기록하였다. 지금 이를 적어 가산何山 반대림潘大臨(자는 빈로邠老)에게 증정한다.『백 첩 겹겹의 주름은 물결처럼 잔잔히 흔들리는데, 6수(1/24량兩에 해당하는 극히 가벼운 무게—역주)의 가벼움에도 흔들리는 구름처럼 가벼워라. 넓다란 궁전에 바람을 머금은 채 서있는데, 환패環佩(고리 모양의 패옥—역주) 흔들리는 소리만 살며시 들려오네. 百疊漪漪水皺, 六銖縰縰雲輕. 植立含風廣殿, 微聞環佩搖聲』원풍 5년(1082) 10월 7일.《동파지림·몽매》

---

[19] 소식이 자유子由(소철蘇轍)가 꿈에서 시를 증정한 것을 기록하다

원풍 8년(1085) 정월 초하루, 자유가 이사녕李士寧을 꿈에서 보았는데 근심하며 걱정을 하는 모습이었다. 그래서 꿈 속에서 자유가 다음과 같은 절구시 한 수를 증정하였다.『선생께서 은혜롭게도 객을 흔연히 받아들이시더니, 금방 닭과 돼지를 사오시고, 금세 또 삶고 구우시네. 사람들은 한가로이 술 마시니 잠시도 싫어할 것 없고, 봉래蓬萊에 돌아간다 하여도 더 먹고 싶은 것 없으리라.』이듬해 윤2월 6일 저에게 말씀하셨으며, 이를 적어 이사녕의 아들에게 주었다.《동파지림·몽매》

---

[20] 소식이 꿈에서 제문을 짓다

원풍 6년(1083) 12월 27일 날이 밝으려 할 때 꿈을 꾸었는 바 벼슬아치 몇 사람이 종이 두루마리를 하나 들고 왔는데, 거기에는『《제춘우문祭春牛文》을 지어주십시오』라는 글이 적혀있었다. 내가 붓으로 재빨리 그 위에다 다음과 같이 적었다. 『삼양三陽이 이미 이르렀고 뭇 풀들이 장차 피어나려고 하는데, 이에 토우土牛(진흙으로 빚은 소—역주)를 꺼내어 농사일에 경계를 삼는구나. 토우에다 울긋불긋한 색깔을 칠한 옷을 입히건만, 그 원형은 본디 진흙에서 나왔거늘 순식간에 부서뜨리니, 토우가 기뻐하는지 한스러워하는지를 그 누가 생각이나 하겠는가?』한 벼슬아치가 미소를 띠며『이 두 구절에 대해서는 장차 틀림없이 노여워하는 사람이 있게 될 것입니다』라고 했다. 그러자 옆에 있던 벼슬아치 하나가『괜찮습니다. 이것은 그들을 일깨워 주려는 것이지요』라고 하는 것이었다.《동파지림·몽매》

---

[21] 소식이 꿈에서 신발에 관한 명문銘文을 짓다

소식이 무림武林(즉 항주杭州)에서 부관으로 있을 때 한 번은 꿈을 꾸었은즉, 꿈에서 (송나라) 신종神宗 임금이 그를 궁중으로 초치하는 꿈이었다. 궁녀들이 에워싼 채 시중을 들고 있었으며, 그 중에서 붉은 옷을 입은 한 여자아이가 붉은 신발을 한 쌍 받쳐들고 있었는데, 소식으로 하여금 이에 대한 명문銘文을 지으라고 했다. 꿈을 깨어 그 명문의 한 부분을 기억해 보니 다음과 같은 구절이었다. 『빈한한 집의 여인이 티끌 모아 태산을 이루듯 모아 짠 것, 하늘의 발걸음이 오려는 듯 구름 피어나고 번개 일어나네.』끝나자마자 이를 임금께 진상하게 되었고, 임금은 이를 보고서 그 재치스러움에 감탄하고서는 궁녀로 하여금 배웅하도록 했다. 슬쩍 곁눈질을 해보았더니 치마의 허리띠에 다음과 같은 6언시가 적혀져 있었다. 『백 첩 겹겹의 주름은 물결처럼 잔잔히 흔들리는데, 6수의 가벼움에도 흔들리는 구름처럼 가벼워라. 넓다란 궁전에 바람을 머금은 채 서있는데, 환패環佩 흔들리는 소리만 살며시 들려오네.』《동파지림·몽매》

---

[22] 소식이 꿈에서 시를 보고서 시귀에 대해 토론을 벌이다

내가 한 번은 어떤 손님이 시를 가지고 와서 나에게 보여주는 꿈을 꾸었는데, 꿈을 깨어서도 그 첫번째 수를 기억할 수가 있었다.『큰 도道는 자신의 신체를 해치는 것을 좋아하지 않고, 충성스런 마음은 황실을 아끼는 마음보다 앞서게 된다. 누가 구절九折(사천성 영경榮經현 서쪽의 공협邛峽산에 있는 고개로 험준하기로 이름이 나 있음—역주)의 험준함을 두려워한다는 것을 알겠는가, 이 또한 충신일 뿐이로다. 道惡賊其身, 忠先愛闕來. 誰知畏九折, 亦自是忠臣』(옛날 왕존王尊이라는 사람이 아버지인 왕양王陽의 뒤를 이어 자사가 되어 구절이라는 고개를 지나면서, 그 험난한 길임에도 불구하고 오로지 신하된 충성스런 마음을 안고서 이 고개를 두려움 없이 지났다는 데서 온 이야기—역주) 글에는 또 《명銘》이나 《찬贊》과 같은 형식으로 된 것들이 몇 구절 더 있었는데『도라는 것이 이루어지는 까닭은 그 농사일을 해치지 않기 때문이요, 덕이라는 것이 닦이어지는 까닭은 그들의 소를 훔치지 않기 때문이다』라는 것과 같은 내용이었다.

내가 황주黃州에 있을 때, 서호西湖에 가는 꿈을 꾸었는데 꿈 속에서도 이것이 꿈인 줄을 아는 꿈이었다. 서호 위에는 삼중으로 된 대웅전이 있었는데, 대웅전 동쪽 전각에 걸려있는 현판에는 〈미륵하생彌勒下生〉이라는 글이 씌어져 있었다. 꿈에서 혼잣말로『이 글씨는 내가 작년에 쓴 것이지』라고 하는 것이었다. 스님들이 왔다갔다하면서 길을 걷고 있었는데, 대부분이 아는 스님들로 변재辨才와 해월海月 스님도 있어 서로 알아보고서 놀라워했다. 나는 웃도리를 풀어헤친 채 지팡이를 짚고 있었는데, 다른 사람들에게『꿈 속에서 놀러오는 바람에 관대冠帶를 차릴 겨를이 없었습니다』라고 하면서 사과를 드렸다. 바로 깨어났을 때에는 잊어버렸는데, 다음날 지상芝上에 있는 사람이 편지를 보내와 이전의 꿈을 다시 일깨워 주는 바람에 이를 기록하게 되었다.

어젯밤 꿈 속에서 어떤 이가 나에게『정말로 맛있는 음식을 부처님께 드렸다면 장수할 것입니다. 누가 감히 천자의 주방의 음식을 먹으려 하겠습니까?』라고 하는 것이었다. 내가 대답하여『정말로 부처님이라고 한다면 천자의 주방에 있는 음식을 탐하여 먹으려고 하겠는가?』라고 했다. 나는『정말로 부처라고 한다면 여기에서 공양올린 음식물들도 먹으려 하지 않을 텐데, 어찌 당신이 올린 음식을 먹으려 하겠는가?』라고 생각했던 것이다. 그 사람은 나의 말에 동감을 표시했다.《동파지림·몽매》

---

[23] 소식이 꿈 속에서 글을 짓다

원우元佑 8년(1093) 8월 11일 조정에 나가려 했으나 시간이 아직 일러서 옷을 입은 채로 잠시 잠을 청했더니, 비단가게의 뒤뜰로 가서 채소밭을 이리저리 돌아다니는 꿈을 꾸게 되었다. 조금 지나서 남쪽 정자에 앉게 되었는데, 마을에 사는 손님 몇이서 막 흙을 옮겨와 작은 연못을 메우고 있었으며, 흙 속에서 무우뿌리 두 개를 캐내어 객들이 기뻐하면서 먹는 것이 보였다. 나는 붓을 가져와 글 한 편을 지었는데, 그 중 몇 구절은 다음과 같다.『남쪽 정자에 앉았더니 길게 자란 수백 그루의 대나무, 수천 마리의 들새들을 마주 대하네. 坐於南軒, 對修竹數百, 野鳥數千』잠을 깨어 망연자실한 채 그것을 생각하고 있었다. 남쪽 정자란 바로 선군께서〈래풍來風〉이라고 이름했던 곳이다.《동파지림·몽매》

역자후기

이 책은 유문영劉文英 교수의 《夢的迷信與夢的探索》을 완역한 것이다. 이 책은 중국 사회과학출판사에서 1989년 초판이 나온 이래 지금까지 재판이 두 차례에 걸쳐 인쇄되었고, 곧 제3판이 출판될 예정으로 있다. 또 1991년 중국의 〈광명배光明杯〉 최우수저작상을 획득했을 뿐만 아니라 대만의 효원曉園 출판사에서도 출판되었으며, 영역본도 이미 번역이 끝난 것으로 알고 있다. 이러한 반응은 〈꿈〉에 대한 관심, 특히 지금까지 프로이트의 꿈의 해석에 익숙해 있던 독자들에게 꿈에 있어 〈동양인들의 해석〉은 어떠한가에 대한 관심을 반영한 것이기도 하다.

동양 문화는 자기 나름대로의 독특한 전통을 갖고 있으며, 동양인의 사유는 자기 나름대로의 독특한 방식을 갖고 있기 때문에, 고대 중국인들의 꿈에 대한 이론 또한 자기 나름대로의 독특한 가치를 지니고 있을 뿐만 아니라 서양의 꿈에 대한 이론에서는 볼 수 없는 어떤 특수한 부분들이 내재되어 있다. 이 책은 중국인들의 꿈에 대한 이론을 정리하므로써 현대 서양인들의 꿈에 대한 이론이 갖고 있는 한계성을 보완해 줌과 동시에, 이들 커다란 두 지역의 꿈에 대한 이해를 종합하므로써 매우 복잡하며 개방적이고 동태적인 방대한 체계를 이루고 있는 꿈에 대한 보편적인 학설을 건립하고자 하는 시도라는 상징적인 의미를 갖고 있다. 그러기에 이 책이 나오므로 해서 지금까지의 꿈에 대한 절름발이 해석에서 벗어날 수 있게 되었다고 감히 자부하고 싶다. 더 나아가 이를 통해서 동양인의 서양인과는 다른 독특한 사유구조와 이에 반영되어 있는 문화체계를 이해하는 데에도 도움이 될 것이다. 이러한 점이 이 책이 갖고 있는 가장 큰 가치라고 할 수 있다. 지금까지도 어쩌면 꿈이란 것은 우리들의 생활과 가장 가까이 자리하고 있는 것임에도 불구하고, 여전히 가장 신비한 부분으로 남아있는 독특한 부분일는지도 모른다. 이를 계기로 저자의 말처럼 우리 선조들의 꿈에 대한 이해방식은 어떠했는지에 대해서도 연구가 되었으면 하는 바람이다. 그것은 외국문학을 하는 역자로서 가지는 조그만 책임일지도 모른다.

한국어판 번역본은 1989년의 초판본을 근거했으나, 최근 저자가 보내온 수정판의 교정표를 비롯하여 이후 첨가된 몇몇 수정분 원고에 근거하여 번역한 것이므로,

저자의 가장 최근의 생각까지도 반영된 것이라 할 수 있다. 그리고 이 책은 공역으로 〈상편〉과 〈부록〉 부분은 하영삼이 맡았고, 〈하편〉과 〈외편〉은 김창경이 나누어 번역했다. 그러나 전체의 최종적인 윤문과 교정작업은 하영삼이 담당했으므로 번역상에 있어서 나타나는 오류는 기본적으로 하영삼의 책임임을 밝혀두고 싶다. 그리고 인용문의 원문은 해석문 뒤에다 붙였으며, 필요하다고 생각되는 이외의 인용문은 책의 분량 관계상 생략하였다. 그리고 문맥의 이해상 필요하다고 생각되는 부분에는 역주를 첨가하여 괄호 속에다 넣어서 〈역주〉라고 표시해 두었다.

끝으로 한 가지 부언하고 싶은 것은, 이 분야는 역자의 전공분야가 아님에도 불구하고 東文選 출판사의 의뢰를 받아 감히 한국 독자에게 번역 소개할 생각을 갖게 되었던 것은, 바로 동양인의 사유방식과 문화구조를 찾고자 하는 역자의 바람에서 이루어졌다. 하지만 이 책에서 인용 언급하고 있는 많은 부분들 중에는 난삽한 부분이 상당히 많았기에, 완역에 최선을 다하기는 하였지만 천박한 필자의 지식으로는 분명 많은 오류가 있을 것으로 생각된다. 이 점에 관해서는 독자들의 기탄 없는 질정을 기다린다. 그리고 내용의 이해를 돕기 위한 자상한 보충설명과 함께 한국어판 서문을 보내준 저자 劉文英 교수께 진심으로 감사를 드리며, 이 책이 나오기까지 긴 세월 동안 계속적인 격려와 지지를 해준 辛成大 사장님, 그리고 어려운 작업에 동참해 주신 편집부 여러분께도 감사드린다.

1993년 새해 아침

동의대학에서 　河 永 三

색

인

리우원잉劉文英

1939년 2월 중국 섬서성 건현乾縣에서 출생.

1962년 중국인민대학 철학계 졸업. 이후 난주대학蘭州大學에서 줄곧 교편을 잡아왔음. 1982년부터 1986년까지는 철학계 주임을 역임했음. 1992년까지 난주대학 철학과 교수, 국제중국철학회 중국 서북지역 자료정보센터 학술고문, 중국철학사학회 이사, 중국주역연구회 이사, 난주대학학술위원회 부주임위원 겸 철학연구실 주임 등을 맡고 있다가, 1993년 3월 천진天津의 남개대학南開大學 철학계로 옮김.

주로 중국 고대 철학과 정신적 사유이론의 연구에 종사하고 있으며, 주요저작으로는 《中國古代時空觀念的産生和發展》,《中國古代意識觀念的産生和發展》,《中國古代夢書》,《哲學百科小辭典》 등이 있음.

하영삼河永三

1962년 경남 의령 출생.

1984년 부산대학 중어중문학과 졸업.

1987년 대만 국립정치대학 중문학 석사.

1989년 동대학원 박사과정 수료.

현재 부산 동의대학 중문과 교수로 재직중.

중국문자학을 전공하였으며, 논저로는 《顧藹吉隷辨之硏究》,《漢代 석각문자의 이체자연구》,《廣藝舟雙楫과 강유위의 서예 미학사상》,《한대 석각문자의 통가자연구》 등이 있으며, 역서로는 《언어지리유형학》(橋本萬太郎, 학고방),《고문자학 첫걸음》(李學勤, 東文選)이 있음.

김창경金昌慶

1962년 경남 밀양 출생.

1985년 부산대학 중문과 졸업.

1991년 충남대학 대학원 중문학 석사.

논저로는 《東波詞에 나타난 자아연구》 등이 있음.

꿈의 철학

1993년 4월 15일 초판발행

지은이 ·························· 劉 文 英
옮긴이 ·························· 河 永 三 · 金 昌 慶
펴낸이 ·························· 辛 成 大
펴낸곳 ·························· 東 文 選

제10-64호, 1978. 12. 16 등록
〔140-100〕 서울 용산구 문배동 40-21

96

정가 ·····················

圖書出版 東 文 選

제10-64호, 78. 12. 16 등록
110-300 서울 종로구 관훈동 74
전화 : 737-2795
팩스 : 723-4518

)3

편집설계 ·············

인쇄 ························· 약업신문사
제본 ························· 원진제책사

정가 15,000원

Printed in Seoul, Korea, 199